U0949003

司馬溫公
資治通鑒

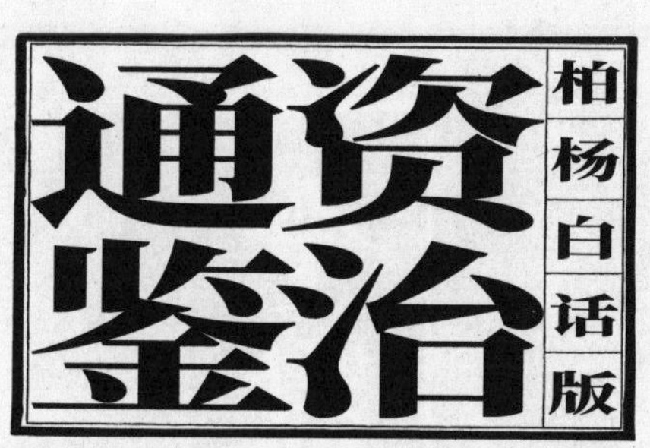

第九部

柏杨 著

全盘汉化
萧鸾眼泪
洛阳暴动
河阴屠杀

人民东方出版传媒
東方出版社

全盘汉化

导读

五世纪九〇年代，一件大事发生：北魏帝国全盘汉化。拓跋宏先生，这位非常类似二十世纪凯末尔先生的君王，以无与伦比的魄力，把鲜卑文化抛弃，对于汉文化，以充满敬慕的心情，毫发不遗的，全部接受。

汉文化在当时是一个强势文化，拓跋宏有一种使命感，他决心提高他的民族文化品质，使他的民族更为强大，这跟纪元前四世纪的赵雍先生，非常类似。

然而，可惜的是，拓跋宏时代，汉文化正处于衰落的周期，而拓跋宏所选择的又是汉文化中最腐烂的部分，从四八六年，他第一次穿上衮龙袍，戴上有九个穗的帽子，以后在丧葬仪式上以及门第上，纠缠不休，我们就可看出，他汉化的方向，跟凯末尔先生和赵雍先生的洋化方向，大不相同。

柏杨　一九八六·五·一五

目录

五世纪

八〇年代

四八〇—四八九年

南北朝

- ◎ 北魏攻寿阳不克。
- ◎ 僧侣法秀在平城起兵失败。
- ◎ 南齐武帝萧赜诬杀忠良荀伯玉、垣崇祖。
- ◎ 北魏帝国文武官员开始有薪俸。
- ◎ 北魏军攻百济王国，败还。

- ◎ 法兰克酋长克洛维斯，破罗马军，侵入高卢，建法兰克王国，都苏松，史称墨罗温王朝。

四八〇年 庚申

南齐　　建元　　二年

北魏　　太和　　四年

（柔然汗国永康十七年）

1 春季，正月 ·日，南齐帝国（首都建康〔江苏省南京市〕）大赦。

任命最高监察长（司空）褚渊当宰相（司徒），国务院右执行长（尚书右仆射）王俭当左执行长（左仆射）。褚渊辞让，拒不接受。

正月四日，南齐帝（一任高帝）萧道成（本年五十四岁），前往首都建康南郊，祭祀天神。

2 北魏帝国（首都平城〔山西省大同市〕）南征军开始攻击，陇西公拓跋琛等，攻陷马头戍（安徽省蚌埠市西南马城镇），斩南齐帝国任命的马头郡郡长刘从。

正月十八日，南齐帝萧道成，下令全国戒严，集结军队，抵抗北魏大军南侵；征召南郡王萧长懋（嫡长孙）当中军将军，镇守石头（建康城西北）。

北魏帝国广川王（庄王）拓跋略（五任文成帝拓跋濬子）逝世。

北魏南征军进攻钟离（安徽省凤阳县东北临淮关镇），南齐徐州（州政府钟离）州长崔文仲，击破北魏军攻势。崔文仲派带兵官（军主）崔孝伯，渡淮河北上，攻击北魏帝国茌眉（安徽省怀远县西北）驻军司令（戍主）龙得侯等（龙，姓），斩龙得侯。崔文仲，跟崔祖思是同族（崔祖思，参考去年〔四七九〕四月二十七日）。

各不同种族的蛮夷部落，上靠悬崖，下沿深谷，满布南齐帝国所属的荆州（湖北省西部）、湘州（湖南省）、雍州（湖北省北部）、郢州（湖北省中部）、司州（河南省东南部）五州山区。南齐政府听到北魏大军入侵消息时，征集民间青年入伍。南襄城蛮（南襄城郡，河南省桐柏县）首领秦远，乘政府后方空虚，袭击潼阳（湖北省大冶市保安镇南），斩潼阳县长。司州蛮引导北魏大军，攻击平昌（河南省信阳市西北），南齐任命的平昌驻军司令（戍主）苟元宾，击败这项攻势。北上黄蛮首领文勉德（上黄县地望应在湖北省荆门市境，北上黄县当在上黄县之北），攻击汶阳（湖北省远安县），汶阳郡郡长戴元宾，放弃城池，逃回江陵（湖北省江陵县）。豫章王萧嶷（荆、湘二州〔州政府江陵〕州长），派大营军事参议官（中兵参军）刘仁绪，率一千人反攻，挺进到当阳（湖北省当阳市），文勉德投降，秦远撤退逃走。

北魏将领薛道标（薛安都的儿子，参考四六六年七月十六日），率军攻击寿阳（安徽省寿县）；南齐帝萧道成，命齐郡（侨郡·江苏省南京市六合区南长

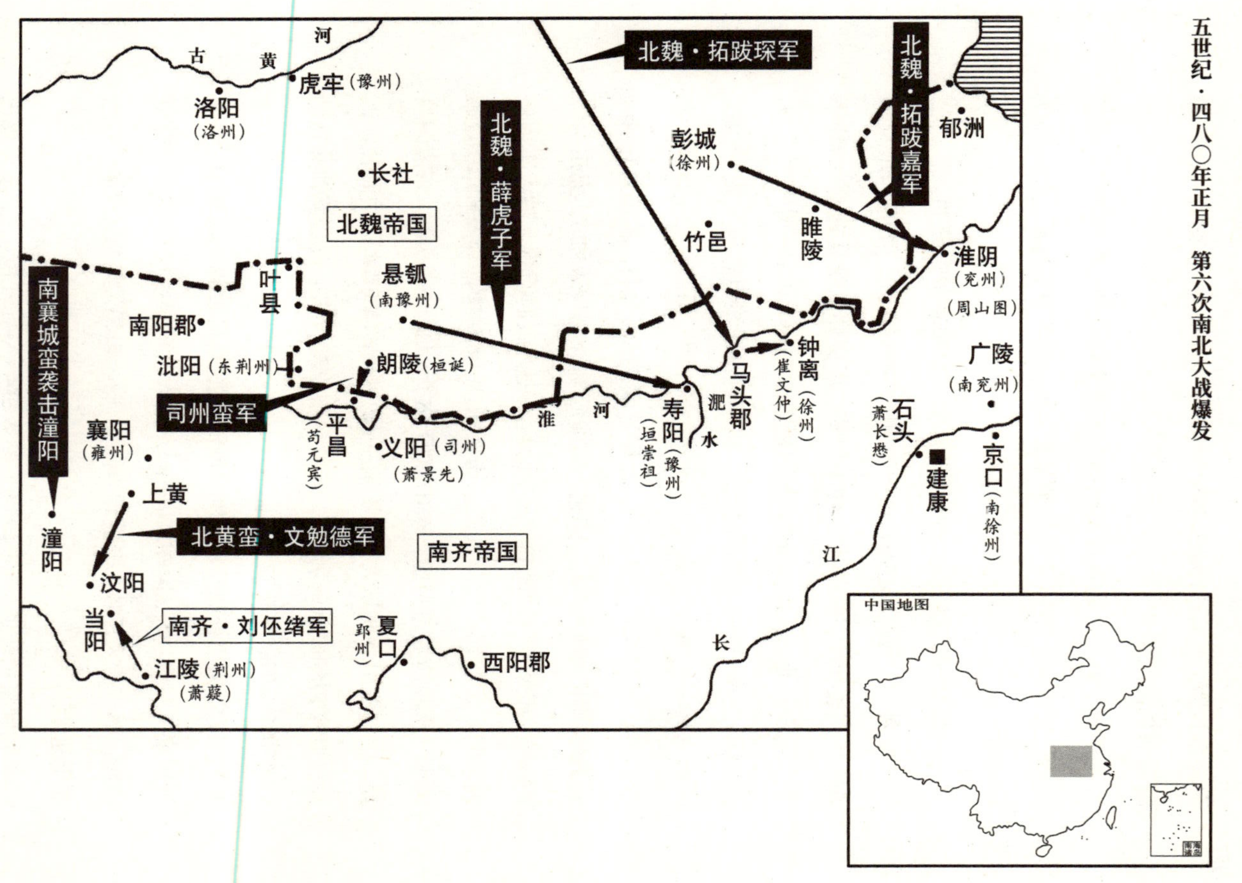

五世纪·四八〇年正月　第六次南北大战爆发

江北岸）郡长刘怀慰，假冒冠军将军薛渊（薛安都的侄儿）的名义，写信给薛道标，要他回归祖国。北魏得到情报，命薛道标返回京师（首都平城），另派梁郡王拓跋嘉（徐州〔州政府彭城〕州长），接管他的军队。刘怀慰，是刘乘民的儿子（参考四六六年四月二十五日）。

二月一日，拓跋嘉跟丹阳王刘昶，联合攻击寿阳（安徽省寿县）；会战将要开始，刘昶向全体将士叩拜，泪流满面，说："但愿大家同心合力，雪耻报仇。"

北魏步骑兵混合兵团，对外宣称二十万人。南齐豫州（州政府寿阳）州长（刺史）垣崇祖，召集文武官员，会商对策，垣崇祖打算加强外城防御工事，用堤坝堵截淝水（东淝河，淮河支流，流经寿阳城东北），全力固守。大家都说："从前，拓跋焘南下入侵（第三次南北大战，参考四五〇年七月），刘铄（南宋帝国南平王）的军队，十分完整，人数也比我们今天多出数倍，仍认为加上外城，范围太大，难以防守，因而退到内城。并且，自从有淝水（东淝河）以来，从没有人筑过堤坝，恐怕除了劳民伤财外，没有其他益处。"垣崇祖说："我们如果放弃外城，蛮虏（北魏帝国军）一定占领，外筑高楼，内筑长墙，把我们团团围住，我们只好坐在内城，等候被生擒活捉。严守外城，和兴筑水坝，是我不接受任何建议的决策。"于是，在寿阳西北，筑坝堵截淝水（东淝水），而在坝北，另筑一个小城，周围挖掘很深的护城河，派数千人防守，垣崇祖说："蛮虏（北魏帝国军）看见是个小城，认为一次攻击，就可夺取，一定倾全力攻城，同时企图破坏水坝，而我放水冲击，他们将全部变成漂流的尸体。"

北魏兵团果然像蚂蚁一样，攻击小城，垣崇祖头戴白纱小帽，乘坐轻便小轿，登上城楼。下午三时左右，垣崇祖下令决坝，储水排山倒海而下，北魏所有的攻城军队，都被水冲进护城河中，人马淹死的以千为单位计算。

北魏兵团撤退。

新投降北魏的司州（州政府设义阳〔河南省信阳市〕）州长（刺史）谢天盖（参考去年〔四七九〕十一月）的部属，刺杀谢天盖，回归南齐帝国。

3 当初，南宋帝国自五〇年代（五任帝刘骏在位）以来，政治腐败，法纪荡然，户口田地簿册，错误百出。至今，南齐帝萧道成，命监督院宫廷监督官（黄门郎）、会稽郡（浙江省绍兴市）人虞玩之等，重新调查修正。萧道成下诏询问："'黄纸书'（户口登记簿），是人民最重要的资料，和政府治理国家的主要依据，可是，作伪诈欺的情形，越来越严重，应该怎么改革？"虞玩之上疏说："四〇年代时，已去世的高级资政官（光禄大夫）傅隆，年纪超过七十，而仍亲自缮写簿册，亲自校对。而今，如果打算使天下治理，政治纳入正轨，必须各县县长，提高工作效率，公正廉明。我认为应该以四五〇年的户籍作为蓝本，重新订定明确的赏罚条例，任由人民自动改正。如果仍坚持蒙骗，迷途不返，就依照法令，严格处罚。如果有虚报谎报，州县政府负责人，一同定罪。"萧道成批准。

萧道成因各部落蛮夷，不断叛乱，为了加强控制，分割荆州（湖北省西部）、益州（四川省中部）之间的若干郡，另成立一个新的行政区域——巴州。

二月六日，擢升三巴绥靖区指挥官（三巴校尉）明慧昭，当巴州（州政府设巴东郡〔重庆市奉节县东〕）州长（刺史），兼巴东郡郡长。

本年（四八〇），南齐帝国境内，共有二十三州、三百九十郡、一千四百八十五县（二十三州：扬州〔京畿总卫戍区〕、南徐州〔京口，江苏省镇江市〕、豫州〔寿阳，安徽省寿县〕、南豫州〔姑孰，安徽省当涂县〕、南兖州〔广陵，江苏省

五世纪·四八〇年二月 南齐帝国二十三州

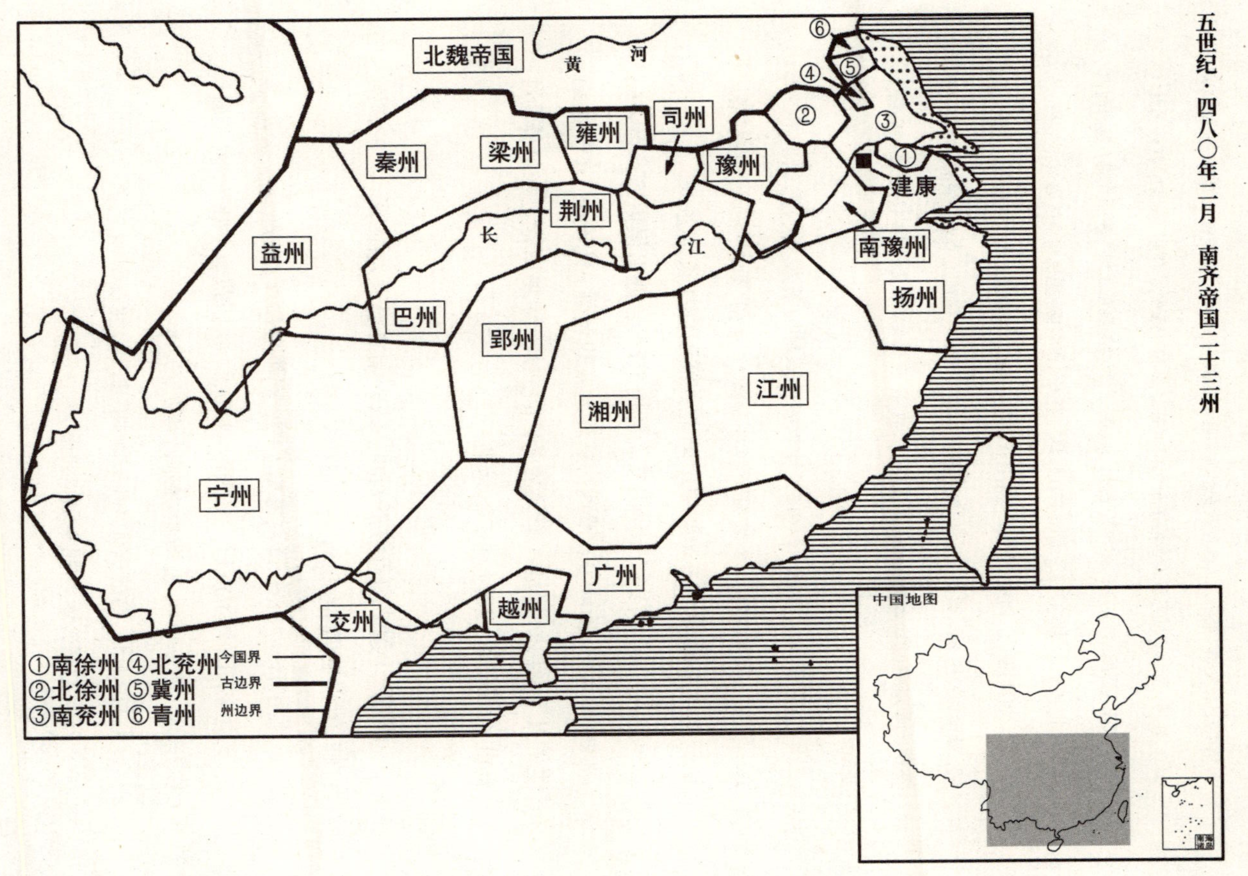

扬州市〕、北兖州〔淮阴，江苏省淮安市淮阴区〕、北徐州〔钟离，安徽省凤阳县东北临淮关镇〕、青州〔郁洲，江苏省连云港市东沉积小岛〕、冀州〔郁洲〕、江州〔寻阳，江西省九江市〕、广州〔番禺，广东省广州市〕、越州〔临漳，广西合浦县东北〕、交州〔龙编，越南河内市东北北宁省〕、荆州〔江陵，湖北省江陵县〕、巴州〔巴东郡，重庆市奉节县东〕、郢州〔夏口，湖北省武汉市〕、司州〔义阳，河南省信阳市〕、雍州〔襄阳，湖北省襄阳市〕、湘州〔临湘，湖南省长沙市〕、梁州〔南郑，陕西省汉中市〕、秦州〔南郑〕、益州〔成都，四川省成都市〕、宁州〔同乐，云南省陆良县〕。州郡县数目，没有实质意义。州郡县数目虽增，疆土反而缩小）。

二月十九日，徐州（州政府钟离）州长（刺史）崔文仲，派带兵官（军主）陈靖，攻陷竹邑（安徽省宿州市北符离镇），斩北魏驻军司令白仲都；崔叔延攻陷睢陵（江苏省睢宁县），斩北魏淮阳郡郡长梁恶。

三月一日，任命监督院总监督长（侍中）、西昌侯萧鸾，当郢州（州政府夏口）州长（刺史）。萧鸾，是萧道成的老哥、始安王（贞王）萧道生的儿子，自幼就是一个父亲早亡的孤儿，萧道成抱过来抚养，对他的恩情仁爱，超过对亲生之子。

4 北魏帝国丹阳王刘昶，认为南方已进入雨季，上疏请求班师，中央政府批准。

三月十日，派车骑大将军冯熙，率军迎接。

夏季，四月十六日，北魏帝（七任孝文帝）拓跋宏（本年十四岁）前往白登山（山西省大同市东，刘邦被围处〔参考前二〇〇年十月〕）。

五月一日，再往火山（山西省河曲县南三十公里）。

五月七日，返首都平城（山西省大同市）。

5 自从晋帝国建都建康（三一七）以来，建康（江苏省南京市）皇宫之外，只用竹篱笆围绕；可是，却有六个城门。正巧，有人打开“白虎酒坛”——直率批评政府（《晋书·礼志》：元旦之日，把酒坛放到金銮宝殿大庭，坛盖上刻有一个白色老虎；如果有人直率批评政府，就打开此坛饮酒），说：“白门——（宣阳门〔建康城南门〕）三重关卡，竹篱笆却穿来穿去，任意行走。”（南宋帝国七任帝刘彧，到了后来，崇拜鬼神、忌讳多端，冒犯的一定诛杀。宣阳门，民间称“白门”，刘彧认为“白”字不祥〔中国古老传统，白色是丧服〕，尤其忌讳，国务院左秘书长〔左丞〕江谧，偶尔不小心说溜了口，刘彧脸色大变，冷冷说：“白你家的门！”江谧叩头请求宽恕，很久才算结束。）萧道成对这句话十分重视，下令立即兴筑建康（江苏省南京市）城墙。

逃入氐部落的变民首领李乌奴（参考去年〔四七九〕十月）好几次乘机攻击梁州（陕西省南部），豫章王萧嶷（荆、湘二州〔州政府江陵〕州长），派大营军事参议官（中兵参军）王图南，率益州（四川省中部）军队，从剑阁（四川省剑阁县北剑门关镇）出发突击。梁、南秦二州（州政府南郑）州长（刺史）崔慧景，出动梁州军队，驻防白马（陕西省勉县西）；跟王图南呼应，前后夹攻李乌奴，大破李乌奴军；李乌奴退守武兴（陕西省略阳县）。崔慧景，是崔祖思的同族（崔祖思，参考去年〔四七九〕四月二十七日）。

6 秋季，七月十七日，北魏帝拓跋宏，前往火山（山西省河曲县南三十公里）。

7 七月二十四日，南齐帝国太子萧赜正妻（穆妃）裴惠昭逝世。

南齐帝萧道成下诏，命南郡王萧长懋，从石头（建康城西北）移防西州（建康城西）。

角城（江苏省宿迁市东南）驻军司令（戍主），向北魏帝国献出城池，投降。

秋季，八月四日（北魏历；南齐历九月四日），北魏派徐州（州政府彭城）州长、梁郡王拓跋嘉，率军南下迎接角城驻军司令。又派平南将军郎大檀等三将领，攻击朐城（江苏省连云港市）；将军白吐头等二将领，攻击海西（江苏省连云港市赣榆区境），将军元泰等二将领，攻击连口（江苏省涟水县），将军封延等三将领，直指角城；镇南将军贺罗，攻击下蔡（安徽省凤台县）；五路大军，同时进发。

8 八月十一日（南齐九月十一日），北魏帝拓跋宏，前往方山（山西省大同市北方岭）。

八月十五日（南齐九月十五日），参观武州山（山西省大同市西）石窟寺（云冈石窟）。

八月十七日（南齐九月十七日），返首都平城（山西省大同市）。

9 南齐帝国梁、南秦二州（州政府南郑）州长（刺史）崔慧景，派秘书长（长史）裴叔保，攻击晋寿（四川省广元市西南）变民首领李乌奴据守的武兴（陕西省略阳县），被“氐王”（首府武兴）杨文弘击败（李乌奴逃入氐人山区，参考去年〔四七九〕十月）。

10 九月一日（北魏八月一日），日蚀。

11 九月十三日（北魏八月十三日），柔然汗国（瀚海沙漠群）派使节前往南齐帝国聘问。

12 南齐帝国汝南郡（侨郡）郡长常元真、龙骧将军胡青苟，投降北魏帝国。

闰九月十八日（北魏九月十八日），南齐帝国派中央禁军总监（领军）李安民，视察清河（泗水上游）、泗水一带阵地，防备北魏帝国攻击。

13 北魏帝国徐州（州政府彭城）州长（刺史）梁郡王拓跋嘉，率部众十万人，包围朐山（江苏省连云港市）；南齐帝国委任的朐山驻军司令（戍主）玄元度，登城固守，青、冀二州（州政府郁洲）州长、范阳郡（河北省涿州市）人卢绍之，派儿子卢奂，率军增援玄元度。

闰九月二十七日（北魏九月二十七日），玄元度大破北魏围城军。南齐帝国派带兵官（军主）崔灵建等，率一万余人的舰队，从淮河进入东海，于半夜时分，逼近港口，每人高举两支火把，大海通明，北魏围城军看到，撤退逃走。

14 冬季，十月，南齐帝国国务院左执行长兼主管考选事务（左仆射领选）王俭，坚决辞让考选职务。南齐帝萧道成批准，加授王俭监督院总监督长（侍中）；而命太子宫总管（太子詹事）何戢，主管考选事务（领选）。萧道成认为何戢的年资很高，打算加授顾问院（集书省）总顾问长（散骑常侍）。最高监察长（司空）褚渊说："陛下一直认为戴蝉形图案冠帽的人，不应太多，我跟王俭，在冠帽左侧，已挂貂尾（"蝉帽""貂尾"，参考三〇一年正月），如果再加上何戢，'八座'之中（国务院总理、左右执行长、五部部长〔令、左右仆射、列曹尚书〕），就有三个貂尾。是不是可以给何戢另一个名号：骁骑将军或游击将军，地位也不算低。"萧道成遂任命何戢当国务院文官部长（吏部尚书），另加骁骑将军。

十月十二日，任命沙州州长（刺史）杨广香，当西秦州州长；又命他的儿子杨炅当武都郡（甘肃省陇南市武都区）郡长。

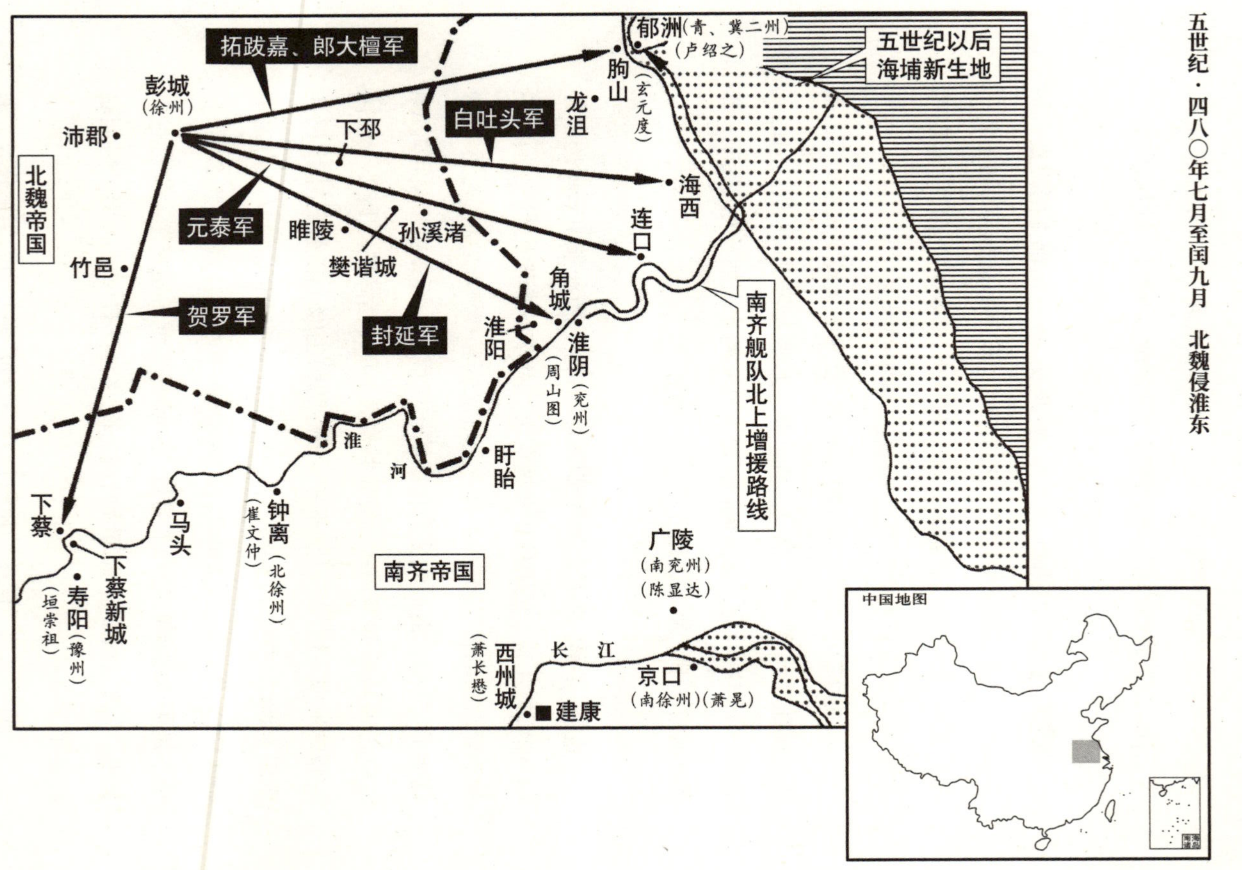

五世纪·四八〇年七月至闰九月　北魏侵淮东

15 十月十五日，北魏帝国任命昌黎王冯熙，当西路军司令官（西道都督），会同征南将军桓诞，进击义阳（河南省信阳市）；镇南将军贺罗，进击钟离（安徽省凤阳县东北临淮关镇），对南齐帝国发动总攻。

淮河以北四州人民，不愿隶属北魏帝国（四州于第五次南北大战后，并入北魏版图。参考四六九年正月），时常盼望回归江南（长江以南）。南齐帝萧道成又不断派出地下工作人员，引诱他们反抗。于是，北魏徐州（州政府彭城）变民首领桓标之、兖州（东兖州，州政府瑕丘）变民首领徐猛子等，在各地纷纷起兵，集结部众，据守五固（今地不详），推举司马朗之当首领。

北魏政府派淮阳王尉元、平南将军薛虎子等讨伐。

16 十一月十六日，南齐帝国首都建康市长（丹阳尹）王僧虔上疏，说："郡县监狱中，世代相传一种谋杀：看守员把有毒的汤药，端给有病的囚犯下肚；名义上治他的病，救他的命，实际上是强迫灌下毒药，制造残酷冤狱。生死大事，岂可以由卑微低贱的衙役控制？我愚昧的认为，囚犯害病，一定要报告郡政府，而由有关官员，会同医生，共同诊断，如果是远县的囚犯，则应等到他家里来人察看，然后服药。"萧道成批准。

远地囚犯害病，如果必须等他家人前来，然后才可以诊治服药，结果一定小病拖成大病，大病断送性命。不切实际的善政，一定变成恶政。可是，如不这样限制，囚犯一旦稍有头痛发烧，被狱吏灌下毒药，也要丧生。

中国人苦，中国女人更苦，中国囚犯尤其悲惨。观察一个国家是文明或是野蛮，只要看他们的监狱，足够。

十一月二十六日，南齐政府任命前“氐王”杨难当的孙儿杨后起，当北秦州州长，封武都王；州政府设武兴（陕西省略阳县）。

十二月七日，南齐政府任命最高监察长（司空）褚渊当宰相（司徒）。褚渊入宫朝见时，用折扇遮蔽太阳，征虏将军府人事官（征虏功曹）刘祥，正从他身旁走过，说：“做出这种事情，没有脸面见人，只靠折扇，怎么能遮得住！”褚渊说：“只有你这种贱民，才说话犯上。”刘祥说：“不能诛杀袁粲、刘秉，怎么能不当贱民（二人事，参考四七七年七月）！”刘祥，是刘穆之的孙儿（刘穆之，参考四一七年十一月）。刘祥喜爱文学，性情刚强，撰写《宋书》（《南宋帝国史》），对萧道成篡夺南宋帝国的事，讥笑讽刺。王俭秘密报告萧道成，遂被判刑，放逐广州（州政府设番禺〔广东省广州市〕），就死在那里。

太子萧赜，在东宫玄圃，大宴宾客，太子宫右翼卫队司令（右卫率）沈文季，跟褚渊在言语上发生冲突，沈文季愤怒，不能自制，说：“褚渊自己说自己是忠臣，不知道身死之后，在地下有什么面目，去见刘彧（南宋帝国七任帝明帝）？”萧赜笑说：“沈文季醉了。”

十二月二十一日，任命豫章王萧嶷（荆、湘二州〔州政府江陵〕州长），当立法院总立法长（中书监）、最高监察长（司空）、京畿总卫戍司令（扬州刺史）；临川王萧映，当荆雍等九州军区司令长官（都督荆雍等九州诸军事。九州：荆湘雍益梁巴宁南秦北秦）、荆州（州政府江陵）州长（刺史）。

17 本年（四八〇），北魏帝国改封国务院总理（尚书令）王叡当中山王，加授镇东大将军。王府设官员二十二人，任命立法院主任立法官（中书侍郎）郑羲，当国王师傅（傅），王府禁卫官司令（郎中令）以下，都是当时知名之士。又封王叡的正妻丁女士当王妃。

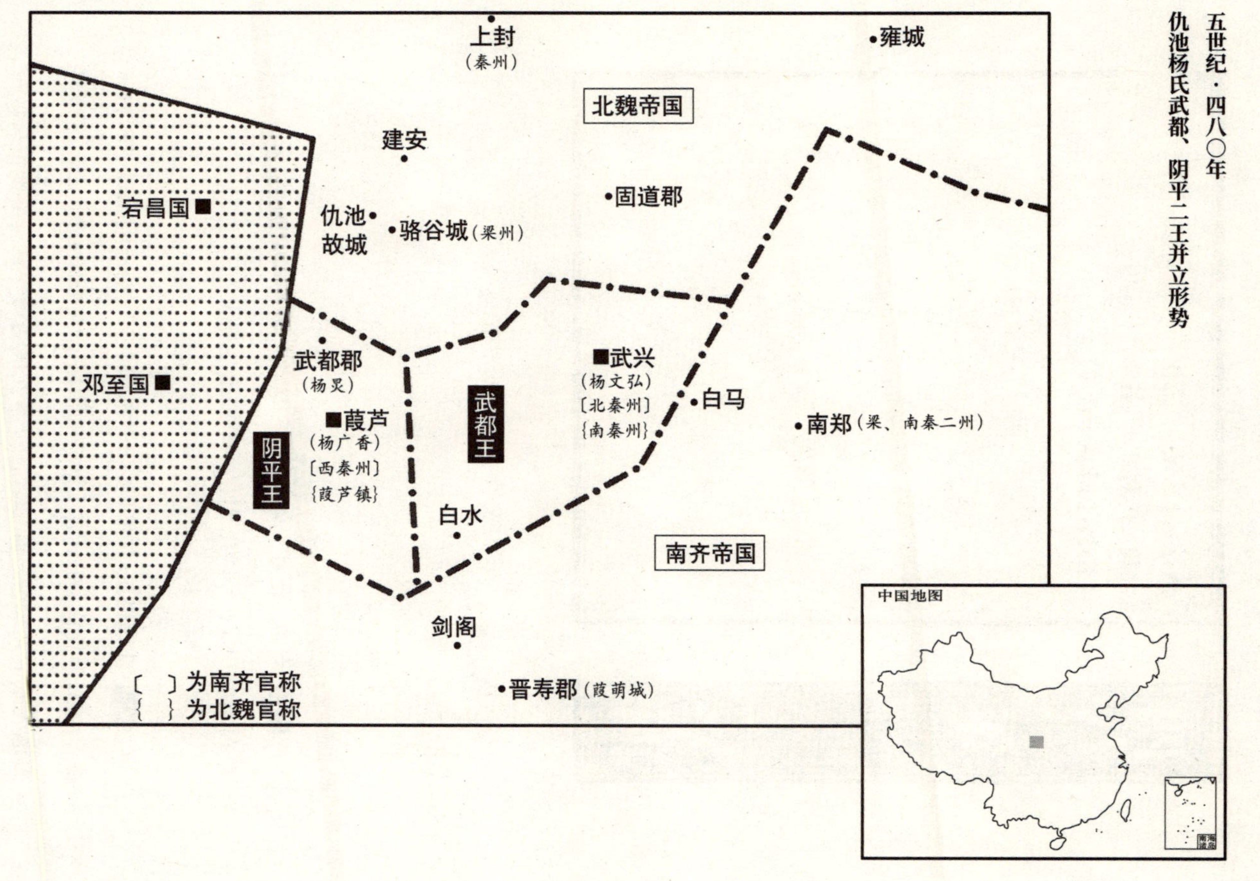

五世纪·四八〇年
仇池杨氏武都、阴平二王并立形势

四八一年 辛酉

南齐　建元　三年
北魏　太和　五年
（柔然汗国永康十八年）

1 春季，正月，南齐帝国（首都建康〔江苏省南京市〕）皇帝（一任高帝）萧道成（本年五十五岁），封皇子萧锋当江夏王。

2 北魏帝国（首都平城〔山西省大同市〕）攻击淮阳（江苏省宿迁市东南），包围带兵官（军主）成买据守的角城（淮阳郡郡政府所在城）。南齐帝萧道成派中央禁军总监（领军将军）李安民当司令官，率领带兵官周盘龙等，前往增援。北魏大军越过角城，进抵淮河北岸，大肆奸淫烧杀、抢夺劫掠，长江以北人民惊恐，纷纷渡过长江，向南方逃命。成买苦战，力尽阵亡。周盘龙的儿子周奉叔，率二百人攻破北魏军防线，深入敌阵，北魏一万余人的强大骑兵，分为左右两翼，向周奉叔包抄。有人报告老爹周盘龙说："你儿子已死！"周盘龙高举长矛，跃马而进，杀入北魏兵团阵地，左右奔驰，所到之处，敌人血肉横飞。而周奉叔此时已经回营，听到消息，翻身再杀入重围，寻找老爹，父子分骑两匹战马，在北魏军营中号叫厮杀。北魏兵团数万人，没有人敢向前阻挡；于是，一时之间，北魏兵团大败，阵亡及受伤的，以万计算。

北魏军向后撤退，李安民等率军追击，在孙溪渚（江苏省宿迁市北）会战，再击破北魏军。

3 正月十八日，北魏帝（七任孝文帝）拓跋宏（本年十五岁），南下巡视，命最高监察长（司空）苟颓，留守京师（首都平城）。

正月二十六日，拓跋宏抵达中山（定州州政府所在城，河北省定州市）。

二月一日，大赦。

4 二月七日，南齐帝国游击将军桓康，在淮阳（角城，江苏省宿迁市东南）再次击败北魏帝国的攻击，并进攻樊谐城（江苏省宿迁市北），攻克。

5 北魏帝拓跋宏，自中山（定州州政府所在城，河北省定州市）前往信都（冀州州政府所在县，河北省衡水市冀州区）。

二月十三日，再去中山。

二月二十日，折返，抵达肆州（州政府设九原〔山西省忻州市〕）。

佛教僧侣法秀，用法术迷惑人民，打算在首都平城（山西省大同市）暴动；最高监察长（司空）苟颓，率皇家禁卫军搜捕，一网打尽。拓跋宏回平城后，主管单位把法秀囚禁牢房，特别加上“笼头”（刑具之一，依字义解释，可能是用铁笼罩头），而“笼头”上的铁锁，忽然自动打开。看守员用铁链穿过法秀的锁骨（锁骨在两肩，民间传说，捉住妖精，铁穿锁骨，它就不能化身而去），祝福他说：“你如果真有神通，应该使铁链穿不过去。”结果穿过去，法秀被押解游街示众，支持三天才死。有人主张屠杀所有和尚，冯太后否决，议论才停止。

6 南齐帝国豫州（州政府设寿阳〔安徽省寿县〕）州长（刺史）垣崇祖，去年（四八〇）击破北魏帝国南征大军时，唯恐北魏对淮河北岸，发动再一次攻击，于是把下蔡（安徽省凤台县）基地驻军，调到淮东（淮河只有南北，没有东西；淮西，指淮河流域西部，即河南省东南部；淮东，指淮河流域东部，即安徽省寿县以东）。不久，北魏军果然攻击下蔡，发现下蔡已没有守军，准备拆除城墙。

二月十九日，垣崇祖率军渡淮河反攻，大破北魏军，斩杀及俘虏以千计算（第六次南北大战，拖拖拉拉，了草收场）。

本世纪（五）一〇、二〇年代，晋帝国和南宋帝国转移政权之际，荆州（州政府江陵）州长（刺史），大多数都不兼南蛮保安司令（南蛮校尉），而另委其他重要大员担任。豫章王萧嶷当荆（州政府江陵）、湘（州政府临湘）二州州长时，兼南蛮保安司令。萧嶷离职后，由监督院总监督长（侍中）王奂接任。王奂坚决辞让说：“西方（指荆州）在兵荒马乱、战火四起之后，受到的创伤，难以恢复。而今，再从太府（州政府及军区司令部）中分割出一部分业务，去安置一些杂牌军官，论声望不足以增强力量，论实际反而会互相牵制，弊病不少。而且资源和权力既被分散，工作反而更多，大家的劳苦，也必然加倍；整天埋头在公文堆里，不胜其烦，我认为对国家并没有好处。”

二月二十三日，中央下令撤除南蛮保安司令（南蛮校尉。三世纪时，晋王朝一任帝司马炎创立此职，至此取消）。

7 三月一日，北魏帝拓跋宏前往肆州（州政府设九原〔山西省忻州市〕）。

三月九日，返首都平城（山西省大同市）。

法秀阴谋暴动事件，牵连到总监察署监察官（兰台御史）张求等一百余人，都因所触犯的是谋反叛乱重罪，应该屠灭全族。国务院总理（尚书令）王叡，请求只诛杀罪魁祸首，宽恕其他党羽。于是下诏（不知是太皇太后诏或皇帝诏）：“应诛杀五族的，改为诛杀三族；应诛杀三族的，改为灭门；应灭门的，改为只斩主犯。”获得赦免的有一千余人。

夏季，四月十日，拓跋宏前往方山（山西省大同市北方岭）。冯太后喜爱那里的山川秀丽，吩咐说：“到了那一天，把我安葬在这里，不一定非合葬不可。”（冯太后的丈夫五任帝拓跋濬，葬故都盛乐〔内蒙古和林格尔县〕西北金陵，依传统习惯，夫妻必须合葬。）于是，遂在方山给冯太后兴筑“寿陵”（为活皇族预掘的坟墓，通称“寿陵”），又在山上兴建“永固石屋”，准备将来改作祭庙。

8 北魏帝国徐州（州政府彭城）变民首领桓标之等（桓标之聚众起兵，响应南齐帝国号召，参考去年〔四八〇〕十月），部众有数万人，被北魏大军围攻，桓标之守险拒敌，派人向南齐帝国求救。

四月十一日，南齐帝萧道成，命中央禁军总监（领军将军）李安民，率各将领前往迎接桓标之回国；又命兖州（州政府设淮阴〔江苏省淮安市淮阴区〕）州长（刺史）周山图，从淮河进入清水（泗水上游），用加倍速度行军增援。淮北（淮河以北）变民首领桓磊磈，在抱犊崮（山东省枣庄市东北）击破北魏军队。李安民军行动迟缓，桓标之等遂被北魏军消灭，得以逃出大难南归的，只有数千家。北魏军掠夺裹挟三万余人，回到平城（山西省大同市）。

9 北魏帝国任城王（康王）拓跋云（景穆太子拓跋晃的儿子）逝世。

10 五月三日，“邓至王”像舒彭，派人到北魏帝国进贡（邓至国，四川省九寨沟县南坪镇一带，羌族建立的部落群）。邓至部落，是羌族的一支，聚集在宕昌国（甘肃省宕昌县）之南。

11 六月二十四日，南齐帝国大赦。

12 六月十六日，北魏帝国中山王（宣王）王叡逝世（年四十八岁）。王叡患病时，太皇太后冯女士、北魏帝拓跋宏，不断驾临他家探望。王叡死后，中央政府追赠王叡当太宰（上公），在首都平城（山西省大同市）南郊，兴筑寺庙。文化界人士为王叡赋哀诗、作悼文的，有一百余人。安葬时，自称是王叡的亲属、姻亲、结拜金兰的旧交，身穿丧服哭送的，有一千余人。拓跋宏命王叡的儿子、初级资政官（中散大夫）王袭，接替老爹国务院总理（尚书令）位置，并主持文官部事务（领吏部曹）。

六月三十日，拓跋宏封皇叔拓跋简当齐郡王、拓跋猛当安丰王。

13 秋季，七月一日，日蚀。

14 南齐帝萧道成，派后军将军府军事参议官（后军参军）车僧朗前往北魏帝国聘问。

七月六日，车僧朗抵达平城（北魏首都，山西省大同市），北魏帝拓跋宏问："萧家辅佐宋国（南宋帝国）的时间很短，怎么一下子就登上大位？"车僧朗说："姚重华（黄帝王朝七任帝）、姒文命（夏王朝一任帝），都是以平民的身份被任命担任官职，再当君王。曹丕（曹魏帝国一任帝）、司马炎（晋王朝一任帝），却是以大臣的身份，更升一级，把福份传给子孙。时代不同，方式也不一样。"

15 七月三日，柔然汗国（瀚海沙漠群）一个支部落的酋长他稽，率领部众，投降北魏帝国。

16 被北魏帝国封为武都王（首府武兴〔陕西省略阳县〕）的"氐王"杨文弘，派使节前往南齐帝国，要求归降。南齐帝萧道成仍任命他当北秦州州长（刺史）。先前，阴平公爵（首府葭芦〔甘肃省陇南市武都区东南〕）杨广香逝世（杨文弘归降北魏及北魏封杨广香事，参考四七七年闰十二月），部众有一半投奔杨文弘，一半投奔南齐帝国的梁州（州政府设南郑〔陕西省汉中市〕）。杨文弘派杨后起（杨难当的孙儿），强行占领白水（四川省青川县东沙州镇）。

萧道成虽加授杨文弘官号，但秘密下令给晋寿郡（四川省广元市西南）郡长杨公则，命他严密注视杨文弘行动，一有机会，即行下手。

17 最初，南宋帝国于七〇年代末期（九任顺帝刘準在位），派使节殷灵诞、苟昭先，前往北魏帝国报聘。听到南宋政府覆亡，萧道成篡夺成功消息，殷灵诞对北魏外宾接待官（典客）说："宋、魏两国，一向友好，忧患同担。而今宋国（南宋帝国）灭亡，魏国（北魏帝国）不救，还谈什么亲善？"后来，刘昶向南齐帝国发动攻击（参考去年〔四八〇〕二月），殷灵诞请求当刘昶的军政官（司马），不被接受。

九月十三日，北魏帝国在首都平城（山西省大同市）南郊，举行盛大阅兵典礼，并设宴款待文武官员，在席次上，礼宾官把车僧朗的座位，放在殷灵诞的下边，车僧朗拒绝入席，说："殷灵诞从前是宋国（南宋帝国）的使节，现在是齐国（南齐帝国）的臣民，请贵国皇上不要失礼。"殷灵诞遂跟他互相诟骂。刘昶贿赂南宋帝国的降民解奉君，在会场上刺杀车僧朗；北魏政府逮捕解奉君，斩首，举行隆重仪式，送车僧朗的丧车返国；后来也放殷灵诞等南归。

稍后，南齐帝国二任帝萧赜登极（参考明年〔四八二〕三月），苟昭先把当初殷灵诞诟骂的话奏报，殷灵诞被判有罪，逮捕下狱，死在牢房。

18 九月十四日，柔然汗国（瀚海沙漠群）可汗（七任受罗部真可汗）郁久闾予成派使节前往南齐帝国。写信给南齐帝萧道成，称萧道成"足下"，自己称"我"，送给萧道成狮子皮缝制的骑马装，约定共同出兵，攻击北魏帝国（可能是去年派出，本年抵达。参考去年〔四八〇〕九月）。

19 北魏帝国淮阳王尉元、平南将军薛虎子，攻陷五固（今地不详），斩变民首领司马朗之（司马朗之被拥护当首领事，参考去年〔四八〇〕十月），东南各州变乱，全部平息（淮河北岸，正是北魏帝国东南边境）。中央政府召回尉元，任命当高级咨询官（侍中），兼国务院法务部长（都曹尚书）。任命薛虎子当彭城镇（江苏省徐州市）防守司令（镇将）；稍后，升徐州（州政府彭城）州长（刺史）。

当时，州镇驻防军队，向人民征收的财物绸缎，都由自己支配，从不缴入国库。薛虎子上疏，认为："帝国要想夺取江东（江苏省南部太湖流域）之地，必须先在彭城储备粮秣。经过调查，驻军人数，有数万之多，发给他们代替粮食的绸缎，每人十二匹。物价波动不定，士卒们不能及时变卖时，就要受到饥寒，于公于私，都是一种浪费伤害。而今，徐州（江苏省北部）良田，有十万余顷，水源充足，土地肥沃，清水（泗水上游）、汴水流过州境之内，用来灌溉，足足有余。政府如果把本应发给士卒的绸缎，不发给士卒，而于变卖后，购买耕牛，可以买到一万头，就用来武装屯垦。第一年中，由政府供应农耕部队粮食。分一半军队除草开荒，另一半军队仍在防地担任作战任务，如此，一面耕种，一面防守，并不妨碍保卫边疆。一年的收获，超过发给他们绸缎的价格十倍。初期耕作，可以供给数年的粮秣。到了后来，军队辎重，都存国库。五年之后，粮秣绸缎，都有盈余，不仅边防军穿得好、吃得饱，而且造成吞噬敌人（指南齐帝国）的声势。"中央政府批准。

薛虎子待人有恩德、有爱心，无论是士卒或平民，对他都十分感激怀念。正巧，沛郡（安徽省萧县）郡长邵安、下邳郡（江苏省睢宁县北古邳镇）郡长张攀，因为贪赃枉法，被薛虎子检举，奏报中央。两位郡长就教他们的儿子到首都平城（山西省大同市），上书北魏帝拓跋宏，指控薛虎子跟南齐帝国勾结。拓跋宏说："薛虎子绝不会如此。"深入追究，果是诬告。拓跋宏下诏命邵安、张攀自杀，对两人的儿子，各打一百皮鞭。

20 吐谷浑汗国（青海省）可汗（十二任）慕容拾寅逝世，世子慕容度易侯继位（十三任）。

冬季，十月一日，南齐帝国任命慕容度易侯当西秦、河二州州长（刺史），封河南王。

21 北魏帝国立法院最高立法长（中书令）高闾等，制定新法的工作完成。共八百三十二条，灭门、灭房（支派）罪十六条，只杀当事人罪二百三十五条，其他刑罚三百七十七条。

22 最初，高昌王国（新疆吐鲁番市东）国王（一任）阚伯周逝世（四七七年），他的儿子阚义成（阚，音kàn〔看〕）继任（二任）。当年（四七七），阚义成的堂兄阚首归，刺死阚义成，自己称王（三任）。高车王（新疆吐鲁番市北）阿伏至罗，击斩阚首归兄弟，拥护敦煌（甘肃省敦煌市）人张明，继任国王（四任）。贵族们再诛杀张明，拥护马儒，继任国王（五任）。

四八二年 壬戌

南齐　建元　四年
北魏　太和　六年
（柔然汗国永康十九年）

1 春季，正月七日，南齐帝国（首都建康〔江苏省南京市〕）皇帝（一任高帝）萧道成下诏，招收学生二百人，成立国立大学，命立法院最高立法长（中书令）张绪，当国立大学校长（国子祭酒）。

2 正月十九日，北魏帝国（首都平城〔山西省大同市〕）大赦。

3 三月六日，南齐帝萧道成，召见宰相（司徒）褚渊、国务院左执行长（尚书左仆射）王俭，接受遗诏，辅佐太子萧赜（音zé〔责〕）。

三月八日，萧道成在临光殿逝世（年五十六岁）。萧赜（本年四十三岁）继位（二任武帝），大赦。

萧道成胸有成竹，宽宏大量，博学多才，而能写文章。性情淡泊节俭，御衣管理局（主衣）中，存有“玉导”（头上装饰用的玉制品），萧道成告诉立法官（中书）说：“留着它，一切毛病都会出来。”下令把它敲碎；并命主管官员搜索检查，看是不是还有别的奇异物件，一律遵照此项指示处理。萧道成常对人说：“让我治理中国十年，当使黄金跟泥土同等价钱。”

柏杨曰

萧道成自期：“让我治理中国十年，当使黄金跟泥土同等价钱。”中国帝王群中，有这种抱负的人，少之又少，萧道成不是一个才华四溢的人，只是被暴政推动，遂坐上宝座，世代荒淫奢侈的政风之下，他能念及苍生，还更确实的一步一步实践施行，尚不愧是一位英明之主，是南北朝时代百余年中，少数值得尊敬的君王之一。

三月十一日，新任皇帝（二任武帝）萧赜，任命褚渊主管政府机要（录尚书事）；王俭当监督院总监督长（侍中）兼国务院总理（尚书令），加授车骑将军张敬儿：开府仪同三司（宰相级）。

三月十三日，任命前将军王奂，当国务院左执行长（尚书左仆射）。

三月十六日，任命豫章王萧嶷，当全国武装部队总司令（太尉）。

4 三月二十六日，北魏帝（七任孝文帝）拓跋宏（本年十六岁），参观虎园，下诏说："虎豹豺狼，性情凶猛残暴，捕捉它们的时候，很多猎人会受到伤害，而捕捉到手之后，对国计民生，既没有好处，反而浪费国家财产豢养。从今之后，不可再捕捉进贡。"

5 夏季，四月六日，南齐帝国政府核定一任帝萧道成绰号高皇帝，祭庙称太祖。

四月七日，萧赜追尊正妻裴惠昭（前年〔四八〇〕七月逝世）绰号穆皇后。

四月二十二日，把萧道成安葬泰安陵（在江苏省丹阳市东北）。

六月一日，封南郡王萧长懋（本年二十五岁）当皇太子。

六月十三日，封王宝明当太子妃。王宝明，是琅邪郡（侨郡，江苏省句容市北）人（王韶之的孙女）。封皇子闻喜公爵萧子良当竟陵王，临汝公爵萧子卿当庐陵王，应城公爵萧子敬当安陆王，江陵公爵萧子懋当晋安王，枝江公爵萧子隆当随郡王，皇子萧子真当建安王，皇孙萧昭业当南郡王。

宰相（司徒）褚渊，患病，上疏请求辞职，萧赜不许，褚渊态度坚决，情词恳切。

六月二十日，萧赜改命褚渊当最高监察长（司空）；所兼骠骑将军、监督院总监督长（侍中）、主管政府机要（录尚书事），一切如故。

6 秋季，七月，北魏帝国征集州郡人民五万人，修筑灵丘公路（古代飞狐道，自山西省灵丘县，南下越过太行山，直达河北省定州市）。

7 南齐帝国国务院文官部长（吏部尚书）、济阳郡（侨郡，江苏省盱眙县南）人江谧（音mì〔蜜〕），精于谄媚拍马，渴望不断升官。一任帝萧道成逝世时，江谧对自己没有被指定当托孤顾命大臣，认为是一种耻辱。二任帝萧赜登极，又没有对他擢升，江谧更大不满意，怨恨现状，内心祈求发生新的变化，遂不停的诽谤。正巧，萧赜患病，江谧走访豫章王萧嶷（萧道成次子），请求秘密对话，因而问说："陛下（萧赜）害的是一种不可能痊愈的病，皇太子（萧长懋）又不是当君主的材料，你作什么打算？"萧赜得到报告，命总监察官（御史中丞）沈冲，指控江谧前后所犯种种罪行。

七月庚寅日（七月癸丑朔，没有庚寅），下诏，命江谧自杀（年五十二岁）。

沈攸之起兵之后，江谧首先倡议赐给萧道成皇帝专用的铜斧（参考四七七年闰十二月）。由于这个缘故，节节高升，名显天下。既以马屁功夫和躁进心情，侥幸获得富贵，则以马屁功夫和躁进心情，同样的招来大祸，并不意外。

八月二十一日，南康公爵（文简公）褚渊逝世（年四十八岁）。世子、监督院总监督长（侍中）褚贲，对老爹不能忠于南宋帝国，感到羞耻。所以，守丧三年期满，脱下丧服后，就不再出来当官，而把爵位让给他弟弟褚蓁，自己退隐在老爹墓旁，直到老死。

九月六日，因一任帝（高帝）萧道成逝世，是帝国大丧之故，撤销国立大学（国子学）。

8 "氐王"（首府武兴〔陕西省略阳县〕）杨文弘逝世，儿子们年纪都太小，遂指定侄儿杨后起当继承人。

九月十日，北魏帝国封杨后起当武都王，任命杨文弘的儿子杨集始当白水郡（四川省青州县东沙州镇）郡长。

不久，杨集始自立称王，杨后起击破杨集始军。

9 北魏帝国政府，因荆州（州政府设上洛〔陕西省商洛市商州区〕）境内巴族部落与氐族部落，不断变乱，特命镇西大将军李崇，当荆州州长（刺史）。李崇，是六任帝（献文帝）拓跋弘舅父的儿子。将要前往任所，北魏帝拓跋宏下诏动员陕州（州政府设陕城〔河南省三门峡市〕）、秦州（州政府设上封〔甘肃省天水市〕）二州军队护送。李崇拒绝，说："边境人民不断变乱，只是官逼民反。我奉诏接任州长（刺史），人民情绪上自然平静，我只要一纸诏书在手就够了，不需要麻烦他们发兵保护，如果那样，反而使人民心怀恐惧。"中央政府批准。

李崇简单的只带十几个骑兵卫士，前往上洛（陕西省商洛市商州区），宣布诏书，对人民安慰、劝解，无论汉人或夷人，都心服口服。李崇命沿边驻军，把掳掠的南齐帝国人民，全部送还。于是，南齐边防军也送还他们所掳掠的平民二百余人。两国边界，和平相处，不再有战争。很久之后，李崇被任命当兖州（东兖州，州政府设瑕丘〔山东省济宁市兖州区〕）州长。兖州一带，过去多的是强盗、变民，李崇命每个村庄都要兴筑一个鼓楼，鼓楼上挂鼓，村庄如果受到抢劫，就猛敲大鼓。邻近村庄首先听到鼓声的，敲一声作为一节；其次听到鼓声的，敲二声作为一节，再其次听到鼓声的，敲三声作为一节。只一会工夫，鼓声便传递到一百华里之外，人们纷纷起来断绝交通，把守要道。自此之后，盗贼只要行动，没有一次不被捕捉。以后，其他各州都跟着效法。而最早，却是由李崇开始。

10 九月二十日，南齐帝国政府任命征南将军王僧虔，当左最高资政官（左光禄大夫）、开府仪同三司（宰相级）；国务院右执行长（尚书右仆射）王奂，当湘州（州政府设临湘〔湖南省长沙市〕）州长（刺史）。

曾在南宋帝国建平王刘景素幕府当主任秘书（主簿）的何昌宇、当记录军事参议官（记室）的王摛，以及刘景素所推荐的“秀才”刘琎，先后上疏南齐帝萧赜，赞扬刘景素的美德，请昭雪刘景素的冤情（刘景素事，参考四七六年六月）。

冬季，十月二十日，萧赜下诏，准许用知识分子的礼仪，把刘景素安葬旧坟。刘琎，是刘瓛的老弟（刘瓛，参考四七九年四月）。

11 十一月，北魏帝拓跋宏，将亲自祭祀皇家祖先七庙，命主管官员拟定仪式，依照古礼，准备家畜（牛羊猪）、器具、衣服、乐章。从此之后，一年四季举行的经常祭祀，都遵照办理。

四八三年 癸亥

南齐 建元 五年
永明 元年
北魏 太和 七年
（柔然汗国永康二十年）

1 春季，正月二日，南齐帝国（首都建康〔江苏省南京市〕）皇帝（二任武帝）萧赜（本年四十四岁），到首都建康南郊，祭祀天神。大赦。改年号永明（之前是建元五年，之后是永明元年）。

萧赜下诏：由于边境平静没有战事，地方政府官员，一律恢复俸禄（第三次南北大战时，南宋帝国三任帝刘义隆在位，因军用浩繁，国库不够开支，下令文武百官减少俸禄；参考四五〇年三月。淮南郡〔安徽省寿县〕郡长诸葛阐，要求比照中央官员，同样减少俸禄；于是各州郡县地方政府主任秘书〔丞〕以上官员，跟着一律减少。直至四六二年，才恢复全薪〔参考该年二月〕。四六六年，第五次南北大战爆发，中央及地方的官员，俸禄完全断绝〔参考四七一年二月〕。本年〔四八三〕，才开始恢复）。

任命全国武装部队总司令（太尉）、豫章王萧嶷，兼太子师傅（太子太傅）。萧嶷在形式上不参与中央决策，而只在幕后贡献计谋策略。萧赜差不多都接受他的建议。

正月十三日，萧赜封皇弟萧锐当南平王、萧铿当宜都王，皇子萧子明当武昌王、萧子罕当南海王。

二月二日，任命征虏将军杨炅（杨广香的儿子），当沙州州长（刺史），封阴平王。

二月二十二日，任命“宕昌王”（甘肃省宕昌县）梁弥机，当河、凉二州州长；“邓至王”（四川省九寨沟县南坪镇）像舒彭，当西凉州州长。

南宋帝国末年，认为地方政府首长，六年的任期太久，遂改为三年，称之为“小满”（南宋帝国五任帝刘骏把地方首长任期，从六年改为三年，参考四五三年七月）。可是升迁、调换，此去彼来，又不能确守三年的期限。

三月四日，萧赜下诏：从今以后，切实执行“小满”制度。

有关单位认为天际变异，气节失去秩序，请求用祭祀和祈祷向神灵乞求平安。萧赜说：“顺应天心，要靠行为，不靠外在虚文。我一直检讨自己，去追求国家的治理，只想到推行德政。如果错误在我，仅靠祭祀祷告，怎能化解！”

夏季，四月四日，萧赜下诏说：“袁粲、刘秉、沈攸之，虽然不能保持晚节，但最初的表现，固值得赞许（三人事，参考四七七年十二月、四七八年正月）。”命他们的后裔依照礼仪，重新安葬。

2 南齐帝萧赜，当太子的时候，自认为在兄弟群中，他的年纪最大，而且帮助老爹，共同创造帝国（南宋帝国晋安王刘子勋建立寻阳政府时，萧赜占领南康郡〔江西省赣州市〕，起兵；参考四六六年六月。沈攸之反抗中央时，萧赜驻守溢口〔江西省九江市古寻阳东〕；参考四七七年十二月）。所以对于政府一切措施，一向独断独行，很多事违犯法令制度。尤其信任弄臣张景真。张景真骄傲奢侈，豪华盖世，衣服冠帽，以及所用器具，都超过他的身份，而上比帝王。皇宫内外所有官员，对他十分畏惧，但都敢怒而不敢言。

最高监察署首席军事参议官（司空咨议）荀伯玉，向来被萧道成信任厚待，眼看到这种情形，叹息说："太子（萧赜）所作所为，皇上始终无法知道。我怎么能为了怕死，而使皇上的耳目，受到蒙蔽！我不报告，谁肯报告！"于是，乘着太子萧赜去祭拜祖先坟墓（永安陵、泰安陵，都在江苏省丹阳市东南），不在京师（首都建康）时，秘密报告萧道成。萧道成大怒，下令搜查东宫（太子宫）。

萧赜祭拜过祖先坟墓，在回程中，走到方山（江苏省南京市江宁区东南），夜晚，船舶将要靠岸停泊。豫章王萧嶷从东府（建康城南，宰相府）跨上名叫飞燕的名马，飞奔而来，告诉萧赜：老爹是如何的怒不可遏。萧赜惊骇，不敢停留，连夜返京（首都建康），老爹萧道成也命城门暂不上锁，等他回宫。第二天，萧道成派南郡王萧长懋、闻喜公爵萧子良，带着圣旨，前往太子宫，向萧赜提出盘问，并指出张景真的罪行。教二人用萧赜的名义，下令逮捕张景真，诛杀。萧赜忧愁恐惧，只好宣称有病，不出大门。

一月有余，萧道成仍然怒气冲冲，不能平息。一天，萧道成在太阳殿睡午觉，中央军事总监（护军将军）王敬则一直走到床前，叩头说："陛下建立的帝国，时日不久，太子（萧赜）无缘无故受到责备，民心震撼，请陛下亲自到东宫（太子宫）一次，化解误会。"萧道成不说话，王敬则大声传出皇上旨意，要侍从准备衣帽，前往东宫：一面命御厨房（太官）在东宫（太子宫）摆设宴席，一面命左右宦官抬来软轿，可是萧道成并没有动身的意思。王敬则就把衣服披到萧道成身上，推推拉拉，把萧道成勉强掇弄上轿，萧道成不得已，到了东宫（太子宫），召集各位亲王，到玄圃聚餐。长沙王萧晃拿太阳伞，临川王萧映拿野鸡尾编成的羽毛扇，闻喜公爵萧子良拿温酒器，南郡王萧长懋敬酒，太子萧赜及豫章王萧嶷、王敬则，亲自端上酒菜食物。直到日暮黄昏，大家都饮得大醉，萧道成才回去。

萧道成嘉许荀伯玉的忠贞，对他越发亲信。军国最机密的事，很多委任他负责，权力之大，震动中外。荀伯玉的娘亲逝世，吊客人山人海，距他家二里路的地方，车辆已开始阻塞。太子宫左翼卫队司令（左率）萧景先、监督院总监督长（侍中）王晏，一块前去致悼，被阻在中途，寸步难行，从早上走到天黑，才总算走到灵前。等到行礼出来，饥饿困倦，累得头昏眼花，奄奄一息，声音上和面貌上，都掩饰不住沮丧和愤怒。第二天，向萧道成打小报告说："我们看到皇宫和太子宫的门庭，比起荀伯玉的门庭，简直可以张开罗网，捕捉麻雀！"王晏，是王敬弘的侄儿（王敬弘，参考四二六年二月）。

骁骑将军陈胤叔，从前也曾暗中向萧道成指摘张景真跟太子萧赜的过失，但对萧赜却说是："荀伯玉打的小报告。"萧赜遂对荀伯玉深为痛恨。

萧道成心里也曾经考虑过改换太子，命豫章王萧嶷代替萧赜，但萧嶷对老哥萧赜，事奉越发谨慎小心，所以萧赜跟萧嶷之间的兄弟友爱之情不受影响。

豫州（州政府设寿阳〔安徽省寿县〕）州长（刺史）垣崇祖，不拍太子萧赜的马屁。正巧，垣崇祖击退北魏帝国南侵大军（参考前年〔四八一〕二月)，萧道成命垣崇祖回京（首都建康)，跟他秘密商讨军国大计。萧赜大起疑心，特别采取低姿态，用尊敬的礼节，设宴款待垣崇祖，对他说:“外面有很多闲话，我已经完全了解，自今以后，把我的荣华富贵，托付给你！”垣崇祖叩拜，并表示歉意。不巧，萧道成忽然派荀伯玉通知垣崇祖：边界发生紧急情况。垣崇祖接到圣旨，深夜匆匆出发，来不及到东宫（太子宫）辞行。萧赜认为垣崇祖并没有真心接受和解，对他更是痛恨。

萧道成临死前，用手指着荀伯玉，吩咐太子萧赜照顾他。萧赜登极后，垣崇祖升迁到国务院国防部长（五兵尚书)，荀伯玉升迁到顾问院（集书省）总顾问长（散骑常侍)。荀伯玉心里深感恐惧，而萧赜认为，荀伯玉跟垣崇祖友谊至深，恐怕发生变化，所以对二人特别厚待，用心安抚。

四月九日，萧赜突然下诏，指控垣崇祖招募长江北岸亡命之徒，准备联合荀伯玉叛变。逮捕二人，斩首（垣崇祖年四十四岁，荀伯玉年五十岁。由国家最有权力的领导人兴起的冤狱，天理、国法、人情，全部勾销，无人能解，可痛)。

3 四月二十二日，北魏帝国（首都平城〔山西省大同市〕）皇帝（七任孝文帝）拓跋宏（本年十七岁)，前往崞山（山西省浑源县)。

四月二十四日，拓跋宏回宫。

五月五日（北魏闰四月五日)，拓跋宏的小老婆、平凉郡（甘肃省华亭市）人林女士，生下男孩拓跋恂。拓跋宏下令大赦。冯太后认为，拓跋恂是拓跋宏的嫡长子，将来要当太子，于是命林女士自杀，由冯太后亲自喂养拓跋恂小娃。

闰五月一日（北魏五月一日)，拓跋宏前往武州山（山西省大同市西）石窟寺（云冈石窟）。

4 南齐帝国车骑将军张敬儿，很相信他所做的梦。当初，他当南阳郡（河南省南阳市）郡长时（参考四六七年七月），他的正妻尚女士，梦见一只手热得像着了火；等到当雍州（州政府设襄阳〔湖北省襄阳市〕）州长（刺史）时（参考四七五年三月），尚女士梦见一个肩膀发热；后来，加授开府仪同三司（宰相级）时，尚女士梦见半个身子发热。张敬儿欲望没有止境，常常对他的亲信说："俺老婆就要梦见全身都发热了。"又说他自己做梦，梦见故乡树林里神庙前的大树，长得高插天际。南齐帝萧赜听到这些消息，十分厌恶。诛杀垣崇祖后，张敬儿暗自惊疑，正巧，有人（"有人型"）检举张敬儿派人到蛮夷居留地做生意，萧赜怀疑他心怀不轨。有一天，萧赜在华林园设下"八关筵席"（即"八关斋"。"八关"即"八戒"，佛教的八戒是：一、不杀动物；二、不偷不抢；三、不奸淫；四、不说谎；五、不饮酒、不吃肉；六、头上不插花、不戴珠宝、不用香油涂身、不看戏；七、不坐高大的床；八、不在素食餐之后，再进饮食），中央政府文武官员全部参加。于是，萧赜下令，就在筵席上逮捕张敬儿。张敬儿脱下戴着貂尾的冠帽，摔到地上，号叫说："都是这种东西害了我！"

闰五月二十日（北魏五月二十日），斩张敬儿，和张敬儿的四个儿子。

张敬儿的老弟张恭儿，一直担心终有一天，老哥出了祸事，会受牵连。他住在故居冠军（河南省邓州市西北冠军村），从来没有去过襄阳（湖北省襄阳市），村庄荒远，道路艰难，院墙一重又一重。张敬儿每次派人送信，张恭儿一定跨上战马，左手拿弓，右手探入箭袋，全副戒备，问个清楚，然后才见。张敬儿被杀的消息传来，张恭儿把所有家属和财产，一股脑送到蛮夷居留地。后来，自己主动的出来，萧赜宽恕他，不再追究。

张敬儿的女儿，嫁给征北将军府首席军事参议官（征北咨议参军）谢超宗的儿子。谢超宗对首都建康（江苏省南京市）市长（丹阳尹）李安民说："'前年杀韩信，今年杀彭越！'（这是薛先生预料英布定会叛变的话，参考前一九六年七月。）你有什么办法逃生！"李安民报告萧赜：谢超宗对萧赜的态度，一向轻视傲慢；萧赜记恨在心，遂命兼任总监察官（兼御史中丞）袁彖（音tuàn）上奏弹劾谢超宗。

六月十日，萧赜下诏逮捕谢超宗，交付最高法院（廷尉），判决流刑，贬逐越巂郡（四川省西昌市）；谢超宗走到中途，萧赜再下诏命他自杀。而且深恨袁彖弹劾的奏章，用辞不够恶毒，于是又命国务院左秘书长（左丞）王逡之，再弹劾袁彖处理谢超宗案件，故意避重就轻，为囚犯脱罪，曲解法律，放纵罪人。袁彖遂被免职，剥夺政治权利十年。谢超宗，是谢灵运的孙儿（谢灵运，参考四二八年十二月）。袁彖，是袁觊的侄儿（袁觊，参考四六六年八月二十五日）。

5 秋季，七月一日，北魏帝拓跋宏，跟嫡祖母冯太后，前往神渊池（《魏书·高祖纪》：四七七年九月，在首都平城北苑兴建永乐游观殿，开凿神渊池）。

七月八日，再前往方山（查看寿陵）。

派代理编制外散骑侍从官（假员外散骑常侍）、顿丘郡（河南省清丰县）人李彪，到南齐帝国聘问。

6 南齐帝国监督院总监督长（侍中）、左最高资政官（左光禄大夫）、开府仪同三司（宰相级）王僧虔，坚决辞让开府仪同三司，对侄儿王俭说："你在政府担负重大责任，不久就会兼任这三项职务，我如果先行接受，一个家门里面，势将出现两个宰相，使我恐惧不安。"一连几年，都不肯到差。最后，萧赜终于同意。

七月二十二日，加授王僧虔"特进"（朝会时位置仅次于三公）。王俭兴建一栋长梁的房子，规模上稍微超过自己的身份，王僧虔去看，大不高兴，不肯进去，王俭当天就命拆毁。

最初，王弘跟兄弟们聚会，任凭儿孙们随意游戏。身为孙儿的王僧达，跳到地下，装扮老虎；可是王僧绰却端正的坐在那里，用蜡烛熔化流下来的油膏，捏成一个凤凰。王僧达把凤凰夺走打坏，王僧绰也不抗议。王僧虔能把十二个棋子摞起来，既不掉下，也不须摞第二次。当祖父的王弘叹息说："僧达英俊豪爽，不比人差，然而恐怕会把家门带入险境（王僧达之死，参考四五八年七月）。僧绰会有很好的名声和品德，受到赞美（王僧绰参与政府决策，参考四五一年十二月）。而僧虔定是一位忠厚长者，做官会到三公。"后来，王弘的预言，全都应验。

八月十四日，骁骑将军王洪范，从柔然汗国（瀚海沙漠群）回到南齐帝国（王洪范出使柔然，参考四七九年十一月），跋涉三万余里（历时五年）。

7 冬季，十月二十一日，南齐帝国派骁骑将军刘缵，到北魏帝国报聘。北魏政府外宾接待官（主客令）李安世，负责招待。北魏官员把皇宫里的珠宝，拿给商人在市场上出售。刘缵赞叹说："贵国的金银珠宝这么便宜，一定因为深山大河，出产这些东西。"李安世说："我们并不把珠宝当一回事，所以价格贱得好像瓦砾。"刘缵本来预备多买一些带回，听了这番话，感到惭愧，才停止采购。

刘缵不断的代表南齐帝国，出使北魏。北魏冯太后看上了他，跟他发生奸情。

8 十二月一日，日蚀。

9 十二月九日，北魏帝国开始禁止同姓结婚。

10 南齐帝国监督院总监督长、国务院总理（尚书令）王俭，再被加授军职首都卫戍司令（卫将军），兼管文官部考选事务（参掌选事）。

本年（四八三），撤销巴州（设巴州事，参考四八〇年二月）。

11 北魏帝国秦州（州政府设上封〔甘肃省天水市〕）州长（刺史）于洛侯，性情凶暴残酷，处决囚犯时，一定先砍断囚犯的手腕，再拔掉囚犯的舌头，斩首后，砍下四肢，悬挂示众。全州人民陷于震惊恐怖，平民王元寿等，一时之间，纷纷聚众起兵，反抗暴政。有关单位弹劾于洛侯。北魏帝拓跋宏派钦差官前往秦州，到于洛侯经常杀人的地方，向官员和人民宣告政府的决定，然后，斩于洛侯。

齐州（州政府设历城〔山东省济南市〕）州长（刺史）韩麒麟，处理政务，十分宽厚和平，参谋官（从事）刘普庆游说韩麒麟："阁下手拿皇帝符节，镇守一方，却从没有杀过人，怎么能够立威？"韩麒麟说："刑罚的目的，在于吓阻犯罪，有爱心的人，不得已才用刑罚。人民不犯法，教我杀谁？如果必须杀人才可以显示威风，那么，就先从你开始。"刘普庆惭愧恐惧，起身告辞。

四八四年 甲子

南齐　永明　二年

北魏　太和　八年

（柔然汗国永康二十一年）

1 春季，正月二日，南齐帝国（首都建康〔江苏省南京市〕）任命后将军柳世隆，当国务院右执行长（尚书右仆射）；竟陵王萧子良（本年二十五岁），当中央军事总监（护军将军）兼宰相（司徒），统御禁军，设置佐理官员，镇守西州（建康城西）。萧子良从小就有清高的声誉，喜爱朋友宾客，有才能的知识分子，都聚集在他门下。萧子良开放他位于鸡笼山（建康城北）的西郊住宅，布置成一个博物馆，收集很多古代兵器、服装，摆出展览。记录军事参议官（记室参军）范云、萧琛、乐安郡（侨群）人任昉，法务军事参议官（法曹参军）王融，首都卫戍司令部办公所主任（卫军东阁祭酒）萧衍（时王俭当首都卫戍司令〔卫将军〕，延揽萧衍入幕），镇西将军府人事官（镇西功曹）谢朓（音tiǎo〔挑〕），步兵指挥官（步兵校尉）沈约，京畿卫戍区（扬州）保荐的秀才、吴郡（江苏省苏州市）人陆倕（音chuí〔垂〕）；都在文学上有很高的成就，同受南齐帝（二任武帝）萧赜（本年四十五岁）的敬重厚待，号称“八友”。另外，法务军事参议官（法曹参军）柳恽，太学教授（太学博士）王僧孺，南徐州（州政府设京口〔江苏省镇江市〕）保荐的秀才、济阳郡（侨郡，江苏省盱眙县南）人江革，国务院宫廷保安司司长（尚书殿中郎）范缜，会稽郡（浙江省绍兴市）人孔休源，也都是萧子良的朋友宾客。萧琛，是萧惠开的侄儿（萧惠开事，参考四六六年正月八日）。柳恽，是柳元景的侄孙（柳元景事，参考四五三年四月）。王融，是王僧达的孙儿（王僧达事，参考四五八年七月）。萧衍，是萧顺之的儿子（萧顺之是一任帝萧道成的族弟，参考四七七年六月）。谢朓，是谢述的孙儿（谢述事，参考四四〇年十月）。沈约，是沈璞的儿子（沈璞守盱眙，参考四五〇年十二月）。王僧孺，是王雅的曾孙（王雅事，参考三九〇年正月）。范缜，是范云的堂兄。

萧子良笃信佛教，延请很多高僧，谈论佛法，佛教扩张迅速的程度，江南（长江以南）从来没有过。萧子良有时候还亲自替和尚端饭送水，世俗舆论认为他有失宰相的体统。

范缜坚持世上没有“佛”，萧子良说：“你不相信因果报应；那么，怎么解释富贵、贫贱？”范缜说：“人生在世，像树上的花朵，被吹下枝头后，随风飘荡。有的拂过竹帘锦幕，落到绣床之上；有的越过篱笆围墙，落到粪缸之中。落到绣床之上的，像你就是；落到粪缸之中的，像我就是。虽然贵贱有很大的差距，因果报应却在何方？”萧子良无法回答。范缜又著《神灭论》，认为：“形体是精神的本质，精神是形体的运用。精神跟形体的关系，犹如锋利跟刀刃的关系。从来没有听说过，刀刃已经消失，而锋利仍然存在，怎么可以相信形体已亡，而精神却单独不亡！”这种议论一旦提出，无论朝野内外，佛教徒一片哗然，纷纷抨击，但始终无法回答范缜提出的疑问。太原郡（侨郡，山东省济南市长清区西南）人王琰，写一篇文章，讥刺范缜，说：“老天在上，范缜，他竟然不知道他祖先的神灵在什么地方？”企图堵范缜的嘴。范缜反问说：“老天在上，王琰，他知道他祖先的神灵在什么地方，却不肯自杀前往跟随！”萧子良派王融劝范缜说：“以你美好的才华，何必担心做不到立法院主任立法官（中书郎）？却故意发表偏激荒谬言论，十分可惜，应该把那些文章马上毁掉。”范缜大笑说：“假如我范缜出卖我的言论，去换取官职，我早干到国务院总理（令）、执行长（仆）了，岂只干一个立法院主任立法官（中书郎）！”

萧衍做事有计划、有谋略，文武全才。王俭对他深感奇异，十分器重，说：“萧小弟年过三十，会尊贵到无法形容的地步。”（萧衍本年二十一岁。）

正月二十九日，中央任命柳世隆当国务院左执行长（尚书左仆射），首都建康市长（丹阳尹）李安民当国务院右执行长（右仆射），王俭兼首都建康市长（丹阳尹）。

2 夏季，四月十二日，北魏帝国（首都平城〔山西省大同市〕）皇帝（七任孝文帝）拓跋宏（本年十八岁），前往方山（大同市北方岭）。

四月十六日，回宫。

四月十八日，再往鸿池（《魏书·太祖纪》：三九九年二月，一任帝拓跋珪在平城挖掘鸿雁池）。

四月二十五日，回宫。

五月十二日，派编制外散骑侍从官（员外散骑常侍）李彪等，前往南齐帝国聘问。

3 六月一日，南齐帝国立法院立法官（中书舍人）、吴兴郡（浙江省湖州市）人茹法亮，被封望蔡男爵。当时，立法院立法官（中书舍人）共有四个人，分别派驻四院（国务院〔尚书省〕、立法院〔中书省〕、监督院〔门下省〕，及顾问院〔集书省〕），号称“四户”，由茹法亮和临海郡（浙江省台州市西北章安街道）人吕文显等担任。这些人既大权在握，声势震撼政府全体官员。郡长、县长，不断升降调补，四面八方所送的礼物，每年有数百万之多。茹法亮曾经在大庭广众公开宣布：“何必靠那一点薪俸，就在这个大门里面，一年能弄到一百万。”一百万不过是大概数目。后来，天际星辰发生变化，监督院总监督长（侍中）王俭严厉的警告说：“吕文显等手握大权，贪赃枉法，只求满足私利。上天所以变异，灾难来自这四位的大门。”萧赜亲笔写诏，向王俭解释，但不肯改变。

4 北魏帝国原来的制度：每家捐税绸缎二匹、棉絮二斤、丝一斤、谷米二十斛。另外，再缴纳绸缎一匹二丈，由州政府收入州库，作为额外追加；捐税项目，以当地特产，作为标准。

六月二十六日，北魏帝拓跋宏下诏说：“设置官吏，发放薪俸，很早就已推行，自从中原战乱（指“八王之乱”及“五胡乱华十九国”时代），这种制度，才告中断。我遵照留下来的旧有规章，开始恢复薪俸。为了开支增加，现在调整人民税收：每家应缴纳的数目增加：绸缎三匹、谷米二斛九斗，作为官员的俸禄。州政府收入州库的额外追加，增加：绸缎二匹。薪俸发放之后，官员贪赃一匹布的，处死。改变重要的法令制度，一切应重新开始，大赦天下。”（至此，北魏帝国官员，才真正普遍的有薪俸。）

5 秋季，七月十三日，南齐帝国封皇子萧子伦当巴陵王。

6 七月二十四日，北魏帝拓跋宏前往武州山（山西省大同市西）石窟寺（云冈石窟）。

九月，拓跋宏下诏，薪俸制度，自本年（四八四）十月开始实行，每季（三个月）发放一次。旧有法律：贪污十匹，或假借送礼馈赠，贪污二十匹的，处死。现在更为严格：假借送礼馈赠，贪污一匹的，以及其他贪污，不管多少，一律处死。仍派出钦差官，到各地调查地方政府首长，弹劾贪污。

秦、益二州（州政府同设上封〔甘肃省天水市〕）州长（刺史）、恒农郡（河南省三门峡市）人李洪之（此时益州〔四川省中部〕不是北魏帝国疆土），因是皇亲国戚（现任帝拓跋宏已去世的娘亲是李家女儿），地位高贵，名声显赫。可是处理政务，贪赃枉法，性情残暴。自从帝国发放薪俸以来，李洪之第一个因贪污被控。拓跋宏下令把李洪之加上脚镣手铐，押回京师（首都平城），召集文武百官陪审，由拓跋宏亲自主审，一条条宣布他的罪状。但仍认为他是帝国高级官员，准许他在家自杀。其他郡长、县长被控贪污而处死的，有四十余人。接受薪俸的官员，无不恐慌，贿赂的事，几乎绝迹。然而，平民犯了其他的罪，拓跋宏总是宽大处理。对缺少证据的罪犯，奏报上来时，拓跋宏多半都会免除死刑，改判流放边疆——每年有几千人。京师（首都平城）判处死刑的，每年不过五六个人，州郡也同样减少。

很久之后，淮南王拓跋佗，上奏请求恢复开国时的传统，停止薪俸。太皇太后冯女士召集文武百官讨论。立法院总立法长（中书监）高闾认为："饥寒交迫之下，慈母保不住她的幼儿。发给薪俸，清廉的官员，可以不必贪污；贪污的官员，可以悔过向善。如果不再发给，贪污的官员将更加贪污，清廉的官员连自己生活都无法维持。淮南王（拓跋佗）的建议，岂不荒谬！"冯太后下诏，采纳高闾意见。

高闾又上疏，认为："北方的蛮夷（指柔然汗国），愚昧凶悍，如同禽兽。他们擅长的是大兵团野战，而最大的弱点是不会攻城。如果利用蛮夷的弱点，减低他们的优点，则他们人数再多，也无法对我们造成灾难；攻击次数再多，也无法深入我们国境。而北蛮零星居住在旷野沼泽地带，追逐水草，四方迁移。战争时带着全部家人财产，撤退时连同家畜一齐逃走，用不着携带粮秣，而饮食自给自足。所以，历代下来，成为沿边祸患。帝国在北方设立六个重镇（怀荒镇〔河北省张北县〕、御夷镇〔河北省赤城县〕、柔玄镇〔内蒙古兴和县北〕、武川镇〔内蒙古武川县〕、抚冥镇〔内蒙古四子王旗〕、怀朔镇〔内蒙古固阳县〕），使我们的防卫兵力，四分五散。如果敌人的数目超过我们两倍，我们的边防军就不敢迎战。而敌人却可以集中力量，围攻一镇，难以阻止。我建议参考秦王朝、两汉王朝时代的边防政策，在六镇之北，修筑长城；在要害之地，开辟城门，附近另建小城，驻军守卫。蛮夷（柔然汗国）既不会攻城，郊野荒凉，又抢不到粮食；等到战马把青草吃尽，一定撤退，最后将会受到惩罚。计算六镇的防线，东西不过一千华里（六镇中，最东的御夷镇，与最西的怀朔镇，二地航空距离四百五十公里），一个人一个月，可以筑城三尺，强壮的和老弱的平均下来，只要征召十万人，一个月时间，就可完成。虽然暂时辛劳，却可获得永久和平。

长城带给帝国的利益有五：免除边防军巡逻的辛苦，这是之一；北方蛮族部落，不能利用畜牧的机会，顺便到南方抢劫，这是之二；我们可以登上城楼，以逸待劳，扩大监视领域，这是之三；免除作战的准备工作，使人民士卒都获得休息，这是之四；一年四季都可以把粮秣运往边疆，使军用辎重，永不匮乏，这是之五。”拓跋宏下诏赞扬（没有说清楚拓跋宏采纳或拒绝这项建议）。

7 冬季，十月十八日，南齐帝国政府任命南徐州（州政府京口）州长（刺史）、长沙王萧晃（萧道成第四子），当立法院总立法长（中书监）。

最初，一任帝（高帝）萧道成临死时，把萧晃托付给萧赜，特别吩咐，要使萧晃留在京师（首都建康）或在京师附近任官，不要派他到远的地方，同时叮咛：“宋国（南宋帝国）刘家，如果不是骨肉互相残杀，别人怎么能乘机兴起！你们要引以为戒。”传统规矩：亲王在京师（首都建康）时，只可以有武装侍卫四十人。而萧晃喜爱威风，等他离开南徐州（州政府京口）时，秘密运送数百人使用的武器，回到建康（江苏省南京市），被治安机关查获，萧晃反而把纠察员投进长江。萧赜得到报告，大为愤怒，打算把萧晃交付军法审判。豫章王萧嶷哭泣叩头，求情说：“萧晃的罪，诚然不可宽恕，但陛下应想到老爹对他的钟爱。”萧赜也流下眼泪，从此对萧晃不再有杀机，但也不再亲近。舆论认为：萧赜比较曹丕（曹魏帝国一任帝）要好，可是不如刘阳（东汉王朝二任帝）。

武陵王萧晔（萧道成第五子），多才多艺，性情疏阔狂傲，也得不到南齐帝萧赜的宠爱。一次，到皇宫参加御宴，有点醉意，趴在地上，帽侧的貂尾沾到肉汁。萧赜笑说：“肉汁把貂尾弄脏了。”萧晔回答说：“陛下爱惜羽毛，疏远骨肉！”萧赜大不高兴。萧晔对金钱并不看重，喜好帮助别人，所以没有积蓄。他把后堂的山取名首阳山，抱怨生活贫困，和皇帝老哥待他太薄（前一一二二年，周王朝一任王姬发，东征商王朝末任〔三十一任〕帝子受辛时，孤竹国〔河北省卢龙县〕国君的两个儿子：伯夷、叔齐，拦住马头劝阻，姬发拒不接受，二人就躲到首阳山〔位山西省永济市境〕，誓死不吃周王朝的粮食，最后饿死）。

8 高句骊王国（首都平壤〔朝鲜半岛平壤市〕）国王（二十任长寿王）高琏，派使节向北魏帝国（首都平城）进贡，同时另派使节也向南齐帝国（首都建康）进贡。当时，高句骊王国国势正强，北魏帝国招待各国外交使节，设立宾馆，南齐帝国第一尊贵，高句骊王国第二尊贵。

9 南齐帝国益州（四川省中部）大度獠（大度水〔青衣江〕，源出四川省芦山县北邛崃山，东南流，在四川省乐山市注入岷江。沿水蛮夷，称大度獠），仗恃地势险要，政府对他们无可奈何，骄慢狂暴，为所欲为，过去的州长都不能克制。后来，陈显达接任州长，派人前去催他们缴纳田赋捐税赎罪。酋长说："两个眼睛的州长（刺史），还不敢向我缴粮纳税，何况一个独眼龙！"（陈显达在刘休范之役中伤目，参考四七四年五月二十四日。）斩催粮官。陈显达分别部署将士，声称打猎，在夜色掩护下攻击大度獠部落，不管男女老幼，全部屠杀。

自从晋王朝政府迁到长江以南（参考三一七年三月），益州（四川省中部）州长（刺史），一向由著名的将领担任。

十一月十八日，萧赜才开始任命文官，派始兴王萧鉴（萧赜老弟）当益宁军区司令官（督益宁诸军事），兼益州（州政府成都）州长（刺史）；征召陈显达回京（首都建康）当中央军事总监（中护军）。

最初，变民首领韩武方，聚集变民一千余人，截断水源，横行乡里，郡县政府无法禁止。萧鉴走到上明（湖北省松滋市西北），韩武方出来归降，秘书长（长史）虞悰等都请求诛杀韩武方。萧鉴说："杀了韩武方，我们便失去信誉，因为我们承诺他不死。而且，那样做并不能鼓励人们改过自新。"遂报告中央，宽恕韩武方。于是，巴西（四川省阆中市）地区当强盗、行为凶暴的蛮夷，都望风归降。萧鉴，本年十四岁；走到新城郡（湖北省房县），听到谣言，说："陈显达大肆挑选士兵马匹，不肯接受征召。"萧鉴遂停留新城郡，不敢前进，派收发官（典签）张昙皙，前往观察形势。顷刻之间，陈显达的使节抵达，晋见萧鉴，大家都劝萧鉴逮捕他，萧鉴说："陈显达高风亮节，效忠中央，绝不会叛变。"两天之后，张昙皙返回，详细说明："陈显达已全家出城（成都，四川省成都市），早晚盼望殿下驾到。"于是继续前进。萧鉴喜爱文学，使用的器具衣服，跟一个平民知识分子一样，蜀中（四川省中部）人民，至为喜悦。

10 十一月二十六日，北魏帝国编制外散骑侍从官（员外散骑常侍）李彪，前往南齐帝国聘问。

11 本年（四八四），南齐帝萧赜下诏：增加豫章王萧嶷采邑四千户人家。南宋帝国本世纪（五）二〇年代至五〇年代（三任帝刘义隆在位），亲王们进入皇帝内寝，可以穿白色便服，戴高大便帽，只有到太极殿四厢，才穿正式官服。然而，自此之后，这个制度遂被取消。南齐帝萧赜对萧嶷，十分友爱，感情笃厚，凡是宫中举行的饮宴，都准许萧嶷依照前例。萧嶷坚决不肯，只有萧赜到他家赴宴时，萧嶷才身穿白色平民衣服，头戴乌纱帽，奉陪饮酒。至于衣服，和器具标准，一举一动，都要报告老哥萧赜知道，对任何事情，从不独断独行，开支十分节俭，萧赜对老弟这方面的请求，一概不准。萧嶷一直恐惧自己的地位太高、权势太大，请求解除京畿总卫戍司令（扬州刺史）职务，改授给竟陵王萧子良（萧赜次子），萧赜始终拒绝，说："这个官你要干一辈子，不必多说废话。"萧嶷身长七尺八寸，很注意自己的仪容形象，仪仗队和侍从们礼节的严整，超过其他官属：每次出入宫廷或总部，看到他的人，无不肃然兴起敬意。

交州（州政府设龙编〔越南河内市东北北宁省〕）州长（刺史）李叔献，既接受中央政府的任命（参考四七九年七月），却切断外国对中央政府的进贡，萧赜打算讨伐。

四八五年 乙丑

南齐　永明　三年

北魏　太和　九年

（柔然汗国太平元年）

1 春季，正月丙辰日（正月己巳朔，没有丙辰），南齐帝国（首都建康〔江苏省南京市〕）任命农林部长（大司农）刘楷，当交州（州政府设龙编〔越南河内市东北北宁省〕）州长（刺史），动员南康（江西省赣州市）、庐陵（江西省吉水县）、始兴（广东省韶关市）三郡武装部队，攻击交州州长李叔献。李叔献得到消息，派使节到建康，请求准许他的任期延后几年，愿意进贡一千二百个用孔雀羽毛装饰的纯银头盔；南齐帝（二任武帝）萧赜（本年四十六岁）拒绝。李叔献深恐受到刘楷突袭，遂放弃官位，抄小路经过湘州（州政府设临湘〔湖南省长沙市〕），返回建康。

2 正月十日，北魏帝国（首都平城〔山西省大同市〕）皇帝（七任孝文帝）拓跋宏（本年十九岁）下诏，说："神秘预言书（图谶）的出现，当在三代（夏王朝、商王朝、周王朝），既不是治理国家的大典，反而被邪恶的野心家所利用。从现在开始，凡是神秘预言书，一律焚烧。保有这种书的人，以死刑定罪。"又严厉禁止男巫、女巫以及街头巷尾的卦摊等等、不是儒家学派经典所记载的行径。

太皇太后冯女士著《皇家训词》（《皇诰》）十八篇完成。

正月十五日，在太华殿大摆筵席，宴请文武百官，正式颁布《皇家训词》（《皇诰》）。

3 正月二十三日，南齐帝萧赜，到首都建康南郊，祭祀天神。大赦。萧赜下诏，恢复国立大学（撤销国立大学事，参考四八二年九月）；用祭祀上公的礼仪，祭祀儒家学派始祖孔丘。

4 二月二日，北魏帝国对有封爵的皇子、皇孙，依照等级，发放薪俸。

5 二月四日，南齐帝萧赜，前往建康北郊，祭祀地神。

6 三月二十九日，北魏帝国封皇弟拓跋禧当咸阳王、拓跋幹当河南王、拓跋羽当广陵王、拓跋雍当颍川王、拓跋勰当始平王、拓跋详当北海王。冯太后命设立皇家学校，遴选教师，给亲王们上课。拓跋勰在兄弟群中，最是聪明贤能，而且好学不倦，能写很好的文章；拓跋宏对他特别赏识喜爱。

夏季，四月十七日，拓跋宏前往方山（山西省大同市北方岭）。

四月十八日，拓跋宏回宫。

7 最初，南宋帝国七任帝（明帝）刘彧时代，设立总明观，集结高级知识分子，也称“东观”。

五月二十九日，南齐帝萧赜，认为国立大学既然成立，下诏撤销总明观。当时，王俭兼任国立大学校长（国子祭酒），萧赜下令，就在王俭家中，设立学士学校（学士馆），把总明观四个单位的图书，移交给学士学校，充实设备。又下令：王俭就在家中办公（四七〇年，南宋帝国七任帝刘彧在位，设总明观，分为“儒”“道”“文”“史”“阴阳”五系〔参考该年九月〕，而“阴阳系”没有人参加。四个单位图书，可能是“儒”“道”“文”“史”四系，但也可能是“经”“史”“子”“集”四部）。

自从刘骏（南宋帝国五任孝武帝）喜爱文学作品，知识分子（士大夫）也都跟着以能写文学作品，互相推崇，再没有人专门研究儒家学派的经典（刘骏能一目七行，参考四六三年六月）。只有王俭，从小就爱读《礼经》和《春秋》，言论行为，一定遵循儒家的法则，从此之后，大家才逐渐崇拜儒家学派。王俭撰写政府礼仪、国家典章制度，自晋王朝及南宋帝国以来旧例，没有一件事不记得清清楚楚，所以王俭在政府处理事务，裁决之快，好像流水。每次会议桌上，王俭旁征博引，上自八座（国务院总理、左右执行长、五部部长），下到秘书长（丞）及各司司长（郎），没有人能提出异议。拿着公文向他请示的初级助理官（令史），常有数十人之多；这时，往往宾客满座，而王俭解释、分析，条理分明，从不积压，无论口中发言，或下笔批示，都有声有色。每十天到国立大学一次，举行考试；满庭都是头戴葛巾，手拿试卷的学生。佩剑的卫士和初级助理官（令史），四周站定，仪式非常盛大。王俭设计一种“解散髻”（把头发束结在一起，称“髻”；“解散髻”

是什么模样，已不可查考），而把头簪斜插在解散髻上；朝野人士仰慕他的风采，争相模仿。王俭常对人说：“江东（南朝）宰相群中，风流倜傥，只有谢安一人（谢安，参考三六〇年八月）。”意思是把自己比作谢安。南齐帝萧赜对他十分依赖，知识分子被任命当官，只要是王俭保荐，萧赜全都批准。

六月十五日，任命吐谷浑汗国（青海省）可汗（十三任）慕容度易侯，当车骑将军。派御前监督官（给事中）、吴兴郡（浙江省湖州市）人丘冠先，出使吐谷浑汗国，并护送柔然汗国（瀚海沙漠群）使节返国（柔然汗国派使节到南齐帝国事，参考四八一年九月）。

8 六月十六日，北魏帝拓跋宏，前往方山（山西省大同市北方岭）。

六月二十二日，拓跋宏回宫。

秋季，七月十八日，拓跋宏派使节前往宕昌国（甘肃省宕昌县），封已逝世的“宕昌王”梁弥机（参考前年〔四八三〕二月）的侄儿梁弥承，继任宕昌王。最初，梁弥机逝世，儿子梁弥博继位，不能抵抗吐谷浑汗国（青海省）的压力，抛弃王位，逃往仇池镇（甘肃省西和县南）。仇池镇防守司令（镇将）穆亮，认为梁弥机侍奉北魏帝国，一向恭敬谨慎，所以对宕昌国的覆亡，十分怜悯。但梁弥博性情凶暴，残忍狂悖，部众对他都深恶痛绝，而梁弥承却受到拥护。穆亮遂报告中央，请求准许护送梁弥承回国，北魏帝拓跋宏批准。穆亮遂率骑兵三万人，进驻龙鹄（四川省松潘县，吐谷浑汗国南界），击退吐谷浑军，使梁弥承登上王位，然后班师。穆亮，是穆崇的曾孙（穆崇事，参考三八五年八月）。

七月二十三日，北魏帝拓跋宏前往鱼池（《魏书·太宗纪》：四一三年二月，二任帝拓跋嗣于首都平城北苑开凿鱼池），上青原冈（今地不详）。

七月二十九日，拓跋宏回宫。

八月五日，再到弥泽（山西省朔州市西南）。

八月二十日，上牛头山（今地不详）。

八月三十日，回宫。

9 北魏帝国建国之初，人民惊惶无主，多数投靠豪门强族，希望得到庇护，称为“荫户”，不受政府管辖，也不为政府服役。可是，豪门强族对他们的征收，比政府要重两倍。御前监督官（给事中）李安世上疏说：“每逢遇到年景饥馑，人民就四散逃亡，田地很多被豪门强族霸占。古代井田制度虽然难以恢复，但政府应该使地权稍稍平均，使农夫耕种的面积，跟农夫一家人口，能够相称。同时，发生争执的田产，应该在限定日期内裁决。凡是时间太久，没有原始资料的，一律归现在使用的人，用来杜绝诈欺。”北魏帝拓跋宏大为称赞，政府开始研究平均地权方案。

冬季，十月十三日，拓跋宏派使节分别前往各州郡，会同州长、郡长，推行均田政策：十五岁以上的男子，每人配给无树农田四十亩，女子每人二十亩，奴仆婢女，也一样配给；农民如果有一头牛，加配农田三十亩，但以四头牛为限（即以一百二十亩为限）。如果是隔一年才能耕种一次的贫地，加两倍配给；如果是隔两年才能耕种一次的贫地，加三倍配给；用以因应耕种和缴纳赋税的需要。人民到了可以耕田的年龄，就配给他土地；年纪太老，则不再配给，身死之后，土地缴回政府。对于奴仆、婢女、耕牛，所作的配给，看当时情形，由政府决定收回或继续。第一次配给土地的人，男子每二十亩，应种桑五十棵，这种“桑田”——种了桑树的土地，可以世代经营，身死之后，也不必缴回政府。政府经常调查户口，对有盈余的农家不再配给，但也不收回土地。对生活困难的人家，依照法令，增加配给。有盈余的农家，可以自由出售他的盈余。对于地方政府首长，就在地方政府所在附近，依照等级，配给一份公田，首长离职时，移交给继任首长；如果私下卖掉出售，依照法令定罪。

十月二十七日，北魏帝国魏郡王陈建逝世。

北魏帝国派编制外散骑侍从官（员外散骑常侍）李彪等，出使南齐帝国。

十二月二十二日，任命高级咨询官（侍中）、淮南王拓跋佗当宰相（司徒）。

10 柔然汗国（瀚海沙漠群）攻击北魏帝国边塞，北魏任城王拓跋澄，率军抵抗，柔然军即行撤退。拓跋澄，是拓跋云的儿子（拓跋云事，参考四七一年八月）。

氐族及羌族部落，起兵反抗北魏政府，北魏帝拓跋宏命拓跋澄担任梁益荆军区司令长官（都督梁益荆三州诸军事）、梁州（州政府设骆谷城〔甘肃省西和县南〕）州长（刺史）。拓跋澄抵达州城（骆谷城）就职，讨伐变民，安抚社会，氐羌民变，全都平息。

11 最初，南齐帝国一任帝（高帝）萧道成，命监督院（门下）宫廷监督官（黄门郎）虞玩之等，重新校订户籍（参考四八〇年二月）。现任帝萧赜登极后，另行设立"户籍校正局"，委任初级助理官（令史），规定每人每天都要查出几条诈欺作伪的案件；数年下来，一片愁苦怨恨，人心不安。皇宫外务总监（外监）、会稽郡（浙江省绍兴市）人吕文度，向南齐帝萧赜请求，并被批准："凡是撤销户籍的人，全部充军到偏远地方。"于是，人民畏罪，大量逃亡。富阳（浙江省杭州市富阳区）人唐寓之，遂利用妖术，迷惑众人，武装暴动，攻陷富阳（"富阳”本名“富春”，因晋帝国十四任帝简文帝司马昱的娘亲名郑阿春，凡有“春”的地名都要改换，“寿春”成了“寿阳”，“富春”成了“富阳”，参考三三九年八月注）。三吴（太湖流域及钱塘江流域）被撤销户籍的人，纷纷投奔，多达三万。

吕文度与茹法亮、吕文显，都以精密邪恶的谄媚功夫，受南齐帝萧赜的宠信。吕文度是皇宫外务总监（外监。属于中央禁军总监〔中领军〕，但制度归制度，吕文度的实权却大过中央禁军总监），中央禁军全在他控制之下，中央禁军总监（中领军）不过只看守座位而已。茹法亮当立法院立法官（中书通事舍人），权势尤其炙手可热。王俭常叹息说：“我虽然官居高位，但权力和关系，怎么能跟茹公相比！”

12 本年（四八五），柔然汗国可汗（七任受罗部真可汗）郁久闾予成逝世，儿子郁久闾豆仑继位（八任），号称伏名敦可汗（“伏名敦”意思是永恒）；改年号太平。

四八六年 丙寅

南齐　永明　四年
北魏　太和　十年
（柔然汗国太平二年）
（皇帝唐寓之兴平元年）

1 春季，正月一日，北魏帝国（首都平城〔山西省大同市〕）皇帝（七任孝文帝）拓跋宏（本年二十岁）主持元旦朝会，开始改穿汉族皇帝所穿的衮龙袍和冕旒帽。

2 正月二十日，柔然汗国（瀚海沙漠群）攻击北魏帝国边塞。

3 南齐帝国（首都建康〔江苏省南京市〕）变民首领唐寓之，攻陷钱唐（浙江省杭州市）；吴郡（江苏省苏州市）各县县长，纷纷放弃城池逃走。唐寓之遂在钱唐，登极称帝，封他的儿子当太子，设立百官（并改年号为兴平），派他的大将高道度等，攻陷东阳郡（浙江省金华市），斩东阳郡郡长萧崇之。萧崇之，是一任帝（高帝）萧道成的族弟。唐寓之又派大将孙泓，攻击山阴（会稽郡郡政府所在县，浙江省绍兴市），进抵浦阳江（流经绍兴市西）。浃口（浙江省宁波市东北甬江口）驻军司令（戍主）汤休武，击破孙泓军。南齐帝（二任武帝）萧赜（本年四十七岁），派中央禁卫军数千人，战马数百匹，向东攻击唐寓之，进抵钱唐；唐寓之的战斗部队，都是乌合之众，对骑兵十分畏惧，双方刚一接战，变民军立刻崩溃。中央禁卫军捕获唐寓之，斩首；再向各县进军，全都收复。

中央禁卫军纪律败坏，乘战胜余威，对人民大肆奸淫烧杀。班师回京（首都建康）后，萧赜得到报告，逮捕带兵官（军主）、前军将军陈天福，绑赴刑场斩首；左军将军刘明彻，免职，削除封爵，罚到东郊铁矿场（东冶）做苦工。陈天福，是萧赜最宠爱的大将，既被处决，内外震动恐惧。萧赜派立法院立法官（通事舍人）、丹阳郡（首都建康）人刘系宗，走遍中央禁卫军所到之处，和变民军攻击过的郡县，慰劳人民。人民被裹挟参加变民集团的，一概不予追究。

闰正月一日，萧赜封皇子萧子贞当邵陵王、皇孙萧昭文当临汝公爵。

4 “氐王”（首府武兴〔陕西省略阳县〕）杨后起逝世。

闰正月十五日，南齐帝国命白水郡（四川省青川县东沙州镇）郡长杨集始（时驻武兴），当北秦州州长，封武都王。杨集始，是杨文弘的儿子（杨集始自立称王，参考四八二年九月）。杨后起的老弟杨后明，继任白水郡郡长。

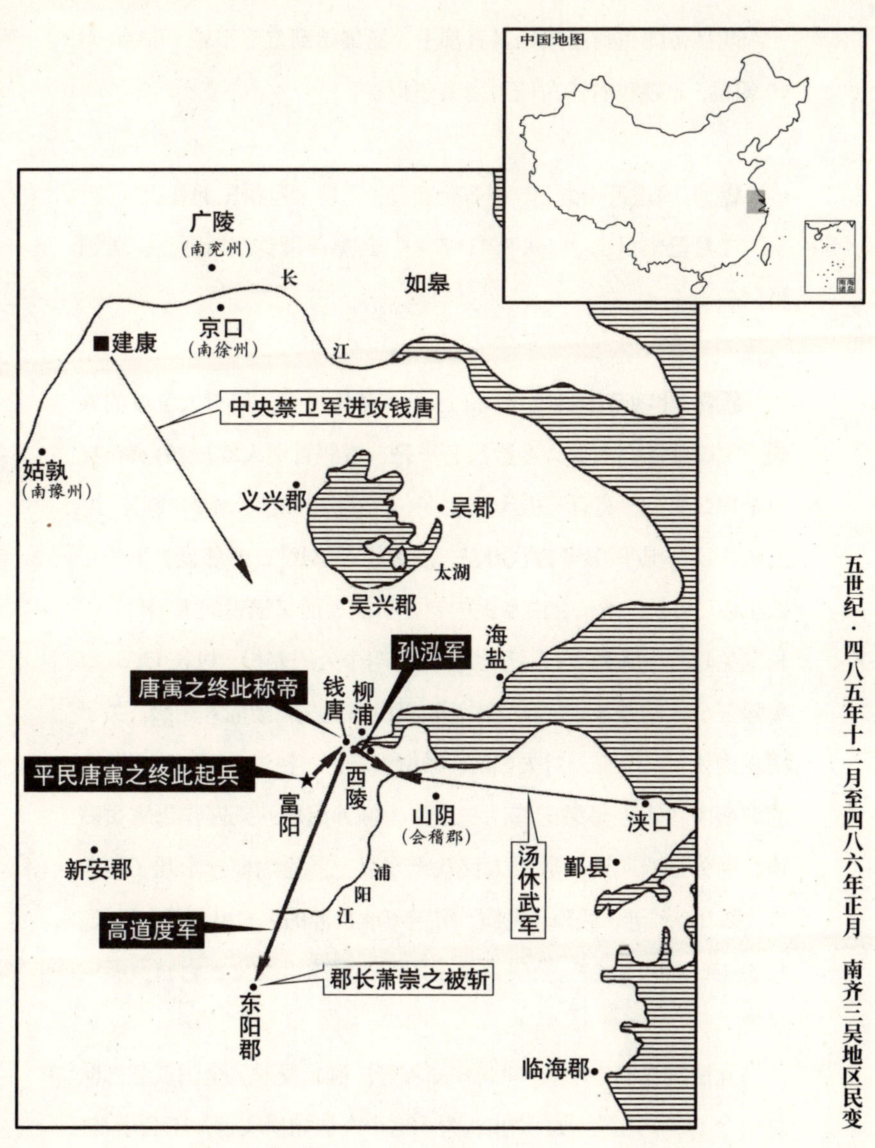

五世纪·四八五年十二月至四八六年正月　南齐三吴地区民变

北魏帝国也封杨集始当武都王。杨集始到首都平城（山西省大同市）朝见，北魏政府任命他当南秦州州长。

5 闰正月十九日，南齐帝萧赜，主持亲自耕田典礼。

二月己未日（二月壬戌朔，没有己未），封皇弟萧铢当晋熙王、萧铉当河东王。

6 北魏帝国县政府以下，没有基层组织，只有大家族的族长，统御部队。人民大多数没有户籍，或假冒别人的户籍；有时，一个户口之内，竟有三五十家之多。宫廷图书馆长（内秘书令）李冲，上疏建议："应该参考古代办法，五家设'邻长'，五邻设'里长'，五里设'村长'（党长），由乡民中有办事能力而又谨慎的人担任。邻长家免除一个人的差役，里长家免除两个人的差役，村长（党长）家免除三个人的差役。三年之内，如果没有过失，则擢升一级。关于田赋捐税：家中有一对夫妇的，缴绸缎一匹、谷米二石。政府收入的绸缎中，十匹呈缴国库，二匹作为额外追加，三匹作为官员薪俸；此外还有临时征收。人民八十岁以上，免除他一个儿子的差役，孤儿、孤老、残障、患病、穷苦不能自养的人，由邻长、里长、村长（党长）轮流供养。"奏章呈上后，拓跋宏批交文武百官，共同讨论。

立法院最高立法长（中书令）郑羲等，群起反对。全国武装部队总司令（太尉）拓跋丕说："我认为，这个办法如果实行，于公于私，确实都有裨益。可是，现在正是征收赋税的月份，政府却去校正户籍，人民一定辛苦怨恨。但愿过了今年秋季，等到冬季，再派钦差官分赴各地办理，这样比较适宜。"李冲说："'对于人民，可使他们做事，但不必使他们知道原因。’（《论语》孔丘语：“民可使由之，不可使知之。”）如果不乘着征收赋税的月份办理，人民只看到校正户籍的麻烦，没有看到减免差役赋税的利益，一定产生怨恨。所以正是要利用征收赋税的月份，使人民立刻了解赋税的公平。既感谢政府的用意，又得到校正户籍的利益，执行起来，才比较容易。”文武官员仍继续反对，纷纷发言：“人民因贫富不同，征收赋税，一向分为九个等级，施行的日子已久（六任帝拓跋弘在位时制定，参考四六九年二月），一旦改变，恐怕扰乱社会秩序。”冯太后（文明太后）说：“设立邻长、里长、村长（党长），田赋捐税，都有一定标准，被包庇的隐密户口（荫户），从此出现，投机取巧的人，再玩不出花样，为什么不可实行？”

二月十三日，开始建立邻长、里长、村长（党长）制度，重新校订人民户籍。开始时人民都感到愁苦，豪门强族，尤其反对。可是人民不久就发现征收田赋捐税，竟省下十倍费用，上下才都安心。

7 三月五日，柔然汗国（瀚海沙漠群）派使节牟提，前往北魏帝国聘问。

当时，臣服柔然汗国（瀚海沙漠群）的敕勒部落（蒙古国北部）叛变，柔然可汗（八任伏名敦可汗）郁久闾豆仑亲率大军讨伐，追击到西方沙漠尽头。北魏国务院左执行长（左仆射）穆亮等，请求乘柔然后方空虚，出兵攻击。立法院总立法长（中书监）高闾说：“秦王朝、两汉王朝时代，天下统一，所以才能够远征匈奴汗国。而今，南方有东吴贼寇（指南齐帝国），我们怎么可以不管它，而深入胡虏（指柔然汗国）王庭？”北魏帝拓跋宏说：“‘刀枪是凶恶的武器，圣人到不得已的时候才使用。’（《老子》李耳语）先帝（六任献文帝拓跋弘）屡次出征的原因，只因胡虏（柔然汗国）一直没有屈服的缘故（就《资治通鉴》所记载，拓跋弘出击，仅只三次：四七〇年九月、四七二年二月、十一月）。而今，我继承的是太平盛世，怎么可以无缘无故，发动战争！”对柔然汗国的使节，十分厚待，送他回去。

8 夏季，四月一日，北魏帝国开始制定五等官服（以颜色分别：最高级一等朱色，次高级二等紫色，三等浅红色，四等绿色，最低级五等青色）。

四月四日，北魏帝拓跋宏，第一次穿上皇帝法定制服——衮龙袍和冕旒帽，乘御用辇车，到首都平城（山西省大同市）南郊，祭祀天神。

四月十三日，拓跋宏前往灵泉池（方山之南有灵泉宫。凿有灵泉池，东西一百步，南北二百步）。

四月十八日，拓跋宏回宫。

9 南齐帝国湘州（湖南省）蛮夷叛变，州长（刺史）吕安国，有病，不能出军讨伐。

四月二十七日，南齐帝萧赜，任命国务院左执行长（尚书左仆射）柳世隆，当湘州（州政府设临湘〔湖南省长沙市〕），击平蛮夷叛军。

10 六月二日，北魏帝拓跋宏，前往方山（山西省大同市北方岭）。六月二十日，冯太后（文明太后）给皇子命名拓跋恂，大赦（拓跋恂诞生，参考四八三年五月）。

秋季，七月九日，拓跋宏再往方山。

八月十七日，中央政府发给国务院执行官（尚书五等）以上，以及子爵以上官员：朱色（最高级一等）官服、宝玉饰物，和佩戴宝玉饰物的丝带。

九月三日，兴建皇家大会堂（明堂）、国立中央大学（辟雍）。

冬季，十一月，政府规定，官员依照他管辖户口的多少，作为薪俸多少的标准。

11 十二月，柔然汗国（瀚海沙漠群）攻击北魏帝国边境。

12 本年（四八六），北魏帝国把立法大学（中书学）改为国立大学（国子学）。

分别建立州郡，共三十八州，其中二十五州在黄河以南，十三州在黄河以北。

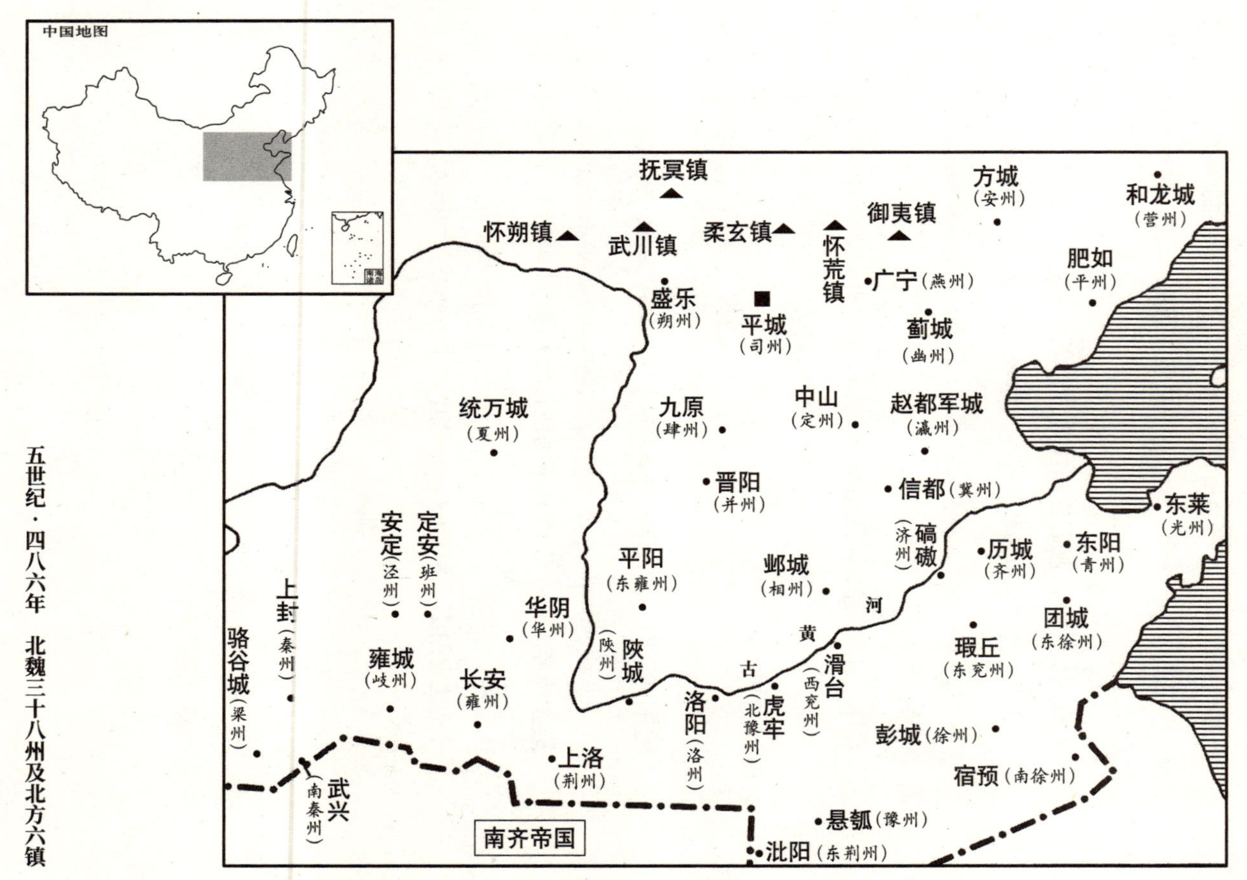

五世纪·四八六年　北魏三十八州及北方六镇

四八七年 丁卯

南齐　永明　五年

北魏　太和　十一年

（柔然汗国太平三年）

1 春季，正月一日，北魏帝国（首都平城〔山西省大同市〕）皇帝（七任孝文帝）拓跋宏（本年二十一岁）下诏，命有关单位审查音乐，凡是不够典雅的一律禁止。

2 正月二日，南齐帝国（首都建康〔江苏省南京市〕）皇帝（二任武帝）萧赜（本年四十八岁），任命豫章王萧嶷，当最高指挥官（大司马）；竟陵王萧子良当宰相（司徒）；临川王萧映、首都卫戍司令（卫将军）王俭、中军将军王敬则，一齐加授：开府仪同三司（宰相级）。

萧子良保荐记录官（记室）范云，出任郡长。萧赜说："我听说他在你面前，时常卖弄他的才能，我没有严格的惩罚他，只是看他一直跟随你的份上。"萧子良说："恰恰相反，范云动不动就对我规劝教导，他写的信仍在手边。"遂把这些信件呈报，约有一百余封，用辞十分恳切率直。萧赜叹息，对萧子良说："想不到范云能够这样，正要他帮助你，怎么可以让他到远方当郡长？"太子萧长懋，曾经到太子宫东郊，观看农夫在田中收割，对左右宾客说："收割动作，也不简单。"大家纷纷点头回应："是的，是的。"只范云回答说："春天播种，夏天锄草，秋天收获，要经过长期的劳苦。但愿殿下知道庄稼艰难，不贪图一时的安逸！"

3 流浪汉桓天生，自称是桓玄（参考四〇三年十二月）的后代，跟南齐帝国雍州（湖北省北部）、司州（河南省东南部）境内的蛮夷结合，占领南阳郡（河南省南阳市）故城，请求北魏帝国出军支援，向南攻击。

正月十一日，南齐帝萧赜，加授首都建康市长（丹阳尹）萧景先："持节"，统率步骑兵混合兵团，直接向义阳（司州州政府所在县，河南省信阳市）进发，司州（河南省东南部）境内各军，都受指挥。萧赜又加授中央军事总监（护军将军）陈显达："持节"，率征虏将军戴僧静等水上舰队，攻击宛县（南阳郡郡政府所在县，河南省南阳市）、叶县（河南省叶县西南），雍州及司州境内各军，都受陈显达指挥。两路大军讨伐桓天生。

4 北魏帝国最高资政官（光大夫）、咸阳公爵（文公）高允，一连事奉五位皇帝（三任拓跋焘、四任拓跋余、五任拓跋濬、六任拓跋弘、七任〔现任〕拓跋宏），在政府三个院（国务院〔尚书〕、立法院〔中书省〕、咨询暨顾问署〔门下〕）

都担任过重要职位，前后五十余年，从没有受过责备。冯太后及北魏帝拓跋宏，对他都十分尊重；在他进宫的时候，总是命高级宫廷侍从（中黄门）苏兴寿，下台阶搀扶。高允仁爱宽恕，简单恬静，虽然身居高官，但心情跟一介平民一样，拿起书本，观看吟咏，无论白天晚上，总不离手。教导别人向善学好，诚恳耐心的指引，从不厌倦；顾念亲友故旧，也从不忘记。六任帝（献文帝）拓跋弘夺取南宋帝国的青州（山东半岛）、徐州（江苏省北部）时（参考四六七年正月、四六九年正月），把当地有声望的豪门强族，都迁移到代都（首都平城），很多人是高允的姻亲，流离失所，受尽饥寒，高允倾他所有的力量，援助救济，使他们都获得安顿；又在其中遴选有才能的人，向中央政府推荐。有些人挑拨离间，捏造谣言，攻击那些刚刚归附的人，认为不太可靠。高允说："任用贤才，施展能力，为什么要管新归附的，或旧归附的？如果委派他们工作，就不应用这个理由压制。"高允一向没有病，本年（四八七），略微感到有点不舒服，但起居作息，仍跟平常一样。只几天时间，就行逝世，享年九十八岁。政府追赠高允：高级咨询官（侍中）、最高监察长（司空）；颁发的奠仪，十分优厚。自从建国以来，对逝世官员的赏赐，从没有这么多。

5 南齐帝国变民首领桓天生，引导北魏帝国军一万余人，抵达沘阳（河南省泌阳县）。中央军事总监（护军将军）陈显达派征虏将军戴僧静等，在深桥（泌阳县南二十公里）迎战，大破北魏军，斩杀、俘虏以万为单位计算。桓天生退保沘阳，戴僧静围攻，不能攻克，撤退。

流浪汉胡丘生，在北魏帝国占领下的悬瓠（河南省汝南县），聚众起兵，响应南齐北上讨伐桓天生的人军。北魏击破胡丘生军，胡丘生投奔南齐。

桓天生又引导北魏军攻击舞阴（河南省泌阳县北三十公里），舞阴驻军司令（戍主）殷公愍拒抗，击破北魏军，斩北魏军副司令官张麒麟；桓天生受伤逃走。

三月二十二日，南齐政府任命陈显达当雍州（州政府设襄阳〔湖北省襄阳市〕）州长（刺史）。陈显达进军，占领舞阳（河南省舞阳县）。

6 夏季，五月八日，北魏帝拓跋宏，前往灵泉池（山西省大同市北）。

五月九日，南平王拓跋浑（一任道武帝拓跋珪之孙）逝世。

五月十日，拓跋宏返首都平城（山西省大同市），下诏：皇家七座祖庙的子孙，以及“五服”以内的皇亲国戚，全体免除赋税差役（“七庙”，指拓跋什翼犍以下。“五服”之外，亲情已尽，不再穿丧服）。

南部政务执行官（南部尚书）公孙邃、上谷公爵张倏，率领部众，会同桓天生，再度攻击舞阴（河南省泌阳县北三十公里），南齐帝国舞阴驻军司令（戍主）殷公愍，再击破攻势。桓天生遂逃顺蛮夷居留区。公孙邃，是公孙表的孙儿（公孙表，参考三九四年八月）。

7 北魏帝国自春季到夏季，天不落雨，大旱已成，而代都（首都平城）尤其严重，加上牛瘟传染，人民很多饿死（人间惨事）。

六月二十九日，拓跋宏下诏给中央及地方官员，要求对政府作直言无隐的批评。齐州（州政府设历城〔山东省济南市〕）州长（刺史）韩麒麟上疏说：“古代贤哲君王，一定积蓄足够维持九年的食粮（国家没有九年的存粮，称为“不足”；没有六年的存粮，称为“紧急”；没有三年的存粮，已不能成为国家），到了中古时代（当时〔五世纪〕的中古时代，当是两汉王朝），也尊重农业。缴纳食粮的人，跟阵前杀敌的人，受到同样封爵；努力耕田的人，跟孝顺父母、友爱兄弟的人，受到同样赏赐。而今，京师（首都平城）民众，很多人并不务农，不靠耕田生活的，占三分之二。太平日子过久了，又加上连年丰收，大家互相夸耀财富，奢侈浪费，遂成为风气。高贵家庭，孩童婢女，都穿华丽的衣服；工商家庭，奴仆差役，都吃山珍海味。而耕田的农夫，连酒糟米糠都吃不饱；养蚕的农妇，连蔽体的粗布衣裳都穿不全。结果是，农夫一天比一天减少，荒田一天比一天增多。国库缺乏粮秣布匹，街市却堆满各种宝贵货物。很多家庭没有衣服穿、没有东西吃；可是路上却尽是衣服华丽的行人。广大人民受到饥寒交迫之苦，原因在此。"

"我愚昧的认为，凡是奇异珍贵的东西，都应禁止。婚礼丧礼的仪式，都应规定一个标准，鼓励人民耕田种桑，严格执行奖赏和惩罚。则数年之内，一定会有盈余。以前，校正户籍，田赋捐税，减轻不少（校正户籍，参考去年〔四八六〕二月）。我所管辖的齐州（山东省西北部），所征收的赋税谷米，仅够文武官员的薪俸，没有多余的输入国库，虽然对人民有利，但是不可能长久维持。万一发生战争，或水旱天灾，对于各方的需要，无法供应。我建议：不妨少征绸缎，改征谷米。丰收之年，作为存粮，歉收之年，拿出赈济。这正是把人民私有的谷米，寄存在政府粮库。政府有储存，而民间无荒年。"

秋季，七月六日，拓跋宏下诏，命有关单位打开仓库，赈济或借贷给饥民，准予饥民出关逃生（"关"，指首都平城四周关口）。派专人编造名册，由人民自己决定离开或留下。饥民所经过的地方，由地方政府供给饮食；停下来不肯再走的，由"三长"负责安置（"三长"：邻长、里长、村长〔党长〕）。

8 柔然汗国（瀚海沙漠群）可汗（八任伏名敦可汗）郁久闾豆仑，

残忍凶暴；部属侯医垔石洛候，不断规劝，而且建议跟北魏帝国和解。郁久闾豆仑大怒，诛杀侯医垔石洛候全族，于是，部众开始离心。

八月，柔然兵团攻击北魏帝国边境，北魏任命国务院执行官（尚书）陆叡当司令官（都督）迎战，大破柔然兵团。陆叡，是陆丽的儿子（陆丽，参考四五二年十月）。

最初，高车部落（蒙古国北部）酋长阿伏至罗，拥有部众十余万人，是柔然汗国的藩属。柔然可汗郁久闾豆仑，南下攻击北魏时，阿伏至罗竭力劝阻，郁久闾豆仑拒绝接受。阿伏至罗大怒，跟堂弟阿伏穷奇，率部众向西进发，直到前部（车师前王国，新疆吐鲁番市）西北，自称高车国王，部众尊称他“候娄匐勒”——“天子”之意；尊称阿伏穷奇“候倍”——“太子”之意。二人感情亲密，分别统御各人的部众。阿伏至罗在北，阿伏穷奇在南。

郁久闾豆仑追击，屡次被阿伏至罗击败。郁久闾豆仑只好向东迁移（柔然汗国从此退出西域〔新疆及中亚东部〕，国势开始衰退，以后内斗惨烈，不能复兴）。

9 冬季，十月十九日，北魏帝拓跋宏下诏，撤销国务院工程部（起部）对民生没有益处的工程；又把宫中不事纺织的宫女，解放出宫。

十一月二十六日，再下诏：废除军械制造厂（尚方）所属绫罗锦绣织造工厂；人民打算自己织造时，随他们织造，不加禁止。此时，北魏帝国长久没有战争，国库满盈，金银绸缎，堆积如山，拓跋宏下诏把饰物管理局（御府）中的衣服、珍宝、御厨房（太官）饮食用具、交通部（太仆）舆轿车马等交通工具和宫内库所藏弓箭刀枪的十分之八；以及宫外库的衣服、绸缎、丝棉，并不是用来供应政府使用的各种财产，一大半赏赐给文武百官，甚至赏赐给工人、商人、衙役。更普及到六镇（参考四八四年九月）的边防军，以及京畿鳏夫、寡妇、孤儿、孤老、贫穷的人、害病的人，都依照等级赏赐。

皇家图书馆主任（秘书令）高祐，主任秘书（丞）李彪，把《国书》（《北魏帝国史》）的体例，分为纪、传、表、志（完全仿效《史记》，没有创意），拓跋宏批准。高祐跟高允同一个祖父，是高允的堂弟。

十二月，拓跋宏下诏，命李彪跟国史编撰官（著作郎）崔光，负责修订《国书》。崔光，是崔道固的堂孙（崔道固事，参考四六八年二月）。

拓跋宏问高祐说："怎么才能防止强盗？"高祐说："从前，宋均树立德政，猛虎渡淮河而去（参考六四年）；卓茂推行教化，连蝗虫都不入境（西汉王朝十四任帝〔平帝〕刘箕子在位时，密县〔河南省新密市〕县长卓茂，推广教育文化，蝗虫不进密县。其他事迹，参考二五年九月）。何况盗贼，也是普通小民。只要郡长、县长的人选适当，治理教化，有正当的方法，防止强盗，十分容易。"（中国历史上的民变，绝大多数都是官逼民反，官如果不逼，民不会反，这是中国特有的史实。）高祐又上疏说："现在任用官吏，不管他治理人民的成绩优不优，而只管他的年资深不深！这不是人尽其才的办法，应该迅速改正，抛弃那些无聊的年资，只认人才，不问关系，官员自然清廉严正。至于有功劳的老干部，虽然过去有过贡献，值得尊敬，但他们没有治理人民的才能，可以赏给他们封爵，但不可以教他们当地方政府首长。这就是：帝王可以因私人的喜爱送给人钱财，不可以因私人的喜爱派人当官！"拓跋宏十分欣赏。

高祐后来出任西兖州州长（刺史），镇守滑台（河南省滑县）。认为郡和封国，都有学校，县和村（党）应该也有，于是，命县设立初级中学（讲学），村设立小学。

四八八年 戊辰

南齐　永明　六年
北魏　太和　十二年
(柔然汗国太平四年)

1 春季，正月十五日，北魏帝国（首都平城〔山西省大同市〕）皇帝（七任孝文帝）拓跋宏（本年二十二岁）下诏："被判处死刑的罪犯，如果父母、祖父母年纪太老，而又没有已经成年的子孙，另外也没有穿一年以上丧服的亲属；应奏报中央。"

2 最初，南齐帝国（首都建康〔江苏省南京市〕）皇子、首都西区卫戍司令（右卫将军）萧子响（萧赜第四子），出继叔父豫章王萧嶷。萧嶷后来生了儿子，上疏仍留下萧子响，作为世子（亲王合法继承人）。可是，萧子响每次进宫入朝，因车马衣服，都跟他的兄弟亲王们不一样（他是亲王的世子，车马衣服自然又次一级），大为不满，叫骂咆哮，在车中用拳头猛烈擂击车壁。南齐帝（二任武帝）萧赜（本年四十九岁）听到这件事，命他的车马衣服，跟其他皇子一样。于是，主管官员奏报并得到批准：萧子响归本还宗。

三月二十日，封萧子响当巴东王。

3 南齐帝国角城（江苏省淮安市淮阴区西）驻军将领（戍将）张蒲，在大雾掩护下，乘船到清水（泗水上游）一带，砍伐木柴，秘密跟北魏帝国边防军勾结。角城驻军司令（戍主）皇甫仲贤发觉时，张蒲已控制城门，于是紧急集结部众，在城门下拒战，仅能击退张蒲。而接应的北魏步骑兵三千余人，已抵达护城河之外。淮阴（江苏省淮安市淮阴区）带兵官（军主）王僧庆等，率军增援，北魏军才撤退。

4 夏季，四月，南齐帝国变民首领桓天生，再度引北魏帝国军南下，占领隔城（河南省桐柏县）。南齐帝萧赜，命游击将军、下邳郡（江苏省睢宁县北古邳镇）人曹虎，率各军反击。此时，辅国将军朱公恩率军作敌前搜索，跟桓天生的游击部队发生遭遇战，大破桓天生军，遂围隔城。桓天生会同北魏步骑兵一万余人混合兵团增援，曹虎迎击，大破北魏兵团，俘虏及诛杀二千余人。第二天，曹虎攻克隔城（河南省桐柏县），斩北魏任命的襄城郡（南襄城郡，郡政府隔城）郡长帛乌祝，再俘虏和诛杀二千余人。桓天生放弃平氏城（河南省桐柏县西北），逃走。

5 南齐帝国雍州（州政府设襄阳〔湖北省襄阳市〕）州长（刺史）陈显

达，攻击北魏帝国。

四月五日，北魏帝国派豫州（州政府设悬瓠〔河南省汝南县〕）州长拓跋斤，率军阻截。

6 四月十五日，北魏帝国大赦。

四月十六日，北魏帝拓跋宏前往灵泉池（山西省大同市北）。

四月十八日，前往方山（大同市北方岭〔灵泉池北〕）。

四月二十日，回宫。

北魏帝国在醴水北岸筑城（城在今河南省桐柏县西。醴水跟淮河同源，东流的是淮河，西流的是醴水，注入沘水），南齐帝国雍州（州政府襄阳）州长陈显达，把该城攻克，乘胜进击沘阳（河南省泌阳县）。城中北魏的将士，都要求出城迎战，河阳镇（与东荆州州政府同设河阳）防守司令（镇将）韦珍说："他们刚到，锐气正盛，此时不可以正面冲突，只有坚决守城，等他们攻击得筋疲力尽，然后反攻。"于是登城抗拒，攻防战历时十二天，韦珍于深夜大开城门，派军出袭，陈显达只好撤退。

7 五月十五日，南齐帝国政府任命"宕昌王"（甘肃省宕昌县）梁弥承，当河、凉二州州长。

8 秋季，七月十一日，拓跋宏前往灵泉池（山西省大同市北），再去方山（大同市北方岭〔灵泉池北〕）。

七月二十一日，回宫。

9 九月二十五日，南齐帝萧赜，前往琅邪郡（侨郡，郡政府从金城〔江苏省句容市北〕迁至白下〔建康城北〕）阅兵。

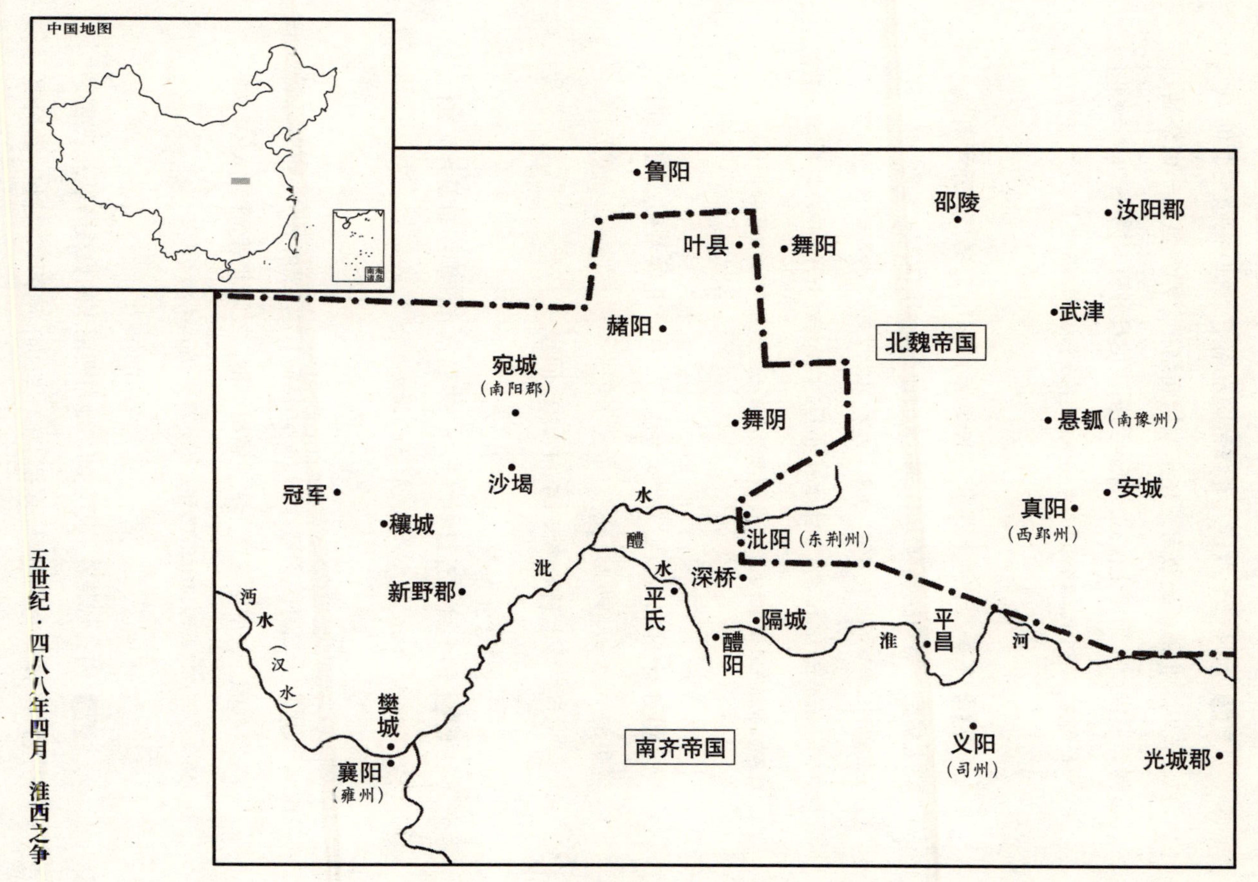

五世纪·四八八年四月　淮西之争

10 九月二十六日，北魏帝国淮南王（靖王）拓跋佗逝世（年七十三岁）。北魏帝拓跋宏正在皇家祖庙祭祀，刚呈献第一道祭品，得到报告，立刻停止仪式，亲自到拓跋佗身旁哀悼恸哭（拓跋佗属第三代，拓跋宏属第七代，辈分相差很大，拓跋佗是拓跋宏的高曾祖叔父）。

11 冬季，十月十四日（北魏闰九月十四日），立冬，南齐帝萧赜，登太极殿，第一次宣读历书（两汉王朝时，天文台长〔太史〕每年都要向皇帝呈递新的历书，季节分明，有"立春""立夏""大暑""立秋""立冬"，作为五个季节的分割点。皇帝在什么季节，身穿该季节颜色的衣服，坐上宝座，宫廷秘书长〔尚书令〕以下官员，各就各位。把颁发历书的诏令，放在桌上，皇帝宣读一遍，然后赏赐各官员美酒一杯）。

12 十月二十五日（北魏闰九月二十五日），北魏帝拓跋宏，前往灵泉池（山西省大同市北）。

十月二十七日（北魏闰九月二十七日），回宫。

13 闰十月十五日（北魏十月十五日），南齐帝国任命国务院执行长（尚书仆射）王奂，当中央禁军总监（领军将军）。

14 十二月，柔然汗国（瀚海沙漠群）伊吾（新疆哈密市）驻军司令（戍主）高羔子，率部众三千人，献出城池，投降北魏帝国（自从高车部落叛走，在西域〔新疆及中亚东部〕建立王国，伊吾一座孤城，势不能久守）。

15 南齐帝萧赜，因全国各地布匹稻米的价钱降低，采纳国务院右秘书长（尚书右丞）江夏郡（湖北省武汉市）人李珪的建议，动用国库五千万钱，及各州州库现款，大量购买（谷贱伤农，布贱也伤农）。

西陵（浙江省杭州市萧山区西北）驻军司令（戍主）杜元懿，建议说："吴兴郡（浙江省湖州市）今年没有收成，而会稽郡（浙江省绍兴市）丰收，商人来往两地，比平常加倍。西陵牛马场（牛埭）的税收，政府规定，每天三千五百钱。依我的观察，每天税收，可以加倍。连同浦阳江（流经绍兴市西）南北两个渡口、柳浦（浙江省杭州市凤凰山下）四个牛马场，请交给我管理一年，除了原来税收外，我还可以多缴四百多万钱。西陵基地之前，检查收税，并不妨碍驻军正常戒备，其他三个牛马场（牛埭），由我任用可靠的人主持。"萧赜把这项建议，交给会稽郡研究，会稽总部执行官（会稽行事）、吴郡（江苏省苏州市）人顾宪之认为："当初，建立牛马场（牛埭），并不是要强迫人民缴税。而只是为了江上风大浪急，危险丛生，政府特别把牛只集中，以便运送，为人民谋取方便。以后的主持人，不知道原来用意，为了自己表现，有的把其他道路切断，只留下这一个关口；有的规定：只要在江上行船，即令没有货物，也要征税。吴兴郡（浙江省湖州市）一连数年，农作物没有收获，今年尤其惨重。人民逃离困苦的家园，投奔富有的他乡，实在是饥饿所逼。而牛马场官员，却向他们收税，甚至依照规定，不肯减少。旧有的税收标准，最近有人认为应该减少。结果是，应该减少的还没有减少，在规定之外，反而忽然大幅增加，这算是什么治理政策？皇上仁慈，怜恤人民的痛苦，还要打开仓库，发放粮食，并且免除田赋和其他捐税。杜元懿却利用人民的痛苦，贪图眼前利益，更加重人民的痛苦。一个人没有爱心，不分古今，都会受到全民痛恨。而且，一旦实行他的办法，万一事情并不顺利，不能达到预期数目，他恐怕受罚，势将千方百计，向人民迫害勒索，替政府招来无穷怨恨。杜元懿刻薄成性，过去已有明显的事例（杜元懿事迹不详），如果再把一块地方交给他，让他管理人民，那就像让豺狼去管理羔羊一样。他所准备任用的‘可靠的人’，不过是一些戴着人帽的猛虎罢了。古书（《大学》）上说：‘与其有搜括人民财产的官员，宁愿有偷盗国家财产的官员。’（“与其有聚敛之臣，宁有盗臣。”）这就是说：比较起来，偷盗国家财产，造成的伤害小，而搜括人民财产，造成的伤害大。我愚昧的认为：‘便宜’的意义是：对政府方便，对人民适合。我暗中考察，最近所有上疏所作的‘便宜’建议，都不能提出不困扰人民的办法，去运用天道，竭尽地利。所提出的全是眼前对人民就不适合，将来对政府却一定有害的方案。名称跟实质相反，违背立国精神。像这一类的事情，实应深刻留意。”萧赜接受，不采取行动。

16 北魏帝拓跋宏，向文武百官询问如何使人民安定的办法。皇家图书馆主任秘书（秘书丞）李彪，呈递“亲启密奏”，认为：

“富贵豪门之家，奢侈挥霍，超过本分。住宅、车马、衣服，应该给他们划出等级，严令遵守。国家的兴亡，在于帝王继承人是不是善良；而帝王继承人是不是善良，在于所受教育是不是成功。高宗（五任帝拓跋濬）曾对文武官员说：‘我从前上学的时候，年龄还小，心中贪玩，不能专一。后来登上大位，每天处理万种机要，又没有多余的时间，温习往日功课。现在想起来，岂只是我的错误，也应是师傅教导我不够严格的缘故。’国务院执行官（尚书）李䜣，脱下冠帽，请求处分，这是大家所共同见到的。所以我建议：应依照古代前例，设立师傅一官，训导太子。

“其次，西汉王朝平时设有‘常平谷仓’，遇到荒年，用来救济饥民（参考前五四年）。去年（四八七），京师（首都平城）农作物歉收（参考去年〔四八七〕五月），把饥民迁移到丰收地区，维持生活；既荒废人民正常工作，又要千里流离，才能到达目的地，对于国家实力，有太大消耗。为什么不先行设立粮仓，积存谷米，安安静静的，向他们发放！比起把老的老、小的小，驱逐到千里之外，乞讨糊口，岂不更好。所以我建议：应该在州郡正常捐税收入中，提出九分之二；而京师（首都平城）全年开支剩余的粮食或经费，则全部提出；分别设立管理机构，丰收时买进谷米，积存仓库，歉收时加两分利，卖给人民。这样的话，人民一定会努力耕田，用以购买绸缎；积蓄钱财，用以购买谷米。好年景一直积存，坏年景则陆续出售。数年之间，谷米会有大量积存，而家家充足。即令有天灾人祸，也不致造成灾害。

“其次，我建议：最好是在河表（黄河以南，此处特指在第五次南北大战新夺得之土地）七州人民之中（七州：光州〔州政府东莱〕、东兖州〔州政府瑕丘〕、豫州〔州政府悬瓠〕、东徐州〔州政府围城〕、青州〔州政府东阳〕、徐州〔州政府彭城〕、齐州〔州政府历城〕），根据门第家世，选拔人才，考察他们的能力，护送前来京师（首都平城）。依照中州官员的任用程序，随时任用（中州，指首都平城〔山西省大同市〕及黄河以北各州）。一则可以推广圣明王朝对新人旧人，不分彼此、一视同仁的大义，二则可以安抚长江、汉水一带归附圣明王朝的人心。

“其次，父子兄弟，虽然各有身体，却是同一血缘；而犯罪的行为，并没有使他们互相牵连，这是君王的宽厚恩德。至于发生事故，全家忧愁恐惧，也是自然之理。有些刻薄寡情的人，老爹老哥被囚禁监狱，子弟脸上，竟没有悲哀的颜色；子弟逃避刑罚，老爹老哥也丝毫不感惭愧；都继续安享他们的荣华富贵，在随从围绕下，自由自在，东游西逛；无论车马衣服，豪华如昔，一点不变；骨肉恩情，岂应该如此凉薄。我愚昧的建议：老爹老哥犯罪，应命子弟改穿素色衣服，裸露胸背，到皇宫门外，请求处罚。子弟犯罪，老爹老哥则应公开上奏，自我责备，请求辞职。如果职位确实重要，不可以批准的，则不妨加以安慰、勉励、慰留。必须这样，才可以激励平凡庸俗的人，扭转浅薄的风俗，变成敦厚，人才能知道什么是可耻。

“其次，政府官员遇到父母逝世，请假返乡安葬，安葬之后，假期届满，遂即回府销假（当时北魏帝国还不行三年之丧，只给“丧假”），照样穿绫罗绸缎的衣服，坐高大豪华的车辆，随从君王，去祭天祭祖；身佩宝玉，头垂帽穗，跟其他官员一同参加庆贺或赏赐的欢宴，这诚是伤害做儿子的神圣情操，辜负天地孕育万物的生长法则。我愚昧的建议：凡是祖父母、父母死亡，都应准许做儿子的服三年之丧。如果没有他，工作便要停顿时，则不妨下达措词温和的诏书，命他‘起复’——到官办事；但也只负责大计方针、奏报陈述。国家的吉庆大典，一概不准他参加。如果身为军职，发生紧急情况，则可以命他把白色丧服染黑，入营服役，虽然不合儒家系统的礼教，但事情应该如此做。”

拓跋宏全部批准，从此之后，北魏帝国政府与民间，都很富有，虽然有时发生水旱灾，但人民不致穷困。

17 北魏帝国派军攻击百济王国（首都熊津〔朝鲜半岛公州城〕），被百济王国击败（本世纪，朝鲜半岛三国鼎立，成“品”字形，百济王国在半岛西南部。因隔着高句骊王国〔首都平壤，朝鲜半岛平壤市〕之故，北魏帝国不可能从陆路上进军，当是海军接触）。

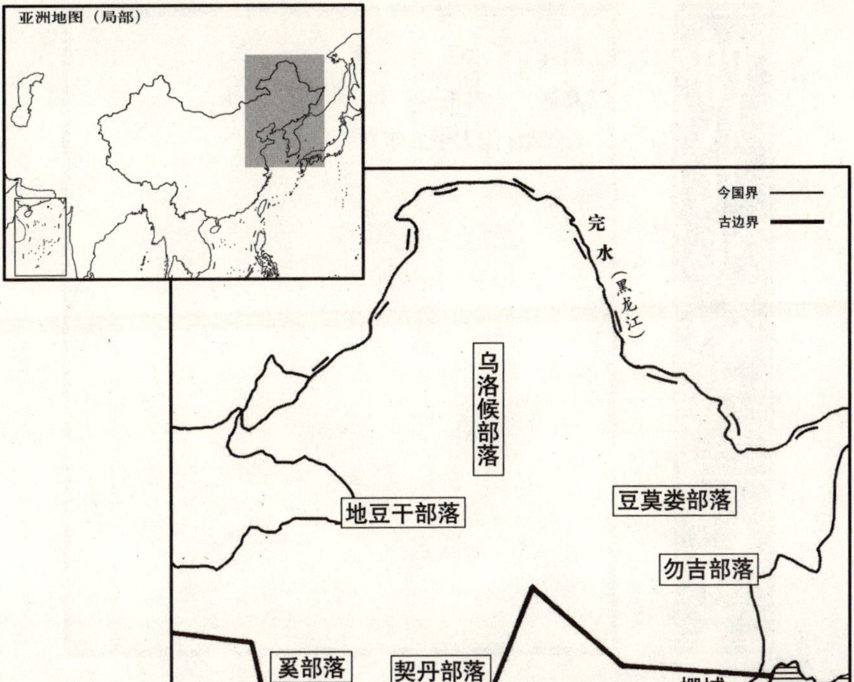

五世纪·四八八年 东北地区形势

亚洲地图（局部）
今国界
古边界
完水（黑龙江）
乌洛候部落
地豆干部落
豆莫娄部落
勿吉部落
奚部落
契丹部落
高句骊王国
栅城
丸都
辽东城
北魏帝国
平壤
古黄河
新罗王国
金城
百济王国
熊津
南齐帝国
倭国

四八九年 己巳

南齐　永明　七年

北魏　太和　十三年

（柔然汗国太平五年）

1 春季，正月七日，南齐帝国（首都建康〔江苏省南京市〕）皇帝（二任武帝）萧赜（本年五十岁），前往首都南郊，祭祀天神。大赦。

2 北魏帝国（首都平城〔山西省大同市〕）皇帝（七任孝文帝）拓跋宏（本年二十三岁），前往首都南郊，祭祀天神，开始使用"大驾"（皇帝出门时的仪仗队，分为三等，最高称"大驾"，中称"法驾"，最简单称"小驾"；参考前一八〇年闰九月。普通情形下，只用"法驾"。拓跋宏用"大驾"，至少要动用车轿一千辆，骑兵一万人，场面一定非常热闹）。

3 正月十八日，南齐帝国临川王（献王）萧映逝世（年三十二岁）。

最初，南齐帝萧赜，当南宋帝国镇西将军府秘书长（镇西长史）时，主任秘书（主簿）王晏，千方百计谄媚，萧赜对他十分亲信（萧赜当时担任镇西将军、晋熙王刘燮的秘书长〔长史〕兼郢州总部执行官〔行郢州事〕；参考四七七年六月。萧赜发布权宜人事命令〔版授〕，任命王晏当主任秘书〔主簿〕），王晏遂时常逗留总部。南齐帝国建立，萧赜被封太子，任命王晏当太子宫顾问官（中庶子）。后来，萧赜曾触怒老爹一任帝萧道成（参考四八三年四月），王晏立刻宣称有病，跟萧赜保持相当距离，表示情谊并不那么密切。萧赜后来登上宝座，任命王晏当首都建康市长（丹阳尹），对他的感情和信任，跟过去一样，早上和晚上，都要召见一次，谈论国家大事。从豫章王萧嶷，以及王俭以下官员，对他都采取低姿态，曲意接近。

二月二十八日，萧赜任命王晏当江州（州政府设寻阳〔江西省九江市〕）州长（刺史）。王晏不愿远离中央，萧赜遂收回成命，留他下来当国务院文官部长（吏部尚书）。

三月十一日，萧赜封皇子萧子岳当临贺王、萧子峻当广汉王、萧子琳当宣城王、萧子珉当义安王。

4 夏季，四月四日，北魏帝拓跋宏下诏，说："在楼上散发救济品给难民，竟然引起拥挤的人群马匹，互相践踏，使很多人受伤，成为残障，实在遗憾，今后一律禁止。把所有救济物品，直接送给年老的人、有病的人、贫穷的人，和无依无靠的人。"

四月十四日，拓跋宏前往灵泉池（山西省大同市北），再去方山（大同市北方岭〔灵泉池北〕)。

四月十六日，回宫。

5 南齐帝萧赜，对国务院总理(尚书令)、南昌公爵(文宪公)王俭，礼遇十分优厚，命他每隔三天，上班一次，其他时间，由国务院初级助理官(尚书令史)，向他请示。萧赜仍认为事情太烦，命王俭下榻国务院宫外厅(尚书下省)，每月有十天回家的假期。王俭坚决辞职，萧赜改命他当立法院总立法长(中书监)，参与考选事务(参掌选事)。

五月三日，王俭逝世(年三十八岁)。

国务院文官部长(吏部尚书)王晏，自从主管全国官员的考选事务(领选)，权力大幅升高，跟王俭之间，发生摩擦。负责礼仪的官员，打算依照王道(参考三三九年七月)前例，定王俭的绰号"文献"，王晏反对，报告萧赜说:"'文献'太尊贵，王道才得到这个绰号。自从宋国(南宋帝国)以来，从来不把这么尊贵的绰号，给非皇族人员。"萧赜接受。王晏出宫，对他的亲近人员说:"'平头宪'事情已成定局！"(平头，指"王"。"平头宪"，指王俭的绰号"文献"已被打消，改为"文宪"。)

徐湛之被杀时(参考四五三年二月)，孙儿徐孝嗣，还在娘亲腹中，得免于难。八岁，继承祖父的枝江县公爵位。娶南宋帝国康乐公主(南宋五任帝刘骏的女儿)。后来，萧赜登极，徐孝嗣当总监察官(御史中丞)，态度端庄，做事简练。王俭曾经对人说:"徐孝嗣将来一定会当宰相。"萧赜也曾经问王俭:"谁可以接替你的位置？"王俭说:"我解除宰相职位时，徐孝嗣有最大可能。"王俭逝世，徐孝嗣正任吴兴郡(浙江省湖州市)郡长，萧赜召他回京(首都建康)，当国务院国防部长(五兵尚书)。

6 五月八日，北魏帝拓跋宏，在沼泽中兴筑方坛，祭祀地神。

7 南齐帝萧赜，打算任命中央禁军总监（领军）王奂，当国务院总理（尚书令）；征求王晏的意见。王晏跟王奂互相排斥，遂回答说："柳世隆对帝国建过大功，声望很高，恐怕不应委屈在王奂之下（柳世隆协助萧赜，平定沈攸之，参考四七七年十二月）。"

五月二十二日，萧赜擢升国务院左执行长（尚书左仆射）柳世隆，当国务院总理（尚书令）、王奂当国务院左执行长（左仆射）。

六月十五日，萧赜前往琅邪城（白下，建康城北）。

8 北魏帝国怀朔镇（内蒙古固阳县）防守司令（镇将）、汝阴王（灵王）拓跋天赐，长安镇（陕西省西安市）防守总司令官（都大将）、雍州（州政府长安）州长、南安王（惠王）拓跋桢，都因贪污有罪，应该处死。冯太后和北魏帝拓跋宏，亲到皇信堂（安昌殿是内寝殿，皇信堂是中寝殿），召集所有王爵、公爵。冯太后发问说："你们认为，应该顾念亲情，摧毁国法？还是认为，应该不顾亲情，遵守国法？"大家都说："二位王爷，都是景穆皇帝（拓跋晃）的儿子（拓跋晃，是三任太武帝拓跋焘的儿子，身死之日，仍是太子，从来没有当过皇帝。只因他儿子拓跋濬继承帝位〔五任文成帝〕，追尊拓跋晃"景穆皇帝"，祭庙称恭宗。从没有当过皇帝的人，却以皇帝身份出现，当过皇帝的人，有时却被称为王侯或平民。传统史迹和史书，造成的这种迷局，使人困惑），应该受到宽恕（二王是现任帝拓跋宏的叔祖父、冯太后夫家的老弟）。"冯太后不作回答。拓跋宏遂下诏，说："两位亲王所犯的条款，实在难以宽恕。但太皇太后（冯太后）追思高宗（她的丈夫五任帝拓跋濬）顾念手足之情，而且，南安王（拓跋桢）侍奉娘亲，至为孝顺，内外都知。因此，特别赦免二人一死，而只撤销所有官职和爵位，贬作平民，剥夺政治权利终身。”

最初，中央政府得到拓跋桢贪污凶暴消息，派初级资政官（中散大夫）闾文祖，前往长安（陕西省西安市）调查，闾文祖在接受拓跋桢大批金银财宝贿赂后，返回京师（首都平城）报告，完全隐瞒真相；等事情发生，闾文祖也受到同等处罚。冯太后对文武官员说：“闾文祖一直自称清廉，而今竟贪赃枉法，从这件事上看出，人心难测。”拓跋宏说：“古时有一种听候差遣的官员，座中如果有人自问不能克制自己贪心的，准许他辞职回家。”御厨房助理官（宰官），兼初级资政官（中散大夫）慕容契报告说：“普通人的心理，不能不变，而帝国的法律，却是永恒不变，用常变的心，去适应不变的法，恐怕难以胜任，我请求罢黜。”拓跋宏说：“慕容契知道人心不能不变，则一定也知道贪污之使人厌恶，何必辞职。”擢升他当御厨房管理官（宰官令）。慕容契，是慕容白曜的侄儿（慕容白曜之死，参考四七〇年十月）。

秋季，七月二十五日，拓跋宏前往灵泉池（山西省大同市北）。

拓跋宏命文武百官讨论：“跟齐国（南齐帝国）断绝友好关系已久（上一次派出到南齐的使节，在四八五年十月），现在我想派出使节，各位有什么意见？”国务院执行官（尚书）游明根说：“我们没有派使节报聘，而又在他们的国土之上筑醴阳城（河南省桐柏县西），两件事都是我们理亏。主动派使节前去，有什么不可以！”拓跋宏同意。

八月四日，派兼任编制外顾问官（兼员外散骑常侍）邢产，出使南齐帝国。

九月，拓跋宏释放大批宫女，赏赐给北镇（北方六镇）没有妻子的贫民。

冬季，十一月十九日，安丰王（匡王）拓跋猛（五任文成帝拓跋濬的儿子）逝世。

十二月七日，河东王（僖王）苟颓逝世。

9 南齐帝国派平南将军府军事参议官（平南参军）颜幼明等，前往北魏帝国报聘。

10 北魏帝国任命国务院总理（尚书令）尉元，当宰相（司徒）；国务院左执行长（左仆射）穆亮，当最高监察长（司空）。

11 南齐帝国豫章王萧嶷，因为自己地位太高，深怀急流勇退之心。

本年（四八九），萧嶷上疏请求辞职，返回私宅。南齐帝萧赜命萧嶷的世子萧子廉，代替老爹镇守东府（建康城南，宰相府）。

太子宫总管（太子詹事）张绪，兼京畿卫戍区（扬州）总考选官（中正）。长沙王萧晃（时任中央军事总监〔护军将军〕），吩咐张绪任命吴兴郡（浙江省湖州市）人闻人邕，当州政府议论助理官（州议曹），张绪不同意。萧晃命助理一再请求，张绪面色严肃说："这是我生长的州郡家乡，殿下怎么可以逼迫！"

监督院总监督长（侍中）江敩（音xiào〔孝〕），当国务院法务部长（都官尚书）时，立法院立法官（中书舍人）纪僧真，受萧赜的宠信，仪容举止，都有"士大夫"（知识分子）的风采，他报告萧赜说："我的出身，不过是本县（纪僧真是建康县人）一个武官，侥幸的遇到圣明时代，官阶和荣耀，已经到此。又给儿子娶了苟昭光的女儿，别无其他盼望，唯一的盼望是，请求陛下准许我当‘士大夫’。”萧赜说：“这件事，应去求江敩、谢瀹（音yuè〔月〕），我不能做主，你自己去找他们。”纪僧真遵照圣旨指示，拜访江敩，脱下木屐，登上榻席坐定，江敩回头吩咐左右说：“把我的床抬得远远的离开客人！”纪僧真挨了一记闷棍，垂头丧气而回，告诉萧赜说：“原来皇上没有权力任命‘士大夫’！”江敩，是江湛的孙儿（江湛，参考四五三年二月二十一日）。谢瀹，是谢朏的老弟（谢朏事，参考四七八年九月）。

柏杨曰

天下最使人沮丧的事，莫过于因果颠倒。“士大夫”的命脉，明明握在帝王之手，经过萧赜的指点和纪僧真的恍然大悟，竟然把“士大夫”形容成一个可以跟帝王对抗的阶层，真够他妈的白痴水准。大家都没有想个清楚，世家豪门如果一连两代没有人做官，他们的“士大夫”便立刻土崩瓦解。土崩瓦解还是三生有幸，六十年后，杀手侯景对“士大夫”所做的惨酷反应：屠杀男子，奸淫妇女，教他们普遍的受到饥饿蹂躏，“士大夫”也就面貌全非。

“士大夫”的定义是“高级知识分子，以及在职官员和退休士绅”。而在某种场合，像萧赜、纪僧真、江敩等所谓的“士大夫”，则专指以做官为人生唯一目的，其他任何事情都不会做，也不屑做的社会蠹虫。

“士大夫”建立起来只有中国才有的官场文化，贪赃枉法，互相勾结，阻挠改革，成为中国人灾难之源。

12 柔然汗国（瀚海沙漠群）别部酋长叱吕勤，率部众投降北魏帝国。

南北朝

- 南齐巴东王萧子响杀人被诛。
- 南齐太子萧长懋逝世。
- 南齐政变，萧鸾连杀二帝自立。
- 北魏帝国定都洛阳，全盘汉化。

- 东哥德部落酋长狄奥多理，攻陷罗马，斩鄂多瓦，建东哥德王国。

四九〇年 庚申

南齐　永明　八年
北魏　太和　十四年
（柔然汗国太平六年）

1 春季，正月，南齐帝国（首都建康〔江苏省南京市〕）皇帝（二任武帝）萧赜（本年五十一岁）下诏：释放隔城（河南省桐柏县）之战，俘虏北魏的士卒二千余人（参考前年〔四八八〕四月），送还北魏帝国。

2 正月二十六日，北魏帝国（首都平城〔山西省大同市〕）皇帝（七任孝文帝）拓跋宏（本年二十四岁），前往方山（山西省大同市北方岭）。

二月三日，再往灵泉池（大同市北〔方山南〕）。

二月四日，回宫。

3 地豆干部落（内蒙古锡林郭勒盟东北部）屡次攻击北魏帝国边境。

夏季，四月七日，北魏征西大将军、阳平王拓跋颐，击退地豆干部落军。拓跋颐，是拓跋新成的儿子（拓跋新成，参考四五七年三月）。

4 四月二十七日，北魏帝国使节、兼任编制外散骑侍从官（兼员外散骑常侍）邢产等，抵达南齐帝国报聘。

五月十二日，库莫奚部落（内蒙古西拉木伦河上游）攻击北魏帝国边境，北魏安州（州政府设方城〔河北省隆化县〕）防守司令官（都将）楼龙儿，把他们击退。

5 秋季，七月五日，南齐帝国政府任命会稽郡（浙江省绍兴市）郡长、安陆侯萧缅，当雍州（州政府设襄阳〔湖北省襄阳市〕）州长（刺史）。萧缅，是萧鸾的老弟（萧鸾，参考四八〇年三月）。萧缅对民间诉讼，十分重视，逮捕到小偷强盗，第一次都赦免释放，准许他们改过自新，重新做人；再犯的时候，才加以诛杀。人民对他既敬畏又爱戴。

七月七日，大赦。

6 七月十日，北魏帝拓跋宏前往方山（山西省大同市北方岭）。

七月二十日，再往灵泉池（方山南）。

八月一日，回宫。

7 吐谷浑汗国（青海省）可汗（十三任）慕容度易侯逝世。

八月二十日，南齐帝国任命慕容度易侯的世子慕容伏连筹，当秦、河二州州长（刺史），派振武将军丘冠先前往宣读人事命令，并且祭悼前任可汗的灵位。慕容伏连筹强迫丘冠先叩拜，丘冠先拒绝。慕容伏连筹命人把丘冠先推下悬崖跌死。

南齐帝萧赜，厚厚的赏赐丘冠先的儿子丘雄。下诏说："你父亲身死绝域，尸骨无法寻找，你应好好贡献国家，不应有任何顾忌。"（老爹生不见人，死不见尸，当儿女的会有极大不安，尤其还要涉及到守三年之丧的儒家法则，所以诏书有此指示。）

8 南齐帝国荆州（州政府设江陵〔湖北省江陵县〕）州长（刺史）、巴东王萧子响，勇敢好斗、力大无穷，精于骑马射箭，喜爱军事，亲自挑选贴身武装卫士六十人，都有胆量智略和才干；就任之后，常在内宅设宴，用美酒、牛肉，招待他们。萧子响又秘密缝制锦绣长袍、红色短袄，打算送到蛮夷居留地区，换取武器。秘书长（长史）高平郡（侨郡）人刘寅、军政官（司马）安定郡（侨郡，湖北省南漳县西）人席恭穆，联名秘密奏报南齐帝萧赜。萧赜下诏，命更进一步调查。萧子响听说钦差官携带诏书抵达，可是，只见钦差官，不见诏书。于是，召集刘寅、席恭穆，以及首席军事参议官（咨议参军）江悆（音yù〔玉〕）、收发官（典签）吴修之、魏景渊等盘问。刘寅等仍守秘密。吴修之说："既然已经下了诏书，就应该斟酌情形，马马虎虎，搪塞过去。"魏景渊说："我们应该先作检查，再作回奏。"萧子响大怒若狂，逮捕刘寅等八人，就在后堂，斩首，把经过情形奏报皇帝老爹。萧赜打算赦免江悆，听说全部被杀，大怒。

八月二十七日，任命随王萧子隆当荆州（州政府江陵）州长。

萧赜准备派淮南郡（姑孰，安徽省当涂县）郡长戴僧静，率军讨伐萧子响，戴僧静当面报告说：“巴东王（萧子响）还是少年，秘书长（长史）逼迫太急，怒火上升，没有想到后果。天子的儿子，过失杀人，有什么大罪！陛下竟派大军西上，人心惶恐，不知道会有什么演变，我不敢接受圣旨。”萧赜不回答，但心里嘉许他的见解。遂另派皇城保安司令（卫尉）胡谐之、游击将军尹略、立法院立法官（中书舍人）茹法亮，率寝殿侍卫数百人，前往江陵（湖北省江陵县），搜捕萧子响左右那些弄臣小人物。萧赜吩咐：“子响如果放下武器，愿回京师（首都建康），可保全他的性命。”命南平郡（湖北省公安县）郡长（内史）张欣泰，当胡谐之的副司令。张欣泰对胡谐之说：“这次出征，胜利享不到大名，失败可是奇耻大辱。萧子响聚集的是一群暴徒，所以仍然听从他的驱使，有的是恐惧刑罚，有的是贪图赏赐，所以还不能自行崩溃。我们如果把军队停在夏口（湖北省武汉市），向他们分析祸福利害，可以用不着战斗，就擒获罪人。”胡谐之不接受。张欣泰，是张兴世的儿子（张兴世事，参考四六六年七月）。

胡谐之等大军抵达江津（湖北省江陵县东南十公里），在燕尾洲（江津西）构筑工事。萧子响穿白色衣服，登上城楼，不断派出使节到胡谐之大营陈述，说：“天下之大，哪有儿子反叛老爹之理？我不是叛逆，只是做事鲁莽。现在我就乘一艘小艇回京（首都建康），接受杀人罪的处罚，何必一定要出兵捉拿！”其他人都回避不见，只尹略出面，回答使节说：“谁跟你这种叛父逆子讲话！”萧子响只有流泪哭泣。于是，杀牛备酒，烹饪饭菜，送给中央军，作为慰劳。尹略把它们投入长江，顺水流走。萧子响呼喊茹法亮，茹法亮怀疑畏惧，不肯见面。萧子响派人请求一见传达诏书的钦差大臣，茹法亮也不准钦差前往，反而囚禁萧子响的使节。萧子响大怒，集结他平日所训练的勇士，和州政府、军区司令部军队二千人，从灵溪（今地不详）西上；萧子响亲自率一百余人，携带万钧巨弓，乘夜，进驻长江堤防。第二天，州政府、军区司令部联军，向中央军发动攻击，萧子响再在堤上用强弓射击，中央军大败崩溃，尹略被杀，胡谐之等各乘一艘艇逃走。

萧赜再派首都建康市长（丹阳尹）萧顺之，率军增援。萧子响于大战获胜后，率领身穿白衣的平民侍从三十人，乘长江小船，顺流而下，直赴建康。太子萧长懋对萧子响这位老弟，深有戒心。萧顺之出发时，萧长懋秘密吩咐，命他采取断然措施，决不允许萧子响活着回到建康（江苏省南京市）。萧子响在中途遇到萧顺之，请求准许晋见皇帝申诉；萧顺之拒绝，就在演武堂，用绳索把萧子响勒死（年二十二岁）。

萧子响临死，写信给老爹萧赜，说："我的罪状，超过山海，本来甘心接受巨斧诛杀。陛下派胡谐之等前来，不肯宣示圣旨，反而全军备战，进驻要塞，紧对城南，构筑工事守卫。我几次送信呼唤茹法亮，请求穿平民衣服会见，茹法亮始终拒绝。手下一些小人物恐惧过度，遂挑起战斗，这是我的过错。因此，我于本月（八）二十五日，孑然一身，投奔中央，希望回到京城，准许我在私宅逗留一月，由我自尽。这样做可以使帝国没有诛杀皇子的污点，我也得以免去忤逆老爹的恶名。既不能完成心愿，今天就要毙命。临写此信，哭泣哽咽，不知道说些什么。"

有关单位奏请切断萧子响跟皇族的关系，削除封爵采邑，改姓蛸；所牵连的罪犯，另行定罪。

很久之后，萧赜游华林园，看到一只猿猴跳上跳下，跌跌撞撞，哀叫悲鸣，询问左右怎么回事，左右说："它的儿子前天从悬崖上摔下跌死！"萧赜想起萧子响，忍不住呜咽悲哭，泪流满面。

茹法亮受到萧赜严厉的责备，萧顺之惭愧恐惧，发病，逝世。豫章王萧嶷上疏，请收殓安葬萧子响的尸首，萧赜不准，并追贬萧子响封号：鱼复侯。

萧子响引起战乱后，各军区（方镇）纷纷指控萧子响叛逆，兖州（州政府设淮阴〔江苏省淮安市淮阴区〕）州长垣荣祖说："我们不可以随便作这种指控，只能说：'刘寅等辜负国恩，逼迫巴东王（萧子响），事情才发展到这个地步。'"萧赜看到，认为垣荣祖有真知灼见。

中央军纵火焚烧江陵州政府建筑，文书档案一霎时化成灰烬。萧赜因最高指挥部记录官（大司马记室）、南阳郡（河南省南阳市）人乐蔼，很多次当本州（雍州〔州政府襄阳〕）的幕僚，特别召见他，询问他西部（荆州）的事，乐蔼对答如流，萧赜大为喜悦，任命他当荆州州政府行政官（治中），把州政府的重建工作，交给他负责。乐蔼修缮州政府官舍数百栋，不久全部完工，并没有征集一个人充当差役，荆州总部对他一致称道。

9 九月十八日，北魏帝国太皇太后冯女士逝世（年四十九岁）。北魏帝拓跋宏（本年二十四岁），一连五天，不饮一口汤水，哀痛悲苦，伤害自己的身体，超过礼教的规定。中部总监署司法官（中部曹）、华阴（陕西省华阴市）人杨椿，劝阻说："陛下承受祖宗交付下来的大业，君临万国，责任至为重大，怎么可以像一个平民一样，为了讲究小节，而使身体受到伤害，倒地不起！文武百官惶恐焦急，不知道怎么向陛下进言。而且，圣人所订的礼教，再大的悲哀，不可以灭绝人性。即令陛下自己想在万代之中，创造空前绝后的哀悼纪录，不知道把皇家祖庙，置于何地！"拓跋宏受到感动，特别吃一次稀粥。

于是各王爵、公爵，都到宫门上疏，请求迅速指定冯太后的安葬时间，依照两汉王朝，以及曹魏帝国安葬皇太后的前例，并遵照冯太后的临终遗言：安葬之后，即脱下丧服。拓跋宏下诏说："自从灾祸降临（指冯太后逝世），惩罚于我，恍惚之间，好像就发生在昨天。我事奉太皇太后的灵柩，仿佛太皇太后仍在人世。所说定时安葬，我不忍听。"

冬季，十月，各王爵、公爵，再不断上疏请求，拓跋宏下诏说："选择安葬日期，可依照前例办理。至于早早脱下丧服，我不忍心。"拓跋宏打算亲自前往墓园。

十月四日，下诏说："平常出动的仪仗队（指庞大的"大驾"）全部停止，只留武装警卫，作临时戒备。"

十月九日，把冯太后安葬在方山（山西省大同市北）永固陵（冯太后丈夫拓跋濬安葬故都盛乐〔内蒙古和林格尔县〕西北金陵，是冯太后不愿与夫合葬）。

十月十日，拓跋宏祭拜冯太后墓园。各王爵、公爵，一再请求拓跋宏为了国家利益，脱下丧服，换穿平常衣裳，拓跋宏下诏说："这件事我会另作考虑。"

十月十五日，拓跋宏再去祭拜冯太后墓园。

十月十六日，拓跋宏到皇城思贤门（皇城南门）西边，跟文武官员相见，互相安慰勉励。全国武装部队总司令（太尉）拓跋丕等建议说："我们的年纪，都已衰老，但事奉历代圣明君王，对帝国的前例旧典，自问相当熟悉。回想祖先们亡故之时，只有陪侍灵柩的人，才穿丧服，其他的人，一律仍穿平常衣裳。四位'祖'字、三位'宗'字先人（"四祖"：高祖〔追尊〕拓跋什翼犍、一任帝烈祖〔后改称太祖〕拓跋珪、三任帝世祖拓跋焘、六任帝显祖拓跋弘。"三宗"：二任帝太宗拓跋嗣、恭宗〔追尊〕拓跋晃、五任帝高宗拓跋濬），一直遵循到今天，从来没有更改。陛下天性至孝，悲哀沉痛，伤害身体，已超过礼教的要求。听说，陛下三餐吃饭，不满半碗，无论昼夜，不解除系在腰上的麻带。我们捶胸闭气，坐立不安。盼望陛下稍微克制孩童对娘亲的爱慕之情，遵守从前君王立下的旧有典章制度。”拓跋宏说：“哀痛到极点，伤害身体，是常有的事，不必特别强调。我早晚吃稀粥，体力勉强可以维持，各位何须忧愁恐惧！祖宗在世时，专心军事扩张，没有时间讲究文化教育。我如今接受圣人教训，学习古代规范，无论时代或人事，跟先世已大不相同。全国武装部队总司令（太尉拓跋丕）等，都是帝国元老，政府命脉所寄，对于儒家学派经典和古代丧礼仪式，或许有些并不十分熟悉，现在应了解我的观念。有关古今丧礼，我且把心里所挂念的问题，提出来跟国务院执行官（尚书）游明根、高闾等讨论，各位可以留心细听。”

拓跋宏遂问游明根等，说：“古代圣人，制定‘卒哭’法则，以后变更丧服的程序，都是随着哀恸的自然减少，而逐渐减少哭泣程度和分段脱下丧服（父母逝世，儿女除了早上和晚上恸哭外，只要感到哀痛，随时可以恸哭，安葬之后，回到家中祭祀，则仅只早晚各哭一次，不准再随时恸哭。谓之“卒哭”。虽是三年丧服，但一年后可脱下丧帽，两年后可脱下麻布外套，两年六个月，才全部解除）。如今，十天之间，就要脱下丧服，违背情理。”游明根说：“太皇太后（冯女士）遗令：逝世后一个月就下葬，下葬后立即脱下丧服。我们遵照这个指示，所以在下葬的时候，即奏请开始卸除。”拓跋宏说：“我发现，两汉王朝所以不实施三年之丧制度，都由于旧君王死亡，新君王刚刚登极，恩德还没有传布，臣属的大义，还不深厚，所以不得不身穿衮龙袍、头戴平天冠，举行即位大典。我的德行，诚然不够，但在位已超过一纪（一纪十二年。拓跋宏老爹于四七一年让位，迄今二十年），有充分的时间，让全国亿万人民知道在上已有君王。

在这种情况下，如果不能表达儿孙的悲哀和思慕，使人情和礼教，全都丧失，实堪痛恨。”高闾说：“杜预，是晋王朝的饱学之士（参考二六四年正月），曾经指出，自古以来，天子没有守三年之丧的，认为刘恒（西汉王朝五任文帝）定下的制度和古代制度，不谋而合，虽然看起来是近世的，事实上都是追随古人的脚步，所以我们才屡次请求陛下遵循（刘恒缩短守丧期限，参考前一五七年六月）。”拓跋宏说：“我自己研究太皇太后（冯太后）的遗令，她所以要禁止臣属的悲哀，并要我早早脱下丧服，只是恐怕可能因此荒废国家大事。各位王爵、公爵的请求，用意也是在此。我如今上遵太皇太后（冯太后）的遗令，下顺文武百官的心意，并不敢严守古礼，闭口不说一句话，去荒废政务；只不过仅穿麻布丧服，取消十天即行改装的规定。每逢一日、十五日，尽我儿孙应尽的哀思。这是人情上可行得通的，所以坚持去做。杜预所作的评论，对于孝顺的儿女，或诚心闭口不言的君王，岂不是一种诬蔑！”皇家图书馆主任秘书（秘书丞）李彪说：“东汉王朝明德皇后马女士（二任帝刘阳正妻），抚养小娃刘炟（音dá〔达〕）长大，母慈子孝，没有一点隔阂（马皇后抚养刘炟事，参考六〇年），后来马皇后逝世（参考七九年），安葬后不满十天，刘炟就脱下丧服。刘炟并没有受到讥评，马皇后的美名也没有受到损失，但愿陛下遵守太皇太后（冯太后）的遗令，克制哀思，采纳大家意见。”拓跋宏说：“我所以不肯舍弃麻布丧服，拒绝大家建议，实在是一片虔诚，心甘情愿，怎么会仅为了避免别人批评！而今，送终安葬，节俭朴素，全部听从太皇太后（冯太后）的遗令，但哀痛之情，在我内心，盼望太皇太后（冯太后）在天之灵，不强迫我改变。”高闾说：“陛下如果不解除丧服，我们做臣属的，却单独解除，岂不显示我们臣属，没有尽到责任。而陛下身穿麻布粗衣，亲自主持朝会，喜哀混杂，我暗中感到疑虑。”拓跋宏说：“太皇太后（冯太后）爱护她的部下，你们悲哀思慕，还不忍心脱下丧服，为什么单独要我对我至亲的人，狠心去做！我不敢违抗遗令，只希望把丧服穿满一年，虽然不能完全合乎古礼，也总算比较接近。全国官员自应考察各人的亲疏、贵贱、远近，作为脱下丧服的标准；尽量接近古礼，使它在现代也能推行。”高闾说：“从前，杨王孙赤条条裸体而葬，皇甫谧（音mì〔密〕）葬时不用棺木，他们的儿子都确切遵从，没有违背（《汉书·杨王孙传》：西汉王朝七任帝刘彻在位时，杨王孙是千万富翁，要什么东西，都可到手。临死时，吩咐他的儿子：“我打算裸葬，赤条条来，赤条条去，返回当初我的真面目，不可以改变我的志愿。只需要把尸体装到一个布口袋中，入土七尺之后，把布口袋吊出，使我的肌肉，跟土壤直接接触。”他的儿子不忍如此，前往问他的朋友祁侯，祁侯跟杨王孙反复辩论，而杨王孙始终坚持，最后，祁侯也被说服，遂裸葬。《晋书·皇甫谧传》：晋王朝皇甫谧，曾写下废除棺木的见解，说：“生前不能保护七尺躯体，死后又何必用棺木把土隔开！衣服弄脏身体，棺木阻挡真元：我断气之后，给我穿上我平时常穿的衣服，用粗糙竹席包住尸体，找一块荒地，挖个坑下葬，竹席之外，就是泥土。如果不能如此，我将永世含冤悲泣。”他的儿子遵行）。而今，陛下亲自接受太皇太后的遗令，却不遵从，所以我们才一再冒犯请求。”李彪说：“‘三年之内，不改变老爹的重大决定，才可以称为大孝。’（《论语》孔丘语。）而今，陛下不遵守太皇太后遗令，恐怕会被误解为更改重大决定。”拓跋宏说：“杨王孙、皇甫谧所以那样主张，目的在教训儿女节俭。至于节俭，我正是如此。至于改变老爹重大决定，跟我现在所做的，并不相同。即令有点关连，我宁愿接受后代的讥刺抨击，也不忍心答应各位今天的请求。”文武官员又纷纷进言，说：“春秋两季的皇家祭祀，无论如何，不应停止。”拓跋宏说：“过去皇家祖庙（太庙）的祭祀，一向由主管单位办理。只有我，蒙受太皇太后（冯太后）的教训，才亲自主祭，而今，苍天降罪，人神都失去依靠（指冯太后死亡），皇家祖庙列祖列宗的亡灵，也要停止接受香火。如果我去祭祀，恐怕反而违反他们的旨意。”（依《礼记》规定：守丧三年之中，不可祭祀）文武百官又说：“古代，下葬之后，就脱下丧服，不一定要穿三年。正是两汉王朝治理国家的法度，曹魏帝国、晋帝国推动政治的原则。”拓跋宏说：“下葬之后，就脱下丧服，大抵是到了末世，动乱太多，不得不暂时变通（如晋王朝一任帝司马炎，便在老爹司马昭下葬后三天，即脱下丧服，参考二六六年七月）。两汉王朝的鼎盛，曹魏和晋帝国的兴隆，岂是由于他们的丧礼简单、不仁不孝？平常时候，各位官员每每称赞：当今之世，四海安宁，礼仪、音乐都一天比一天更新，可以媲美伊祁放勋（唐）、姚重华（舜）和夏、商两大王朝。可是，到了今天，却打算强迫我改变主意，使我不能超越曹魏帝国和晋帝国。这种心意，不知道原因何在？”李彪说：“现在虽然政治清明，教化普及，然而，长江以南，有不肯臣服的吴国（南齐帝国），瀚海沙漠以北，有不肯臣服的蛮虏（柔然汗国），所以我们深恐发生意外。”拓跋宏说：“姬伯禽（周王朝所属鲁国第一任国君）身穿丧服，出军作战（周王朝一任王〔武王〕姬发，于前一一一六年逝世。管国、蔡国、霍国，以及淮河一带蛮夷，起兵反抗中央。姬伯禽身穿丧服，追随老爹周公姬旦从军。参考《史记》）；姬欢（春秋时代晋国二十五任国君襄公）用墨汁把白色丧服染黑，击败敌人（前六二八年，晋国二十四任国君文公姬重耳逝世，姬欢继位。前六二七年，秦国突袭郑国，失利，回国途中，姬欢在崤山布下埋伏，秦军覆没）。这种军事行动，连圣贤们也都许可，如果发生紧急情况，即令跳过牵挽灵柩的索带，也不在意，何况脱下麻布丧服！怎么可以在和平的日子，因为臆测紧急情况，而荒废礼教！古人中也有一种君王，虽然脱下丧服，却闭口不言，直到三年期满。如果不允许穿丧服，我只好脱下丧服，改为闭口不言，把国家大事，交给宰相。这两件事，请你们选择其一。”游明根说：“闭口不言，国家大事势将停顿，我们体会圣明的心意，请续穿丧服。”全国武装部队总司令（太尉）拓跋丕说：“我跟尉元，侍奉过五位皇帝（二任明元帝拓跋嗣、三任太武帝拓跋焘、五任文成帝拓跋濬、六任献文帝拓跋弘、现任帝〔七任孝文帝〕拓跋宏），我们王朝的规矩，人死之后三个月，一定在西方祭祀善神，在北方祭祀恶神，都要穿平常衣裳。自从四世纪九〇年代（一任帝拓跋珪在位）以来，从没有更改。”拓跋宏说：“如果用正道侍奉神仙，用不着祭祀迎接，它自己会来。如果失去仁义，迎接也迎接不到。这种祭祀，早就不应存在（指部落时代遗俗，不合儒家学派礼教），何况在我守丧期间，处于应该闭口不言的地位（古代守丧，三年不说一句话），不可以这么喋喋不休。只是各位坚持我改变心意，竟然成了反复辩论的情况，使人哀伤。”遂放声大哭，文武百官也跟着放声大哭，辞出。

最初，冯太后有点害怕拓跋宏英明敏捷，恐怕对自己不利，打算把他罢黜。严寒之下，将拓跋宏禁闭在一间空房子中，三天不给饮食（要冻死他、饿死他）；征召咸阳王拓跋禧（拓跋宏老弟），打算接替。全国武装部队总司令（太尉）、东阳王拓跋丕，国务院右执行长（尚书右仆射）穆泰，国务院执行官李冲（尚书），一再劝阻，才停止这个阴谋。但拓跋宏对冯太后一廾头就没有怨恨，而对拓跋丕等，却深为感激。穆泰，是穆崇玄孙（穆崇，参考三八五年八月）。有一次，一个宦官在冯太后跟前抨击拓跋宏，冯太后打拓跋宏数十棍之多，拓跋宏默默忍受，也不辩解。等冯太后逝世，拓跋宏也不追究。

十月二十日，拓跋宏再去祭拜冯太后墓园（永固陵，山西省大同市北）。

十月二十七日，拓跋宏下诏：“文武百官因为国家大事，日有万端，不断请求我亲自处理政事，但我身怀哀痛思念之情，自己无力做主。侍从中从前主管过机要的，都是有智慧谋略的人，暂时可以交给他们。如果有疑难大事，我自当帮助他们决定。”

10 南齐帝国交州（州政府设龙编〔越南河内市东北北宁省〕）州长（刺史）、清河郡（侨郡，山东省淄博市南）人房法乘，喜爱读书，经常借口有病，不问州事。于是秘书长（长史）伏登之，得以掌握权柄，在人事上大幅调动，更换将领和文职官员，不使房法乘知道。机要军事参议官（录事）房季文，报告房法乘，房法乘大发雷霆，逮捕伏登之，下狱，十几天之久。伏登之用厚重的礼物，贿赂房法乘的妹夫崔景叔，伏登之才被释放。伏登之率领私人军队，袭击州政府，生擒房法乘，说："你既然有病，就应该好好养病。"把房法乘囚禁到另外一间房子。房法乘枯坐无聊，向伏登之要几本书读，伏登之说："你需要安静，万一病发了怎么办，岂可看书！"不准给书。遂向中央政府奏报：房法乘心脏病发，没有能力担任工作。

十一月二十一日，中央政府任命伏登之当交州（州政府龙编）州长。房法乘回京（首都建康）途中，走到南岭，逝世。

十二月十六日，南齐帝萧赜，封皇子萧子建当湘东王。

11 最初，南齐帝国一任帝（高帝）萧道成，认为南方的钱太少，准备大量铸钱。四八二年，"奉朝请"（特准参加御前会报）孔觊上疏，认为：

"食物和货物互相交流，是自然趋势。李悝（战国时代魏国法家学派学者）曾经说：'粮贵伤民，粮贱伤农。'无论贵贱，所造成的伤害，完全相同。三吴（太湖流域及钱塘江流域），是帝国的根本地区，连年以来，被大水淹没，可是稻米价格并没有上涨。只因为天下钱的数量太少，而不因为粮食的价格太低，这一点，不可不特别注意。

“铸钱的流弊，在于轻重不一，总是不断变化。钱太重，就难以携带；但难以携带，给人们的灾难不大。钱太轻，则大家容易伪造，而容易伪造，给人们的灾祸严重。人们一旦从事伪造，再严厉的法律都无法禁止，由于政府铸钱时，不肯加入充分的铜，使它品质贵重。政府所以爱惜铜，冶炼又不精密，由于他们认为钱是没有用的东西，只要能够作为交换媒介，重量越轻越好，数量越多越好，成本越少越好，从不考虑它的后遗症。

“人民追求利润，就好像水往低处流。而今，引诱人民追求厚利（盗铸），却把追求厚利的人民，用重刑处罚，是鼓励他们犯法，而又把他们置于死地，岂是政府的本意。西汉王朝兴起时（前三世纪九〇年代），钱的重量轻，人民伪造的很多。到了前二世纪八〇年代，才开始改正弊端，另行铸造五铢钱（参考前一一八年），周边凸出，使人无法磨取铜屑（西汉王朝建立之初，流行“半两钱”“荚钱”〔参考前一八六年注〕，一面是文字，一面是图案〔漫〕，人民把图案磨平，用磨下的铜屑，另行铸钱。五铢钱增加凸边，使人无法磨取铜屑），同时工本费太高，不能获利，所以盗铸的人越来越少。这是充分用铜，和加强品质的效果。

“君王地位尊贵，不必担心钱没有铜，不必担心工不够精，只要使民间无利可图，则盗铸自然绝迹。刘义隆（南宋帝国三任帝文帝）铸造四铢钱，到了四六五年，钱的重量更轻，虽然周边同样凸起，可是冶炼不够火候，盗铸的风气再起，无法禁止（参考该年〔四六五〕九月）。这是不能充分用铜，而又冶炼草率的结局。凡是铸钱，轻重如果不能适中，则宁取其重，不取其轻。自从西汉王朝铸五铢钱，直到刘义隆，历时五百年，王朝政府有兴有废，而始终维持‘五铢’

不变，可以说明它的轻重恰当，交易方便。

“我们考察，现代钱币，都写‘五铢’，但重量往往不足。自刘义隆铸造四铢钱，又不禁止人民削边、敲凿破坏，遂成灾祸，积弊流传到今天，岂不可悲。晋帝国从不铸造钱币，只用从前旧钱，后来经过盗贼、民变、战争、水灾、火灾等，耗损、失散、埋藏、销铄，每年大量损失，好像一块石头天天去磨，看不见它减少，但终有一天磨完。天下钱币数量，怎么能不枯竭！钱币枯竭，则士农工商，全都失业，人民怎能生存！

“我愚昧的认为：应该恢复旧有制度，由政府大量铸造钱币，重量五铢，完全遵照西汉王朝的办法。等到政府铸造的钱币，在民间广为流通，就要严厉禁止人民损毁；轻的、小的、残缺的、破碎的、没有凸边的，一律禁止。政府所铸造的钱币，有细小不合规格的，应查明重量，收集在一起，销毁后重铸成标准大钱后发还。这样既可造福穷人，又可堵塞邪恶的人作奸犯科。钱币和货物一旦平衡，价格远近一样，人民安于他的事业，无论市场或道路，将都没有争执，衣着、食物，也将都能提升繁荣。”

萧道成同意，命各州政府大量购买煤炭、黄铜，准备开工铸钱。不巧，萧道成逝世，事情遂被搁置。本年（四九〇），益州（州政府成都）总部执行官（行事）刘悛上疏说：“蒙山之下，有‘严道铜山’，是从前铸钱的地方，可以利用。”（严道县〔四川省荥经县〕铜山，就是西汉王朝五任帝刘恒赏赐给邓通铸钱的铜山。参考前一七五年。）南齐帝萧赜批准，派人到蜀地（四川省）铸钱。不久，因开支太大，停止。

自从一任（高帝）帝萧道成下令整理户籍（参考四八〇年二月），到现任帝（二任）萧赜，贬谪到淮河沿岸充军的作奸犯科之辈，怨声载道。本年（四九〇），萧赜下诏："四七七年以前的罪犯，准许依照各人志愿恢复户籍。被贬谪到边疆服役的，一律释放，各回本乡。以后再犯，严厉处罚。"

长沙王（威王）萧晃（一任帝萧道成子）逝世（年三十一岁）。

国务院文官部长（吏部尚书）王晏患病，呈请辞职。萧赜打算命西昌侯萧鸾，接替王晏的职务，写一张便条，征求王晏的意见。王晏回答说："萧鸾才干绰绰有余，但不熟悉豪门强族（自从三世纪曹魏帝国以来，任命官员，只看门第出身），恐怕不适合担任这项工作。"萧赜才停止。

12 南齐帝国政府任命百济王国（首都熊津〔朝鲜半岛公州城〕）国王牟大（二十四任东城王），当镇东大将军；封百济王。

13 高车王（新疆吐鲁番市北）阿伏至罗，及太子阿伏穷奇，派使节前往北魏帝国，请求代替皇帝出征讨伐蠕蠕。（音rú〔如〕北魏对柔然既无力消灭征服，又无法阻止南侵，咬牙切齿之余，于五世纪中叶，采"精神胜利法"，三任太武帝拓跋焘下令把"柔然"改为"蠕蠕"形容柔然人愚蠢无知，状如蛆虫。所以《魏书》无"柔然"而只有"蠕蠕"，司马光使之还原，但偶有遗漏，以致《资治通鉴》上称谓，亦偶有不一致之处）。北魏帝拓跋宏，赏赐给他们绣花袄裤罩甲，和各种颜色绸缎一百匹。

四九一年 辛未

南齐 永明 九年

北魏 太和 十五年

（柔然汗国太平七年）

1 春季，正月八日，南齐帝国（首都建康〔江苏省南京市〕）皇帝（二任武帝）萧赜（本年五十二岁），前往首都南郊，祭祀天神。

2 正月二十四日（原文“丁卯”，据《北史·魏高祖纪》改），北魏帝国（首都平城〔山西省大同市〕）皇帝（七任孝文帝）拓跋宏（本年二十五岁），在皇信堂东室（皇信东厅）开始处理国事（自冯太后逝世〔去年【四九〇】九月十八日〕，迄今四个月左右）。

3 南齐帝萧赜，下诏规定皇家祖庙四季的祭品：萧承之（一任帝萧道成的老爹，绰号宣皇帝）牌位前供奉发面饼、鸭肉稀粥，陈道正（一任帝萧道成的娘亲，绰号孝皇后）牌位前供奉嫩笋、鸭蛋，一任帝（高帝）萧道成牌位前供奉肉酱、酸菜汤。萧道成正妻（昭皇后）刘智容牌位前供奉清茶、馓子（类似麻花）、烤鱼，都是他们生前喜爱吃的食物。

萧赜做梦，梦见老爹萧道成对他说："宋国（南宋帝国）那些皇帝，常挤到皇家祖庙里，向我讨饭，你可以另找一个地方祭祀我。"萧赜遂命豫章王萧嶷的正妻庾女士，于春夏秋冬四季，在清溪故宅（萧家故居），祭祀祖父母、父母。祭祀时用的肉和穿的衣服，都用家人间的礼节。

司马光曰

从前，屈到最喜爱吃菱角，他的儿子屈建，却从祭桌上把菱角撤除，只因认为不可以因私人的嗜好，破坏礼教。（《国语》：屈到喜爱吃菱角，病重时，特别吩咐："祭祀我的时候，一定要用菱角。"屈到死后，家人准备供上菱角，屈到的儿子屈建反对，说："国君的祭品用牛，国务官〔大夫〕的祭品用羊，普通官员〔士〕的祭品用猪狗，平民的祭品用鱼。其他肉酱肉干之类，则不分等级。不应有特别的食物，也不应有奢侈的东西，不可以因私人的嗜好，破坏礼教。"）何况，儿子当皇帝，却用平民的礼节，祭祀他的老爹，对礼教更是过分违背。卫郑（春秋时代卫国二十四任国君成公）打算祭祀姒相（夏王朝五任帝），国务官（大夫）宁俞尚且认为不当。（《左传》前六二九年：卫国迁都帝丘〔河南省濮阳市西南〕，国君卫郑，梦见卫国开国祖先姬封〔卫国一任国君康叔〕说："姒相强夺我的祭品。"卫郑命另外祭祀姒相。宁俞反对，说："鬼神对不是他家人的祭祀，不会接受。杞国、鄫国都是夏王朝的后裔，他们的国君干什么事？姒相已很久不被祭祀〔夏王朝亡于前一七六六年，距卫郑做梦之年〔前六二九年〕，长达一千一百三十七年〕，不是我们卫国的罪过，不可以超出中央政府规定祭祀的范围。"）何况又降了一等，在私宅中祭祀祖父母、父母，而更使庶子的妻子主持！

柏杨曰

古代因为相信人死了之后，鬼魂还在，所以才有祭祀。把祭祀纳入一个规范，免得失于奢侈、轻佻、残忍，所以才有祭礼，一切都是为了使世上的人，和阴间的鬼，过得安适欣喜。

在祭案摆上菱角，竟然因违犯祭礼，而强行撤除，不过是屈到的鬼魂倒霉，望着好吃的东西，被忤逆的儿子端走，顶多流流口水而已。而卫郑的老祖宗姬封，可严重得多；他的饮食被姒相抢走，当他盼望子孙分一碗饭给姒相，免得他再来抢夺时，子孙之一的宁俞，却出来阻挠，拍巴掌说："姒相没饭吃，不是我们的过错。他们姒家的子孙干什么！"于是，老祖宗只好长期处于饥饿状态。二十世纪二〇年代开始，中国人开始觉醒，认为"礼教吃人"。看了屈到和姬封悲惨的遭遇，礼教还吃鬼。

司马光对萧赜用"家人礼"祭祀老爹萧道成，大肆责备。因为萧道成的儿子当了皇帝，遂不能用平民的礼节。从这种责备，可分析出官场文化，本质上是势利眼文化。一个人一旦当了官，就必须端起架子、摆起谱。当了领袖，如皇帝之类，就更要大变。如果不变，儒家学派的礼教，先饶不了他。只因萧道成是皇帝，所以，他就不同凡品，庶子的正妻就连在家祭祀的权力，都被剥夺。

社会上固必须有一个运转规范。但这规范一旦僵固到使老祖宗挨饿，势利到一当官就变形。这个规范就是一种非人性的、阻碍自由心灵发展的桎梏。

4 最初，北魏帝拓跋宏，征召吐谷浑汗国（青海省）可汗（十四任）慕容伏连筹，到京师（首都平城）朝见，慕容伏连筹声称有病，拒绝；并且整修洮阳（甘肃省临潭县）、泥和（临潭县东）二城，驻军布防。

二月十二日，北魏帝国枹罕镇（甘肃省临夏市）防守司令（镇将）长孙百年，请求攻击两城，拓跋宏批准。

5 南齐帝国顾问院（集书省）总顾问长（散骑常侍）裴昭明、高级事务顾问官（散骑侍郎）谢竣，前往北魏帝国，吊唁冯太后之丧，准备穿平常官服祭祀。北魏帝国外宾接待官（主客）说："吊丧有一定的礼节，怎么可以穿大红大紫的喜庆服装，走进悲痛哀伤的祭堂？"裴昭明等说："这是本国的官服，我不敢改变。"来往谈判很多次，裴昭明等坚持不换。北魏帝拓跋宏，命国务院执行官（尚书）李冲，遴选饱学之士，跟裴昭明等辩论。李冲推荐国史编撰官（著作郎）、上谷郡（河北省怀来县）人成淹。裴昭明等说："贵国不准外国使节穿他们本国官服，出于哪一部经典？"成淹说："喜事和丧事，不能同时并存。身穿羔羊袍，头戴乌纱帽，绝不可以前去吊丧，连三岁孩子都知道。从前，季孙行父（春秋时代鲁国国务官〔大夫〕）前往晋国，特别学习丧礼，（《左传》纪元前六二一年：季孙行父前往晋国聘问，特别学习吊丧的礼节。仆人怀疑说："什么时候派上用场？"季孙行父说："准备它，不见得一定要用它，是古人留给我们最好的教训。万一用得着却没有准备，将使我们陷于困境。充分准备，有什么害处。"）而阁下从长江以南，远道前来我国吊丧，还问出于哪本经典！一个使节的成功或失败，怎么相差得如此之远？"裴昭明说："两国交往所用的礼仪，应该平等。我国高帝（一任帝萧道成）逝世时，贵国派李彪前来吊唁，并没有穿白色丧服，我国也并不认为有什么不妥当（事实上李彪是聘问〔参考四八四年十一月〕，不是吊丧，不过恰巧赶上萧道成逝世），为什么今天却对我施加压力！"成淹说："贵国君王（指南齐二任帝萧赜)，不能严格的遵守‘亮阴’——闭口不言的丧礼。把老爹下葬后，只过了一个月，丧礼即行结束。李彪抵达贵国时，贵国上自君王，下至官属，身上佩戴的宝玉，满庭作响；貂尾、黄金首饰，闪闪发光，使人眼花缭乱。李彪如果不被主人批准，他怎么敢换上丧服，走入人群？我们皇上（拓跋宏）仁爱孝顺，媲美圣明的姚重华（虞舜），在守丧期间，居住平房，饮食稀粥，岂能用这里跟那里相比？”裴昭明说：“夏、商、周三代，制度礼仪，都不相同，谁能判断谁是好是坏？”成淹说：“这么说，姚重华、子武丁（商王朝二十三任帝高宗）服三年之丧，全都错误了？”裴昭明、谢竣，互相望了一眼，笑说：“批评别人孝行的人，心目中没有爹娘，我们怎敢如此！”遂解释说：“我们前来贵国的时候，只携带短袄短裤罩甲，都是武官的服装，不可穿来吊丧，只有请主人借给我们丧服。但是，这却违反本国的命令，回去之后，一定会被定罪。”成淹说：“假如贵国有人才的话，你们出使外国，行动恰当，将有厚重的赏赐；如果没有人才，你们出来，增加国家的荣耀，纵使受到处罚，又有什么关系！这件事自应有优良的史学家，把它记载下来。”遂把衣帽借给裴昭明等，让他们完成使命。

二月二十六日，成淹引导裴昭明，等晋见拓跋宏，文武官员在侧，全体大哭，尽情哀痛。拓跋宏嘉勉成淹的渊博，升任他当顾问署（集书省）散骑顾问官（散骑侍郎），赏赐绸缎一百匹。裴昭明，是裴骃的儿子（裴骃，是裴松之的儿子，以注解《史记》闻名于世）。

6 南齐帝国始兴王（简王）萧鉴（一任帝萧道成子）逝世（年二十一岁）。

7 三月十二日，北魏帝拓跋宏，祭拜嫡祖母冯太后的墓园

（永固陵）。

夏季，四月一日，在太和庙呈献祭品，拓跋宏开始吃一点蔬菜，追怀伤感，哀哀痛哭，终日不进一餐（太和庙即太和殿，是冯太后主政之处）。高级咨询官（侍中）冯诞等劝阻，拓跋宏过了一夜，第二天才进饮食。

四月二日，拓跋宏下诏，停止早晚各哭一次仪式。

四月三日，拓跋宏再往方山（山西省大同市北方岭），祭拜冯太后墓园（永固陵）。

北魏帝国从正月开始，到四月十一日，一直没有落雨。有关单位请皇帝向百神祈祷，拓跋宏说："子天乙（商王朝一任帝成汤）遇到旱灾，因诚心诚意，感动上苍，才降下甘霖，并不在于是否哀求山川神灵。而今，天下人民，丧失国母（冯太后），无论是阴间或阳世，同感哀悼，怎么在四季还没有过完（不到一年），就去祭祀祈祷！只有反省自责，等待天赐惩罚。"

8 四月十二日，北魏帝国编制外散骑侍从官（员外散骑常侍）李彪等，前往南齐帝国报聘。南齐帝萧赜，特为他摆设宴席，乐队伴奏，盛大接待。李彪推辞乐队伴奏，声明说："我的君王（拓跋宏）有无限孝思，找回从前君王遗失的典章，恢复过去被曲解误会的制度，而遵守三年之丧。上月（三）三十日，政府官员，才脱下丧服，但仍穿素色衣裳办公，所以我不敢接受乐队伴奏的赏赐。"萧赜同意。李彪代表北魏帝国，前后六次出使南齐，萧赜对他十分敬重（四七七年至四七九年，李彪出使四次，本年稍后，再出使一次）。李彪将告辞回国，萧赜亲自送到琅邪城（白下，建康城北），命文武官员赋诗惜别，表示对他的宠爱。（《魏书·李彪传》：李彪行将返国，萧赜说："你上次回国时，曾吟阮籍诗：

‘但愿长闲暇，后岁复来游。’果然重来。你此次回国，还有没有来的可能？”李彪说：“我再吟阮籍诗：‘欢宴清都中，一去不再返！’〔宴衎清都中，一去永矣哉！〕”萧赜伤感，说：“听你这段话，好像永诀，我当用特殊的盛大礼仪，送你踏上归程！”） 114

9 四月十七日，北魏帝国兴建皇家大会堂（明堂），改建皇家祖庙（太庙）。

五月八日，北魏帝拓跋宏，在东明观修订法律及判例，亲自裁决有疑难的诉讼。命国务院执行官（尚书）李冲，研究刑罚轻重以及如何措辞，拓跋宏亲自执笔记录。李冲正直勤快，明智果断，尤其谨慎周密，深受拓跋宏的信任和委托，君臣之间，情投意合，没有隔阂。无论是帝国元老或皇亲国戚，没有人不对他心服，中外人士，一致推崇。

五月二十四日，枹罕镇（甘肃省临夏市）防守司令（镇将）长孙百年，攻陷吐谷浑汗国（青海省）的边城洮阳（甘肃省临潭县）、泥和（临潭县东），俘虏三千余人。

五月二十五日，开始制造皇家专用的五种车辆（玉车、金车、象车、革车、木车）。

10 六月十三日，南齐帝国政府任命国务院左执行长（尚书左仆射）王奂，当雍州（州政府襄阳）州长（刺史）。

11 六月丁未日（六月壬戌朔，没有丁未），北魏帝国济阴王拓跋郁，因贪污残暴，北魏帝拓跋宏命他自杀。

秋季，闰七月五日（北魏七月五日），拓跋宏祭拜嫡祖母冯太后墓园（永固陵）。

闰七月十九日（北魏七月十九日），拓跋宏下诏，说："烈祖（一任帝拓跋珪）有创业的大功，世祖（三任帝拓跋焘）有开拓的贡献，皇家祭庙应追为祖宗，百世不变。平文皇帝（拓跋郁律）的功勋，少过昭成皇帝（拓跋什翼犍），庙号却是太祖（三九八年十二月，一任帝拓跋珪追尊这位曾祖父）；道武皇帝（一任帝拓跋珪）的功勋，高过平文皇帝（拓跋郁律），庙号却是烈祖（四一〇年九月，二任帝拓跋嗣追尊），并不公平。我现在重新调整，追尊烈祖（一任帝拓跋珪）为太祖；而以世祖（三任帝拓跋焘）、显祖（六任帝拓跋弘），作为两房远祖，其他的祭庙，都依照顺序废除。"

柏杨曰

北魏帝国建立之后，最有趣的一件事是：第一任皇帝拓跋珪，大笔一挥，把他的历代祖先，都追封为各种名号的皇帝。这一套本是汉人发明的，但鲜卑人搞起来，比汉人还勇不可当，一回溯就回溯了一百八十年，一百八十年中那些至死都不过荒漠中一个牧羊老汉，霎时间都成了皇帝，绰号满天乱飞，使历史学家大瞪其眼。

从拓跋宏这篇短短的诏书，可感觉出来绰号对读者造成的困扰，如果不加注解，简直没有人知道"平文皇帝"根本不是皇帝。也没有人知道"太祖"和"道武"，竟是一人。而改来改去，盖住了头却露出了脚，北魏帝国遂出现了两个"太祖"，教人昏眩。

因此，我们更加相信，取消绰号——不管是帝王的绰号或官员的绰号，是对中国历史所做的最重要的清洗工作之一。

八月三日，拓跋宏再下诏，命讨论"养老"和"祭祀六座皇家祖庙"礼仪（养老礼，参考五九年十月）。最初，北魏帝国常在正月吉利之日，在金銮宝殿庭院之中，设立篷帐，里面放置松树柏树，供奉

"五色帝"座位，然后祭祀（五色帝，参考二六六年正月）。又有一种祈求赐给智谋、决断，被称为"探策"的祭祀。拓跋宏认为全都不合古礼，下令禁止。

八月九日，把道教祭坛（寇谦之所设，参考四二三年十二月）迁到桑干河南岸，改名崇虚寺。

八月十六日，拓跋宏召集文武百官，询问大家意见："禘祭（皇家五年大祭）、祫祭（皇族三年总祭），郑玄、王肃的解释不同，哪一个对？"（郑玄认为，皇帝在天坛〔圜丘〕祭天，和在皇家祖庙祭祖，都是禘祭。王肃认为：天坛祭天不是禘祭，皇家祖庙祭祖，才是禘祭。祫祭跟禘祭是一件事，不是两件事。）国务院执行官（尚书）游明根等，赞成郑玄的解释，立法院总立法长（中书监）高闾等，赞成王肃的解释；拓跋宏下诏裁决，说："天坛祭天，皇庙祭祖，都称禘祭，依照郑玄解释；禘祭与祫祭合并举行，依照王肃解释；明令公布。"

八月二十五日，拓跋宏再下诏："近来研究'朝日''夕月'祭祀（夏、商、周三代时的古礼），大家都主张于春分、秋分之日，分别在首都的东郊、西郊举行。然而，每月的天数不一样，无法使日子固定，如果完全依照春分、秋分，可能会发生月亮在东方时，我们却在西方祭祀的情况，无论人情或法理，都说不过去。从前，皇家图书馆长（秘书监）薛谓等建议：每月一日早上，祭祀朝日，每月三日晚上，祭祀夕月。你们认为春分、秋分，和一日、三日，哪一个妥当？"国务院执行官（尚书）游明根等认为一日、三日妥当，请求实施，拓跋宏批准。

八月二十七日，有关单位上疏，请求占卜"小祥"（守丧满一周年）之日，拓跋宏下诏："用算卦的方法，决定吉祥时刻，既违背谨慎敬业的原则，又伤害永远思亲的心情。不必占卜，就用下月（九月）

最后一日（二十九日）。”

八月二十九日，拓跋宏又下诏：“全国祭祀的各种神祇，共有一千二百余处，现在打算减少这个数目，以求简单节约。”又下诏：“皇家大会堂（明堂）、皇家祖庙（太庙），配祭及配享规则，现在已经完备。白登庙、崞山庙、鸡鸣山庙，由主管官员负责祭祀（四一二年，二任帝拓跋嗣，在白登山建老爹一任帝拓跋珪祭庙，称宣武庙；四一五年，再在白登山西建拓跋珪第二座祭庙，也称宣武庙。宣武，是拓跋珪当时的绰号，四二〇年，才把宣武改作道武〔参考该年五月〕，两庙总称白登庙。三任帝拓跋焘的乳娘窦女士〔参考四四〇年七月〕，安葬崞山，立有祭庙。五任帝拓跋濬的乳娘常女士，安葬鸡鸣山，也立有祭庙，参考四六〇年五月）。冯宣王（冯太后的老爹冯朗）祭庙在长安（陕西省西安市），兹令雍州（州政府长安）按时祭祀。”又下诏：“从前，祭祀水神、火神等四十余神，还有城北的星神。现在，天坛下面，祭祀风神、雨神、官场之神、命运之神。皇家大会堂（明堂）更祭祀门神、户神、井神、灶神、院神；这一些神，以及前述的四十余神的祭祀，一律禁止。”

九月十八日，夜晚，拓跋宏住宿皇家祖庙，率领文武官员哀哭已毕，拓跋宏换上祭服，戴素色冠帽，腰束皮带、黑鞋。官员们也跟着换装，戴上黑帽，穿白绸单衣、皮带、浅黑鞋，遂再哀哭，哀哭一夜，直到天亮。

九月最后一日——二十九日，深夜，拓跋宏脱下用白带滚边的素色冠帽、上下一体白布做的连裤装，以及黑色麻鞋的祭服。武官员也脱下黑色罩发帽，换上白纱罩发帽。祭祀典礼完成后，退出祭庙，拓跋宏站在那里再度哀哭，很久之后，才起程回宫。

冬季，十月，皇家大会堂（明堂）、皇家祖庙（太庙）落成。

十月二日，拓跋宏祭拜冯太后墓园（永固陵），因悲苦过度，身体非常瘦削衰弱，最高监察长(司空)穆亮规劝说：“陛下已经行过‘小祥’(守丧一周年期满)之礼，而哀痛之情，犹如亲人刚刚逝世之时。君王是天地神祇的儿子，也是全国小民的父母；从来没有儿子太悲哀而父母不担心，父母太忧虑而儿子会单独快乐的！而今，气候反常，飓风、大旱，造成灾难。希望陛下改穿轻便的衣服，食用正常的菜饭，御车常常出宫走动，依照顺序，祭祀神祇，使上天与民间的喜庆，合而为一。”拓跋宏下诏：“孝顺父母，友爱兄弟，道理相同。现在飓风和大旱肆虐，只是因为我的诚心还不够，上天和民间，不能产生感应。所说由于我过度悲伤引起，恐怕不切实际。”

十一月一日，拓跋宏身穿衮龙袍，头戴通天冠，在太和庙举行解除丧服典礼。典礼后，拓跋宏换戴黑色罩发帽、上下一体白布做的连裤装，辞别冯太后的墓园，然后回宫。

十一月五日，冬至，拓跋宏前往首都南郊天坛，祭祀天神，接着再祭祀皇家大会堂(明堂)，归途中，先到太和庙，再回宫。

十一月六日，登上太华殿，头戴通天冠，身穿朱红袍，设宴款待文武百官。乐器摆在那里，但不演奏。

十一月九日，拓跋宏戴通天冠，穿衮龙袍，辞别太和庙，率文武官员，把祖先牌位，送到新落成的皇家祖庙。

12 十一月十七日，北魏帝国政府制定官员等级(品)。

十一月二十日，考核各州州长及各郡郡长施政成绩。

派代理中级散骑侍从官(假通直散骑常侍)李彪等，前往南齐帝国报聘。

北魏帝国旧有制度：文武官员冬季朝贺时，都穿短袄短裤罩甲，俗称“小岁”。

十一月二十八日，拓跋宏下诏废除。

十二月五日，把祭祀农神的社坛，迁到首都平城（山西省大同市）内城西边。

任命安定王拓跋休当太傅（上三公之二）、齐郡王拓跋简当太保（上三公之三）。

13 高句骊王国（首都平壤〔朝鲜半岛平壤市〕）国王（二十任长寿王）高琏逝世，年一百余岁。北魏帝拓跋宏特制一种黑色绢帽（委貌冠），穿布质连裤装，在首都平城（山西省大同市）东郊，举行哀悼祭祀。派皇家礼宾执行官（谒者仆射）李安上，前往宣布：追赠高琏太傅（上三公之二），绰号康。

高琏的孙子高云继位（二十一任文咨王。高云的老爹高助多早逝）。

14 十二月二十二日，北魏帝拓跋宏，开始到首都平城东郊迎春。自此，开始迎接四季，拓跋宏都亲自主持。

最初，北魏帝国三任帝（太武帝）拓跋焘攻克统万（胡夏帝国，参考四二七年六月）、姑臧（北凉王国，参考四三九年九月），俘虏皇家雅乐、乐器、乐队，及乐师，都保留下来（大分裂时代开始时〔四世纪〇〇年代〕，祭祀部〔太常〕乐师，都逃向河西〔甘肃省中部西部〕避难。胡夏帝国攻克长安，留在长安的乐器、乐师，被掳到统万）。可是，世代相传，没有人再对他们留意（北魏帝国正在开疆拓土，只知道砍杀），乐师终于死尽，而乐谱也多散失。拓跋宏下令有关单位：查访民间通晓音乐的，由他们商议，制定皇家雅乐；可是当时民间已没有这种人才。只不过在皇家仪仗队上，金银、宝玉、羽毛旗帜等装饰物，已比从前齐备，显出华丽。

十二月二十四日，拓跋宏下诏，设立音乐官，命音乐官负责建立皇家雅乐，命立法院总立法长（中书监）高间，参与审定。

15 最初，晋王朝张斐、杜预，一同对当时法律，注解说明，多达三十卷（参考二六八年正月）；自三世纪六〇年代，开始使用；法律条文，十分简略。而且，一章里面，张斐和杜预的注解说明，有时恰恰相反，用某一注解可以活命，用另一注解就要诛杀，一切由审判官临时斟酌情形，自行选择，官员遂从中贪赃枉法，摧残人权。

南齐帝萧赜，对司法审判及法令规章，十分注意，于是下诏命监狱官员把张斐、杜预的注解，细心校正。前年（四八九），国务院文官部法令司司长（尚书删定郎）王植，把二家注解，校订完竣，奏报皇帝。萧赜下诏，交付三公以下官员，及国务院八座（国务院总理、执行长、六部部长），讨论考察，作最后修改；而由竟陵王萧子良总揽全局。大家意见不能一致时，奏报皇帝裁决。本年（四九一），全书完成。最高法院院长（廷尉）、山阴（浙江省绍兴市）人孔稚珪上疏，认为："法律条文，虽然确定，可是，如果审判不能公平，法律不过只是一些文字记载，牢狱仍然沉埋冤魂。我暗中观察，古代知名之士，多数都了解法律规章，而现代的知识分子，却不肯把它当作专门学问，即令有人研究学习，也被人看轻。由此推测，将来法律势将沦落到低级差役之手。我建议设置'法律学系'，依照《五经》事例，国立大学学生中，有人打算研究法律的，只要能考试及格，政府即行擢升任用，用以递补法官缺额，也希望能对知识分子，有鼓励作用。"萧赜批准，但事情竟不能执行。

16 最初，林邑王国（越南中部）国王范阳迈，世代相传（范阳迈事，参考四四六年四月）。后来，王国被蛮夷首领范当根纯攻占；范当根纯派使节向南齐帝国进贡用金丝编织的床席等产物。南齐帝萧赜下诏，任命范当根纯当沿海军区司令长官（都督缘海诸军事），封林邑王。

17 北魏帝国冀州（州政府设信都〔河北省衡水市冀州区〕）州长（刺史）、咸阳王拓跋禧，到京师（首都平城）朝见，有关单位奏称："冀州（河北省东部）人民代表三千人，赞扬拓跋禧清廉公正，施行德政，请求准他世袭州长（刺史）之职。"北魏帝拓跋宏下诏说："封建制度，虽然古老，用在今天，未必合适；分疆割土，应由君王做主，做臣属的，不应提出。"改命拓跋禧当司州（州政府洛阳。此时仍称洛州，稍后首都南迁洛阳，州名改为司州）全权州长（牧）、司豫六州军区司令长官（都督司豫等六州诸军事。六州：司、豫、荆、郢、洛、东荆）。

18 最初，北魏帝国冯太后（文明太后）宠爱宦官、略阳郡（甘肃省秦安县东北）人苻承祖，官位升到高级咨询官（侍中）、国务院办公厅主任（知都曹事），并赏赐给他"免死牌"——不死诏书。冯太后逝世，苻承祖贪赃枉法案发，依法应处死刑，北魏帝拓跋宏特别赦免，仅撤除官职，把他禁闭在自己私宅，但仍给他一个官衔：悖义将军，封佞浊子爵。苻承祖延续生命一月有余，逝世。

苻承祖正当权时，亲戚们趋炎附势，摇尾拍马，谋取利益。姨妈杨女士，嫁给姚姓人家，是唯一例外；常对苻承祖的娘亲说："姐姐你，虽然有一时的荣华富贵；但我这个妹妹，却无忧无虑，一辈子快乐。"姐姐送给她衣服，多半不肯接受；强迫她收下，她就说："我丈夫世代贫穷，华丽的衣服，使我们不安。"实在不得已，接受之后，就把它们埋葬地下。姐姐又送给她奴仆、婢女，她就说："我们家没有多余的粮食，养活不起。"一直穿破旧的衣服，凡事亲自动手，劳苦不息。有一次，苻承祖派车辆迎接，姨妈不肯上车，婢女们强抱她上车，她就大哭，说：“你们打算杀我！”于是，苻家内内外外，给她取个绰号：“呆姨妈”。等到苻承祖失败，主管单位逮捕苻承祖的两位姨妈到金銮宝殿；一位姨妈被斩首伏法。北魏帝拓跋宏看姚家姨妈，贫苦成那个样子，特别赦免。

19 北魏帝国诛杀李惠（参考四七八年十一月）时（李惠的女儿李贵人，是现任皇帝拓跋宏的亲娘），李贵人（绰号思皇后）的亲兄亲弟，全被处死；堂弟李凤，当安乐王拓跋长乐的主任秘书（主簿）。拓跋长乐被指控阴谋叛变，诛杀（参考四七九年九月），李凤受到牵连，处死。李凤的儿子李安祖等四人，逃亡躲藏，得以保住性命，后来遇到大赦，才从躲藏的地方出面。不久，拓跋宏寻访舅父家仍活在世间的亲人，查出李安祖等，全封侯爵，加授“将军”官衔。稍后，接见四位表兄弟，说：“你们先人，当年两次犯罪。君王设立官职，是要任用贤才。由皇亲国戚晋身，末世才有。你们没有特别的才能，不妨回家。自此之后，皇亲国戚没有能力的，援照此例。”后来，又把四人降封伯爵，撤销“将军”名号。时人认为拓跋宏待冯家太厚，待李家太薄。祭祀部长（太常）高闾曾经提醒拓跋宏，拓跋宏不理。

冯太后是拓跋宏的嫡祖母，不但毫无血缘关系，更惊人的是，冯太后既杀拓跋宏的娘，又杀拓跋宏的爹，更杀拓跋宏娘亲的全家。拓跋宏对这个血海深仇的老太婆，不但没有复仇之意，反而深为爱戴，守丧守得哭了又哭，骨瘦如柴。而对真正的娘亲、娘舅——自己身上的血，有她们的一半，却端出嘴脸，冷漠无情。拓跋宏对李家那一番谈话，掷地有金石声，可作为万古金律，可惜却只对李家而发，对冯家全不适用。待冯家太厚，还可说他天性敦厚，待李家太薄，则百思不得其解。不过，一定有解。我们且保留臆测，留给考据学家或心理学家一个重要课题。

一直等到拓跋宏的儿子、八任帝（宣武帝）元恪时代（下世纪〔六〕初），追尊祖母娘家，才任命李安祖老弟李兴祖，当中山郡（河北省定州市）郡长；追赠李惠开府仪同三司（宰相级），封中山公，绰号庄公。

四九二年 壬申

南齐　永明　十年

北魏　太和　十六年

（柔然汗国太安元年）

1 春季，正月一日，北魏帝国（首都平城〔山西省大同市〕）皇帝（七任孝文帝）拓跋宏（本年二十六岁）在太华殿大宴群臣，陈设乐器，但不演奏。

正月二日，拓跋宏在皇家大会堂（明堂）祭祀老爹、六任帝（献文帝）拓跋弘，使拓跋弘的牌位放在玉皇大帝牌位旁边，共享香火。祭礼完成后，拓跋宏登上御用天文台（灵台），观察太阳四周云气（用以辨识水灾旱灾），下来后，停留在东堂北端大厅，处理国事（在东堂北端大厅处理国事，可能是祭礼的一部分）。从此，每月一日，都举行这项仪式。

南齐帝国（首都建康〔江苏省南京市〕）总顾问长（散骑常侍）庾荜等（荜，音〔必〕）前往北魏帝国报聘。北魏帝拓跋宏派立法院主任立法官（侍郎）成淹，引导庾荜等到宾馆南，参观拓跋宏在皇家大会堂（明堂）祭祀，及登御用天文台（灵台）观察太阳四周云气典礼。

正月四日，拓跋宏到首都平城（山西省大同市）南郊祭祀天神，请一任帝（道武帝）拓跋珪匹配天神，同受香火。

拓跋宏命文武百官讨论“五行”（金、木、水、火、土）顺序问题。立法院总立法长（中书监）高闾认为：“所有帝王，都以建都中原，作为正统，跟传世多少没有关系，跟君主是凶是恶也没有关系。所以姒履癸（夏王朝末任帝桀帝）、子受辛（商王朝末任王纣王），虽然暴虐，并不排除在夏王朝、商王朝之外；姬胡（周王朝十任王厉王）、司马衷（晋王朝二任帝惠帝）虽然昏庸，仍是周王朝、晋王朝帝王之一。晋王朝继承曹魏帝国，受金神保护（金德）；汉赵帝国及后赵帝国继承晋王朝，受水神保护（水德）；前燕帝国继承两赵帝国，受木神保护（木德）；前秦帝国继承前燕帝国，受火神保护（火德）；前秦帝国覆亡，我们帝国正式建立。而且，皇家‘拓跋’这个姓，出于姬轩辕（黄帝王朝一任帝），我愚昧的认为，我们应该是受土神保护（土德）。”（三九八年十二月，有关官员曾奏称“拓跋”是姬轩辕的后裔，应该受土神保护〔土德〕。高闾重提前议）。皇家图书馆主任秘书（秘书丞）李彪、国史编撰官（著作郎）崔光等认为：“神元皇帝（最早酋长拓跋力微）跟司马炎（晋王朝一任帝）来往，关系良好（三世纪中叶，拓跋力微还是北方微不足道的一个小酋长。参考二六一年），后来到了桓皇帝（拓跋猗㐌）、穆皇帝（拓跋猗卢），立志辅佐晋王朝中央政府。很明显的，晋王朝司马皇家的命运国脉，在郏鄏（周王朝时，洛阳城称郏鄏，参考前二四九年）已经告终（认为洛阳沦陷，五任帝怀帝司马炽被掳〔参考三一一年六月〕，晋王朝当时已亡。称“郏鄏”不称“洛阳”，传统史学家往往为了文字上的修辞变化，而影响史迹的精确）。‘拓跋’接受天命，在云中（指盛乐，内蒙古和林格尔县）、代都（首都平城，山西省大同市）一带兴起。从前，秦王朝统一天下，西汉王朝还把嬴姓皇家，比作共工（“共工”不是指被姚重华诬控的“四凶”之一，而是更远的“五氏”之一、伏羲氏之后的一位部落酋长，霸占九城），而直接继承周王朝，受火神保护（火德）。何况刘渊（汉赵帝国一任帝）、石勒（后赵帝国一任帝）、苻健（前秦帝国一任帝），国土狭小，世代短促，我们帝国结束他们的战乱，岂可以舍弃晋王朝，而受土神保护（土德）！”最高监察长（司空）穆亮等，都请求采纳李彪等的建议。

正月五日，拓跋宏下诏，明令规定，北魏帝国上继晋王朝，受水神保护（水德）；年初第一个有“申”的日子，祭祀祖先。年终最后一个有“辰”的日子，祭祀天上神灵（腊祭，参考二五年十二月）。

正月七日，拓跋宏下诏禁止人民赤背、裸体。

北魏帝国皇族，以及功臣子孙，封王爵的很多。正月八日，拓跋宏下诏：除非是一任帝（道武帝）拓跋珪的后裔，其他所有王爵，一律降封公爵，所有公爵，一律降封侯爵，但采邑不因之减小。蛮王桓诞也降封公爵（太阳蛮酋长桓诞投降北魏，参考四七二年正月）。只有上党王长孙观，因祖先立有大功，仍保原爵（长孙观的祖父长孙道生，北方驱逐柔然汗国，西方消灭胡夏帝国，南方抵御南宋帝国），丹阳王刘昶，降封齐郡公爵，特别加号宋王（南宋帝国刘昶投奔北魏，参考四六五年九月）。

北魏帝国旧有制度：四季祭祀，都在每季中间月（二、五、八、一一）举行。

正月十九日，拓跋宏下诏，以后改在每季的第一个月（正、四、七、一〇），选择吉祥之日举行。

2 南齐帝国政府任命宰相（司徒）、竟陵王萧子良，兼国务院总理（领尚书令）。

3 北魏帝拓跋宏，拆毁太华殿，改建太极殿。

二月二日，拓跋宏迁住永乐宫，命国务院执行官（尚书）李冲，兼工程总监（领将作大匠），会同最高监察长（司空）穆亮，共同主持。

二月五日，拓跋宏下诏，废除寒食节祭祀祖先典礼（冬至后一百零五日，是寒食节。北魏帝国还是部落时代，在寒食节祭祖。现在因不合汉人的礼教，才加禁止）。

二月八日，拓跋宏在首都平城（山西省大同市）东郊，举行祭日典礼。从此，无论祭日、祭月，拓跋宏都亲自主持。

二月十一日，拓跋宏下诏：在平阳（山西省临汾市）祭祀伊祁放勋（黄帝王朝六任帝尧帝）、在广宁（河北省涿鹿县）祭祀姚重华（黄帝王朝七任帝舜帝）、在安邑（山西省夏县）祭祀姒文命（夏王朝一任帝禹帝）、在洛阳（河南省洛阳市东白马寺东）祭祀姬旦（在各人的旧都祭祀。姚重华的故都，说法不一，大多数认为在蒲阪〔山西省永济市〕，也有人认为在上谷〔河北省怀来县〕，广宁县属古上谷郡）。由地方政府首长，负责主持。至于儒家学派首领孔丘的祭礼，则在立法院（中书省）举行。

二月二十一日，拓跋宏改定孔丘绰号：文圣尼父，亲自叩拜祭祀。

北魏帝国旧有制度，每年在首都平城（山西省大同市）西郊，祭祀天神，皇帝跟三公级官员，率骑兵二千余人，全副武装，环绕祭坛（皇帝一圈、官员七圈），称“踏坛”。第二天，皇帝仍全副武装，登坛祭天，祭过之后，再度绕坛（皇帝三圈、官员七圈），称“绕天”。

三月十七日，拓跋宏下诏，全部废止。

4 三月二十五日，北魏帝拓跋宏，任命高句骊王国（首都平壤〔朝鲜半岛平壤市〕）国王（二十一任文咨王）高云，当辽海军区司令官（督辽海诸军事），封辽东公爵、高句骊王，并下诏命高云送他的世子（合法继承人）到首都平城（山西省大同市）当人质。高云声称有病，拒绝；但仍送他的堂叔高升干，随同北魏帝国的使节，前往平城（山西省大同市）。

5 夏季，四月一日，北魏帝国颁布新法律，大赦。

6 四月十五日，南齐帝国豫章王（文献王）萧嶷逝世（年四十九岁）。南齐帝（二任武帝）萧赜（本年五十三岁），下诏追赠萧嶷：皇帝诛杀时专用的铜斧（黄钺）、全国各军区总司令长官（都督中外诸军事）、丞相。丧葬礼仪，完全仿效东汉王朝东平王（献王）刘苍前例（参考八三年正月）。萧嶷性情仁爱谨慎、清廉节俭，不把金钱财宝，看成大事。私宅库房失火，把从荆州（州政府江陵）带回京师（首都建康）的储蓄，一烧而光，当时评估约值三千余万，只不过责打库房负责人数十棍而已（萧嶷离任荆州州长，参考四八〇年十二月）。萧嶷病重，立下遗嘱，告诫他的儿子们："才能，有的人干练，有的人笨拙；官位，有的人亨通，有的人阻塞；运气，有的人富足，有的人贫穷，这是大自然运转一定会有的现象，你们不可欺侮别人。"萧赜至为哀痛。很久之后，只要谈到这位老弟，萧赜仍然泪流满面，唏嘘不止。萧嶷逝世那天，家中没有现款，萧赜命每月送去一百万钱，直到萧赜去世才停（萧赜明年〔四九三〕逝世，所以只送两年）。

五月十四日，任命竟陵王萧子良，当京畿总卫戍司令（扬州刺史）。

7 北魏帝国冯太后逝世（前年〔四九〇〕九月）时，政府派使节前往吐谷浑（青海省）报丧，吐谷浑可汗（十四任）慕容伏连筹接受诏书时，吊儿郎当，态度轻浮。北魏帝国官员请求出军讨伐，北魏帝拓跋宏不准。官员们又请求退回他们进贡的物产，拓跋宏说："进贡，是做臣属应尽的责任，我们如果不接受，是跟他们完全决裂，他们即令想改过，也无法改过。"下令归还在洮阳、泥和生擒的吐谷浑汗国俘虏（参考去年〔四九一〕五月）。

秋季，七月六日，慕容伏连筹派世子慕容贺虏头，到首都平城（山西省大同市）朝见。拓跋宏下诏任命慕容伏连筹等，当西方沿边军区司令长官（都督西垂诸军事），封西海公爵、吐谷浑王。派兼任编制外散骑侍从官（兼员外散骑常侍）张礼，出使吐谷浑汗国。慕容伏连筹对张礼说："从前，宕昌国（甘肃省宕昌县）国王，一直自称名字，称我为'大王'。现在忽然改变，自称'仆'，而且又囚禁我的使节。我打算派一支军队，去问问到底怎么回事，你意下如何？"张礼说："阁下跟宕昌王，都是帝国的藩属，如果一言不合，就出兵攻打，将是很严重的违犯藩属的规范。我离开京师（首都平城）时，宰相告诉我，认为阁下能够修正错误，汗国政权就可以保持。如果不能修正错误，大祸一定来临。"慕容伏连筹沉默不再说话。

8 七月二十日，北魏帝国派兼任编制外散骑侍从官（兼员外散骑常侍）、广平郡（河北省邯郸市永年区东南广府镇）人宋弁等，前往南齐帝国报聘。回国后，北魏帝拓跋宏问宋弁说："江南（南齐帝国）情形如何？"宋弁说："萧家父子，对国家没有建立过伟大的功勋，既然用不正当的手段夺取政权，又不能用顺应人心的态度来保护成果。政令苛刻琐碎，赋税差役沉重。领导中心没有德高望重的大臣，乡村却满布哀愁怨恨的人民。萧赜能保住人头逝世，已算大幸。他现在的所有措施，不是为子孙谋幸福的办法。”

9 八月十一日，北魏帝国政府任命怀朔镇（内蒙古固阳县）防守司令（镇将）、阳平王拓跋颐，镇北大将军陆叡；同时担任北伐大军司令官，率十二位将领、步骑兵十万人混合兵团，分兵三路，进攻柔然汗国（瀚海沙漠群）。中路军攻击黑山，东路军攻击士卢河，西路军攻击侯延河（今地都不详）。大军渡过瀚海沙漠，大破柔然军，班师。

10 最初，柔然汗国（瀚海沙漠群）可汗（八任伏名敦可汗）郁久闾豆仑，与他的叔父郁久闾那盖，分道进攻高车王（新疆吐鲁番市北）阿伏至罗，郁久闾豆仑屡战屡败，郁久闾那盖屡战屡胜。汗国贵族认为郁久闾那盖得到天神帮助，遂刺死郁久闾豆仑，而拥立郁久闾那盖（九任），称候其伏代库者可汗（欢乐可汗之意），改年号太安。

11 北魏帝国宰相（司徒）尉元、藩属事务部长（大鸿胪卿）游明根，几次上疏北魏帝拓跋宏，因年纪太老，请求辞职；拓跋宏批准，接见二人，赏赐尉元：黑色冠帽，素色衣服；游明根：委貌冠帽（前高广后低尖），青纱衣服，以及被褥和其他衣服、日用器具等，教他们回去。拓跋宏在皇家大会堂（明堂）亲自主持“养老礼”（参考五九年十月）。

八月二十五日，下诏任命尉元当“三老”，游明根当“五更”（三老应是帝国最高元老，五更应是副最高元老；参考五九年十月）。拓跋宏向“三老”叩拜两次，亲自挽袖露臂，切开祭肉，举起酒杯敬酒；再向

“五更”一揖（“揖”在二十世纪三〇年代之前，还很盛行。四〇年代之后，已经失传。形状好像拱手，不过上下移动的幅度比拱手大五六倍），请求就国家大事，发言指导。尉元、游明根都建议用孝顺父母、友爱兄弟的道理，去治理国家。拓跋宏又在台阶下主持“敬老礼”——对“国老”（部长级以上退休人员）、“庶老”（资政官以下退休人员）行礼致敬，礼毕。拓跋宏分别赏赐尉元、游明根：人力拉的车辆、衣裳。发给“三老”上公（太宰、太师、太傅、太保）的薪俸、“五更”首席部长（国务院文官部长〔吏部尚书〕）的薪俸。

九月一日，拓跋宏在皇家大会堂（明堂），排定祖先祭庙和牌位的顺序；而另在北厅，祭祀冯太后。

九月十八日，冯太后逝世二周年，拓跋宏祭拜冯太后墓园（永固陵），在墓西悲哭，哭声一天不停，接连两天，不进饮食。

九月二十一日，辞别墓园，回永乐宫。

12 南齐帝国及北魏帝国都封“武都王”的“氐王”（首府武兴）杨集始（参考四八六年闰正月），攻击南齐帝国的汉中（陕西省南部），前军抵达白马（陕西省勉县西）。南齐梁州（州政府设南郑〔陕西省汉中市〕）州长（刺史）阴智伯，派带兵官（军主）桓卢奴、阴冲昌等，击破氐军攻势，俘虏及斩杀数千人。杨集始逃回武兴（陕西省略阳县），向北魏帝国投降。

九月二十八日，杨集始到北魏帝国首都平城（山西省大同市）入朝，北魏政府任命杨集始当南秦州州长，封汉中郡侯、武兴王。

13 冬季，十月十一日，南齐帝萧赜，在皇家祖庙（太庙），举行扩大祭典。

14 十月二十七日，北魏帝国任命安定王拓跋休当最高指挥官（大司马），“特进”（朝会时位置仅次三公）冯诞当宰相（司徒）。冯诞，是冯熙的儿子（冯熙是冯太后的老哥，参考四七六年六月）。

太极殿落成。

15 十二月，南齐帝国宰相府军事参议官（司徒参军）萧琛、范云出使北魏帝国。北魏帝拓跋宏，对南齐帝国人士，从来十分尊重，所以亲自接见谈话，回头对文武官员说：“江南（南朝）官员都很好。”侍从李元凯回答说：“江南（南朝）官员都很好，一年换一次君王。江北（北朝）官员都不好，一百年才换一次君王。”拓跋宏十分惭愧。

16 南齐帝萧赜，命太子内宅管理官（太子家令）沈约，撰写《宋书》（《南宋帝国史》），沈约不知道应不应给袁粲写传，请求萧赜裁决，萧赜说：“袁粲自是宋国（南宋帝国）的忠臣（袁粲死难，参考四七七年十二月）。”沈约又记载刘骏（南宋帝国五任帝）、刘彧（南宋帝国七任帝）各种卑鄙、淫乱的事。萧赜说：“刘骏的事迹，不可以写成这个样子。至于刘彧，我从前曾当过他的部属，事奉过他（萧赜在南康郡响应刘彧建康政府，参考四六六年六月），你应该想到‘为尊贵的人隐讳’的《春秋》大义。”沈约遂删除了很多。

17 本年（四九二），林邑王国（越南中部）前任国王范阳迈的孙儿范诸农，率部落人民，攻击篡夺王位的蛮夷酋长范当根纯（参考去年〔四九一〕十二月），夺回政权。南齐帝萧赜，任命范诸农当沿海军区司令长官（都督缘海诸军事），封林邑王。

18 北魏帝国南阳公爵郑羲，跟李冲结成姻亲。李冲介绍他当立法院最高立法长（中书令），不久外放出去当西兖州（州政府设滑台〔河南省滑县〕）州长（刺史），贪赃枉法，卑鄙下流。冯太后在世时，命北魏帝拓跋宏收纳郑羲的女儿当小老婆；遂召回郑羲，当皇家图书馆长（秘书监）。郑羲逝世，国务院（尚书）议定绰号"宣"（《史记·谥法解》："圣善周闻曰宣。"就是美好声誉传播四方之意）。拓跋宏下诏说："棺木钉牢之后，确定绰号，显示一个人是清澈，还是混浊。所以，何曾虽然孝顺父母，优良的史学家却把他的绰号定为缪丑（参考二七八年十二月）。贾充虽然对国家有贡献，正直人士却坚持他的绰号为荒公（参考二八二年四月）。郑羲虽然在文学上有造诣，但做官却不廉洁，国务院（尚书）怎么可以只顾人情，而违背公平原则，触犯典章。依照《谥法》：'博闻多见（见多识广）曰文；不勤成名（懒惰却有名声）曰灵。'可以追赠他死时的官职，绰号文灵。"

柏杨曰

拓跋宏既然知道郑羲这么坏，不在他生前惩罚，却在他死后的绰号上咬文嚼字，引经据典，显然是他自己"只顾人情，违背公平原则，触犯典章。"却希望借着议定绰号的小动作，使人民认为他宽厚聪明。那些为了行贿而卖出的儿女，仍屈辱在奴隶主的淫威之下，那些因屈打成招而被杀被砍，或惨死牢房的冤魂，依然在鬼门关前啼哭，看到"宣""灵"之争，恐怕更泪落如雨。

四九三年 癸酉

南齐　永明　十一年

北魏　太和　十七年

（柔然汗国太安二年）

1 春季，正月，南齐帝国（首都建康〔江苏省南京市〕）皇帝（二任武帝）萧赜（本年五十四岁），任命骠骑大将军王敬则当最高监察长（司空）、镇军大将军陈显达当江州（州政府设寻阳〔江西省九江市〕）州长（刺史）。陈显达知道自己出身寒门（陈显达是南彭城郡〔江苏省镇江市〕人，从小当兵），每次升官，都有恐惧惭愧的脸色；常告诫儿子们，不可以用富贵欺侮别人。但儿子们行事，多数豪华奢侈，陈显达听到，大不高兴。儿子陈休尚，当郢州（州政府设夏口〔湖北省武汉市〕）总部主任秘书（郢府主簿)，路过九江(即寻阳)，陈显达说："麈尾、蝇拂，都是王家、谢家的东西，你不可以拿。"取过来当面烧掉。

最初，南齐帝萧赜，在石头城(建康城西北)制造没有篷帐的车辆三千辆，打算派步兵从陆路袭取彭城(江苏省徐州市)，北魏帝国得到密报；宋王刘昶很多次在北魏帝(七任孝文帝)拓跋宏(本年二十七岁)面前，流泪哭泣，请求把他派到边界地带驻防，使他能招收仍然怀念南宋帝国的人民，向南齐帝国报仇雪恨。拓跋宏在经武殿(四八八年建)召集文武百官，讨论南征事宜，并在淮河、泗水间，积存大量喂马用的草料。萧赜也得到密报，任命首都西区卫戍司令(右卫将军)崔慧景，当豫州(州政府设寿阳〔安徽省寿县〕)州长，防御戒备。

2 北魏帝国(首都平城〔山西省大同市〕)派编制外散骑顾问官(员外散骑侍郎)邢峦等，出使南齐帝国。邢峦，是邢颖的孙儿(邢颖受三任帝拓跋焘征召事，参考四三一年九月)。

3 正月二十五日，南齐帝国太子(文惠太子)萧长懋逝世(年三十六岁)。萧长懋仪态风范，都很温和。南齐帝萧赜晚年，喜爱游乐欢宴，国务院各部司(尚书曹)的奏章公文，分一部分给萧长懋裁决，因此威望震撼内外。

萧长懋奢侈豪华，修筑自己的宫殿、花园、动物园，比老爹皇帝的皇宫、花园、动物园，还要盛大，费用在千万钱以上。恐怕老爹在宫中登高时看见，就沿着殿门，种植修长的竹林，遮住视线。所有衣服玩物，多半考究得超过太子的身份。萧长懋要求老爹，准许他在东田(太子宫东侧)兴筑一个小规模花园，老爹同意，萧长懋动员太子宫卫队，轮流充当工匠，紧接城墙，囊括街巷，屋石相连，华丽盖世，面积十分辽阔。萧赜性情严厉，到处都有耳目。可是，萧长懋的胆大妄为，却没有人敢反映给萧赜（荀伯玉给人的印象仍深；参考四八三年四月）。萧赜有一次经过东田，看到建筑物壮观无比，大为震怒，下令逮捕总工程师（监作主帅），萧长懋却把他们藏起来，因此被大大责骂。

萧长懋又派宠爱的弄臣徐文景，制造皇帝专用的辇车和皇帝专用的其他器物。老爹有一次前往太子宫，突然而至，萧长懋来不及藏匿辇车，徐文景情急智生，仓猝间把一尊佛像放进去，所以萧赜并不怀疑。徐文景的老爹徐陶仁，对徐文景说："我只有打扫墓园，等你棺木！"把全家搬得远远的。后来，徐文景终于奉命自杀，老爹徐陶仁并不哭泣。

萧长懋逝世后，萧赜怀念儿子，有一天，步行到太子宫，看到那些超越身份的衣服器具，大为震怒，下令主管单位一一检查，全都打碎。认为竟陵王萧子良（萧赜次子）跟萧长懋最为友爱，而竟不奏报，对萧子良一并责备。

萧长懋一向厌恶西昌侯萧鸾，曾对萧子良说："我心里就是不喜欢这个人，不知道什么缘故，只能说他没有福气。"萧子良为萧鸾解释辩护。后来，萧鸾夺取政权，萧长懋的子孙，全被屠杀，不留一人（参考四九八年正月。如果说因萧长懋厌恶萧鸾，萧鸾才杀萧长懋子孙；则一任帝萧道成爱萧鸾胜过亲生之子，萧鸾为什么也杀萧道成子孙？野心家只有一个法则：挡路就杀！管你有仇，或是有恩）。

4 二月，北魏帝拓跋宏在首都平城（山西省大同市）南郊，主持亲自扶犁耕田典礼。

5 南齐帝国雍州（州政府襄阳）州长（刺史）王奂，讨厌宁蛮府秘书长（长史）刘兴祖，遂逮捕刘兴祖，囚禁监狱（雍州有二十二郡〔内五郡不辖县〕、一府——宁蛮府。宁蛮府下有十二郡，管辖蛮族山区居留地，郡称“蛮郡”，形式简单。“府”的地位，当高过“郡”。宁蛮府所在地在襄阳，跟州政府同城）；诬以谋反，指控刘兴祖煽动蛮夷，打算武装叛乱。南齐帝萧赜命王奂把刘兴祖押送京师（首都建康），王奂不理，就在狱中，害死刘兴祖，宣称刘兴祖自己上吊。萧赜震怒，派立法院立法官（中书舍人）吕文显、直阁将军曹道刚，率禁卫亲军五百人，前往逮捕王奂；另下诏给镇西将军府军政官（镇西司马）曹虎，率军自江陵（荆州州政府所在县，湖北省江陵县）由陆路北上，在襄阳（湖北省襄阳市）会师。

王奂的儿子王彪，凶暴险恶，老爹对他不能控制。秘书长（长史）殷叡，是王奂的女婿，报告王奂说：“曹道刚、吕文显前来，却没有把皇上的诏书拿给我们看，可能有阴谋诡计，应该把他们逮捕，再派快马奏报皇上。”王奂同意。王彪动员州政府军一千余人，打开军械库发放铠甲武器，在南堂外，布防戒备，登城拒抗。王奂的门生郑羽，向王奂叩头，请求出城迎接中央钦差官。王奂说：“我没有谋反，打算先派人到京师（首都建康）申诉。只是恐怕曹道刚、吕文显等品质低劣的人，乘机凌辱践踏，暂时闭门自守。”王彪遂出城跟曹虎军会战，王彪战败逃回。

三月二十五日，军政官（司马）黄瑶起，新任宁蛮府秘书长（宁蛮长史）、河东郡（侨郡，湖北省松滋市西北）人裴叔业；在城中发动兵变，攻击王奂，斩首（年五十九岁）。逮捕王彪，以及他的老弟王爽、王弼，殷叡，全部斩首。王彪的老哥王融、王琛，在首都建康被捕，诛杀，只有王琛的老弟、皇家图书馆主任秘书（秘书丞）王肃，单独逃亡，保住性命，投奔北魏帝国。

夏季，四月十四日，萧赜封南郡王萧昭业（本年二十岁）当皇太孙，太子宫（东宫）文武官属，全部改为太孙宫官属。封太子妃、琅邪（白下，建康城北）人王宝明当皇太孙太妃；南郡王妃（萧昭业正妻）何婧英当皇太孙妃。何婧英，是何戢的女儿（何戢事，参考四八〇年十月）。

6 北魏帝国全国武装部队总司令（太尉）拓跋丕等，请求北魏帝拓跋宏，正式册封皇后。

四月十八日，拓跋宏册封冯清当皇后。冯清，是太师（上三公之一）冯熙的女儿（冯熙是冯太后的老哥，在辈分上，拓跋宏娶了表姑妈）。拓跋宏因《白虎通》上说："帝王不可以把妻的爹娘，作为臣属。"（东汉王朝三任帝刘炟，延聘一批儒家高级知识分子，在白虎观对儒家学派的五经，作比较研究，探讨相异之处和相同之处，遂作《白虎通》。参考七九年十一月。）下诏，命冯熙呈递奏章时，不再称"臣"，朝见时不再叩拜。冯熙坚决辞让。

7 南齐帝国光城蛮（河南省光山县蛮夷）酋长、征虏将军田益宗，率部落四千余户叛变，投降北魏帝国。

8 五月十三日，北魏帝拓跋宏，在皇宫宣文堂（与经武殿，均建于四八八年），摆设宴席，款待四座皇家祖庙的子孙（四座皇家祖庙：一、三任帝世祖拓跋焘，二、拓跋焘的儿子庙号恭宗的拓跋晃，三、五任帝高宗拓跋濬，四、六任帝显祖拓跋弘），亲自跟参加宴会的皇族人员，谈年龄、论辈分，像平民人家一样（不受官大官小、君尊臣卑的拘束）。

五月十五日，拓跋宏亲临金銮宝殿，接见三公及部长级以下官员，共同讨论政治上的困难，和审查囚犯的案情。拓跋宏对最高监察长（司空）穆亮说："从今之后，政府事务，中午之前，你们各位先行商议。中午之后，我跟各位共同决定。”

9 五月二十七日，南齐帝国任命宜都王萧铿（一任帝萧道成第十一子）当南豫州（州政府设姑孰〔安徽省当涂县〕）州长（刺史）。原来任命的是庐陵王萧子卿（萧赜第三子）当南豫州州长，萧子卿由京师（首都建康）前往任所途中，为了娱乐，把所带领的部队，假装海军模样，战备行军。萧赜听到消息，大为愤怒，斩萧子卿的收发官（典签），派萧铿前往接替，命萧子卿返回私宅。萧赜直到死，不跟这个儿子相见。

10 南齐帝国襄阳蛮（襄阳〔湖北省襄阳市〕一带蛮夷）酋长雷婆思等，率部众一千余家，投降北魏帝国，并请求迁移到北魏国土。北魏政府把他们安置在沔水以北。（胡三省注：“此时沔水以北，仍是南齐帝国疆域。”）

11 北魏帝拓跋宏因为首都平城（山西省大同市），气候寒冷，夏季六月时，仍然落雪，不时的狂风陡起，飞沙走石；打算把首都迁到洛阳（河南省洛阳市东白马寺东），可是又恐怕文武官员反对，于是，决定使用诈术，宣称要向南齐帝国发动灭国性的大规模攻击，召集御前会议，准备威逼利诱。御前会议在皇家大会堂南厢东头大厅（明堂左个）举行。命祭祀部长（太常卿）王谌占卜，遇到“革卦”（《易经》卦名），拓跋宏说：“‘子天乙（商王朝一任帝）、姬发（周王朝一任王）革命，应天命而顺人心。’（“革卦”语）没有比这个更为吉祥。”文武百官都不敢说话，国务院执行官（尚书）、任城王拓跋澄说：“陛下继承几代累积下来的大业，拥有中原。如今出动大军，讨伐还没有臣服的敌人，却得到子天乙、姬发革命成功的暗示，不能算十分美满。”拓跋宏厉声说：“《繇辞》说：‘大人物像老虎一样脱胎换骨’（“大人虎变"），怎么能说不是吉祥！"拓跋澄说："陛下登极当皇帝，已经很久，怎么今天才像老虎一样脱胎换骨！"拓跋宏拉下脸来说："帝国，是我的帝国，你打算打击民心士气是不是？"拓跋澄说："帝国虽然是陛下的帝国，但我们也是帝国的官员，怎么可以看到危险，而不说一句话。"拓跋宏的怒气很久才消失，安慰拓跋澄说："各人说出各人的看法，有什么关系！"

拓跋宏回宫之后，召见拓跋澄，劈头就说："刚才'革卦'的事，我现在再找你继续讨论。皇家大会堂（明堂）上，我大发脾气，只是恐怕大家纷纷发言，破坏了我的决策，所以才声色俱厉，不让他们开口。我想，你会了解我的用心。"遂命左右侍从退出房间，只留下二人，秘密对话。拓跋宏对拓跋澄说："我今天想做的这件事，我知道并不容易。帝国在北方大地上兴起，后来迁都平城（山西省大同市），但平城只是开疆拓土的地方，不是传播文化的地方（当初，一任帝拓跋珪吞并后燕帝国大部分领土，把首都自盛乐〔内蒙古和林格尔县〕东迁至平城。参考三九八年六月）。在平城推动风俗习惯的重大改革，确实困难。我不过利用大军南征的形势，目的在于把首都迁到中原，你认为如何？"拓跋澄说："陛下打算把首都迁到中原，用以征服四海，扩大疆域，这正是周王朝和西汉王朝兴隆的原因。"拓跋宏说："北方人习惯于传统风俗，留恋旧有的生活方式，当听到这个消息时，一定惊恐骚动，我们怎么办？"拓跋澄说："不平凡的事，本来就不是平凡的人做得出来。陛下的决断，出自你的内心，他们又有什么办法！"拓跋宏说："你，正是我的张良。"（拓跋澄是拓跋宏的堂弟。张良赞成刘邦迁都长安〔参考前二〇二年五月〕，所以用张良相比。）

六月七日，拓跋宏下令，在黄河上兴筑大桥，准备大军通过。皇家图书馆长（秘书监）卢渊上疏，认为："从前，太平时代的君王，从不指挥大兵团作战，在两军阵前，生死对决。因为，胜利了并不威风，不胜利反而有伤声望！想当年，曹操用一万疲惫的士卒，大破袁绍（参考二〇〇年十月）；谢玄用步兵三千人，摧毁前秦帝国（参考三八三年十月）。胜利和失败，决定于转眼之间，不在人数多少。”拓跋宏下诏回答：“太平时代的君王，所以不亲自率军作战，有的是因为天下统一，早已所向无敌。有的是因为懦弱卑怯，苟且偷安混日子。而今，说是天下已经统一，并不如此。说我懦弱卑怯，苟且偷安混日子，又觉得满面羞耻。如果平常时期的帝王，一定不可以亲统大军，则从前的君王特别制造‘革车’（五辂〔五车〕之一。车用皮革包裹，作战时增加碰撞弹性），做什么用？曹操所以取得最后胜利，因为他名正言顺。苻坚所以失败，因为他内政上处理不当。岂是‘少’一定能胜‘多’，‘弱’一定能胜‘强’？”

六月二十八日，拓跋宏举行夏季大会操，命国务院执行官（尚书）李冲负责武官的甄选。

12 南齐帝国首都建康（江苏省南京市）佛教僧侣法智，跟徐州（北徐州，州政府设钟离〔安徽省凤阳县东北临淮关镇〕）人周盘龙（不是周奉叔的老爹周盘龙〔参考四八一年正月〕）等，聚众起兵，乘夜攻击徐州城（钟离），占领。徐州（北徐州）州长（刺史）王玄邈出军讨伐，斩法智、周盘龙。

13 秋季，七月五日，北魏帝国封皇子拓跋恂（本年十一岁）当太子。

14 七月十日，北魏政府下令中外戒严，发表正式文告，通知各有关单位，宣布即将南下攻击南齐。南齐立刻反应，南齐帝萧赜下诏动员京畿（扬州）、徐州（南徐州，州政府设京口〔江苏省镇江市〕）民兵；各地扩大招兵买马，准备应变。

15 南齐帝国立法院主任立法官（中书郎）王融，自认为才能和门第，都超过别人（史书上说，王融才华敏捷，而又是王弘曾孙。王、谢门第，江南第一），不到三十岁，就想当宰相。曾经在立法院（中书省）值夜，手摸桌子，叹息说："竟然寂寞到如此程度，惹得邓禹耻笑（邓禹二十四岁时当宰相，参考二五年七月；而王融本年〔四九三〕二十七岁）！"有一次经过朱雀桥，正逢有巨船出入，吊桥中开，行人车马，喧哗拥挤，寸步难行，王融捶着车厢，伤心欲绝，说："车前没有八个骑兵卫士开道，怎么算是大丈夫！"（利欲薰心的小人物，对"大丈夫"下的定义如此。）竟陵王萧子良喜爱他的文学才华，对他特别亲近厚待（王融是"八友"之一，参考四八四年正月）。

王融发现萧赜有北伐的意思，不断上疏对萧赜的英明决策，加倍推崇，因而用心学习骑马射箭。等到北魏帝国南征，萧子良在东府（建康城南，宰相府）招兵买马，发布权宜人事命令，任命王融当宁朔将军，使他主持招兵买马事宜。王融倾心接纳，共集结江西（安徽省中部，江东对称）古楚王国地区流氓数百人。每人都有才干，可以担当任务。

正巧，萧赜患病，命萧子良全副武装到延昌殿，加强戒备，萧子良命萧衍、范云等，担任禁军带兵官。

七月二十日，萧赜命江州（州政府设寻阳〔江西省九江市〕）州长（刺史）陈显达，向北方增援，镇守樊城（湖北省襄阳市汉水北岸）。萧赜恐怕他的病情，引起政府和民间的忧虑恐惧，强打精神，命皇家乐队，进宫演奏御前正统雅乐。萧子良日夜在禁宫，皇太孙萧昭业每隔一天进入寝殿问安一次。

七月三十日，萧赜病势加重，忽然休克，而皇太孙萧昭业还没有入宫，内外惶惶不安，文武百官都已穿上丧服。王融打算假传圣旨，命萧子良继承帝位，诏书的草稿已经写妥。萧衍对范云说："民间议论纷纷，都说宫中可能发生非常事变。可是，王融不是担当大事的人才，恐怕睁眼看着他失败。"范云说："忧国忧民，也只有王融。"萧衍说："忧国忧民，是打算当姬旦（周公）、姬奭（召公）？还是打算当竖刁、易牙（二人事，参与一三〇年七月注）？"范云不敢回答。稍后，萧昭业入宫，王融全副武装，身披紫红罩袍，在立法院（中书省）厅前要道，阻止东宫（太孙宫）卫队进宫。一会工夫，萧赜悠悠转醒，问皇太孙（萧昭业）在哪里。才下令放东宫卫队入宫，把国家大事托付给国务院左执行长（尚书左仆射）、西昌侯萧鸾。顷刻之间，萧赜气绝，逝世（年五十四岁）。王融采取紧急措施，命萧子良的亲军接管宫城各门。萧鸾得到消息，骑马飞奔到云龙门（宫城〔台城〕东门），被卫士阻挡，萧鸾说："诏书教我晋见。"推开卫士闯入，拥戴皇太孙萧昭业（本年二十一岁）登极（三任帝）。萧鸾命左右侍从，把萧子良扶出金銮宝殿，指挥部属，警卫戒备，发号施令，声音响如洪钟，殿中所有官员士卒，没有一个不听从命令。王融知道他的阴谋无法实现，只好脱下武装，返回立法院（中书省），叹息说："王爷（萧子良）误了我的前程！"因此，萧昭业对王融，至为痛恨。

王融、张敬儿，都是躁进之士，不同的是，分属文武，躁进之士患有权势饥渴症，总盼望拿别人的人头，去撞开更高层荣华富贵的大门。一旦别人拒绝被当作工具去撞，或是把别人撞得脑浆崩裂而仍没有撞开，他就会暴跳如雷，

认为是别人误了他、害了他。

躁进之士跟野心家不同，野心家有时候还可以克制自己，躁进之士则身不由己的到处寻觅可以撞门的别人的人头，更为劳苦、危险。

萧赜遗诏说："皇太孙（萧昭业）的品德，日益增高，国家托付有人。子良（萧子良）应好好的用心辅佐，思考如何治理帝国。内外各种事务，不论大小，都要萧鸾参与，共同研究裁决。国务院（尚书）是国家的领导中心，完全交给右执行长（右仆射）王晏，和文官部长（吏部尚书）徐孝嗣。军事方面，则委任王敬则、陈显达、王广之、王玄邈、沈文季、张瓌、薛渊等。"

萧赜在位时，留心政务，总揽全局，严格聪明，坚决果断；郡长县长都能长久任职，部属犯法，萧赜把御刀封交郡长县长，即行诛杀。所以五世纪八〇年代初至九十年代初十一年间，南齐帝国人民，富足安乐，盗贼消失。然而，萧赜非常喜爱游乐饮宴，虽然对豪华浪费的举动，一直表示痛恨，可是他自己并不能避免。

萧昭业（三任帝）没有登上宝座时，大家一致认为萧子良可能取而代之，互相传播，天下喧腾。武陵王萧晔曾经在大庭广众中，高声宣称："如果选择辈分高的，应该选我（萧晔是萧赜的老弟、萧子良的叔父），如果选择嫡长子，应该仍维持皇太孙（萧昭业）。"萧昭业深受这位祖叔父的庇护。直阁将军周奉叔、曹道刚，是萧昭业的心腹将领，萧昭业命他们同时管辖金銮宝殿直属警卫营。过了几天，萧昭业再命曹道刚当监督院宫廷监督官（黄门郎）。

起初，西昌侯萧鸾，深受一任帝（高帝）萧道成的钟爱（参考四八〇年三月），萧鸾性情节俭，生活朴素，车马衣服，仪仗队随从，跟寒门民家一样；历次官职，都愉快胜任。所以，二任帝（武帝）萧赜，对他也十分敬重。萧赜遗诏，命竟陵王萧子良辅佐新主，而用萧鸾主持国务院（知尚书事）。萧子良素来仁爱忠厚，不喜爱繁琐的事务，所以特别推荐萧鸾。萧赜遗诏上说："内外各种事务，不论大小，都要萧鸾参与，共同研究裁决。"就是萧子良的主张。

萧昭业从小由萧子良的正妻袁女士，抚养长大，袁女士待他非常慈爱。可是，自从王融阴谋夺嫡，萧昭业对这位叔父，深为忌恨。萧赜的尸体移到太极殿时，萧子良住立法院（中书省）；萧昭业派虎贲警卫指挥官（虎贲中郎将）潘敞，率武装战士二百人，驻守太极殿西阶，严加戒备。等到萧赜的尸体装入棺木，大家正式穿上丧服之后，各亲王纷纷出宫，萧子良请求停留到下葬那天，萧昭业不准。

八月四日（原文误置于七月，据《南齐书》改），新皇帝萧昭业，声称奉祖父遗诏，任命武陵王萧晔当首都卫戍司令（卫将军），与征南大将军陈显达，同时开府仪同三司（宰相级）；国务院左执行长（尚书左仆射）、西昌侯萧鸾，当国务院总理（尚书令）；太孙宫总管（太孙詹事）沈文季，当中央军事总监（护军将军）。

八月五日，任命竟陵王萧子良当太傅（上三公之二）；人民所欠三种捐税（"三调"：米捐、布捐、杂物捐），一律免除，不再追讨。减少饰物管理局（御府）库藏，以及皇家田庄、宅第、矿场、熔炼厂；再减少关卡税收。从前，免除捐税的诏书，都是表面文章，政府照样严厉征收。现在西昌侯萧鸾当权，为了广布恩德，一切严格执行，人民大为喜悦。

16 北魏帝国"三老"（最高教育官）、山阳公爵（景桓公）尉元逝世（年八十一岁）。

北魏帝拓跋宏，派主管政府机要（录尚书事）、广陵王拓跋羽，“持节”，安抚六镇（参考四八四年九月），并征调六镇的突击骑兵部队。

八月九日，拓跋宏叩别冯太后墓园（永固陵）。

八月十一日，率步骑兵三十余万人庞大兵团，从首都平城（山西省大同市），出发南征。命全国武装部队总司令（太尉）拓跋丕，同广陵王拓跋羽，留守平城，都加授：“使持节”（平时可杀郡长级以下官员）。拓跋羽说：“总司令（太尉拓跋丕）最好全权负责，我可以作他的副手。”拓跋宏说：“年老的人有智慧，年轻的人有决断，你不要推辞。”命河南王拓跋幹，当车骑大将军、关西军区司令长官（都督关右诸军事）；又命最高监察长（司空）穆亮、安南将军卢渊、平南将军薛胤，当拓跋幹的副司令长官，率各路人马，共七万人，从子午谷（陕西省宁陕县）南下，攻击南齐的梁州（州政府设南郑〔陕西省汉中市〕）。薛胤，是薛辩的曾孙（薛辩事，参考四一七年九月）。

17 南齐帝（三任）萧昭业，聪明敏捷，反应迅速，容貌清秀，举止优雅，谈论应对，十分得体，无论是悲哀或欢乐，都比别人强烈。因此，作祖父的二任帝萧赜，对他异常宠爱。但萧昭业有另外的一面，他精于伪装，外貌善良忠厚，内心阴狠卑鄙，跟左右一些品质低劣的人混在一起，衣食不分，起床睡觉，都挤在一起。

萧昭业当南郡王时，跟随叔父竟陵王萧子良，住在西州（建康城西）。萧昭业的老爹、皇太子（文惠太子）萧长懋，常常约束他的行动，限制他的费用。萧昭业就向有钱的富有之家，秘密借贷，没有一个人胆敢拒绝。萧昭业还另外制造一副钥匙，三更半夜，打开京畿总卫戍司令部（设西州城）后门，跟左右侍从，到各军营去荒淫欢宴。亲王师傅（师）史仁祖、教师（侍书）胡天翼，无可奈何，互相商议说："如果我们把这种事报告皇上（萧赜）或皇太子（萧长懋），事情恐怕难以收拾。如果王爷（萧昭业）在军营之中，被人揍了一顿，或被野狗咬了一口，我们不但本身要获罪，恐怕全家都要受牵连。我们已经七十，还能再活几年！"几天之内，二人先后自杀。可是，萧赜、萧长懋却不知道原因。萧昭业对他宠信的左右侍从，都预先封爵任官，空口无凭，还写在黄纸上，命当事人装到口袋里，随身携带，承诺一旦坐上宝座，全部兑现。

老爹萧长懋卧病在床，以及后来逝世，萧昭业一直满面愁容，悲泣哀号，连身体健康，都受到伤害；看见他的人，都感动得哭出声音。可是萧昭业一回到私宅，立刻笑逐颜开，大吃大喝，纵情取乐。常教女巫杨女士向上天祈祷，祈祷祖父（萧赜）、老爹（萧长懋）快快死掉，好使他早日登极。后来，老爹（萧长懋）逝世，萧昭业认为是杨女士的巫蛊成功，就更加敬重信任。萧昭业既被封皇太孙，祖父（萧赜）有病，又命杨女士祈祷。当时，他的正妻何婧英仍留在西州（京畿卫戍司令部所在，建康城西），祖父病势转重时，萧昭业写信给何婧英，信纸中央写一个大"喜"字，环绕大"喜"字四周，写三十六个小"喜"字。

萧昭业在祖父（萧赜）病床之前，眼望祖父病容，每说一句话，眼泪就忍不住流下。祖父认为这个孙儿善良忠厚，一定可以担负帝国的重任，因而对他说："我死之后，五年之内，国家大事，全部托付宰相，你不要过问。五年之后，你要亲自处理，不必再交给别人。如果你做不出成绩，也没有遗憾。"临死时，萧赜握住孙儿的手，衰弱的说："如果还想念你老祖父的话，应该把事做好！"即行断气。等到尸体入棺（还没有安葬），萧昭业就把祖父（萧赜）的歌星舞女叫来，演奏各种音乐。

萧昭业坐上宝座十余日，就逮捕王融，交付最高法院（廷尉）审判；命总监察官（中丞）孔稚珪，控告王融："阴险、浮躁、轻率、狡狯，招降纳叛，恶意批评政府。"王融向竟陵王萧子良求救，萧子良忧愁畏惧，不敢过问。萧昭业遂命王融在狱中自杀，时年二十七岁。

最初，王融打算结识东海郡（侨郡，江苏省镇江市）人徐勉，托了很多人请徐勉到京师（首都建康）见面。徐勉对人说："王融的名望太盛、地位太高，可是见解太浅，很难推心置腹。"不久，王融惹下大祸，徐勉遂因这个缘故，声名远播。太学生会稽郡（浙江省绍兴市）人魏准，才华洋溢，深受王融赏识。王融打算拥护萧子良，魏准鼓励王融全力以赴。另两位太学生虞羲、丘国宾，暗中议论说："萧子良缺少才华，王融又没有决断能力，失败就在眼前。"等到王融被杀，南齐帝萧昭业命立法院（舍人省）把魏准叫去盘问，魏准惊慌恐惧，竟被吓死，尸体发青，当时人认为胆被吓破。

18 八月二十四日，北魏帝拓跋宏，抵达肆州（州政府设九原〔山西省忻州市〕），看到路上有瘸腿的，有瞎眼的，立刻教车马停下，慰问安抚，命地方政府供应他们终身衣服和食粮。

最高指挥官（大司马）、安定王拓跋休，逮捕抢劫人民财产的三个士卒，绑到各军营游行示众，就要斩首。拓跋宏御驾正巧经过那里，下令赦免；拓跋休拒绝，说："陛下亲自率领六军，远征江南（南齐帝国），肃清盗贼。今天部队才走到这里，这些坏胚已成了强盗，不把他们处决，怎么能阻止犯罪！"拓跋宏说："你的话千真万确。然而，君王的体制之中，常有出乎意外的特别恩泽。三个人虽然罪该一死，但命运使他们遇到皇上，即令违犯军法，不妨特别赦免。"接着对宰相（司徒）冯诞说："最高指挥官（大司马拓跋休）执法认真，你们不可不小心谨慎。”于是军纪森严。

人主和国家的关系，好像是一个身躯。看远犹如看近，在边区犹如在中央。遴选贤才，充当百官；修明政治，为人民谋取福利；则封疆之内的人民，没有一个不得到他应得到的。因此，从前的君王，用丝绵塞住耳朵、用帽穗（九旒）遮住眼睛，目的在盼望他不要只听附近、只看眼前，而应推广到遥远的四面八方。那些残废有病的人，当然应该抚养，更当然应该命有关单位推广全境。而今仅只施舍给路上所遇到的几个人，未免遗漏太多。这种仁爱之心，岂不太小！何况，赦免有罪之人，去破坏主管官员执法，尤其不是君王应做的事。可惜，拓跋宏是北魏帝国的贤君，还是这个样子。

八月三十日，拓跋宏抵达并州（州政府设晋阳〔山西省太原市〕）。并州州长（刺史）王袭，治理人民，很有成绩和美誉，州境之内，平安宁静。拓跋宏对他，至为嘉许。现在，拓跋宏驾到，王袭命居民在道路两旁竖立很多石碑，上面满刻赞美王袭的文章。拓跋宏接到报告，向王袭查问，王袭不说实话，拓跋宏光火，剥夺王袭兼任武职的将军称号，文职贬降二级。

九月四日，派兼任编制外敌骑侍从官（兼员外散常侍）、勃海郡（河北省南皮县）人高聪等，出使南齐帝国。

九月九日，拓跋宏下诏：皇帝御驾所经过的地方，如果对人民秋季庄稼造成伤害，每亩发给谷米五斛，作为补偿。

19 九月十三日，南齐帝萧昭业，追尊老爹（文惠太子）萧长懋绰号文皇帝，祭庙称世宗。

二任帝（武帝）萧赜的灵柩，将在东府（建康城南，宰相府）前秦淮河上船。萧昭业送到皇城端门（南门）之内，丧车还没有出端门，萧昭业就声称有病，迫不及待的回宫，刚踏进宫门，就在殿内演奏外国音乐。皮鼓、铜铃的声音，响彻内外。

九月十八日，把萧赜安葬在景安陵（在江苏省丹阳市东），绰号武皇帝，祭庙称世祖。

20 九月二十日，北魏帝拓跋宏南渡黄河。

九月二十二日，抵达洛阳（河南省洛阳市东白马寺东）。

九月二十四日，前往故国立大学，参观《石经》（参考一七五年）。

九月二十七日，"邓至王"（四川省九寨沟县南坪镇）像舒彭，派他的儿子像旧，到北魏帝国朝见，请准许他把王位传给像旧，拓跋宏批准。

拓跋宏自从平城（山西省大同市）出发，等到抵达洛阳（共四十五日），老天就一直落雨，没有停止。

九月二十八日，拓跋宏下诏：大军继续南下。

九月二十九日，拓跋宏全副武装，手执马鞭，跨马出发。文武官员拦住马头叩拜，拓跋宏说："作战计划，已经确定，大军将向前继续挺进，你们还有什么话说！"国务院执行官（尚书）李冲等说："这一次南征军事行动，全国没有一个人愿意，只有陛下态度坚决，我们不知道陛下单独行动，将走到哪里！我们一心为国，却无法表达，只好冒死请求。"拓跋宏大怒说："我正要征服外邦，统一天下，而你们这些文弱的知识分子，不断怀疑军国大计。杀人用的大刀巨斧，有它们的使用规则，不要多讲。"用鞭抽马，就要出营。安定王拓跋休等，包围而上，流泪规劝。拓跋宏告诉大家说："这一次出动大军，声势庞大，可是毫无成就，怎么能做后人的榜样？我们世世代代，住在幽朔（古幽州及朔方之地，泛指北方塞外），一直盼望南移中原。一定要取消南征军事行动的话，就应该把首都迁到洛阳（河南省洛阳市东白马寺东）。各位王爵、公爵，认为如何？同意迁都的站在东边，不同意迁都的站在西边。"南安王拓跋桢进言说："'建立伟大功勋的人，不征求大众的意见。'（这是公孙鞅语，参考前三五九年。）陛下如果能停止南征，迁都洛阳，这正是我们的愿望，人民的幸福。"文武百官，一齐高呼万岁。当时，鲜卑人虽然不愿意南迁，可是又恐惧南征，两害取其轻，自然没有人反对。迁都大计，遂完全确定。

李冲向拓跋宏建议，说："陛下就要迁都洛阳，可是皇家祖庙和宫殿政府，都要新建，我们不能一直骑在马背上，走来走去，等待它们落成。希望陛下暂时返回代都（首都平城），等文武官员把房舍盖好之后，再乘坐法驾，在宁静和平的銮铃声中，莅临新都。"拓跋宏说："我正要巡察各州郡，现在正可利用这个机会，先到邺城（河北省临漳县西南邺城镇），稍作停留，明年（四九四）春季来时，再回洛阳，不应该先回北方。"遂派任城王拓跋澄，折返平城（山西省大同市），向留守官员宣布迁都消息，并安抚勉励，说："今天才是'革卦'上真正的'革'，你要把事情办好。"

拓跋宏因官员们的意见并不一样，对皇城保安司令（卫尉卿）、镇南将军于烈说："你的意见如何？"于烈说："陛下圣明的谋略，是为了长程利益，不是愚昧和浅陋的人所能议论。但我暗中思量，拥护迁都的人，和依恋旧土的人，各占一半。"拓跋宏说："你既然没有公开反对，就是认同，你不说出你的反对，我深为感动。"派于烈返回平城，说：“留守政府的一切事务，全托付给你。”于烈，是于栗磾的孙儿（于栗磾被称黑稍将军，参考四一六年八月）。 152

从前，北地郡（陕西省彬州市）变民首领支酉，集结部众数千人，在长安（陕西省西安市）城北石山，武装起事，派人联络南齐帝国梁州（州政府设南郑〔陕西省汉中市〕）州长（刺史）阴智伯。秦州（州政府设上封〔甘肃省天水市〕）变民首领王广，起兵响应支酉；在攻击中，生擒北魏帝国秦州州长（刺史）刘藻。于是，秦州、雍州等七州（雍州〔州政府长安〕、岐州〔州政府雍城，陕西省宝鸡市凤翔区〕、秦州〔州政府上封〕、梁州〔州政府骆谷城，甘肃省西和县南〕、泾州〔州政府安定，甘肃省泾川县〕、豳州〔州政府定安，甘肃省宁县〕、华州〔州政府华阴，陕西省大荔县〕，即今陕西省中部及甘肃省南部），大为震动，人民纷纷起兵反抗北魏政府，人数多达十万，分别据守城堡，等待南齐援军。北魏关西军区司令长官（都督关右诸军事）、河南王拓跋幹，率军攻击，大败；支酉乘胜挺进到咸阳（陕西省咸阳市）北浊谷（今地不详）；拓跋幹的副统帅、最高监察长（司空）穆亮进击，又大败。而南齐阴智伯派带兵官（军主）席德仁等，率军数千人，前来接应。支酉等挺进到长安，北魏安南将军卢渊、平南将军薛胤等反攻，大破变民军，变民军投降的有数万人。卢渊只诛杀当首领的几个人，其他全不追究。捕获支酉、王广，一齐斩首。

冬季，十月一日，拓跋宏前往金墉城（洛阳城西北角，贾南风死所，参考三〇〇年四月），召回穆亮，命他跟国务院执行官（尚书）李冲、工程总监（将作大匠）董尔，共同负责建设新都洛阳。

十月二日，前往河南城（河南省洛阳市〔洛阳城西〕）。

十月八日，前往豫州（北豫州，州政府设虎牢〔河南省阳市西北汜水镇〕）。

十月十六日，在石济（河南省延津县东北古黄河渡口）住宿。

十月十八日，拓跋宏下诏：解除戒严令。在滑台（河南省滑县）东郊兴筑祭坛，向随行供奉的祖宗牌位，焚香禀告迁都用意。大赦。兴筑滑台宫。

任城王拓跋澄抵达平城（山西省大同市），大家忽然听到迁都消息，没有一个人不大吃一惊，十分震骇。拓跋澄引经据典，从古代说到近代，慢慢解释开导，大家终于接受。拓跋澄前往滑台（河南省滑县）晋见拓跋宏报告，拓跋宏高兴的说："要不是你，我的事就办不成。"

21 十月二十五日，南齐帝萧昭业，尊娘亲王宝明为皇太后，封正妻何婧英为皇后。

22 十月二十六日，北魏帝拓跋宏，前往邺城（河北省临漳县西南邺城镇）。南齐帝国逃亡客王肃，在邺城晋见拓跋宏，陈述讨伐南齐帝国的策略（王肃投奔北魏，参考本年〔四九三〕三月）。拓跋宏跟他交换意见，大为动容，不知不觉把座位往前移动，以便听得更为仔细，时间也在不知不觉中消逝，长谈几乎不能中止。从此之后，王肃一天比一天受拓跋宏重视；亲信或旧有的老干部，都无法动摇君臣二人的感情。拓跋宏有时摒退左右侍从，单独跟王肃对话，谈到半夜，仍然兴趣浓厚，深恨跟王肃相见太晚。不久，任命王肃当辅国将军、最高统帅府秘书长（大将军长史）。

当时，拓跋宏正打算推广使用"礼乐"——儒家学派的礼仪和雅乐，把鲜卑人传统的风俗习惯，改变成汉人的风俗习惯。于是，凡是展示帝王威严的文物制度，很多由王肃制定。

十月二十八日，拓跋宏派安定王拓跋休，率领文武官员，到平城（山西省大同市）迎接皇家家属。

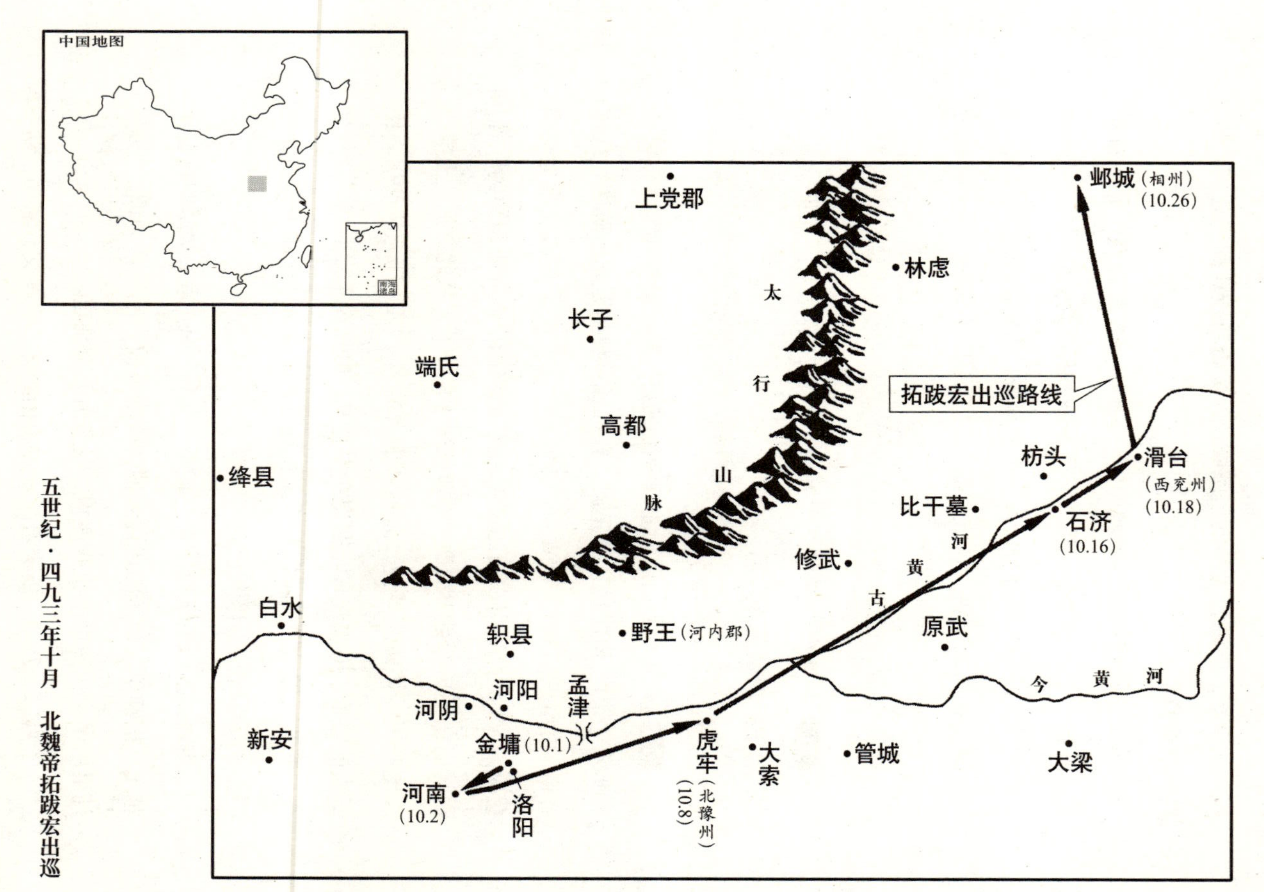

五世纪·四九三年十月　北魏帝拓跋宏出巡

23 十一月四日，南齐帝萧昭业，封皇弟萧昭文当新安王、萧昭秀当临海王、萧昭粲当永嘉王。

24 北魏帝拓跋宏在邺城（河北省临漳县西南邺城镇）西郊兴建皇宫。

十一月十六日，进住新宫。

25 南齐帝国总监察官（御史中丞）江淹，弹劾前益州（州政府设成都〔四川省成都市〕）州长（刺史）刘悛、梁州（州政府设南郑〔陕西省汉中市〕）州长（刺史）阴智伯：贪污受贿高达一亿，依法判处死刑。最初，刘悛离任广州（州政府设番禺〔广东省广州市〕）和司州（州政府设义阳〔河南省信阳市〕）州长（刺史）时，变卖全部财物，倾家荡产，用来贿赂二任帝（武帝）萧赜，遂毫无积蓄。在益州时，更呈献用黄金铸成的浴盆，以及其他物品，价值跟黄金浴盆相差无几。等到萧昭业登极，刘悛进贡的东西减少（刘悛把黄金浴盆呈献给萧赜，刚回成都，萧赜逝世，萧昭业登位，仓猝之间，刘悛搜括已来不及，无力再做第二个黄金浴盆），萧昭业大怒，逮捕刘悛，交付最高法院（廷尉）审判，打算诛杀。西昌侯萧鸾从中说情拯救，刘悛得免一死，但仍剥夺政治权利终身。刘悛，是刘勔的儿子（刘勔被杀事，参考四七四年五月）。

五世纪·四九三年　北魏帝国迁都洛阳·全盘汉化

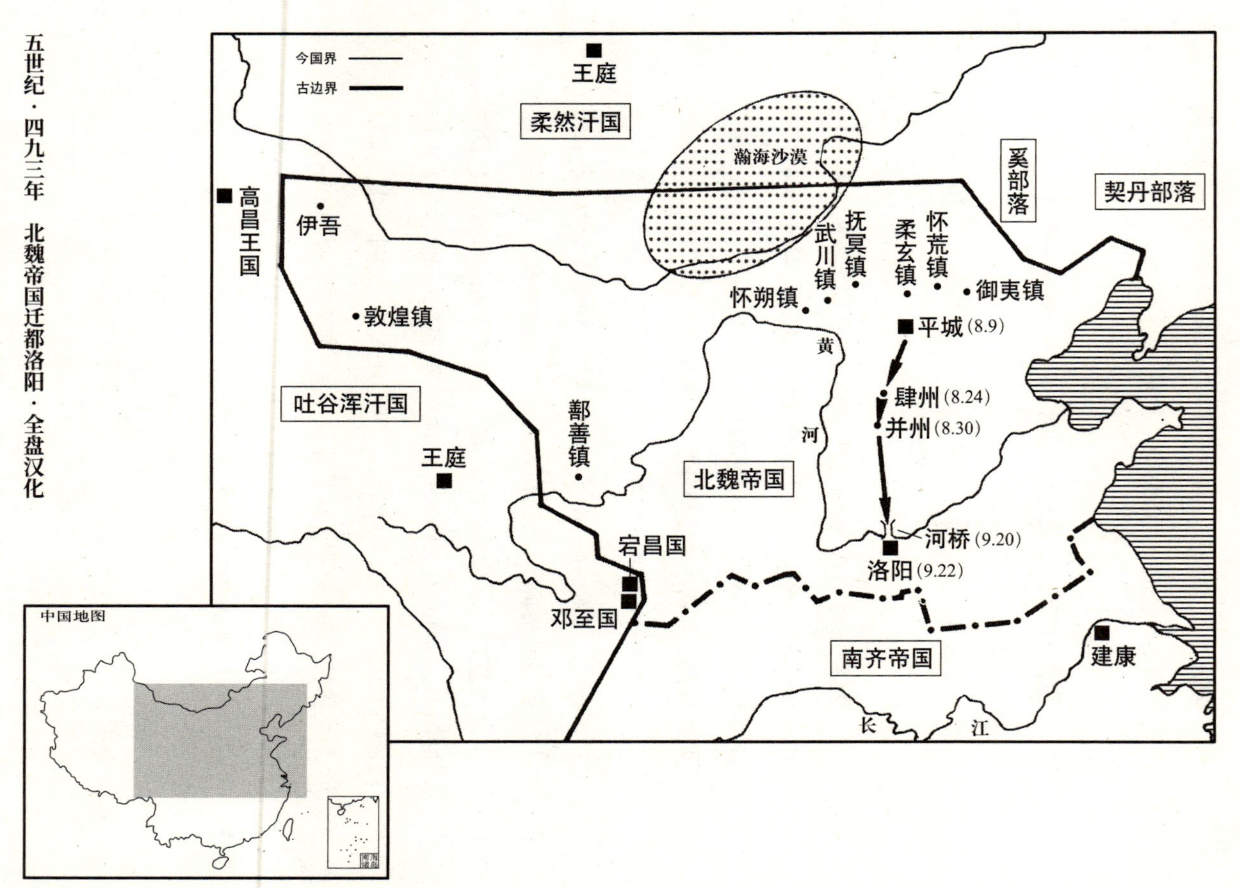

四九四年 甲戌

南齐 隆昌 元年
延兴 元年
建武 元年
北魏 太和 十八年
（柔然汗国太安三年）

1 春季，正月一日，南齐帝国（首都建康〔江苏省南京市〕）改年号隆昌。大赦。

雍州（州政府设襄阳〔湖北省襄阳市〕）州长（刺史）、晋安王萧子懋，因君王年纪太轻，而时局艰难，对保护自己的工作，秘密进行，命制造局制造武器。征南大将军陈显达，时驻樊城（襄阳市汉水北岸。去年〔四九三〕七月，二任帝萧赜派陈显达进驻樊城），萧子懋打算裹挟陈显达当自己的部属。陈显达秘密报告西昌侯萧鸾，萧鸾征召陈显达回京（首都建康）当车骑大将军；而调萧子懋当江州（州政府设寻阳〔江西省九江市〕）州长，但命萧子懋把所统军队，留在襄阳（湖北省襄阳市），只准他带值日卫士及随车卫队。陈显达返京（首都建康），经过襄阳，萧子懋对他说：

“中央命我单身一人到职，身为帝国亲王，怎么可以如此轻率，我仍打算带护卫三千人，你意下如何？”陈显达说：“殿下如果不把部众留下，将是大大的违背圣旨，责任不小；而且，襄阳人马，恐怕也很难完全听你的命令。”萧子懋默不出声。陈显达告辞出来，立即出发。萧子懋的密谋还没有来得及开始，只好前往寻阳（江西省九江市）。

西昌侯萧鸾，暗中准备罢黜南齐帝（三任）萧昭业（本年二十二岁），另行拥护一位明君。因而把前任镇西将军府（随王萧子隆当镇西将军）首席军事参议官（镇西咨议参军）萧衍，纳入自己的小圈圈，共同计划。荆州（州政府设江陵〔湖北省江陵县〕）州长（刺史）、随王萧子隆，性情温和，有文学才能。萧鸾打算征召他，但怕他拒绝。萧衍说：“萧子隆虽然有美好的声誉，其实见解平庸，行为顽劣，身边并没有智囊。充当打手的只有军政官（司马）垣历生、武陵郡（湖南省常德市）郡长卞白龙，而这两个人却唯利是图，如果贿赂他们一个显耀的高官，一定肯来；剩下萧子隆，一封信就可以了。”萧鸾采纳，征召垣历生当太子宫左翼卫队司令（左卫率）、卞白龙当游击将军，两人果然同时抵达京师（首都建康）。接着，征召萧子隆当监督院总监督长（侍中）、抚军将军。豫州（州政府设寿阳〔安徽省寿县〕）州长（刺史）崔慧景，是一任帝（高帝）萧道成、二任帝（武帝）萧赜的旧部，萧鸾怀疑他不听指挥，遂命萧衍当宁朔将军，驻防寿阳（安徽省寿县）。崔慧景大为恐惧，穿上罪人穿的白色衣服，出城迎接。萧衍慰问崔慧景，使他安心。

正月五日，南齐帝（三任）萧昭业到首都建康（江苏省南京市）南郊天坛，祭祀天神。

正月十二日，祭拜老爹萧长懋墓园（崇安陵，今地不详）。

2 正月十七日，北魏帝国（首都平城〔山西省大同市〕皇帝（七任孝文帝）拓跋宏（本年二十八岁）自邺城（河北省临漳县西南邺城镇）南下巡视。

正月二十二日，经过子干墓园（子干，是商王朝末任〔三十一任〕帝子受辛的叔父，封比国国君。子受辛越来越淫乱。子干说：“做人的臣属，不得不冒死规劝。”乃晋见子受辛，恳切建言，三天不停。子受辛大怒说：“我听说圣人的心有七窍，让我瞧瞧！”遂把子干的心挖出。子干坟墓在河南省卫辉市东北郊，迄二十世纪，仍有祭庙，香火鼎盛），用太牢重礼（牛猪羊各一只）祭祀，拓跋宏亲自撰写祭文，说：“这么耿介的知识分子，为什么不当我的臣属！”

3 南齐帝萧昭业，宠信立法院立法官（中书舍人）綦毋珍之（綦毋，复姓）、朱隆之、直阁将军曹道刚、周奉叔、宦官徐龙驹等。綦毋珍之所有建议及人事上的推荐，萧昭业没有一件拒绝，无论中央重要官职或地方重要官职，綦毋珍之都先跟当事人谈妥价钱，所以只一个月左右，他的财富已累积到千两黄金。綦毋珍之随时索取政府财物，指派差役，从不用皇帝诏令。有关官员甚至相互警告：“宁可以不听皇上圣旨，不可以违背立法官（舍人綦毋珍之）命令。”萧昭业任命徐龙驹当寝殿随从官（后阁舍人）；徐龙驹经常住含章殿，头戴黄纶帽、身披貂皮袍，面向南方（皇帝面向南方），坐在案旁，在臣属奏章上代替皇帝批示。侍候的人分立左右，跟侍候皇帝，没有两样。

萧昭业自从把祖父、二任帝萧赜安葬后，就跟左右侍从，换上平民衣服出宫，走遍大街小巷。尤其喜爱在老爹萧长懋墓园（崇安陵）的隧道中，互相投掷泥块，或比赛跳高，做出各种下流游戏，认为是一大乐趣。萧昭业随意赏赐左右侍从，动辄数十万、数百万。每看到钱，就说：“我从前想你一个都想不到手，现在可是没人管我怎么用你了。”祖父二任帝萧赜在位时，国库存款有五亿万，宫库存款也超过三亿万，金银布匹绸缎，更多到无法计算。萧昭业登极不到一年，几乎全部用光。萧昭业曾经到御衣管理局（主衣）仓库，命他的皇后何婧英和宠爱的小老婆群，把贵重宝物玉器，互相投掷，全都破碎，用来大笑取乐。萧昭业跟祖父萧赜最宠爱的小老婆霍女士通奸（霍女士是萧昭业的庶祖母），改称徐姬。政府大小事务，完全交给西昌侯萧鸾裁决。萧鸾好几次直言规劝，萧昭业都不理会；并且开始忌恨，打算除掉萧鸾。因国务院右执行长（尚书右仆射）、鄱阳王萧锵（音qiāng〔枪〕。萧昭业的叔祖父），一向受萧赜的厚待，萧昭业秘密询问萧锵，说："你有没有听到，萧鸾对我有什么批评？"萧锵性情和平谨慎，回答说："萧鸾在皇族中，年纪最大，而且受先帝（二任萧赜）托孤，我们的年纪都很小，政府只有依靠萧鸾一人，请陛下不要忧虑。"萧昭业回宫，对徐龙驹说："我打算跟叔公（萧锵）联手制服萧鸾，叔公既不同意，我不能单独去干，随他去一段时间。"

皇城保安司令（卫尉）萧谌，是二任帝萧赜的族侄。萧赜在郢州（州政府设夏口〔湖北省武汉市〕）时，萧谌已是心腹（萧赜任郢州总部执行官〔行事〕，参考四七七年六月）。萧赜登极，萧谌一直主管宫廷禁卫工作，机密情事，没有一件没有参与。征南将军府首席军事参议官（征南咨议）萧坦之，跟萧谌是一族，曾经当过太子宫直阁将军，很受皇太子（文惠太子）萧长懋赏识。萧昭业因为二人是祖父和老爹的旧人，所以对他们十分亲切信任。萧谌有时因紧急事情，请假出宫外宿，萧昭业一夜都睡不着觉，等到萧谌回宫，萧昭业才安心。萧坦之得以出入后宫，萧昭业所做下流游戏娱乐，萧坦之都在一旁。萧昭业每次酩酊大醉，常常脱得赤身露体，萧坦之就扶住他，百般劝解。西昌侯萧鸾每次要规劝时，萧昭业在深宫不出来，只有请萧谌、萧坦之直接入宫，才能转达。

皇后何婧英，同样淫荡荒唐，跟萧昭业左右侍从杨珉通奸，二人夜间同床，白天相守，俨然一对夫妇。但何婧英跟萧昭业也很亲热恩爱，所以萧昭业对她十分放纵；把何婧英的家人亲戚，迎进皇宫，住在耀灵殿。寝殿大门，整夜大开，宫内宫外，混乱成一团，不再有内外分别。西昌侯萧鸾命萧坦之入宫，奏请诛杀杨珉，何婧英在座，泪流满面，说："杨珉是个可爱的少年郎，没有犯罪，怎么可以冤枉杀人？"萧坦之附到萧昭业耳朵上，低声说："外面都说杨珉跟皇后有一段情，事迹昭彰，远近都知，不可不杀。"萧昭业不得已，批准，一会工夫，又下令赦免，可是刽子手已经行刑。萧鸾又奏请斩徐龙驹，萧昭业也不能违背，只好处死，但对萧鸾忌恨已深。萧谌、萧坦之眼看萧昭业疯狂放荡，一天比一天严重，没有改善的可能性，恐怕大祸一旦发生，牵连自己，遂改变立场，回头来曲意附和萧鸾，劝萧鸾罢黜萧昭业，另立明君；秘密充当萧鸾的耳目，侦查萧昭业的行动，萧昭业却被蒙在鼓里。

直阁将军周奉叔，仗恃他的勇猛和皇帝对他的宠爱，任意凌辱三公和部长级高官。身藏单刀二十把，出入禁宫，守门的禁卫军官，不敢阻止。周奉叔常对人说："我认识你，我的刀不认识你。"萧鸾对他非常顾忌，命萧谌、萧坦之，游说萧昭业，命周奉叔离开京师（首都建康），作为外援。

正月二十三日，萧昭业下诏任命周奉叔当青州（州政府设郁洲〔江苏省连云港市东沉积小岛〕）州长（刺史），曹道刚当中军将军府军政官（中军司马）。周奉叔请求封自己一个千户侯爵；萧昭业允许。萧鸾认为不可以，因而改封曲江县男爵，采邑三百户人家。周奉叔暴跳如雷，在大庭广众中手舞单刀，翻脸大骂。萧鸾向他解释安慰，周奉叔才勉强接受。周奉叔向萧昭业辞行后，将要前往青州（州政府郁洲）到任，他所统率的军队已经先行出发。萧鸾与萧谌宣称皇上传话，命周奉叔前往国务院（尚书）。周奉叔抵达后，埋伏的武士发动突击，把周奉叔殴杀。然后报告萧昭业："周奉叔侮辱政府。"萧昭业不得已，批准奏章。

溧阳（江苏省溧阳市）县长、钱唐（浙江省杭州市）人杜文谦，在萧昭业还是南郡王时，当过萧昭业的教师（侍读）。在殴杀周奉叔之前，曾经游说綦毋珍之："天下事已非常明显，灰尘吹尽，粉末消散，不过是早晚之间的事，不早早自救，我们这些人一个不剩！"綦毋珍之说："有什么办法？"杜文谦说："先帝（二任帝萧赜）旧部，多数被逐出京师（首都建康）；现在征召他们回来，谁不慷慨效力！最近听说：王洪范跟禁卫军将领万灵会等在一起谈话，都卷起袖子，手擂座床。你应该秘密通知周奉叔，使万灵会等，捕杀萧谌，则禁卫军就可全部掌握（萧谌当时官职是首都卫戍司令部军政官〔卫军司马〕兼皇城保安司令〔卫尉卿〕）。然后挥军进入国务院（尚书省，在云龙门〔宫城东门〕内），干掉萧鸾，不过两个刽子手就够了。而今，起事也是死，不起事也是死，两种死法，一样死亡，为什么不为国家死！如果迟疑不决，再拖延几天，萧鸾宣称他奉到皇上指令，叫我们自杀，连爹娘都要断送，而这事就在眼前。"綦毋珍之不能接受。等到萧鸾诛杀周奉叔，同时逮捕綦毋珍之、杜文谦，斩首。

4 正月二十九日，北魏帝拓跋宏，前往洛阳（河南省洛阳市东白马寺东）西宫。立法院主任立法官（中书侍郎）韩显宗，上书提出四项建议：其一，认为："我听说御驾今年（四九四）夏天，不预备巡察三齐（山东省），而打算前往中山（河北省定州市）。去年（四九三）冬季（十月二十六日），御驾停留邺城（河北省临漳县西南邺城镇），当时正逢农闲（冬季田间工作全停，是农夫休息季节），每一家都派出差役，劳苦花费，人民已无力负担。何况现在，正逢春季，无论养蚕和耕田，都需要大批人手，一旦征调他们去服差役，他们如何活命！而且大军在炎热气候中行军，恐怕瘟疫流行。我建议陛下早早先回北都（平城，山西省大同市），免除各州供应的沉重负担，使洛阳重建工程，得以早日完成。”其二，认为：“洛阳宫殿虽毁，故有基础仍在，都是曹叡（曹魏帝国二任帝明帝）所建，前世的人，已经讥刺它过分奢侈豪华（曹魏帝国洛阳宫殿规模，参考二三五年七月）。现在应该利用修复的机会，特别裁减缩小。其次，最近北都（平城）的富豪之家，互相竞争建筑豪华的住宅，也应该利用迁都的机会，予以限制；并拓宽道路，广设水沟渠道。”其三，认为：“陛下上次返洛阳（河南省洛阳市东白马寺东）时（去年〔四九三〕十月一日），禁卫部队非常单薄。君王在宫门之内行动，都要严加戒备，何况爬山渡河，怎么可以不加三思？”其四，认为：“陛下耳听优雅的音乐，眼看艰深的古书《三坟》《五典》，（据说：《三坟》记载伏羲氏〔五氏之三〕、神农氏〔五氏之五〕、姬轩辕〔黄帝王朝一任帝〕最高理想。《五典》，记载己挚〔黄帝王朝二任帝少昊〕、姬颛顼〔黄帝王朝三任帝玄帝〕、姬夋〔黄帝王朝四任帝喾帝〕、伊祁放勋〔黄帝王朝六任帝尧帝〕、姚重华〔黄帝王朝七任帝舜帝〕次高理想。）口中跟万国国君对话，心里思考政事万端，太阳偏西才进饮食，午夜过后才能安寝。加以孝顺之情，随时间而更深；而又要撰写文章，每天都要完成相当篇幅。虽然陛下天纵英明，并不觉得麻烦，但它也绝不是养身修性，保有无边幸福的办法。盼望陛下只总其大成，分层负责，把工作交给有关单位，天下自然治理。”拓跋宏采纳一些他的意见。韩显宗，是韩麒麟的儿子（韩麒麟事，参考四六七年三月二十五日）。

韩显宗又上奏章，认为：

“州郡向中央保荐人才，只有‘秀才’‘孝悌’之名，而没有‘秀才’‘孝悌’之实。中央只注意被保荐人的门第、家世，而不敢弹劾保荐人的欺骗诈伪。这样的话，满可以另行设立一种：‘门才’——专门遴选高贵门第世家中的人物，保荐中央，何必假冒‘秀才’‘孝悌’？门第世家，不过是他爹、他祖父遗留下来，对国家有什么益处！对国家有益的，只有贤能人才。只要有才能，纵然是杀猪钓鱼的奴隶贱民（周勃杀猪，姜子牙钓鱼），圣明的君王不认为用他们做部属是一种耻辱。假定没有才能，即令是三代皇家的后裔（三代：夏、商、周），也会堕落成社会最卑贱的仆役。常听到有人说：‘今天，世间没有奇才，不如用门第世家作为标准。’这话也是一种错误，难道说因为世间再没有姬旦、姬奭，就废除宰相！而应该互相比较，某人只要比别人多一寸之长，增一铢之重，就应该录用。贤能人才，才不致遗漏。

“其次，刑罚的基本精神，在明确公正，不在严厉。如果凡是犯罪的人，都不能逃出法网，则虽然处罚很轻，人也不愿犯罪。如果有可能侥幸避免，则虽然严苛到屠灭三族，也无法禁止。而今，无论中央或地方，官员们为了谋求一时名望，比赛着看谁对犯人更为苛刻，谁就显示得更大公无私。互相鼓励的结果，残忍无情，遂成为风气。陛下身居深宫，把人民当作亲爱的婴儿。可是各机关官员，不过分担国家一部分责任，却把人民当作血海深仇。是以伊祁放勋（尧）、姚重华（舜）只一人，而姒履癸（桀）、子受辛（纣）却成百上千。祥和之气不能降临，原因在此。陛下应该下诏，告诫文武百官，要爱护人民。

“其次，周王朝迁都洛阳，仍保持故都宗周（镐京，陕西省西安市西镐京社区）。东汉王朝定都洛阳，仍在故都长安（西汉王朝首都，陕西省西安市）设长安市长（京兆尹）。依照《春秋》解释，皇家祭庙所在的城市，称‘都’，没有皇家祭庙的城市，称‘邑’。而代京（首都平城），皇家祭庙和皇家墓园，都在那里，圣明君王的大业，也在那里建立基础。即令是神仙之乡、福泉之地，也相差很远，却忽然把它贬作普通的郡县、封国，我暗中感到不安；似应建作陪都，设立‘市长’（尹），仿效前朝先例（北魏政府在首都平城，设平城市长〔代尹〕，参考四三二年三月）。尊崇根本，怀念故旧，使祖先光辉，昭耀万代。

“其次，在古代，从事四种职业的人民，分别居住四个地方（四民：士〔知识分子〕、农、工、商），目的在使他们专心工作（春秋时代齐国宰相管仲，禁止四种职业的人民，聚住一起，免得他们被另一种职业所诱惑，引起社会不安）。太祖（一任帝拓跋珪）创立帝国大业，削平战乱，每天都忙碌不堪，然而，仍分别豪门强族（士大夫）和普通人民，不使二者杂居。工人、匠人、技术人员、屠夫、做生意的，各有住处；可是，只因没有制定法令，所以日子一久，就又混杂。现在，听说洛阳建筑民宅，以官位高低，作为划分标准，而不管门第世家。官位变化无常，早上春花盛开，晚上已经凋谢。于是不久之后，头戴官帽身穿官服的豪门强族，就得跟卑贱的衙役奴仆，住在一起。假设住在一里之内的人（此“里”不是距离，而是区域），有的教授唱歌跳舞，有的讲解儒家经典；使孩子随意选择时，他们一定不会放弃歌舞而去研读经典。可是，使工商界及技术人员之家的子弟，学习豪门强族（士人）的风俗礼仪，一百年也学不会。而豪门强族（士人）的子弟学习工匠、技术人员的容貌举止，一天就够。所以孔丘对一里之中的仁爱敦厚人物，至为称赞。而孟轲的娘亲，为了孩子的教育，更三次搬家，留下名言。（孟妈妈因家住坟墓附近，孟轲小时候，在坟墓间游荡，学会祭祀事务。孟妈妈说：“这不是我教育孩子的地方。”搬到市场旁边，孟轲又学会如何讨价还价，如何贱买贵卖。孟妈妈说：“这也不是我教育孩子的地方。”再搬到学校附近，孟轲学会彬彬有礼。孟妈妈说：“这正是我儿子住的好地方。”遂定居。）这是风俗的泉源，不可不严加注意。政府每次选拔官员，总是考察两件事：一是他的婚姻关系，对方是不是豪门强族；一是他家做官的人有多少？位置有多高？用来作为升迁或贬降的标准，是何等的严密。可是，在规划安顿人民住家时，清洁的（豪门强族）和肮脏的（寒门民家），却混在一起，又何等的疏忽！现在正在迁都初期，洛阳到处都是空地，应把豪门强族跟工匠、技术人员严格划分，只要陛下说一句话，就可完成，有什么怀疑，而使一件伟大的美事，留下残缺。

“其次，南方人（南朝）从前拥有淮河以北土地，自以为可以媲美中国（指北魏帝国），所以用中国（北魏帝国）的郡县名称，在他们国土上设立同名郡县（即侨郡、侨县），后来回归帝国（北魏帝国），接受圣明君王的教化（指第五次南北大战中，北魏夺取淮河以北领土，参考四六九年正月），可是郡县名称却没有改正，名称和实质不符，书信公文，都不知道送到哪里！应该恢复地理的旧有名称，而把新名一律革除；小郡县合并，大郡县分割。中州（首都平城及黄河以北地区）郡县，从前因人口太少，大量合并，现在人口增加，也可以恢复旧观。

“再次，君王把天下当作自己的家，不可以稍有私心。仓库中的储藏，都是为了供给政府和军队，除非对方有功劳或有贡献，就不应该赏赐。政府中各位显赫的贵人，接受的薪俸不能算少，近来对他们的赏赐，动辄以千为单位，如果分别赏赐给鳏夫、寡妇、孤儿、贫老，救活的人，一定更多。而只赏赐给陛下的亲近侍臣，这可不同于：‘只应救济穷人，不应增加富人的财产。’（《论语》孔丘语：君子周急不继富。）”

拓跋宏阅读韩显宗奏章，嘉许他的见解。

二月十四日（原文“乙丑”，据《北史·魏高祖纪》改），拓跋宏前往河阴（河南省洛阳市孟津区东北），勘察沼泽地带，计划兴筑祭祀地神的方坛。

5 二月十六日，南齐帝萧昭业，在皇家大会堂（明堂），举行大祭。

宰相府军事参议官（司徒参军）刘敩等，出使北魏帝国。

6 二月二十一日，北魏帝国改封河南王拓跋幹当赵郡王、颍川王拓跋雍当高阳王。

二月二十七日，拓跋宏北上巡察。

二月二十八日，渡过黄河。

三月二十七日（北魏闰二月二十七日），抵达首都平城（山西省大同市），命文武百官再讨论迁都的利弊，要大家直言无隐。燕州（州政府设广宁〔河北省涿鹿县〕）州长（刺史）穆罴说："现在，四方还没有平定，不适宜迁都。而且，一旦发生战争，却没有马，用什么克敌制胜？"拓跋宏说："牧马场和马厩，都在北方，何必担心没有马？现在的代都（平城），在恒山（北岳·河北省曲阳县北）之北、古代九州疆域之外，不是帝王的首都。"国务院执行官（尚书）于果说："我并不认为古代国地区（河北省西北部及山西省北部），要比伊水、洛水流域更美。但是自从先帝（一任帝拓跋珪）奠都此地以来（参考三九八年六月），大家长久定居，对乡土已有感情。一旦南迁，人民并不欢迎。"平阳公爵拓跋丕说："迁都，是一件大事，应该卜卦决定。"拓跋宏说："姬旦（周公）、姬奭（召公），都是圣贤，才有资格用卜卦的方法，决定筑城。现在既没有这样圣贤，卜卦有什么益处！而且，'卜卦的目的，在于解除疑惑，既然没有疑惑，何必卜卦！'（《左传》斗廉语）从前，姬轩辕（黄帝）卜卦，龟壳全都烧焦，毫无显示（《宋书·符瑞志》：姬轩辕在位时，大雾三天三夜。姬轩辕命天文台长卜卦，火烤龟壳〔巫师观察龟壳上的裂纹，以定吉凶〕，龟壳被烤焦而裂纹不现)，天老（姬轩辕的大臣）认为大吉大利，姬轩辕同意。说明瞻望未来的能力，人，远超过龟壳。帝王把四海当作自己的家，有时住在南方，有时住在北方，怎么会有永远不变之理！我的祖先，居住更为遥远的漠北（拓跋家族迁徙过程，参考二六一年）。平文皇帝（拓跋郁律）最初建都东木根山（事实上，建都东木根山〔内蒙古兴和县北〕的是拓跋郁律的堂弟、被追尊为惠皇帝的拓跋贺傉〔参考三二四年十二月〕）。昭成皇帝（拓跋什翼犍）更兴筑盛乐城（内蒙古和林格尔县。《资治通鉴》记载：三二七年，拓跋翳槐〔烈帝〕迁都大宁〔河北省张家口市〕，三三七年，筑盛乐城。三三八年十一月，拓跋什翼犍〔昭成皇帝〕继承代王；三四一年九月，再筑盛乐新城）。道武皇帝（一任帝拓跋珪）于三九八年，迁到平城（山西省大同市），我在将满一百年的时候（北魏定都平城已九十七年），又逢克制野蛮、排除残杀的机运（《论语》，孔丘说："善良的人建立国家一百年，应该已经不再野蛮，消除残杀。"〔善人为邦百年，亦可以胜残去杀矣〕）。为什么单单只有我不可以迁都？"文武官员不敢再发言。穆罴，是穆寿的孙儿（穆寿，参考三八五年八月）。于果，是于烈的老弟（于烈，参考去年〔四九三〕九月）。

三月二十八日（北魏闰二月二十八日），拓跋宏在金銮宝殿，亲自决定谁应留下，谁应南迁。

夏季，四月六日（北魏三月六日），拓跋宏停止首都西郊祭祀天神。

7 四月七日（北魏三月七日），南齐帝国武陵王（昭王）萧晔（一任高帝萧道成子）逝世（年二十八岁）。

四月十四日（北魏三月十四日），竟陵王（文宣王）萧子良因忧惧过度，逝世（年三十五岁）。南齐帝萧昭业一直担心萧子良发动政变，听到他逝世消息，大为高兴。

孔丘说："卑鄙的人，不可以跟他一同侍奉君王。没有富贵时，他唯恐怕得不到富贵；既得到富贵时，他又唯恐怕失掉富贵。既怕得不到，又怕得到后把它失掉。患得患失，什么事都做得出来。"王融乘着时局危急，意图侥幸，阴谋改变皇位合法继承人（参考去年〔四九三〕七月）。萧子良是当时的贤明亲王，平常忠心耿耿，举止谨慎，而竟然不能避免忧惧而死。追寻所以弄到这种地步的原因，只不过王融心急如火，渴望立刻得到荣华富贵而已。躁进的人，岂可亲近。

8 四月二十五日（北魏三月二十五日），北魏帝国废止五月五日、七月七日对祖先的祭祀（因不是儒家学派的礼仪）。

主管政府机要（录尚书事）、广陵王拓跋羽，奏称："依照诏书规定：每年年终，州镇首长，都要呈报所属官员工作考绩（州主管文官，镇主管武官），并在再度考核后，该升的升，该降的降，该留任的留任，该免职的免职。自从上次——四九一年，京师（首都建康）官员的考绩，都被评为三等，迄今已经三年（此次考绩，《资治通鉴》没有记载）。我想用州镇的考绩办法，作为京师（首都建康）官员的复审办法。"拓跋宏说："考绩事情，关系重大，应由我亲自主持，不可轻率决定，不妨等到秋季。"

9 闰四月二十三日，南齐政府加授镇军将军萧鸾开府仪同三司（宰相级）。

闰四月二十四日，任命新安王萧昭文，当京畿总卫戍司令（扬州刺史）。

10 五月一日，日蚀。

11 六月二十六日，北魏帝国政府，派兼任编制外散骑侍从 170
官（兼员外散骑常侍）卢昶、兼编制外散骑顾问官（兼员外散骑侍郎）王清石，出使南齐（帝国）。卢昶，是卢度世的儿子（卢度世逃崔浩之难，参考四五一年二月）。王清石世代都在南朝当官（王清石家世不详），拓跋宏对王清石说："你不要认为你是江南（南朝）人而自己避嫌。这次前去齐国（南齐帝国），只要对方的水准够高，想跟你见面，你就跟他们见面；想跟你谈什么，你就跟他们谈什么。外交官最重要的行为是和睦，不必端架子、乱夸耀，也不必做出满脸愤怒不平的样子，反而失去做一个使节的意义。"

秋季，七月三日，拓跋宏任命宋王刘昶："使持节"（平时可以杀郡长以下）、长江下游军区司令长官（都督吴、越、楚诸军事）、最高统帅（大将军），镇守彭城（江苏省徐州市）。拓跋宏亲自饯行，同时任命王肃当宋王府秘书长（长史）。刘昶抵达彭城，不能集结旧部、老友，最后没有成果。

七月十日，安定王（靖王）拓跋休逝世（拓跋休是景穆太子拓跋晃第十三子、拓跋宏的叔祖父）。从逝世到下葬，拓跋宏三次到他家哀悼，葬礼跟尉元葬礼完全相同（参考去年〔四九三〕八月），拓跋宏亲自送到郊外，痛哭而回。

七月二十日（原文"壬戌"，据《魏书》改），拓跋宏北上巡视。

12 南齐帝国内斗白热化。西昌侯萧鸾既然诛杀徐龙驹、周奉叔，三姑六婆从民间进宫，多少传播一些萧鸾将发动政变的消息。立法院最高立法长（中书令）何胤，是皇后何婧英的叔父。南齐帝萧昭业对他十分信赖，命他在宫廷和政府值班。萧昭业打算诛杀萧鸾，命何胤负责执行。何胤不敢接受，又不敢不接受，和了一阵稀泥之后，最后仍是建议：再观察一个阶段；萧昭业再次停止。但萧昭业仍打算把萧鸾调到西州（西州，建康城西，京畿总卫戍司令部〔扬州刺史〕所在。萧昭业可能只打算免除萧鸾国务院总理〔尚书令〕，而调任京畿总卫戍司令〔扬州刺史〕）。于是，萧昭业所下达的指令，从此不再征求萧鸾的意见，也不再交给他执行。

这时，萧谌、萧坦之，掌握军权；国务院左执行长（左仆射）王晏，总管政府机要（总尚书事）。萧谌秘密召见各亲王的收发官（典签），严厉吩咐："不准亲王们跟外界人物接触。"萧谌既是皇帝的亲信，而又长久当权，大家对他，既畏惧而又尊敬，所以全都接受命令。

萧鸾把他罢黜萧昭业的计谋告诉王晏，王晏立刻同意。萧鸾再告诉首都建康市长（丹阳尹）徐孝嗣，徐孝嗣也立刻同意。骠骑将军府机要军事参议官（骠骑录事）、南阳郡（河南省南阳市）人乐豫，对徐孝嗣说："外边议论纷纷，好像要发生伊尹、姬旦的事（纪元前一七四八年，伊尹罢黜商王朝三任帝子仲壬。纪元前一一一六年，姬旦罢黜周王朝二任王姬诵〔姬旦罢黜姬诵一事，有人否认，有人肯定，乐豫显然认为确有其事〕）。你身受武帝（二任帝萧赜）厚恩，接受他托付后事的重任，恐怕不应该参与这种事情。从前，人们讥笑褚渊（参考四七九年四月），至今都对他轻视。"徐孝嗣心里认为他说得对，但不能接受。

萧昭业也听到风声，问萧坦之说："有人说萧鸾跟王晏、萧谌联手赶我下台，好像不是空穴来风，你听到些什么？"萧坦之说："天下哪有这种怪事，谁闲着无聊，去罢黜天子？政府官员不可能造这种谣言，定是那些三姑六婆胡说八道，怎么可以相信！皇上如果无缘无故除掉这三个人，谁还敢自保没有生命之忧！"

直阁将军曹道刚察觉到宫外正酝酿一种风暴，遂秘密部署，可是不能先发制人。当时，始兴郡（广东省韶关市）郡长（内史）萧季敞、南阳郡（河南省南阳市）郡长萧颖基，都内调中央。萧谌打算等二人抵达京师（首都建康），借着他们所带军队的声势，再采取行动。萧鸾恐怕夜长梦多，告诉萧坦之，萧坦之立即警告萧谌说："罢黜天子，自古以来，是一件大事。最近听说，曹道刚、朱隆之等，已经起疑。你这位皇城保安司令（卫尉），明天如果还不发动，以后便再没有机会。我有百岁高龄的娘亲，怎么能坐在这里等待大祸来临？我会另谋生路，先救自己（威胁将向皇帝检举）！"萧谌大为惊恐，决定第二天（七月二十日）发动。

七月二十日，萧鸾命萧谌率军直入皇宫，入宫之后，萧谌首先遇到曹道刚及立法院立法官（中书舍人）朱隆之，立即把二人诛杀。后宫值日官（直后）徐僧亮得到报告，怒不可遏，对大家高声呼喊："我们受恩深重，今天一死报答！"萧谌再斩徐僧亮。萧鸾身穿铠甲，外罩朱袍，率军自国务院（尚书）进入云龙门（宫城东门），因恐惧过度，双腿发抖，好不容易进入云龙门，鞋子已掉下三次。王晏、徐孝嗣、萧坦之、陈显达、王广之、沈文季，都在萧鸾之后，紧紧跟随。萧昭业这时正在寿昌殿（萧赜所建，日常生活在此），听到外边发生情况，仍把萧谌当作心腹，秘密写下数字，派人送给萧谌求救；又下令禁宫所有殿阁，完全关闭，等待援军。霎时间，萧谌率军进入寿昌阁，萧昭业这才发现他的救星竟是索他性命的叛徒，于是逃跑，躲到徐姬（即祖父萧赜小老婆霍女士）房间，拔剑自杀，然而却下不了狠心，割不断咽喉，遂用缎带缠住脖子，乘小轿去延德殿。萧谌先一步赶到，殿上禁卫军手拿弓箭盾牌，准备攻击，萧谌对大家说："我要逮捕的是另一个人，你们不必插手。"禁卫军一向隶属萧谌，听了他的话后，全都相信。等到萧昭业抵达，大家都想奋勇一战，但萧昭业却不说一句话，反而直奔延德殿西边小巷。萧谌追上，砍下萧昭业人头（年二十二岁），命人把尸首抬到宫外徐龙驹家宅，用亲王的礼仪安葬。徐姬（霍女士）以及萧昭业所宠信的弄臣，全都处死。

萧鸾既杀萧昭业，想到必须有一道皇太后王宝明的诏令，这场弑君政变，才能合法化。正思虑间，徐孝嗣已从衣袖里掏出来呈上，萧鸾大为高兴。

七月二十一日，萧鸾用皇太后王宝明的名义，发布诏令，追贬萧昭业当郁林王、贬皇后何婧英当郁林王妃，迎接新安王萧昭文继位。

国务院文官部长（吏部尚书）谢瀹（音yuè〔月〕），正在跟客人下围棋，左右听到宫廷政变消息，惊慌进来报告。谢瀹每落一棋子，就说一句："恐怕还有别的！"棋局结束后，回房睡觉，对外边的事，一句不问。工程总监（大匠卿）虞悰，暗中叹息说："王晏、徐孝嗣，短衣短裤（武装）罢黜天子（萧昭业），天下怎么会有这个道理！"虞悰，是虞啸父的孙儿（虞啸父，参考三九七年四月）。政府文武百官被召集进宫，国立大学校长（国子祭酒）江敩（音xiào〔孝〕），走到云龙门，声称药性发作，在车中呕吐，返回。西昌侯萧鸾，打算接纳初级资政官（中散大夫）孙谦当自己的心腹，命孙谦兼任皇城保安司令（兼卫尉），派给他武装卫士一百人。徐谦不愿做萧鸾的同路人，竟把武装卫士解散；萧鸾对他也不加罪。

七月二十五日，新安王萧昭文登极（四任帝），年十五岁。任命西昌侯萧鸾，当骠骑大将军、主管政府机要（录尚书事）、京畿总卫戍司令（扬州刺史），晋封宣城郡公。大赦。改年号延兴（之前是隆昌元年，之后是延兴元年）。

13 七月二十九日，北魏帝拓跋宏，前往朔州（州政府设盛乐〔内蒙古和林格尔县〕)。

14 八月二日，南齐帝国政府任命最高监察长（司空）王敬则当全国武装部队总司令（太尉），鄱阳王萧锵当宰相（司徒），车骑大将军陈显达当最高监察长（司空），国务院左执行长（尚书左仆射）王晏当国务院总理（尚书令）。

15 北魏帝拓跋宏，前往阴山。

16 南齐帝国政府任命始安王萧遥光，当南郡（湖北省江陵县）郡长，但不到任。萧遥光，是萧鸾的老哥萧凤的儿子。萧鸾阴谋夺取皇帝宝座，萧遥光极力赞成。所有大的诛杀或特别赏赐，萧遥光都参与决策。

八月六日，任命立法院主任立法官（中书郎）萧遥欣，当兖州（州政府设淮阴〔江苏省淮安市淮阴区〕）州长（刺史）。萧遥欣，是萧遥光的老弟。萧鸾打算大量培养党羽，所以加以任用。

17 八月十一日，北魏帝拓跋宏，前往怀朔镇（内蒙古固阳县）。

八月十七日，前往武川镇（内蒙古武川县）。

八月十九日，前往抚冥镇（内蒙古四子王旗）。

八月二十二日，前往柔玄镇（内蒙古兴和县北）。

八月二十三日，南返。

八月二十九日，抵达首都平城（山西省大同市）。

九月一日，拓跋宏下诏："全国官员，三年考核一次；三次考核（九年）之后，再决定升迁贬降。因时间太久，对应贬降的人，不够迅

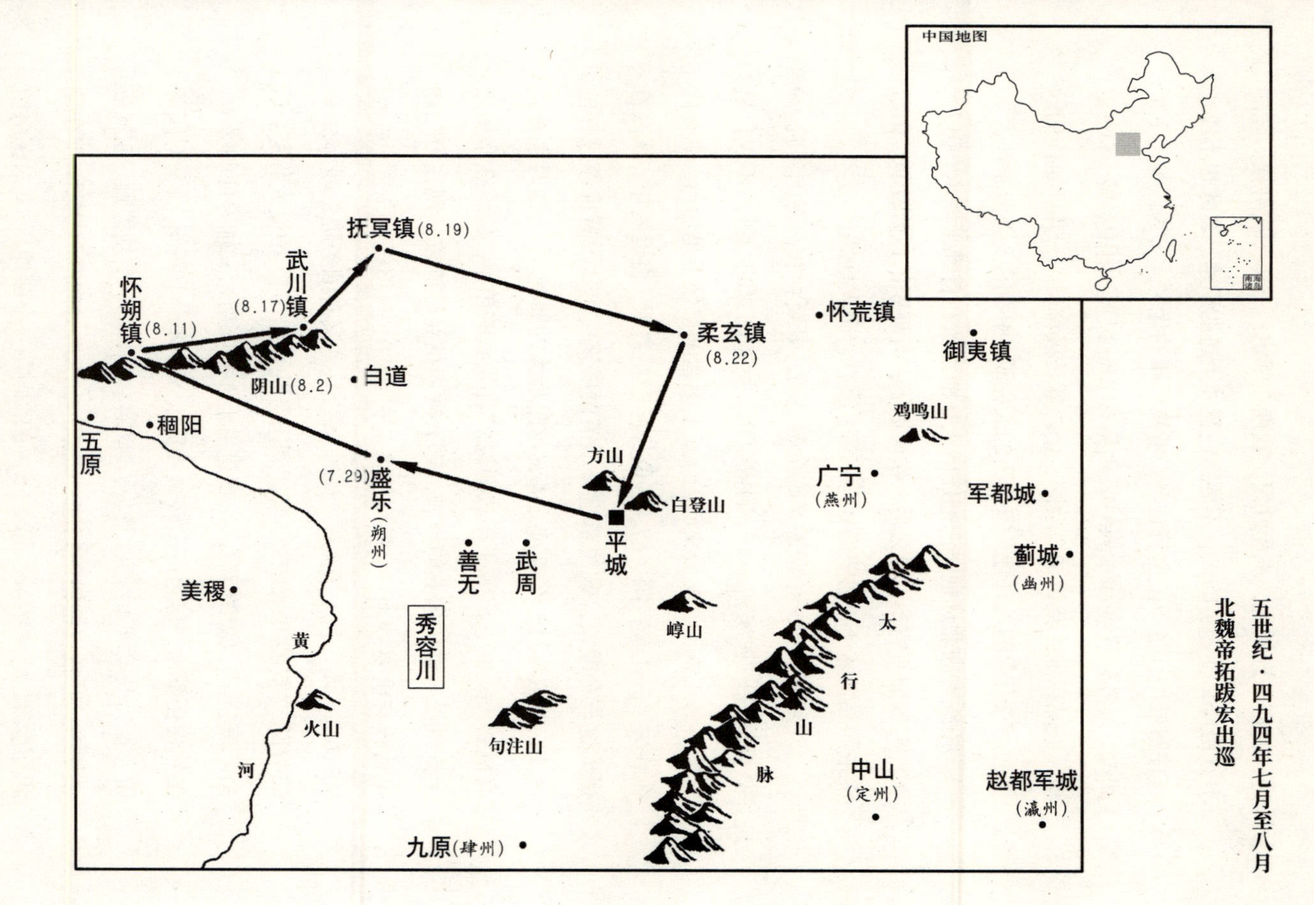

五世纪·四九四年七月至八月
北魏帝拓跋宏出巡
中国地图
南海诸岛
怀朔镇(8.11)
武川镇(8.17)
抚冥镇(8.19)
柔玄镇(8.22)
怀荒镇
御夷镇
阴山(8.2)
白道
五原
稒阳
盛乐(7.29)(朔州)
平城
方山
白登山
鸡鸣山
广宁(燕州)
军都城
蓟城(幽州)
善无
武周
美稷
秀容川
崞山
黄河
火山
句注山
太行山脉
中山(定州)
赵都军城(瀛州)
九原(肆州)

速；对应升迁的人，未免耽误。我现在规定，三年一次考核，立即升迁贬降：使顽劣的人，不要挡住贤才上进的道路，贤才也不致一直停留低位。各单位主管官员，考核部属的优劣，分为三等，上下两等，再各分三级（共三等七级）。六品（县长级）以下，由国务院（尚书）重审。五品以上，我将亲自会同三公、部长级官员，一齐评定他们的善恶。'上上'的人升迁，'下下'的人免职，中等的人仍留原官。"

拓跋宏向北巡视时，把任城王拓跋澄留在首都平城（山西省大同市），考核旧有官员，自公爵、侯爵以下，有现职的以万计算。拓跋澄依照品德才干，把他们划分三等，没有一个人抱怨。

九月十一日，拓跋宏亲临金銮宝殿，升贬百官，对国务院（尚书）官员说："国务院（尚书）的重要性，犹如国家的心脏，不仅仅是管理事务工作，收发公文而已。皇上治理国家是不是恰当，或有什么缺失，责任全在国务院。各位身居现在官职，将近两年，从没有提出过一个建议，或改革过一项错误措施；也从没有推荐过一位贤才，或罢黜过一个无能之辈，这是最大的罪状。"于是对主管政府机要（录尚书）、广陵王拓跋羽说："你是我的弟弟，位置在宰相之上，既没有勤勉敬业的声誉，却有阿谀结党的迹象。现在免除你主管政府机要（录尚书）、最高法院院长（廷尉），只担任'特进'（朝会时位置仅在三公之下）、太子太保（太子三师之三）。"又对国务院总理（尚书令）陆叡说："叔翻（拓跋羽别名）当初到国务院（尚书）时，很受人称道。后来不再公正，做事懈怠，这都是由于你不能用大义辅导他的缘故。虽然责任不大，但也应做轻微处罚，剥夺你一季薪俸。"又对国务院左执行长（左仆射）拓跋赞说："叔翻（拓跋羽别名）受到罢黜，你就应该斩首，但我只把错误归他一人承担，不再对你严厉处罚。现在免除你少师（太子少师，太子三少之一）一职，剥夺一季薪俸。"又对国务院左秘书长（左丞）公孙良、右秘书长（右丞）乞伏义受说："你们的罪也应斩首，所有官职、薪俸以及养亲特别费，全部撤除；而以平民身份，暂时仍留现职。三年之后，如果能有成绩，恢复官职待遇；三年之后，仍没有成就，放逐你们回自己家乡。"又对国务院执行官（尚书）、任城王拓跋澄说："叔父神色之间，已露骄傲，应免除少保（太子少保，太子三少之三）职务。"又对国务院长期兼任执行官（长兼尚书）于果说："你不敬重你的职务，好几次声称有病，非辞职不可，现在免除'长期兼任'（长兼），剥夺一季薪俸。"其余代理执行官（守尚书）尉羽、卢渊等，都被指摘没有能力担任工作，而被解除职务；有的降级，有的罚俸，全当面一一列举他们的过失，然后处分。卢渊，是卢昶的老哥（卢昶，参考本年〔四九四〕六月二十六日）。

拓跋宏又对陆叡说："鲜卑人常说：'鲜卑人风俗原始，性情粗鲁迟钝，哪里知道什么是书！'我听到后，深感失望。现在，读书的人越来越多，难道都是圣人？不过只看你肯不肯努力学习。我整顿文武百官，重建礼仪雅乐，目的在于转移风俗，改变习惯。我身为天子，何必非住中原不可，只是盼望你们的后代，逐渐养成美好的品格，眼界开阔、知识渊博。如果始终住在恒北（恒山〔河北省曲阳县北〕以北），万一再碰上一个反知识的君王，恐怕难免像一个人一直面对墙壁，终于会变成呆瓜。"陆叡回答说："诚然，陛下圣明的话没有错，金日磾如果不到西汉王朝做官，怎么能七代享有盛名（金日磾事，参考前八八年）！"拓跋宏心中大为高兴。

18 南齐帝国三任帝萧昭业被罢黜诛杀后，鄱阳王、宰相（司徒）萧锵，事先并不知道这个阴谋。等到形势已成，宣城公萧鸾已完全掌握权力，无论政府和民间，都知道萧鸾野心勃勃，将夺取帝位。可是，萧锵每去拜访萧鸾，萧鸾都受宠若惊，“踏拉”（脚后跟悬空）着鞋，迫不及待的奔到车旁迎接。谈到时局的艰难，和国家的前途，沉痛悲切，一面说一面流泪。因此，萧锵深信萧鸾忠贞不贰。宫廷和政府各单位，都倾心萧锵，鼓励萧锵入宫，动员军队（把皇帝掌握在手，下诏调动），接管政权。兵工厂长（制局监）谢粲，游说萧锵和随王萧子隆，说：“两位王爷乘坐油布包装的平民小车，只要进入皇宫，把皇帝（萧昭文）请到金銮宝殿之上，教他发号施令。我们这些武官，就立刻关闭宫城城门，守卫全体进入紧急状态，谁敢反对！东城（建康城南，宰相府）的人自会起来逮捕萧鸾！”萧子隆决定接受这个计划，立即行动。但萧锵认为：宫廷禁卫军目前握在萧鸾之手，自己力量单薄，恐怕事情难以成功；因此，一直犹豫不决。骑兵队长（马队主）刘巨，是二任帝（武帝）萧赜的旧部属，晋见萧锵，请求单独对话，诚恳的叩头，请求萧锵立刻发动。萧锵下令备车入宫，可是又折回内宅，向娘亲陆太妃辞别，延误到傍晚，还没有动身。收发官（典签）听到密谋，报告萧鸾。

九月二日，萧鸾派军队两千人，包围萧锵住宅，诛杀萧锵（年二十六岁），然后再诛杀萧子隆（年二十一岁）以及谢粲等。当时，二任帝（武帝）萧赜儿子中，以萧子隆的体格最强壮，有能力才干；所以萧鸾对他尤其畏惧。

江州（州政府设寻阳〔江西省九江市〕）州长（刺史）、晋安王萧子懋，听到萧锵、萧子隆被杀，打算起兵讨伐萧鸾，对王府警卫官（防阁）、吴郡（江苏省苏州市）人陆超之说：“事情成功，皇家祖庙获得平安；事情不成，仍是一个仗义而死的鬼魂。”另一王府警卫官（防阁）、丹阳郡（首都建康）人董僧慧说：“江州（江西省及福建省）虽小，刘骏（南宋帝国五任帝）曾经用它的力量，登上皇帝宝座（参考四五三年三月至五月），如果动员军队，东下直指京师（首都建康），调查前任帝（三任萧昭业）死因，谁能抵抗？”萧子懋的娘亲阮女士，仍留在建康（江苏省南京市），萧子懋秘密派人，携带信件，前往迎接。阮女士嘱咐她的同母异父老哥于瑶之，暗中准备应变。于瑶之却奔向宣城公萧鸾告密。

九月四日，南齐帝（四任）萧昭文，加授萧鸾：皇帝诛杀时专用的铜斧（假黄钺），内外戒严。派中央军事总监（中护军）王玄邈，讨伐萧子懋；又派带兵官（军主）裴叔业跟于瑶之，先行袭击寻阳（江西省九江市），裴叔业宣称奉派担任郢州（州政府设夏口〔湖北省武汉市〕）军政官（司马）。萧子懋知道密谋已经泄漏，派军三百人，进守湓城（九江市〔寻阳东〕）。裴叔业越过湓城，逆流而上，等到半夜，回军急攻湓城；城防军事参议官（城局参军）乐贲，打开城门，迎接中央部队。萧子懋得到消息，率领总部（军区司令部及州政府）所属武装部队，登城固守。萧子懋部属很多是雍州（州政府设襄阳〔湖北省襄阳市〕）人（萧子懋原是雍州州长，参考本年〔四九四〕正月一日），十分骁勇，愿意全力应战。裴叔业感到畏惧，于是命于瑶之前往游说萧子懋，保证说：“你回京师（首都建康）之后，免不了当一个没有实权的闲散官，照样安享荣华富贵。”萧子懋既没有挥军作战，军心已经沮丧，而此时，大营军事参议官（中兵参军）于琳之，是于瑶之的老哥，游说萧子懋，用重金贿赂裴叔业，就可以免掉大祸。萧子懋派于琳之前往行贿，于琳之遂向裴叔业呈献谋杀萧子懋密计。裴叔业派带兵官（军主）徐玄庆，率四百人随于琳之进入州城，州政府官员霎时逃走一空。于琳之尾随二百人之后，手拿佩刀，进入王府后院，萧子懋这才警悟他被出卖，诟骂说：“畜生，你怎么忍心下手（于瑶之、于琳之，是萧子懋的娘舅）！”于琳之用袍袖遮住自己的脸，命人斩萧子懋（年二十三岁）。王玄邈生擒董僧慧，就要处决，董僧慧说：“晋安王（萧子懋）起兵勤王，我参加这项密谋，能为主人而死，死而无恨。但我请求准许我把晋安王（萧子懋）安葬之后，自行投案，任凭烹煮。”王玄邈被他的道义感动，把情形报告萧鸾，赦免一死，发配到东郊铁矿场（东冶）做苦工。萧子懋的儿子萧昭基，年才九岁，在二寸见方的绢布上，写下事变消息，还附五百钱，送给董僧慧。绢布和五百钱辗转都送到董僧慧手上。董僧慧看了小娃的信，说：“这是郎君手书！”悲恸大哭，逝世。于琳之劝陆超之逃亡。陆超之说：“人都有死，死并不可怕，我如果逃亡，辜负晋安王平日的恩情，恐怕受到田横客人的耻笑（田横客人事，参考前二〇二年五月）。”王玄邈想把他囚禁起来，送回京师（首都建康），陆超之在家端坐，等候命令；他的一个门生，认为诛杀他可以得到富贵，于是在背后突然挥刀，砍下人头。人头虽然落地，身体并不仆倒，王玄邈厚厚的把他安葬。在安葬时，凶手门生也帮助抬棺，棺木忽然坠下，正巧压到凶手门生的头上，凶手门生脖子折断，当场死亡。

萧鸾对帝国若干亲王，发动诛杀。派平西将军王广之，袭击南兖州（州政府设广陵〔江苏省扬州市〕）州长（刺史）、安陆王萧子敬。王广之到欧阳（江苏省仪征市东闸口），派部将济阴郡（南济阴郡，江苏省睢宁县）人陈伯之当前锋。陈伯之抵达时，正碰上早晨开城，陈伯之单独进城，斩萧子敬（年二十三岁）。

萧鸾又命徐玄庆从寻阳（州政府所在城，江西省九江市）继续西上，诛杀各亲王。临海王萧昭秀，当荆州（州政府设江陵〔湖北省江陵县〕）州长（刺史）；西翼警卫指挥部秘书长（西中郎长史）何昌寓当州政府执行官（行州事）。徐玄庆抵达江陵，打算行使全权，先斩萧昭秀。何昌寓说：“我受中央政府的委任，辅佐外藩。殿下（萧昭秀）并没有过错，阁下一人单独前来，我怎么敢把人交给你！如果中央政府一定要殿下（萧昭秀）如何如何，我自应上奏，等候更进一步指示。”萧昭秀因此得以保住性命，返首都建康（江苏省南京市）。何昌寓，是何尚之的侄儿（何尚之，参考四二四年正月）。

萧鸾任命吴兴郡（浙江省湖州市）郡长孔琇之，当郢州（州政府夏口）执行官（行郢州事），打算教孔琇之诛杀晋熙王萧銶（郢州州长）。孔琇之推辞，萧鸾不准；孔琇之绝食而死。孔琇之，是孔靖的孙儿（孔靖事，参考四〇三年八月）。

裴叔业自寻阳（江西省九江市）乘胜向湘州（州政府设临湘〔湖南省长沙市〕）挺进，打算诛杀湘州州长（刺史）、南平王萧锐。王府警卫官（防閤）周伯玉在大庭广众中，高声呼喊："裴叔业来湘州，不是天子（四任帝萧昭文）的旨意。现在，击斩裴叔业，集结军队，起兵勤王，谁敢反抗！"萧锐的收发官（典签）喝令左右武士斩周伯玉。

九月十四日，再斩萧锐（年十九岁）。紧接，又斩郢州（州政府夏口）州长（刺史）晋熙王萧銶（年十六岁）；以及南豫州（州政府设姑孰〔安徽省当涂县〕）州长、宜都王萧铿（年十八岁）。

九月十六日，任命庐陵王萧子卿当宰相（司徒），桂阳王萧铄当中军将军、开府仪同三司（宰相级）。

冬季，十月丁酉日（十月壬寅朔，没有丁酉；《南齐书》《南史》同。《建康实录》则记载于九月，"丁酉"即九月二十五日），解除戒严。

南齐帝萧昭文任命宣城公爵萧鸾，当太傅（上三公之二），兼最高统帅（领大将军）、京畿总卫戍司令（扬州牧）、全国各军区总司令长官（都督中外诸军事），加授特殊荣耀礼仪，晋封王爵（宣城王）。

宣城王萧鸾积极进行夺权斗争，延请很多政府中知名人士，参与策划。监督院总监督长（侍中）谢朏（音fěi〔匪〕），心中反对，但不敢表示，遂要求出任吴兴郡（浙江省湖州市）郡长。到郡之后，特别买几斛酒，送给他的老弟、国务院文官部长（吏部尚书）谢瀹（音yuè〔月〕），

五世纪·四九四年九月　南齐萧鸾诛杀各地亲王

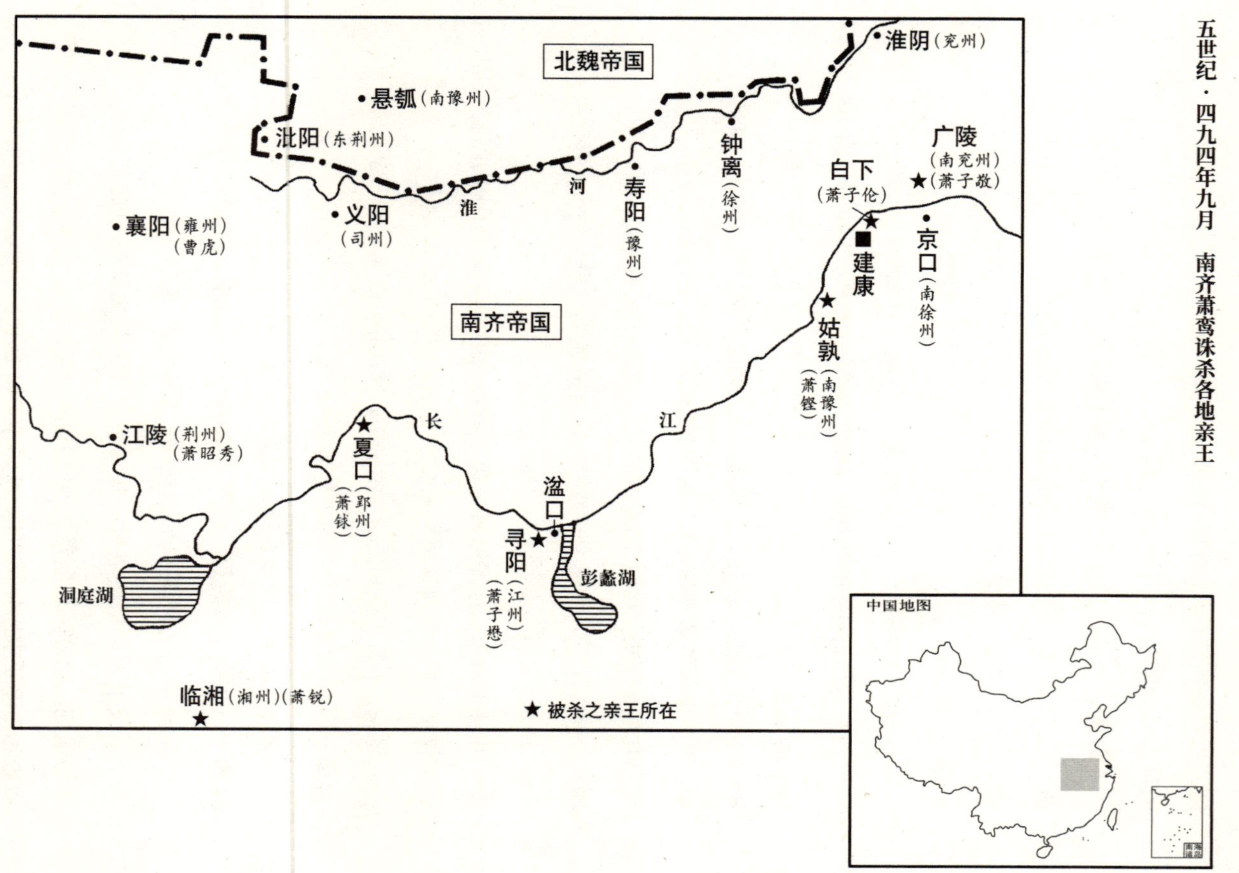

附一封信说："努力喝酒，不要过问别人的事。"

我曾经听说："穿人家的衣服，要为人家分忧。吃人家的食物，要以死相报。"(《史记》韩信答蒯彻语)谢家兄弟二人，肩并着肩，同居高官，一齐享受荣华。国家危险，却不肯伸手拯救。对一个臣属而言，岂可称之为忠！

宣城王萧鸾，虽然完全控制政府，但人心仍然不服。萧鸾后肩胛上有一颗红色的痣，骠骑大将军府首席军事参议官(骠骑咨议参军)、考城(侨县，江苏省盱眙县南)人江祏(音shí〔石〕)，建议萧鸾展示给大家。萧鸾向晋寿郡(四川省广元市西南)郡长王洪范露出这颗红痣，说："有人认为这是帝王之相，你可不要乱说。"王洪范说："大王身上有帝王征候，怎么可以隐瞒，我自会告诉别人。"萧鸾的娘，是江祏的姑妈。

十月戊戌日(十月壬寅朔，没有戊戌。如放在九月，则是九月二十七日)，一连串诛杀桂阳王萧铄、衡阳王萧钧、江夏王萧锋、建安王萧子真、巴陵王萧子伦。萧铄跟鄱阳王萧锵，名望相等，萧锵喜爱文学，萧铄喜爱推理，当时人们称二人为"鄱桂"。萧锵被杀后，萧铄恐惧，亲自到东府(建康城南，宰相府)晋见萧鸾。回来后，对左右说："刚才，萧鸾对我十分亲切，殷勤接待，依依不舍，而脸上有惭愧的颜色，这一次恐怕轮到了我。"当天晚上，就被诛杀(年二十五岁)。

萧鸾诛杀亲王，常用的手段是：派军队深夜包围王府，砍开大门，跳过院墙，杀声连天，呼喊而入；全部家产，都查封没收。江夏王萧锋，有才能品德，萧鸾曾跟他谈道："萧遥光的才干能力，可以托付重任。"萧锋说："萧遥光跟殿下的关系(萧遥光是萧鸾的亲侄)，和殿下跟太祖(一任帝萧道成)的关系一样(萧鸾是萧道成的亲侄)。保卫皇家祖庙，安定国家政府，已有适当人选，可以托妻寄子。”萧鸾脸色大变。等到对各亲王展开诛杀时，萧锋写信给萧鸾，语气讥讽责备，萧鸾深感威胁。不敢派军硬闯私宅，而乞灵诡计，先任命萧锋当皇家祖庙主祭官，而乘他停留皇家祖庙当天，夜晚，派出军队前往逮捕。萧锋出庙上车，凶手群蜂拥而上，攀登车辆，萧锋勇敢而有臂力，竭力抵抗，把几个人摔到地上，但寡不敌众，最后死于乱刀之下（年二十岁）。

萧鸾派收发官（典签）柯令孙，诛杀建安王萧子真，萧子真爬到床底下躲藏，浑身发抖，柯令孙用手把他强行拉出。萧子真下跪叩头，求饶他不死，愿当奴仆。柯令孙不理，斩萧子真（年十九岁）。

萧鸾再派立法院立法官（中书舍人）茹法亮，诛杀巴陵王萧子伦。萧子伦英勇果断，当南兰陵郡（江苏省常州市西北）郡长，镇守琅邪（白下，建康城北），郡城有军队守卫。萧鸾恐怕萧子伦不肯甘心死亡，询问收发官（典签）华伯茂。华伯茂说：“大王如果出动军队，恐怕不见得办到。可是交付给我，一个人就够了。”华伯茂亲自携带毒酒，晋见萧子伦。萧子伦衣帽整齐，出来接受诏书，对茹法亮说：“我祖父（一任帝萧道成）当年屠灭刘家，一人不留（参考四七九年五月）。今天的事情，理应如此。你是我家老友，而今执行命令，定是身不由己，这杯酒不是普通应酬，不能相敬。”仰头喝下，毒发身死，年才十六岁。茹法亮跟左右人员，忍不住流泪。

最初，各亲王出宫前往任所，都设置收发官，州政府或军区司令部所有事务，全由收发官负责（亲王只不过头顶一个州长〔刺史〕或军区司令长官〔都督诸军事〕空衔），经常前往中央晋见皇帝，一年之内，来回数次，皇帝有时甚至单独召见，对面谈话，查问州政府措施；于是，州长（刺史）是好是坏，全看收发官一面之辞，自州长（刺史）以下官员，对他都猛拍马屁，唯恐拍得不够周到。收发官的权势，震撼全州，他们也利用这个权势，大肆犯法乱纪。武陵王萧晔，当江州（州政府设寻阳〔江西省九江市〕）州长（刺史）时，性情刚烈直爽，不买收发官的账，收发官赵渥之对人说："我一去京师（首都建康），州长（刺史）就要换人。"等到晋见二任帝萧赜时，对萧晔竭力抨击，萧赜遂把萧晔免职，召回首都建康。

南海王萧子罕，驻守琅邪（白下，建康城北），打算去东厢游逛，收发官（典签）姜秀不准。萧子罕回家，向娘亲哭泣说："我想出门走五步路都不行，跟囚犯有什么分别？"邵陵王萧子贞曾经想吃熊油，厨房回答说，收发官不在，不敢奉命。

四九〇年，巴东王萧子响诛杀刘寅等（参考四九〇年七月），二任帝萧赜得到消息，对文武百官说："子响竟然造反！"淮南郡（姑孰，安徽省当涂县）郡长戴僧静提高嗓门，回答说："所有亲王都要造反，岂止萧子响！"萧赜问他缘故，戴僧静说："亲王并没有犯罪，却于刹那之间受到囚禁，吃一节藕、喝一杯水，都要向收发官（签帅）请示；收发官（签帅）不在，则一整天忍饥受渴。各州只听说有收发官，没有听说有州长（刺史），怎么不造反！"

竟陵王萧子良，曾经向大家询问："知识分子为什么只找收发官？"军事参议官（参军）范云说："晋见秘书长（长史）以下，没有一点用。晋见收发官立刻就有一本万利的收获，为什么不走那条路！"萧子良露出惭愧脸色。

后来，萧鸾大肆诛杀亲王，都由收发官执行，没有一个亲王能够抗拒。孔珪听到大屠杀消息，流泪说："齐国（南齐帝国）亲王萧钧、萧锋，最有可能拯救皇家，不但不加重用，反而把二人诛杀，如果当初不设立收发官，应该不至到如此地步。"宣城王萧鸾也深知收发官的弊害，遂命南齐帝萧昭文下诏："从现在开始，各州如果有紧急情况，应该秘密奏报，不必再派收发官进京（首都建康）。"自此之后，收发官地位渐渐没落。

帝王的儿子，生在大富大贵的家庭，早上走出妇女闺房，晚上就当地方政府首长。用什么方法预防他骄傲，阻止他淫逸，遂成为历代最大的课题。所以遴选上等人才，作为辅佐，都由帝王亲自决定。或是功劳之臣，或是旧日部属，用来担任收发官（主帅），连喝水吃饭、睡觉起床、一举一动，都要告知。亲王的权力虽重，却身不由主，威不在身，恩德不能普及。一旦中央发生危机，希望他们奋起救亡，怎么能够！这是南宋帝国的遗风（参考四五六年八月），到南齐帝国时，流弊更为显明。

十月二日，萧鸾任命宁朔将军萧遥欣，当豫州（州政府设寿阳〔安徽省寿县〕）州长（刺史）；监督院宫廷监督官（黄门郎）萧遥昌，当郢州（州政府设义阳〔河南省信阳市〕）州长（刺史）；辅国将军萧诞，当司州（州政府设义阳〔河南省信阳市〕）州长（刺史）。萧遥昌，是萧遥欣的老弟。萧诞，是萧谌的老哥。

19 十月三日，北魏政府任命全国武装部队总司令（太尉）、东阳王拓跋丕，当太傅（上三公之二），主管政府机要（录尚书事），留守旧都平城（山西省大同市）。

十月七日，北魏帝拓跋宏亲自到皇家祖庙祭拜禀告，命高阳王拓跋雍、镇南将军于烈，把皇家祖庙牌位，护送到新都洛阳（河南省洛阳市东白马寺东）。

十月十日，迁都行动开始，从平城出发。

20 南齐帝（四任）萧昭文，虽然贵为皇帝，高坐宝座，可是一举一动，甚至喝水吃饭，都要先行报告宣城王萧鸾，然后才能去做。有一天，想吃蒸鱼菜，御厨房管理官（太官令）回答说："没有宣城王（萧鸾）的命令，不能供应。"现在，篡位的时机已经成熟，萧鸾开始发动。

十月十日（北魏帝国迁都之日），皇太后王宝明下诏（萧鸾诏）说："继位的君王（萧昭文），年纪太小，对政治不太了解。而且从小身染疾病，不能担负如此重任。太傅（上三公之二）、宣城王（萧鸾），原是宣皇帝（一任帝萧道成的老爹萧承之）的后裔，又深受太祖（一任帝萧道成）的钟爱，应该承受天命。兹改封现任皇帝（萧昭文）为海陵王。而我自己，自当到别的地方养老。"并命萧鸾当一任帝萧道成的第三个儿子。

十月二十二日，萧鸾（本年四十三岁）登极（五任明帝），大赦，改年号建武（之前是延兴元年，之后是建武元年）。任命全国武装部队总司令（太尉）王敬则当最高指挥官（大司马）；最高监察长（司空）陈显达，当全国武装部队总司令（太尉）；国务院总理（尚书令）王晏，加授骠骑大将军；国务院左执行长（左仆射）徐孝嗣，加授中军大将军；中央禁军总监（中领军）萧谌，中央禁军总监（领军将军，比中领军要高级）。

国务院财政部长（度支尚书）虞悰，声称有病，不出席萧鸾的登极大典。萧鸾认为虞悰是故旧老友，打算请他出任辅佐大臣，命王晏把皇太后王宝明罢黜旧帝、迎立新帝的诏书，拿给虞悰过目。虞悰说："主上（萧鸾）圣明，三公、部长级高官共同努力，难道还需要我这个朽木头一样的老汉，来赞助革命维新！不敢接受命令。"说罢，悲痛大哭。政府官员议论纷纷，打算提出弹劾。徐孝嗣说："这也算是古代遗留下来的耿直风范！”遂不采取行动。

萧鸾设宴招待文武百官，下令有功的人员饮酒，王晏等立刻挺身（席地而坐，上身常弯，得到命令，即直起脊背），只谢瀹（音yuè〔月〕）一个人不理，说：“陛下接受天命，上应天意，下顺民心。王晏怎么把上天意思，当作自己的功劳？”萧鸾大笑，给他们排解。散席之后，王晏招呼谢瀹，一块乘车回国务院，谢瀹板起脸孔说：“你的巢穴在哪里？”王晏对他十分畏惧。

柏杨曰

谢瀹露的这一手，使人备增感慨。高贵门第——豪门世家和强大宗族，所以维系不坠，就是因为世代有官做；世代所以有官做，就是高贵门第中人物，都有一套摇尾奇功，拍马屁而使人觉得并不是拍马屁。谢瀹对于不足以影响他当官、又不能断送他老命的寒门世族，是一副嘴脸；对于足以影响他当官、足以断送他老命的大家伙，又是一副嘴脸，两个嘴脸都恰到好处，权势就会永在。

十月二十六日，新皇帝萧鸾下诏：“亲王、州长、郡长、县长，偶尔向皇家进贡，如果不是当地的土产，一律禁止。”

21 十月二十八日，北魏帝拓跋宏，抵达信都（河北省衡水市冀州区）。

十月二十九日，下诏说：“我最近听说，南方沿边蛮夷，经常侵入南国（南齐帝国）国土，掳掠抢劫，使人父子分离，家庭破碎。我正要统一天下，把万民当作子女，如果这样的话，南国（南齐帝国）人民怎么知道我们的德政。现在命荆州（州政府设穰城〔河南省邓州市〕）、郢州（州政府设真阳〔河南省正阳县北〕）、东荆州（州政府设泚阳〔河南省泌阳县〕）：

严格禁止蛮夷，不可再有侵略暴行。”

22 十一月三日，南齐政府任命始安王萧遥光，当京畿总卫戍司令（扬州刺史）。

23 十一月七日，北魏帝拓跋宏，前往邺城（河北省临漳县西南邺城镇）。

24 十一月十日，南齐帝萧鸾，封皇子萧宝义当晋安王、萧宝玄当江夏王、萧宝源当庐陵王、萧宝寅当建安王、萧宝融当随郡王、萧宝攸当南平王。

十一月十四日，萧鸾下诏："县长的薪俸，十分微薄，所以，即令是辖区内的土产，以后也全部禁止进贡。"（从这份诏书，可看出大分裂时代中，县长可以不经过郡长、州长，而直接进贡皇家。）

十一月十五日，萧鸾追尊老爹、始安王（贞王）萧道生绰号景皇，娘亲（名不详）绰号懿后。

十一月十六日，任命闻喜公萧遥欣，当荆州（州政府设江陵〔湖北省江陵县〕）州长（刺史）；丰城公爵萧遥昌，当豫州（州政府设寿阳〔安徽省寿县〕）州长。当时，萧鸾的长子、晋安王萧宝义，有严重残障（史书无记载是哪一种残障），而其他娃儿，都还弱小，所以命侄儿萧遥光留居中央，萧遥欣镇守长江上游。

十一月十八日，萧鸾封皇子萧宝卷（本年十二岁）当太子。

25 北魏帝拓跋宏抵达新都洛阳（河南省洛阳市东白马寺东），打算严格划清门第高低，遂命国务院执行官（尚书）崔亮，兼文官部考选

司司长（吏部郎）。崔亮，是崔道固（参考四六八年二月）的老哥的孙儿。 190

拓跋宏派后军将军宇文福，寻找畜牧场地。宇文福上疏建议：石济（河南省卫辉市东古黄河渡口，其东便是棘津）以西，河内郡（河南省沁阳市）以东，南距黄河十华里（北到何处，不详）。拓跋宏下令，把代都（故都平城，山西省大同市）各种牲口，迁到新的牧场，命宇文福负责管理。迁移途中，牲口毫无损失，遂任用宇文福当畜牧总监（司卫监）。

最初，三任帝（太武帝）拓跋焘，攻克胡夏帝国首都统万（陕西省靖边县北白城则村，参考四二七年六月），并吞古秦州地区（参考四三〇年十二月、四三六年九月）、北凉王国（参考四三九年九月），发现河西（河西走廊，甘肃省中部西部）一带，水源充足，野草丰富，遂开辟为畜牧场地，牲口大量繁殖，马多到二百余万匹，骆驼多到一百余万头，牛羊数目，数也数不清。现任帝拓跋宏，又在河阳设置牧场（即宇文福规划；河阳，泛指黄河北岸），养战马经常保持十万匹。每年，把河西牧场的牲口，向东迁移，先到并州（山西省中部），再慢慢南下，最后抵达河阳牧场。使它们渐渐习惯新的水土，不致死亡、残废。而河西牧场的牲口，越发繁殖众多。可是，到了下世纪（六）二〇年代之后，牲口被变民或盗匪抢夺掳掠，竟没有留下一匹。

26 本世纪（五）八〇年代末期，南齐帝国二任帝萧赜在位，总监察官（御史中丞）沈渊，上疏说，官员们年过七十，都被强迫退休，这些人困守家宅，生活穷苦。

十一月三十日，现任南齐帝（五任明帝）萧鸾下诏，命依照旧办法，恢复他们的资格。萧鸾在辅佐期间（篡夺列车进行期间）所诛杀的亲王，都恢复皇族身份，他们的儿子一律改封侯爵。

萧鸾向外宣称：海陵王（恭王）萧昭文（前任〔四〕帝）身患重病。于是不断派御医前去诊断，萧昭文事实上没有病，御医遂下手把他害死（年十五岁）。安葬典礼等，一切依照东汉王朝东海王（恭王）刘彊前例（参考五八年五月）。

27 北魏帝国郢州（州政府设真阳〔河南省正阳县北〕）州长（刺史）韦珍，政绩卓越，享有声誉。北魏帝拓跋宏赏赐给他骏马、谷米、绸缎；韦珍召集州境内孤苦贫穷的人，全部散发，说："天子认为我能够安抚你们，所以才加赏赐，我怎么敢独自使用。"

拓跋宏因南齐帝萧鸾，罢黜前任帝萧昭文，篡位自立；计划大规模南下讨伐。正巧，边防部队将领报告：南齐雍州（州政府设襄阳〔湖北省襄阳市〕）州长（刺史）、下邳郡（江苏省睢宁县北古邳镇）人曹虎，派人前来，请求投降。

十二月一日，拓跋宏派代理征南将军薛真度，率领四位将领，南下向襄阳进发；最高统帅（大将军）刘昶、平南将军王肃，攻击义阳（河南省信阳市），徐州（州政府设彭城〔江苏省徐州市〕）州长（刺史）拓跋衍，攻击钟离（安徽省凤阳县东北临淮关镇），另一位平南将军、广平郡（河北省邯郸市永年区东南广府镇）人刘藻，攻击南郑（陕西省汉中市）。薛真度，是薛安都的堂弟（薛安都投奔北魏，参考四六六年十月）。拓跋宏命国务院执行长（尚书仆射）卢渊，当安南将军、南征大军襄阳战区司令官（督襄阳前锋诸军事）。卢渊因不懂军事，竭力推辞，拓跋宏不准。卢渊说："我只是怕曹虎效法周鲂（周鲂假投降事，参考二二八年五月）！"

拓跋宏打算全部改变旧有风俗习惯。十二月二日，下诏禁止鲜卑人穿传统胡装，鲜卑人多半不高兴。

中级散骑侍从官（通直散骑常侍）刘芳，是南齐帝国骁骑将军刘缵的族弟（刘缵经常出使北魏，跟冯太后私通；参考四八三年十月），连同禁宫咨询官（给事黄门侍郎）、太原郡（山西省太原市）人郭祚，都因文学造诣，受到拓跋宏亲近和礼遇；经常跟他们谈论，以及秘密研究帝国机要事宜。其他高级官员和尊贵的皇亲国戚，认为受到疏离排斥，脸上现出愤愤不平表情。拓跋宏命禁宫咨询官（给事黄门侍郎）陆凯，私下转告："至尊（拓跋宏）只不过打算知道一点古代的事情，向他们问一些前代的规矩而已，怎么也不会跟他们亲近，跟你们疏远。"大家的怒气才稍稍化解。陆凯，是陆馛的儿子（陆馛事，参考四七一年八月）。

28 北魏帝拓跋宏打算亲统大军，攻击南齐帝国。十二月三日，内外戒严。

十二月十八日，下诏：代都（故都平城）人民，南迁到洛阳（河南省洛阳市东白马寺东），免除田赋租税三年。相州（州政府设邺城〔河北省临漳县西南邺城镇〕）州长（刺史）高闾，上疏指出："洛阳刚刚定为首都，曹虎既不肯送人质，必然没有投降诚心，不应该轻易反应。"拓跋宏不接受。

过了很久，曹虎的使节不再出现。拓跋宏集合三公、部长级官员，讨论应该复员，或是应该继续南下。有人认为应该复员，停止行动。有的认为大军已经出发，不可中途折回。拓跋宏说："大家议论纷纷，不知道怎么办才好，一定要对'前进'或'停留'的利害，作彻底检讨。应该分成'前进''停留'两组，互相反驳。任城王（拓跋澄）、镇军将军（李冲）赞成'停留'，我赞成'前进'。各位坐在一旁，判断得失，看哪一方的主张能为帝国带来长远利益，就听哪一方的主张。"大家一齐说："是的。"镇军将军李冲说："我们认为：迁都的时间太短，人们盼望稍稍安息，而曹虎那边的情形如何，我们还不知道，不应该轻易行动。"拓跋宏说："曹虎投降，是真是假，固然我们还不知道。但是，即令是假，我巡视安抚淮河两岸，访问调查民间疾苦，使人民知道君王对他们的关注，可能因此增强怀念北方（北魏帝国）的心意。如果是真，我们不把握时机接应，机会一失，永不再来，使诚心回归的人心寒，伤害我广布德意的政策。”任城王拓跋澄说：“曹虎既不肯派出人质，而使节又没有第二次出现，他的诈欺行为，至为明显。而今，代都（故都平城）南下的人，都心怀故土。好不容易扶老携幼，走到洛阳，既没有一间房舍可以居住，又没有一罐谷米可供饮食，而冬季将要结束，春天耕田，将要开始，正是‘千百栋家屋要兴建’‘多少力量要投入田亩’的季节，却驱逐他们身披铠甲，手拿兵器，流泪悲泣，面对钢刀，这可不是圣明君王前歌后舞的军队（传说：周王朝一任王姬发，攻击商王朝末任帝子受辛时，大军行进，前歌后舞，民心欢悦）。而且，前锋部队，已经出动，对曹虎起义，并不是不作接应。如果曹虎是真投降，等到平定樊城（湖北省襄阳市汉水北岸）、汉水，然后陛下的圣驾乘势出发，怎么会嫌太晚！而今轻举妄动，上下交困，如果空手而返，恐怕严重伤害皇上威望，鼓励盗贼（南齐帝国）声势，不是有益的决策。”最高监察长（司空）穆亮，认为应继续前进，三公及部长级官员全都同意。拓跋澄对穆亮说：“你们在外面的时候，看见竖起军旗，颁发铠甲，脸色至为忧虑，平常议论，从不希望南征。为什么却在皇上面前，说出赞成的话。当面是一套，背后又是一套，欺骗谄媚，哪里是高级官员应有的大义、国家栋梁应有的规范？南征如果把帝国带入危险之境，都是你们的责任！”李冲说：“任城王（拓跋澄）真是忠于国家。”拓跋宏说：“任城王（拓跋澄）认为赞成我的都是谄媚，可是，不赞成我的，也不一定全都忠心！小忠，是大忠之贼，莫非就是如此。”拓跋澄说：“我十分愚昧，虽然看起来是‘小忠’，但目的只在为国家谋取福利，不知道什么才是‘大忠’？”拓跋宏不理。

十二月十一日，南征大军从首都洛阳（河南省洛阳市东白马寺东）出发。任命北海王拓跋详当国务院执行长（尚书仆射），主管中央留守政府；李冲兼国务院执行长（仆射），一同镇守首都洛阳。任命禁宫咨询官（给事黄门侍郎）崔休，当左秘书长（左丞）；赵郡王拓跋幹，当全国各军区总司令长官（都督中外诸军事）；始平王拓跋勰（音xié〔协〕），率皇家子弟军（宗子军），保护皇帝安全。崔休，是崔逞的玄孙（崔逞之死，参考三九九年八月）。

十二月二十八日，拓跋宏抵达悬瓠（河南省汝南县）。

十二月二十九日，下诏给正向寿阳（安徽省寿县）、钟离（安徽省凤阳县东北临淮关镇）、马头（安徽省蚌埠市西南马城镇）挺进的各路大军：对所掳掠的南齐帝国男女，一律放还。曹虎果然不降。

拓跋宏命卢渊进攻南阳（河南省南阳市），卢渊因军粮不足，请求先攻赭阳（河南省方城县），夺取叶县（河南省叶县西南）粮库，拓跋宏批准。卢渊遂跟征南大将军、城阳王拓跋鸾、安南将军李佐、荆州（州政府设穰城〔河南省邓州市〕）州长韦珍，联合向赭阳攻击。拓跋鸾，是拓跋长寿的儿子（城阳王拓跋长寿事，参考四七五年十二月）。李佐，是李宝的儿子（李宝事，参考四四四年）。南齐帝国北襄城郡（郡政府赭阳）郡长成公期，闭城拒守。北魏代理征南将军薛真度，推抵沙堨（河南省南阳市南），南齐南阳郡（河南省南阳市）郡长房伯玉、新野郡（河南省新野县）郡长刘思忌，联合抵抗（第七次南北大战开始）。

最初，拓跋宏派立法院总立法长（中书监）高闾，整理古代音乐（参考四九一年十二月），正巧，高闾出任相州（州政府设邺城〔河北省临漳县西南邺城镇〕）州长（刺史）。本年（四九四），高闾上疏推荐国史编撰官（著作郎）韩显宗、皇家乐团总监（大乐祭酒）公孙崇，同时参与制定音律，拓跋宏批准。

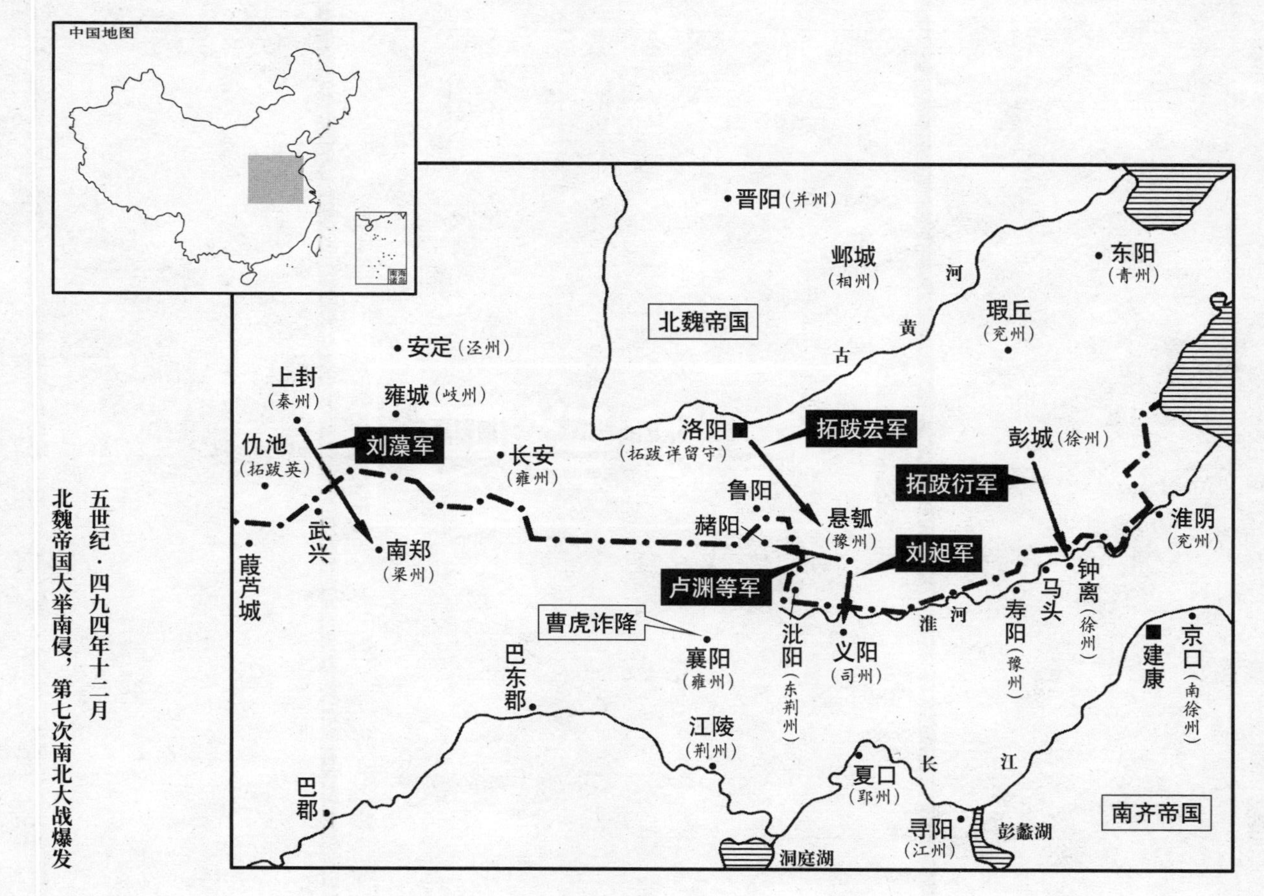

五世纪·四九四年十二月
北魏帝国大举南侵，第七次南北大战爆发

萧鸾眼泪

导读

南齐帝国五任帝萧鸾，每逢诛杀他恩主的子孙时，都痛哭流涕，有些人遂认为他本性并不是不善良，只是为了保护子孙，不得不杀。我们承认形势比人强，但却不一定非杀不可。想在竞赛场上夺取第一，有两种对策：一是排除所有参与竞赛者和可能参与竞赛者，一是锻炼自己的技能。狗熊采取第一法，英雄采取第二法。南北朝时代狗熊人物多、英雄人物少，从刘裕、刘骏，到刘彧、萧道成，一个接一个，在那里比葫芦画瓢。不过，都不像萧鸾先生那样，动手前还要哭上一场。

五世纪在萧鸾眼泪和暴君萧宝卷疯狂行动中结束，但人民灾难却没有结束，下世纪（六）将是更大更惨的世纪。

柏杨　一九八六·七·一五

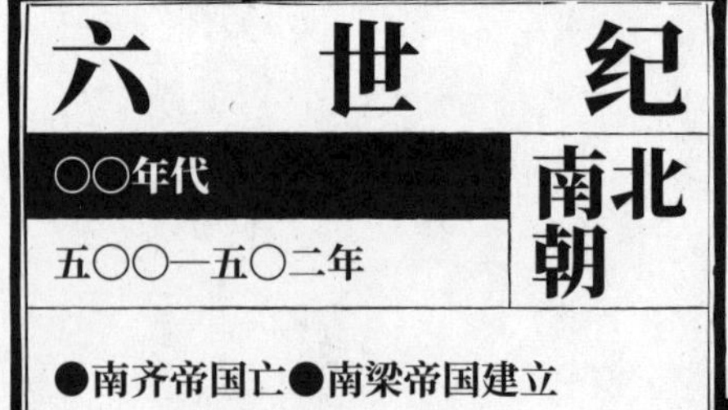

五世纪九〇年代

四九五—四九九年

南北朝

◉ 北魏帝拓跋宏彻底改变鲜卑传统风俗。

◉ 南齐帝萧宝卷凶暴。

四九五年 乙亥

南齐 建武 二年
北魏 太和 十九年
（柔然汗国太安四年）

1 春季，正月二日，南齐帝国（首都建康〔江苏省南京市〕）政府，派镇南将军王广之，当司州（州政府设义阳〔河南省信阳市〕）军区司令官（督司州）；首都西区卫戍司令（右卫将军）萧坦之，当徐州（北徐州·州政府设钟离〔安徽省凤阳县东北临淮关镇〕）军区司令官（督徐州），国务院右执行长（尚书右仆射）沈文季，当豫州（州政府设寿阳〔安徽省寿县〕）军区司令官（督豫州），分别率各州武装部队，抵抗北魏帝国进攻。

正月三日，北魏帝国（首都洛阳〔河南省洛阳市东白马寺东〕）皇帝（七任孝文帝）拓跋宏（本年二十九岁）下诏：“对淮河以北居民，不准抢劫掠夺，违犯的斩首（淮河以北早已是北魏版图）。”

正月二十五日，北魏徐州（州政府设彭城〔江苏省徐州市〕）州长（刺史）拓跋衍，进攻钟离（安徽省凤阳县东北临淮关镇），南齐徐州（北徐州，州政府钟离）州长（刺史）萧惠休，登城拒守，偶尔也出军迎战，击败北魏军。萧惠休，是萧惠明的老弟（萧惠明，参考四七四年五月二十二日）。北魏最高统帅（大将军）刘昶、平南将军王肃，进攻义阳（河南省信阳市），南齐司州（州政府义阳）州长（刺史）萧诞抵抗。王肃不断击败萧诞的部队，收容南齐投降官兵一万余人，北魏政府任命王肃当豫州（州政府设悬瓠〔河南省汝南县〕）州长（刺史）。刘昶性情褊狭急躁，对待所统率的官兵，态度严苛凶暴，没有人敢在他面前说一句不顺耳的话，法务副军事参议官（法曹行参军）、北平郡（河北省卢龙县北）人阳固，恳切劝阻，刘昶大怒，想借刀杀人，于是命阳固迎击南齐军的反攻主力。阳固神情悠闲，动作优雅，抵抗敌人时，勇敢果决；刘昶对他大感惊奇。

正月二十七日，南齐全国戒严，任命全国武装部队总司令（太尉）陈显达，为“使持节”（平时可杀郡长以下）、西北军区讨伐大军司令长官（都督西北讨诸军事），在新亭（建康城西南）、白下（建康城北）一带，布防巡视，加强声势。

正月二十九日，北魏帝拓跋宏率大军渡淮河南下。

二月，拓跋宏至寿阳（安徽省寿县），大军号称三十万，铁甲骑兵相接，一眼看不到后队。

二月五日，拓跋宏登八公山（寿阳东北），作诗纪念。途中遇到大雨，拓跋宏命撤去伞盖，跟士卒同时淋雨；看见患病士卒，亲自安抚慰问。

拓跋宏派人呼唤寿阳（安徽省寿县）守军，南齐丰城公萧遥昌（豫州〔州政府寿阳〕州长），命军事参议官（参军）崔庆远，出城对话。崔庆远质问："大军为什么突然压境？"拓跋宏说："当然有缘故，你是要我直言直语，还是要我隐瞒事实，吞吞吐吐？"崔庆远说："不知道你的来意，所以无所谓隐瞒吞吐。"拓跋宏说："萧鸾为什么罢黜皇帝，自己登位？"崔庆远说："罢黜昏暴，另立英明，从古到今，并不仅此一次，有什么地方使你如此大惑不解？"拓跋宏说："萧道成（南齐帝国一任帝）子孙，现在何方？"崔庆远说："七位亲王一同作恶（七位亲王：萧子隆、萧子懋、萧子敬、萧子真、萧子伦，和三任帝萧昭业、四任帝萧昭文），已经像当年管国国君、蔡国国君一样，受国法诛杀（参考前一一一四年）。其余的二十余位亲王，有的在中央身居要职，有的在地方担任方面大员。"拓跋宏说："你的主人（指萧鸾）如果没有忘记忠义，为什么不遴选皇家近亲，像姬旦（周公）辅佐姬诵（周王朝二任王成王）一样，却自己夺取？"崔庆远说："姬诵有第二级圣人的品德，所以姬旦可以当他的宰相。现在，皇家近亲，没有人比得上姬诵，今上皇帝（萧鸾）才不得不自己登极。而且，霍光也曾经舍弃刘彻（西汉王朝七任帝武帝）的近亲，而遴选刘病已（西汉王朝十任帝宣帝），只因为刘病已比别人贤能（霍光罢黜刘贺、拥立刘病已事，参考前七四年六月）。"拓跋宏说："霍光为什么不自己坐上宝座？"崔庆远说："这不是一个恰当的同类对比。我们皇上（萧鸾）只能比刘病已，怎能比霍光！如果那样的话，姬发（周王朝一任王武王）讨伐子帝辛（商王朝末任帝纣帝），不拥戴子启（微子），由自己当辅佐大臣，难道说他贪图天下？"拓跋宏大笑说："我来兴师问罪，如果真的像你所说，误会完全消失。"崔庆远说："'情况许可时，前进；发现困难，后退。'是圣人的武力。"拓跋宏说："你认为我应该采取和平手段，或采取非和平手段？"崔庆远说："和平则两国同时有利，人民蒙受幸福。否则两国对抗，人民饱受痛苦。是否有和平的可能，听候陛下圣心裁决。”拓跋宏赏赐崔庆远美酒、菜肴、衣服，送他回城。

二月九日，拓跋宏放弃寿阳（安徽省寿县），沿淮河向东前进，人心安定，运送田粮捐税的车辆，络绎不绝。

二月十七日，拓跋宏抵达钟离（安徽省凤阳县东北临淮关镇）。南齐帝（五任明帝）萧鸾（本年四十四岁）派首都东区卫戍司令（左卫将军）崔慧景、宁朔将军裴叔业，增援钟离。北魏帝国刘昶、王肃兵团，号称二十万，包围圈的长墙和壕沟，有三重之多，合力猛攻义阳（河南省信阳市）；万箭乱石俱发。城中守军用盾牌护身，奋力抵抗；南齐镇南将军王广之，率军增援义阳，距义阳一百余里，畏惧北魏军强大，不敢前进；城中危急，陷落就在眼前；监督院宫廷监督官（黄门侍郎）萧衍，请求当前锋挑战，王广之把旗下的精锐部队，全数配属给萧衍。萧衍于夜晚出发，顺着小路，跟太子宫右翼卫队长（太子右率）萧诔等，攀登贤首山（河南省信阳市西南），距刘昶、王肃军数里。刘昶、王肃军大感意外，无法确定敌人兵力多少，不敢相逼。天明，城中守军望见援军，萧诞（司州〔州政府义阳〕州长）派秘书长（长史）王伯瑜，出城攻击刘昶、王肃军，顺风纵火，萧衍等援军更从外攻击，刘昶、王肃军不能支持，解围撤退。

二月二十日，萧诞等追击，大破刘昶、王肃军。萧诔，是萧谌（中央禁军总监〔领军将军〕）的老弟。

最初，南齐帝萧鸾，因义阳（河南省信阳市）危急，下诏命青冀军区司令长官（都督青、冀二州诸军事）张冲，开辟第二战场——东战场，出军攻击北魏东疆，用以减少西战场所受的压力（青、冀二州州政府设郁洲〔江苏省连云港市东沉积小岛〕）。张冲派带兵官（军主）桑系祖，进攻北魏的建陵（江苏省新沂市）、驿马（江苏省沭阳县境）、厚丘（江苏省沭阳县北）；

又派带兵官（军主）杜僧护，进攻北魏的虎阬（江苏省连云港市赣榆区西）、冯时（今地不详）、即丘（山东省临沂市南）；全部占领。青、冀二州（州政府郁洲）州长（刺史）王洪范，派带兵官（军主）崔延，进攻北魏的纪城（山东省日照市西南荻水社区），也都占领。

北魏帝拓跋宏打算南下长江。

二月二十二日，拓跋宏从钟离（安徽省凤阳县东北临淮关镇）出发。宰相（司徒）、长乐公爵（元懿公）冯诞患病，不能随军行动。拓跋宏向他流泪告辞，大军前进五十华里，冯诞逝世（年二十九岁），拓跋宏得到消息；当时，南齐首都东区卫戍司令（左卫将军）崔慧景等的大军，距拓跋宏御营不过一百里，拓跋宏改换轻装，率领数千人，在夜间赶回钟离，抚摸尸体，号啕大哭，直到天亮，哭声和眼泪，一直不停。

二月二十三日，拓跋宏下令各军，取消南下长江计划。依照司马攸（晋王朝一任帝武帝司马炎的老弟）前例（参考二八三年），安葬冯诞。冯诞跟拓跋宏同年，从小在同一张桌上读书，娶拓跋宏的妹妹乐安长公主。虽然没有学识，但天性敦厚善良，所以拓跋宏对他十分宠爱。

二月二十八日，拓跋宏派人到长江北岸，宣布萧鸾罪状。

北魏帝国徐州（州政府彭城）州长（刺史）拓跋衍，围攻钟离（安徽省凤阳县东北临淮关镇），很久不能攻克，士卒死亡惨重。

三月九日，拓跋宏前往邵阳（钟离东北淮河中小岛），在岛上筑城；又在淮河两岸筑城，用栅栏连接三城，横拦淮河，切断南齐援军。南齐首都西区卫戍司令（右卫将军）萧坦之，派带兵官（军主）裴叔业，攻击南北两城，攻克。拓跋宏打算在淮河南构筑营垒，派遣驻军，作长期军事占领，用以招抚新近归附的居民。对这个意见，用诏书

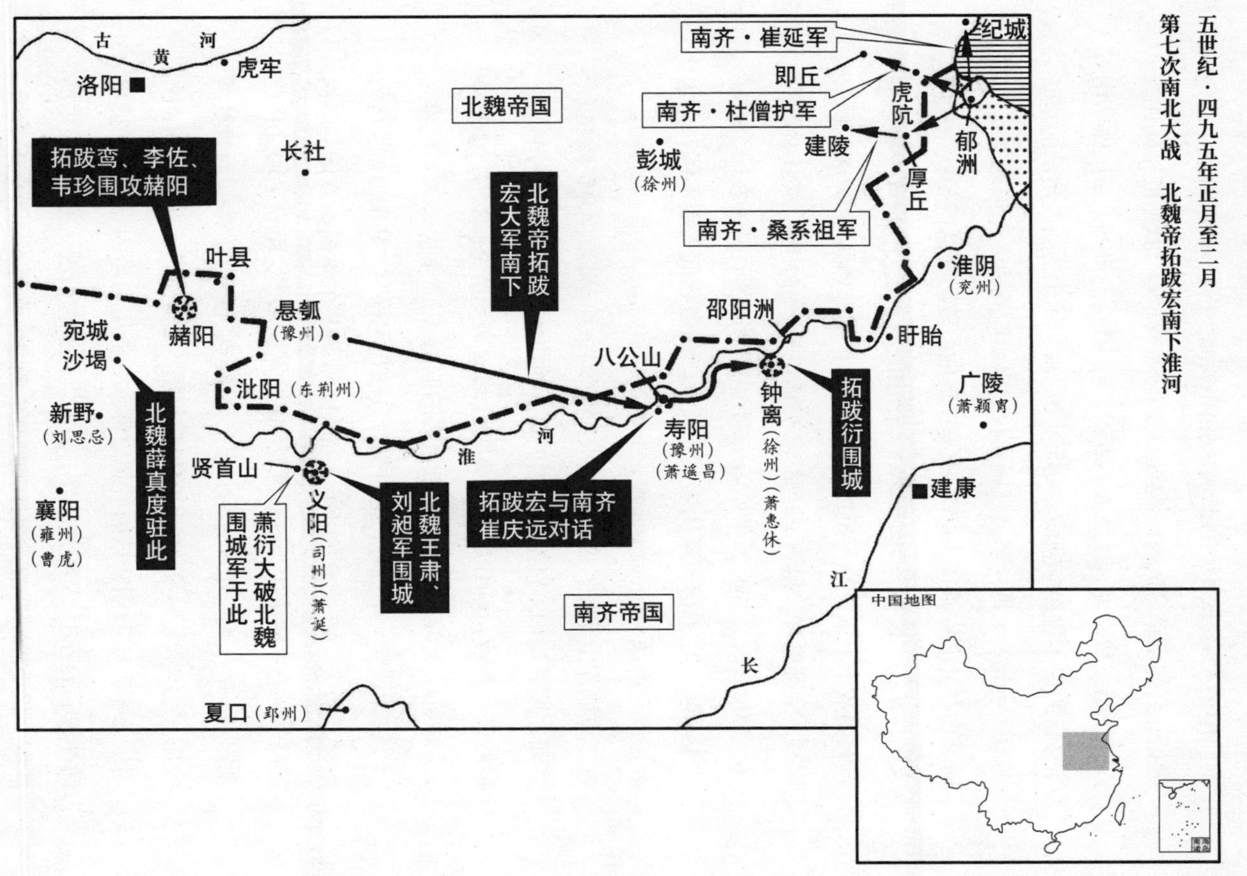

五世纪·四九五年正月至二月
第七次南北大战　北魏帝拓跋宏南下淮河
古黄河
洛阳
虎牢
北魏帝国
长社
拓跋鸾、李佐、韦珍围攻赭阳
叶县
赭阳
宛城
沙堨
悬瓠（豫州）
泚阳（东荆州）
新野（刘思忌）
襄阳（雍州）（曹虎）
北魏薛真度驻此
贤首山
义阳（司州）（萧诞）
萧衍大破北魏围城军于此
北魏王肃、刘昶军围城
北魏帝拓跋宏大军南下
淮河
八公山
寿阳（豫州）（萧遥昌）
拓跋宏与南齐崔庆远对话
邵阳洲
钟离（徐州）（萧惠休）
拓跋衍围城
盱眙
淮阴（兖州）
广陵（萧颖胄）
建康
长江
南齐帝国
夏口（郢州）
彭城（徐州）
南齐·崔延军
南齐·杜僧护军
南齐·桑系祖军
即丘
虎阬
建陵
厚丘
郁洲
纪城
中国地图

询问相州（州政府设邺城〔河北省临漳县西南邺城镇〕）州长（刺史）高闾，跟他讨论。高闾上疏，认为："《兵法》（《孙子兵法》）说：'我们的军队比敌人多十倍，包围他；比敌人多五倍，攻击他。'最初，帝国军队南下，目的只不过接应曹虎（参考去年〔四九四〕十二月），所以出动的军队不多。而敌人土地，东西辽阔，我们以少数兵力，恐怕难以成功。何况现在又要在淮南（淮河以南）设立基地，驻防军队，招抚新归附人民！从前，世祖（三任帝拓跋焘）以排山倒海的威力，指挥步骑兵混合兵团数十万人，南下抵达瓜步（江苏省南京市六合区南长江渡口），所有郡县，全都投降，只剩下盱眙（江苏省盱眙县）一个小城，竟不能攻克（第三次南北大战，参考四五〇年十二月），所以班师回国时，不在一个城池留下军队，也不把一条街道并入领土。难道我们人数不够？只因为还没有把敌人的大城削平（如彭城〔江苏省徐州市〕、寿阳〔安徽省寿县〕），就不可能保卫小城。要堵住流水，必须先塞死泉源；要铲除树木，必须先挖断树根。泉源和树根仍在，而只在支流、枝叶上用功夫，最后仍是失败。寿阳（安徽省寿县）、盱眙（江苏省盱眙县）、淮阴（江苏省淮安市淮阴区），是淮南（淮河以南）最重要的据点，三个据点，如不能攻克一个，却留守一座孤城，绝对没有办法自己保全，其中道理，自为明显。敌人（南齐帝国）的重兵对面相逼，漫长的淮河在背后又阻挡归路。留守军队太少，不够自卫；留守军队太多，粮食运输又将遭到困难。南征大军班师之后，守军孤单，军心一定恐慌。而且夏季已临，河水势将猛涨，我们的援救行动，十分艰苦。齐国（南齐帝国）用生力军攻击我们守城的疲惫之师，我们用劳苦的守城之师抵抗精神饱满的齐国（南齐）生力军，真的发生这种情况，准被敌人生擒活捉。将士忠勇奋战，有什么裨益！而且，喜爱乡土，依恋故旧，是人之常情。从前，彭城（江苏省徐州市）之役（第五次南北大战，参考四六六年十二月），我们夺取到重要基地，防务已经巩固，而人心不服，叛变起事的，仍超过数万（参考四八〇年十月）；角城（江苏省淮安市淮阴区西）是一个巴掌大的小城，孤立在淮河以北，距淮阳仅十八华里。五固（今地不详）之役，围攻一个年头，竟不能攻克（参考四八一年九月）。今昔相比，现在的困难，还要加倍。天气转热，雨水将逐渐增加。希望陛下追随世祖（三任帝拓跋焘）的脚步，倒返车轮，旋转旌旗（第三次南北大战，拓跋焘到长江北岸后，便知难而退，参考四五一年正月），先行全力经营新都洛阳，充实战力，再观察变化，推广帝国的恩德教育。中国（北魏帝国）内部能够和睦，远方（南齐帝国）的人，自然归服。”国务院总理（尚书令）陆叡上疏，认为：“长江广阔，波浪浩荡，是他们（南齐帝国）巨大防线。南方之地，昏雾浓布，天气潮湿燠热，好像蒸笼。我们的军队如果深入，很多人一定身染疾病。而我们刚刚迁都，尚在草创时期，万事都要重新开始，各院（省）没有讨论政事的官舍，各部（府）没有听取报告的场所，文武百官居家，心情跟住在旅店一样；久阴淫雨，长夏烈日，瘟疫流行，势难避免。而且征兵入伍，调服差役，同时并举，最圣明的君王，都无法控制这种局势。现在，身穿铠甲的武士，在外攻击盗匪仇寇（南齐帝国），老弱残兵，在内从事土木工程，兴筑宫殿，仅只运输费用，每天需要千金。驱使疲倦不堪的士卒，攻击固守坚城的蛮虏（南齐帝国），怎么能够取胜？陛下去年（四九四）冬季，率军南下，不过准备在长江、汉水一带，展示国威；如今，春季将尽，就要进入夏季，按理应该班师复员。盼望早日返回洛阳，使根本坚固，圣心不再后顾之忧，亿兆人民，不再从事筑城备战的劳役。然后，派遣大将，率领王师，出征南下，何必忧虑他们（南齐帝国）不肯降服！”拓跋宏同意。

南齐首都东区卫戍司令（左卫将军）崔慧景，驻军钟离（安徽省凤阳县东北临淮关镇）城外，发现北魏军在邵阳洲（钟离东北淮河中小岛）加强城防工事，深为忧虑。部将张欣泰说："他们恐怕就要撤退！所以修筑城垒，不过是夸张他们的强大，希望阻吓我们追击。如果向他们建议：双方志愿停战，各自回军，他们一定接受。"崔慧景同意，派张欣泰前往城下，向守军传达这项提议，拓跋宏遂下令班师。

拓跋宏渡淮河到北岸，但五位将军率领的殿后部队正要继续撤退时，南齐军已占领小岛码头，切断北魏军五位将领的退路，拓跋宏悬赏招募：能击破小岛南齐军的，擢升为直阁将军。带兵官（军主）鲜卑人（代人）奚康生（本姓"达奚"）应征；于是捆扎大量木筏，上面满载木柴，趁风纵火，一直撞入南齐船团，南齐船团霎时大火四起。奚康生冒浓烟烈火前进，挥刀乱砍，南齐集结到小岛上的军队，遂完全崩溃。拓跋宏立即加授奚康生：直阁将军。

拓跋宏曾经命前将军杨播，率步兵三千人，骑兵五百人，作为殿后部队。当时，春季河水，正在上涨；南齐援军大量集结，战舰如云，塞满江河。杨播在淮河南岸扎营筑阵，抵抗南齐军的追击，北魏所有部队，全都渡过淮河后，只剩下杨播一支孤军。南齐军四面八方涌到，把杨播营垒团团围住，杨播建立圜阵防守，亲自出击肉搏，杀伤南齐士卒很多，如此抗拒三天两夜，杨播军食粮不继，而南齐军的包围圈，越来越小。北魏帝拓跋宏在淮河北岸，亲自眺望，束手无策，因淮河水势太大，不能派出援军。幸而不久，水势稍低，杨播率精锐骑兵三百人，闯过南齐舰队，大声呼喊："我现在就要过河，能打仗的过来。"遂率大军渡淮河而北。杨播，是杨椿的老哥（杨椿事，参考四九〇年九月）。

北魏主力军既然撤退，而留在邵阳洲（钟离东北淮河中小岛）上，还有一万人，没有及时脱离阵地，于是向南齐请求：用五百匹战马，交换一条道路北返。崔慧景打算断绝他们的归路，发动攻击，张欣泰说："急于回家的军队，不要阻止他，连古人都怕这种情况。(《孙子兵法》："归师勿遏，穷寇勿追")。敌人已陷于必死之地，势必拼死，不可轻忽。战胜他们，不算威风。战败则前功尽弃，不如接受他们的要求。"崔慧景同意。首都西区卫戍司令（右卫将军）萧坦之回京（首都建康），报告南齐帝萧鸾："邵阳洲（钟离东北淮河中小岛）有死定了的贼寇一万人，崔慧景、张欣泰却把他们放走，不肯下手。"因此，萧鸾对崔慧景、张欣泰，不加赏赐。

三月十五日，萧鸾下令解除戒严。

最初，萧鸾听到消息：拓跋宏打算率领他的战马，到长江饮水，大为恐惧；命广陵郡（江苏省扬州市）郡长、南兖州（州政府广陵）总部执行官（行南兖州事）萧颖胄，坚壁清野，把乡下居民，全部迁移入城；人心震恐，打算收拾家产，渡长江南下逃亡。萧颖胄认为北魏军距离还远，遂没有立即执行，而北魏军也竟没有到来。萧颖胄，是一任帝萧道成的堂侄（萧赤斧的儿子）。

萧鸾派国务院右执行长（右仆射）沈文季，增援丰城公萧遥昌（豫州〔州政府寿阳〕州长），共同守卫寿阳（安徽省寿县）。沈文季进城后，禁止军队出击，然后大开城门，严密防守。北魏军不久撤退。

北魏大军南下时，北魏政府派往南齐的使节卢昶等，仍留在建康（四任帝萧昭文登极时〔参考去年〔四九四〕七月〕，北魏派卢昶担任贺使，可是抵达建康〔江苏省南京市〕时，萧鸾已经称帝）。南齐人对卢昶十分痛恨，拿喂牛马的蒸豆给他吃，卢昶恐惧，只好吞下，眼泪和汗水，纵横脸面。而他的助理、皇家礼宾官（谒者）张思宁，在言辞上和气势上都不屈服，竟死在宾馆。等卢昶回到北魏帝国（首都洛阳），拓跋宏责备他说："人，谁没有死！何至于把自己当作牛马，既侮辱自己，也侮

辱国家。即令对古代苏武不惭愧（苏武事，参考前八一年），难道对近代的张思宁也不惭愧！”把卢昶贬黜为平民。 210

2 三月十九日，北魏帝国太师（上三公之一）、京兆公爵（武公）冯熙在故都平城（山西省大同市）逝世。

三月二十六日，北魏帝拓跋宏前往下邳（江苏省睢宁县北古邳镇）。

夏季，四月二日，拓跋宏抵达彭城（江苏省徐州市）。

四月三日，拓跋宏为冯熙举行祭祀哀悼大典。留守平城的太傅（上三公之二）、主管政府机要（录尚书事）、平阳公爵拓跋丕，不乐意南迁，会同国务院总理（尚书令）陆叡，上疏请拓跋宏起驾回平城，主持冯熙葬礼。拓跋宏说："自开天辟地，难道有身为天子，却老远为舅父奔丧的怪事！而今，刚刚重建洛阳，怎么可以胡说八道，引诱君王陷于不义！国务院总理（令）、执行长（仆）以下官员，应交付监察官员（御史），分别加以贬降或罢黜处分。"拓跋宏下诏迎接冯熙以及他的正妻博陵长公主的灵柩，南下安葬洛阳（河南省洛阳市东白马寺东），礼仪完全效法司马孚（晋王朝安平王〔献王〕）前例（参考二七二年二月）。

3 北魏帝拓跋宏在钟离（安徽省凤阳县东北临淮关镇）时，仇池镇（骆谷城·甘肃省西和县南）防守总司令官（镇都大将）、梁州（州政府骆谷城）州长（刺史）拓跋英，请求率领州政府所辖部队，会同平南将军刘藻（去年〔四九四〕十一月，派刘藻出征），攻击南齐帝国的汉中（南郑，陕西省汉中市），拓跋宏准许。南齐梁州（州政府南郑）州长（刺史）萧懿，派部将尹绍祖、梁季群等，率军二万人，据守险要，建筑五处栅栏抵抗。拓跋英说："他们的统帅，资格太嫩，而又没有权力，号令不能贯彻。我如果挑选精锐部队，全力攻击他们一营，其他四营一定不会援救。只要攻克一营，四营全逃。”率军急攻一营，攻克，其他四营果然崩溃。拓跋英遂生擒梁季群，杀三千余人，俘虏七百余人。北魏军乘胜长驱直入，进抵南郑（陕西省汉中市）城下。萧懿再派部将姜修反攻，拓跋英应战，把姜修全军俘虏；正要班师，萧懿派出的另一支军队抵达战场；北魏军将士疲惫不堪，想不到南齐生力军出现，大为恐惧，就想拔腿逃走。拓跋英故意放松缰绳，使马步慢慢前进，神色安详，然后登到高处，了望敌军，指东指西，像在那里布置阵势；集合各军，向前推进。萧懿疑心设有埋伏，徘徊不定，渐渐后退；拓跋英追击，大破萧懿军，遂包围南郑。拓跋英严禁将士奸淫烧杀，不准抢夺凶暴，人民不分远近，都心悦诚服，争相供应军队粮食。

中国人真是可怜，永无尽期的处于暴政之下，偶尔遇到一个不贪污不凶暴的官员，或一支不奸淫不烧杀的军队，便感恩戴德，主动的送酒肉、送粮秣，不管你是汉人、鲜卑人，或其他任何人、任何民族！

萧懿登城固守，带兵官（军主）范絜先，率三千余人在外地，得到消息，回军增援南郑（陕西省汉中市）。拓跋英发动突击，把范絜先三千人全部俘虏。围城数十日，城中人心惊恐。机要军事参议官（录事参军）、新野郡（河南省新野县）人庾域，把空仓数十座，加上封条，指示给将士说：“这里面全是粟米，足可以支持两年，你们只管守城。”人心才安。正巧，拓跋宏下诏班师。拓跋英命老弱将士先行撤退，自己亲率精锐部队殿后，派人向萧懿告别。萧懿认为其中有诈，不敢反应。一直等到拓跋英撤退一天之后，萧懿仍不敢打开城门。两天之后，才派军出去追赶。拓跋英率士卒下马应战，萧懿军不敢进逼。尾随四天四夜，萧懿军队才停止。拓跋英进入褒斜谷（陕西省太白县），天正大雨，士卒砍下竹筒，把米放到里面，就在马背上用火烤炙；一面行军，一面进餐，马不停蹄。之前，萧懿派人引诱仇池（甘肃省西和县南）各地氐族部落，命他们起兵切断拓跋英的粮道和归路。拓跋英战备行军，奋勇攻击，且战且进，流箭射中拓跋英的面颊，最后总算全军回到仇池镇（骆谷城，甘肃省西和县南）。然后讨伐叛变的氐部落，一一削平。拓跋英，是南安王拓跋桢的儿子。萧懿，是萧衍的老哥（萧衍是"八友"之一，参考四八四年正月）。

当拓跋英围攻南郑（陕西省汉中市）时，北魏帝拓跋宏下诏，命雍州（州政府设长安〔陕西省西安市〕）、泾州（州政府设安定〔甘肃省泾川县〕）、岐州（州政府设雍城〔陕西省宝鸡市凤翔区〕），动员战士六千人，增援南郑围城军，等攻克南郑后，即行回乡复员。高级咨询官（侍中）、兼国务院左执行长（兼左仆射）李冲，上疏劝阻说："秦川（陕西省南部）地势险恶，又跟羌族或其他夷人相邻。自从西部大军出动（指平南将军刘藻军），薪饷和粮秣，不断运送。加上氐部落或其他蛮夷叛乱，大军东征西讨，疲于奔命，连运送粮饷，都要武装部队护送，迄今还不能停止。现在，又要预先派出边防军，孤单的悬挂在大山之外（秦岭南麓），虽然特别优待，而又许诺复员，恐怕军心仍然惊骇恐惧。万一南郑无法攻克，岂不徒然扰乱，如果逼使人民跟蛮夷结合，事情如何发展，就难以预测。我的建议是：请密令各州，等攻克南郑之后，再行出发。如果以我愚昧的见解，甚至连这样做都不应该。为什么？只因西方道路危险，一条只能通过一个人的小径，就有一千里之长（指褒斜谷）。军队深入疆域外的绝地，在四周全是敌人的包围之下，困守一个据点，敌人进攻，我们的援军不可能迅速到达，我们的粮秣吃尽，又不可能马上运送补充。古人有言：‘马鞭虽长，打不到马腹。’对于帝国而言，南郑就是马腹。而且，我们的国土广大，天下九州，已有八州（此指《禹贡》九州而言）。人民臣服的，已有十分之九。还没有征服的，唯有瀚海沙漠以北（柔然汗国）和长江以南（南齐帝国）而已；捕获他们君王的日子，就在最近，何必迫不及待，一定要在今天。最好等到国土更为开拓，粮食更为充足，然后登台拜将，发动灭国性战争。而今，寿阳（安徽省寿县）、钟离（安徽省凤阳县东北临淮关镇），距离这么近，都没有夺取，赭城（河南省方城县）、新野（河南省新野县），距离更只有几步路，都还没有归降。东战场既无力取胜防守，西战场又怎么能够靠远征军保护据点。如果一定要设立基地的话，我恐怕终于拱手送给敌人。其次，建都中原，跟贼寇（南齐帝国）的国土接近，正需要招募大量的敢死武士，扫荡江会（指南齐首都建康〔江苏省南京市〕），如果现在轻率的派出孤军，把他们抛弃异域，使他们陷落覆没，恐怕以后大军出动之日，谁都害怕留守！想使他们拼死报效，势将无法办到。由此推论，不派军驻防南郑，才是上策。”拓跋宏同意。

四月十五日，拓跋宏前往小沛（江苏省沛县）。

四月二十一日，拓跋宏再往瑕丘（山东省济宁市兖州区）。

四月二十二日，拓跋宏再往鲁城（山东省曲阜市），亲自祭祀孔丘。

四月二十三日，拓跋宏任命孔家四个人、颜家（孔丘学生颜回的后裔）两个人，分别当官；遴选孔丘后裔中嫡长子一人，封崇圣侯，负责孔丘的祭祀事宜（孔丘后裔封爵之改变，参考二二一年正月注）；再命兖州州政府（设瑕丘），整修孔丘的坟墓，重新建立石碑，碑刻颂辞。

四月三十日，拓跋宏再往碻磝（山东省聊城市茌平区西南），命皇家礼宾执行官（谒者仆射）成淹，准备船只，打算从泗水进入黄河，逆流而上，西返首都洛阳（河南省洛阳市东白马寺东）。成淹劝阻，说：“黄河水势险恶，不适合天下之主行舟。”拓跋宏说：“我认为，因为平城（北魏故都，山西省大同市）没有水路运输之故，所以人民贫苦。而今，迁都洛阳，四通八达，而人民仍畏惧水上风险。所以我才故意乘船，用以启发人民的心灵。”

城阳王拓跋鸾等，进攻赭阳，各将领互相不服指挥，围攻一百余日（自去年〔四九四〕十二月迄今），大家打算停止攻击，而只按兵不动，希望把守军困死。只有安南将军李佐，单独进攻，昼夜不停，士卒死伤惨重。南齐帝萧鸾，派太子宫右翼卫队长（太子右卫率）垣历生增援。北魏将领发现寡不敌众，无法抗拒，准备撤退，李佐单独挑战，率二千人迎击，大败。于是襄阳（湖北省襄阳市）前锋司令官（督襄阳前锋诸军事）卢渊等，率各军撤退；垣历生追击，大破北魏军。垣历生，是垣荣祖的堂弟（垣荣祖，参考四六六年正月八日）。南齐南阳郡（河南省南阳市）郡长房伯玉等，又在沙堨（河南省南阳市南）击败北魏代理征南将军薛真度。（第七次南北大战到此结束。）

拓跋鸾等前往瑕丘（山东省济宁市兖州区）晋见北魏帝拓跋宏，拓跋宏责备说：“你们使帝国的声威，受到挫败羞辱，论罪应该斩首。为了纪念迁都，特别从宽处理。”

五月一日，把拓跋鸾贬降一级，改封定襄县王，削减采邑五百户；卢渊、李佐、韦珍，全部免官除爵，贬作平民；李佐更放逐到瀛州（州政府设赵都军城〔河北省河间市〕）。薛真度因跟他的堂兄薛安都，当初有献出徐州（州政府彭城）的功劳（参考四六六年十月），允许保留他的爵位和荆州（州政府设鲁阳〔河南省鲁山县〕）州长位置，其他兼职全部免除。拓跋宏说：“晋升的足够显示他的功勋，贬降的足够显示他的罪过。”

广川王（刚王）拓跋谐逝世。拓跋谐，是拓跋略的儿子（拓跋略，参考四八〇年正月)。拓跋宏说:“古代君王对高级重要官员丧事,有前往祭悼三次的礼仪(《汉书》:贤明君王的臣属死时,君王亲往哭悼〔一临〕,尸体入棺时,君王再往哭悼〔二临〕,灵柩安葬时,君王再往哭悼〔三临〕),曹魏帝国、晋王朝,遇到王爵、公爵逝世,皇帝都在东殿哭悼。现在重新规定:亲王跟君王之间的关系,丧服应穿一年(期亲)的,君王前往祭奠三次;丧服应穿九个月(大功)的,君王前往祭奠两次:丧服应穿五个月(小功)或三个月(缌麻)的,君王前往祭奠一次;不再到东殿哭悼。广川王(拓跋谐)跟我之间的关系(同祖父五任帝拓跋濬),丧服应穿九个月(大功)。”在拓跋谐尸体将要入棺时(大殓),拓跋宏换上素色“深衣”(一种宽大衣袍,流传日本后,被称“和服”)祭奠。

五月六日,拓跋宏前往滑台(河南省滑县)。

五月八日,拓跋宏在石济(河南省卫辉市东)下榻住宿。

五月十二日,太子拓跋恂出京(首都洛阳)到平桃城(河南省荥阳市境)迎接老爹。

赵郡王拓跋幹(拓跋宏的老弟),在首都洛阳,贪赃荒淫,犯法乱纪,总监察官(御史中尉)李彪私下规劝他:“殿下如果不能改过,我不敢不报告皇上。”拓跋幹怡然自得,毫不在乎。李彪上疏弹劾,拓跋宏命拓跋幹、北海王拓跋详(拓跋幹的老弟),跟随太子拓跋恂,一同前往行宫。三人既到,拓跋宏召见拓跋详,却故意不召见拓跋幹,暗中派左右侍从观察他的神情,发现他既没有忧愁,也无悔意;遂亲自列举他的罪状,打一百军棍,免除官职,逐回家宅。

五月十五日,拓跋宏回首都洛阳,晋谒皇家祖庙。

五月十六日,拓跋宏削减多余官员的薪俸,支援国防军事费用。

五月十七日,拓跋宏主持“饮至典礼”(这是纪元前六世纪之前的古礼,封国国君因出征或参加高阶层会议,回国之后,晋谒祖庙,举杯饮酒,是为“饮至典礼”),

依照各人的功勋，颁发赏赐。 216

五月二十六日，太子拓跋恂（本年十三岁）在皇家祖庙行加冠礼。

拓跋宏计划改变鲜卑人的风俗习惯，在金銮宝殿上，召见文武百官，问说："你们希望我远比商王朝、周王朝，或是希望我连汉王朝（两汉王朝）、晋王朝都不如？"咸阳王拓跋禧说："我们都希望陛下能超过前代圣明君王！"拓跋宏说："那么，我们应该改变生活方式？还是一直抱残守缺！"拓跋禧回答："但愿圣明君王的政治，每天都在革新。"拓跋宏说："你们的富贵，是要及身而止？还是想传给子孙？"拓跋禧回答："希望传到一百代。"拓跋宏说："既然如此，我们必须大力改革，除旧创新，你们不可违背。"拓跋禧说："上面颁布命令，部属遵守执行，谁敢违背。"拓跋宏说："'名义不正当的话，言辞不顺；连礼仪、音乐，都不可能创制。'（《论语》孔丘语）我现在打算禁止鲜卑语，完全使用纯正的声音——汉语。三十岁以上的人，鲜卑语已成习惯，或许不容易马上改变，但三十岁以下青年，正在政府供职，言语不可以仍保持旧腔，如果有人故意说鲜卑话，当贬降或罢黜他的官位，各位要提高警觉。王爵、公爵、部长级以及全体官员，你们认为对不对？"大家回答："确实如同陛下的指示。"拓跋宏说："我曾经跟李冲讨论过这个问题，李冲说：'四面八方，人民的言语，并不相同，怎么知道谁的言语是纯正声音？皇帝使用什么言语，什么言语就是纯正声音。'李冲说这种话，罪大恶极，应该诛杀！"遂注视李冲，说："你辜负国家，应该由监察官（御史）拿下。"李冲脱下官帽，低头承认自己犯了错误。拓跋宏又责备留守洛阳的官员："昨天，我经过大街，看见妇女们仍有人穿夹领口、小衣袖（鲜卑装），你们为什么不执行我的命令？"大家都请求降罪。拓跋宏说："我说的如果不对，你们

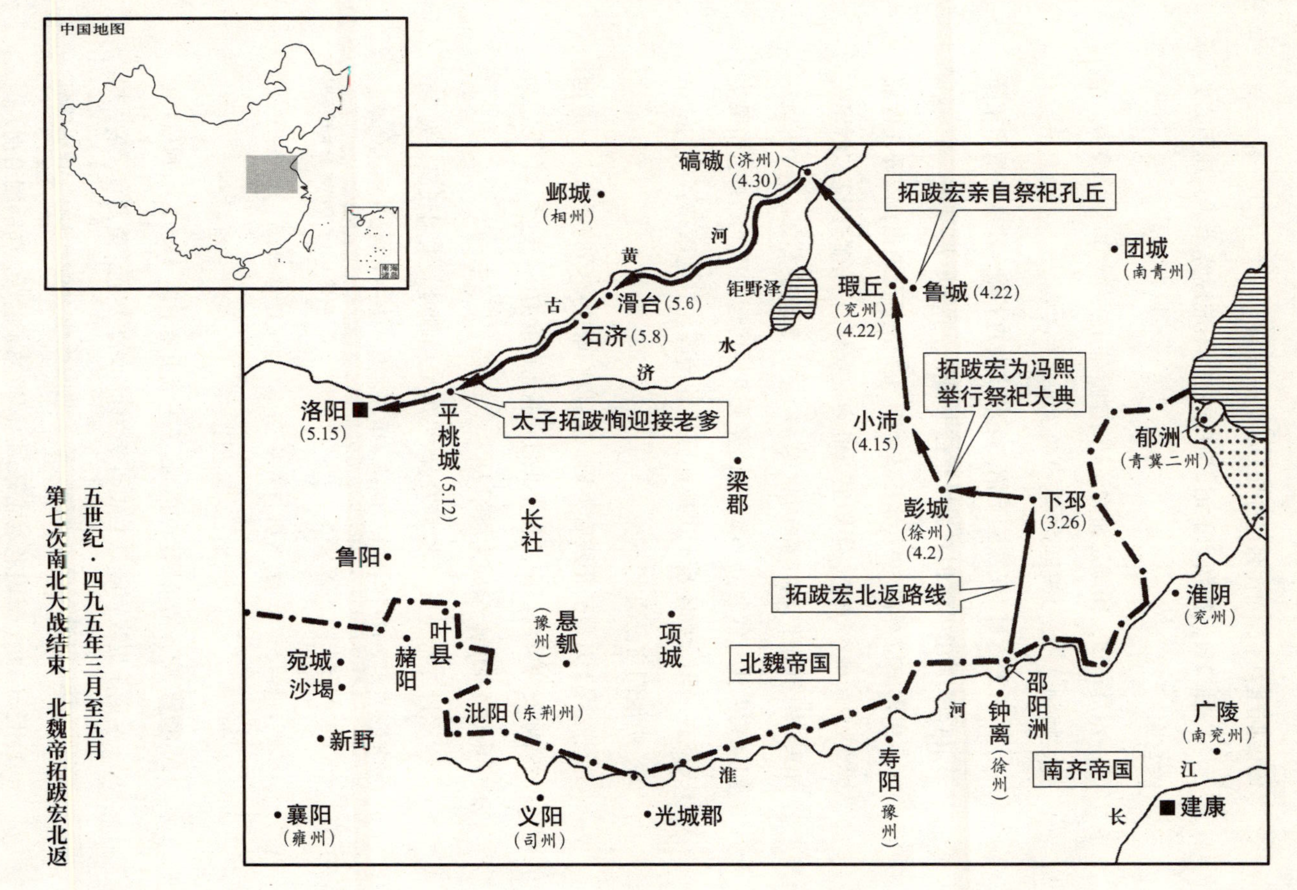

第七次南北大战结束 北魏帝拓跋宏北返
五世纪·四九五年三月至五月

应该据理力争，为什么当面服从，背后违背？”

六月二日，拓跋宏下诏：“在政府中不准说鲜卑话，违犯的免除官职。”

六月六日，拓跋宏派太子拓跋恂，前往平城（山西省大同市），祭奠太师（上三公之一）冯熙之丧。

六月十六日，拓跋宏下诏，征求散失的书籍：凡是呈献皇家图书馆（秘阁）所没有、但对当世有益书籍的，都优厚赏赐。

主管单位奏称：“广川王（拓跋谐）王妃，早已逝世，安葬在代都（故都平城，山西省大同市），不知道以谁为主安葬？”拓跋宏说：“鲜卑人（代人）南迁洛阳（河南省洛阳市东白马寺东）的，都应安葬邙山（洛阳城北）。如果丈夫死在代北（山西省北部），妻子灵柩可运回代北合葬；如果丈夫死在洛阳，则不准把灵柩运回代北合葬。其他散布各州的鲜卑人，由他们自己决定。”

六月十九日，拓跋宏下诏：“随政府南迁洛阳的鲜卑人，逝世后就要安葬黄河以南，不可以把灵柩运返北方。”于是，鲜卑人（代人）南迁洛阳的，全成为洛阳人。

六月二十一日，北魏政府改变度量衡制度，采用长尺、大斗，完全依照《汉书·律历志》规格，重新制定（以一个中等黍米的长度为标准，一米为一分，十米为一寸，一百米为一尺，一公里为一丈。同样，以一个中等黍米的体积为标准，两千四百粒为一龠，两万四千粒为一升，二十四万粒为一斗）。

4 南齐帝萧鸾当初罢黜三任帝萧昭业时（参考去年〔四九四〕七月），承诺萧谌当京畿总卫戍司令（扬州刺史）。然而，萧鸾登极后，却命萧谌当中央禁军总监（领军将军），兼南徐州（州政府设京口〔江苏省镇江市〕）州长（刺史）。萧谌老羞成怒，说：“煮熟了的饭，连锅端给别人。”

萧谌仗恃他的功劳，对中央政府的行政措施，常常干涉，凡他所推荐的人选，就命国务院（尚书）想办法任用。萧鸾得到报告，顿起疑惧。可是，萧诞、萧诔正在前方率军跟北魏帝国作战，只好隐忍心头，没有发作。而现在南北大战结束，决定下手。

六月二十五日，萧鸾游逛华林园，设下酒筵，款待萧谌，和国务院总理（尚书令）王晏等人，谈笑风生，尽情欢乐。散席之后，萧鸾挽留萧谌稍微多坐一会。最后，萧谌告辞，走到华林阁，武装卫士一拥而上，把萧谌逮捕，押回国务院。萧鸾派左右侍从官莫智明，当面列举萧谌的罪状，说："去年（四九四）政变，没有你的支持，我不可能有今天。可是你一门之中，有两个州长；兄弟之间，有三人封爵（萧谌当南徐州〔州政府京口〕州长、老哥萧诞当司州〔州政府义阳〕州长。萧谌封衡阳郡公、萧诔封西昌侯、萧诞封安复侯）。政府对你的回报，也只能到这种程度。可是，你却一直怨恨现状，盼望政局变化，甚至说：煮熟了的饭，却连锅都送给别人。今天，不得不杀。"遂斩萧谌（距萧谌杀萧昭业，整整一年），并斩萧谌的老弟萧诔。任命监督院宫廷监督官（黄门郎）萧衍，当司州（义阳）州政府总务官（别驾），逮捕萧诞，斩首。萧谌喜爱巫术和命相学，吴兴郡（浙江省湖州市）人沈文猷，常对他说："你的相貌，不亚于高帝（一任帝萧道成）。"萧谌既死，沈文猷也被斩首。萧谌死的当天（六月二十五日），萧鸾一连串诛杀西阳王萧子明（年十七岁）、南海王萧子罕（年十七岁）、邵陵王萧子贞（年十五岁。都是二任帝萧赜子）。

六月二十八日，任命首都西区卫戍司令（右将军）萧坦之当中央禁军总监（领军将军）。

5 北魏帝国相州（州政府设邺城〔河北省临漳县西南邺城镇〕）州长（刺史）高闾上疏，说："邺城（相州州政府所在城）密皇后（杜女士，三任帝拓跋焘的娘亲，参考四二三年十二月）的祭庙，墙倒屋塌，请求整修。如果说密皇后的牌位已送到皇家祖庙配享香火，则应拆除。”拓跋宏下诏拆除。

仇池镇（骆谷城，甘肃省西和县南）防卫总司令官（镇都大将）拓跋英，进攻南齐汉中郡（陕西省汉中市）时，沮水氐（陕西省略阳县东境氐部落）酋长杨馥之，效忠南齐，攻击武兴王杨集始（时在武兴〔陕西省略阳县〕），大破杨集始军。

秋季，七月二十四日，南齐政府任命杨馥之，当北秦州州长（空头官衔），封仇池公爵。

八月九日，北魏政府挑选英勇武士十五万人，担任羽林禁卫军、虎贲禁卫军，负责皇帝及宫廷、京师（首都洛阳）警卫工作。

金墉宫（洛阳城西北角）落成，在首都洛阳设国立大学（国子学）、太学、国立专科学校（四门小学）。

北魏帝拓跋宏游览华林园，参观已经颓废了的景阳山（曹魏帝国二任帝曹叡所建，参考二三七年十月），禁宫咨询官（黄门侍郎）郭祚说：“仁爱的人喜爱山，智慧的人喜爱水（《论语》孔丘语），应该修复。”拓跋宏说：“曹叡过度奢侈，在前代已立下坏的榜样，我怎么能在后面效法！”拓跋宏喜爱读书，手不释卷，无论车上、马上，都不忘跟左右谈论道理。他能写出很好的文章，很多时候，在马上口授，由别人笔记，写成之后，用不着更改一个字。自四八六年以后，所有诏书及指令，拓跋宏都亲自书写。他喜爱贤才，乐意去做善事，迫切之情，好像饥渴之追求饮食。所接触的一些高官贵爵，常有民间那种平等相待的朴实心意，像：李冲、李彪、高闾、王肃、郭祚、宋弁、刘芳、崔光、邢峦之辈，都以文学造诣、神态高雅，受到亲近，全居高位，掌握权柄。创制礼仪音乐，成绩可观，有太平治世的规范。

诉讼监察官（治书侍御史）薛聪，是薛辩的曾孙（薛辩事，参考四一九年三月)。执法如山，弹劾纠举，不闪避强梁权势；拓跋宏有时打算宽恕或赦免的，薛聪总是据理力争。拓跋宏每每说："我看到薛聪，不能不畏惧，何况别人！"自此，不法的权贵分子，大为收敛。薛聪累积功劳年资，升迁到直阁将军，兼禁宫咨询官(兼给事黄门侍郎)、散骑侍从官(散骑常侍)。拓跋宏外表上因薛聪有德行、能力，才擢升他的官职。实际上内心早把他当作心腹，皇家亲军卫士，全部交付薛聪管辖统御。所以终拓跋宏一生，薛聪官衔一直是直阁将军。金銮宝殿朝见之后，文武百官出宫，薛聪总留在后宫陪伴拓跋宏，谈论起来，夜以继日。对于施政的得失，薛聪动不动就提出规劝，拓跋宏多数都会应允。但薛聪沉默寡言，守口如瓶，外界不知道他心里到底在想什么。拓跋宏打算擢升他的官位，薛聪都苦苦辞让，不肯接受。拓跋宏也很体念他的心意，对他说："上天给你的爵位已经很高，人间给你的爵位，无法使你感到荣耀！"(上天爵位，指仁义忠信。人间爵位，指荣华富贵。)

九月四日，仍留在故都平城(山西省大同市)的所有六宫眷属(皇后以及小老婆群)，以及文武百官，全部抵达新都洛阳。

九月二十日，拓跋宏前往邺城(河北省临漳县西南邺城镇)，好几次去相州(州政府邺城)州长(刺史)高闾的官舍，赞美他治理的成绩，赏赐十分厚重。高闾不断请求当他本州(高闾是幽州渔阳郡雍奴县〔天津市武清区〕人)州长(刺史)。拓跋宏下诏，说："高闾已到'悬车'的年龄(高闾年龄不详。薛广德退休悬车事，参考前四三年九月)，又要求衣锦还乡(项羽说："富贵不归故乡，好像穿着锦绣漂亮衣裳，却在黑夜里走路。"参考前二〇六年十二月)。只知道前进，不知道后退，欠缺谦让的美德，应降级为平北将军。但高闾仍是政府元老，所以我仍成全他的心愿，调任他当幽州(州政府设蓟城〔北京市〕)州长，使贬降和保全，都能兼顾，私恩和国法，同时并行。”任命高阳王拓跋雍，当相州（州政府邺城）州长（刺史），警告他说：“当地方政府首长，说困难固然困难，说容易也很容易。‘立身行事公正，用不着下令，人民就会服从。’所以很容易。‘立身行事不公正，就是三番五次下令，人民也不服从。’所以很难。”

6 九月二十三日，南齐政府改封南平王萧宝攸当邵陵王、蜀郡王萧子文当西阳王、广汉王萧子峻当衡阳王、临海王萧昭秀当巴陵王、永嘉王萧昭粲当桂阳王（以上除萧宝攸是现任帝〔五任明帝〕萧鸾之子外，其他各人都是一任帝萧道成、二任帝萧赜的子孙）。

7 九月二十九日，北魏帝拓跋宏，从邺城（河北省临漳县西南邺城镇）起程返京（首都洛阳）。

冬季，十月二十一日，拓跋宏抵达洛阳（河南省洛阳市东白马寺东）。

十月二十七日，拓跋宏下诏：“各州应对所属官员，作精密考核，指出他的优劣，分为三等呈报。”又下诏：“徐州（江苏省北部）、兖州（山东省西部）、光州（山东半岛东部）、南青州（山东省南部）、荆州（陕西省东南部）、洛州（河南省中南部）等六州，进入紧急状态，大军准备随时出动。”（拓跋宏命六州动员，仍有南征之意。）

8 十一月二日，南齐帝萧鸾，下诏拆除文惠太子萧长懋（三任帝萧昭业的老爹）的东田别墅（参考前年〔四九三〕正月），及兴光楼（萧长懋所建）。

十一月十四日，萧鸾给皇太子萧宝卷，娶妻褚令璩当太子妃。大赦。褚令璩，是褚澄的女儿（褚澄事，参考四七四年五月）。

9 十一月五日，北魏帝拓跋宏前往委粟山（洛阳城东南），勘查建筑祭祀天神用的圜坛。

十一月十四日，拓跋宏召集儒家学派高级知识分子，讨论祭天礼仪。皇家图书馆主任（秘书令）李彪建议："从前，鲁国将要祭祀上帝时，一定先到学校预演；并请在祭祀的前一天，到皇家祖庙禀告。"拓跋宏同意。

十一月十九日，拓跋宏在圜坛祭祀天神。大赦。

十二月一日，拓跋宏在光极堂召见文武百官，宣布九品等级的文官制度，作为改革官制等级的开始（从此开始，官称译名，也跟着改变。最显著的是趁此使门下省〔监督院〕、集书省〔顾问院〕各官现身）。宫廷膳食部长（光禄勋，旧译"资政部长"，如今职掌有变，一并更改）于烈的儿子于登，依照法令条例，要求升官。于烈上疏说："现在正逢圣明君王在位，臣属部下，理应谦让。而我的儿子于登，却援用别人的前例，要求升官，是我平常缺少教训之故，请陛下把我免职。"拓跋宏说："这是有见识的人说的话，想不到于烈竟能做到。"于是召见于登，对他说："我将推广教育文化到普天之下，因你老爹有谦让的美德、正直的风范，所以擢升你当太子宫翊军指挥官（太子翊军校尉）。"又加授于烈：顾问院总顾问长（散骑常侍，旧译"散骑侍从官"），封聊城县子爵。

拓跋宏对文武官员说："国家多少年来，有一件事最使人叹息的，那就是：没有人肯公开批评政府的过失。君王最怕不能接受规劝，臣属最怕不能忠心直言。从此之后，我用一个人，如果不恰当，你们就要坦白的指出他的缺点，如果有才能，而我没有发现，你们也应该推荐。这样的话，推荐有才能的人有赏，对不恰当的人而不批评的有罪，你们应该知道。"

10 十二月三日，南齐帝萧鸾下诏：整修晋帝国各皇帝的坟墓，特别增设若干守墓卫士。

11 十二月三十日，北魏帝拓跋宏在光极堂，召见文武官员，赏赐给他们汉人的冠帽、衣服（要他们放弃鲜卑装）。

从前，北魏帝国人民，从来没有用钱作为交易媒介，拓跋宏开始下令铸“太和五铢钱”（太和是拓跋宏使用的年号之一）。本年（四九五），冶炼设备，初步完成。拓跋宏下诏：以后无论政府与民间，都要用钱。

拓跋宏任命光城蛮（河南省光山县境蛮夷）酋长田益光，当南司州（蛮州）州长（刺史），辖区里的郡长、县长，统由田益光选派。后来更在新蔡郡（河南省新蔡县）境内设立东豫州，命田益光当东豫州（州政府设新息〔河南省息县〕）州长。

12 “氐王”（首府武兴〔陕西省略阳县〕）杨炅逝世。

四九六年 丙子

南齐　建武　三年

北魏　太和　二十年

（柔然汗国太安五年）

1 春季，正月三日，南齐政府（首都建康〔江苏省南京市〕）任命“氐王”（首府武兴）杨灵的儿子杨崇祖，当沙州（州政府设景谷〔四川省青川县东沙州镇〕）州长（刺史），封阴平王。

2 北魏帝国（首都洛阳〔河南省洛阳市东白马寺东〕）皇帝（七任孝文帝）拓跋宏（本年三十岁）下诏，说：“鲜卑人（北人）把大地称为‘拓’，把君王称为‘跋’。我的祖先，原是黄帝姬轩辕（黄帝王朝一任帝）的后裔，我们的保护神是大地之神（土德王），所以姓拓跋（一任帝拓跋珪称帝时，追认姬轩辕为始祖，以及选择“土德”，参考三九八年十二月）。土，是万种颜色中最纯正的颜色——黄色，更是万物的元始，所以皇家拓跋，应该改姓元。功臣元老，从代都（故都平城·山西省大同市）南迁，凡是复音节的姓，一律改成单音节的姓。”于是，拔拔改姓长孙、达奚改姓奚、乙旃改姓叔孙、丘穆陵改姓穆、步六孤改姓陆、贺赖改姓贺、独孤改姓刘、贺楼改姓楼、勿忸于改姓于、尉迟改姓尉。其他所改的姓，多到难以记载（在此之前，《资治通鉴》所载北魏帝国若干重要人物，如长孙嵩、奚斤、叔孙建、穆崇、于栗䃅等，都用他们后来所改的姓）。

元宏非常重视门第家世（自此开始，皇家正式姓“元”），因范阳郡（河北省涿州市）卢敏、清河郡（山东省临清市）崔宗伯、荥阳郡（河南省荥阳市）郑羲、太原郡（山西省太原市）王琼，四大家族，受到当世知识分子的推崇，元宏特别遴选四大家族的女儿到后宫，当自己的小老婆。陇西郡（甘肃省陇西县）人李冲，因才能见识卓越，深受元宏的信任，在政府中的地位，至为尊贵重要；所有姻亲，都知名于世，元宏也娶李冲的女儿当小老婆——第三级“夫人”。元宏下诏，命监督院宫廷监督官（黄门郎，旧译“禁宫咨询官”）、宰相府左秘书长（司徒左长史）宋弁，评定各州所有重要家族的门第家世，有很多家族地位跃升，也有很多家族地位贬降。元宏再下诏：“鲜卑人（代人）从前根本没有姓，也从不讲究家世，虽然是功臣或贤才的后裔，却跟贫寒卑贱小民的后裔，丝毫没有分别。以致三公、部长级官员，他的直系或旁系血亲（功衰之亲），仍然是一个低阶层的小职员。现在规定：穆、陆、贺、刘、楼、于、嵇（可能是“奚”之误）、尉等八姓，自太祖（一任帝拓跋珪）以来，凡功勋显著，官位也高到极限——王爵、公爵，声名辉煌，天下景仰的，应把他们的名册，分别送交京畿总卫戍司令部（司州）、国务院文官部（吏部），后代子孙，不准担任地位低微的小官，跟‘四姓’家族（卢、崔、郑、王），一同待遇。除此之外（除十二姓之外），应该列入高贵门第、高贵世家的，由政府另行制订办法。有人从前是部落酋长，而自四世纪九〇年代以来（一任帝拓跋珪称帝以来），三代做官，官位在御前监督官（给事中）以上，又被封王爵、公爵的，应该作为‘国姓’。如果本来并不是部落酋长，但是自四世纪九〇年代以来，三代做官，官位在国务院执行官（尚书）以上，又被封王爵、公爵的，也可以作为‘国姓’。但是，他虽然是部落酋长后裔，可是所担任的官职，却不够显赫，则只能称为‘贵族’；如果他并不是部落酋长后裔，即使官位非常显赫，也只能仍称为‘贵族’。有关这种‘国姓’和‘贵族’的区别，都要谨慎考查，不允许伪造假冒。我特别指定最高监察长（司空）穆亮、国务院执行官（尚书）陆琇等详细审定，务必公平。”陆琇，是陆馛的儿子（陆馛，参考四七一年八月）。

北魏帝国旧有制度：亲王的王妃和小老婆，都来自八大家族（即自平城南迁的“八姓”）和品德清高的世家；可是咸阳王元禧，却娶了一个奴隶户的女儿当王妃；北魏帝元宏大为震惊，严加斥责。遂下诏，一口气为他的六个老弟强行改娶六位王妃。诏书上说：“各亲王在此之前所娶的王妃，一律降级当小老婆。咸阳王元禧，应娶故颍川郡（河南省长葛市）郡长、陇西郡（甘肃省陇西县）人李辅的女儿；赵郡王元幹，应娶故初级资政官（中散大夫）、代郡（平城，山西省大同市）人穆明乐的女儿，广陵王元羽，应娶骠骑将军府首席军事参议官（骠骑咨议参军）、荥阳郡（河南省荥阳市）人郑平城的女儿；高阳王元雍，应娶故立法院政务官（中书博士）、范阳郡（河北省涿州市）人卢神宝的女儿；始平王元勰，应娶最高法院院长（廷尉卿）、陇西郡（甘肃省陇西县）人李冲的女儿；北海王元详，应娶国务院文官部考选司司长（吏部郎中)、荥阳郡(河南省荥阳市)人郑懿的女儿。"郑懿，是郑羲的儿子(郑羲，参考四六六年十二月)。

北魏帝下诏，命各亲王把王妃降作姬妾——把正妻降作小老婆，实在是违背人伦。夫妻地位平等，既成配偶，终身不改。一个人一旦发了点财，就换妻子，平民还认为是一种羞耻，何况天子的老弟！这一诏书公布，天下有什么观感！

当时，赵郡(河北省赵县)李姓家族，人才辈出，各有美好的家族规范。所以，世人谈论高贵门第时，认为"五姓"居首("五姓"，即前述的卢、崔、郑、王四姓，再加上李姓，是全国级的豪门。如此称"国姓"的，共十三大家族。鲜卑人八大家族，汉人五大家族："郡姓"是一郡中势力最大的家族，也就是郡级豪门。一个家族，一旦被政府纳入豪门世家系列，便享有特权和政治、经济利益)。

大家讨论，认为薛姓是河东郡(山西省永济市)有名望的强大家族，应列入"郡姓"。元宏说："薛姓人家，本是蜀中(四川省中部)人，怎么可以作为河东'郡姓'！"直阁将军薛宗起，正手持铁戟，在殿下值班，从行列里站出来，抗议说："我家祖先，在东汉王朝末年，到蜀汉帝国任官，两代之后，又回河东(山西省夏县)，而今又传六代，根本不是蜀中(四川省中部)人。犹如陛下是黄帝(姬轩辕)后裔，被封北方荒土(指晋帝国封索头部落酋长拓跋猗卢为代公，参考三一〇年十月)，怎么可以称为蛮夷？薛姓竟因此不能列为'郡姓'，宁愿一死！"悲愤交集，用铁戟撞碎地面。元宏慢慢说："这样好了，我排第一，你排第二。"遂把薛姓定为"郡姓"。元宏说："你不是'薛宗起'，而是'薛起宗'！"

元宏跟文武百官研究国家公职人员任用问题，说："近代，一

五世纪·四九六年　北魏帝国胡人姓氏汉化

胡姓	汉姓	胡姓	汉姓	胡姓	汉姓	胡姓	汉姓
拓跋	元	薄奚	薄	庴地干	庴	侯莫陈	陈
纥骨	胡	乌丸	桓	慕舆	舆	库狄	狄
普	周	素和	和	纥干	干	太洛稽	稽
拔拔	长孙	吐谷浑	吐谷浑	俟伏斤	伏	柯拔	柯
达奚	奚	俟古口引	侯	是楼	高	尉迟	尉
伊娄	伊	贺若	贺若	屈突	屈	步鹿根	步
丘敦	丘	谷浑	浑	沓卢	沓	破多罗	潘
俟亥	亥	匹娄	娄	嗢石兰	石	叱干	薛
乙旃	叔孙	俟力伐	鲍	解枇	解	俟奴	俟
车焜	车	吐伏卢	卢	奇斤	奇	辗迟	展
丘穆陵	穆	牒云	云	须卜	卜	费连	费
步六孤	陆	是云	是	丘林	林	綦连	綦
贺赖	贺	叱利	利	大莫干	郃	去斤	艾
独孤	刘	副吕	副	尔绵	绵	渴侯	缑
贺楼	楼	那	那	盖楼	盖	叱卢	祝
勿忸于	于	如罗	如	素黎	黎	和稽	缓
是连	连	乞扶	扶	渴单	单	菀赖	就
仆阑	仆	阿单	单	壹斗眷	明	嗢盆	温
若干	苟	俟几	几	叱门	门	达勃	褒
拔列兰	梁	贺儿	兒	宿六斤	宿	独孤浑	杜
拔略	略	吐奚	古	馥邗	邗	贺兰	贺
若口引	寇	出连	毕	土难	山	郁都甄	甄
叱罗	罗	庾	庾	屋引	房	纥奚	嵇
普陋茹	茹	贺拔	何	树洛干	树	越勒	越
贺葛	葛	叱吕	吕	乙弗	乙	叱奴	狼
是贲	封	莫那娄	莫	宇文	宇文	渴烛浑	朱
阿伏干	阿	奚斗卢	索卢	慕容	慕容	库褥官	库
可地延	延	莫卢	卢	茂眷	茂	乌洛兰	兰
阿鹿桓	鹿	步大汗	韩	有连	云	一那蒌	蒌
他骆拔	骆	没路真	路	纥豆陵	窦	羽弗	羽

个人身份地位的高低，都与生俱来，比较固定，这件事到底好或不好？”李冲回答说：“不知道开天辟地以来，政府设立公职，目的是为了高贵门第的子弟们当官？还是为了治理国家？”元宏说：“当然是为了治理国家。”李冲说：“既然如此，陛下遴选文武百官，却为什么只看他的门第家世，而不看他的才干？”元宏说：“一个人假设有超过常人的才干，不怕别人不知道。然而，名门世家的子弟，即令他没有才干，不能贡献当世，但至少品德端正、心地纯洁，所以我才任用他们。”李冲说：“傅说（商王朝宰相）、姜子牙（周王朝宰相），在高贵的门第家世中，怎能找得出？”（傅说出身土木工人，姜子牙出身屠户渔夫。）元宏说：“非常的人才，几百年才出现一两个。”皇家图书馆主任（秘书令）李彪说：“陛下如果专用门第家世作标准，不知道鲁国的三家世袭贵族（季孙家、孟孙家、叔孙家），胜不胜得过孔丘的四科学生（四科：德行、言语、政治、教育）？”国史编撰助理官（著作佐郎）韩显宗说：“陛下怎么可以使豪门强族，世世荣华富贵？寒门平民，世世贫苦低贱，不能翻身？”元宏说：“如果有高明的人才，出类拔萃，我也不严格要求他的门第。”过了一会，宋王刘昶入朝（自彭城〔江苏省徐州市〕来），元宏对刘昶说：“有些人说，用人的时候，应该只看他的才干，不一定要求他出身高贵的门第；我却认为不然。为什么？清水和浊水同流，上面和下层平等，德行好的人和人格卑劣的人，官职没有差别；简直是绝对不可以。在我们帝国之中，八族（鲜卑八姓）以上的知识分子有九个等级（品）。九个等级之下，家世贫贱寒微的官员，有七个等级，如果真有盖世奇才，他可以不必由下往上升迁，一入政府，就使他位居三公。问题在于，真正的贤才难以得到，不应该为了一个难以得到的人才，而搞乱我的典章制度。”

司马光曰

遴选官员，先考察他的门第家世，再考察他的才干，这是曹魏帝国和晋王朝政治上最大的弊端。可是，多少年来，一直遵守，不能改正。事实上，“君子”“小人”的分别，不在几世有人做官，也不在几世没有人做官。以今天（十一世纪）眼光看来，无论愚昧、聪明，都知道这个道理。可是，当时（五世纪），虽以元宏的英明贤能，仍无法冲破这个盲点。能够明确的辨别是非，而不被世俗价值判断所迷惑的人，很少。

元宏是北魏帝国第一个接受完整教育的君王，当然接受的是纯汉文化教育，也就是纯儒家学派教育。因为鲜卑民族来自北方荒漠，连文字都没有，遂使元宏对汉文化，产生盲目崇拜，认为汉族一切都是进步的、好的，而他自己鲜卑民族，一切都落伍不堪。崇拜一旦由理智的尊敬，转为感情的信仰，他就拒绝承认汉文化也有缺点，而鲜卑文化也有优点。

全盘汉化的推行，说明在元宏领导下，鲜卑民族仍具蓬勃的生命潜力。只有奄奄一息、僵硬待毙的民族，才会用种种借口，拒抗改变。不幸，元宏在汉文化最堕落的时候开始吸收，而且吸收的几乎全是汉文化中最糟粕的部分。

其一，元宏把五胡乱华十九国时代已被破坏了的门第制度，用政治力量恢复，使它再度跟政治结合，在本来等级疏阔的鲜卑社会结构中，生硬的制造出一批又一批门第世家。世家子弟们的唯一出路，就是做官，政府公职永远被他们把持。普通人民——既非“国姓”，又非“郡姓”出身的“小人”，天生的是被统治者，只能当低级官员，不能升迁。元宏坚持：政府用人，只允许看门第，不允许看才干，而门第又分六等：第一等膏粱门第，三世中出过三个宰相级（三公）官员。第二等华腴门第，三世中出过三个副宰相级（尚书令）官员。第三等甲姓门第，三世中出过重要部长级（尚书）官员。第四等乙姓门第，三世中出过次要部长（九卿）或州长（刺史）。第五等丙姓门第，三世中出过副部长级（散骑常侍）官员。第六等丁姓门第，三世中出过司长级（吏部员外郎）官员。每一等级的子弟，都有它做官的管道和保障。像司长级位置，必须由第一等膏粱子弟或第二等华腴子弟担任。州政府秘书长（长史）或郡政府主任秘书（主簿），必须由四姓（甲乙丙丁）子弟担任，身为平民的知识分子，只有望洋兴叹。这是一种最奇特的政府制度。

其二，元宏把儒家学派中的主要精髓——礼教，全部下肚。鲜卑民族有他自己的生活方式，当然比较简单，但是直率亲切、朴实可爱。元宏为了巩固权力、提高威严，认为简单就是落后，直率就是粗暴，亲切就是野蛮。因而非常欣赏儒家学派的那一套繁文缛节，所以首先改变他的宫廷和政府结构；皇家和官员们的身价，遂与日俱增。皇帝和亲王大臣之间的关系，也越来越疏远。亲王大臣跟部属，下级官员跟人民，也日渐隔绝。统治阶层的生活，更趋腐烂。婚丧仪式，从此复杂不堪，鲜卑人从前死了父母，可以照常供职。汉化之后，他就必须辞职，回家守丧三年。除非他是一个大地主，否则他的生活就会立刻陷于困境，这促使大部分官员——尤其是父母还活着的官员，必须疯狂贪污，才能积蓄足够的财富，维持父母死后三年、甚至六年的失业日子。而礼教对人们思想上的限制，更演变成对人性尊严的摧残，随着门第的建立，纷纷毒发，西汉王朝董仲舒播下的“罢黜百家，独尊儒术”的种子，在元宏手中结出果实。

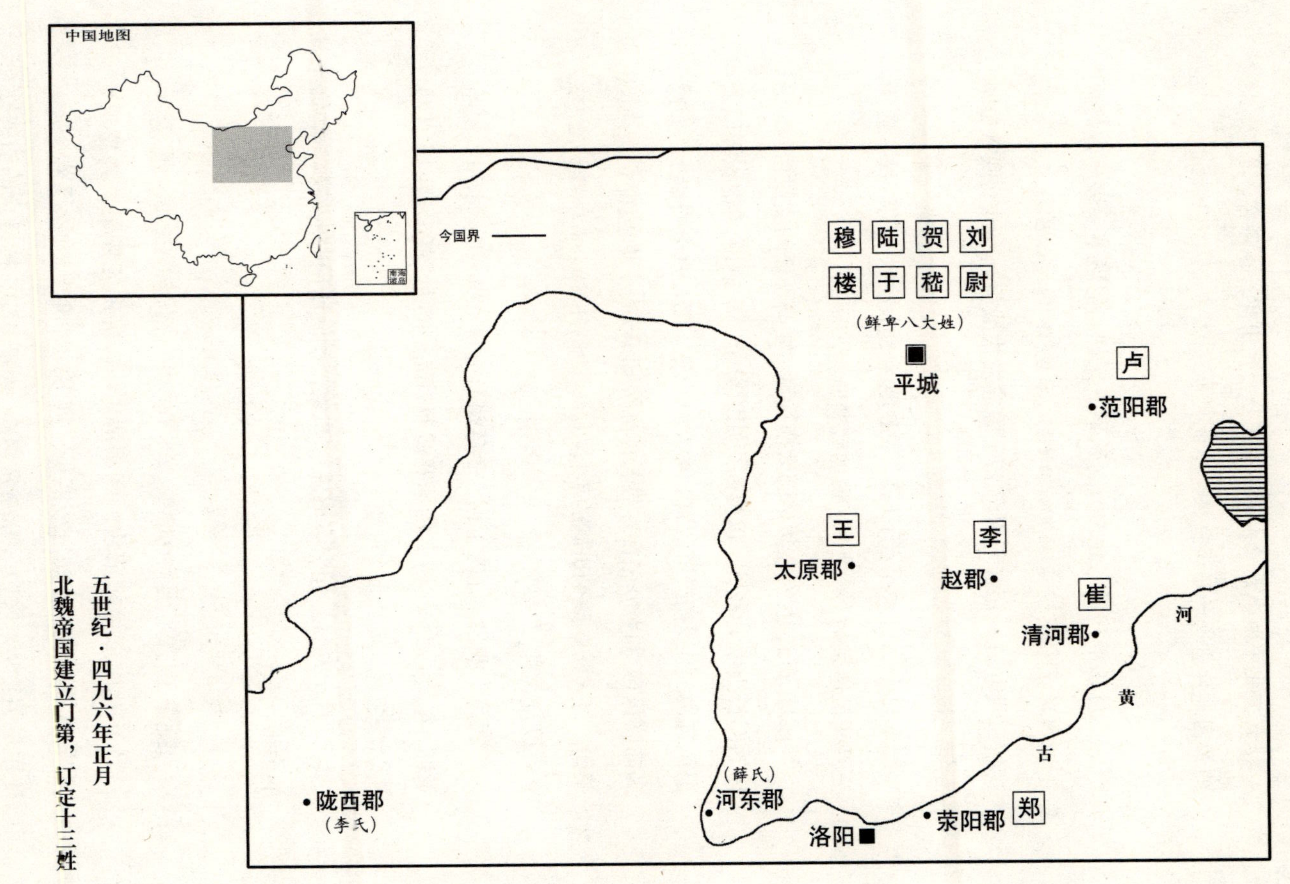

北魏帝国建立门第，订定十三姓

五世纪·四九六年正月

汉文化中两个最受人诟病的部分，元宏却当作活宝，不久，他的帝国就付出这种错误选择付出的代价。

正月二十八日，元宏改封始平王元勰当彭城王，恢复定襄县王元鸾当城阳王（元鸾〔拓跋鸾〕被降封事，参考去年〔四九五〕五月）。

二月九日，元宏下诏："帝国除非发生战争，应准文武官员服三年之丧。"

二月十三日，元宏下诏："京畿地区七十岁以上的居民，应于三月间抵达京师（首都洛阳），参加敬老典礼。"

三月三日，元宏在华林园大摆筵席，宴请现任的文武百官、退休的部长级以上官员，以及高级知识分子；下诏说："部长级以上退休官员，加授初级资政官（中散大夫）荣衔。郡长六十岁以上，加授御前监督官（给事中）荣衔。县长、高级知识分子，加授郡长、县长荣衔。每人赏赐雕刻斑鸠的手杖（据说，斑鸠从不噎食，用以祝福老人也不噎食），以及衣裳。"

三月十四日，元宏下诏，命各州考选官（中正）推荐本州人民所景仰，年龄五十岁以上，门第寒微而有品德的人，任命他们出任县长、郡长。

三月十九日，元宏下诏说："皇家仪仗队所用车辆轿舆上装饰的金银，完全剔除。"

3 南齐帝国（首都建康〔江苏省南京市〕）皇帝（五任明帝）萧鸾（本年四十五岁）一心追求节俭，御厨房（太官）曾供应粽子，萧鸾说："我一次吃不完，不妨分成四份，剩下的等晚上再吃。"有一次，使用皂荚（形状好像香蕉，但是扁平，敲破后可当肥皂用），把残余的渣滓交给左右侍从人员，说："这还可以再用。"御厨房（太官）于元旦那天，向皇帝祝福，有银制的温酒器，萧鸾打算把它销毁，国务院总理（尚书令）王晏等，全体赞扬萧鸾盛大的美德。皇城保安司令（卫尉）萧颖胄说："政府重要的典礼，莫过于元旦，这个温酒器又是旧的东西，算不上奢侈。"萧鸾大不高兴。后来，萧颖胄参加一次后宫举行的宴会，发现全是银器，忍不住说："陛下前些时打算把温酒器销毁，这项决心应该转移到这张桌子上。"萧鸾大为羞惭。

萧鸾亲自处理细微的事务，十分细密。于是，郡县政府、国务院六部（六署）、九府（即九卿，上古时代，九卿是权力中枢，自国务院〔尚书〕建立，九府〔九卿〕降为次要单位。九府：祭祀部〔太常〕、资政部〔光禄勋〕、皇城保安司令部〔卫尉〕、最高法院〔廷尉〕、农林部〔大司农〕、宫廷供应部〔少府〕、交通部〔太仆〕、工程部〔将作大匠〕、藩属事务部〔大鸿胪〕），所有职掌内的事务，从不自作主张，一律奏报皇帝，听候裁决。有功勋、或跟皇帝有故旧关系的官员，升降调补，完全不归国务院文官部考选司（选部）管理。于是，亲戚朋友，互相支援。而萧鸾的控制，也更为繁琐精密。南康王府顾问官（南康王侍郎）、颍川郡（侨郡·安徽省含山县南）人钟嵘上疏说："上古时候，圣明的君王，衡量人的才能，授给官职。三公坐在君王身旁，讨论治理国家的重要决策。九位部长（九卿）负责执行，完成任务。天子只不过面向南方而坐！"呈上去后，萧鸾大不高兴，对中级资政官（太中大夫）顾暠说："钟嵘是什么人？想阻挠我处理国事！你认识他不？"顾暠回答说："钟嵘虽然地位低贱，名望卑微，但所作的建议，或许有些地方可以采纳。而且，政府事务，十分繁杂琐碎，各有主管单位。而今，却由最高领袖一人，亲自处理，是领袖越劳苦，部属越安逸，这正是所谓‘替厨夫杀鸡，代石匠凿石头。’”萧鸾假装没有听见，转换话题，谈论别的事情。

4 夏季，四月十一日，北魏帝国广州（此时仍称荆州，州政府设鲁阳〔河南省鲁山县〕）州长（刺史）薛法护，向南齐帝国投降。

北魏军攻击南齐司州（州政府设义阳〔河南省信阳市〕），南齐栎城（信阳市北）防守司令（戍主）魏僧珉，抵抗并击退北魏军攻势。

5 五月二十四日，北魏帝国在河阴（河南省洛阳市孟津区东北）兴筑祭祀地神的方坛。北魏帝元宏下诏：“东汉王朝、曹魏帝国、晋王朝及帝国（北魏帝国），历代皇帝坟墓，一百步以内列为保护区，禁止人民砍柴割草（以上四个政权皆建都洛阳，皇陵分布在附近）。”

五月二十五日，元宏在河阴方坛，祭祀地神。

秋季，七月，元宏罢黜皇后冯清。最初，冯太后（文明太后，元宏嫡祖母）打算使她娘家的权势，永远不衰，于是，遴选老哥冯熙的两位女儿，同时进入后宫，当元宏的小老婆。其中一位女儿（名不详）早早逝世，而另一位女儿冯润，深受元宏宠爱。可是，不久，冯润也身染重病，回到娘家，削发为尼。冯太后逝世，元宏娶冯熙最小的女儿——也就是冯润的妹妹冯清当皇后。后来，姐姐冯润的身体康复，元宏思念她，再迎回皇宫，封左昭仪（小老婆群第一级），而妹妹皇后冯清的宠爱，开始消失。冯润认为她是姐姐，而且又最先进宫，对妹妹皇后冯清，不肯行小老婆的礼节，冯清深感悔恨。冯润更背后加以诬陷，元宏遂罢黜冯清。冯清品德高洁，遂入住瑶光寺，当修练道行的尼姑（二冯虽然同父，却不同母。冯清娘亲是博陵公主，冯润娘亲是常女士。由于冯清深感悔恨，可知冯润之能重返后宫，冯清定尽全力）。

北魏大旱成灾，元宏自七月二十二日到二十四日，一连三天不进饮食，文武百官都到立法院（中书省）请求晋见。元宏身在崇虚楼（吃斋祈祷处所），派立法官（舍人）拒绝，并问大家为什么请求晋见。豫州（州政府设悬瓠〔河南省汝南县〕）州长（刺史）王肃回答："如今，四郊降雨，已普遍够用，只是京师（首都洛阳）降雨较少。小民并没有缺一顿饭，陛下却绝食三天，我们做臣属的，惶恐不安，不知如何是好。"元宏仍命立法官（舍人）传话说："我几天不吃饭，并没有什么痛苦。最近，宫内外的高官和差役，都说四郊落雨，我疑心他们为了让我宽心，故意如此，未必就是事实，正打算派人察看。果然像你们报告的，我今天就恢复饮食。如果大旱仍不能解除，我活着还有什么意义，当用我的生命，为万民赎罪。"当天晚上，天降大雨。

太子元恂，不喜爱读书，而身体又高大痴肥，对河南（黄河以南）的炎热气候，深感痛苦，一直想回北方。元宏赏赐给他汉人的衣裳冠帽，元恂却常在私下改穿鲜卑服装。太子宫顾问官（中庶子）、辽东郡（侨郡，辽宁省辽阳市境）人高道悦，苦苦劝阻，元恂把高道悦恨入骨髓。

八月七日，元宏前往嵩高（中岳嵩山，河南省登封市北），元恂跟左右侍从，秘密定计，打算征调牧场马匹，轻装备奔回故都平城（山西省大同市）。出发前，就在太子宫中，元恂亲手砍死高道悦。而霎时之间，消息外泄，中央禁军总监（中领军）元俨，下令关闭城门，禁止通行，骚动情势，直到夜晚，才完全控制。第二天一早，国务院执行官（尚书）陆琇，骑快马报告元宏，元宏大为震骇，但保守秘密，仍照原定计划，到汴口（汴水注入黄河处，河南省荥阳市北）才回。

八月二十三日，元宏回宫，召见元恂，数说他的罪状，亲自跟咸阳王元禧，轮流用木棍责打元恂一百余下，然后命人半扶半拖出来，囚禁洛阳城西。元恂伤势很重，一月有余，才能起床。

八月二十六日，相州（州政府设邺城〔河北省临漳县西南邺城镇〕）州长（刺史）、南安王（惠王）元桢逝世。

九月八日，元宏在小平津（河南省洛阳市孟津区东黄河渡口）阅兵。

九月十三日，元宏回宫。

冬季，十月八日，元宏下诏，说："从代都（故都平城）南来的士卒，一律升任羽林或虎贲武士。京畿卫戍区（司州）男子十二人中，征调一人，充当政府及官员差遣劳役。"

吐京（山西省石楼县）胡人起兵反抗中央；元宏命朔州（州政府设盛乐〔内蒙古和林格尔县〕）州长（刺史）元彬，当汾州（州政府设蒲子城〔山西省隰县〕）总部执行官（行汾州事。吐京郡属汾州），率并州（州政府设晋阳〔山西省太原市〕）、肆州（州政府设九原〔山西省忻州市〕）州政府军讨伐。元彬，是元桢的儿子。元彬派指挥官（统军）奚康生出军，击破吐京胡人军；追到车突谷（山西省交城县西北），再击破吐京蛮族军，俘虏牛马等各种牲口，以万计算。元宏命元彬当汾州州长（刺史）。胡人去居等六百余人据守险要，不肯投降，元彬请中央派军二万人讨伐，有关单位奏请批准。元宏大怒说："对付小小一撮蟊贼，岂有出动大军之理，应该随时平定才是。如果不能平定，非派出大军不可，我就先斩州长（刺史），然后再出动大军。"元彬大为恐惧，率领本州（汾州）政府军，身先士卒，攻击去居军，完全克服。

元宏在清徽堂召见群臣，讨论罢黜太子元恂事宜。太子太傅（太子三师之二）穆亮、太子少保（太子三少之三）李冲，脱下官帽，叩头请求处罚。元宏说："你们认罪自责，是为了自己。我所作的决定，是为了帝国。大义灭亲，古人认为最是可贵。而今，元恂竟然打算违背父亲，逃亡叛乱，盘踞恒州（州政府设故都平城〔山西省大同市〕）、朔州（州政府盛乐），跟父亲对抗；天下恶行，有什么比这个更为严重！如果不予排除，将是帝国的灾难。”

闰十二月八日，元宏下诏，把元恂贬作平民，软禁河阳县（河南省孟州市）无鼻城（孟州市境），派军守卫监视；供应的衣服饮食，仅使元恂不挨饿受冻而已。

闰十二月十日，北魏政府设置储备粮仓（常平仓）。

6 闰十二月二十日，南齐帝国太子萧宝卷（本年十四岁），行加冠礼。

7 最初，北魏帝国冯太后（文明太后）打算罢黜北魏帝元宏时，国务院右执行长（尚书右仆射）穆泰，恳切劝阻，冯太后才打消念头（参考四九〇年十月），因此，穆泰非常受到元宏的宠信。等到元宏迁都洛阳（参考四九三年九月），平日接近的多半是中州（中原）儒家学派学者专家，皇族和鲜卑人（代人），难免十分反感。穆泰从国务院右执行长（尚书右仆射），改任定州（州政府设中山〔河北省定州市〕）州长（刺史），上疏陈述身患疾病，久不痊愈，而南方气候潮湿蒸热，请求改调恒州（州政府设故都平城〔山西省大同市〕）。元宏特别下诏，把恒州（平城）州长（刺史）陆叡，调到定州（中山），而命穆泰接陆叡位置。穆泰抵达平城（山西省大同市）时，陆叡还没有出发，二人见面后，遂计划兵变。秘密结合镇北大将军、乐陵王元思誉，安乐侯元隆，抚冥镇（内蒙古四子王旗）防卫司令（镇将）、鲁郡侯元业，骁骑将军元超等；共同推举朔州（州政府设在盛乐〔内蒙古和林格尔县〕）州长（刺史）、阳平王元颐，担任盟主。元思誉，是拓跋天赐的儿子（拓跋天赐，是景穆太子拓跋晃之子，参考四六一年七月）。元业，是新兴公爵元丕的老弟；元隆、元超，是元丕的儿子。陆叡认为洛阳政府政治修明，劝穆泰等候时机成熟，穆泰遂没有即时发动。

元颐假装接受穆泰等的推戴，先使他们安心，然后秘密报告元宏。国务院代理文官部长（行吏部尚书）、任城王元澄，在家养病，元宏在凝闲堂召见元澄，对他说："穆泰违法乱纪，煽动引诱皇族叛乱。假如真的发生兵变，刚刚迁都不久，北方人依恋旧土，一旦纷扰不安，我在洛阳就不能立足。帝国大事，非你不可。你虽有病，勉强为我到北方一趟，观察形势。倘若他们的力量微弱，就直接前往捕捉擒拿。倘若他们的力量已够强大，则可代表我下令，征调并州（州政府晋阳）、肆州（州政府九原）州政府军讨伐。"元澄说："穆泰等愚昧迷惑，只不过为了依恋的故土，才出此下策。并不是深谋远虑，企图篡夺政权。我虽然笨拙胆怯，但对付他们，足以克制，请陛下不要忧虑。我身为陛下的犬马，一点点小病，怎么可以推辞！"元宏笑说："你肯成行，我自不忧虑。"遂加授元澄"持节"、铜制虎符（参考前二五八年）、竹制令箭（《礼记 · 王制》："对封国国君，赏赐弓箭，然后有权出征。"），并派皇帝左右贴身卫士，充当元澄警卫；又任命元澄兼恒州（州政府设故都平城〔山西省大同市〕）总部执行官（行恒州事）。

元澄抵达雁门（山西省代县），雁门郡郡长深夜前来报告说："穆泰率领军队，已经西上投奔阳平王（元颐）。"（平城〔山西省大同市〕至盛乐〔内蒙古和林格尔县〕一百三十五公里。）元澄下令立即前进。右主任秘书（右丞）孟斌说："事情如何发展，不可预料，应该遵照皇上吩咐，动员并州（晋阳）、肆州（九原）大军，然后慢慢推进。"元澄说："穆泰既然谋反叛变，自应据守坚固的城池。不这样做，却率军迎接阳平王（元颐），推测原因，恐怕是力量薄弱之故。穆泰既没有武装抗拒，我们无缘无故，动员大军，不是适当的反应。现在只要迅速前往平城（山西省大同市），用武装部队镇压，人心自会安定。”遂加倍速度，强行军赶路。先派诉讼监察官（治书侍御史）李焕，单人匹马，进入平城，果然大出众人意料之外。李焕向穆泰的党羽，分析解释，指出祸福分际，于是没有人肯听从穆泰的命令。穆泰束手无策，率部下战士数百人，攻击李焕，不能攻克，从西门逃走，李焕派人追击，生擒而归（这一段原文混乱，如穆泰投奔元颐，他便不在平城。如穆泰派军前往迎接元颐，则元澄说他不知道保守坚城，便与事实不符）。元澄随后也到，彻底追查穆泰的党羽，逮捕陆叡等一百余人，全部囚禁监狱，民间没有一点骚动。元澄上疏报告平乱经过，元宏十分喜悦，召集文武百官，把元澄的奏章，交给大家传阅，说：“任城王（元澄）可以说是国家栋梁，看他审问犯人所作的口供笔录，就是皋陶（黄帝王朝中最聪明正直的法官），也不能比他更好。”回头对咸阳王元禧等说：“你们如果办这件事，办不到如此完善。”

8 北魏帝元宏，准备大举进攻南齐帝国，在清徽堂召见文武百官，说：“我把首都迁到中原，重大建设，都粗略完成。只有南方盗寇（南齐帝国），还没有平定。我怎么能像近代一些君王，坐在深宫中的锦绣罗帐之内，不问世事？我现在决心南征，只是不知道什么时候发动合适？最近，巫师们卜卦，都说：‘这一次一定胜利。’这是国家大事，君臣们应该尽量说出各人的意见，不要认为我已经下定决心，而吞吞吐吐，模棱两可。等到成了定案之后，又在背后有不同的看法。”李冲回答说：“凡军事行动，都该先讨论人事，再讨论天时。巫师占卜的结果，虽然大吉大利，可是人事上并没有妥善准备。迁都不久，秋季庄稼并不丰收，还不能发动战争。依我的意见，应等到明年（四九七）秋季。”元宏说：“从前（四九三年），我率军二十万南下（第七次南北大战），人事鼎盛，而天时不利。而今，天时虽然合适，又说人事不够充分。照你的话，是永远没有南征的日期。贼寇（南齐帝国）近在咫尺，将来必将给帝国带来忧患，我怎么可以自己安逸！如果明年（四九七）秋季南征，不能传出捷报，你们都要受军法审判，不可不尽心。”

元宏因放逐到边疆的罪犯，很多人逃亡，于是下令：“一人逃亡，全家放逐边疆服役。”光州（州政府设东莱〔山东省莱州市〕）州长（刺史）、博陵郡（河北省安平县）人崔挺，上书建议：“普天之下，善良的人少，作恶的人多。如果一人有罪，大祸延及全家，则司马牛势将因桓魋而受罚；柳下惠也将因盗跖而被诛杀（司马牛是孔丘的学生，老哥桓魋，是春秋时代宋国军事指挥官〔司马〕，孔丘从曹国到宋国，在大树下演习礼仪，桓魋打算谋杀孔丘，拔倒大树，孔丘逃走，弟子们劝他：“应该跑得越快越好。”孔丘说：“上天保佑我，桓魋对我有什么办法！”柳下惠是春秋时代鲁国人，道德水准极高；可是他的老弟盗跖，却是大盗）。岂不可哀。”元宏欣赏这个建议，撤除前令。

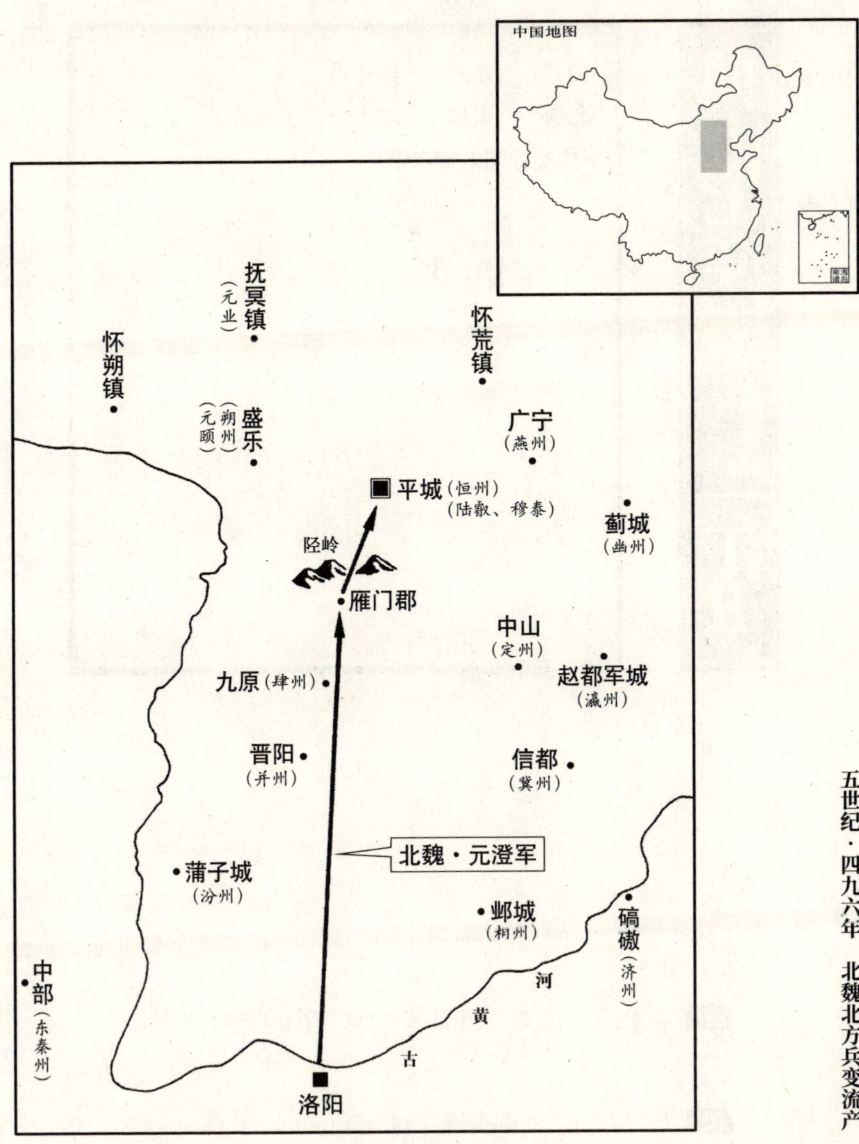

五世纪·四九六年　北魏北方兵变流产

四九七年 丁丑

南齐 建武 四年

北魏 太和 二十一年

（柔然汗国太安六年）

1 春季，正月，南齐帝国（首都建康〔江苏省南京市〕）大赦。

2 正月八日，北魏帝国（首都洛阳〔河南省洛阳市东白马寺东〕）皇帝（七任孝文帝）元宏（本年三十一岁），封皇子元恪（本年十五岁）当太子。元宏在清徽堂，摆下宴席，款待文武官员，谈到前太子元恂（参考去年〔四九六〕七月），国务院右执行长（尚书右仆射）、太子太保（太子三师之三）李冲认罪自责说："我身为师傅，竟不能辅导。"元宏说："我这个亲生之父，还不能消弭他的恶念，师傅有什么可以自责的。"

正月十七日，元宏到北方巡视。

3 最初，南齐帝国国务院总理（尚书令）王晏，深受二任帝萧赜的宠爱和信任（参考四八九年五月）。等到当时的西昌侯萧鸾，阴谋罢黜三任帝萧昭业时，王晏欣然同意，并拥护萧鸾作为盟主（参考四九四年七月）。后来，萧昭业被推翻，萧鸾跟王晏在东府（宰相府，建康城南）欢宴，谈到时局，王晏拍巴掌说："你一向说我胆小，现在怎么样！"萧鸾夺取皇帝宝座后，王晏自认为是新政府的开国功臣，对二任帝萧赜时代的各种措施，常常予以诋毁。既居百官领袖高位，遇事大多独断专行，中央地方重要职位，都任用他的亲友，每每跟萧鸾因用人的缘故，发生争执。萧鸾虽在发动政变这件事上，需要王晏支持，但心里对他已十分厌恶。萧鸾曾经检查二任帝萧赜时代的诏书，看到萧赜亲笔写给王晏的手令，有三百余张之多，都是谈论国家人事。又看到王晏劝阻萧赜，不可任命萧鸾兼管国务院文官部考选职务（领选事）的奏章（参考四九〇年十二月），由此更认为王晏人格卑鄙，对他既轻视而又猜忌。始安王萧遥光劝萧鸾诛杀王晏，萧鸾说："王晏对我建有大功，而且他没有罪。"萧遥光说："武帝（二任帝萧赜）待他恩重如山，他还不能效忠武帝（二任帝萧赜），怎么能效忠陛下！"萧鸾沉默不语，但派心腹陈世范等，到京师（首都建康）大街小巷，探听消息。王晏性情浮躁轻率，见识浅薄，不知道保护自己，当萧鸾已对他兴起杀机之时，他还希望升迁到开府仪同三司（宰相级），不断把相面的江湖术士，招呼到家中给他相面，那些相面的江湖术士，一致说他不久就更要大富大贵。王晏跟宾客朋友谈话时，又喜爱命左右退出客厅，而单独面对密语。萧鸾接到报告，疑心王晏将发动政变，遂决定动手。

奉朝请（特准参加御前会报）鲜于文粲，察言观色，看出萧鸾的意向，于是，正式检举王晏谋反。而陈世范也适时的报告萧鸾，说："王晏打算利用今年（四九七）南郊祭天大典，跟世祖（二任帝萧赜）的旧日将领，中途发动突击。"正巧，发生老虎闯入南郊祭天神坛事件，这是一个恶兆，萧鸾越发恐惧。于是，在大典的前一天，下令停止大典，同时通知王晏和徐孝嗣。徐孝嗣遵命行事，而王晏反对，复奏说："南郊祭天，是一件大事，陛下最好强打精神前往。"萧鸾遂完全相信陈世范小报告的真实性。

正月二十八日，南齐帝（五任明帝）萧鸾（本年四十六岁）在立法院（华林省）召见王晏，当场诛杀。同时诛杀北翼警卫指挥部军政官（北中郎司马）萧毅、皇家禁卫军部队长（台队主）刘明达（二任帝萧赜时将领），以及王晏的儿子王德元、王德和。萧鸾下诏宣布王晏罪状，说："王晏和萧毅、刘明达，利用河东王萧铉的见识浅薄、性情懦弱，阴谋拥戴萧铉当君王，挂个空名。"王晏的老弟王诩，当广州（州政府设番禺〔广东省广州市〕）州长（刺史），萧鸾派南翼警卫指挥部军政官（南中郎司马）萧季敞，发动袭击，斩王诩。萧季敞，是萧鸾同祖父的堂弟。萧毅生活奢侈，喜爱骑马射箭，萧鸾对他深为猜忌，所以利用王晏事件陷害。河东王萧铉，年纪还小，又没有才能，所以逃过萧鸾的追杀。萧铉每次朝见，都俯身弯腰，不敢挺直脊背、抬头看人。现在，年龄稍大（本年十八岁），牵连到谋反案中；萧铉遂被免除官职，软禁家宅，不准跟外人接触。

三任帝萧昭业将被罢黜时，王晏的堂弟、总监察官（御史中丞）

王思远，对王晏说：“你身受世祖（二任帝萧赜）厚恩，而今一旦翻脸，帮助别人做出这种伤天害理之事。对方当然可以用权术善待你，但你将来用什么方法使自己立足！如果现在自己了断，至少可以保全你的家人，也不玷污身后名节。”王晏不耐烦说：“我正吃稀饭，哪有时间想这种事。”稍后，王晏擢升骠骑将军，集合王家子弟，对王思远的老哥王思微说：“四九四年时，阿戎劝我自尽（大分裂时代，人们称堂弟为“阿戎”）。我如果听他的话，岂有今天的荣华富贵！”王思远应声说：“依阿戎的判断，你今天去做，仍不太晚。”王思远看出，萧鸾外表上待王晏虽然十分优厚，但内心已动杀机。曾在适当时候对王晏说：“人事不同，形势已有变化，你是不是感觉到不对劲？人们多数都看不清自己的处境，却看清别人的处境。”王晏默不作声，等王思远告辞，王晏才叹息说：“世界上竟有劝别人死的人！”只十天左右，诛杀事件爆发。萧鸾听到王思远说的这些话，所以并不降罪，反而命王思远当监督院总监督长（侍中）。

王晏的表弟、尉氏（侨县，江苏省南京市六合区）人阮孝绪，也早预料王晏必然失败。王晏几次登门拜访，阮孝绪都逃避得远远的，拒不相见。阮孝绪曾经吃肉酱，味道鲜美，问从哪里来的，左右回答说是王晏家送来的，阮孝绪立刻吐出来，而且把其余的倒掉。等王晏被处死，人们替阮孝绪担心，阮孝绪说：“虽是亲戚，却不是一党，有什么可怕的！”终于免受牵连。

4 二月五日，北魏帝元宏抵达太原（山西省太原市）。

5 二月七日，南齐政府任命国务院左执行长（左仆射）徐孝嗣，当国务院总理（尚书令）；征虏将军萧季敞，当广州（州政府设在番禺〔广东省广州市〕）州长（刺史）。

6 二月十六日，北魏帝元宏，抵达故都平城（山西省大同市）。召见穆泰、陆叡的党羽审问，全都承认罪行，没有人说自己冤枉。当世的人都敬佩任城王元澄的明察。穆泰以及他的亲友党羽，全部诛杀；元宏命陆叡在监狱中自尽，饶恕他的妻子儿女不死，放逐到辽西（河北省迁安市东北），作普通居民。

最初，元宏迁都洛阳，改变鲜卑传统的风俗习惯，并州（州政府设晋阳〔山西省太原市〕）州长（刺史）、新兴公爵元丕等，全都反对，元宏因元丕是皇族元老，并不勉强他接受，只与他分析沟通，希望他不公开反对而已。后来，文武百官都改变穿着，满座都是红色衣服，只元丕仍穿鲜卑传统衣服，杂在中间，十分突出。再后来，元丕才有时候戴上冠帽，有时候加系腰带，但仍拒绝全部汉化，元宏也不强迫。

当初，太子元恂从平城南迁洛阳（河南省洛阳市东白马寺东）时，安乐侯元隆，就曾经跟穆泰等，密谋留住元恂，动员军队，切断雁门郡（山西省代县）东陉、西陉二关交通，占领陉岭以北地区（山西省北部及内蒙古中部）。元丕是并州（州政府晋阳）州长（刺史），镇守太原（郡政府晋阳），元隆等把这个阴谋向他报告，元丕恐怕事情不能成功，所以口头上表示反对，但心里十分赞同。事情败露后，元丕随同元宏抵达故都平城，元宏每次审问穆泰时，常命元丕坐在一旁观看。有关单位奏称：元业（元丕老弟）、元隆、元超（二人是元丕儿子）罪大恶极，应屠杀全族；元丕依法应受连坐处分。元宏因元丕曾有“不死之诏”（参考前四七六年六月），特免元丕一死，只贬黜为普通平民；又赦免元丕的继妻和继妻生的两个儿子，准许仍住太原（晋阳）；而诛杀元隆、元超，和同一个娘亲的老弟元乙升，其他儿子全部放逐敦煌（甘肃省敦煌市）。

最初，元丕、陆叡跟国务院执行长（仆射）李冲、中央禁军总监（领军）于烈，一同接受“不死之诏”。陆叡既被诛杀，元宏下诏给李冲、于烈，说：“陆叡心怀反叛，愧对神明，是他首先违背誓言，责任不在我身。谋反叛变，不同寻常，其余人犯，我虽然想怜悯宽大，又如何能够？可是，我仍不忘从前承诺，命他在另一个地方自杀，而赦免他的妻子儿女。元丕的两个儿子、一个弟弟，领导叛乱，犯法连坐，也应处死；我也特别宽恕，贬降他们当普通小民。我本来期望始终如一，可是他们却主动把我弃绝，诡异暴戾，何等可悲。特别告知二位，请不要惊讶，除了谋反，我们之间的誓言，光明正大，如同太阳。”李冲、于烈都上疏叩谢。

对于官爵薪俸的确定或变更，以及对于生命财产的保护或剥夺，是君王控制臣属的重要权柄。所以从前君王的制度：部属之中，虽然有亲戚、故旧、贤能、功勋、显贵、勤劳以及宾客朋友，但只要他们犯罪，决不强行赦免。一定在槐树、荆棘之下，详细审问（纪元前十二世纪周王朝时，审理诉讼，一定在三棵槐树和九棵荆棘之间），可以赦免，即行赦免。可以宽恕，即行宽恕。应该处罚，就要处罚。应该诛杀，就要诛杀。依照案情的轻重，作为量刑的标准；依照当时的局势，决定判决的宽严。所以，君王能够法外施恩，却不失威望；臣属得到宽免，却不敢有所仗恃。可是，北魏帝国不是如此，建有功勋或地位尊贵的官员，皇帝往往预先保证他可以不死，他们因骄傲而触犯法网，却又对他们依法诛杀，这是用一

种不预备遵守的誓言，引诱臣属陷于死地。无论法律上或政治上的缺失，没有比这个更大。 250

当时，鲜卑部落时代的元老世家，大多数参与穆泰的阴谋，只有于烈没有涉及，北魏帝元宏对他更为敬重。元宏因为鲜卑各部落酋长，派到皇宫当人质、担任侍卫的子弟，不能忍受洛阳夏天的炎热，于是，特别准许他们秋季前来洛阳朝见，第二年春季，即行返回北方所属部落；世人称为“雁官”（雁是一种候鸟，夏季北上，冬季南下，雁官亦然，春季北上，秋季南下）。

三月二十二日，元宏由故都平城（山西省大同市）南下，抵达离石（山西省吕梁市离石区），吐京（山西省石楼县）胡人（参考去年〔四九六〕十月）请求投降，元宏下诏宽恕。

夏季，四月四日，元宏抵达龙门（山西省河津市西北黄河隘口），派使臣祭祀姒文命（姒文命，是夏王朝一任帝。据传，龙门是姒文命于纪元前二十三世纪治水时开凿，山势险恶，形成瀑布。以致民间认为，鲤鱼如果可以跳越瀑布，就可化成真龙升空，俗称：“鲤鱼跳龙门”）。

四月七日，元宏抵达蒲阪（山西省永济市），祭祀姚重华（黄帝王朝七任帝；姚重华建都蒲阪）。

四月十五日，元宏抵达长安（陕西省西安市）。

前任太子元恂，既被罢黜软禁，感到十分后悔。而总监察官（御史中丞）李彪，却秘密奏报：“元恂再跟左右侍从，阴谋叛变。”元宏派立法院主任立法官（中书侍郎）邢峦，会同咸阳王元禧，携带诏书及毒酒前往河阳（河南省孟州市），命元恂自杀（年十五岁）。元恂死后，尸体仍穿平常所穿的衣服，装入粗糙棺材，就葬在河阳。

四月二十七日，最高统帅（大将军）、宋王（明王）刘昶，在彭城（江苏省徐州市）逝世（年六十二岁），用特殊优厚的礼仪安葬。

五月三日，元宏从长安（陕西省西安市）东下还都（洛阳），乘船由渭水进入黄河。

五月六日，元宏派使节到丰邑（陕西省西安市鄠邑区东）祭祀姬昌（周王朝一任王姬发的老爹），到镐邑（陕西省西安市西镐京社区）祭祀姬发（周王朝一任王）。

六月五日，元宏回到洛阳。

六月七日，元宏下诏动员冀州（州政府设信都〔河北省衡水市冀州区〕）、定州（州政府设中山〔河北省定州市〕）、瀛州（州政府设赵都军城〔河北省河间市〕）、相州（州政府设邺城〔河北省临漳县西南邺城镇〕）、济州（州政府设碻磝〔山东省聊城市茌平区西南〕）等五州武装部队二十万人，准备进攻南齐帝国（首都建康）。

最初，穆泰准备兵变时，立法院总立法长（中书监）、魏郡公穆罴参加阴谋。但到大赦之后，才被发觉，遂免除穆罴官爵，贬作平民。穆罴的老弟、最高监察长（司空）穆亮，把公事交给军政官（司马）慕容契，上疏弹劾自己，元宏用措辞温和的诏书驳回：穆亮一再坚决请求。

六月八日，元宏才批准。

六月十二日，元宏把新近集结的武装部队，编组为六个军团，分别指定担任战斗或后备。

秋季，七月，元宏封昭仪（小老婆群第一级）冯润当皇后。冯润打算亲自抚养太子元恪；元恪的娘亲高女士自代都（故都平城）前来洛阳，中途走到共县（河南省辉县市），得暴病而死。

七月戊辰日（七月丙戌朔，没有戊辰），元宏任命穆亮当征北大将军、开府仪同三司（宰相级）、冀州（州政府信都）州长（刺史）。

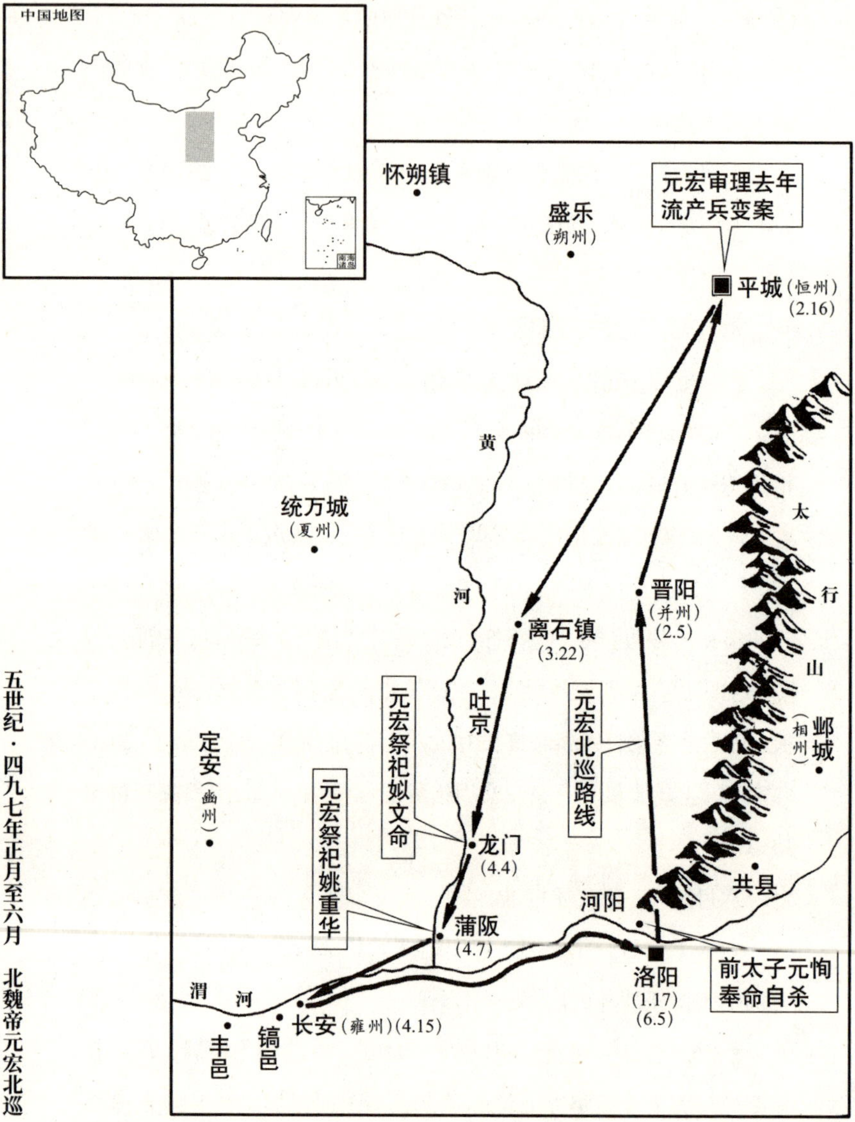

五世纪·四九七年正月至六月　北魏帝元宏北巡

中国地图

南海诸岛

怀朔镇

盛乐（朔州）

元宏审理去年流产兵变案

平城（恒州）(2.16)

黄河

统万城（夏州）

太行山

晋阳（并州）(2.5)

离石镇(3.22)

吐京

元宏祭祀姒文命

元宏北巡路线

邺城（相州）

定安（豳州）

元宏祭祀姚重华

龙门(4.4)

共县

河阳

蒲阪(4.7)

洛阳(1.17)(6.5)

前太子元恂奉命自杀

渭河

长安（雍州）(4.15)

丰邑

镐邑

八月一日，元宏下诏：全国戒严。

八月七日，封皇子元愉当京兆王、元怿当清河王、元怀当广平王。

7 南齐帝萧鸾，追尊老爹萧道生（景皇）的娘亲（萧鸾的祖母）王女士绰号恭太后。

8 八月十九日，北魏帝元宏在华林园阅兵。

八月二十五日，北魏南征大军自洛阳出发（第八次南北大战开始）。元宏命任城王、国务院文官部长（吏部尚书）元澄，留守京师（首都洛阳）；命总监察官（御史中丞）李彪，兼国务院财政部长（兼度支尚书），跟国务院执行长（仆射）李冲，一同负责主持留守政府，处理政务。元宏命彭城王元勰（元宏的幼弟），当中军大将军，元勰辞让说："贵族和平民同时并用，是古代以来的正理。我是什么人？竟然屡次受到恩宠加官！从前，曹植一再请求担当大任，都被拒绝（参考二三一年七月）；而愚昧的我，没有请求，竟然得到，人生命运的坎坷、通达，为什么这般悬殊！"元宏大笑，握住元勰的手说："两个姓曹的（曹植和老哥曹丕）在文坛上都享盛名，因而互相嫉妒。我跟你则以品德为重，所以互相亲爱。"

9 南齐政府派带兵官（军主）、直阁将军胡松，增援北襄城郡（河南省方城县）郡长成公期，进驻赭阳（北襄城郡郡政府所在城）；派另一带兵官（军主）鲍举，增援西汝南兼北义阳二郡（二郡郡政府设舞阴）郡长黄瑶起，进驻舞阴（河南省泌阳县北）。

10 北魏政府（首都洛阳）任命氐部落酋长杨灵珍，当南梁州（州政府设葭芦城〔甘肃省陇南市武都区东南〕）州长（刺史）。

杨灵珍献出葭芦城，投降南齐帝国（首都建康），把娘亲和妻子送到南郑（南齐梁州州政府所在县）作为人质；派老弟杨婆罗阿卜珍，率步骑兵一万余人，袭击北魏政府所封的武兴王杨集始（时在武兴〔陕西省略阳县〕），斩杨集始的弟弟杨集同、杨集众。杨集始窘迫危急，投降。

九月十三日，北魏帝元宏，命首都洛阳市长（河南尹）李崇，当陇山以西军区司令长官（都督陇右诸军事），率军数万，讨伐杨灵珍。

11 最初，北魏帝国迁都洛阳，荆州（州政府设鲁阳〔河南省鲁山县〕）州长（刺史）薛真度，劝告北魏帝元宏：应先夺取樊城（湖北省襄阳市汉水北岸）、邓县。薛真度率军进攻南阳（河南省南阳市），南齐帝国南阳郡郡长房伯玉，击退这次进攻（此指前年〔四九五〕四月沙堨之役）。元宏大怒，认为南阳是一个小郡，定要削平，遂亲率大军，直指襄阳（襄阳在南阳之南，两地航空距离一百二十公里）。彭城王元勰等三十六军，前后相继，号称一百万，吹口哨的啸声，都使大地沸腾。

九月十七日，元宏留下几位将领围攻赭阳（河南省方城县），而亲率主力南下。

九月十九日，元宏大军抵达南阳（河南省南阳市），乘夜袭击，占领外城。南齐南阳郡郡长房伯玉，坚守内城。元宏派立法院立法官（中书舍人）孙延景，对房伯玉说："我现在扫荡天下，统一世界，不像从前那样，冬天来，春天走（指第七次南北大战，参考四九四年十二月至四九五年四月）。这一次如果不能攻克，决不回到北方。你这座南阳城，首先阻挡六龙飞腾（《易经》："时乘六龙以御天。"六龙，象征君王），我不得不最先攻取。长则一年，短则一月。或封侯、或斩首，由你自己选择，是祸是福，只在一念之间，应该仔细考虑。而且，你有三项大罪，令你知道：你最初侍奉萧赜（南齐帝国二任帝），受到非常宠信，不能一心回报，却向仇人（萧鸾）效忠，大罪之一。去年（四九六），薛真度南下，你伤害了我部分军队，大罪之二。而今，皇上大驾亲临，你没有反捆双手，到大旗之下投降，大罪之三。”房伯玉派副带兵官（军副）乐稚柔回答说：“你们满腹贪欲，围攻本城，抱定决心，非攻克不可。我们是一群卑微的平常小民，得以抵抗天大的威力，真可以说是死得其所。我受武帝（二任帝萧赜）的提拔，岂敢忘记他的恩德。可是，继承帝位的人（三任帝萧昭业），德行上有严重的缺失，主上（五任帝萧鸾）入继大宗（萧鸾入继成为一任帝萧道成第三子），不仅是亿万人民的盼望，也是遵守武帝（二任帝萧赜）的遗令。所以我以微小的力量，效忠主上（五任帝萧鸾），不敢三心二意。从前，你们军队深入我国领土，抢劫骚扰边界人民，我只有勉励将士，尽到他们的责任。我反省我所做的，不应受到责备。”

宛城（南阳郡郡政府所在城，河南省南阳市）东南角小水沟上，有一座桥，元宏率军经过。房伯玉派敢死武士数人，穿虎皮色彩衣服，戴虎头形状冠帽，埋伏桥下，发动突袭。元宏以及所带人马，大为惊骇。紧急征召神射手原灵度支援，弓弦响处，敢死武士应声而倒，元宏才逃出一难。

陇山以西军区司令长官（都督陇右诸军事）李崇，讨伐杨灵珍，砍山伐木而进，大出氐部落军意外。北魏军内外夹攻，各氐部落纷纷背叛杨灵珍，四散而逃。杨灵珍部众，霎时减少大半。李崇进攻赤土（应在甘肃省西和县境），杨灵珍派堂弟杨建，进驻龙门（仇池〔甘肃省西和县南〕东龙门戍），而亲率精锐主力一万人，防守鹫峡（仇池东北）。龙门（仇池东）之北数十华里，树木全被砍下，阻塞道路。鹫峡口则在山头绝壁之上，积聚大小礌石，准备投掷，用以拒抗北魏大军。李崇却派指挥官（统军）慕容拒，率军五千人，从小路攻入，在夜色掩护下，袭击龙门，攻克。李崇亲自进攻鹫峡，杨灵珍屡战屡败，狼狈逃走，妻子儿女都被李崇俘虏。北魏军遂克复武兴（陕西省略阳县）。南齐政府任命的梁州（州政府南郑）州长（刺史）阴广宗、军事参议官（参军）郑猷等，率军救援杨灵珍。李崇迎战，大破南齐军，斩杨婆罗阿卜珍，生擒郑猷等；杨灵珍逃回汉中（南郑，陕西省汉中市）。元宏得到捷报，大喜说："使我没有西顾之忧的，是李崇。"任命李崇当梁秦军区司令长官（都督梁秦二州诸军事），兼梁州（州政府设骆谷城〔甘肃省西和县南〕）州长（刺史），安抚人民。

九月二十三日，元宏从南阳（河南省南阳市）出发，留下全国武装部队总司令（太尉）、咸阳王元禧等继续围攻。

九月二十五日，元宏抵达新野（河南省新野县），南齐新野郡郡长刘思忌登城拒守。

冬季，十月三日，北魏军无法攻克新野，遂兴筑长墙，团团围住，元宏派人告诉守军说："房伯玉已经投降，你们为什么要粉身碎骨？"刘思忌派人回答说："城里兵马粮食多得很，没有时间跟你这个小小胡虏对话。"北魏右军将军府秘书长（右军府长史）韩显宗，率一支别动部队，驻防赭阳（河南省方城县）附近，南齐北襄城郡（郡政府赭阳）郡长成公期，派直阁将军胡松（胡松增援驻守赭阳），率蛮夷部队，攻击韩显宗营地，韩显宗竭力奋战，击破攻击，斩南齐低级军官高法援。稍后，韩显宗率军南下，在新野（河南省新野县）晋见元宏，元宏对他说："你击破贼盗（南齐），斩杀贼将（高法援），为我们的军威，增加很大声势。我正在进攻坚城，你为什么不公开传递捷报！"（公开传递捷报，术语称"露布"，把战胜消息写在布帛上，用竹竿举起，快马送往大本营，除了报告主帅外，还希望天下皆知。）韩显宗说：“最近听说，镇南将军王肃，俘虏两三个蠡贼，或几匹驴马，都公开传递捷报，我在东观时（“东观”是皇家档案库，韩显宗文官出身，曾任皇家图书馆国史编撰官〔著作郎〕），私下常感羞耻。这次虽然仰仗陛下神威，得以击败丑陋蛮虏，但我本身的兵力太少，所以俘虏及斩杀敌人也太少。如果也用竹竿高举布帛，虚报功劳，既责备某人而又效法某人，罪恶要比某人更大，所以不敢去做，而只依照正规，层层转报。”元宏对他越发赞许。

12 南齐帝萧鸾，下诏命徐州（北徐州，州政府设钟离〔安徽省凤阳县东北临淮关镇〕）州长（刺史）裴叔业，增援雍州（州政府襄阳）。裴叔业奏称：“鲜卑人（北魏军）并不愿意南征，而只喜爱抢劫。我们如果开辟第二战场，则司州（州政府设义阳〔河南省信阳市〕）、雍州（州政府襄阳）贼寇的力量，自然分散。”萧鸾同意。裴叔业率军进攻虹城（安徽省五河县西北），俘虏男女四千余人。

十月二十日，萧鸾命太子宫顾问官（太子中庶子）萧衍、右军将军府军政官（右军司马）张稷，增援雍州（州政府襄阳）。

十一月十一日，前军将军韩秀方等十五个将军，投降北魏帝国。

十一月十四日，北魏南征军在沔北（汉水以北）击败南齐军，生擒将军王伏保等。

十一月丙辰日（十一月甲申朔，没有丙辰），南齐政府任命杨灵珍当北秦州（州政府设武兴〔陕西省略阳县〕）州长（空头官衔。此时武兴属北魏），封仇池公、武都王。

新野郡（河南省新野县）人张賭，率居民一万余家，构筑栅栏防御工事，抵抗北魏南征军。

十二月七日，北魏军攻陷张腊大营。雍州（州政府襄阳）州长（刺史）曹虎，跟南阳郡（河南省南阳市）郡长房伯玉有过争执，感情并不和睦，所以救援行动，十分缓慢，军队一直停留樊城（襄阳市汉水北岸），不肯前进。

十二月二十四日，南齐帝萧鸾指派国务院财政部长崔慧景，增援雍州（襄阳），加授崔慧景军事符节，率步兵二万人、骑兵一千人，向襄阳进发；雍州各军，全由崔慧景指挥。

13 十二月十七日，北魏帝元宏，南下抵达沔水（汉水）河岸。十二月二十五日，元宏返新野（河南省新野县）大营。

14 南齐将军王昙纷，率一万余人，进攻北魏南青州（州政府设团城〔山东省沂水县〕）的黄郭戍（江苏省连云港市赣榆区）。北魏黄郭戍驻军司令（戍主）崔僧渊迎战，大破南齐军，王昙纷全军覆没。将军鲁康祚、赵公政，率军一万人，攻击北魏太仓口（应在河南省息县境），北魏豫州（州政府设悬瓠〔河南省汝南县〕）州长（刺史）王肃，命秘书长（长史）、清河郡（山东省临清市）人傅永，率武装战士三千人迎战。鲁康祚等扎营淮河南，傅永扎营淮河北，相距十余华里。傅永说："南方人喜爱深夜砍营袭击，一定在渡淮河之处，设置灯火，作为深浅标帜。"于是，入夜之后，部队分为两翼，在营外埋伏，又在葫芦中储放燃料，派人秘密到淮河南岸，放在淮河深处，吩咐说："看见火起，就把它燃亮！"当天晚上，鲁康祚等果然率军渡淮河而北，砍营袭击，傅永伏兵尽起，前后夹击，鲁康祚等急行退到淮河岸边，而南岸灯火连绵，不知道应从什么地方横渡。于是，淹死及被杀数千人，北魏军生擒赵公政，并找到鲁康祚尸体，大胜而回。南齐豫州（州政府设寿阳〔安徽省寿县〕）州长（刺史）裴叔业，攻击北魏楚王戍（河南省信阳市北），王肃再命傅永迎战，傅永派心腹将领，飞奔前往楚王戍（河南省信阳市北），命把护城河填平，而乘夜在城外埋伏战士一千余人。天色拂晓，南齐裴叔业等抵达城东，构筑阵地，打算用长墙包围；傅永的伏兵突袭裴叔业的殿后部队，击破裴叔业后军。裴叔业留下他的将领继续包围楚王戍，而自率精锐骑兵数千人，驰往支援殿后部队。傅永登上城楼，直望到裴叔业南行数里之后，下令开门攻击，大破南齐围城军，俘获裴叔业的阳伞、团扇、仪仗队用的鼓和他居住的帐幕，以及武器等一万余件。裴叔业进退失据，只好逃走。傅永左右将领打算追赶，傅永说："我们这些老弱残兵，不满三千人，而裴叔业的兵势仍然鼎盛，他们不是在战场上被击败，只是跳到我们圈套里罢了，根本不知道我们的虚实，所以使他们丧胆，我们的收获已经够多，何必再追！"元宏派皇家礼宾官（谒者）就在战地擢升傅永当安远将军、汝南郡（悬瓠，河南省汝南县）郡长，封贝丘县男爵。傅永勇敢而有膂力，喜爱读书，能写文章，元宏常赞叹说："上马挥刀杀贼，下马提笔写公开告捷文书，文武全才，只傅永一人。"

15 南齐帝国曲江公萧遥欣，喜爱军事。南齐帝萧鸾，因儿子年纪都小，亲属依靠萧遥欣兄弟，亲戚则依靠皇后的老弟、西翼警卫指挥部秘书长（西中郎长史）、彭城郡（侨郡）人刘暄，和表弟、太子宫总管（太子詹事）江祏（萧鸾的娘亲是江祏的姑妈）。所以任命始安王萧遥光当京畿总卫戍司令（扬州刺史），位居中枢；萧遥欣当荆雍七州军区司令长官（都督荆、雍等七州诸军事。七州：荆、雍、益、宁、梁、南秦、北秦）、荆

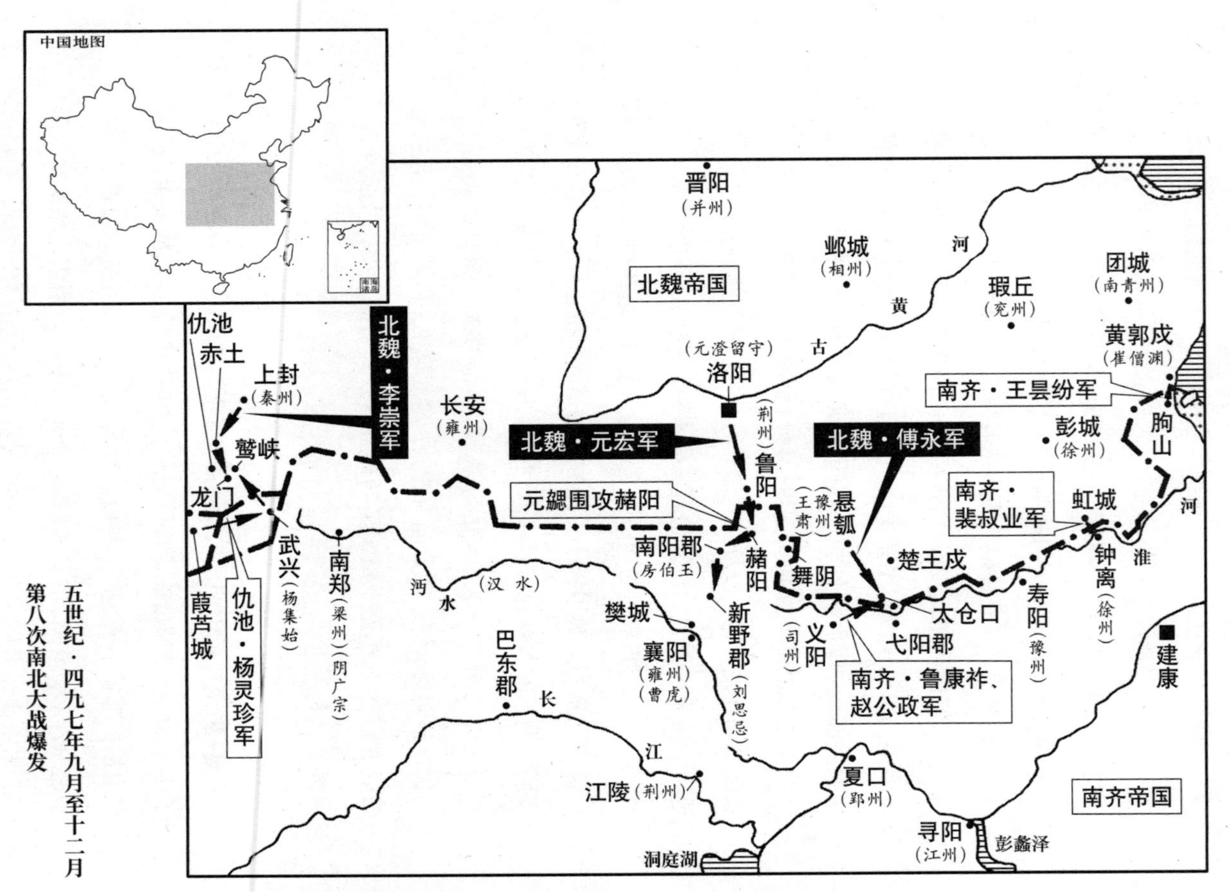

五世纪·四九七年九月至十二月
第八次南北大战爆发

州（州政府设江陵〔湖北省江陵县〕）州长（刺史），镇守西部。可是萧遥欣在江陵招收勇士，结交豪杰，培养自己的力量，萧鸾十分厌恶。萧遥欣侮辱南郡（郡政府同设江陵）郡长刘季连，刘季连遂秘密上疏，报告萧遥光有图谋不轨的迹象，萧鸾遂任命刘季连当益州（州政府设成都〔四川省成都市〕）州长（刺史），使他位居萧遥欣的上流，作为控制。刘季连，是刘思考的儿子（刘思考，是刘遵考〔参考四二〇年六月〕的堂弟）。

16 本年（四九七），高昌王国（首都高昌〔新疆吐鲁番市东〕）国王（五任）马儒，派军政官（司马）王体玄，到北魏帝国（首都洛阳）进贡，并请求派军迎接王国全体人民，迁到内地。北魏帝元宏，命明威将军韩安保，率军往迎，划出伊吾（新疆哈密市）土地五百华里，容纳马儒的部众。马儒派左秘书长（左长史）顾礼、右秘书长（右长史）金城郡（甘肃省兰州市）人麴嘉，率步骑兵一千五百人，前往作韩安保的向导，韩安保却没有抵达。顾礼、麴嘉，只好返高昌城。而韩安保在抵达约定地点后，不见高昌军，也返伊吾（新疆哈密市），只派部将韩兴安等前往高昌。马儒再派顾礼，率世子马义舒，前往迎接韩安保，走到白棘城（新疆鄯善县），距高昌一百六十华里，高昌原居民留恋乡土，不愿东迁，发生暴动，格杀马儒，拥护麴嘉当国王（六任）。再臣服柔然汗国（瀚海沙漠群）。

韩安保单独跟顾礼、马义舒，返回首都洛阳。

四九八年 戊寅

南齐 建武 五年
永泰 元年
北魏 太和 二十二年
（柔然汗国太安七年）

1 春季，正月一日，南齐帝国（首都建康〔江苏省南京市〕）大赦。

南齐政府加授中军大将军徐孝嗣：开府仪同三司（宰相级）；徐孝嗣坚决辞让。

2 北魏帝国（首都洛阳〔河南省洛阳市东白马寺东〕）指挥官（统军）李佐，攻击南齐帝国新野（河南省新野县）。

正月五日，李佐攻克新野，生擒南齐新野郡郡长刘思忌，问说："今天投降不投降？"刘思忌说："宁当南方的鬼，不当北方的官。"遂斩刘思忌。于是沔北（汉水以北）地区大为震动。

正月六日，南齐湖阳（河南省唐河县南湖阳镇）驻军司令（戍主）蔡道福。

正月九日，赭阳（河南省方城县）驻军司令（戍主）成公期。

正月十日，舞阴（河南省泌阳县北）驻军司令（戍主）黄瑶起；南乡郡（河南省淅川县南）郡长席谦，相继放弃城池，向南逃走。黄瑶起被北魏军俘虏，北魏帝元宏把他交给王肃，王肃把黄瑶起剁成肉酱，吞吃下肚（黄瑶起杀王肃的老爹王奂事，参考四九三年三月）。

正月二十三日，南齐政府命全国武装部队总司令（太尉）陈显达，增援雍州（州政府设襄阳〔湖北省襄阳市〕）。

3 南齐帝（五任明帝）萧鸾（本年四十七岁）患病，因最近的血亲孤单衰弱，所以对一任帝（高帝）萧道成、二任帝（武帝）萧赜的子孙，深为畏惧。当时，萧道成、萧赜的儿子，还剩下十人，都封亲王。每逢初一和十五日，金銮宝殿朝见，萧鸾退朝回到后宫，总是叹息说："我跟我老弟萧缅的儿子，年纪都不够大，可是高帝（一任帝萧道成）、武帝（二任帝萧赜）的儿子，都一天比一天茁壮！"萧鸾打算把萧道成、萧赜的后裔全部杀光，曾旁敲侧击，询问陈显达的意见。陈显达说："这些事还用考虑！"又询问京畿总卫戍司令（扬州刺史）、始安王萧遥光，萧遥光认为应该有计划实施。萧遥光的脚有毛病，生下来就是一个跛子，萧鸾常命他乘坐轿舆，从望贤门入宫（《南齐书·萧凤传》：望贤门是华林园的门，本名凤庄门，因萧遥光的老爹名萧凤，萧鸾为取悦这个侄儿，改称望贤门）。萧遥光每次跟萧鸾屏退侍从，作长时间的密谈之后，萧鸾命送进香火，痛哭流涕；一旦如此，左右侍从就知道，第二天定有诛杀。正巧，萧鸾病情忽然严重，昏迷很久而又悠悠苏醒，萧遥光遂开始行动。

正月二十五日，一口气诛杀：河东王萧铉（十九岁）、临贺王萧子岳（十四岁）、西阳王萧子文（十四岁）、永阳王萧子峻（十四岁）、南康王萧子琳（十四岁）、衡阳王萧子珉（十四岁）、湘东王萧子建（十三岁）、南郡王萧子夏（七岁）、桂阳王萧昭粲（八岁）、巴陵王萧昭秀（十六岁）。于是一任帝（高帝）萧道成、二任帝（武帝）萧赜、文惠太子萧长懋的儿子，被屠杀罄尽（萧铉，是一任帝萧道成的儿子。“子”字辈，是二任帝萧赜的儿子，“昭”字辈，是萧长懋的儿子）。

萧铉等已死，萧鸾仍命三公及部长级官员，上奏检举他们的罪状，提出弹劾，请求判处死刑。萧鸾下诏批驳。三公及部长级官员再度上奏指控，萧鸾这才勉强批准。南康王府教师（南康侍读）、济阳郡（侨郡，江苏省盱眙县南）人江泌，哀哭萧子琳，泪水哭尽，流出鲜血，亲自照料丧事，安葬完毕，然后才走。

萧鸾是一个小动作特别多的老流氓，动物中有“鳄鱼眼泪”，鳄鱼在吞食小动物前，会流下眼泪。政坛上则有“萧鸾眼泪”，在屠杀他的恩人亲属前，也会流下眼泪。这不是良心责备，而是希望别人对他产生“天良未泯”“迫不得已”的印象，最后一口气屠杀十个亲王之后，才命有关单位告发那十个亲王（最小的只有七岁）谋反。奇妙处不在于死后告发，而在于萧鸾竟驳回这项告发，必须等有关单位继续坚持，他才勉强批准。

萧鸾玩的这些小把戏，给我们一项启示：任何史料，都不能因它来自正式文件——无论是政府或私人文件，就认为事件真实可靠、绝对正确。如果根据驳回不准的诏书，推断萧鸾并不是那么凶狠，或推断十位亲王当时仍然未死，那就铸成大错，而这正是萧鸾之辈的盼望。

只有小动作特别多的人物，才坚信只要有小动作，就可以牵着别人的鼻子走。

4 正月二十八日，北魏帝（七任孝文帝）元宏（本年三十二岁）前往南阳（河南省南阳市）。

5 二月一日，南齐帝萧鸾命首都东区卫戍司令（左卫将军）萧惠休等，增援寿阳（安徽省寿县）。

二月十二日，北魏军攻陷宛城（南阳郡郡政府所在城，河南省南阳市）北城，南齐南阳郡（郡政府设宛城）郡长房伯玉，反绑双手，出面投降。房伯玉堂弟房思安，在北魏政府当中央军令总监（中统军），不断为房伯玉哭泣请求，北魏帝元宏才赦免房伯玉一死（四六七年，房法寿投奔北魏帝国，后裔多数担任官职〔参考该年八月〕）。

二月十八日，元宏前往新野（河南省新野县）。

二月二十九日，元宏任命彭城王元勰："使持节"（一级权力）、南征各路大军总司令长官（都督南征诸军事）、中军大将军、开府仪同三司（宰相级）。

三月一日，南齐国务院财政部长（度支尚书）崔慧景（参考去年〔四九七〕十二月）、太子宫顾问官（太子中庶子）萧衍，在邓城（湖北省襄阳市东北十公里）大败。当时，崔慧景抵达襄阳（雍州州政府所在县，湖北省襄阳市），而五郡已经陷落（五郡：南阳郡、新野郡〔河南省新野县〕、南乡郡〔河南省淅川县南〕、北襄城郡〔赭阳，河南省方城县〕、西汝南及北义阳郡〔舞阴，河南省泌阳县北〕），崔慧景、萧衍，及带兵官（军主）刘山阳、傅法宪等，率五千余人，向邓城进发，北魏骑兵数万人突然追及，南齐军登城固守。是时，南齐军只在早上吃过一顿饭，轻装备撤退，饥饿、恐惧、面无人色。萧衍打算出战，崔慧景说："蛮虏从不在夜间围城，等天黑了，自会回军。"想不到北魏大军陆续抵达。崔慧景把守南门，竟秘密开拔逃走；其他诸军互不通知，各自单独行动，也纷纷逃走。北魏大军从北门入城，刘山阳率私人部队数百人断后，誓死奋战，一面抵抗，一面脱离战场。崔慧景过闹沟（邓城南）时，官兵争先恐后、拥挤踏践，桥梁突然崩塌。北魏军左右夹射，傅法宪被射杀，南齐士卒投入沟中而死的，尸体累累。刘山阳用军服和兵器填平闹沟，总算逃出一命。北魏帝元宏率大军追击，下午五时，抵达沔水（汉水）。刘山阳守城苦战（不知是什么城），天色黄昏，北魏军才撤退。南齐各军震恐，军心已乱，当天夜晚，全都下船，逃回襄阳（湖北省襄阳市）。

三月九日，北魏帝元宏，率十万主力军，仪仗队盛大华丽，包围樊城（襄阳市汉水北岸）。南齐雍州（州政府襄阳）州长（刺史）曹虎，闭城自守。元宏驻马沔水（汉水）北岸，向南眺望襄阳（湖北省襄阳市），很久才返，前往湖阳（河南省唐河县南湖阳镇）。

三月三十日，元宏前往悬瓠（河南省汝南县）。

北魏镇南将军王肃，攻击义阳（河南省信阳市），南齐豫州（州政府设寿阳〔安徽省寿县〕）州长裴叔业，率军五万人，包围涡阳（安徽省蒙城县），以减轻义阳所受的压力。北魏南兖州（州政府涡阳）州长（刺史）、济北郡（山东省平阴县）人孟表，据守涡阳，城内粮食吃完，军民吃草木树叶树皮。裴叔业把所杀北魏士卒的尸体，堆积起来，高有五丈，指给城里守军观看；另派带兵官（军主）萧璝等，攻击龙亢（安徽省怀远县西北）。北魏广陵王元羽，增援龙亢；裴叔业率军攻击元羽，大破元羽军，追击，俘虏元羽所有皇家符节。北魏帝元宏派安远将军傅永、征虏将军刘藻、代理辅国将军高聪，增援涡阳（安徽省蒙城县），全受王肃指挥。裴叔业发动攻击，大破三路援军；高聪逃往悬瓠（河南省汝南县）、傅永集合残兵败将，慢慢向后撤退。裴叔业再度发动攻击，杀北魏士卒一万人，俘虏三千余人，以及武器、牲口、军用物资等，以千万计算。元宏下令锁拿三位将领，用囚车送到悬瓠（河南省汝南县）；赦免刘藻、高聪一死，贬逐到平州（州政府设肥如〔河北省迁安市东北〕）；剥夺傅永的官职和封爵；贬降王肃当平南将军。王肃上疏，请更派大军，增援涡阳（安徽省蒙城县）。元宏回答说："看你的意思，一定认为刘藻等刚刚败绩，部队军心难以再用。问题是，我派出的军队太少，不足以克制敌人，派出的军队太多，则警卫力量单薄。你要考虑：对于义阳（河南省信阳市），如果应该解围，就应该立即解围；如果应该攻克，就应该立刻攻克。失掉涡阳（安徽省蒙城县），可是你的过失。"王肃遂解除义阳的包围，跟指挥官（统军）杨大眼、奚康生等，率步骑兵十余万人，增援涡阳。南齐豫州（州政府设寿阳〔安徽省寿县〕）州长（刺史）裴叔业发现北魏军声势强大，乘夜率军撤退；但撤退的第二天，行军途中，士卒因惊恐过度，霎时崩溃，四散逃跑。北魏军追击，杀伤人数之多，难以计算。裴叔业退回基地涡口（安徽省怀远县，涡水注入淮河处）。

6 最初，北魏帝国首都洛阳警备区司令（中尉）李彪，家世贫寒，政府中没有亲友可以攀援（李彪，顿丘〔河南省清丰县〕人，自幼丧父，家庭穷苦，在盛行"国姓""郡姓"，强调门第家世时代，李彪居于一个绝望的卑贱阶层）。后来，前往代都（故都平城，山西省大同市），因清渊公（文穆公）李冲，喜爱人才，李彪就全心全意投靠依附李冲。李冲也敬重李彪的才华和学问，对他十分礼遇，相待厚重，不久又推荐给北魏帝元宏，并且在政府中到处对人称赞，或公开支持，或私下保证，李彪遂步步高升。最后，李彪当首都洛阳警备区司令（中尉）时，纠察弹劾，从不畏惧皇亲国戚和当权高官，北魏帝元宏欣赏他的勇气和正直，把他比作西汉王朝的汲黯（参考前一二〇年）。这时候，李彪自认为他已跟最高领袖建立了直接关系，而又受到宠信，不必再靠李冲；对李冲就逐渐疏远，只在办公厅见面时拱拱手而已，不复有当年那种尊重恭敬的意思。李冲对他愤恨，越积越深。

本年（四九八），元宏大举南征，李彪、李冲，跟任城王元澄，共同主持首都洛阳留守政府。李彪性情刚强豪爽，所有议论，有时很是奇异乖张，不断跟李冲辩论争执，争执时，李彪声音高大，面色难堪，而且认为自己是执法高官，别的人无法对他控告，所以处理事务，任性专断。李冲无法压制自己的愤怒，遂采取断然措施，于是，收集李彪前后所犯的过失罪恶，下令把李彪囚禁国务院（尚书），上疏弹劾："李彪趾高气扬，公然违犯法令。坐在轿子上，直入皇宫（国务院〔尚书〕在宫城之中），私自取用皇家器物，时常乘坐御马，毫不畏惧。我已在国务院高级官员会报室（尚书都座），召集部长（尚书）以下、初级助理（令史）以上，当众把李彪所犯罪状，告诉李彪，调查它的真假，李彪已完全承认。请求就李彪现行罪状，免除他的职务，交付最高法院（廷尉），对他的罪行，加以惩治。"李冲又上疏："我跟李彪相识，将近二十年，发现他才干优异、学问渊博，议论刚毅正直；遂愚昧的认为：我已为帝国选拔了公正清廉的人才。后来逐渐发现，他这个人性格残酷、做事急躁；但仍认为他的长处多而缺点少。然而，自从陛下南征，李彪兼任国务院财政部长（兼度支尚书），早晚在一起共事，才了解他的横暴专断，和毫无忌惮，只知道有自己，不知道还有别人。听他的言论，好像是开天辟地以来，他就是最忠最恕的圣贤；可是考察他的行为，实在是吹牛、拍马、谄媚、凶恶的蟊贼。我跟任城王(元澄)委曲求全，好像恭顺的老弟，事奉凶暴的老哥。李彪想要的，即令不合道理，我们也都竭力服从。依照事实，探索真情，都有具体的证据，如果我说的话是实在的，应该把李彪放逐到北方荒漠诛杀，以铲除扰乱政事的奸邪；如果我说的话没有证据，则应把我贬谪到四方边疆地带，用以平息谗言陷害。"李冲亲自撰写奏章，家里的人都不知道。

元宏在前方看到奏章，惆怅叹息，久久不已，说："想不到留守政府竟发生这种事。"停了一会，又说："李彪固然忘了他是谁，李冲也已满盈。"监督院宫廷监督官(黄门侍郎)宋弁，跟李冲有私怨，但跟李彪却同是相州(州政府设邺城〔河北省临漳县西南邺城镇〕)人，二人感情亲睦，宋弁就在暗中化解这件事的严重性。主管单位判决李彪死刑，元宏宽恕他，仅削除李彪官位，贬作平民。

柏杨曰

李彪行事，八个字是最恰当的形容："忘恩负义，过河拆桥。"然而，这不过是私人品德，如果不涉及大众的公义，理他可以，不理他也可以。但李彪却是一个酷吏，以发明"木手"闻名于世，为了"攻破心防"，要囚犯"坦承不讳""自动招认"，他用木手猛击囚犯腋下肋骨，被击死后悠悠还魂的人，不绝于庭。中央政府曾派他前往汾州(州政府设蒲子城〔山西省隰县〕)安抚宣慰叛变的蛮夷，他把那些相信政府承诺，出来投降的酋长们，先用皮鞭抽打脸部，等鼻眼在哭号中全毁之后，才拖出斩首。他的残忍和对国家、对君王的效忠无关，当被罢黜的皇太子元恂——年仅十五岁、李彪平常见了他毕恭毕敬的那个娃儿，明明已

五世纪·四九八年二月至三月

第八次南北大战　北魏夺取淮西五部，元宏亲征樊城

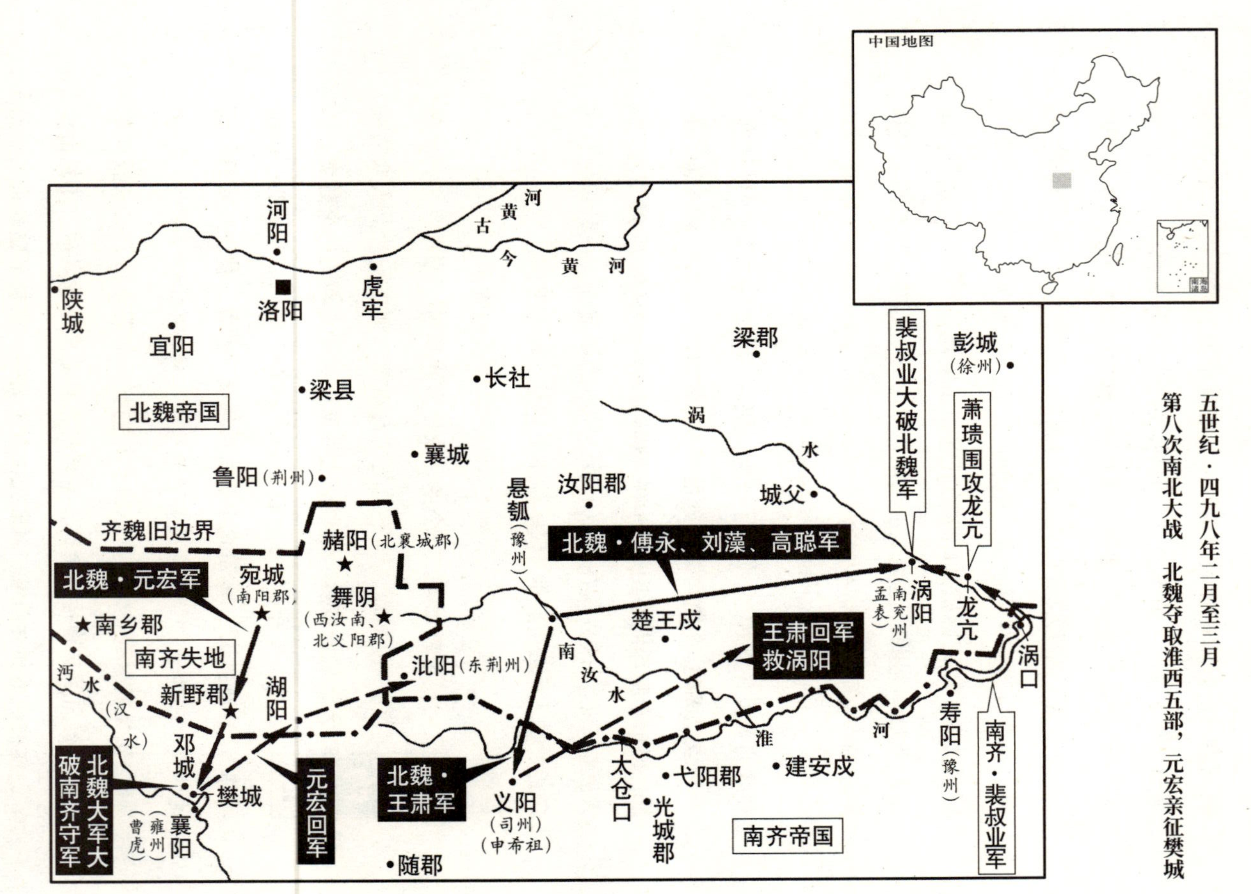

经悔过，李彪却密告他谋反，并且扣留他写给老爹哀哀上诉的信件（参考去年〔四九七〕四月）。

李彪从贫贱中爬起来，外貌忠厚，内心奸诈。元宏被宋弁播弄于股掌之上，竟把他轻轻放过，政治怎能不黑暗如漆。

李冲的性情，一向温和厚重，可是逮捕李彪时，他亲自指控李彪前后过失，双目圆瞪，高声大呼，愤怒激动，举起茶几投过去，茶几都被撞折断；监督官（御史）不知所措，全倒绑双手，用头叩地晋见。李冲对李彪破口大骂，随意侮辱，气愤过度，精神遂告失常，语无伦次，荒谬狂悖，不时的抓住自己的手腕，大喊："李彪，小人！"医药罔效，有人认为他的肝脏已裂，只十数天，即行逝世。北魏帝元宏痛哭，悲哀不能自制。追赠李冲官衔：最高监察长（司空）。

李冲勤劳敏捷，精力过人，长久的居于重要官位，工作繁重，公文案卷，堆积案头，整天处理政务，从来不感厌倦，所负责的工作，都能圆满完成，年才四十岁，就有白发。兄弟六人，却分别属于四个娘亲，小时候常起冲突，互相憎恨争夺。可是，李冲显贵之后，所得的薪俸和所受的赏赐，都跟其他兄弟共享，遂尽弃前嫌，感情更为和睦。然而，李冲喜爱任用家族或亲戚，因私情授予他们官爵，一家之内，每年的薪俸高达一万多匹布帛，当时的人认为这是他的缺点。

元宏命彭城王元勰，当皇族最高考选官（宗师），命他教导皇族；有不接受教导的，奏报皇帝处理（北魏帝国设最高考选官〔宗师〕，参考四〇四年十一月）。

7 夏季，四月三日，南齐帝国改年号永泰（之前是建武五年，之后是永泰元年）。

全国武装部队最高指挥官（大司马）、会稽郡（浙江省绍兴市）人王敬则，心里明白自己是一任帝（高帝）萧道成、二任帝（武帝）萧赜的旧部，心中不安。南齐帝萧鸾表面上对他的礼遇十分优厚周到，但暗中却怀疑猜忌，提防戒备。好几次调查王敬则的饮食和健康情形，听说他年老而又衰弱，而且又居住内地（不跟北魏帝国相连），所以得以拖延。两年前，萧鸾派中央禁军总监（领军将军）萧坦之，率皇家贴身卫士五百人，祭奠武进陵墓（二任帝萧赜以上萧家坟墓，都在武进〔江苏省常州市西北〕）；王敬则的几个儿子正在京师（首都建康），忧愁惶恐，不知道如何是好（恐怕萧坦之前往逮捕王敬则）。萧鸾得到报告，派王敬则的世子王仲雄，前往会稽（浙江省绍兴市），安慰老爹。

王仲雄擅长弹琴，在辞别的时候，萧鸾特别把蔡邕的“焦尾琴”借给他，命他弹奏一曲（《后汉书·蔡邕传》：吴郡〔江苏省苏州市〕人用桐木当柴，烧火煮饭。蔡邕听到火爆木裂的声音，知道那是一段良材，急夺回来，削制成琴，果然发出悦耳声音，因尾部仍有焦痕，所以称“焦尾琴”）。王仲雄就在萧鸾面前，抚弦弹奏，曲名《懊秾歌》，歌词说：“常叹息天下有负心的人，情郎果然是这种情形。”（常叹负情侬，郎今果行许。）又说：“你的心不纯洁，怎么怪人评论！”（君行不净心，那得恶人题！）萧鸾更是猜忌惭愧。

萧鸾的病，几次都非常危险，遂任命高级资政官（光禄大夫）张瓌当平东将军，兼吴郡（江苏省苏州市）郡长，配备军队，严防王敬则。民间谣言大起，说：中央将有重大行动。王敬则听到，十分震惊，私下对亲人说：“平东将军？东方还有谁？只平我一人罢了！东方又岂是那么容易就平的，我到死都不接受金罂。”金罂，指毒酒（君王命臣属自杀，常用金罐〔金罂〕装毒酒，强迫臣属饮下）。

王敬则的女儿，是徐州（北徐州，州政府设钟离〔安徽省凤阳县东北临淮关镇〕）总部执行官（行事）谢朓的正妻。王敬则的儿子、太子宫图书管理官（太子洗马）王幼隆，派正员将军徐岳（已升迁到将军，但还没有专用名号，称正员将军。次一级则称员外〔编制外〕将军）。把情形报告谢朓，说："你的计划如果跟我们一样，应该报告岳父得知。"谢朓逮捕徐岳，派飞骑奏报中央。王敬则的城防军事参议官（城局参军）徐庶，家在京口（江苏省镇江市），他的儿子秘密报告徐庶，徐庶告诉王敬则的高级秘书（五官掾）王公林。王公林，是王敬则的远房侄儿，很受王敬则的信任。王公林建议王敬则：飞骑呈报奏章，请求准许命王幼隆自杀，然后不带卫士，单身乘一叶小舟，星夜赶回首都建康投案。王敬则命军政官（司马）张思祖起草奏章。可是，等了一会，王敬则说："如果有这种事（谢朓告发），孩子们在京师（首都建康），定会有信，且等一个晚上。"

而就在当夜，王敬则集合文武僚佐，在一起聚赌，对大家说："你们打算教我怎么反应？"没有一个人敢先回答，王府禁卫官（防阁）丁兴怀说："你只有一条路。"王敬则不作声。第二天一早，召见山阴（会稽郡郡政府所在县）县长王询，和中央所派催促钱粮的监察官（台传御史）、钟离（安徽省凤阳县东北临淮关镇）人祖愿，王敬则坐在那里，双脚离地，横刀膝上，问王询等说："动员军队，能集结多少人？库房存款，能有多少钱？"王询说："全县士卒，一时无法集合。"祖愿说："库房里应有的东西，很多还没有送到。"王敬则大怒，就要诛杀二人。王公林又劝阻说："所有的事都可以后悔，只有这种事无法后悔，你难道不再想一想！"王敬则大怒，唾他的脸说："我做我的事，跟你这小子什么相干！"遂公开起兵，反抗中央。征集士卒，配备武装，只两三天时间，大军便出发攻击。

前立法院最高立法长（中书令）何胤，退休隐居若邪山（会稽南二十公里），王敬则打算劫持他，命他当国务院总理（尚书令）。秘书长（长史）王弄璋等劝阻说："何胤不屑当官，清高隐居，一定不会答应你的请求，既不答应，就应格杀。发动大事而先杀著名的贤人，大事就不能成功。"王敬则才打消念头。何胤，是何尚之的孙儿（何尚之，参考四二四年正月）。

8 四月十九日，北魏帝国动员州郡武装部队二十万人，预定八月中旬在悬瓠（河南省汝南县）集合。

赵郡王（灵王）元幹逝世。

9 南齐帝萧鸾，听到王敬则叛变，立即逮捕王幼隆，和王幼隆的老哥、顾问院编制外事务顾问官（员外郎）王仲雄，记录军事参议官（记室参军）王季哲，王季哲的老弟、太子宫随从官（太子舍人）王少安等，全部处斩。王敬则的长子、监督院宫廷监督官（黄门郎）王元迁，率一千余人，正在徐州（北徐州·州政府钟离）前线，跟北魏的南征军作战，萧鸾命徐州（北徐州）州长徐玄庆，就近逮捕诛杀。前吴郡（江苏省苏州市）郡长、南康侯萧子恪，是萧嶷的儿子（豫章王萧嶷，是二任帝萧赜的老弟，参考四九二年四月）。王敬则起兵，宣称拥护萧子恪当盟主。萧子恪得到消息，即行逃亡，不知去向。始安王萧遥光，遂劝萧鸾，乘机彻底灭绝一任帝萧道成，和二任帝萧赜的孙儿。于是，萧鸾下诏，命所有亲王，全都入宫。晋安王萧宝义（萧鸾的长子）、江陵公萧宝览（萧鸾的侄儿）等，住立法院（中书省。他们本身没有危险，只是政治性的陪衬）。而一任帝萧道成，和二任帝萧赜的孙儿，则居住监督院（西省，门下省）。萧鸾指定，每个亲王，最多只能携带两个侍从，超过两人的，军法审判；亲王尚是婴儿的，由乳娘怀抱入宫。当夜，萧鸾命御医署（太医）煮毒椒二斛，又命水利署（都水）准备棺材数十个（何以由水利部门准备棺材，原因不明）。下令：午夜一过，三更时分（凌晨一时），住在监督院（门下）的亲王，全都毒死。而就在千钧一发之时，萧子恪赤着双脚，逃回京师（首都建康），于二更时分（午夜十一时），抵达建阳门（建康城东面中门），把仅写名字的奏章，紧急呈递。三更（凌晨一时）已到，偏偏萧鸾正在酣睡，没有起床。立法院立法官（中书舍人）沈徽孚，跟萧鸾的亲信左右侍从单景隽，共同商量，使下毒之事，稍稍延后，等待进一步指令。转眼工夫，萧鸾悠悠苏醒。单景隽报告说，萧子恪已到。萧鸾惊骇，问说："有没有下手？有没有下手？"单景隽据实报告，萧鸾用手摸床，说："萧遥光几乎误人大事。"乃赏赐各被囚禁亲王们饮食。明天，全部送回私宅。任命萧子恪当太子宫顾问官（太子中庶子）。萧宝览，是萧缅的儿子（萧缅，是萧鸾的老弟，参考四九〇年七月）。

王敬则率反抗军一万人，渡浙江（钱塘江）北上。平东将军张瓌派军三千人，在松江（吴淞江，流经江苏省苏州市东南）迎战。三千人听到反抗军战鼓震天，霎时间一哄而散，四方逃命。张瓌放弃郡城（吴县，江苏省苏州市），逃到民间躲藏。王敬则是沙场老将，亲自发动战争，人民对他深怀信心，有的扛着撑船的竹篙，有的背着种田的铁锹，纷纷投奔追随，多达十余万人；挺进到晋陵郡（江苏省常州市），南沙（江苏省张家港市）人范修化，击斩县长公上延孙（公上，复姓），起兵响应（王敬则是晋陵郡南沙县人）。王敬则经过武进陵口（二任帝萧赜以上都葬武进），难忍悲痛，大哭而过。乌程（浙江省湖州市）人丘仲孚，当曲阿（江苏省丹阳市）县长。王敬则反抗军前锋突然出现，丘仲孚对官民说：“盗贼（反抗军）乘胜前进，虽然锐不可当，但他们不过是乌合之众，容易崩散。如果把船只舰艇，全部藏匿，决开长冈（江苏省丹阳市南）闸门，使河水流光，阻止他前进之路，只要能阻止几天，中央援军一定到达。如此，大事就可以成功。”王敬则反抗军到达后，因河水干枯，果然停顿下来，不能续进。

五月二日，南齐帝萧鸾下诏，命前军将军府军政官（前军司马）左兴盛、后军将军崔恭祖、辅国将军刘山阳、龙骧将军骑兵部队长（马军主）胡松，在曲阿（江苏省丹阳市）长冈（曲阿南），构筑营垒；国务院右执行长（右仆射）沈文季，当“持节”司令官，驻防湖头（玄武湖东），防备从京口（江苏省镇江市）来的敌人。崔恭祖，跟崔慧景（国务院财政部长〔度支尚书〕）是同族。王敬则猛攻左兴盛、刘山阳两座大营，中央军抵抗不住，打算后退，可是反抗军包围圈太紧，无懈可击，中央军无法突围，只好作殊死战。而胡松的骑兵，适时的攻击反抗军背后，反抗军后卫部队都是平民，手中没有武器，一时惊慌逃散，反抗军遂大败，王敬则从马上跌下，索取马匹再上，时间已来不及，崔恭祖飞马赶到，一枪把王敬则刺倒在地，左兴盛的仪仗队官（军容）袁文旷，砍下王敬则人头（年六十四岁）。

五月五日，把王敬则的人头，送到首都建康（江苏省南京市）。

当时，萧鸾的病势十分危急，王敬则仓猝之间，在东方起事，中央政府震动恐惧。太子萧宝卷，派人爬到屋顶上，向东眺望军情，就在这时候，征虏亭（玄武湖东北）失火，萧宝卷认为王敬则反抗军已打到城郊，急忙换上连衣裤武装，打算逃走。王敬则接到报告，大喜说：“檀道济有三十六计，走是上计，你们父子也只有走！”五世纪三〇年代，民间讥刺檀道济逃避北魏帝国军，流行这

五世纪·四九八年四月至五月
南齐王敬则叛变失败

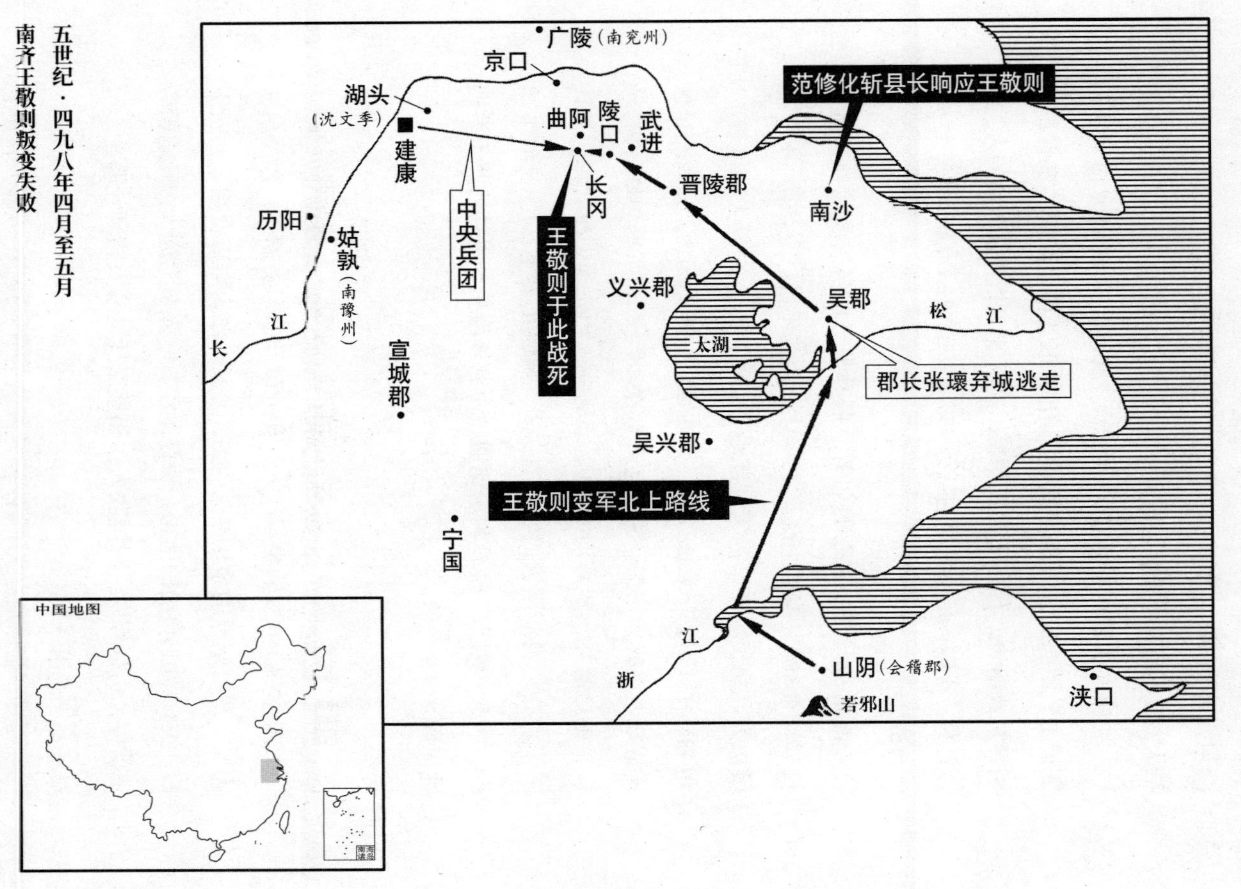

两句谚语（檀道济事，参考四三一年二月）。王敬则最初起兵西征时，声势浩大，想不到二十天就失败。

中央军大肆逮捕叛徒（王敬则党），晋陵郡（江苏省常州市）居民因拥护王敬则而应诛杀的很多，晋陵郡郡长王瞻上疏说："愚昧的人民容易被煽动，不值得全用法律治罪。"萧鸾批准，救活的人，以万计算。王瞻，是王弘之的从孙（王弘之，是王敬弘的堂弟；王敬弘事，参考四二六年五月）。

萧鸾回报谢朓告密的功劳，擢升他当国务院文官部考选司长（尚书吏部郎）。谢朓上疏三次辞让，萧鸾不准。立法院（中书）官员认为：司长级不是高官，还没有资格辞让。国立大学校长（国子监祭酒）沈约说："近代以来，小的官位，都不辞让，只大的官位才辞让，遂成为习惯。谢朓连升数级（考选司长是五品，其他司长都是六品），他之辞让，定有别的原因（谢朓不敢面对他出卖岳父的后果）。辞让出于真心，岂能跟官大官小有关？"谢朓正妻王女士（王敬则的女儿），常身怀刀刃，打算刺杀谢朓，为老爹报仇；谢朓从此不敢跟她见面。

10 秋季，七月，北魏帝国彭城王元勰，上疏北魏帝元宏，把封国（彭城王采邑）的全年收入，和元勰政府职务薪俸，以及皇家抚恤亲友特别补助金（亲恤），献给国家，作为军事费用。元宏下诏，说："分割自己的所得，保存国家，眼光至为远大，元勰职务上薪俸，可以停发，封国收入，和皇家抚恤亲友特别补助金，应自己支取三分之一。"

七月三日，元宏又下诏，皇后私人开支，减少一半；六宫小老婆群（嫔御）、皇族"五服"之内近亲男女的抚恤补助金，也减少一半（五服，参考二三三年十二月）；正在军中服役的，则减少三分之一；用来供应军费。

11 七月二十四日，南齐政府任命太子宫顾问官（太子中庶子）萧衍，当雍州（州政府设襄阳〔湖北省襄阳市〕）州长（刺史）。

七月三十日，南齐帝萧鸾，在正福殿逝世（年四十七岁）。遗诏说："徐孝嗣仍应加授开府仪同三司（宰相级），任命沈文季当国务院左执行长（左仆射）、江祏当国务院右执行长（右仆射）、江祀当监督院总监督长（侍中）、刘暄当皇城保安司令（卫尉）。军事委任陈显达（全国武装部队总司令〔太尉〕）；内外政务，不论大小，全委任徐孝嗣、萧遥光、萧坦之、江祏；大事跟沈文季、江祀、刘暄讨论。重要机密任务，可以信任刘悛、萧惠休、崔慧景。"

萧鸾性情猜忌，顾虑很多，难得一次出入皇宫，自登极以来，竟没有到南郊祭祀天神（中国皇帝登极，必须到南郊祭祀天神，术语称"郊天"，才算是合法君王。犹如西方君王必须加冕，才算合法君王一样）。萧鸾又深信巫师鬼神，每次出门，都要先行算卦，占卜利害得失；于是明明往东，偏偏宣称往西；明明往南，偏偏宣称往北。萧鸾刚得病时，严格保守秘密，出席早朝和批览公文，从不中断。很久之后，萧鸾下令政府机关在书籍档案中寻找蠹鱼，当作药材（蠹鱼生在尘封已久的故纸旧书中，衣服久不穿用，也易生此虫，大小如葵花籽。幼虫时黄色，老时身上有粉，看起来像是银色，所以又称银鱼、白鱼，在传统药剂中，蠹鱼的功能是利尿、治偏头痛、治呕吐），外面才知道萧鸾有病。

太子萧宝卷（本年十六岁）继承帝位（六任帝）。

12 八月二日，北魏帝国太子元恪，自首都洛阳（河南省洛阳市东白马寺东)，前往悬瓠(河南省汝南县)，晋见老爹皇帝元宏。

13 八月三日，南齐帝国奉朝请(特准参加御前会报)邓学，献出齐兴郡(湖北省郧县)，投降北魏帝国。

14 北魏帝国开始攻击南齐帝国时，派使节征调高车部落(长城屯垦区)军队。高车部落畏惧长途远征，于是拥护袁纥树者当领袖，各部落同时背叛，向北逃亡(投奔他们祖先的故地，蒙古国北部)。北魏帝元宏派征北将军宇文福追击，大败而回，宇文福被撤除官职。元宏再派平北将军、江阳王元继，当征剿大军总司令官(都督北讨诸军事)，出军讨伐，自怀朔镇(内蒙古固阳县)以东各军，全归元继指挥，仍坐镇平城(山西省大同市)。元继，是拓跋熙的曾孙(拓跋熙，是一任帝拓跋珪的儿子，参考四〇三年十月)。

15 八月，南齐政府把五任帝(明帝)萧鸾，安葬兴安陵(江苏省丹阳市东北)，庙号高宗。他的儿子、新任皇帝(六任)萧宝卷，对他老爹的灵柩停放在太极殿，大不高兴，认为埋葬得越早越好。幸赖国务院总理(尚书令)徐孝嗣，竭力争取，才准停放一个多月。依照规定，萧宝卷都要定时到灵柩前哀哭，可是每次他都声称喉咙发痛。中级资政官(太中大夫)羊阐，没有头发，入宫祭奠，哀号恸哭，前仰后合，帽巾脱落在地。萧宝卷立刻停止，纵声大笑，对左右说："鹈鹕哭起来兮！"(鹈鹕，一种游禽类的鸟，秃头、嘴长半公尺左右，下巴有大皮囊，可以伸缩，捕鱼时，把水吸入皮囊，再闭口收缩，喷出水后，遂只剩下小鱼，可以吞食。)

16 九月二十一日，北魏帝元宏，得到南齐帝萧鸾逝世消息，下诏称："礼教规定，不攻击丧葬君王的国家。"下令南征大军停止攻击，撤退。

九月二十二日，元宏下令，北伐高车部落（长城屯垦区）。

元宏患病，病势十分严重，十数日不能接见政府官员，左右只有彭城王元勰等数人。元勰在宫内照料诊疗及医药，在宫外总揽全国军事政务大权，远近对他，都十分敬畏，所作裁决，大家心服口服，没有异议。右军将军、丹阳郡（建康，江苏省南京市）人徐謇（音jiǎn〔剪〕）精于医术，当时留在首都洛阳。元勰紧急征召他到悬瓠（河南省汝南县），握住他的手，流泪说："你如果能治好至尊（元宏）的病，会有意外的厚重赏赐；如果不能，恐怕也会有难以预测的诛杀。不但面对荣耀、羞辱，而且面对生存、死亡。"元勰又在汝水（南汝河）河边，秘密兴建神坛，依照姬旦当年祷告方式，祷告天地神灵，以及老爹六任帝（献文帝）拓跋弘，请求允许自己代替老哥元宏死亡。元宏病势稍轻。

九月二十八日，元宏从悬瓠（河南省汝南县）出发北返，在汝水（南汝河）河边扎营，召集文武百官，使徐謇坐在上席，赞扬他的功劳，任命他当藩属事务部长（鸿胪卿），封金乡县伯爵，赏赐钱一万串（缗）。各亲王对徐謇则另行赏赐布帛，每人不下一千匹。

冬季，十一月四日，元宏前往邺城（河北省临漳县西南邺城镇）。

17 十一月十一日，南齐帝国新任皇帝萧宝卷，封太子妃褚令璩当皇后。

18 北魏帝国江阳王元继上疏说："高车部落，顽劣愚昧，为了逃避兵役，向北逃遁，如果全都追杀，恐怕反而激起更大的骚动变乱。我请求用政治解决，命北方六镇，各派一个使节，前往会同调查，只要诛杀煽动叛乱的首领一人，其余的加以慰问安抚。如果能悔过自新，仍愿从军的，就命他从军。”元宏下诏同意。于是高车部落向北逃亡的人，纷纷南返。元继先派人前往安抚袁纥树者，袁纥树者逃奔柔然汗国（瀚海沙漠群），不久，十分后悔，带领他的部众，又出来投降。元宏对这项工作，至为赞扬，说：“江阳王（元继），可以担当大任。”

十二月七日，元宏从邺城（河北省临漳县西南邺城镇）班师回京（首都洛阳）。

19 林邑王国（越南中部）国王范诸农（复国事，参考四九二年十二月），由海道前往南齐帝国朝见，大海中遇到台风，船舶翻覆，范诸农溺死。南齐政府任命他的儿子范文款继任林邑国王。

四九九年 己卯

南齐　永元　元年
北魏　太和　二十三年
（柔然汗国太安八年）

1 春季，正月一日，南齐帝国（首都建康〔江苏省南京市〕）大赦，改年号永元。

全国武装部队总司令（太尉）陈显达，率平北将军崔慧景兵团四万人，攻击北魏帝国（首都洛阳〔河南省洛阳市东白马寺东〕），打算收复雍州（州政府设襄阳〔湖北省襄阳市〕）去年（四九八）失守的五郡。

正月六日，北魏政府派前将军元英抵御。

2 正月八日，北魏帝（七任孝文帝）元宏（本年三十三岁），由邺城（河北省临漳县西南邺城镇）出发（去年〔四九八〕十二月当是下达班师令，大军先行）。

3 正月十四日，南齐帝（六任帝）萧宝卷（本年十七岁）前往首都建康（江苏省南京市）南郊祭坛，祭祀天神。

4 正月二十一日，北魏帝元宏，抵达首都洛阳。经过李冲墓园，当时，元宏病仍在身，望到墓园，流泪哭泣。后来召见留守官员（任城王元澄等），谈到李冲，仍忍不住涕泪齐流。

元宏问任城王元澄说："自从我离京（首都洛阳）以来，旧有的风俗习惯，有没有稍稍改变？"元澄回答说："圣明的教化，每天都有进步。"元宏说："我进城之后，看到车上的妇女，仍头戴帽子，身穿小袄（这是鲜卑妇女服装，妇女能坐车，当是官宦贵族之家），怎么能说每天都有进步！"元澄说："穿鲜卑服装的少，不穿鲜卑服装的多。"元宏说："任城王（元澄），这算什么话！难道一定要满城都穿鲜卑服装！"元澄跟留守政府官员，都脱下冠帽，请求处罚。

正月二十七日，北魏政府大赦。

元宏前往邺城（河北省临漳县西南邺城镇）时，李彪在邺城南郊，迎接大驾，拜谢不杀之恩。元宏说："我打算任命你一官半职，可是一想到李冲，只有作罢。"安慰他几句，命他回家（李彪被撤职后，返回故里顿丘〔河南省清丰县〕，属相州〔州政府邺城〕，所以在相州〔邺城〕晋见元宏）。正巧，总监察署初级助理（御史台令史）龙文观检举："太子元恂被逮捕那天（参考四九六年八月），有亲笔信为自己辩护，李彪扣留，拒绝转报。"国务院（尚书）上疏，请求逮捕李彪，押解首都洛阳。元宏认为李彪不敢如此，命用牛车把李彪送到洛阳，不用捆绑。李彪到洛阳后，正逢大赦，得以免罪。

太保（上三公之三）、齐郡王（灵王）元简（五任文成帝拓跋濬子）逝世。

二月五日，北魏政府任命咸阳王元禧为全国武装部队总司令（太尉）。

5 北魏帝元宏，连年都在外地（自四九七年八月第八次南北大战南征，迄今首尾三年）。皇后冯润，跟宫廷侍从（宦者）高菩萨通奸。后来，元宏在悬瓠（河南省汝南县）病势垂危，冯润越发明目张胆，毫不掩人耳目，寝殿侍奉宦官（中常侍）双蒙（双，姓），当她的心腹。

元宏的妹妹彭城公主（名不详），是宋王刘昶的儿媳，丈夫刘承绪已死，她正寡居。冯润替她同一娘亲的老弟、北平公爵冯夙，请求缔婚，元宏同意。可是，彭城公主偏偏不愿意嫁给冯夙，而冯润却强迫她非嫁不可。彭城公主暗中行动，携带家中僮仆，冒着大雨，逃出京师（首都洛阳），南下投奔悬瓠（河南省汝南县），向老哥皇帝元宏控诉，并揭发冯润所作所为。元宏疑惑不定，保持秘密。冯润得到消息，大为恐惧，私下跟娘亲常女士，延请女巫师作法诅咒，说："皇上（元宏）只要一病不起，我一旦能像我姑妈文明太后（冯太后）辅佐幼主（太子元恪），主持政府（称制），你要多少赏赐，就有多少赏赐。"

元宏回到洛阳，逮捕高菩萨、双蒙等审问，二人全都承认。元宏在含温室，夜晚，教冯润进来，坐在东边柱旁，距御床二丈余，命高菩萨等重述他们的口供（当是重述跟冯润通奸以及为非作歹情事，向冯润求证）。稍后，又命彭城王元勰、北海王元详进来入座，说："她从前是你们的嫂嫂，现在跟你们之间，不过陌路之人，只管进来，不要回避。"又说："这老太婆打算亲手把刀子插到我胸膛上，我因为她是冯太后（文明太后）家的女儿，不能罢黜，所以决定把她囚禁冷宫，希望有一天她良心发现，羞愧自杀，你们不要认为我对她仍有余情。”两位亲王告辞出宫，元宏命冯润跟他们告别；冯润一再俯身，叩头哭泣，遂即被送到后宫。小老婆群对她仍像皇后一样的尊敬，元宏只是下令太子元恪不再晋见这位嫡母。

对瑶光寺修炼的尼姑冯清，元宏下得了狠心（参考四九六年七月），而冯清并没有玷污祖先家门。冯润所作所为，如此明显，元宏竟不能定她的罪，说她是文明太后（冯太后）家的女儿，难道冯清不是文明太后（冯太后）家的女儿？

最初，冯熙因是冯太后（文明太后）的老哥，娶景穆太子拓跋晃的女儿博陵长公主（冯太后的小姑）。冯熙有三个女儿，两位当皇后（冯清、冯润），一位当左昭仪（早死，参考四九六年七月）。从此，冯家的尊贵和所受到的恩宠，超过政府中所有官员。皇家对他的赏赐，有万万之多（此“万万”不知指钱或指绸缎布帛）。博陵长公主生两个儿子：冯诞、冯修。冯熙当太保；嫡长子冯诞当宰相（司徒）；冯修当监督院总监督长（侍中），兼国务院执行官（尚书）；冯熙小老婆生的儿子（庶子）冯聿，当监督院宫廷监督官（黄门郎）。监督院宫廷监督官（黄门侍郎）崔光，跟冯聿一起在皇宫值班，崔光对冯聿说：“你们家的富贵太盛，最后一定衰败。”冯聿说：“我们家有什么地方对不起你，劳动你无缘无故诅咒！”崔光说：“不是诅咒，而是天地循环的常理；事物发展到巅峰，一定后退，如果用古代事情推测，不可不特别谨慎。”一年后，冯修下毒事件爆发。冯修性情浮夸好胜，老哥冯诞屡次警告劝戒，冯修不理，冯诞遂报告冯太后（文明太后）及北魏帝元宏，把冯修用木棍责打一顿。冯修遂把冯诞恨入骨髓。于是，准备毒药，收买冯诞左右，打算毒死冯诞。事情败露，元宏要诛杀冯修。冯诞反过来责备自己，恳请饶恕冯修一命。元宏也因为冯修的老爹冯熙，年纪已老，所以仅只责打冯修一百余棍，剥夺官职，贬逐到故都平城（山西省大同市）当一介平民。后来，冯诞、冯熙，相继逝世（四九五年二月二十二日，冯诞先死。三月十九日，冯熙才死），而皇后冯润，又被软禁；冯聿也被排出政府，冯家的势力，遂全部从政坛消失。

元宏任命彭城王元勰当宰相（司徒）。

6 南齐帝国全国武装部队总司令（太尉）陈显达，攻击北魏帝国前将军元英，不断击败北魏军。陈显达进攻马圈城（河南省邓州市东北三十五公里），历时四十余日，城中粮食吃完，北魏守军饥饿，吃死人肉和生树皮。

二月二十七日，北魏守军放弃城池，突围逃走。南齐军斩杀及俘虏，以千为单位计算。陈显达入城，将士拼命抢夺城中的绸缎，遂不能追击。陈显达又派带兵官（军主）庄丘黑（庄丘，复姓），攻击南乡（河南省淅川县南），攻克。

北魏帝元宏对任城王元澄说："陈显达沿边骚扰，我如果不亲征，对他就无法克制。"

三月四日，元宏自洛阳（河南省洛阳市东白马寺东）出发，命于烈主持留守政府。首都西区卫戍司令（右卫将军）宋弁，兼国务院内政部长（兼祠部尚书），摄理国防部职务（摄七兵事），作为辅佐。宋弁对于公务熟练勤勉，但所受的恩宠待遇，低于李冲。

三月七日，元宏抵达梁城（河南省汝州市西）。南齐平南将军崔慧景，进攻北魏顺阳（河南省淅川县东南），顺阳郡郡长、清河郡（山东省临清市）人张烈，登城固守。

三月八日，元宏派振威将军慕容平城，率骑兵五千人增援。

自从元宏患病，彭城王元勰，常留在宫中，照料元宏医药，日夜不离左右，元宏的饮食，元勰都要先亲口尝过，才送给元宏（预防有人下毒），过度辛苦，以致蓬头垢面，衣服也不曾换洗。元宏生病的时间太久，躺在床上，脾气暴躁，容易生气发火。身边侍从偶尔不使他满意，动不动就要诛杀。元勰察言观色，多方面想办法纠正补救。

三月十日，元宏任命元勰“使持节”（平时可杀郡长级以下官员）、全国各军区总司令长官（都督中外诸军事。就《资治通鉴》记载，北魏自开国以来，有此项最高军事官衔的人，到本年为止，只有四位，前三位是拓跋仪〔参考三九七年五月〕、拓跋寿乐〔参考四五二年十月〕、拓跋幹〔参考四九四年十二月〕。在此之后，直至北魏分裂东西二帝国之前，也只有尔朱荣〔参考五二八年四月〕及高欢〔参考五三一年十月〕有此荣衔）。元勰辞让说：“我在宫中照料医药，没有多余的时间，怎么能再过问军事？我建议另行指定一位亲王，命他负责武装部队事务，使我专心侍候陛下疾病。”元宏说：“照料医药，治理军队，全都靠你。我的病情如此，恐怕难以痊愈，安抚六军、保卫帝国，舍弃了你还去找谁？何至于再去劳动别人，违背我托孤的心意！”

三月二十一日，元宏抵达马圈（河南省邓州市东北三十五公里），命荆州（州政府设鲁阳〔河南省鲁山县〕）州长（刺史）、广阳王元嘉，切断均口（均水注入汉水处，湖北省丹江口市）交通，堵住南齐大军退路。元嘉，是拓跋建的儿子（拓跋建事，参考四四〇年四月）。

南齐全国武装部队总司令（太尉）陈显达，率军抵达均水西岸，据守鹰子山（河南省淅川县南丹水北岸），构筑阵地，军心震恐沮丧；跟北魏军接触，屡战屡败。北魏武卫将军元嵩，脱下头盔，奋勇冲锋陷阵，将士随后跟进，南齐军大败。元嵩，是任城王元澄的老弟。

三月二十二日，夜晚，南齐军带兵官（军主）崔恭祖、胡松，用黑色幕幔，包住陈显达，几个人把他担起，从小路自分碛岭（湖北省丹江口市北）出均口（均水注入汉水处，湖北省丹江口市），向南逃走。

三月二十三日，北魏军收拾陈显达遗留下来的军用物资，以亿为单位计算，都分别赏赐给将士；追击到汉水，班师。南齐左军将军张千战死，士卒死亡三万余人。

陈显达北伐时，大军自[illegible]均口（即均口）北上。广平郡（侨郡，湖北省老河口市西北）人冯道根建议说："汋均水（均水）流势紧急，前进容易，后退困难。魏军（北魏军）如果守住隘口，我们就进不能进，退不能退。不如把所有船舰，都留在酇城（广平郡郡政府所在城），大军登陆，步行前进，营垒相接，在震天战鼓声中挺进，一定可以破敌。"陈显达不肯接受。冯道根率他的私人军队，随大军出征。后来，陈显达乘夜逃走，万山丛中，大军不知道山路，冯道根每走到险要之处，总是停下马蹄，指示路径；大军完全靠他，才获得保全。南齐帝萧宝卷下诏，任命冯道根当汋均口（均口）驻军副司令（戍副）。陈显达一直拥有威名，到此声望大大降低。总监察官（御史中丞）范岫，上疏弹劾，要求免除陈显达官职，陈显达自己也上疏请求辞职，中央政府全都驳回，另行任命陈显达当江州（州政府设寻阳〔江西省九江市〕）州长（刺史）。平南将军崔慧景也放弃顺阳（河南省淅川县东南）逃回（第八次南北大战结束）。

7 三月二十四日，北魏帝元宏，病势沉重，北返，走到谷塘原（今地不详），对宰相（司徒）元勰说："皇后冯润长期违犯妇女规范，我死之后，应命她自杀，但用皇后的礼仪安葬，免得给冯家丢丑。"又说："我的病情，越发恶化，大概再没有起色。虽然击败陈显达，但天下还没有平定，太子（元恪）年幼才弱，帝国前途，在你身上。

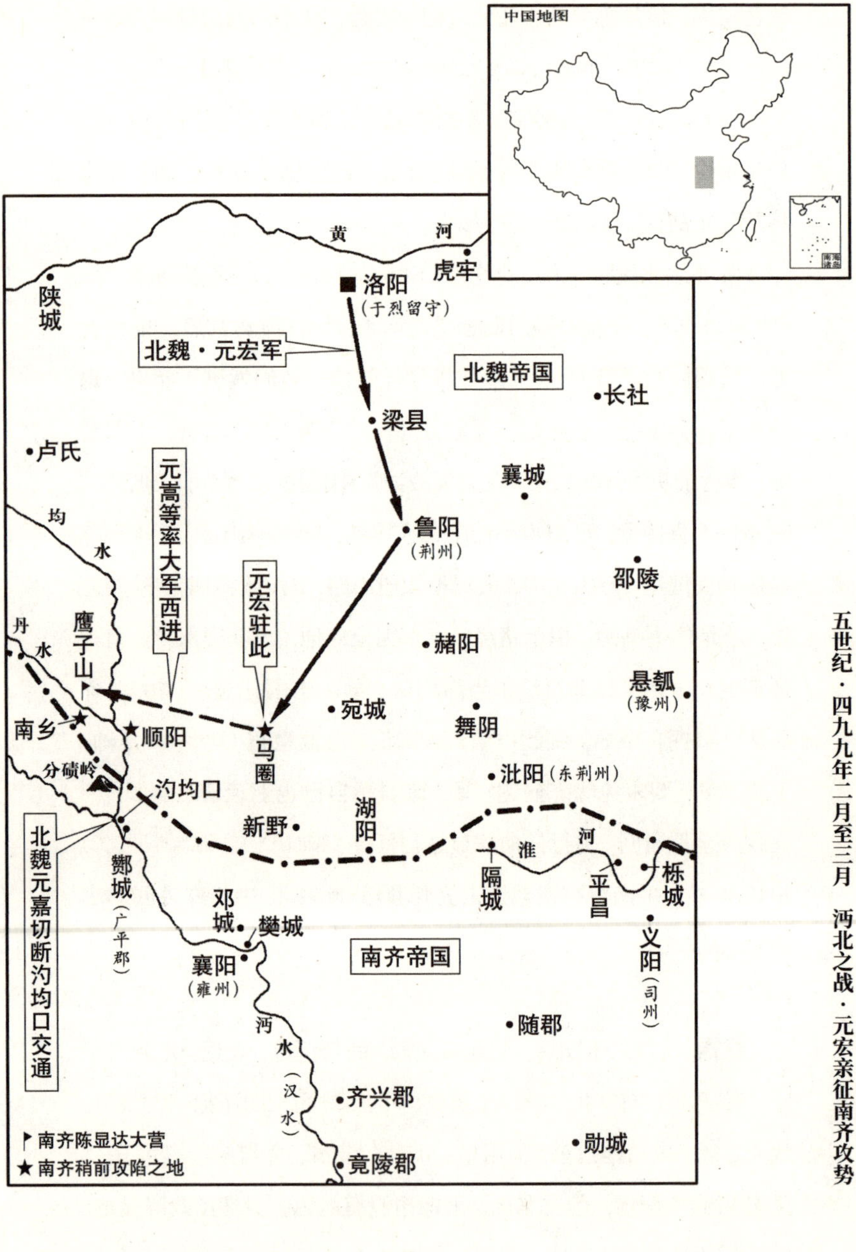

五世纪·四九九年二月至三月　沔北之战·元宏亲征南齐攻势

中国地图

南海诸岛

黄　河

虎牢

■洛阳
（于烈留守）

陕城

北魏·元宏军

北魏帝国

长社

梁县

卢氏

元嵩等率大军西进

襄城

鲁阳
（荆州）

均水

邵陵

元宏驻此

丹水

鹰子山

赭阳

悬瓠
（豫州）

宛城

舞阴

南乡

顺阳

马圈

分碛岭

沔均口

比阳（东荆州）

北魏元嘉切断沔均口交通

湖阳

新野

淮河

酂城
（广平郡）

隔城

平昌

栎城

邓城

樊城

南齐帝国

义阳
（司州）

襄阳
（雍州）

沔水
（汉水）

随郡

齐兴郡

郧城

竟陵郡

南齐陈显达大营

★南齐稍前攻陷之地

霍光、诸葛亮，都以非皇族的身份，受托孤之命（霍光事，参考前八七年二月；诸葛亮事，参考二二三年三月），何况你既是至亲，而又贤能，怎么能不勉励。”元勰流泪哭泣，说：“一介平民，还为知遇之恩，献出性命。何况，我也是先帝（六任献文帝拓跋弘）的儿子，陛下的幼弟！但我以至亲之情，长久以来，参与机要决策，宠爱、威望，光辉显赫，四海之内，没有人能比。所以敢接受而不推辞，不过是仗恃陛下的明察，如同日月，宽恕我知进不知退的过失。而今，又任命我当辅政大臣，主持中枢机要，声威震撼人主，一定会招来大祸。从前，姬旦是伟大圣贤，姬诵（周王朝二任王成王）又十分聪明，都不能避免猜忌，何况是我？果真如此，陛下爱我，恐怕有始无终，难保美好不变。”元宏沉思很久，说：“仔细考虑你的话，道理充分，难以驳倒。”于是亲写诏书，告谕太子元恪，说：“你的叔父元勰，清高雅静，品德纯洁，如同白云，不喜爱荣华富贵，不贪恋权势官位，一心羡慕松柏样的节操，因为我跟他从小一起玩耍，感情深厚，不忍和他分开，所以留他在政府做事。等我身死之后，你应该听从他的意见，准他舍弃官帽，满足他恬淡谦让的心愿。”任命监督院总监督长（侍中）、中央军事总监（护军将军）北海王元详，当最高监察长（司空）；镇南将军王肃，当国务院总理（尚书令）；镇南大将军、广阳王元嘉，当国务院左执行长（左仆射）；国务院执行官（尚书）宋弁，当国务院文官部长（吏部尚书）；会同监督院总监督长（侍中）、全国武装部队总司令（太尉）元禧；国务院右执行长（尚书右仆射）元澄等六人，共同辅政。

夏季，四月一日，元宏在谷塘原（今地不详）逝世（年三十三岁）。

元宏对他所有的弟弟，都十分友爱，终身不变；曾经在一个轻松的场合，对咸阳王元禧等说：“我死之后，万一出现不争气的子孙，你们应该考虑，可以辅导，就要辅导，如果无法辅导，你们就自己接管政府，不可被别人夺走。”元宏喜爱接近，以及任用有智慧有才能的人。承认自己错误，接受劝告纠正的速度，如同流水。对日常事务的处理，细密熟练，从早到晚，毫不疲倦，常对人说：“当一个领袖，最恐怕的是处理事务不能公平，或待人不能诚心诚意。这两项如果做得到，即令是北方胡人和南方越族，都可以成为兄弟。”元宏执行法律，十分严格，对于高级干部，从不特别放纵。然而，对于别人偶尔犯了小过，却常常宽容。有一次在食物中发现有虫，又有一次左右端汤时不小心烫伤了他的手，元宏都一笑置之，不再追究。祭祀天地、祭祀五郊、初一祭太阳神、十五祭月亮神，从来没有一次不亲自主持。每次出宫巡视或度假，以及率领大军出征，有关单位奏请整修道路，元宏都说：“粗略的修理一下桥梁，车马能够通过就可以了。不要除草，不要铲平地面。”（爱惜民力，当然很好；可是如此交通情况，势将破坏经济及文化成长，罗马帝国的“条条大道通罗马”，是帝国的动脉，中国历史上注意及此的很少，王猛是其中之一，元宏则顾此失彼。）大军在淮河以南（南齐领土）行动，如同在国内行动，禁止士卒践踏稻谷，凡砍伐民间树木供给军用时，一定留下绸缎布匹，作为补偿。皇宫御殿，非到万不得已，绝不整修。衣服脏了，洗净后再穿。马鞍、马勒只用铁制或木制。元宏从小就力大无穷，精于射箭，仅用手指就可以弹碎羊的肩胛骨，射击禽兽，百发百中。但到十五岁时，就不再狩猎。时常提醒史官说：“对于当代发生的事，记载不可以不真实。君王权力不受拘束，可以随便作威作福，没有人能够克制。如果史书再不显示他的罪恶，他还有什么顾忌！”

彭城王元勰，跟任城王元澄商议，因南齐全国武装部队总司令（太尉）陈显达，距离不算很远，恐怕回军突击，遂封锁死讯，不对外发布，把尸体放在卧车上（用六匹马拉动），只有这两位亲王和左右几个人知道。元勰出入内外，神色表情，跟平常没有分别，供应饮食，按时服药，批阅外面呈递的奏章，如同元宏在世。几天之后，抵达宛城（河南省南阳市），夜晚，把卧车拉到郡政府（南阳郡郡政府）大厅，才把尸体装入棺木，然后再把灵柩抬上卧车（空无物时，称“棺木”“棺材”；有尸体时，称“灵柩”），内外没有人知道。二位亲王派立法院立法官（中书舍人）张儒，携带皇帝（元宏）诏书，前往首都洛阳，召唤太子元恪；而把噩耗秘密通知留守政府总执行官于烈。于烈处理政务，举动没有一点不安。太子元恪抵达鲁阳（河南省鲁山县），跟老爹的灵柩相遇，才发布死亡消息。

四月十二日，元恪（本年十七岁）登极（八任宣武帝），大赦。

彭城王元勰，跪在年轻的侄儿元恪之前，呈上数纸元宏的遗诏。太子宫的官属，很多人疑心元勰势将篡夺帝座，秘密防范；而元勰用诚意相待，尽到做臣属的礼节，遂使君臣叔侄之间，始终和睦。咸阳王元禧抵达鲁阳（河南省鲁山县），不肯进城，留在城外，观察变化，很久之后，才敢进城，对元勰说：“你这一次，不但勤劳辛苦，也实在很是危险。”元勰说：“老哥的年龄比我大，比我有见识，所以知道什么是平安，什么是危险。我手握蛇尾，身骑虎背，不觉得困难。”元禧说：“你只是恨我来得太晚！”

元勰等因为先帝元宏遗诏，命皇后冯润自杀，遂交由北海王元详执行。元详派皇后宫总管（长秋卿）白整，进宫把毒药交给冯润。冯润奔走哀号，拒绝吞服，说：“皇上（元宏）怎么会有这个意思，是那些亲王们要杀我！”白整用暴力把她制伏，强行灌下咽喉，冯润遂毒发身死。冯润的柩车，运到洛阳南郊，咸阳王元禧等，确定冯润确实死亡，互相看着，说：“即令没有遗诏，我们兄弟，也应该决心把她除掉。怎么可以使一个品德有亏的妇女，控制政府，屠杀我们！”冯润绰号幽皇后。

8 五月癸亥日(五月丙子朔，没有癸亥)，南齐政府加授抚军大将军、始安王萧遥光：开府仪同三司(宰相级)。

9 五月二十一日，北魏政府把七任帝(孝文帝)元宏，安葬长陵(洛阳城北)，庙号高祖。

新任皇帝(八任宣武帝)元恪，打算任命彭城王元勰当宰相(司徒)，元勰每次都陈述元宏的遗诏，要求准许实现自己的愿望，元恪面对这位叔父，十分悲痛。元勰一直恳切辞让，元恪不得已，才加授元勰："使持节"(一级权力)、监督院总监督长(侍中)、冀定等七州军区司令长官(都督冀、定等七州诸军事。七州：冀定瀛幽平安营，今河北省及辽宁省西南部)、骠骑大将军、开府仪同三司(宰相级)、定州(州政府设中山〔河北省定州市〕)州长。元勰仍然坚决辞让，元恪拒绝，元勰才前往到任。

任城王元澄，认为国务院总理(尚书令)王肃，乃长江以南(南朝)的一个逃亡犯，在北魏帝国中，不过一个异乡旅客(元澄以亲王之尊，仅是国务院右执行长〔右仆射〕)，官位却在自己之上，心里大为不满。正巧，有从南齐投降过来的人严叔懋，检举王肃密谋逃回江南(南齐帝国)，元澄立即采取紧急措施，下令软禁王肃，不准入宫进国务院大门，上疏声称王肃谋反。调查的结果，完全不是事实。咸阳王元禧等，弹劾元澄擅自软禁宰相级高阶层官员，遂免除元澄官职，返回家宅。不久，中央又任命元澄出任雍州(州政府设长安〔陕西省西安市〕)州长(刺史)。

六月二十四日，元恪追尊他的娘亲高女士(高女士暴卒事，参考前年〔四九七〕七月)，称文昭皇后，陪伴七任帝元宏享受香火，整修旧有坟墓，称终宁陵（今地不详）。追封高女士的老爹高飏当勃海公爵，绰号敬公，由他的嫡长孙高猛（元恪的表弟）继承爵位。封高女士的老哥高肇当平原公爵、高肇的老弟高显当澄城公爵，三人同一天受封。元恪从来没有见过他的舅父，这时候才赏赐衣服、头巾，第一次召见；三人惊惧惶恐，手足失措；只数天时间，大富大贵，尊荣显赫（从一个处于绝望的低阶层穷苦小民，突然蹿升为帝国的公爵，这种传奇故事，只童话中才有。然而历史上至少已是第二次出现，第一次是窦广国的故事〔参考前一七九年〕）。

秋季，八月五日，元恪遵照老爹元宏遗诏，把后宫三夫人以下的小老婆，全都送回家（“夫人”三人，小老婆群第三级。之下还有第四级“嫔”九人，第五级“世妇”二十七人，第六级“御女”八十一人。之上则有第一级“左昭仪”，第二级“右昭仪”，各一人）。

10 南齐帝萧宝卷，当太子的时候，就厌恶求学读书，只知道游戏玩耍，毫无节制；性情内向，很少说话。登极之后，不跟政府官员见面，而只亲信宦官、提刀卫士（皇帝身旁，手拿随时可致人于死的利刀，担任警卫，当然受绝对信任），以及随身传令员（应敕）。

当时，京畿总卫戍司令（扬州刺史）、始安王萧遥光，国务院总理（尚书令）徐孝嗣，国务院右执行长（右仆射）江祏，右将军萧坦之，监督院总监督长（侍中）江祀，皇城保安司令（卫尉）刘暄，轮流在宫内值班，各人以自己的意思，颁发诏书。雍州（州政府襄阳）州长（刺史）萧衍，听到这个消息，对他的堂舅、机要军事参议官（录事参军）、范阳郡（河北省涿州市）人张弘策说：“一辆马车三匹马，已经难以过日子，何况六匹马，结局一定互相排挤，大乱就要发作，躲避灾难，追求福泽，没有比本州更好的地方。可是我的弟弟们，仍在首都（建康），恐怕受到波及，当跟老哥萧懿（时任益州〔州政府成都〕州长）商量如何因应！”遂跟张弘策暗中积极备战，其他的人都没有参与。招兵买马，集结骁勇壮士以万计算；大量砍伐树木、竹杆，储放到檀溪水底（檀溪在湖北省襄阳市西，北流注入汉水，即刘备乘“的卢”马，跨溪逃命处）。割下的茅草，堆积如山，都放在那里，不拿出来使用。大营军事参议官（中兵参军）、东平郡（侨郡，江苏省淮安市淮阴区）人吕僧珍，看出他们的用心，也私自积存船桨几百余支。最初，吕僧珍当羽林警卫军总监（羽林监），国务院总理（尚书令）徐孝嗣打算延请他当部属，吕僧珍知道徐孝嗣的荣华富贵，不能长久，坚决请求追随萧衍。而正在这时候，萧衍的老哥萧懿，解除益州（州政府成都）州长（刺史）职务回来，仍然当郢州（州政府设夏口〔湖北省武汉市〕）总部执行官（行郢州事），萧衍派张弘策游说萧懿：“现在，中央正是六匹马拉的马车，各人颁发各人的诏书，争权夺利，怒目相视，依理推测，最后必然爆发内斗，图谋对方，互相残杀。领袖（萧宝卷）从他在太子宫的时候，就没有美好声誉，他的亲近左右，凶悍、轻浮、残忍、暴虐，他怎么肯把大权交给部属，只坐在没有实权的宝座上，盲目批准别人的决定！猜忌的时间一久，一定大开杀戒。始安王（萧遥光）打算扮演司马伦（晋王朝三任帝）角色（参考三〇一年正月），形迹已十分明显，可是他猜忌成性，心胸狭窄，不可能成功，只可能作为别人成功的台阶。萧坦之盛气凌人，徐孝嗣颟顸无能，江祏优柔寡断，刘暄头脑糊涂。一旦大难临头，中央政府内外，势如土崩瓦解。我们兄弟，有幸镇守重要军事基地，应该为自己身家性命打算。利用目前短暂和平，大家心里还都松懈之际，命弟弟们从京师（首都建康）回来。为的是，一旦情势紧急，再拔腿时，已经无路。郢州（湖北省中部）地势，控制荆（湖北省西部）、湘（湖南省）二州，而雍州（湖北省北部）兵强马壮；天下太平，则拥护中央，捍卫帝国；天下大乱，则足以救世安民，跟着时局进退，这是万全的策略。如果不早作深远考虑，后悔已来不及。”张弘策又以自己的立场，劝萧懿说：“你们萧家兄弟，英武盖世，天下无敌，镇守郢（湖北省中部）、雍（湖北省北部）二州，替人民请命，罢黜昏君，另立明君，比把手掌翻过来还要容易，这正是姜小白（桓）、姬重耳（文）的大业。不要受娃儿之辈欺骗，使得身死之后，仍被人耻笑。你老弟萧衍已想得熟透，但愿你妥善考虑。”萧懿不接受。萧衍遂单独行动，把老弟骠骑将军府地方军事参议官（骠骑外兵参军）萧伟，及西翼警卫指挥部地方军事参议官（西中郎外兵参军）萧憺，从京师（首都建康）召回襄阳。

最初，五任帝（明帝）萧鸾，临死时虽然托孤授命给十几位高级官员（参考去年〔四九八〕七月），可是却把心中要办的事，交给江祏兄弟（二人是萧鸾娘亲江女士的侄儿），江祏兄弟轮流在宫内值班，南齐帝萧宝卷的一举一动，都有人向他们报告。萧宝卷开始想自己作主做点事，徐孝嗣没有力量改变，萧坦之有时同意，有时反对，只江祏态度坚定，说不行就是不行，萧宝卷积恨在心。萧宝卷左右侍从：会稽郡（浙江省绍兴市）人茹法珍、吴兴郡（浙江省湖州市）人梅虫儿等，深受萧宝卷信任，江祏对二人也常常制裁，茹法珍等对江祏咬牙切齿。徐孝嗣警告江祏说：“领袖（萧宝卷）偶尔有跟我们不同的见解时，我们不可以全都反对！”江祏说：“只管交给我，不要忧虑。”

萧宝卷恶劣的品行，越来越暴露，江祏提议罢黜，另行拥护江夏王萧宝玄，可是刘暄不同意。因为萧宝玄当郢州（州政府设夏口〔湖北省武汉市〕）州长（刺史）时，刘暄当郢州（夏口）总部执行官（郢州行事），办事严苛；曾经有人呈献马匹，萧宝玄打算去看，刘暄说：“马有什么可看的！”萧宝玄的王妃要厨房煮鸡杂碎，办事员向刘暄请示，刘暄说：“早上刚煮过鹅杂碎，用不着再麻烦！”萧宝玄愤怒说:“舅父没有舅父的亲情!”(刘暄是萧鸾正妻刘惠端的老弟。非刘惠端所生的庶子,也得称呼刘暄“舅父”。)刘暄恐怕萧宝玄报复,所以不同意江祏的提议;而主张拥护建安王萧宝夤。江祏跟始安王萧遥光秘密讨论,萧遥光认为自己年纪最大,打算自己取得帝位,于是旁敲侧击,向江祏暗示。江祏的老弟江祀,认为主上年纪太小时,难以辅佐,劝江祏拥护萧遥光。江祏动摇,询问萧坦之的意见,萧坦之当时正在家为亡母守丧,被征召起复,当中央禁军总监(领军将军),对江祏说:“明帝(五任帝萧鸾)入承大统,已经不按照次序,天下人心,到今不服,如果再来这一套(萧遥光跟萧鸾一样,是皇家旁系),恐怕四面八方,土崩瓦解,我不敢再说什么。”遂辞去中央禁军总监(领军将军),返回私宅,继续守丧。 298

江祏、江祀暗中对国务院文官部考选司司长(吏部郎)谢朓说:“江夏王(萧宝玄)年纪太小,万一不能承当大业,怎么可以再行罢黜,再立新君!始安王(萧遥光)年纪最大(本年三十二岁),如果继承帝位,当不辜负人民的期望。我们并不是用此来谋求荣华富贵,只是盼望帝国安定。”萧遥光又派亲信、首都建康特别市政府主任秘书(丹阳丞)、南阳郡(河南省南阳市)人刘沨,向谢朓秘密表达结纳之意,打算邀请谢朓参与自己的阵营;谢朓拒绝回答。没有几天,萧遥光命谢朓代理皇城保安司令(知卫尉事),谢朓大为恐惧(不是恐惧兼官,而是恐惧被纳入一党),遂把江祏的阴谋,告诉太子宫右翼卫队长(太子右卫率)左兴盛,左兴盛不敢检举。谢朓又警告刘暄说:“始安王(萧遥光)一旦面向南方,坐上宝座,则刘沨、刘晏,就处于你今天的官位,却把你当成反复无常的小人。”刘晏,是萧遥光的城防军事参议官(城局参军)。刘暄假装大吃一惊,却飞奔前往通知萧遥光、江祏。萧遥光打算派谢朓出任东阳郡(浙江省金华市)郡长,可是谢朓一向轻视江祏（谢姓门第高贵，长江以南，与王姓同居第一，称“王谢”，自瞧不起一个皇后的老弟）。江祏坚持除掉谢朓。萧遥光遂下令逮捕谢朓，交付最高法院（廷尉），然后会同徐孝嗣、江祏、刘暄，联名上奏，弹劾：“谢朓煽风点火，挑拨内外，狂妄的指斥陛下，暗中抨击后宫，离间近亲贤才，轻率议论宰相。”谢朓遂死在监狱（年三十六岁）。（胡三省注：“谢朓因告发王敬则而升官，却死于萧遥光之手，行险侥幸，一次已经够了，怎么可以再来一次。”）

事情又有变化，刘暄认为，萧遥光如果继承帝位，自己的舅父地位就落了空，所以不同意江祏的主张。因此，江祏迟疑，久久不敢决定。萧遥光大为愤怒，派左右侍从黄昙庆，埋伏青溪桥，准备刺杀刘暄。黄昙庆看到刘暄卫队前呼后拥，人数太多，不敢出击。刘暄发觉这件事后，向南齐帝萧宝卷，告发江祏阴谋，萧宝卷下令逮捕江祏兄弟。当时，江祀正在宫内值班，感觉到四周情况有异，派人警告江祏：“刘暄可能采取行动，我们怎么办？”江祏说：“静以待变。”一会工夫，诏书召见江祏，江祏遂入宫，停留立法院（中书省）。最初，袁文旷因斩王敬则，应该封爵（参考去年〔四九八〕五月），江祏不准（当时崔恭祖因王敬则被自己刺倒，跟袁文旷争功，江祏坚持不封袁文旷，当是为此），萧宝卷遂命袁文旷对付江祏。袁文旷用刀柄猛捣江祏的心窝，说：“你还能不能剥夺我的封爵！”遂连江祏的老弟江祀，全部诛杀。刘暄听见江祏等被处死消息，心中不安，睡梦里忽然惊醒，狂奔到屋外，问左右侍从说：“逮捕我的人来了没有？”很久之后，神色才安定，回到房子里坐下，哀伤说：“我不是怜悯江家兄弟，而是为自己悲痛。”

萧宝卷自从杀了江祏，再没有任何忌惮，更加纵情任性，想干什么就干什么，日夜不停的跟随从擂鼓、喊叫，骑马作乐。经常的每天凌晨才睡觉，午后才起来。文武百官每逢节日或初一朝见，午后进宫，有时直等到傍晚才退出。政府各机构的奏章，一个月或数十天才能批回，有的竟如石沉大海，不知去向。宦官们包裹宫中鱼肉回家时，所用的纸，全是各部院的奏章案卷。萧宝卷学习骑马，兴致极高，对左右说："江祏常禁止我骑马，那小子如果还活着，我怎么能这样。"遂问："江家还有什么人？"回答说："还有江祥，发配东郊铁矿场（东冶）。"（江祏兄弟被杀，只江祥得免一死。）萧宝卷就在马背上下令，命江祥自杀。

始安王萧遥光，一向怀有野心，跟他的老弟、荆州（州政府设江陵〔湖北省江陵县〕）州长（刺史）萧遥欣，秘密计划，自己动员武装部队，占领东府（宰相府，建康城南），然后由萧遥欣率军自江陵十万火急东下。已经确定起事日期，而萧遥欣病死（年三十一岁）。江祏被杀后，萧宝卷命萧遥光到金銮宝殿晋见，告诉他江祏的罪行。萧遥光恐惧，回立法院（萧遥光是立法院最高立法长〔中书令〕）后，立即假装疯狂，大号大哭，声称有病，回家，从此不再到立法院（中书省）办公。之前，萧遥光的老弟、豫州（州政府设寿阳〔安徽省寿县〕）州长（刺史）萧遥昌逝世，私人军队部众，全归萧遥光。后来，萧遥欣的灵柩从江陵运回京师（首都建康），船只停泊东府（宰相府，建康城南）秦淮河上，荆州（江陵）武士送丧的很多；声势浩大。萧宝卷诛杀江祏兄弟后，恐怕萧遥光内心不安，打算擢升萧遥光当宰相（司徒），然后准他回家养病；于是，命萧遥光入宫，准备当面告诉这个决定。萧遥光不知道内情，恐怕一旦入宫，会被诛杀，遂决定采取行动。

八月十二日，午后，萧遥光命二州（荆州及豫州）私人军队部众，在东府（宰相府，建康城南）东门紧急集合，召唤刘沨、刘晏等，准备攻击；宣称讨伐刘暄。当夜，派数百人攻破东郊铁矿场（东冶），放出囚犯；到军械制造厂（尚方），夺取武器；又召唤骁骑将军垣历生，垣历生随着信差抵达。萧坦之的家在东府（宰相府，建康城南）城东，萧遥光趁萧坦之没有准备，派人前往逮捕，萧坦之来不及穿衣服，光着脊梁，翻墙逃走，奔向宫城。路上遇到巡查队长颜端，生擒萧坦之，萧坦之告诉他萧遥光谋反，颜端不信，亲自前往观察，发现果然是如此，就把马让给萧坦之骑，跟随萧坦之进宫。萧遥光又突袭国务院左执行长（尚书左仆射）沈文季住宅，打算任命他当政变军司令官，正巧，沈文季已去办公，萧遥光扑了个空。垣历生向萧遥光建议自己愿意率领城里兵马（城指东府城），乘夜攻击宫城，用车运送荻草，纵火焚烧宫城城门，说："你只要坐着轿子随在大军之后，克敌制胜，易如反掌。"萧遥光紧张狐疑，不敢出动。第二天（八月十三日）拂晓，萧遥光全副武装，到大厅处理政事，命士卒备战，然后登上城墙，颁发赏赐。垣历生再一次劝告萧遥光主动攻击，萧遥光仍然不肯，而只希望宫城内部发生变化。稍后，太阳升起，中央军陆续集合。宫城中听到城外兵变消息时，人心惶恐，迷惑不安；天亮之后，萧宝卷下诏召见国务院总理（尚书令）徐孝嗣，徐孝嗣入宫后，人心才定。左将军沈约得到变乱消息，奔往宫城西掖门。有人劝他改穿军服，沈约说："宫城正在混乱，看见我穿军服，可能有人说我跟萧遥光一伙。"仍穿红袍进宫。

八月十三日（天亮之后），萧宝卷下诏，赦免首都建康（江苏省南京市）罪犯（用此瓦解萧遥光政变军中下级军官及士卒），全国戒严。徐孝嗣率他的部属，防卫宫城；萧坦之率中央军采取攻势。徐孝嗣惊骇恐惧，跟沈文季二人，全副武装，同时坐在南掖门城楼之上，徐孝嗣试探着跟沈文季谈论时局，沈文季都故意用其他言词把主题引开，徐孝嗣始终无法跟他更进一步交换意见。萧坦之驻防湘宫寺（南宋帝国七任帝刘彧当湘东王时的王府，参考四七一年十一月），左兴盛驻防东篱门（宫城外城，没有砖石做成的郭门，都用篱笆门。东篱门就是东门，用以防备身在东府〔宰相府，建康城南〕的萧遥光攻击），镇军将军府军政官（镇军司马）曹虎，驻防青溪大桥（建康城东南）。各路人马包围东府，三面纵火焚烧宰相私宅（南宋帝国三任帝刘义隆时，彭城王刘义康当宰相〔司徒，参考四二九年正月〕，迁住东府，在东府旁兴筑住家私宅）。萧遥光命垣历生从西门出战，不断击败中央军，斩带兵官桑天爱。萧遥光起兵时，询问首席军事参议官（咨议参军）萧畅的意见，萧畅严正拒绝。

八月十五日，萧畅跟抚军大将军府秘书长（抚军长史）沈昭略，暗中从东府城南门逃出，前往宫城投案，萧遥光政变军人心大为沮丧。萧畅，是萧衍（雍州〔州政府襄阳〕州长）的老弟。沈昭略，是沈文季（国务院执行长〔尚书仆射〕）的侄儿。

八月十六日，垣历生出东府城的南门作战，乘机放下武器，向曹虎投降，曹虎下令斩垣历生。萧遥光大怒，从床上跳起来，派人诛杀垣历生的儿子。当天傍晚，中央军射出火箭，焚烧东府城东北角城楼。入夜，东府城崩溃，萧遥光回小书房纱帐中，改穿平民衣服，头戴家常便帽，燃起蜡烛照明，命人在门外反关，每道门都层层加锁，左右侍从全都跳墙逃走。中央军带兵官（军主）刘国宝等，先行攻入，萧遥光听到外面军队已经进来，立刻熄灭烛光，爬到床下躲藏，中央军士卒闯进小书房，在黑暗中把萧遥光拖出，斩首（年三十二岁）。中央军进入东府城后，放火烧屋，房舍几乎全被烧光。刘沨回到自己家，被人诛杀。荆州（江陵）将领潘绍，得到萧遥光起兵消息，打算响应。西翼警卫指挥部军政官（西中郎司马）夏侯详（当时，南康王萧宝融，武职是西翼警卫指挥官〔西中郎将〕，镇守江陵；任命夏侯详当军政官〔司马〕）。召唤潘绍出席会议，遂斩潘绍。州政府及指挥部才告安定。

八月二十六日，论功行赏，南齐帝萧宝卷擢升徐孝嗣当最高监察长（司空）；加授沈文季当镇军将军，而原有的监督院总监督长（侍中）、国务院执行长（仆射）职位，仍然保持；萧坦之当国务院右执行长（尚书右仆射），兼首都建康市长（丹阳尹），原有的右将军职位，照样保持；刘暄当中央禁军总监（领军将军）；曹虎当总顾问长（散骑常侍）、首都西区卫戍司令（右卫将军）。以上都是酬庸他们削平萧遥光政变的功劳。

11 北魏帝国南徐州（州政府设宿预〔江苏省宿迁市〕）州长（刺史）沈陵，投降南齐帝国（首都建康）。沈陵，是沈文季（国务院执行长〔尚书仆射〕）的族侄。当时，北魏徐州（州政府设彭城〔江苏省徐州市〕）州长（刺史）、京兆王元愉，年纪还轻，总部政事，都由秘书长（长史）卢渊裁决。卢渊知道沈陵将要叛变，下令各城秘密戒备，同时向中央政府不断提出警告，而中央政府毫无反应。沈陵遂诛杀反对的将领，率领宿预的私人部众，投奔南齐。北魏沿淮河各军事基地，因为早有戒备，得以保全。沈陵在边疆多年，暗中结交沿边各州英雄豪杰。沈陵既然叛变，各郡县逮捕他们，当作沈陵的党羽，纷纷押送徐州（彭城）。卢渊都加以安抚，赦免释放，而只由沈陵一人承担罪状，人心才安。

12 闰八月三日，南齐政府封江陵公萧宝览当始安王，继承始安王（靖王）萧凤的香火（萧凤，是五任帝萧鸾的老弟，萧遥光的老爹）。

任命沈陵当北徐州（州政府设钟离〔安徽省凤阳县东北临淮关镇〕）州长（刺史）。

江祏等政变失败，南齐帝萧宝卷左右随从——提刀卫士（提刀）和随身传令员（应敕）之辈，骄傲蛮横，不可一世，时人称之为“提刀圣旨”（刀敕）。萧坦之刚强狠傲，专权独断，那些受宠爱的弄臣亲信，对他既畏惧而又痛恨。萧遥光被杀后二十余日，萧宝卷派延明殿警卫官（延明主帅）黄文济，率军包围萧坦之住宅，连同萧坦之的儿子、皇家图书管理官（秘书郎）萧赏，一并诛杀。萧坦之的堂兄萧翼宗，当海陵郡（江苏省泰州市）郡长，还没有动身前往就任，萧坦之问黄文济说："堂兄萧翼宗家，应该没事吧！"黄文济说："你堂兄家住哪里？"萧坦之告诉他。黄文济回来报告萧宝卷，萧宝卷派人逮捕萧翼宗，搜查萧翼宗的家，十分贫穷，只有当票数张，和当东西的钱数百文，回来报告萧宝卷，萧宝卷饶萧翼宗不死，但仍囚禁军械制造厂（尚方）。

茹法珍等打小报告，说刘暄有心谋反，萧宝卷说："刘暄是我舅父，怎么会有这种念头！"直阁将军、新蔡郡（侨郡，河南省固始县）人徐世标说："明帝（五任帝萧鸾）跟武帝（二任帝萧赜）是亲堂兄弟（同一个祖父），而受到的恩宠，又如此深厚，结果如何？仍然翻脸无情，灭绝武帝（萧赜）的后代（恩宠事，参考四九三年七月；灭绝事，参考去年〔四九八〕正月），舅父怎么可以信赖！"遂斩刘暄。

曹虎擅长招降纳叛，引诱收容，每天来自蛮荒的客人，常有数百。可是晚年之后，十分吝啬。解除雍州（州政府襄阳）州长（刺史）时，仅现钱就有五千万，其他财产，价值相当。萧宝卷认为曹虎是旧时老将（曹虎是二任帝萧赜的旧部，参考四八八年四月），而且贪图他数目庞大的金银财宝，遂斩曹虎。萧坦之、刘暄、曹虎，刚刚任命新的官职（酬庸削平萧遥光之乱），还没有到任，就被诛杀。最初，五任帝萧鸾临死时，用三任帝萧昭业在位时的措施，作为例证（指萧昭业屡次要杀萧鸾，迟疑不决而终于招来大祸；参考四九四年五月），警告萧宝卷说："做事先下手为强，后下手遭殃，不可落在人后。"所以，萧宝卷好几次跟左右亲信密谋诛杀大臣，都是仓促之间，突然发动；一经决心，毫不改变。于是政府高级官员，每个人都不能保证自己不被处死。

九月五日，萧宝卷任命豫州（州政府设寿阳〔安徽省寿县〕）州长（刺史）裴叔业当南兖州（州政府设广陵〔江苏省扬州市〕）州长；征虏将军府秘书长（征虏长史）张冲，当豫州（州政府设寿阳）州长。

九月二十日，萧宝卷因不断诛杀高阶层官员，下诏大赦。

13 十月十四日，北魏帝元恪，祭拜老爹七任帝元宏坟墓（长陵，洛阳城北），打算邀平民身份、服侍左右的江南（长江以南）人茹皓，上车同坐。茹皓撩起衣裳，就要上车，监督院副总监督长（给事黄门侍郎）元匡劝阻，元恪遂推茹皓下车，茹皓脸色大变，退到后面。元匡，是阳平王拓跋新成的儿子（拓跋新成，参考四六〇年六月）。

14 南齐帝国益州（州政府成都）州长（刺史）刘季连，听到南齐帝萧宝卷作恶多端消息，开始骄傲任性，刑罚残酷，巴蜀（四川省）人对他十分怨恨。

十月，刘季连派军袭击中水（资江），不能攻克（《梁书·刘季连传》：刘季连性格猜忌而心胸狭窄，执政时严厉凶狠，刚愎自用，当地住民遂怀恨生怨。本年〔四九九〕九月，刘季连举行讲武集会，征集人民五千人，遂派军袭击中水〔资水〕掳掠人口）。于是，蜀人（四川省中部）赵续伯等，纷纷聚众起兵，刘季连无法控制。

最高监察长（司空）、枝江公爵（文忠公）徐孝嗣，以一个文官身份，从不强烈的表示赞同或反对，所以名望和地位，虽然很高，仍然能够保全。虎贲警卫指挥官（虎贲中郎将）许准，向徐孝嗣分析时局，劝他罢黜萧宝卷，另行拥戴新的君王。徐孝嗣迟疑不决，认为不必使用暴力，只要等萧宝卷出宫游逛，随后紧闭城门，召集文武百官，就可商讨废除。可是，虽然有此腹案，却始终不能行动，而萧宝卷左右那些下流随从，对徐孝嗣也渐渐有点讨厌。国务院执行长（尚书仆射）、西丰侯（忠宪侯）沈文季，声称年老多病，从不参与政府决策，监督院总监督长（侍中）沈昭略警告他说："叔父，你年将六十，自以为是编制外的国务院执行长（员外仆射"员外"，指他不负实际行政责任），打算免于灾难，怎么能够！"沈文季笑笑，不作回答。

冬季，十月二十三日，诛杀开始，萧宝卷召唤徐孝嗣、沈文季、沈昭略，到立法院（华林省）晋见。沈文季上车时，回头说："这一次恐怕是有去无回！"萧宝卷命皇宫外务总监（外监）茹法珍送给他们毒酒，沈昭略暴跳如雷，诟骂徐孝嗣说："罢黜昏暴，另立英明，从古到今，是一个最好的典范，宰相（指徐孝嗣）愚昧无能，才落得今天下场。"把酒杯向徐孝嗣脸上摔去，号叫说："教你死了还要作破相鬼。"徐孝嗣饮下毒酒一斗有余，才死（徐孝嗣年龄不详，沈文季年五十八岁）。徐孝嗣的儿子徐演，娶武康公主（二任帝萧赜的女儿）；另一个儿子徐况，娶山阴公主（五任帝萧鸾的女儿）；都连坐被杀。沈昭略的老弟沈昭光，听到军警逼近；家人劝他逃走，沈昭光不忍心抛下娘亲，到后房辞别，拉住娘亲的手，悲哀哭泣，军警赶到，当场砍死。沈昭光的侄儿沈昙亮逃亡，已经到安全地带，听到沈昭光的死讯，叹息说："全家屠杀一光，我还为什么活着！"扼断喉咙而死。

15 最初，南齐帝国全国武装部队总司令（太尉）陈显达，知道自己是一任帝萧道成、二任帝萧赜的旧部，在五任帝萧鸾在位时代，就一直感到危险恐惧，所以十分谦卑克制，时常坐着破烂的车辆，前导武士和护卫随从，只用瘦弱矮小的十几个人。有一次，在皇宫参加皇家御宴，有点醉意，请求萧鸾借给他一个枕头，萧鸾命左右拿给他。陈显达抚摸着枕头，说："我年纪衰老，对所受的荣华富贵，已经满足；所欠缺的，只有一项——枕着枕头逝世，特意请求陛下赏赐。”萧鸾脸色大变，用话岔开说：“陈先生喝醉了！”陈显达因为已到古礼退休年龄（七十岁），请求退休，萧鸾不准。后来，王敬则谋反，陈显达正率军在前方跟北魏帝国作战（参考去年〔四九八〕正月），始安王萧遥光疑心他可能不稳，报告萧鸾，打算把军队调回。正巧，王敬则失败，于是作罢。等到现任南齐帝萧宝卷继位，陈显达不喜欢留在京师（首都建康），稍后，被任命当江州（州政府设寻阳〔江西省九江市〕）州长（刺史），大为高兴。曾经害病，不准家人延请医生，想不到却自动痊愈，心情闷闷不乐（胡三省原注：“求死不得死，以至于叛变，可悲。”）。听到萧宝卷不断诛杀高阶层官员消息，谣言又说中央将派军袭击江州（寻阳）。

十一月十五日，陈显达在寻阳（江西省九江市）起兵，命秘书长（长史）庾弘远等写信给中央政府显要，抨击萧宝卷罪恶，声称：“打算拥护建安王当盟主（建安王萧宝夤，时任郢州〔州政府设夏口·湖北省武汉市〕州长〔刺史〕），等到京师（首都建康）尘埃落定，再西上迎接圣驾。”

十一月二十四日，萧宝卷任命中央军事总监（护军将军）崔慧景当平南将军，率领各路兵马，西上攻击陈显达；后军将军胡松、骁骑将军李叔献，率长江舰队，据守梁山（安徽省和县南）；首都东区卫戍司令（左卫将军）左兴盛当前锋，率军驻扎杜姥宅（宫城南掖门外，晋帝国九任帝司马衍正妻杜陵阳的娘亲裴女士故宅）。

十二月十二日，南齐政府任命前辅国将军杨集始（参考前年〔四九七〕八月），当秦州（州政府武兴）州长。

陈显达自寻阳（江西省九江市）出发，在采石（安徽省马鞍山市西南）击败胡松；首都建康（南齐首都，江苏省南京市）震动惊恐。

十二月十三日，陈显达大军挺进到新林（江苏省南京市江宁区西），左兴盛率各路兵马阻挡。陈显达沿秦淮河岸，布置灯火，暗中率军渡秦淮河北上，袭击宫城。

十二月十四日，陈显达率数千人，登上落星冈（石头城西）；驻防新亭（建康城西南）的中央各军，得到消息，纷纷逃回，宫城人心大乱，紧闭城门，积极布防。陈显达手拿骑兵用的铁矛，率步兵数百人，在西州（建康城西）跟中央军发生遭遇战，在第二回合时，陈显达大胜，亲手砍杀数人，而手中长矛突然折断，中央军队陆续增援，陈显达不能抵抗，向后撤退，走到西州后（乌榜村），中央军骑兵官赵潭，奋出全力，一矛刺中陈显达，陈显达翻身落马，遂被斩首（年七十三岁）；所有的儿子，全数诛杀。秘书长（长史）庾弘远，是庾炳之的儿子（庾炳之，参考四三五年四月），在朱雀桥处斩。临刑之前，庾弘远要了一顶帽子戴上，说："仲由死时，还要把帽带结起（《左传》前四八〇年：卫国三十二任国君〔出公〕卫辄的老爹卫聩，从流亡生涯中回国，劫持国务官〔大夫〕孔悝，跟儿子卫辄争夺宝座。仲由是孔悝的家臣，得到消息，警告卫辄说："我如果纵火焚烧高台，不怕你不释放孔悝。"卫辄恐惧，派大将石乞、孟黡，攻击仲由，长矛刺中仲由帽带，仲由说："正人君子死时，不脱冠帽。"遂把帽带结起，伤重逝世），我死时不可以不戴帽子。"对四周观看的人说："我不是盗贼，而是义军，为了各位的身家性命。陈公（陈显达）把事情看得太轻易，他如果采纳我的意见，天下将免去灾难痛苦。"庾弘远的儿子庾子曜，抱住老爹，请求代替一死，萧宝卷下令，父子一并斩首。

以陈显达的身居显要高位，一直戒慎恐惧（参考四九三年正月），而最后仍不能把自己救出猜忌昏暴的毒手，甚至起兵而死。岂不是因为他的灾难，来自他所身处的时代！

萧宝卷既诛杀陈显达，越发随心所欲，不可一世，逐渐出宫游逛，但又不愿别人看见他的面孔。所以，每次出宫，就把沿途所有居民，全部驱逐，而只留下空屋。巡察官（尉司）用鼓声指示皇帝大队人马的去向，凡是听到鼓声的人，就要拔起腿来，向没有鼓声的地方狂奔，根本来不及穿衣穿鞋。拒绝逃走或来不及逃走的，皇家禁卫军搜出之后，顺手即行格杀。萧宝卷每月要出宫二十余次，从来不通知前往何地；东南西北，没有一处不去。经常的，深夜一时、三时，突然之间，鼓声在四面八方，同时擂起，火光照耀，如同白昼，武装士卒，手拿旌旗刀枪，处处阻截。官民号叫奔走，盲目跟随，扶老携幼，大大小小，震恐惊骇，哭声号声，充满道路，可是所有街道都被封锁，人民不知道逃向何方。士、农、工、商，全都停业，砍柴割草的生路，也都断绝，婚礼葬礼，全不敢举行，哺育幼儿或等待生产的妇女，只有到远地寄住。有的抬着病人求医，忽听鼓声，只好丢弃路边；有的抬着灵柩，也不能掩埋。大街小巷两侧，都悬挂布匹，建立高大屏障，派武装士卒看守，称之为“屏除”，也称之为“长围”。萧宝卷曾经去沈公城（今地不详），有一位妇女正在分娩，不能逃走，遂下令剖开她的肚子，看看婴儿是男是女。又有一次，前去定林寺（江苏省南京市定林寺），一个和尚年老而又身患重病，不能行动，躲藏在草丛之中，萧宝卷下令射击，百箭同时发出。萧宝卷力大无穷，挽弓的强度，可到三斛五斗（迄今为止，我们还不知道“斛”和“斗”的区别）。又喜欢扛大旗，白虎幡高达七丈五尺，萧宝卷放到牙齿上顶起，牙齿都断了，但他丝毫不觉辛苦。自己制造扛旗工具和扛旗服装，上面都用黄金、璧玉装饰，皇家侍卫严肃的站在两旁，萧宝卷丑态毕露，却丝毫不觉羞愧。到东郊铁矿场（东冶），向士卒俞灵韵，学习骑马，经常穿丝织的短衣短裤，戴黄金片编成的帽子，手拿镶嵌七种珠宝的长矛，在脚胫部分，把裤脚扎住，不管降雨落雪，不管坑坎陷阱，萧宝卷马不停蹄，四下奔驰；口渴或疲倦时，就跳下马背，解下腰际水瓢，舀水来喝，喝罢上马，奔驰而去。又遴选流氓无赖能够跑路、追逐奔马的，共五百人，留在左右，经常教他们跟随。有时候在市场旁边，访问亲信的住家，转弯抹角，跑遍京师（首都建康）每一个角落。有时候也到城外射击野鸡，设立野鸡场二百九十六处，来往奔走，一会工夫也不休息。

16 北魏帝国国务院总理（尚书令）王肃，为帝国厘定政府编制和文武百官任免升降制度，全都仿效长江以南各帝国（南朝）政府制度，凡九品（等），品再分为二——“从品”“正品”（据《魏书·官氏志》，四九一年，北魏政府初次施行品秩制，所有官员都划分为九品〔第一至第九品〕，从第三品以下，直至第九品，则再分为“正”“从”，每“品”各分上中下阶，共四十八阶。本年〔四九九〕，阶秩简化，第一、二品只分正、从，不分阶，第三至第九品各分正、从，正、从品分自再分上、下阶，合计三十二阶。后来，南朝的南梁帝国模仿北朝九品中，分为十八班，即每品二班，类似北朝的正品、从品〔参考五〇八年正月〕。而北朝的最后一个政权北周帝国，虽实施复古制度，但仍设“九命”官阶，只是名称不同，性质跟“九品”一模一样〔参考五五四年正月〕。这是一个重大的创意，以后王朝帝国虽变，但此制不变，直到二十世纪初叶清王朝灭亡，才被取消，历时一千四百年，应是世界上存在最久的制度之一）。监督院总监督长（侍中）郭祚，兼任国务院文官部长（兼吏部尚书），清廉谨慎，珍惜国家的官职，每遇到铨叙和任官，虽然有恰当的人选，但仍要思虑很久，然后下笔，说：“这个人从此显贵！”因此对他怨恨的人很多，然而他所任命的官员，却没有一个不胜任愉快。

五世纪·四九九年十一月至十二月

南齐陈显达兵变失败

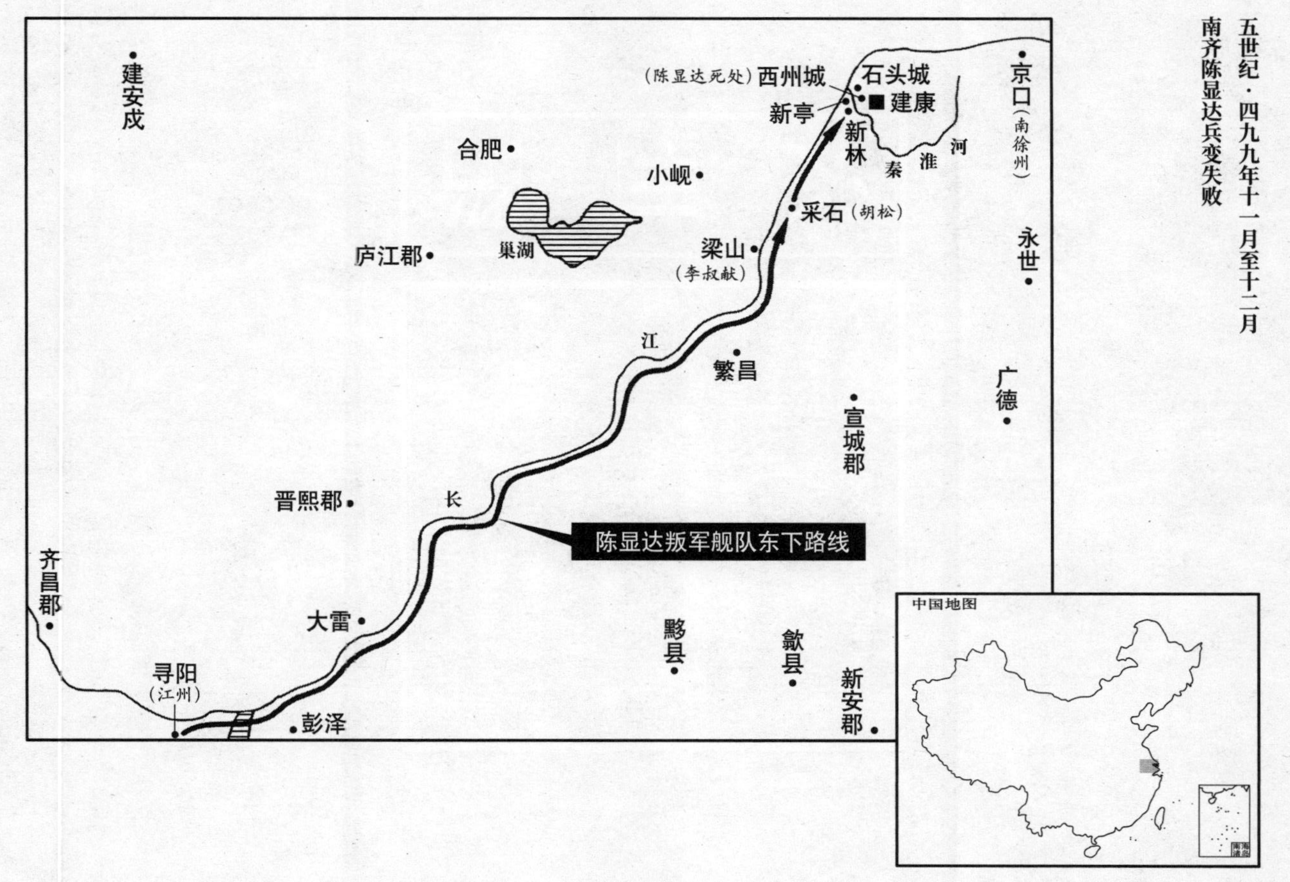

"北朝"鲜卑民族建立的北魏帝国，本世纪（六）三〇年代开始，因不停的内乱——全是官逼民反，由贪官污吏所引起；遂分裂为东魏、西魏。五〇年代，东魏被北齐帝国篡夺，西魏被北周帝国篡夺，最后隋王朝兴起，统一"北朝"。"南朝"则南齐帝国、南梁帝国、陈帝国，相继兴亡。

本世纪（六），暴君层出不穷。八〇年代，隋王朝消灭陈帝国。大分裂时代以及后期的南北朝时代，同时结束。"分久必合"，分裂长达二百八十六年的中国，复归统一。

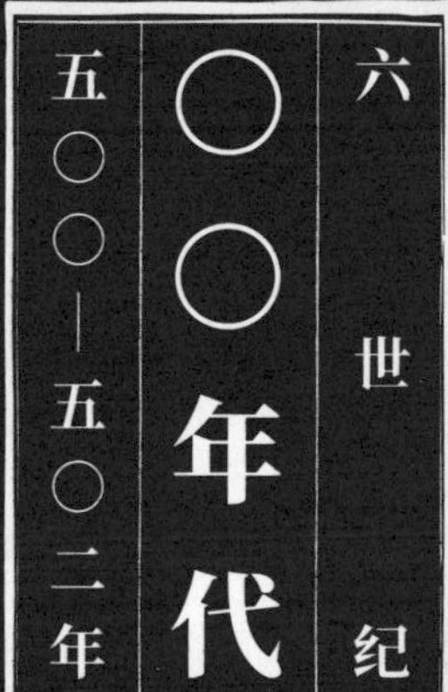

南北朝

- 南齐帝国亡。
- 南梁帝国建立。

- 苏格兰王国建立。
- 波斯王国与东罗马帝国战争。

五〇〇年 庚辰

南齐　永元　二年
北魏　太和　二十四年
　　　景明　元年
（柔然汗国太安九年）

1 春季，正月一日，南齐帝国（首都建康〔江苏省南京市〕）元旦朝会，南齐帝（六任帝）萧宝卷（本年十八岁），吃过早饭后才出来，祝贺的序幕刚刚完毕，他就回到西厢睡觉，从上午十时，直睡到下午四时，文武官员站在金銮宝殿陪同祝贺的位置上，饥饿寒冷交逼，很多人昏倒在地。萧宝卷好不容易醒过来，出来主持典礼，匆匆忙忙，草率结束。

2 正月五日，北魏帝国（首都洛阳〔河南省洛阳市东白马寺东〕）大赦，改年号景明（之前是太和二十四年，之后是景明元年）。

3 南齐帝国豫州（州政府设寿阳〔安徽省寿县〕）州长（刺史）裴叔业，听到南齐帝萧宝卷不断诛杀高阶层官员，心中惊惧不安。有一天，登上寿阳城楼，向东北眺望淝水（东淝河，流经寿阳城东北），对部属说："你们要不要荣华富贵？我能办到。"后来改任南兖州（州政府设广陵〔江苏省扬州市〕）州长（参考去年〔四九九〕九月），对于被调往内地，并不乐意。正巧，陈显达起兵反抗中央，裴叔业派军政官（司马）、辽东（侨郡）人李元护，率军增援首都建康（江苏省南京市），但内心并不是效忠中央，而只是观望形势。陈显达失败，李元护也回军。中央也疑心裴叔业的意图，裴叔业更派出专人，前往首都建康探听消息，中央对他越发猜疑，气氛紧张，事变随时都会爆发。裴叔业的侄儿裴植、裴飏、裴粲，都在京师（首都建康）当直阁将军，守卫宫殿，大为恐惧，抛弃娘亲，仓皇逃往寿阳（安徽省寿县），警告裴叔业：中央势将发动突袭，应早作打算。萧宝卷的亲信、直阁将军徐世标等，认为裴叔业身在边界，逼得太急时，可能倒向北魏帝国（首都洛阳），中央政府就无法克制；于是报告萧宝卷，派裴叔业同族、立法院立法官（中书舍人）裴长穆，前往传达皇帝旨意，收回去年（四九九年）发布的人事命令，允许裴叔业仍留原官。但裴叔业仍忧愁惊惧，而裴植等更不停的要裴叔业提高警觉。

裴叔业派亲信马文范前往襄阳（湖北省襄阳市），向雍州（州政府襄阳）州长（刺史）萧衍，请教如何才能保全。先说自己的计划："天下大势，可以预知。用正常办法，恐怕无法生存，不如面向北方（北魏帝国），至少可以封一个河南公。"萧衍说："一群品质低劣的人物掌握权柄，怎么会有远见？他们连自己都不晓得在做什么，结果不会有任何成就。唯一的因应之法，莫过于把家眷送回京师（首都建康），先使他们安心（去年〔四九九〕八月，萧衍把老弟们秘密召出京师（首都建康），而今却建议裴叔业送家眷回京师）。如果他们仍不顾一切逼迫，只要率步骑兵二万人，直接攻击横江（安徽省和县东南长江渡口，对岸就是采石），断绝中央政府的外援，则天下大事，一战就可决定。如果向魏国（北魏帝国）靠拢，魏国（北魏帝国）政府势必派人接替你的官职，而把你调到黄河以北，主持一州；河南公爵，怎么能够得到！而且，一旦发动，回到南方的道路，就完全绝望。”（胡三省注：“裴叔业之问，萧衍之答，虽然二人的志向有大有小，但明显看出，南齐边防军将领，都有叛变之心，萧宝卷还跟谁共治天下！”）裴叔业沉吟疑虑，不能决定，最后终于派他的儿子裴芬之，到首都建康当人质，同时也派人送信给北魏帝国豫州（州政府设悬瓠〔河南省汝南县〕）州长（刺史）薛真度，询问归附北魏是不是适宜。薛真度劝他归附得越早越好，警告说：“如果情势危急，被逼投降，功劳就小，赏赐就少。”信件秘密来往，互相讨论。此时，建康谣言传播，认为裴叔业非叛变不可，裴芬之大为恐惧，再逃回寿阳（安徽省寿县）。裴叔业遂派裴芬之，和侄女婿杜陵、韦伯昕，前往北魏（首都洛阳），呈递归降奏章。

正月七日，北魏政府派骠骑大将军、彭城王元勰，车骑将军王肃，率步骑兵十万人强大混合兵团，南下增援裴叔业；任命裴叔业：“使持节”、豫雍等五州军区司令长官（都督豫雍等五州诸军事。五州：豫雍兖徐司，此五州指南齐五州，都是南齐北疆）、征南将军、豫州州长（仍保持原来“豫州”），封兰陵郡公。

正月三十日，南齐帝（六任）萧宝卷，下诏讨伐裴叔业。

二月十六日，南齐政府任命皇城保安司令（卫尉）萧懿，当豫州州长（接替裴叔业）。

二月二十八日，北魏帝国任命彭城王元勰当宰相（司徒）兼扬州州长（刺史），镇守寿阳（曹魏帝国及晋王朝初年时，寿阳〔寿春，安徽省寿县〕一直是扬州州政府所在，大分裂时代初期，扬州州政府设建康〔江苏省南京市〕，执行司隶校尉〔京畿总卫戍司令部〕任务；晋帝国末年，把豫州州政府设寿阳，参考四二〇年四月。而今，北魏帝国既取得寿阳，遂恢复魏晋时代旧制）。北魏帝国派最高统帅（大将军）李丑、杨大眼，率骑兵二千人，进入寿阳协防；又派指挥官（统军）奚康生率羽林禁卫军一千人，急行军南下增援。杨大眼，是杨难当的孙儿（杨难当掀起汉中之战，参考四三四年三月）。

北魏军队还没有南渡淮河。

二月二十九日，裴叔业因病逝世（年六十三岁），重要僚佐多数打算推举军政官（司马）李元护当总部执行官（监州），讨论磋商一两天，不能决定。前建安（河南省商城县）驻军司令（戍主）、安定郡（侨郡，湖北省南漳县西）人席法友等，认为李元护不是同乡（裴叔业是河东郡〔侨郡，湖北省松滋市西北〕人，跟席法友同是雍州〔州政府襄阳〕人），恐怕李元护改变裴叔业的决定，就共推裴植当州政府总监，封锁裴叔业死亡消息，一切命令及裁决，都出自裴植之手。北魏指挥官（统军）奚康生抵达后，裴植大开城门，迎接北魏军，把城门和仓库钥匙，全部交给奚康生。奚康生召集城里父老士绅，宣读北魏帝元恪的诏书，安抚勉励。北魏政府任命裴植当兖州（州政府设瑕丘〔山东省济宁市兖州区〕）州长（刺史），李元护当齐州（州政府设历城〔山东省济南市〕）州长，席法友当豫州（州政府设县悬瓠〔河南省汝南县〕）州长（刺史），带兵官（军主）、京兆郡（侨郡，湖北省襄阳市北）人王世弼当南徐州（州政府设宿预〔江苏省宿迁市〕）州长。

4 南齐帝国巴西（四川省绵阳市）变民首领雍道晞，集结变民

一万余人，攻击郡城；巴西郡郡长鲁休烈，登城坚守。 318

三月，益州（州政府设成都〔四川省成都市〕）州长（刺史）刘季连，派大营军事参议官（中兵参军）李奉伯，率军五千人增援，跟郡政府军队会合，发动攻击，斩雍道晞。李奉伯打算乘胜进军，消除郡境东部残余的变民部队，涪县（巴西郡郡政府所在县）县长李膺劝阻，说："政府军士卒怠惰，军官骄傲，利用战胜余威，深入险地，不是万全的谋略。不如稍稍休息，再想别的办法。"李奉伯不理，率军全部入山，大败，奔回。

5 三月十五日，南齐政府派平西将军崔慧景，率领水上战斗部队讨伐寿阳（安徽省寿县）。南齐帝萧宝卷在戒严净街、断绝行人、长幔布障的严密保护下，前往琅邪城（白下，建康城北），亲自为崔慧景送行。萧宝卷身穿军服，坐城楼上，召唤崔慧景单身独马，进入长幔布障，没有一个人跟随，崔慧景只说了几句话，便拜辞叩别，发现自己得以平安出来，不禁大喜。

新任豫州州长（刺史）萧懿，率步兵三万人，驻防小岘（安徽省含山县西北）；交州（州政府龙编）州长（刺史）李叔献，率军驻防合肥（四八五年正月，二任帝萧赜强迫当时的交州州长李叔献入朝，一直保持官衔）。萧懿派副将军胡松、李居士率军一万余人，驻防死虎（宛唐，安徽省寿县东二十公里）。骠骑将军府军政官（骠骑司马）陈伯之，率舰队逆淮河西上，进逼寿阳，在硖石（安徽省凤台县西南）停泊。寿阳城内士绅和居民，很多人打算响应。北魏受降指挥官（统军）奚康生，对外防敌，对内防叛，紧闭寿阳城门，支持一个月之久，北魏援军才到。

四月二十七日，北魏彭城王元勰、车骑将军王肃，攻击胡松、陈伯之等，大破南齐水陆两军。更进攻合肥（安徽省合肥市），生擒李叔献。指挥官（统军）宇文福向元勰建议："建安（河南省固始县），是淮河以南的重镇，双方军事行动的咽喉。如果能够夺取，就可进一步攻击义阳（河南省信阳市）；如果夺取不到，则寿阳（安徽省寿县）难以保存。"元勰同意，命宇文福进攻建安，南齐建安驻军司令（戍主）胡景略，双手反绑背后，出城投降。

6 四月三十日，北魏帝国皇弟元恍逝世。

7 南齐帝国平西将军崔慧景，从建康（江苏省南京市）出发时，他的儿子崔觉，当直阁将军，父子秘密约定行动时间表：崔慧景抵达广陵（江苏省扬州市）后，崔觉立刻逃出京师（首都建康），投奔老爹。崔慧景率军越过广陵数十里后，召集各带兵官（军主）会议，说："我身蒙三位皇帝的厚恩（指一任帝萧道成、二任帝萧赜、五任帝萧鸾），又接受辅佐托孤的重责（五任帝萧鸾遗诏，命崔慧景、刘悛、萧惠休，同心协力），可是，幼主（萧宝卷）昏庸狂暴，政府败坏，帝国倾危而不扶持。今天正应尽到职责，我打算跟各位共同建立伟大的功劳，安定国家，各位意下如何？"大家一致响应。于是，大军折回，再向广陵。军政官（司马）崔恭祖留守广陵，大开城门，迎接大军入城。

萧宝卷听到兵变消息。三月十二日，加授首都西区卫戍司令（右卫将军）左兴盛：皇家符节、首都军区水陆各军司令长官（都督建康水陆诸军），讨伐崔慧景。崔慧景在广陵停留两天，集结部众，渡长江南下。

最初，南徐州（州政府京口）、南兖州（州政府广陵）二州州长（刺史）、江夏王萧宝玄，娶徐孝嗣的女儿当王妃；徐孝嗣被诛杀（参考去年〔四九九〕十月），萧宝卷下诏，命他离婚，萧宝玄十分怨恨。崔慧景派使节前往晋见，尊奉萧宝玄当盟主；萧宝玄诛杀使节，动员军队，登城固守。萧宝卷派骑兵部队长（马军主）戚平、皇宫外务总监（外监）黄林夫，前往京口（江苏省镇江市）协防。崔慧景渡长江南下前夕，萧宝玄派人跟崔慧景秘密接触，态度剧烈转变，诛杀仍效忠中央的军政官（司马）孔矜、收发官（典签）吕承绪，以及戚平、黄林夫，大开城门，迎接崔慧景；命秘书长（长史）沈佚之、首席军事参议官（咨议）柳憕，分别部署。萧宝玄乘八抬大轿，手拿红旗，跟随崔慧景大军，向首都建康（江苏省南京市）出发。中央政府派骁骑将军张佛护、直阁将车徐元称等六位将领，驻防竹里（江苏省句容市北），构筑数个城垒，封锁要道，阻拦反抗军前进。萧宝玄派信差对张佛护说："我身为亲王，回京（首都建康）入朝，顺理成章，你何必用尽心计，断我去路？"张佛护回答说："我身份低贱，蒙国家厚恩，使我在这里建立小小的军事基地，殿下回京（首都建康）入朝，请一直通过，我怎么敢阻拦！"于是，只对崔慧景军射击，遂肉搏会战。反抗军崔觉、崔恭祖，所率前锋将士，都骁勇善战，而又轻装行军，不煮饭进餐，只用小船满载酒食，作为军粮。每看到城垒里炊烟升起，就立刻发动猛烈攻击，中央军遂无法进餐，陷于饥饿困顿。徐元称等建议出降，张佛护不肯。崔恭祖等作更猛烈的攻击，遂攻克城堡，斩张佛护。徐元称归降，其他四位带兵官（军主）全死。

三月十五日，萧宝卷再派中央禁军总监（中领军）王莹，率各路兵马，在湖头（玄武湖东）构筑城垒，连同蒋山（建康城东）西麓原来驻防的军队数万人。王莹，是王诞的堂曾孙（王诞受司马元显宠信，参考四〇二年正月）。崔慧景抵达查硎（今地不详），竹塘（今地不详）人万副儿建议说："现在，道路都被中央部队切断，不可以考虑由平地进军。只有一条路，那就是攀登蒋山小径而上，将大出他们意外。”崔慧景采纳，遂派一千余人，鱼贯登山，从西麓连夜冲下，杀声鼓声，震动天地，攻击湖头城垒，中央军惊恐，霎时间四散逃走。萧宝卷再派首都西区卫戍司令（右卫将军）左兴盛，率宫城内禁卫军三万人，守卫北篱门；左兴盛听到风声，立刻撤退。

三月二十四日，崔慧景进入乐游苑（玄武湖南），崔恭祖率轻装备骑兵十余人，杀入宫城北掖门，再行杀出。宫城所有城门，全都关闭，崔慧景指挥大军，重重包围。于是东府（宰相府，建康城南）、石头（建康城西北）、白下（建康城北）、新亭（建康城西南）各重要军事城池基地，全部崩溃。左兴盛撤退，无法进宫，躲到秦淮河采荻草小船上，崔慧景搜出他，斩首。宫城中派军出击，不能战胜。崔慧景纵火焚烧总监察署（兰台），开辟战场。暂任皇城保安司令（守卫尉）萧畅，驻防南掖门，负责宫城防御军事行动，抵御反抗军随时发动的攻击，人心稍稍安定。崔慧景宣称奉宣德太后王宝明的命令（王宝明是文惠太子萧长懋的正妻〔太子妃〕，她的儿子三任帝萧昭业登极，尊她“皇太后”。五任帝萧鸾夺取帝位，王宝明出宫定居鄱阳王萧锵的故宅，改称宣德宫。依辈分，是现任帝〔六任〕萧宝卷的堂嫂），罢黜萧宝卷，改封吴王。

王敬则兵变时（参考前年〔四九八〕四月），五任帝（明帝）萧鸾曾把所有亲王，集中皇宫。陈显达兵变时（参考去年〔四九九〕十一月），萧宝卷再召集各亲王入宫。巴陵王萧昭胄，对五任帝萧鸾命各亲王入宫，各亲王几乎被屠往事，仍感惊恐，遂跟老弟永新侯萧昭颖，假扮成和尚，逃到江西地区（安徽省中部）。萧昭胄，是竟陵王萧子良的儿子（萧子良是二任帝萧赜的儿子，参考四八四年正月）。等到崔慧景起兵，萧昭胄兄弟出来投靠，崔慧景改变主意，又想拥护萧昭胄，犹豫不决，不知道应选择哪一个人（萧宝玄，是五任帝萧鸾的儿子；萧昭胄，是二任帝萧赜的孙儿)。

反抗军竹里(江苏省句容市北)战胜，崔觉跟崔恭祖争功，崔慧景不能裁决。崔恭祖劝崔慧景用火箭攻击，焚烧宫城北掖门城楼。崔慧景认为大事就要成功，烧了之后，将来如果重建，所需经费和人力，相当繁重，所以不肯接受。崔慧景喜爱清谈，同时对佛学也有见解；指挥部设在法轮寺，每天只跟客人(指何点)高谈阔论，崔恭祖心中十分怨恨。

当时，豫州(投降北魏后，南齐政府于历阳〔安徽省和县〕另置州政府)州长(新任)萧懿，率军驻防小岘(安徽省含山县西北)讨伐裴叔业，萧宝卷派密使命萧懿回军援救京师(首都建康)。萧懿正在吃饭，接到命令，立刻放下筷子，率带兵官(军主)胡松、李居士等数千人，从采石(安徽省马鞍山市西南采石矶)渡长江登陆，抵达越城(建康城南)，燃起烽火，宫城里的人呐喊呼叫，庆幸援军已到。之前，崔恭祖曾经建议崔慧景，先派两千人驻防采石，封锁长江，阻止彼岸援军渡江。崔慧景认为宫城就要投降，一旦投降，外来的救兵，自会瓦解，不肯接受崔恭祖意见。萧懿勤王军既到越城，崔恭祖请求立即迎战，崔慧景又不同意；可是，却派他的儿子崔觉，率精兵数千人，在秦淮河南岸布防。萧懿发动拂晓攻击，奋不顾身，誓死相拼，只几个回合，崔觉军大败逃散，投到秦淮河淹死的，有两千余人。崔觉单人匹马后退，拉起秦淮河吊桥，切断南北交通。崔恭祖抢到太子宫舞女，崔觉用压力强把舞女夺去。崔恭祖累积太多气愤，当天夜晚，与崔慧景手下勇将刘灵运，投奔宫城归降。反抗军的军心，霎时崩溃。

夏季，四月四日，崔慧景发现大势已去，只率心腹侍从数人，悄悄逃出大营，打算北渡长江。而宫城北部的反抗军还不知道已

六世纪·五〇〇年三月至四月
寿阳投降北魏，南齐反攻失败

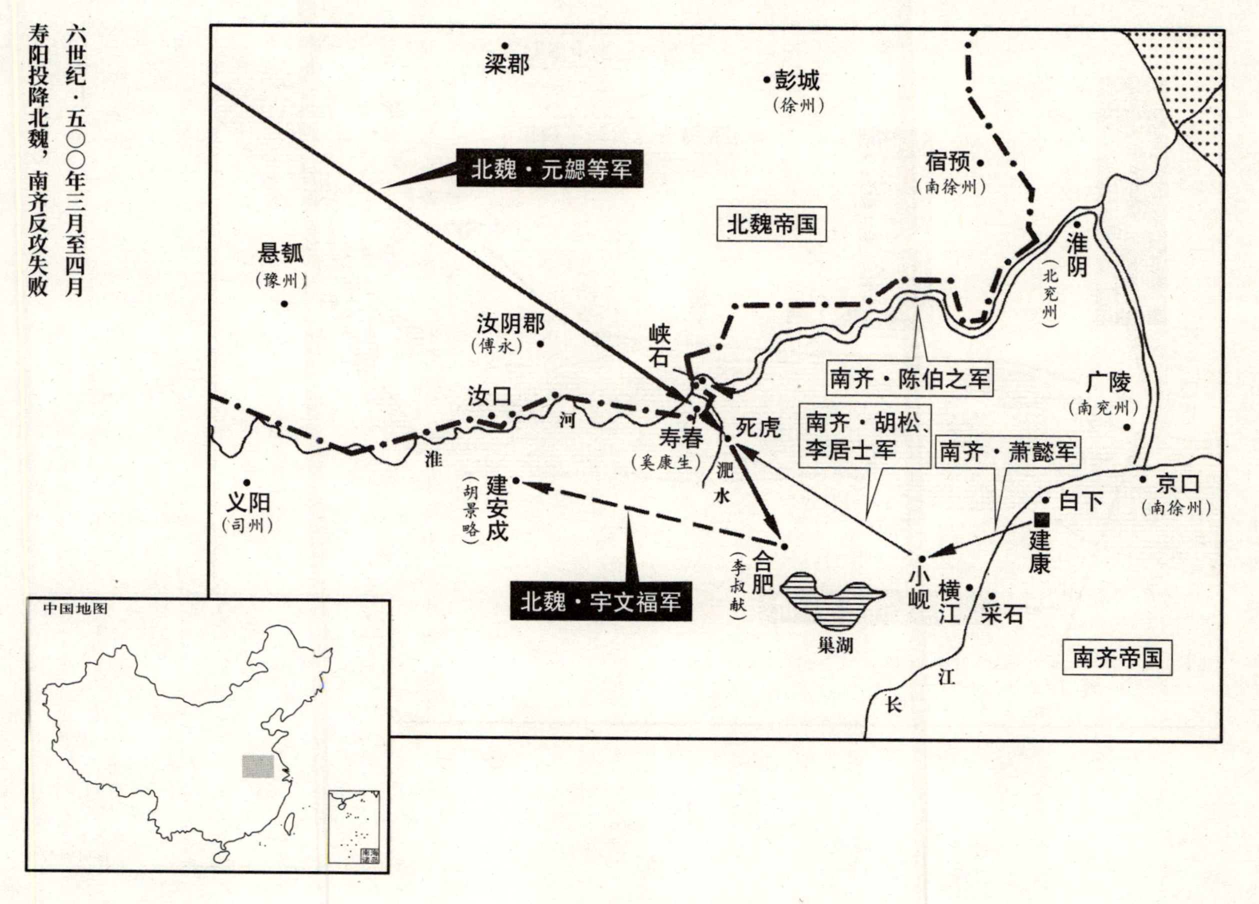

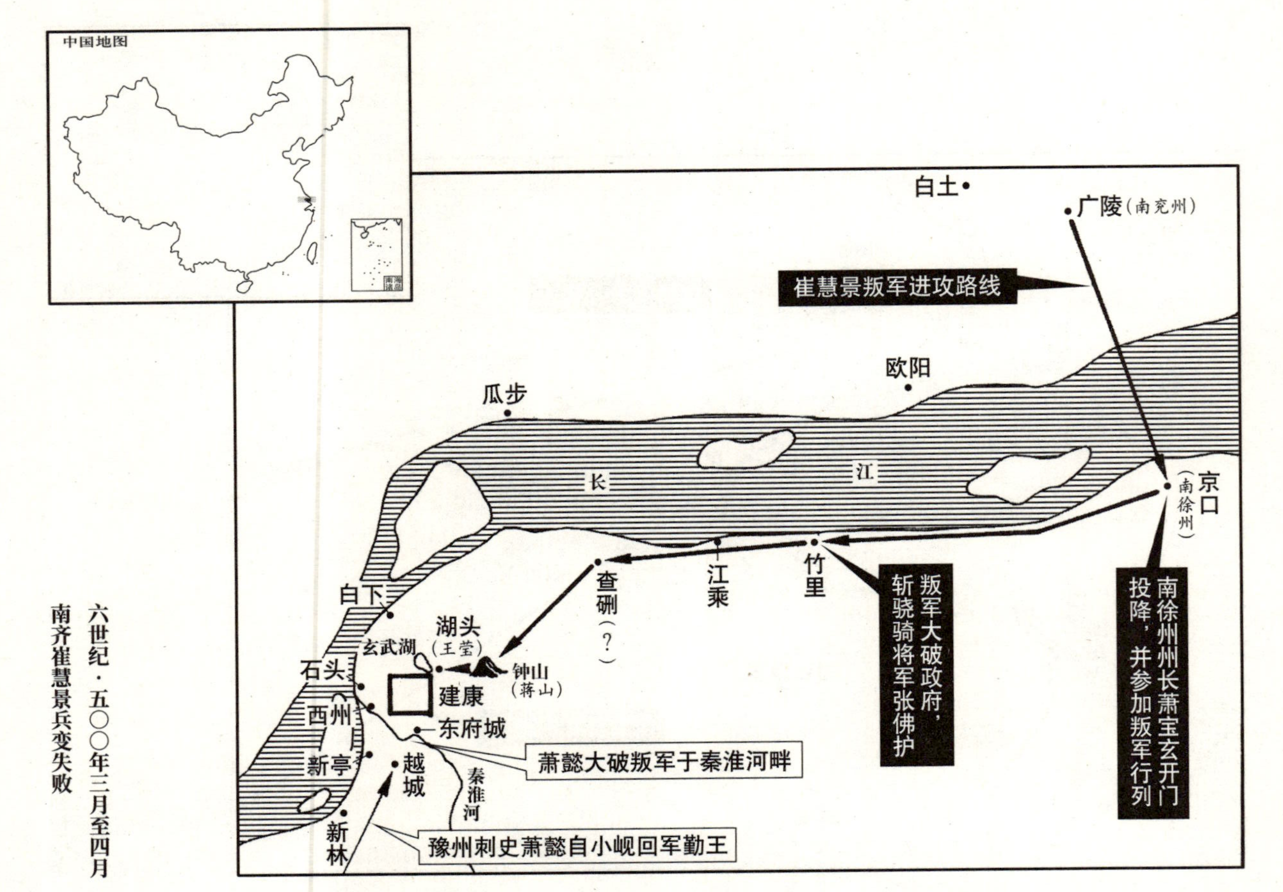

六世纪·五〇〇年三月至四月
南齐崔慧景兵变失败

被领袖遗弃，仍在那里拒战。宫城守军出城扫荡战场，斩杀数百人。萧懿勤王军渡秦淮河到北岸（北岸就是建康城），崔慧景反抗军的残余部队，全都逃散。崔慧景包围宫城，共计十二天，终于失败。追随他的心腹亲信，在中途逐渐溜走，最后只剩下崔慧景一人一马，逃到蟹浦（江苏省南京市江宁区西北），被一个渔夫格杀，把人头放到装泥鳅的箩筐里，担到首都建康（江苏省南京市）呈献。崔恭祖被囚军械制造厂（尚方），不久，斩首。崔觉逃到庙里当和尚，被发觉后，生擒，绑赴刑场，斩首（年六十三岁）。

萧宝玄初到建康时，驻扎东府城（宰相府，建康城南），官员和民众很多前往投效。崔慧景失败，勤王军搜查出政府官员或民间士绅投效萧宝玄和崔慧景的名册，南齐帝萧宝卷下令烧掉，说：“江夏王（萧宝玄）还那个样子，怎么能怪罪别人！”（胡三省注：“昏暴的人，难道没有一句话合乎真理！萧宝卷这句话说对了。”）萧宝玄逃亡，躲藏了几天才出来。萧宝卷叫他到后堂，用布障把他裹起来，命左右数十人，急擂战鼓，猛吹号角，围绕着他不停奔驰，派人对萧宝玄说：“你这些日子围我，也是如此。”

最初，崔慧景打算跟隐士何点结交，何点拒绝。崔慧景包围建康（江苏省南京市）时，强迫何点晋见；何点只好前往大营，跟崔慧景每天清谈，从来不触及政治军事。崔慧景失败后，萧宝卷打算诛杀何点。萧畅对茹法珍说：“何点如果不引诱盗贼（崔慧景）在一起胡说八道穷嚼蛆，时局发展，难以预卜（崔慧景如果全副精力用来攻城，安危难知）。从这个观点来看，真应该封何点一个爵位！”萧宝卷才打消原意。何点，是何胤的老哥（何胤隐居，参考前年〔四九八〕四月）。

8 南齐帝国讨伐寿阳（安徽省寿县）司令官、豫州（州政府历阳）

州长（刺史）萧懿，从小岘（安徽省含山县西北）回军增援京师（首都建康）后，北魏帝国车骑将军王肃，也回洛阳（河南省洛阳市东白马寺东）。投奔北魏的一些地痞流氓，人云亦云，一口咬定说，王肃打算投奔南齐帝国。

五月六日，北魏帝（八任宣武帝）元恪（本年十八岁），下诏任命王肃当豫徐司三州军区司令长官（都督豫徐司三州诸军事），豫州（州政府设悬瓠〔河南省汝南县〕）州长（刺史），封西丰公爵。

9 五月十日，南齐政府诛杀江夏王萧宝玄。

五月十三日，南齐政府大赦。

五月二十六日，南齐政府对建康（江苏省南京市）、南徐州（州政府设京口〔江苏省镇江市〕）、兖州（南兖州·州政府设广陵〔江苏省扬州市〕）地区，特别再作一次大赦。最初，崔慧景战乱平定，南齐帝萧宝卷下诏（五月十三日），赦免崔慧景的党羽。可是，受宠爱的家奴弄臣当权，根本不理会诏书；对没有罪而有财产的人，就诬陷他们是叛乱匪党，诛杀之后，还没收他们的财产。而实际上参加反抗军的变兵变民，只因家庭贫苦，反而一概不问。有人向立法院立法官（中书舍人）王咺之反映（咺，音xuān〔宣〕）：“赦书欺骗，人心愤慨！”王咺之说：“没有关系，还有第二次赦书。”因此，再赦。不久，受宠爱的家奴弄臣，随意诛杀，跟从前一样。

10 六月八日，北魏政府擢升彭城王元勰，当全国武装部队最高指挥官（大司马），兼任宰相（领司徒）；加授王肃：开府仪同三司（宰相级）。

大阳（山西省平陆县）蛮酋长田育丘等二万八千户，向政府归降；

政府在群蛮居住地区，设置四个郡、十八个县。

11 南齐帝萧宝卷、宠爱的家奴弄臣有三十一人、侍奉宦官（黄门）有十人。直阁将军兼骁骑将军徐世标，一向受萧宝卷信任，几乎所有的处决，都由徐世标执行。陈显达起兵反抗中央时，萧宝卷擢升徐世标当辅国将军；萧宝卷虽然用中央军事总监（护军将军）崔慧景当讨伐大军总司令官（参考去年〔四九九〕十一月），但兵权却握在徐世标之手。徐世标也知道萧宝卷昏聩凶暴，暗中对他的党羽茹法珍、梅虫儿说："哪一个王朝没有坏君王，但我们的君王却坏到了尖。"茹法珍等正跟他争权，就把这话秘密报告萧宝卷，萧宝卷也早就讨厌徐世标的凶恶顽强，于是派禁卫军前往诛杀，徐世标奋勇抵抗，最后仍不免一死。自此，茹法珍、梅虫儿当权，一同担任皇宫外务总监（外监），口中所说每一句话，都是传达皇帝的诏书或指令。王咺之负责文书工作，跟二人唇齿相依。

萧宝卷最宠爱贵妃（小老婆群第一级）潘玉奴，对潘玉奴的老爹潘宝庆以及茹法珍都称"阿丈"；而称梅虫儿、俞灵韵"阿兄"（自三国时代起，民间喜用"阿"字发语，如"阿父""阿兄""阿戎"等是）。萧宝卷跟茹法珍等，一块去潘宝庆家，亲自到井上汲水，帮助厨夫炒菜做饭。潘宝庆遂仗势欺人，作奸犯法，对有钱人家，就诬以谋反；犯人的田地、财产，没有一件不请求萧宝卷赏赐给自己。一家被诬陷，灾祸蔓延四周邻居。潘宝庆又考虑到对方将来可能复仇，为了斩草除根，对方所有男孩，全部格杀。

萧宝卷也常到"提刀圣旨"（刀敕）家游戏饮宴。"提刀圣旨"家有婚葬大事，萧宝卷都去庆贺、哀悼。

宦官王宝孙，年纪十三四岁，绰号"伥子"（受老虎驱使的鬼魂，称

“伥”〔音chāng· 昌〕，这种鬼魂，专门引导老虎吃人，邪恶无情，又诡计多端），最受宠爱，参与政府决策。即令是王咺之、梅虫儿之辈，对他也得低头。王宝孙随意指挥高级官员，随时更改皇帝的诏书和指令，甚至骑马闯入金銮宝殿，对萧宝卷动辄吆喝斥责；三公以及部长级官员，看到王宝孙，没有一个不恐惧得不敢大声呼吸。

12 吐谷浑汗国（青海省）可汗（十四任）慕容伏连筹，事奉北魏帝国十分周到，竭尽藩属应尽的礼节。但在汗国之内，却设立文武百官，政府编制跟帝国一样，而对于邻国，则以君王自居，反把他们当作藩属。北魏帝元恪，派使节前往责备，但仍然容忍。

13 南齐帝国冠军将军、骠骑将军府军政官（骠骑司马）陈伯之，率军再攻寿阳（安徽省寿县）。北魏帝国彭城王元勰，登城抵御，增援大军还没有到，汝阴郡（安徽省阜阳市）郡长傅永，率郡政府军三千人增援。陈伯之在淮口（河南省淮滨县东，汝水注入淮河处）筑城，防守坚固。傅永在距淮口二十余里处，用人力拉动船舰，沿汝水南岸前进，再改用水牛拉纤，向南直入淮河，军队一下船就在淮河南岸登陆。而南齐的阻击部队，也同时到达。当天夜晚，傅永秘密进入寿阳，元勰喜不自胜，说：“我向北眺望，一日复一日，恐怕洛阳（北魏首都）难以再见，想不到你能到此。”元勰命傅永率军入城；傅永说：“我先到这里，目的在击退敌人，如果遵照你的指示，是来陪同殿下一起接受围攻，岂是救兵的原意！”遂驻扎寿阳城外。

秋季，八月十八日，元勰分配将士作战任务，跟傅永配合，攻击陈伯之大本营肥口（寿县西北 · 淝水〔东淝河〕注入淮河处），大破南齐军，斩杀九千人，俘虏一万人，陈伯之单身逃走。自此一战，淮南郡（寿阳·安徽省寿县）遂成为北魏领土（南朝既失彭城，又失寿阳，边界日近长江）。

北魏政府派镇南将军元英，率军增援淮南（寿阳·安徽省寿县），还没有到达，陈伯之已被击败，北魏帝元恪把元勰召回洛阳（河南省洛阳市东白马寺东）。元勰不断上疏，辞让最高指挥官（大司马）兼宰相（领司徒），请求回中山（河北省定州市），当定州（州政府中山）州长（刺史）原任。元恪不许，而任命元英当扬州（州政府寿阳）总部执行官（行扬州事）。不久，任命王肃当淮河以南军区司令长官（都督淮南诸军事）、扬州（州政府寿阳）州长（刺史），"持节"，接替元勰。

14 八月十七日（原文"甲辰"，据《南齐书》改），夜晚，南齐后宫失火，当时南齐帝萧宝卷出游大街小巷，没有回宫，外人不敢擅自打开宫门，宫里的人遂无法逃生。等打开宫门时，烧死的宫女、宦官，遍地尸体，房舍烧毁三十余间。

当时，受宠爱的家奴弄臣，都用"鬼"字作为绰号。有一位"赵鬼"，能够读《西京赋》，对萧宝卷说："柏梁台火灾之后，建章宫兴筑。"（东汉王朝张衡，作《东京赋》《西京赋》，有此二语。柏梁台火灾及建章宫兴筑事，参考前一〇四年。）萧宝卷遂大兴土木，兴建芳乐、玉寿等殿，用麝香涂抹墙壁，雕刻绘画、修饰装潢，竭尽奢侈豪华，堂皇富丽。工匠夜以继日，从晚上做到天亮，仍赶不上萧宝卷要求的进度。

后宫小老婆群及宫女的服装和使用器物，都非常奇异珍贵；皇家储藏的旧有东西，不再够用，遂用高价收买民间金银珠宝，价格比平时高出数倍。建康（江苏省南京市）酒税，都折成黄金，让人民缴纳，而仍然不足。萧宝卷用黄金雕成莲花，贴到地上，命贵妃潘玉奴在上面行走，说："这才是步步生莲花！"又令人民缴纳野鸡头上红色羽毛、仙鹤翎毛以及白鹭绒毛，代替赋税；受宠爱的家奴弄臣，就利用这个机会，从中图利。皇帝不过要求进贡一件，受宠爱的家奴弄臣，便要求人民进贡十件；又派人到各州县，招揽生意；代替人民缴纳赋税，折收现款，但是却不交给地方政府，而自己全部侵占；郡长县长不敢提一句抗议，只好重向人民征收，如此这般，反复不停，人民困顿贫苦，山穷水尽，奔走道路号叫哭泣。

柏杨曰

一种不确定的传说：残害中国妇女最厉害的"缠小脚"风俗，出自六世纪〇〇年代、南齐亡国之君萧宝卷的创意，而由潘玉奴演出，大概黄金莲花还不能烘托玉足的雪白，稍稍用薄纱把玉足松松的包住，似乎比光脚更为性感。于是，天复一天，年复一年，到了八世纪唐王朝之后，缠脚风气，竟势不可当。中国妇女不得不陷于万劫不复之地，一千年来，一半以上的中国人的双脚，硬被人力摧残，趾骨寸断，脚不像脚，倒像一根舂米用的木杵。每天夜晚，我们如果倾耳静听，会听到中国境内，家家户户，都有少女的悲惨哭声，当西方小女孩正在读幼稚园，读小学，欢天喜地，成为父母宠儿的时候，中国少女却被父母施以酷刑。这种缠出来的小脚，不但外貌丑陋，而且还会发出一种奇臭。但是却被一些文妖之类，化腐朽为神奇，反而成了瘦不盈握、香喷喷的三寸金莲，把事实颠倒到如此程度，使二十世纪之后出生的中国人，羞愧难当。

这是一个很大的困惑，不仅要问：中国人有没有美感细胞？中国人分清分不清什么是美？什么是丑？什么是香？什么是臭？中国人有没有鉴赏能力？在传统深处，我们不了解美，因而畏惧、排斥美，甚至认为美是一种恶。发展到终极，恶反而变成了美。女人缠脚，就是例证。

15 南齐帝国带兵官（军主）吴子阳等，率军从三关出发，侵入北魏帝国领土（三关：平靖关〔湖北省广水市北〕、武阳关〔河南省信阳市南武胜关〕、黄岘关〔河南省罗山县西南〕）。

九月，吴子阳等跟北魏东豫州（州政府设新息〔河南省息县〕）州长（刺史）田益宗，在长风城（河南省潢川县南）会战；吴子阳等大败而还。

16 南齐帝国豫州（州政府历阳）州长（刺史）萧懿，自小岘（安徽省含山县西北）南下增援京师（首都建康）时，雍州（州政府襄阳）州长（刺史）萧衍，派亲信虞安福，飞骑前往，劝告萧懿说："诛杀盗贼（指崔慧景）之后，你就建立下使皇帝无法赏赐的大功。面对贤明的君王，还不见得可以自保，何况如此昏乱的政府，怎么可能免死？如果盗贼消灭，你率军入宫，行使伊尹、霍光所行使的大事，应是万世难逢的良机。如果不能，就应上疏中央，班师历阳（安徽省和县），宣称全力对付外患，则声威震慑内外，谁敢不服从命令！这两件事都办不到，一旦放弃兵权，接受他的富贵荣华，地位虽高，却没有军队，一定后悔。"秘书长（长史）徐曜甫，也苦苦进言，萧懿全不同意。

崔慧景既死，萧宝卷任命萧懿当国务院总理（尚书令）。萧懿有九个弟弟：萧敷、萧衍、萧畅、萧融、萧宏、萧伟、萧秀、萧憺、萧恢。萧懿以伟大功勋，位居政府首长高位；萧畅当皇城保安司令（卫尉），管理城门钥匙。当时，南齐帝萧宝卷，忽然出城，忽然入宫，行动飘忽无常，有人建议萧懿：趁萧宝卷出城游逛时，紧急动员军队，把他罢黜，萧懿不接受。受宠爱的家奴弄臣茹法珍、王咺之等，厌恶萧懿权势太大，警告萧宝卷说："萧懿将要效法对付萧昭业前例（参考四九四年七月），陛下的性命就在顷刻。"萧宝卷相信。徐曜甫得到消息，秘密在长江小岛上准备船只，劝萧懿逃亡，投奔襄阳（湖北省襄阳市）。萧懿说："人生自古都有死，岂有叛逃的国务院总理（尚书令）！"但萧懿的老弟和侄儿，都严密戒备。

冬季，十月十三日，萧宝卷派人把毒药送到国务院（尚书）给萧懿。萧懿毒发身死前，说："我弟弟（萧衍）在雍州（州政府襄阳），实在替政府担心。"萧懿的弟弟、侄儿们，全都逃亡，躲在民间，没有人检举告发。只有萧融被捕，斩首。

17 十月二十一日，北魏政府任命彭城王元勰当宰相（司徒）、主管政府机要（录尚书事），元勰坚决辞让，元魏帝元恪不准。元勰性情恬淡，不爱荣华富贵，不喜名声势利。七任帝（孝文帝）元宏，敬重他的才干，所以交付给他大权重任，虽然有明确的准他退休的诏书，可是，仍被现任帝（八任宣武帝）元恪挽留。元勰因愿望屡次不能实现，有一种落寞的感觉，常常叹息。元勰具备优美的风度仪表，端庄严肃，好像一位神明。平常跟人结交周旋，都循规蹈矩；出入内外，言谈笑语，使人乐而忘倦。元勰喜爱文学史学，处理公务之余，一直不停的读书。做人小心谨慎，从来不犯过错。即令休闲时候，独自居住，也没有懒惰懈怠的表情。敬重儒家学派的文雅知识分子，尽心以礼相待。清廉正直，简单朴素，家门之内，没有因公事而私下晋见的人。

十一月三日，东荆州（州政府设沘阳〔河南省泌阳县〕）州长（刺史）桓晖，攻击南齐帝国，攻克下笮戍（湖北省襄阳市东北）；归降桓晖的南齐住民，有二千余家。桓晖，是桓诞的儿子（桓诞降北魏事，参考四七二年正月）。

18 最初，南齐帝萧宝卷，疑心雍州（州政府襄阳）州长（刺史）萧衍，可能对中央图谋不轨。直后将军、荥阳郡（侨郡）人郑植的老弟郑绍叔当萧衍的宁蛮司令部秘书长（宁蛮长史。雍州州长〔刺史〕兼任宁蛮校尉），萧宝卷命郑植以探望郑绍叔名义，前往行刺萧衍。郑绍叔得到消息，秘密报告萧衍。萧衍在郑绍叔家，摆下宴席，对郑植开玩笑说："中央派你当刺客，今天宴会，正是大好良机。"宾主都大笑。萧衍又招待郑植参观城防工程、仓库、战士、兵马、武器、船舰。郑植告退后，对郑绍叔说："雍州（湖北省北部）实力雄厚，不容易对付。"郑绍叔说："老哥回去，应把所见到的，全部报告天子（萧宝卷），如果用武力夺取雍州（州政府襄阳），我就凭着这些装备，一决死战。"郑植返京（首都建康）时，郑绍叔送他到南岘（即岘山，襄阳城南五公里。孙坚在此战死〔参考一九一年十月〕，羊祜坠泪碑也在此〔参考二七八年十一月〕），痛哭握别（一旦战争爆发，兄弟敌对，难再相见）。

萧懿死讯传到襄阳（湖北省襄阳市），萧衍深夜召集张弘策、吕僧珍、秘书长（长史）王茂、总务官（别驾）柳庆远、人事官（功曹）吉士瞻等，在家中商议对策，最后决定，用最强烈的手段反应。王茂，是王天生的儿子（王天生攻击袁粲事，参考四七七年十二月）。柳庆远，是柳元景的侄儿（柳元景之死，参考四六五年八月十三日）。

十一月九日，萧衍集合僚属，说："皇上（萧宝卷）昏瞆暴虐，罪恶超过子受辛，我准备跟各位同心协力，把他除掉。"当天建立大本营，竖起义旗，集结部众，约有武装士卒一万余人，战马一千余匹，船舶三千余艘。把檀溪中储存的木材、竹竿，拿来建造舰艇，用茅草做成船篷，事情立刻办妥。各将领争夺船桨，吕僧珍把原先准备的拿出来，每船分配两只，争论才算平息。

这时，南康王萧宝融，当荆州（州政府设江陵〔湖北省江陵县〕）州长（刺史），西翼警卫指挥部秘书长（西中郎长史）萧颖胄，当总部执行官（行府州事。萧宝融武职是西中郎将）。南齐帝萧宝卷，派辅国将军、巴西、梓潼二郡（二郡郡政府皆设涪城〔四川省绵阳市〕）郡长刘山阳，率军三千人，前往任所；命他路过江陵时，会合萧颖胄的军队，袭击襄阳（湖北省襄阳市）。萧衍得到情报，派军事参议官（参军）王天虎，前往江陵，送信给总部各位官员，声称："刘山阳大军西上，将同时袭击荆（江陵）、雍（襄阳）二州。"萧衍对属下将领及幕僚说："荆州（江陵）一向畏惧襄阳（襄阳是边陲重镇，军民骁勇善战），加上唇亡齿寒，怎能不暗中跟我们同心！我集结荆（湖北省西部）、雍（湖北省北部）二州的兵力，擂动战鼓，大举东下，纵然韩信、白起复活，也不能拯救建康（江苏省南京市），何况一个昏君和一'提刀圣旨'之徒！"萧颖胄接到信，犹豫不能决定。而中央军刘山阳，已抵达巴陵（湖南省岳阳市），萧衍派王天虎，携带两封书信，再往江陵，分别呈递萧颖胄及他的老弟、南康王府宾友（王友）萧颖达。王天虎出发后，萧衍对张弘策说："指挥军队作战，以心战最为重要。前些时派王天虎到荆州（州政府江陵），每人都有函件，这一次王天虎乘驿马车十万火急赶往，却只携带呈递萧颖胄兄弟的两封信，信上写明：'由王天虎口头报告。'可是，当问王天虎有什么报告时，王天虎却不知道有什么报告。王天虎是萧颖胄的亲戚，那边的人一定认为萧颖胄跟王天虎共同隐瞒一项秘密，于是每个人都会生出疑心。刘山阳自然也会猜忌，跟萧颖胄保持距离。到那时候，萧颖胄无论进退，都没有办法证明，自会跳进我的圈套，是以，两封平淡的信，却可以平定一州。”（胡三省注：“萧衍在襄阳举事，妙计百出。后来遇到侯景，不如一个白痴〔参考五四八年〕。难道是他老了，或是上天夺取他的魂魄？”中国多的是半截英雄，有能力创造奇迹，没有能力保持奇迹。说萧衍是半截英雄还是恭维他，实际上从头到尾都是庸碌之辈，运气来了，小聪明多如牛毛。他欠缺大智慧，没有后劲，不得不败得悲惨。）

刘山阳大军挺进到江安（湖北省公安县），逗留停顿十余日，不肯北上；萧颖胄大为恐惧，不知道如何是好。夜晚，召集西翼警卫指挥部城防军事参议官（西中郎城局参军）、安定（侨郡，湖北省南漳县西）人席阐文，首席军事参议官（咨议参军）柳忱，在戒备森严的书房中，秘密会议。席阐文说：“萧衍招兵买马，已不是一天。江陵（荆州）一向畏惧襄阳（雍州），而且江陵（荆州）又寡不敌众。如果攻击萧衍，一定无法克制；即令可以克制，最后仍不会被中央包容。现在，如果诛杀刘山阳，跟萧衍联合起兵，另行拥护一位新皇帝，号令全国，霸主的事业，就可以建立。问题是，刘山阳迟迟不进，是他对我们已不信任。只有一个办法使他信任，那就是先斩王天虎，把王天虎的人头送给刘山阳，化解他的猜疑，等他到达时，再向他下手，不可能不成功。”柳忱说：“皇帝疯狂荒唐，一天比一天严重，京师（首都建康）显贵官员，没有一个不站着时不敢动移、停着时不敢呼吸。幸而他是那么遥远，使我们暂时得以保住性命。讨伐萧衍，只是中央使我们两州互相击毙对方的谋略。难道看不见国务院总理（尚书令）萧懿的下场？萧懿率精兵数千人，攻破崔慧景十万大军，而竟被一群鲨鱼陷害，灾难相接。如果对从前事件不忘，它就是后来事件的教师。而且，雍州（湖北省北部）士卒骁勇善战，粮多将广。萧衍英姿，盖世无双，刘山阳绝对抵挡不住。萧衍如果击破刘山阳，我们荆州（湖北省西部）又要接受违犯军律的责备，进不能进，退不能退，应该深思。”萧颖达也劝告萧颖胄接受席阐文的建议。第二天，早晨，萧颖胄召见王天虎，说：“你跟刘山阳相识，事到今天，不得不借一下你的人头。”遂斩王天虎，把人头送给刘山阳，一面征调民间车辆牛只，宣称出动步兵远征襄阳；刘山阳大喜过望。

十一月十八日，刘山阳抵达江津（江陵县东南十公里），乘坐一辆车子，身穿白色衣服，带了左右几十个卫士，进城拜会萧颖胄。萧颖胄派前汶阳郡（湖北省远安县）郡长刘孝庆等，在城内设下伏兵，刘山阳一进城门，伏兵突起，就在车上击斩刘山阳。刘山阳的副带兵官李元履，集结部众，请求归降。

柳忱，是柳世隆的儿子（柳世隆，参考四六六年四月）。萧颖胄忧虑西翼警卫指挥部军政官（西中郎司马）夏侯详不赞成起兵反抗中央，告诉柳忱。柳忱说：“容易得很！最近夏侯详向我家求婚，我还没有答应。”遂把女儿嫁给夏侯详的儿子夏侯夔，然后把密谋告诉他，夏侯详同意。

十一月十九日，萧颖胄用南康王萧宝融的名义，下令戒严；又下令赦免囚犯，赏赐给他们恩德，颁布奖赏标准。

十一月二十日，萧颖胄再用萧宝融名义，任命萧衍“使持节”（一级权力）、前锋大军总司令官（都督前锋诸军事）。

十一月二十一日，再任命萧颖胄当前进及留守大军总司令官（都督行留诸军事）。萧颖胄有才能、度量，自公开背叛中央，谦卑虚心，委曲自己，顾全大局，人心归附。因总务官（别驾）、南阳郡（河南省南阳市）人宗夬（音guài〔怪〕），以及同郡人、大营军事参议官（中兵参军）刘坦，首席军事参议官（咨议参军）乐蔼，都受本州（荆州）人士推崇敬重；萧颖胄遇到总部重要措施，总是向他们请教。萧颖胄、宗夬，每人都捐出自己的财产及布帛、粮秣；又向富家交换借贷物资，供应军需。长沙寺的和尚，一向富有（四三二年六月，南宋帝国临川王刘义庆当荆州（州政府江陵）州长，为老爹长沙王刘道怜祈福，兴建庙院，名长沙寺），用黄金铸成金龙，有数千两重，埋在土中。萧颖胄把它掘出，捐输给军队。

萧颖胄派人把刘山阳的人头，送给萧衍，并且说：本年不利军事行动，应延缓到明年（五〇一）二月间出兵。萧衍说："发动大事，全靠一股锐气。一个突破接一个突破，还恐怕惊疑懈怠，如果停留一百天，一定后悔莫及。而且，十万武装部队，按兵不动，粮秣先行吃光，只要有一个小娃起来反对，我们的大事就不会成功。何况，部署已经完成，怎么可以中途停止？从前，姬发（武王）讨伐子帝辛（纣帝），在冒犯'太岁'之下进军。怎么可以坐在那里，等'太岁'自己变换方位，再采取行动？"（"太岁"，就是木星，古天文书记载，太岁星每十二年绕一个大圈。所在的方向，最为凶恶，不可以从事土木工程〔俗云："太岁头上动土。"祸不可测。〕更不可以出兵。）

十一月二十二日，萧衍上疏南康王萧宝融，请登极称帝，萧宝融拒绝。

十二月，萧颖胄跟夏侯详，发布政治号召及军事命令给首都建康（江苏省南京市）的文武百官，以及全国各州郡政府首长，条条指控南齐帝萧宝卷，以及梅虫儿、茹法珍的罪行。萧颖胄派冠军将军、天水郡（侨郡，湖北省宜城市东）人杨公则，率军攻击湘州（州政府设临湘〔湖南省长沙市〕）；又派西翼警卫指挥部军事参议官（西中郎参军）、南郡（湖北省江陵县）人邓元起，攻击夏口（郢州州政府所在城，湖北省武汉市）；带兵官（军主）王法度，被认为不及时前进，撤职。

十二月十日，荆州（江陵）各将领及参谋僚佐，再建议萧宝融登极称帝，萧宝融仍不应许。夏侯详的儿子、骁骑将军夏侯亶，在京师（首都建康）当殿中禁卫总队长（殿中主帅），夏侯详秘密召唤，夏侯亶遂自建康（江苏省南京市）逃回。

十二月二十七日，夏侯亶抵达江陵（湖北省江陵县），宣称奉宣德皇太后王宝明的命令：“南康王（萧宝融）应继承大统，可等待京师方面清除宫廷。在没有使用皇帝称号之前，特别赏赐给他十个郡，封宣城王（晋帝国时，七任帝元帝司马睿，以琅邪王身份当皇帝，所以琅邪王异于其他亲王，居于储君的第二顺位〔第一顺位是皇太子〕。南齐帝国五任帝明帝萧鸾，以宣城王身份当皇帝，所以宣城王跟琅邪王同样特别），担任帝国相国，兼荆州（州政府江陵）全权州长（牧），加授皇帝诛杀时专用的铜斧（黄钺），可以遴选文武百官；而原来职务：西翼警卫指挥官（西中郎府）、南康国（南康王采邑），仍然保持。等到皇家军队接近京师（首都建康）时，主管单位具备法驾迎接。”

竟陵郡（湖北省钟祥市）郡长、新野郡（河南省新野县）人曹景宗，派亲信向萧衍建议：应迎接萧宝融建都襄阳（湖北省襄阳市），先登大位，确定皇帝身份，然后出动大军；萧衍不同意。王茂私下对张弘策说：“现在，把萧宝融放到别人手里，别人挟持天子，号令全国。萧衍努力前进，不过受别人驱使，这岂是长远计划！”张弘策告诉萧衍，萧衍说：“如果大事不能传出捷报，当然玉石俱焚。如果攻无不克，威望震动四海，我岂是庸庸碌碌，受别人摆布之辈。”（不让权力魔杖滑出手掌，是野心家最大守则，萧衍否认是庸碌之辈，事实上恰是庸碌之辈，只是他的运气不错。萧颖胄不死，萧衍可能是袁绍第二。）

最初，陈显达、崔慧景之乱，人心不安。有人向上庸郡（湖北省竹山县西南上庸镇）郡长、杜陵（侨县，湖北省襄阳市西）人韦叡，询问对时事的看法，韦叡说："陈显达虽然是沙场老将，却没有政治才干。崔慧景虽然阅历过不少事情，可是性情懦弱，魄力不够；他们全族都被诛杀，并不使人感到意外。将来安定天下的，莫非就在本州（雍州）！"遂命他的两个儿子去结交萧衍。等到萧衍聚众起兵，韦叡率郡政府军二千人，加倍速度前进，去襄阳投效。华山郡（湖北省宜城市）郡长、蓝田（侨县）人康绚，率郡政府军三千人，增援萧衍。酂县（湖北省老河口市西北）人冯道根，在家为娘亲守三年之丧，也率同乡中能胜任作战的子弟，投奔萧衍。梁州、南秦州（二州州政府设南郑）州长（刺史）柳惔，也起兵响应萧衍。柳惔，是柳忱的老哥。

萧宝卷听到刘山阳被杀消息，下诏动员，出军讨伐荆（江陵）、雍（襄阳）二州叛徒。

十二月十三日，萧宝卷任命冠军将军府秘书长（冠军长史）刘浍（音kuài〔快〕）当雍州州长（刺史）；派骁骑将军薛元嗣、皇家制造事务总监（制局监）暨荣伯，率领大军，及运送装载粮秣的一百四十余艘船只，增援郢州（州政府夏口）州长（刺史）张冲，阻止反抗军前进。薛元嗣等对刘山阳中计被杀前事，深怀戒惧，因之疑惑张冲的立场，不敢前进，遂驻扎夏口浦；一直等反抗军逼近，才陆续进入郢州（夏口·湖北省武汉市）。前竟陵郡（湖北省钟祥市）郡长房僧寄，准备回首都建康（江苏省南京市）；经过郢城（夏口·湖北省武汉市）时，萧宝卷下诏，命房僧寄当骁骑将军，留下来驻防鲁山（湖北省武汉市汉水南岸）。张冲跟房僧寄一同向天盟誓，效忠中央，派带兵官（军主）孙乐祖率数千人，前往鲁山协防。

萧颖胄写信给武宁郡（湖北省荆门市北）郡长邓元起，要求他站在反抗军一边。张冲对邓元起一向厚待，所以大家都劝他返回郢城（夏口·湖北省武汉市），邓元起在大庭广众中高声宣布，说："皇上（萧宝卷）凶暴，屠杀高阶层官员，一群品质低劣的摇尾系统当权，官宦之家的品德道义全部沦丧。荆（湖北省西部）、雍（湖北省北部）二州同时发动大事，还怕失败？而且，我的娘亲在西方（邓元起是南郡〔江陵〕人），如果事情失败，虽被昏暴的政府诛杀，却有幸可以免除不孝的罪过。”当天就收拾行李，西去江陵，担任西翼警卫指挥部大营军事参议官（西中郎中兵参军。这段史实应是追叙邓元起十一月间事，事实上此时邓元起正率军攻击夏口）。

湘州（州政府临湘）总部执行官（行事）张宝积，征调军队保卫州城（临湘·湖南省长沙市），不知道应该支持哪一边。反抗军冠军将军杨公则，攻克巴陵（湖南省岳阳市），进击白沙（湖南省湘阴县北），张宝积恐惧，请求归降。杨公则进入长沙（临湘），对张宝积和他的部众，接纳安抚。

19 本年（五〇〇），南齐帝国北秦州州长（刺史）杨集始，率部众一万余人，从汉中（陕西省汉中市）出发北上，打算收回过去丧失的土地（杨集始被杨灵珍击败事，参考四九七年八月）。北魏帝国梁州（州政府设骆谷城〔甘肃省西和县南〕）州长（刺史）杨椿，率步骑兵五千人混合兵团据守下辩（甘肃省成县），写信给杨集始，分析利害，杨集始遂率领他的私人军队一千余人，投降北魏。北魏政府恢复他的爵位——武兴王，命他回去镇守武兴（陕西省略阳县）。

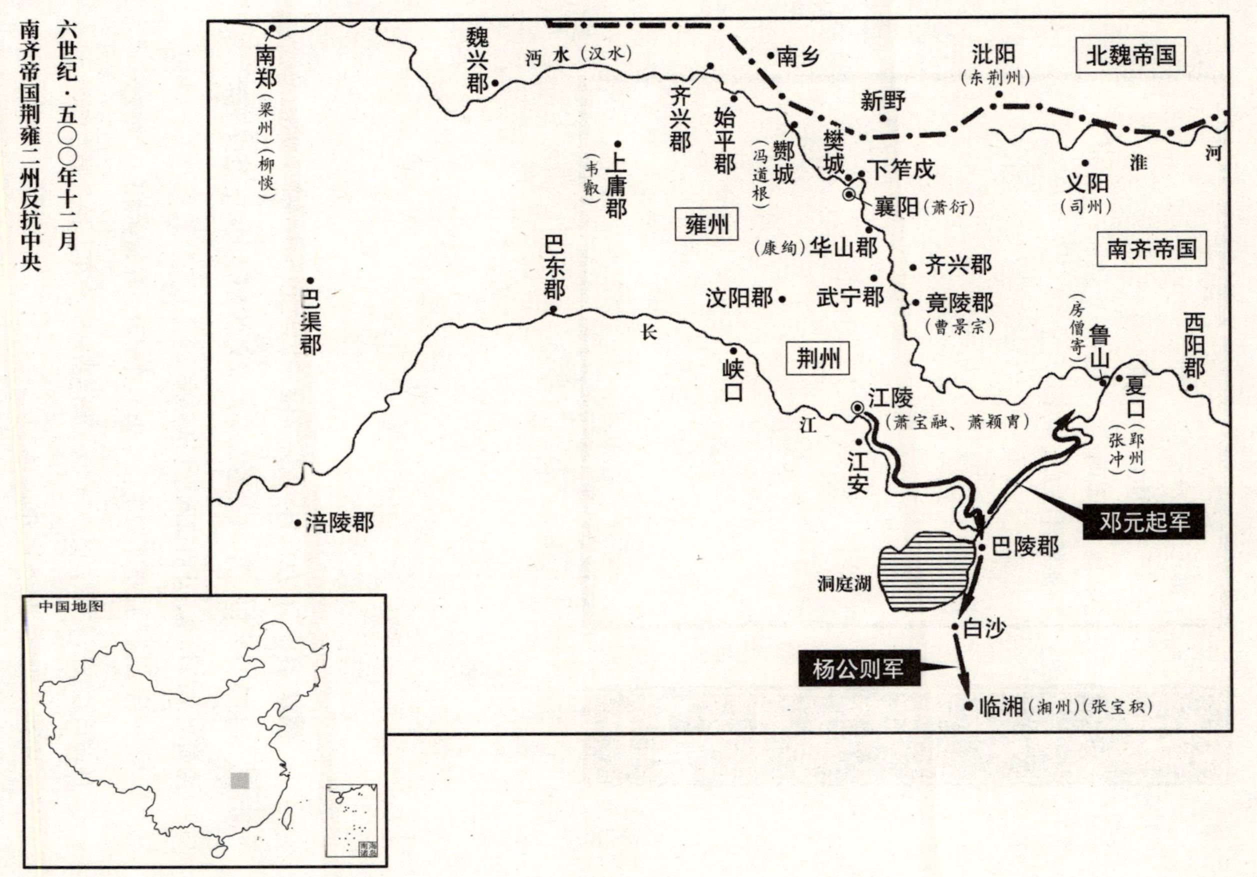

六世纪·五〇〇年十二月
南齐帝国荆雍二州反抗中央

五〇一年 辛巳

南齐 永元 三年
中兴 元年
北魏 景明 二年
（柔然汗国太安十年）

1 春季，正月二日，南齐帝国（首都建康〔江苏省南京市〕）皇帝（六任）萧宝卷（本年十九岁），任命晋安王萧宝义当宰相（司徒），建安王萧宝夤当车骑将军、开府仪同三司（宰相级）。

正月十日，反抗军盟主、南康王萧宝融，开始称相国，大赦。任命萧颖胄当左秘书长（左长史）、萧衍当征东将军、杨公则当湘州（州政府设临湘〔湖南省长沙市〕）州长（刺史）。

正月十三日，萧衍率军从襄阳（雍州州政府所在县，湖北省襄阳市）出发，留下老弟萧伟当总部执行官（总府州事），另一老弟萧憺负责防卫城郊堡垒；征东将军府军政官（府司马）庄丘黑驻防樊城（襄阳市汉水北岸）。萧衍既然南下，州政府兵力和仓库粮秣，十分空虚，而魏兴郡（陕西省安康市）郡长裴师仁、齐兴郡（湖北省郧县）郡长颜僧都，不但不接受萧衍的命令，反而更集结部队，袭击襄阳。萧伟、萧憺派军在始平郡（侨郡，湖北省丹江口市西北）迎头拦击，大破二郡联军，雍州（襄阳）才转危为安。

2 北魏帝国（首都洛阳〔河南省洛阳市东白马寺东〕）咸阳王元禧，担任首相（元禧以全国武装部队总司令〔太尉〕身份，辅佐皇帝，位居一人之下，万人之上），并不亲自处理政务，反而骄傲奢侈（骄傲二字出现），贪污荒淫，多数行为，都违犯国法，北魏帝（八任宣武帝）元恪（本年十九岁），对他十分讨厌。元禧派奴仆去向中央禁军总监（领军）于烈，索取皇家羽林和虎贲武士，作为自己出入的仪仗卫队。于烈说："天子（元恪）守丧期间，心怀悲哀，闭口不再说话，国家大事，全由首相决定。可是，我只知道负责警卫，保护宫廷安全，除非有诏书，不敢违背体制，私相授受。"元禧的奴仆失望而回。元禧再派人对于烈说："我，天子（六任帝拓跋弘）的儿子，天子（元恪）的叔父，身为首相，提出要求，跟诏书有什么分别！"于烈声色俱厉，说："我并不是不知道大王的尊贵，可是，你不应该教一个奴仆，向我索取只有天子才可以使用的羽林和虎贲武士！你可得到我的头，但你得不到羽林、虎贲武士。"元禧大怒，调于烈当恒州（州政府设故都平城〔山西省大同市〕）州长（刺史）。于烈不愿被贬到远方，坚决辞职，元禧当然不准；于烈只好声称有病，不出家门。

于烈的儿子、左翼警卫指挥官（左中郎将）于忠，兼直阁将军，时常侍奉北魏帝元恪左右。于烈命于忠提醒元恪："王爷们专断横行，意图难以预测，最好早一天解除他们的职务，由皇上自己掌握权柄。"北海王元详，也秘密向元恪检举元禧的过失，并且警告：彭城王元勰很得人民拥护，不应该长久使他留在中央。元恪同意。

这时，将要举行西郊春季大祭，王爵、公爵等，在皇家祖庙东边别馆集合，元恪在夜晚命于忠通知于烈："明天早上来见，会有人事变动。"天刚亮时，于烈先到，元恪命于烈率直阁武士六十余人，宣布圣旨，召见元禧、元勰、元祥，并把他们护送到元恪所在。元禧等到光极殿（光极殿，四九五年建，专为接见大臣之用）晋见元恪，元恪说："我孤陋寡闻，继承皇家宝座，近年以来，体弱多病，完全依靠各位叔父，苟延性命，前后已三年之久。各位叔父十分辛苦，诚恳的要辞去官职，退隐田园，我不得不答应这个请求。从现在开始，我接管政府，亲自处理政务。各位暂时回到各位的办公处所，我另有人事命令。"又对元勰说："这些日子以来，南北事务繁重（南指扬州〔州政府设寿阳，安徽省寿县〕，北指定州〔州政府设中山，河北省定州市〕），不允许你完成谦让的美德。可是，我是什么人，怎敢长期的违背先帝（元宏）遗诏，使叔父不能远离世俗？"元勰拜谢说："陛下孝顺谦恭，遵行先帝（元宏）指示，对上显示圣明的胸襟，对下满足微臣的心愿，感激陛下（元恪）恩典，思念先帝（元宏）深情，悲喜交集。"

正月十五日，元恪下诏，命元勰解除所有官职，以亲王身份，返回私宅；擢元禧当太保（上三公之三。太保是架空的高官，没有实权）；而任命元详当最高统帅（大将军）、主管政府机要（录尚书事）。国务院执行官（尚书）、清河郡（山东省临清市）人张彝、邢峦，听到皇帝派武士押送各亲王进宫，将有非常处分，惊骇震恐，弃家逃亡，逃出洛阳城，被总监察官（御史中尉）、中山郡（河北省定州市）人甄琛弹劾。元恪下诏对二人严厉责备。再命于烈当中央禁军总监（领军），并加授车骑大将军（正三品）。从此之后，于烈一直在宫廷值班，无论军事或政治大事，都参与决定。

元恪本年十六岁（实应是十九岁），事实上没有能力处理国家政务，只好把大权交给左右侍从。于是，受宠爱的家奴弄臣，如茹皓、赵郡（河北省赵县）人王仲兴、上谷郡（河北省怀来县）人寇猛、赵郡（河北省赞皇县）人赵修、南阳郡（河南省南阳市）人赵邕，以及元恪的舅父高肇等，分别掌权，北魏帝国开始衰落。摇尾系统中，赵修尤其受宠，十天半月之间，升迁到宫廷膳食部长（光禄卿，正三品）。每升一次官，元恪都会亲自到赵修家，设宴庆祝；王爵、公爵，以及文武百官，全随皇帝前往。

3 正月十六日，南齐帝萧宝卷，到首都建康（江苏省南京市）南郊祭祀天神。大赦。

4 正月二十二日，北魏帝元恪，在太极前殿召见文武百官，宣布他亲自主持政府的决定。

正月二十七日，元恪命咸阳王元禧兼任全国武装部队总司令（领太尉）、广陵王元羽当宰相（司徒）。元恪请元羽进宫，当面授给这个官职。元羽坚决辞让，说：“元勰本来不愿出任官职，是陛下勉强他非接受不可，现在，刚刚免除他的宰相，却由我代替，一定引起议论。”元恪遂改命元羽当最高监察长（司空）。

5 二月一日，南齐帝国反抗军盟主、南康王萧宝融，命冠军将军府秘书长（冠军长史）王茂，当江州（州政府设寻阳〔江西省九江市〕）

州长（刺史），竟陵郡（湖北省钟祥市）郡长曹景宗，当郢州（州政府设夏口〔湖北省武汉市〕）州长（刺史），邵陵王萧宝攸，当荆州（州政府设江陵〔湖北省江陵县〕）州长（刺史）。

6 二月十日，北魏帝国政府大赦。

7 二月十八日，南齐帝萧宝卷，派羽林警卫军，进攻反抗军基地雍州（州政府襄阳）。全国戒严。

二月二十日，反抗军征东将军萧衍，抵达竟陵（湖北省天门市），命王茂、曹景宗分别当前锋指挥官，向前推进；大营军事参议官（中兵参军）张法安，镇守竟陵城。王茂等抵达汉口（汉水注入长江处，湖北省武汉市），各将领打算集中兵力，包围郢城（夏口·湖北省武汉市），另派军袭击西阳（湖北省黄冈市黄州区）、武昌（湖北省鄂州市）。萧衍说："汉口水面，宽不过一华里，敌人在两岸射击，箭支穿过江心，可以彻底封锁。房僧寄率重兵固守鲁山（湖北省武汉市汉水南岸），跟郢城（夏口）互相呼应，如果把所有的军队，全部投入郢城（夏口·湖北省武汉市）战场（夏口），房僧寄一定切断我们的后勤补给，后悔已来不及。不如派王茂、曹景宗先渡过长江，跟荆州（州政府江陵）的部队会师，攻击郢城（夏口）。我自己率军围攻鲁山（湖北省武汉市汉水南岸），保持沔水（汉水）畅通，使郧城（湖北省安陆市）、竟陵（湖北省天门市）的粮船，可以并肩而下。江陵、湘州（州政府临湘）的军队，得以陆续增援，兵力既多，粮秣又足，不担心鲁山、郢城（夏口）不攻克。天下大事，可以躺在床上等它到手。"遂命王茂等率军南渡长江，在九里（距郢城〔夏口·湖北省武汉市〕九华里）扎营。中央军郢州（夏口）州长（刺史）张冲，派大营军事参议官（中兵参军）陈光静，出城迎战，大败，陈光静阵亡，张冲登城固守。反抗军郢州（夏口）州长（刺史）曹景宗，进据石桥浦，军队前后相接，直到加湖（湖北省武汉市黄陂区东南，距郢城〔武汉市〕十五公里）。

反抗军荆州（江陵）州政府派冠军将军邓元起、带兵官（军主）王世兴、田安之等，率数千人跟雍州（襄阳）部队，在夏首（今地不详）会师。萧衍在汉口（汉水注入长江处）兴筑汉口城（湖北省武汉市汉水北岸），控制鲁山（武汉市汉水南岸）；而命舰队司令（水军主）、义阳郡（河南省信阳市）人张惠绍等，在长江巡逻，断绝郢城（夏口）跟鲁山之间的联络。反抗军冠军将军杨公则，率领湘州（州政府临湘）所能派出的武装部队，抵达夏口（湖北省武汉市）会师；反抗军总部左秘书长（左长史）萧颖胄，命荆州（江陵）派出的军队，全受杨公则指挥，即令是老弟萧颖达，也隶属杨公则麾下。

反抗军总部（府朝）打算派人当湘州总部执行官（行湘州事），一时找不到恰当人选。西翼警卫指挥部大营军事参议官（西中郎中兵参军）刘坦对大家说："湘州（湖南省）人心很容易骚动，却很难使他们安定信服。任用军人则欺压平民，任用文官又没有声威。一定要使湘州平静，供应军民的粮食，都不缺乏，没有一个人比我老汉更为适合。"总部遂任命刘坦当辅国将军府秘书长（辅国长史）、长沙郡（郡政府临湘）郡长，兼湘州总部执行官（行湘州事）。刘坦曾经在湘州（临湘）停留过，很多人受过他的恩惠，道路上迎接他的人不断。刘坦到任后，遴选有能力、有担当的官员，分别到湘州所属的十个郡（长沙郡〔临湘〕、桂阳郡〔湖南省郴州市〕、零陵郡〔湖南省永州市〕、衡阳郡〔湖南省株洲市西南〕、营阳郡〔湖南省道县〕、湘东郡〔湖南省衡阳市〕、邵陵郡〔湖南省邵阳市〕、始兴郡〔广东省韶关市〕、临贺郡〔广西贺州市〕、始安郡〔广西桂林市〕），动员人民运送田租稻米三十余万斛，到前方供应荆（江陵）、雍（襄阳）二州部队，从此反抗军的粮秣和辎重，不再缺乏。

三月，萧衍命邓元起占领南堂（郢城〔夏口·湖北省武汉市〕南）西边长江中小岛，田安之占领城北（郢城北），王世兴占领曲水故城（郢城东）。

三月三日，中央军郢州州长（刺史）张冲，病重逝世；骁骑将军薛元嗣，跟张冲的儿子张孜，以及征虏将军府秘书长（征虏长史）、江夏郡（郡政府夏口）郡长（内史）程茂，共同守卫郢城（夏口。张冲本是辅国将军，后晋升征虏将军）。

三月十一日，反抗军盟主、南康王萧宝融（本年十四岁），在江陵（湖北省江陵县）登极称帝（七任和帝），改年号中兴（南齐帝国遂有两个皇帝和两个政府，萧宝卷用他的永元年号，萧宝融用他的中兴年号），大赦；建立皇家祖庙、南北郊祭坛；江陵城门，全改换名称，跟建康（江苏省南京市）一样。设立国务院（尚书）及国务院（尚书）所属五部（五省：文官部〔吏部〕、法务部〔都官〕、国防部〔五兵〕、民政部〔左民〕、内政部〔祠部〕）。任命南郡（郡政府江陵）郡长当首都江陵市长（江陵尹），萧颖胄当国务院总理（尚书令），萧衍当国务院左执行长（左仆射），晋安王萧宝义当最高监察长（司空），庐陵王萧宝源当车骑将军、开府仪同三司（宰相级），建安王萧宝夤当徐州（北徐州，州政府设钟离〔安徽省凤阳县东北临淮关镇〕）州长（三位亲王，都在建康）；总顾问长（散骑常侍）夏侯详当中央禁军总监（中领军），冠军将军萧伟当雍州（州政府襄阳）州长（刺史）。

三月十二日，萧宝融下诏，封被贬黜为平民的萧宝卷当涪陵王（此时萧宝卷仍在建康当他的皇帝）。

三月十五日，命国务院总理（尚书令）萧颖胄，代理荆州（州政府江陵）州长（行荆州刺史）；加授萧衍征东大将军、征剿大军总司令官（都督征讨诸军事），赐给皇帝诛杀时专用的铜斧（假黄钺）。当时，萧衍军抵达杨口（湖北省潜江市北），萧宝融派总监察官（御史中丞）宗夬，到前方

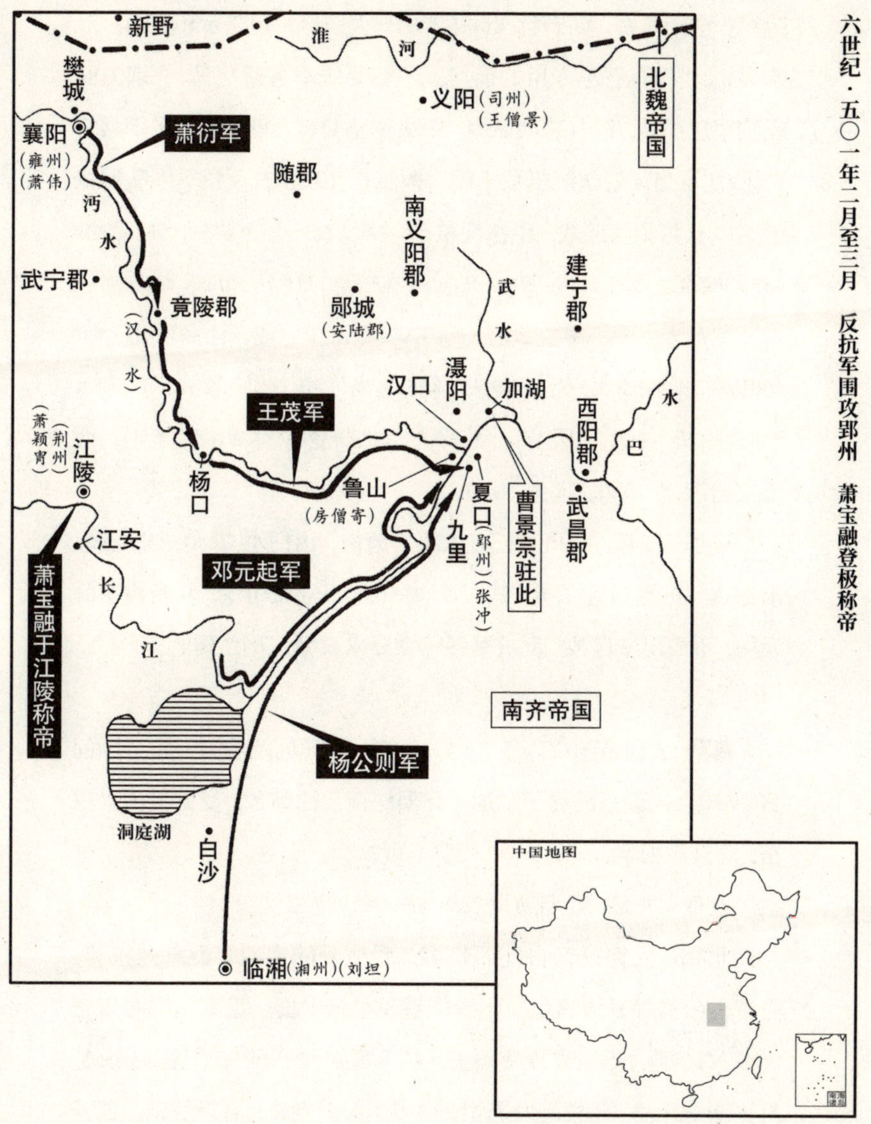

六世纪·五〇一年二月至三月 反抗军围攻郢州 萧宝融登极称帝

劳军。宁朔将军、新野郡（河南省新野县）人庾域，用暗示和压力，对宗夬说："没有君王专用的铜斧，不容易统率各路兵马。"宗夬回反抗军总部后，遂有这项命令。中央军骁骑将军薛元嗣，派带兵官（军主）沈难当率轻快舰艇数千艘，横渡长江攻击，反抗军舰队司令（水军主）张惠绍等迎战，生擒沈难当（本年〔五〇一〕，萧宝融才十四岁，初级中学二年级学生，被推上宝座〔事实上是刀山〕，身不由主，胜也好，败也好，都是悲剧）。

三月十九日，中央政府（首都建康）皇帝萧宝卷，任命豫州（州政府设历阳〔安徽省和县〕）州长（刺史）陈伯之当江州（州政府设寻阳〔江西省九江市〕）州长（刺史）、"假节"、前锋大军总司令官（都督前锋诸军事），西上攻击荆州（江陵）、雍州（襄阳）。

夏季，四月，反抗军征东大将军萧衍，出沔水（汉水），命王茂、萧颖达等进军逼近郢城（夏口，湖北省武汉市）；守城司令、骁骑将军薛元嗣，不敢出城应战。反抗军各将领要求攻城，萧衍不准。

8 北魏帝国广陵王（惠王）元羽，跟顾问院编制外事务顾问官（员外郎）冯俊兴的妻子私通，元羽深夜前往幽会，受到冯俊兴攻击，而且被囚禁。

五月十九日，元羽逝世（应是伤重而死）。

北魏帝元恪既亲自处理政事，受宠爱的家奴弄臣掌握权势，王爷、公爵等高级官员，很少能够见皇帝一面。皇家室内布置官（斋帅）刘小苟，不断警告咸阳王元禧：听到天子（元恪）左右的人说，打算诛杀元禧。元禧越发恐惧，遂跟王妃的老哥、监督院副总监督长（给事黄门侍郎）李伯尚、"氐王"杨集始、杨灵祐、乞伏马居等，阴谋发动政变，推翻元恪。正巧，元恪出京（首都洛阳），到北邙山（洛阳城北）狩猎；元禧跟他的同党，在洛阳西郊别墅中集合，打算动员军队，向元恪发动突袭；派他的长子元通，暗中前往河内（河南省沁阳市）聚众起兵，跟京师（首都洛阳）呼应。乞伏马居建议："立刻回洛阳，采取紧急措施，关闭城门，皇帝无家可归，只有北返桑干河（指故都平城）。殿下就可以切断黄河上的桥梁，当河南（黄河以南）天子。"但人心不一，各有意见，元禧也不十分积极，从早晨讨论到下午，反复研究，不能决定，最后互相誓言：绝不泄漏一字，散会告辞。杨集始出来后，立即飞马到北邙山（洛阳城北），向元恪告密。

寝殿侍卫官（直寝）苻承祖（不是冯太后的弄臣苻承祖，参考四七六年六月）、薛魏孙，跟元禧同党，当天，北魏帝元恪在佛塔的遮荫下小睡，薛魏孙打算乘此机会，把元恪格杀；苻承祖说："我曾经听说，杀皇帝的人，会得麻风。"薛魏孙才打消念头。一会工夫，元恪醒来，而杨集始也适时赶到。元恪左右卫士都出外四散，追逐禽兽，值班的禁卫军没有几个人，事情突然发生，一时之间，不知道如何是好。左翼警卫指挥官（左中郎将）于忠说："我老爹（于烈）统御全体禁军，留守京师（首都洛阳），想他定有办法，不会使人忧虑。"元恪命于忠快马到洛阳察看，于烈已经部署戒严，吩咐于忠回来向元恪奏报："我年纪虽老，但身心健康，仍可报效国家，这些人猖狂胡闹，不值得担忧，请陛下早日起驾，慢慢回京（首都洛阳），使万民安心。"元恪大为高兴，遂从华林园返宫（华林园，曹魏帝国二任帝曹叡所建的芳林园，为了避三任帝曹芳的讳，改称华林园，参考二三七年十月）。拍着于忠的背，说："你总是使人满意。"

元禧不知道阴谋已经泄漏，还跟他的小老婆群，以及左右侍从住宿洪池别墅（洛阳城东十公里），命刘小苟呈送奏章，说他正巡视田亩，察看庄稼。刘小苟走到北邙山（洛阳城北），正好碰到戒严部队，对刘小苟身穿红袍，大为奇怪，打算当场格杀。刘小苟生命陷于紧急危境，无法自救，只好声称他要告密一桩谋反阴谋，戒严部队这才对他稍稍放松。就在这时候，有人警告元禧说："你召集这么多人，准备谋反，听到不同的意见，竟然中止，恐怕一定走漏风声，今天晚上怎么还这样毫不在意！"元禧不耐烦说："我自己的性命，自己知道爱惜，还用别人说话！"那人又警告说："你的大儿子已经渡过黄河，互相不知道对方的决定，岂不使人忧虑？"元禧说："我已经派人追他，计算时间，今天应该回来。"当时，元通已经进入河内（河南省沁阳市），煽动军队，释放囚犯。于烈派直阁将军叔孙侯，率虎贲武士三百人，逮捕元禧。元禧得到消息，从洪池向东南逃走，随身的家僮奴仆，只有数人，渡过洛水，抵达柏谷坞（河南省洛阳市偃师区东南），追兵赶到，生擒活捉，送到华林园总管理处（华林都亭）。元恪当面质问元禧谋反情形。

五月二十九日，命元禧在他的私宅自杀。同党被处死的有十余人，所有元禧的子孙，都从皇族名册中删除，每人略微给他们一点财产、奴隶、婢女；剩下的家产，分别赏赐给高肇和赵修；再剩下的，则赏赐给中央及地方官员，直到最低级的"九品"以下官员（流外），多的一百余匹，少的也有十匹（元禧财产之丰，令人咋舌）。元禧的儿子们缺衣少食，只有彭城王元勰不断的救助他们。河内郡（河南省沁阳市）郡长陆琇，听到元禧失败，遂斩元通，把人头送到京师（首都洛阳）。中央政府认为陆琇在元禧失败前不逮捕元通，一定事先参与，命他前往最高法院（廷尉）报到，听候审判；最后，陆琇死在监狱。

元恪对于元禧无缘无故起兵谋反，大惑不解，从此对皇族越发猜忌疏远。

9 南齐帝国巴西郡（四川省绵阳市）郡长鲁休烈、巴东郡（重庆市奉节县东）郡长萧惠训，拒绝接受反抗军政府（江陵政府）国务院总理（尚书令）萧颖胄的命令。萧惠训派他的儿子萧璝，率军攻击反抗军，萧颖胄派汶阳郡（湖北省远安县）郡长刘孝庆，驻防峡口（湖北省宜昌市西），会同巴东郡郡长（反抗军政府所任命）任漾之等，联合抵抗。

中央政府（建康政府）皇帝萧宝卷，派带兵官（军主）吴子阳、陈虎牙等十三军，增援郢州（州政府夏口），推进到巴口（巴河注入长江处，湖北省黄冈市黄州区东）。陈虎牙，是陈伯之（江州〔州政府寻阳〕州长）的儿子。

六月，反抗军政府（西台）派皇城保安司令（卫尉）席阐文，往前方慰劳萧衍的雍州（襄阳）部队，携带萧颖胄等的共同建议，对萧衍说："而今，我们的军队分散长江两岸，没有集中力量包围郢城（夏口，湖北省武汉市），攻取西阳（湖北省黄冈市黄州区）、武昌（湖北省鄂州市）、江州（州政府寻阳）；出奇制胜的时机，已经丧失，不如向魏国（北魏帝国）靠拢，请求支援，仍不失为上策。"萧衍说："汉口城（湖北省武汉市汉水北岸）上通荆州（江陵）、雍州（襄阳），控制秦州、梁州（二州州政府设南郑〔陕西省汉中市〕），粮秣及辎重补给，全靠这个孔道。所以我才主张用重兵控制汉口，结合各州。现在如果集中力量包围郢城（夏口），而又分兵夺取其他城池，敌人在鲁山（湖北省武汉市汉水南岸）的军队，一定切断沔水（汉水）交通，扼住我们咽喉。粮秣辎重运输，一旦不通，我们的部队自然离散，怎能持久？邓元起最近打算用三千人的薄弱军力，攻克寻阳（江西省九江市），寻阳如果恍然大悟，我们派一位说客就够了；寻阳如果拒抗正义之师（反抗军），三千人就不可能战胜夺取。进退都有困难，我不认为邓元起之行，有什么必要。至于西阳（湖北省黄冈市黄州区）、武昌（湖北省鄂州市），我们只要进攻，立刻就可以得到。问题在于，得到之后，必须防守。两座城池需要的兵力，不能比一万人少，粮秣及辎重，也以此为准。一时之间，我们没有这个能力。而且，万一建康政府的军队西上，用一万人攻击两城，两城在地势上无法互相支持。我们总部如果分兵两路增援，则两路兵力都不够大，如果不派救兵，孤城一定陷落。一个城池失守，其他各城将像推骨牌一样，势将顺序瓦解，天下大事就一去不可复返。现在，我们只要攻克郢州（州政府夏口），像卷草席一样，沿长江两岸一卷，西阳（黄州区）、武昌（鄂州市）自然闻风投降。何必分散兵力，自己为自己制造忧患！而且，大丈夫举兵起义，创立大业，目的在肃清帝国前途障碍！更何况，我们拥有数州的巨大军力，去诛杀几个品质低劣的下流痞，等于用一条大河去浇小火，不可能浇不灭。何至于面向北方，请求戎狄（北魏帝国）援助，向天下人显示我们是何等卑弱！何况，戎狄（北魏帝国）也不见得相信我们的诚心，徒使我们蒙受投降外国的丑名，这是下策，怎么说是上策！你代表我回报镇军将军（萧颖胄），沙场上征战的事，全交给我，事情一目了然，不怕不传捷报，镇军将军只要安静的镇守后方，就可以了。”

中央军带兵官（军主）吴子阳等，率军增援郢城（夏口，湖北省武汉市）挺进到武口（武水〔滠水〕注入长江处，湖北省武汉市黄陂区东南）。反抗军萧衍命带兵官（军主）梁天惠等驻防渔湖城（今地不详）、唐修期等驻防白阳垒（湖北省武汉市北五公里白阳蒲），分别在长江两岸严阵以待。吴子阳推进到加湖（武汉市北十五公里），距郢城（夏口，武汉市）三十华里，一边傍山，一边靠水，构筑营垒自保。吴子阳燃起烽火，通知城内援军已到，城内守军也燃起烽火呼应。然而，都只能自保，没有力量解救对方。正巧，中央军鲁山（湖北省武汉市汉水南岸）守军司令、骁骑将军房僧寄病重逝世，部队各将领推举守军副司令（助防）孙乐祖（张冲派他协防，参考去年〔五〇〇〕十二月），代理司令，继续防守鲁山（湖北省武汉市汉水南岸)。

萧颖胄最初起事时，老弟萧颖孚从建康(江苏省南京市)逃亡。庐陵郡(江西省吉水县)人修灵祐，拥护他当盟主，招兵买马，集结二千人，袭击庐陵，攻克。中央政府(建康)任命的庐陵郡郡长(内史)谢篹，逃向豫章(江西省南昌市)。萧颖胄派宁朔将军范僧简，从湘州(州政府临湘)出发增援，攻克安成(江西省安福县)。萧颖胄即任命范僧简当安成郡郡长、萧颖孚当庐陵郡郡长(内史)。中央政府(建康)南齐帝萧宝卷，派带兵官(军主)刘希祖，率三千人反攻，反抗军南康郡(江西省赣州市)郡长王丹，献出郡城，响应刘希祖；萧颖孚战败，逃往长沙(郡政府临湘)，不久患病逝世，谢篹重回他的任所。刘希祖攻克安成(江西省安福县)，诛杀范僧简；萧宝卷命刘希祖当安成郡郡长。庐陵变民首领修灵祐再度集结部众，攻击谢篹，谢篹再度逃走。

10 南齐帝国内战激烈，而中央政府(建康)更加混乱。南齐帝萧宝卷大肆扩建芳乐苑，假山上的石头，都漆成彩色。发现民家有棵好树，或有株好竹，立刻夺取，房屋拆掉、墙壁打破，用来完整无缺的运回宫廷。当时正值盛暑，天气炎热，树木竹子移植不久，就干枯而死；于是再移，于是一直不断的在拆屋毁墙。又在芳乐苑中设立商店市场，命宦官、宫女，一起充当店员小贩，做生意赚钱。命贵妃潘玉奴当市场管理官(市令)，而萧宝卷自己当市场管理员(市录事)，萧宝卷稍微有点过失，潘玉奴就下令用棍子责打；萧宝卷命虎贲武士不准呈献大棍或实心木。萧宝卷又挖凿运河，建立水坝，而由他自己撑船、拉纤；有时候坐到店里，亲自割肉，跟宫女宦官做买卖。萧宝卷又宠爱巫师或女巫，念咒作法；左右侍从朱光尚宣称说他会看鬼。有一次，萧宝卷骑马到乐游苑，人和马忽然受到惊吓，萧宝卷问朱光尚什么原因？朱光尚说：“我看见先帝（萧宝卷的老爹萧鸾）十分恼怒，不准你总是出宫游荡。”萧宝卷火冒三丈，抽出佩刀，命朱光尚带他寻找老爹萧鸾的鬼魂，打算砍死。当然寻找不到，遂用草扎一个萧鸾人像，面向北方，斩下人头，悬挂芳乐苑大门示众。

当初，崔慧景政变失败时（参考去年〔五〇〇〕四月），巴陵王萧昭胄、永新侯萧昭颖，出来投奔政府，萧宝卷都教他们仍保持爵位，返回私宅，可是二人内心，一直不安。竟陵王萧子良时的王府禁卫官（防阁）桑偃，是梅虫儿的副带兵官（军副），跟前任巴西郡（四川省绵阳市）郡长萧寅，密谋拥护萧昭胄当皇帝。萧昭胄承诺：一旦事情成功，就任命萧寅当国务院左执行长（尚书左仆射）兼中央军事总监（护军）。当时，带兵官（军主）胡松，率军驻防新亭（建康城西南），萧寅派人向他游说：“等神经病（萧宝卷）出宫，我就发动政变，保护萧昭胄入宫，关闭城门，发号施令。神经病一定回来投靠将军，你只要紧闭营垒，对他不理，三公高位，轻易就可得到。”胡松承诺。偏偏萧宝卷正在扩建芳乐苑，整整一个月，足不出门。桑偃等准备召集敢死壮士一百余人，从万春门（宫城〔内城〕东门）杀入宫城，突击萧宝卷，萧昭胄认为不可以。桑偃的同党王山沙，忧虑拖得太久，不会成功，遂把阴谋告诉提刀卫士（御刀）徐僧重。萧寅派人在中途格杀王山沙。有关官员在一个盛麝香的袋囊中，搜出政变文件，遂诛杀萧昭胄兄弟和桑偃等。

雍州（州政府襄阳）州长（刺史）张欣泰（中央政府任命），跟老弟、前始安郡（广西桂林市）郡长（内史）张欣时，秘密联络胡松，以及前任南谯郡（侨郡，安徽省巢湖市东南）郡长王灵秀、直阁将军鸿选等（鸿，姓），打算诛杀各宠爱的家奴弄臣，罢黜萧宝卷。萧宝卷派立法院立法官（中书舍人）冯元嗣，担任监军官，增援郢城（夏口，湖北省武汉市）。

秋季，七月二日，茹法珍、梅虫儿，及太子宫右翼卫队长（太子右率）李居士、皇家制造事务总监（制局监）杨明泰，在中兴堂（在新亭，建康城西南）摆设筵席，给冯元嗣饯行。张欣泰等派人身藏利刀，混入宴会大厅，就在座上，直砍冯元嗣，冯元嗣的人头掉到盛水果的盘子里；又砍杨明泰，划破他的肠肚；梅虫儿身上数处负伤，十个手指全被砍断；李居士、茹法珍逃回宫城。王灵秀急往石头（建康城西南）迎接建安王萧宝夤，率城中将领和现有的兵力，拆掉车轮，抬起萧宝夤，文武官员数百人，沿途呐喊净街，直向宫城，人民数千人，赤手空拳在后面跟随。张欣泰听到事情发生，飞马入宫，希望茹法珍等被阻在宫外，萧宝卷会把宫城防卫军事，交给自己负责，如此就可以里应外合，想不到一会工夫，茹法珍逃回，下令关闭城门，动员全体禁卫军戒备，并不分配给张欣泰兵力；于是鸿选虽在寝殿，也不敢发动。萧宝夤抵达杜姥宅（宫城南掖门外），天已黄昏，宫城城门紧闭，城上禁卫军向城外发箭射击，群众遂抛下萧宝夤，四散逃走。萧宝夤也逃走，逃了三天，才改穿军装，投奔草料场管理员（宫城六门之外，各有草料场，设草料场管理员〔草市尉〕），草料场管理员（草市尉）飞报皇帝萧宝卷。萧宝卷命萧宝夤入宫，亲自询问，萧宝夤哭泣说："那一天不知道什么人，逼我上车，带我到宫城，身不由主。"萧宝卷笑起来，恢复他的爵位。张欣泰参与政变的阴谋被发觉，跟胡松同时被杀。

反抗军征东大将军萧衍，派征虏将军王茂、带兵官（军主）曹仲宗等，趁水势上涨，率舰队袭击加湖（湖北省武汉市北十五公里），擂鼓呐喊，猛烈攻击。

七月五日，加湖防卫崩溃，守军司令吴子阳等逃走，得免一死，将领士卒被杀或溺死的以万计算。反抗军俘虏残余下来的部众，班师。郢城（夏口，湖北省武汉市）、鲁城（武汉市汉水南岸）士气低落。

11 七月十三日，柔然汗国（瀚海沙漠群）攻击北魏帝国边疆。

12 南齐帝国内战急转直下，鲁山（湖北省武汉市汉水南岸）城内缺少粮食，中央官兵在滩头捕捉小鱼果腹，一面秘密准备轻便小艇，打算逃往夏口（郢城，湖北省武汉市）。反抗军征东大将军萧衍，派别动部队断绝守军退路。

七月二十五日，鲁山守军司令孙乐祖窘困急迫，遂献出城池，投降反抗军。

七月二十七日，中央政府（建康）皇帝萧宝卷，任命程茂当郢州（州政府夏口）州长（刺史）、薛元嗣当雍州（州政府襄阳）州长（刺史）。然而，就在当天（七月二十七日），程茂、薛元嗣，献出郢城（夏口），投降反抗军。郢城刚被包围时，男女居民约有十万人；闭城二百余日，传染病流行，死亡达十分之七八，尸体无地埋葬，都堆到床下，而人睡在上面，家家户户，塞满尸体（人间惨事）。程茂、薛元嗣等讨论投降时，命故州长（刺史）张冲的儿子张孜，写信给萧衍。张冲的旧部、青州（州政府设郁洲〔江苏省连云港市东沉积小岛〕）人事官（治中）房长瑜（张冲曾当青州〔郁洲〕州长，参考四九五年二月）对张孜说："从前，你父亲（张冲）忠心耿耿，上贯天日，你继承事业，自当发扬光大。如果天心已变，也应改戴便帽，追随老爹于地下。现在接受大家的意见，不仅郢州（夏口）男女对你失望，恐怕对方（反抗军）也瞧你不起。"张孜不能接受。萧衍任命韦叡当江夏郡（郡政府夏口）郡长，兼郢州（夏口）总部执行官（行郢州事），埋葬尸体，安抚残存的居民，郢州（夏口）人心才归安定。

反抗军各将领打算在夏口（湖北省武汉市）整训，萧衍认为应该乘战胜威势，东下直接攻击建康（江苏省南京市）。车骑将军府首席军事参议官（车骑咨议参军），张弘策、宁远将军庾域，也认为应该乘胜前进。萧衍遂下令各军，当天即行开拔，顺着长江行军，直到建康，沿途经过山崖、水畔、村落，无论大军夜间住宿，或白天休息，张弘策事先都有安排，替各将领画出地图，就跟亲眼看到一样。

13 七月二十九日，北魏帝国政府大赦。

扬州（州政府设寿阳〔安徽省寿县〕）州长（刺史）、安国侯（宣简侯）王肃在寿阳（安徽省寿县）逝世（七任帝元宏的妹妹彭城公主，因不愿嫁北平公冯夙，而逃出京师〔首都洛阳〕，一状告垮嫂嫂皇后冯润；参考前年〔四九九〕二月。彭城公主后嫁王肃，侄儿元恪即位，改封陈留长公主。本年王肃又死，年三十八岁，彭城公主再婚不过两年，真是红颜薄命）。北魏帝元恪追赠王肃监督院总监督长（侍中）、最高监察长（司空）。最初，王肃的老爹王奂，死于非命（王奂被杀事，参考四九三年三月），所以四年之久，不脱丧服。七任帝（孝文帝）元宏说："三年之丧，即令是圣贤，也不敢延长。"命王肃依照正常服丧规定，除去丧服。然而，王肃仍一直穿素衣裳，一生不听音乐。

14 南齐帝国汝南（侨郡，河南省信阳市）变民首领胡文超，在滠阳（湖北省武汉市黄陂区南）起兵，响应反抗军征东大将军萧衍，请求夺取义阳（南义阳，湖北省孝昌县）、安陆（湖北省安陆市）等郡，作为自己进身之阶。萧衍又派带兵官（军主）唐修期，攻击随郡（湖北省随州市），全都攻克。中央任命的司州（州政府义阳）州长（刺史）王僧景，派他的儿子到萧衍那里当人质，司州（河南省东南部）全境，完全被反抗军平定。

当崔慧景被杀时（参考去年〔五〇〇〕四月），他最小的儿子崔偃，当始安郡（广西桂林市）郡长（内史），弃职逃亡，得以免死。等反抗军政府在江陵（湖北省江陵县）建立，任命崔偃当宁朔将军。崔偃到宫城大门，上疏说："我暗中思量：高宗（五任帝萧鸾）有忠臣孝子，昏君（萧宝卷）有乱臣贼子。高宗（五任帝萧鸾）的忠臣孝子是：江夏王（萧宝玄）和陛下（萧宝融）；昏君（萧宝卷）的乱臣贼子是：我的老爹（崔慧景）和镇军将军（萧颖胄）。虽然成败的结果不同，但所使用的方法相同。陛下刚刚坐上至尊的宝座，跟天意相合；而天下还有卑微的小人物，含冤莫申，等待陛下昭雪。何况先帝（五任帝萧鸾）的儿子、陛下的老哥（萧宝玄），从前所走的道路，正是陛下今天的道路。这种情形下如果不蒙抚恤，其他的人还有什么希望？而今，不可以希望小民没有知识而对他们欺骗；如果有人告诉他们其中情节，因而纷纷逃亡，陛下将如何因应！"奏章呈上后，被搁置在那里，没有答复。崔偃又第二次上疏，说："近来，冒昧的陈述江夏王（萧宝玄）所受的冤枉，绝不敢因父子之情，而伤害公义，实在不知道圣明的政府，为什么不肯答复！如果认为：疯狂的天子虽然疯狂，仍然是天子；江夏王（萧宝玄）虽然贤明，仍是人臣；我的父亲（崔慧景）拥护人臣，冒犯天子，绝不可以。那么，不知道今天动员大军，直指宫门，却是什么缘故！我所以不肯自杀，苟延残喘，保留一线气息，并不是为了别的原因，而是希望等待皇家时运太平，使忠魂得以昭雪。现在，皇家时运，已经太平，而为帝国死难的人，反而被当作叛逆，我又何必爱惜自己的生命，活在陛下之世！我谨慎的思考：镇军将军萧颖胄、中央禁军总监（中领军）夏侯详，都是帝国的重臣，也都知道我父亲（崔慧景）辅佐江夏王（萧宝玄），效忠皇家；只因天命没有完全成熟，人主死亡，人臣也跟着丧生。可是，他们（指萧颖胄等）却不在 360

陛下面前，偶尔提上一言。知道而不说，是不忠；不知道而不说，是不智。如果认为我父亲（崔慧景）派出的使节，江夏王（萧宝玄）曾把他诛杀，所以我父亲是叛徒；那么，征东大将军（萧衍）的使节（王天虎），为什么也被斩首？陛下斩征东大将军（萧衍）的使节，目的只在欺骗刘山阳（参考去年〔五〇〇〕十一月）；江夏王（萧宝玄）拒绝我父亲（崔慧景）的使节，目的也只在图谋孔矜（参考去年〔五〇〇〕三月二十二日），只因天命另有安排，大事不能如愿以偿。我所陈述的话，已经说完，愿意接受烹杀酷刑。然而，我虽被诛杀，仍愿陛下为我父亲（崔慧景）申冤昭雪。为什么？为的是，怜悯他的忠诚而为他平反，天下敬服；不怜悯他的忠诚而为他平反，天下背叛！我父亲（崔慧景）的忠心，有见解的人，全都知道；南史、董狐的史笔，虽已是千年以前的事，今日仍将出现（前五四八年，春秋时代，齐国二十五任国君〔庄公〕姜光，私通国务官〔大夫〕崔杼的妻子姜女士，崔杼遂杀姜光。史官记载："崔杼弑君。"崔杼斩史官，史官的老弟坚持不改，连斩二人，老弟的老弟仍如此记载，崔杼只好放弃。南史〔在野史学家〕听到史官全死，手拿竹简，前往递补，听到已经获准据实报导，才转回来，前六〇七年，晋国二十六任国君〔灵公〕姬夷皋暴虐，打算诛杀他的恩人、宰相赵盾；赵盾逃亡，赵盾的老弟赵穿，刺死姬夷皋。史官董狐，认为赵盾回国之后，不逮捕凶手，遂记录："赵盾谋杀他的君王。"孔丘说："董狐，是古代优秀史官，不隐瞒事实。"柏杨按：儒家系统这种"诛心论"，是反科学、反人权的罪恶之源，姬夷皋之死，董狐就隐瞒了赵穿是凶手的事实。结果是有权的人有福了，他想怎么解释别人的动机，就怎么解释，世界上遂永远没有善良的人或值得歌颂赞扬的事。这种"贵人无已时"的态度，使人感觉到，做一个有正义、有担当、天良未泯的人，比作一个恶棍，要困难千倍万倍），根本也用不着陛下为他昭雪褒扬。然而，官职微小的我，一片愚诚，只是为陛下设想。"萧宝融诏书（萧颖胄诏）回答："知道你心中悲痛，自当公开追赠官爵，制定缢号。"不久，崔偃就被逮捕，死在监狱。

柏杨曰

崔偃以锐利的逻辑推论，对实际掌握权柄的萧颖胄，不留退路的咄咄进逼，锐不可当，无懈可击。然而，机械的逻辑有震撼的力量，没有说服的力量。政治行为是吊诡的，在甲时空,A是A；在乙时空,A是B；在丙时空,A是反A。崔偃忘了一点——那是致命的一点，当老爹崔慧景要诛杀萧宝卷的时候，萧颖胄是站在萧宝卷一边的。

八月五日，中央政府（建康）皇帝萧宝卷，命辅国将军申胄，当豫州（州政府历阳）总部执行官（监豫州事）。

八月九日，萧宝卷命高级资政官（光禄大夫）张瓌，镇守石头（建康城西北）。

最初，萧宝卷派陈伯之当江州（州政府设寻阳〔江西省九江市〕）州长（刺史），声援驻防加湖（湖北省武汉市北十五公里）的吴子阳。吴子阳等溃败后，反抗军征东大将军萧衍，对各将领说："双方作战，不一定完全依靠实力，还要看声势威风。现在，陈虎牙（陈伯之的儿子）狼狈逃走，寻阳（江西省九江市）人心，一定大乱，我们送去一纸文告，就可平定。"遂命在俘虏中搜查，查出陈伯之属下支队司令（幢主）苏隆之，特别对他赏赐，命他回去游说陈伯之，允许命陈伯之当安东将军，仍兼江州（州政府寻阳）州长（刺史）。陈伯之派苏隆之回报，虽然承诺归附反抗军，但是说："反抗军不必立即前进。"萧衍说："陈伯之说这种话，仍是脚踏两条船。我们应趁他犹豫不决的时候，大军急进相逼，他没有别的办法，就非投降不可。"命邓元起率军，先行顺流而下，杨公则直接袭击柴桑（寻阳郡郡政府所在县）；萧衍跟各将领，陆续出动。邓元起将到寻阳，陈伯之集结部队，退保湖口（鄱阳湖注入长江处，江西省湖口县），而留陈虎牙驻守湓城（江西省九江市〔寻阳东〕)。国务院文官部考选司司长(选曹郎)、吴兴郡(浙江省湖州市)人沈瑀,建议陈伯之迎接萧衍。陈伯之流泪说:“我的儿子留在京师(首都建康),不能不爱。”沈瑀说:“你不可以再强调这个原因。现在,人心濒临崩溃边缘,都在盼望改变,如果不早日决定,一旦部众哗然逃散,就再不能集合。”

八月十四日,萧衍抵达寻阳(江西省九江市),陈伯之缴出武器,等候定罪。最初,新蔡(南新蔡郡,湖北省黄梅县南)郡长席谦的老爹席恭祖,当镇西将军府军政官(镇西司马),被巴东王萧子响诛杀(参考四九〇年八月)。席谦追随陈伯之镇守寻阳(江西省九江市),听到萧衍东下消息,说:“我家世代忠贞,宁死不叛。”陈伯之把他处决。

八月十七日,反抗军政府(首都江陵)皇帝萧宝融,下诏任命陈伯之当江州(州政府寻阳)州长(刺史)、陈虎牙当徐州(北徐州,州政府钟离)州长(刺史)。

效忠中央(建康政府)的巴西郡(四川省绵阳市)郡长鲁休烈、巴东郡(重庆市奉节县东)郡长萧惠训的儿子萧璝,在峡口(湖北省宜昌市西)大破反抗军汶阳郡(湖北省远安县)郡长刘孝庆等,反抗军巴东郡郡长任漾之战死。鲁休烈等乘胜东下,追到上明(湖北省松滋市西北),江陵(湖北省江陵县)大为震动。国务院总理(尚书令)萧颖胄恐惧,火速通知前方的萧衍,要求命湘州(州政府临湘)州长(刺史)杨公则,回军援救根本。萧衍说:“杨公则逆流西上,纵然抵达江陵,又怎来得及?鲁休烈的军队不过乌合之众,用不了多久,会自己解散退走。目前要做的是,拖延时间,沉着应付,等待时机成熟。一定需要援军的话,我的两个弟弟,近在雍州(萧伟当雍州〔襄阳〕总部执行官,萧憺留守大营),下令征调,增援并不困难。”萧颖胄遂派带兵官(军主)蔡道恭“假节”,进驻上明(湖北省松滋市西北),拒抗效忠中央的萧璝。

八月十九日，中央政府（建康）皇帝萧宝卷，命太子宫左翼卫队长（太子左率）李居士，当西部讨伐大军总司令（总督西讨诸军事），驻军新亭（建康城西南）。

九月四日，反抗军政府（江陵）皇帝萧宝融下诏（萧颖胄诏），授权萧衍：如果平定京师（首都建康），可以随他的意思行事。萧衍命骁骑将军郑绍叔，留守寻阳（江西省九江市），自己跟陈伯之联军东下。萧衍对郑绍叔说："你，正是我的萧何（参考前二〇九年九月）、寇恂（参考二六年六月）。前方作战不能传出捷报，责任在我；后方粮秣不能供应不缺，责任在你。"郑绍叔流泪送别。一直到攻陷建康（江苏省南京市），郑绍叔督运江州（江西省及福建省）、湘州（湖南省）的粮秣，从没有短缺。

15 北魏帝国京畿总卫戍司令（司州牧）、广阳王元嘉，请求在洛阳城内，兴筑三百二十三个街坊，每个街坊，三百平方步。元嘉说："人民虽然暂时辛苦劳累，可是地痞贼盗，永远平息。"

九月六日，北魏帝元恪下诏征召京畿民夫五万人动工，四十天完成。

九月八日，北魏帝元恪册封于女士当皇后。于皇后，是征虏将军于劲的女儿。于劲，是中央禁军总监（领军）于烈的老弟。于皇后自祖父于栗磾（于栗磾被称黑矟将军，参考四一六年九月），一连数代，都显要富贵；出过一个皇后，四个追赠公爵（死后追赠）、三个中央禁军总监（领军）、两个国务院总理（尚书令）、三个开国公爵（始封公爵）。

16 九月十三日（原文"甲申"，据《南齐书》改），南齐中央政府（建康）皇帝萧宝卷，任命李居士当江州（州政府寻阳）州长（刺史）、冠军将军王珍国当雍州（州政府襄阳）州长（刺史）、建安王萧宝夤当荆州（州政府江陵）州长（刺史）、辅国将军申胄当郢州（州政府夏口）总部执行官（监郢州）、龙骧将军扶风（侨郡，湖北省谷城县）人马仙琕当豫州（州政府设历阳〔安徽省和县〕）总部执行官（监豫州）、骁骑将军徐元称当徐州（州政府钟离）军区司令（监徐州军事）。王珍国，是王广之的儿子（王广之曾当萧衍的上司，参考四九五年二月）。当天（九月十三日），反抗军征东大将军萧衍的前锋，抵达芜湖（安徽省芜湖市）；申胄军二万人，放弃姑孰（安徽省当涂县）逃走；萧衍挺进，占领姑孰。

九月十七日，萧宝卷命后军将军府军事参议官（后军参军）萧璝当司州（州政府义阳）州长（刺史）；前辅国将军鲁休烈，当益州（州政府成都）州长（酬庸二人进逼江陵的战功）。

萧衍攻克江州（州政府寻阳）、郢州（州政府夏口）时，萧宝卷无动于心，在建康（江苏省南京市）四出奔驰，游玩欢乐，跟过去一样。对茹法珍说："等他们来到白门（建康西门），当决一死战。"萧衍大军逐渐逼近，萧宝卷招兵买马，打算防守宫城，在东军械制造厂（左尚方）、西军械制造厂（右尚方）、东郊铁矿场（东冶）、西郊铁矿场（西冶），挑选健壮的奴工，分配给各军，充当士卒或苦役。对于死罪囚犯，在朱雀门（朱雀桥北）里，每天诛杀一百余人。

萧衍派曹景宗等，进驻江宁（江苏省南京市江宁区西南江宁街道）。

九月二十五日，中央军李居士自新亭（建康城西南）挑选精锐骑兵一千人，也抵达江宁。曹景宗刚刚到达，还没有建立营垒、构筑阵地，手下的反抗军经过长途远征，武器盔甲，都陈旧破烂。李居士看到，心存轻视，立即擂起战鼓，大声呐喊，肉搏攻击。曹景宗奋勇迎战，大破中央军，乘胜挺进，直到皂荚桥（秦淮河桥）。于是，其他反抗军王茂、邓元起、吕僧珍等，同时并进，占领赤鼻逻（今地

六世纪·五〇一年七月至九月

南齐反抗军收降郢司江三州，萧衍进军建康

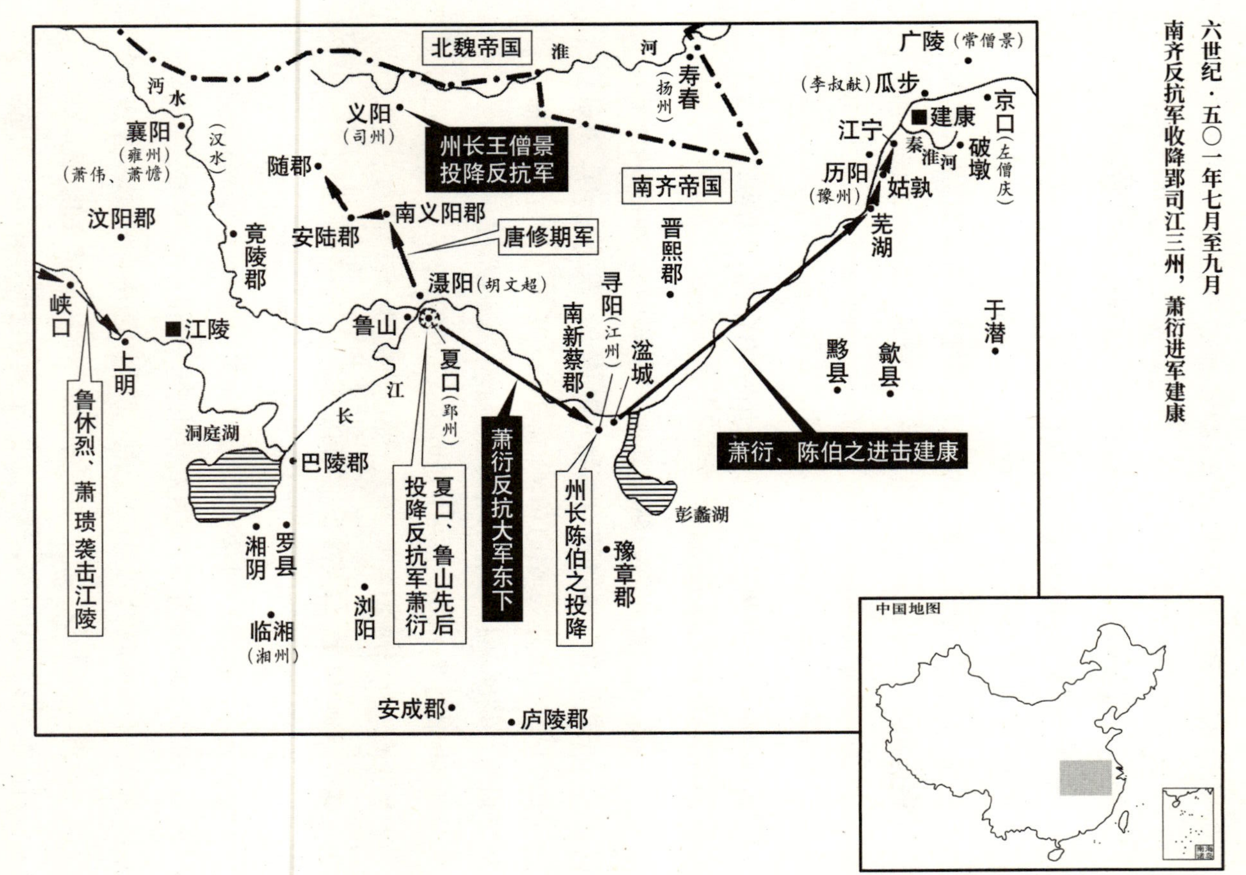

不详）。效忠中央的新亭（建康城西南）驻军司令江道林，率军出击，反抗军在阵前把他生擒。萧衍抵达新林（江苏省南京市江宁区西），命王茂进占越城（建康城南）、邓元起进占道士墩、陈伯之进占篱门（宫城西篱门）、吕僧珍进占白板桥（以上均建康宫城外及秦淮河两岸小据点）。李居士发现吕僧珍部队人数不多，于是，率精锐部队一万人，直接猛扑吕僧珍营垒。吕僧珍说："我们的人少，不可以迎战，也不可以远射。等他们越过护城壕沟，再用全力痛击。"刹那间，中央军已越过护城壕沟，拔除木栅拒马。吕僧珍派一部分士卒，登上城墙，万箭和乱石，同时发射，然后自己率步骑兵三百人，迂回到中央军背后，城上守军也适时下城，内外奋勇夹击，李居士战败，撤退。反抗军俘获中央军武器盔甲，不计其数。李居士报告萧宝卷，于是，纵火焚烧秦淮河南岸所有村落和民房，另行开辟战场；朱雀桥（大航）以西、新亭（建康城西南）以北，一片灰烬焦土。萧衍那些躲藏在建康（江苏省南京市）民间的老弟纷纷出面，投奔反抗军（因萧懿之死，各老弟纷纷躲藏民间，参考去年〔五〇〇〕十月）。

冬季，十月十三日，萧宝卷派征虏将军王珍国、带兵官（军主）胡虎牙，率精锐部队十万余人，在秦淮河朱雀桥南，构筑阵地；宦官王宝孙，高举白虎幡督战，拆起朱雀桥，背靠秦淮河，断绝退路（用韩信"背水战术"〔参考前二〇四年十月〕，置之死地而后生，希望发挥战力）。萧衍反抗军果然失利，稍稍后退；王茂斗志如火，跳下马背，挥动大刀，直前冲锋。王茂的外甥韦欣庆，手拿铁丝缠柄的长矛，在王茂身旁掩护，向中央军猛攻，霎时间攻入阵地。曹景宗趁势把大军投入，吕僧珍顺风纵火，焚烧中央军营，反抗军作殊死战，鼓声喊声，震动天地。中央军王珍国等各军不能抵抗；监军官王宝孙对各将领的节节败退，怒不可遏，暴跳诟骂；直阁将军席豪，不能忍受这种羞辱，率军突击死战，被反抗军格杀。席豪，是一员猛将，死讯传出，中央军霎时瓦解，被逼到秦淮河中淹死的人无数，尸体堆积，高达桥面，后面的败兵，踏着尸体而过，向秦淮河北岸逃命。中央其他各军，望见情形，全部崩溃（据《梁书·武帝纪》：这次战役，萧宝卷登上朱雀门，亲自督战）。萧衍反抗军长驱直入，抵达宫城宣阳门（建康城南面中门），各将领大营，更向前推进。

反抗军陈伯之驻军西明门（建康城西面北门），每逢城里有人出来投降，陈伯之总是召见他们，咬耳朵密谈。萧衍恐怕他反复无常，再倒向中央，秘密对陈伯之说："听说城里（中央政府）对你献出江州（州政府寻阳）投降，痛恨入骨，打算派刺客干掉你，请特别戒备。"陈伯之不大相信。正巧，中央军将领郑伯伦出降，萧衍命他顺便拜访陈伯之，对陈伯之说："城里（中央政府）对你咬牙切齿，打算派亲信见你，用高官贵爵引诱，等你倒过去后，当活生生砍断你的双手双脚。你如果不投降，就派刺客对付，你要小心。"陈伯之大为恐惧，从此才死心塌的效忠反抗军。

十月十七日，中央政府宁朔将军徐元瑜，献出东府（宰相府，建康城南），向反抗军投降。中央政府青冀二州（州政府郁洲）州长（刺史）桓和，增援宫城，驻防太子宫。

十月十八日，桓和向萧宝卷声称出城作战，出了城后，率军向反抗军投降。中央高级资政官（光禄大夫）张瓌，放弃石头（建康城西北），返回宫城。李居士献出新亭（建康城西南），向萧衍投降；琅邪（白下，建康城北）城防司令（城主）张木，也跟着投降。

十月二十一日，萧衍进入石头（建康城西北），命各路兵马，攻击建康六门。萧宝卷纵火焚烧六门里的营房及政府机关，驱迫所有居民，都进入宫城，紧闭宫城城门抗战；萧衍命各军兴筑长墙，把宫城团团围住。反抗军杨公则驻扎中央禁军总监部（领军府）大营北楼，跟宫城南掖门，遥遥相对，曾经登北楼眺望战场，城中守军看见将军们专用的旌旗伞盖，用神臂弓（一种强弓）射击，一箭射穿杨公则所坐的小凳，左右惊慌失色。杨公则说："几乎射中我的脚。"依旧谈笑风生。萧宝卷派敢死队在深夜攻击杨公则木栅，大营惊骇骚动，而杨公则睡在床上，不肯起身，从容下达命令反击，敢死队才退回。杨公则所率的反抗军，都是湘州（湖南省）人，而湘州人一向被认为胆小没有勇气，皇城中守军十分轻视，所以每次出城扫荡，一定首先攻击杨公则营垒。杨公则勉励将士，战胜的次数，及俘获的物资比别人更多。

最初，萧宝卷派带兵官（军主）左僧庆驻军京口（江苏省镇江市）、常僧景驻军广陵（江苏省扬州市）、李叔献驻军瓜步（江苏省南京市六合区南长江渡口）。后来，申胄放弃姑孰（安徽省当涂县），逃回宫城，萧宝卷命他再出屯破墩（即破冈，江苏省句容市东南），在东北方作为声援。现在，萧衍派出使节游说，四人都率领他们的部众，向反抗军投降。萧衍派他的老弟、辅国将军萧秀，镇守京口（江苏省镇江市）；辅国将军萧恢镇守破墩（破冈，江苏省句容市东南）；堂弟、宁朔将军萧昞镇守广陵（江苏省扬州市）。

17 十一月六日，北魏政府任命骠骑大将军穆亮，当最高监察长（司空）。

十一月七日，任命北海王元详，当太傅（上三公之二），兼任宰相（领司徒）。

最初，元详打算夺取彭城王元勰所担任的宰相（司徒）职务，因之暗中陷害，北魏帝元恪遂罢黜元勰。可是元详恐怕惹起别人议

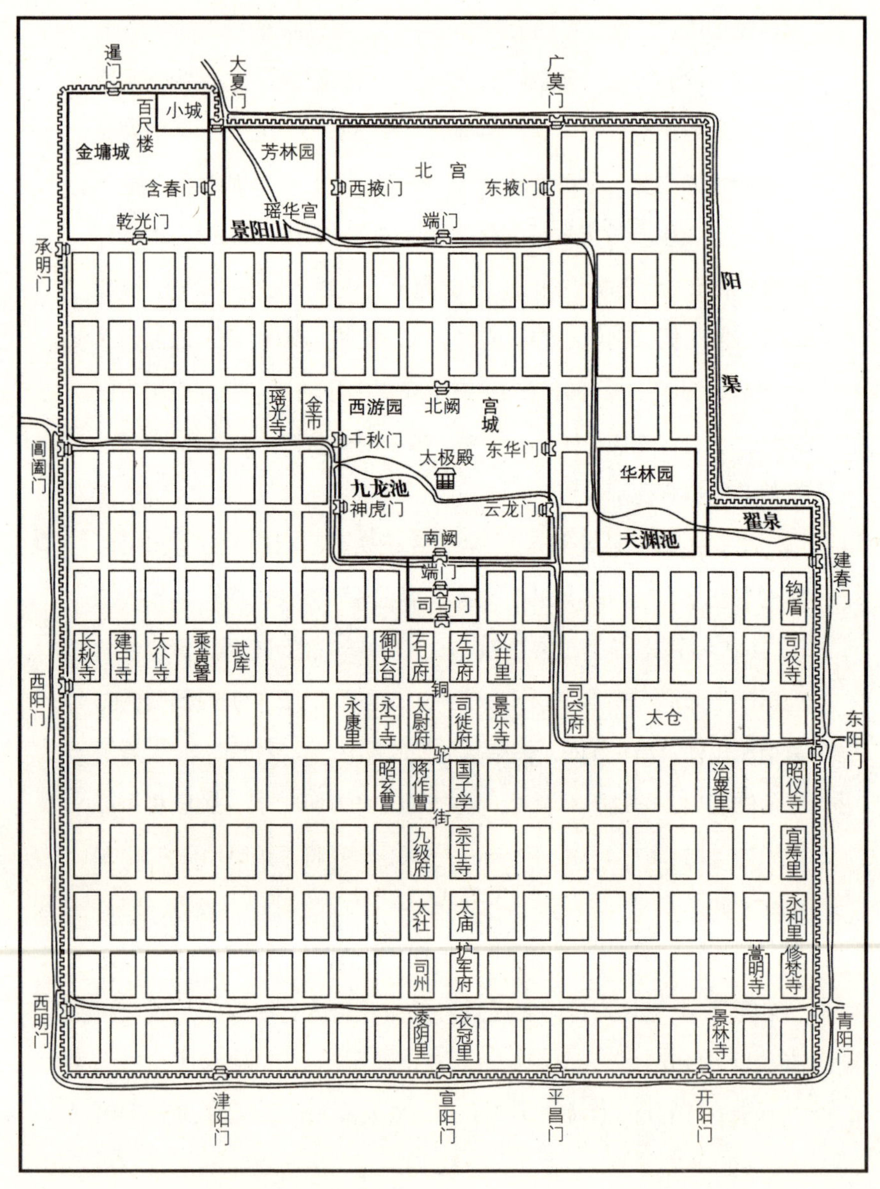

六世纪·五〇一年　北魏帝国洛阳城街坊示意图

论，所以当时只接受最高统帅（大将军）职务（参考本年〔五〇一〕正月），直到现在，才接受宰相官位。元详富贵已到顶峰，声势煊赫。工程总监（将作大匠）王遇，更尽量满足元详的欲望，暗中把供应皇宫的东西，供应元详。宰相府秘书长（司徒长史）于忠，当着元详的面，斥责王遇，说："殿下（元详）是帝国的姬旦，辅佐皇家，如果有什么需要，皇上（元恪）自会下令供给，用不着你趋炎附势，假公济私。"王遇既手足失措，元详也惭愧道歉。但于忠经常的过分耿直，使元详兴起杀机，曾经诅咒于忠说："我担心的是先看到你死，不担心你先看到我死。"于忠说："人生在世，一切都是命中注定。如果注定死在大王之手，逃也逃不掉；如果不然，大王想杀也杀不成。"于忠因讨伐咸阳王元禧的功劳，封魏郡公，升总顾问长（散骑常侍），兼武卫将军。元详就利用于忠上疏辞让的机会，秘密向北魏帝元恪建议：任命于忠当中央直属部部长（列卿），而解除可以接近皇帝的职务，并准他辞去爵位。元恪遂下诏停止封爵，特别破格，晋升于忠当宫廷库藏部长（太府卿。北魏宫廷库藏部〔太府寺〕是中央直属十二部之一，部长官秩正三品。而总顾问长〔散骑常侍〕、武卫将军，官秩只是从三品。表面上看，对于忠优待，但总顾问长因跟皇帝接近之故，权势要大。元详在这次官场斗争中，成功的排除于忠）。

18 南齐帝国反抗军政府（江陵）国务院总理（尚书令）、巴东公（献武公）萧颖胄，因带兵官（军主）蔡道恭迎击中央军萧璝，不能取胜，战况胶着，忧虑与愤怒交集，遂一病不起（萧衍东征，所向无敌，一直打到建康。萧颖胄身居江陵，连逼到江陵大门的中央军萧璝，都无法击退，远虑近忧，都无法解决）。

十一月十二日（原文"壬午"，据《南齐书》改），萧颖胄逝世（年四十岁）。中央禁军总监（中领军）夏侯详，封锁死讯，不对外发布。物色一位笔迹跟萧颖胄相似的人，假冒萧颖胄颁发指令。一面秘密报告萧衍，萧衍也保守秘密。夏侯详命雍州（州政府襄阳）增援，雍州（襄阳）总部执行官（总州府事）萧伟，派老弟萧憺，率军南下。而此时，中央军萧璝，听到建康危急消息，军心恐惧日增，终于四散逃走，萧璝及鲁休烈也向反抗军投降。此时，反抗军政府才发布萧颖胄逝世消息。皇帝萧宝融下诏，追赠萧颖胄监督院总监督长（侍中）、丞相。于是，人心全归萧衍（萧颖胄不死，必然爆发内斗，谁死谁活都不重要，重要的是又有多少人丧生）。夏侯详邀请萧憺共同参与政府决策；萧宝融下诏，任命夏侯详当监督院总监督长（侍中）、国务院右执行长（尚书右仆射）；不久再任命他"使持节"（一级权力）、抚军将军、荆州（州政府江陵）州长（刺史）；夏侯详坚决让给萧憺。萧宝融下诏命萧憺当荆州（江陵）总部执行官（行荆州府州事）。

19 北魏政府在伊水（洛水支流）北岸，改建祭祀天神的圜坛（迁都之年，在委粟山兴建圜坛；参考四九五年十一月）。

十一月二十五日，北魏帝元恪开始在新建的圜坛上祭祀。

镇南将军元英，上疏说："萧宝卷（南齐建康政府皇帝）荒淫放纵，日甚一日，杀害无辜，虐待人民。他的雍州（州政府襄阳）州长（刺史）萧衍，向东攻击秣陵（即建康。秣陵是古称，参考二一二年九月），动员所有军队，顺流而下。襄阳（湖北省襄阳市）只剩下一个孤城，没有重兵守卫。这正是皇天把它交给我们的日子，千年难逢的大好机会，如果不抓住这个机会，更等待什么！请准许我率步骑兵三万人，深入沔阴（汉水以南），夺取襄阳城池，断绝黑水道路（黑水，陕西省汉中市东二十公里处，注入沔水〔汉水〕。此指断绝南齐梁州〔州政府南郑〕的交通线）。昏聩暴虐的君王和他的臣属，自相残杀，我们占据上游，声威震动远近。然后大举南攻，夺取江陵，则三楚地区（据《史记·货殖传》，三楚：东楚，指淮河下游及泗水流域；西楚，指汉水下游及淮河上游；南楚，指长江中下游流域），一天之中，就可以接收，而岷蜀（四川省中部）跟中央的联系，也自被切断。然后，再命扬州（州政府设寿阳〔安徽省寿县〕）、徐州（州政府设彭城〔江苏省徐州市〕），宣布同时出兵南下，建业（建康）紧迫穷困，就像锅里的游鱼。我们就可以使南北文字和车辙，重新相同，天下地上，合而为一。只盼望陛下圣心决断，不要犹豫，如果错过这个机会，吞并南方的日子，永不再来。”奏章被搁置，没有答复。

车骑大将军源怀上疏，说：“萧衍发动内战，萧宝卷孤立，危在旦夕，广陵（江苏省扬州市）、淮阴（江苏省淮安市淮阴区）等军事重地，都在一旁观望成败。这正是上天安排的良机，并吞南朝的时期已经成熟。我们应该东西同时发动大规模攻击，造成像卷起草席一样的形势。如果萧衍在内战中成功，上下一心，不仅以后图谋他困难，恐怕扬州（州政府设寿阳〔安徽省寿县〕）也陷于危险。为什么？寿春（寿阳）距建康（江苏省南京市）才七百华里（二地航空距离二百公里），山陵河流，他们都十分熟悉。一旦内外平安，君臣名分确定，势将派出船舰，逆流而上，很快就到达城下，不容易阻挡。而今，萧宝卷的首都（建康）可能瓦解，沿边一带城池，没有得到援军的希望，肃清江南（长江以南），正在今天。”

北魏帝元恪这才命任城王元澄，当淮河以南军区司令长官（都督淮南诸军事）、镇南大将军、开府仪同三司（宰相级）、扬州（州政府寿阳）州长（刺史），负责南征；但没有结果。源怀，是源贺的儿子（源贺，参考四一四年七月）。

东豫州（州政府设新息〔河南省息县〕）州长（刺史）田益宗上疏，说：“萧家政权的纲纪混乱，君臣内斗，长江以南郡县，分割为二，东西对抗，已有一年。人民从事粮秣转运，财产全被榨尽；士卒东征西讨，精力早已疲惫。大家只知道救眼前三寸的急难，所有力量，全被这场眼前三寸急难所消耗，对京师（首都建康）以外的‘州’‘镇’无法保护，也无法控制。各地重要城池，像棋盘上的棋子，孤孤零零，放在那里。如果不乘机闪电出击，一扫而光，扩张我们在南蛮境内的边界，恐怕以后再去努力经营，都没有今天这么容易。我们虽然夺取了寿春（寿阳，安徽省寿县），可是，东南西三面道路，仍然梗塞，如果加强防守，必须事先计划。义阳（河南省信阳市）跟淮河源头，距离较近，是南北之间重要的渡口，帝国大军南下，一定通过这个要道。如果长江以南（南齐帝国）恢复秩序，对淮河以北采取军事行动，必须利用夏季，各河涨水，舰队出长江，入淮河。而我们增援寿春（寿阳，安徽省寿县），则一定要从义阳（河南省信阳市）以北进兵。是南朝占尽地利，扼住咽喉，对这一点，应该深刻考虑。而击破义阳，现在正是时候。观察形势，不过需要精锐部队一万二千人。但军事行动，依赖声威，请命荆州（州政府设穰城〔河南省邓州市〕）、东荆州（州政府设沘阳〔河南省泌阳县〕）出动两州军队，南下攻击随郡（湖北省随州市）及襄阳（湖北省襄阳市）；扬州（州政府设穰城〔河南省邓州市〕）出动本州军队，进驻建安（河南省固始县），阻击从三关（河南省信阳市南）派出的增援部队。然后，豫州（州政府设悬瓠〔河南省汝南县〕）、东豫州（州政府新息），出动两州军队，南下占领南关（湖北省麻城市东北阴山关），阻击从延头派出的救兵（延头，湖北省大悟县。南宋帝国谢晦之乱，逃到此地被驻军司令光顺之生擒，参考四二六年二月），再派一位总司令官，统一指挥，今年冬季进军，明年（五〇二年）春季末期胜利，不过一百天，一定攻克。”

元英又奏称：“而今，萧宝卷骨肉互相残杀，藩镇（军事重镇）跟中央对抗，义阳（河南省信阳市）孤立在绝域之外，却跟我们帝国的疆

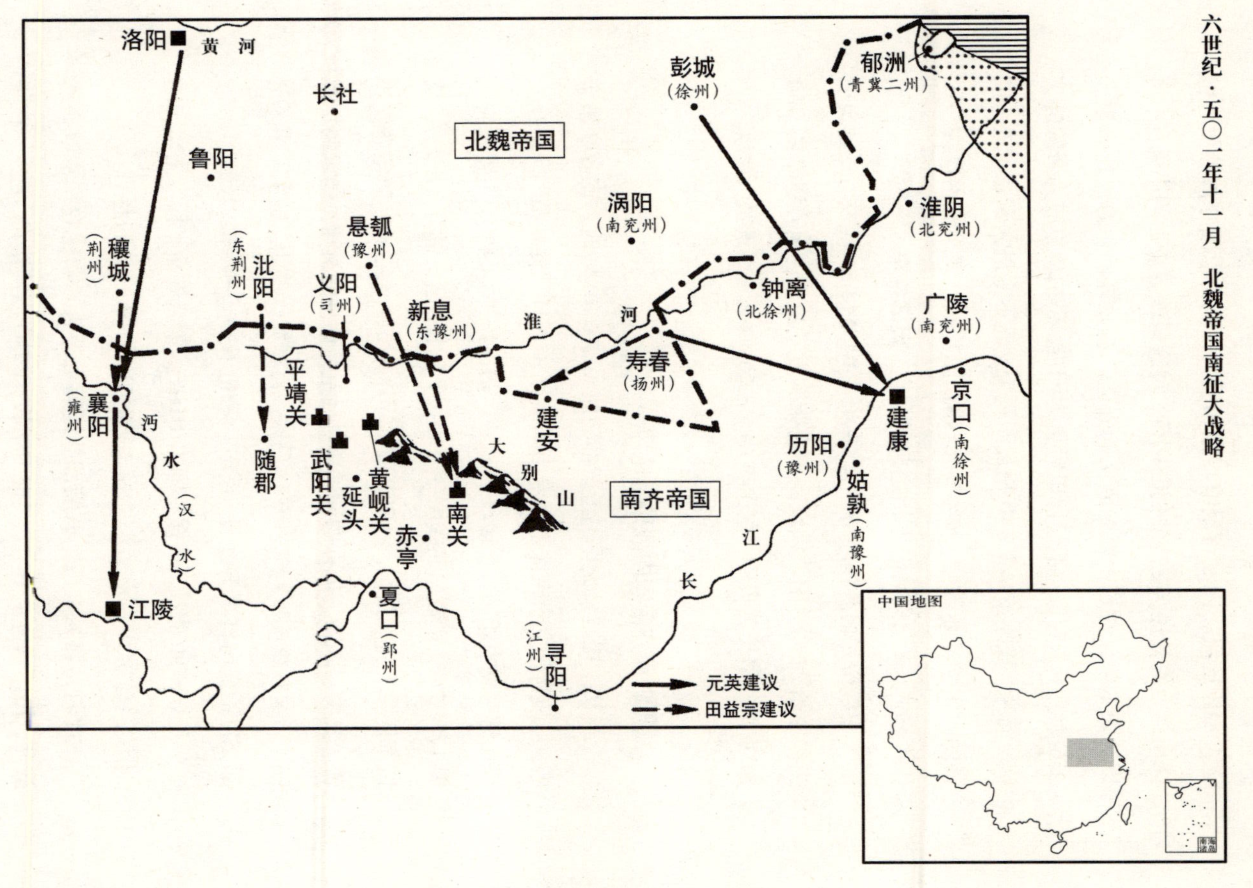

六世纪·五〇一年十一月　北魏帝国南征大战略

土，相距咫尺。内没有足够存粮和强大军队可以固守，外没有粮秣和兵力的救援，支持他们的期待；对这只就要烧死的小鸟，不可以抽去木柴；对这个就要砍头的强盗，岂允许停止刀斧！如果失去机会，不去夺取，不仅仅以后更为困难，恐怕将更成为帝国的灾祸。而今，豫州（州政府悬瓠）州长司马悦，已下令进入紧急状态，准备随时出动。东豫州（州政府新息）州长田益宗，率军严密监视三关（河南省信阳市南）。只请陛下指定总司令官，统御各军。”

北魏帝元恪派寝殿侍卫官（直寝，属中央禁军总监部〔领军府〕）羊灵引当参谋长（军司）。田益宗遂向南齐帝国发动攻击，南齐建宁郡（湖北省麻城市西）郡长黄天赐，在赤亭（湖北省武汉市新洲区北）迎战，大败。

20 南齐帝国内战接近尾声。

当初，崔慧景大军逼近首都建康（江苏省南京市）时，南齐帝萧宝卷，加授蒋子文皇帝诛杀时专用的铜斧（假黄钺）、“使持节”（一级权力）；任命蒋子文当相国、太宰（上三公之一）、最高统帅（大将军）、主管政府机要（录尚书事）、京畿总卫戍司令（扬州牧）；封钟山王。本年（五〇一），反抗军征东大将军萧衍，再度逼近首都建康（江苏省南京市），萧宝卷又尊蒋子文绰号灵帝；把神像迎进皇宫后堂，命巫师祈祷，请求赐下祝福（蒋子文事，参考四〇一年六月注）。后来，宫城城门关闭，城中军事，全部交付给征虏将军王珍国。正巧，兖州（南兖州，州政府设广陵〔江苏省扬州市〕）州长（刺史）张稷，增援京师（首都建康），萧宝卷命张稷当王珍国的副司令官。张稷，是张瓌（中央政府高级资政官〔光禄大夫〕）的老弟。

此时，宫城之内，武装部队还有七万人。萧宝卷平常就喜欢战斗，跟禁宫侍从（黄门）、“提刀圣旨”（刀敕）以及宦官、宫女，在华光殿前，作阵战训练。萧宝卷假装身受重伤，让人抬到木板上抬走，作为对未来灾祸的一种化解。萧宝卷常在金銮宝殿上，全副武装，跨上战马，横冲直撞，用金银做成盔甲，全都装饰孔雀毛和碧玉翡翠。白天睡觉，晚上起床，生活跟平常一样。听到城外战鼓和嘶喊，身披大红袍，登上景阳楼，向外眺望，反抗军流箭几乎把他射中。

最初，萧宝卷跟左右宠爱的家奴弄臣商量，因陈显达在一次会战中就被击败，崔慧景围城十二日就逃走，认为萧衍也是一样。所以，指令御厨房（太官）采办木柴、食粮，只供应一百天。后来，朱雀桥战败，军心震恐畏惧。茹法珍等恐怕官民四散逃命，下令关闭城门，不再出军。不久，反抗军用来包围的长墙筑成，壕沟深广，木栅坚固，茹法珍再派军出城扫荡，屡战屡败。萧宝卷尤其吝啬金钱，不肯赏赐，茹法珍叩头请求。萧宝卷说："贼盗（反抗军）难道只找我？为什么单向我要东西！"皇宫后殿存有数百块木板，有关官员请求用来加强城防工事，萧宝卷打算将来兴筑宫殿，竟然拒绝。又督促饰物管理局（御府）制造三百人的精致仪仗，准备解围之后，用来重建出游时使用的帐幔；金银雕刻的一些零用物件，比平常催逼得还要紧急。人心怨恨懈怠，不再尽力。反抗军包围的时间一久，城里的人都想早早逃走，只是没有人敢先发动。

茹法珍、梅虫儿劝告萧宝卷："高级将领不肯用心，围困才不能解开，应该全部诛杀！"王珍国、张稷听到消息，恐惧大祸突然发作；王珍国秘密派亲信晋见反抗军萧衍，呈献明镜（明镜照物，王珍国希望萧衍用明镜察看他的真心），萧衍用一块中间切断的黄金回报（《易经·大传》："二人同心，其利断金。"萧衍用以表示与王珍国同心）。兖州（南兖州，州政府广陵）大营军事参议官（中央参军）张齐，是州长（刺史）张稷的心腹亲信。王珍国透过张齐，跟张稷阴谋发动政变，合力诛杀萧宝卷。

张齐于深夜引导王珍国拜访张稷，张齐亲自手举蜡烛照明，侍从全部摒除在外，王珍国与张稷二人，促膝密谈，定下行事步骤。事后，把计划告诉后宫随从官（后阁舍人）钱强。

十二月六日，夜晚，钱强暗中命人打开云龙门（宫城〔台城〕东门）；王珍国、张稷，率军进入内殿；带刀侍卫（御刀）丰勇之作为内应。此时，萧宝卷正在含德殿卧听笙歌，还没有睡熟，听到军队进殿声音，翻身爬起，从北面窗户跳出来，打算跑回后宫，可是后宫宫门已经关闭。宦官黄泰平，举刀一砍，砍中萧宝卷的膝盖，萧宝卷跌倒在地（这个身受无限权力之害的大孩子，最后的反应是：转过头来，惊恐的叫喊一句："奴才，你反！"），张齐上前一步，砍下人头（年十九岁）。张稷遂即召集国务院右执行长（尚书右仆射）王亮等，顺序坐在殿前西厢钟架之下，命文武百官，在写给反抗军的一封信件上签名，用黄油绢包住萧宝卷的人头，派国立大学教授（国子博士）范云等，送到石头（建康城西北）。首都西区卫戍司令（右卫将军）王志，叹息说："帽子虽然破烂，怎么可以穿在脚上！"悄悄摘下庭中树叶，搓碎了吞服，假装昏迷，没有签名。萧衍看到信件上没有王志的名字，心中对他十分嘉许。王亮，是王莹的堂弟（王莹，参考去年〔五〇〇〕三月十五日）。王志，是王僧虔的儿子（王僧虔事，参考四五三年三月十一日）。萧衍跟范云本是老友（二人同属"八友"，参考四八四年正月。王珍国所以派范云呈献人头，原因在此），遂留下范云，当自己的幕僚。王亮在萧宝卷时代，察言观色，博取当权人物欢心。萧衍抵达新林（江苏省南京市江宁区西）时，中央政府官员，都派人从小路前往表示归附的心意，而只王亮不肯派人。萧宝卷死后，王亮出来晋见萧衍，萧衍说："人跌倒了而不去扶他起来，要宰相干什么？"王亮说："如果他可以扶起来，阁下岂有今天！"从城中出来的人，有的被反抗军抢劫剥光。杨公则亲自率他的部队，控制东掖门，保护三公级官员以及小民不受侵犯，所以出城的大多数都走东掖门。萧衍派张弘策先进宫清扫，查封库房及档案。当初，宫城里的金银珍宝，堆积如山，张弘策严厉约束部属，遂一点都没有损失。于是，逮捕贵妃潘玉奴，及萧宝卷宠爱的家奴弄臣茹法珍、梅虫儿、王咺之等四十一人，羁押监狱。

最初，四任帝萧昭文被罢黜时（参考四九四年十月），娘亲、皇太后王宝明，出宫居住鄱阳王萧锵的故宅，号称宣德宫（萧锵是一任帝萧道成之子，参考四九四年十月）。

十二月九日，萧衍用宣德太后王宝明的名义，宣布罢黜已死了的萧宝卷，改封东昏侯；皇后褚令璩、太子萧诵，都贬作平民。任命萧衍当立法院总立法长（中书监）、最高指挥官（大司马）、主管政府机要（录尚书事）、骠骑大将军、京畿总卫戍司令（扬州刺史），封建安郡公爵；依照晋帝国武陵王司马遵前例（参考四○四年四月），文武百官，都向萧衍致敬（萧衍此时把反抗军政府〔江陵〕完全抛到脑后，萧颖胄不死，当是另一形势）。萧衍命王亮当秘书长（长史）。

十二月十二日，改封建安王萧宝夤当鄱阳王。

十二月十三日，任命宰相（司徒）、京畿总卫戍司令（扬州刺史）、晋安王萧宝义当全国武装部队总司令（太尉），兼宰相（领司徒）。

十二月十九日，萧衍进驻阅武堂，下令大赦。又下令："凡是不合理的制度和不合理的捐税，滥用的刑罚、过分的劳役，都要检讨最初的原因，完全撤销。主持人已离开岗位时，各种开支报销，应精确整顿，恢复原状。"又下令："普遍检查国务院（尚书）各部各司（曹），萧宝卷在位时各种事务争论、诉讼纠纷，和主管官员推拖积压，不及时办理的，应详细的深入了解，依照事实奏明。"又下令："安葬正义之师（反抗军），以及叛徒（中央军）的尸体。"贵妃潘玉奴，天姿国色，萧衍打算留她当小老婆，询问监督院总监督长（侍中）、中央禁军总监（领军将军）王茂的意见。王茂说："灭亡齐国（南齐帝国）的，正是她这种东西，留下她恐怕受舆论攻击。"萧衍遂命监狱行刑队把潘玉奴绞死，并诛杀萧宝卷宠爱的家奴弄臣茹法珍等；另行遴选宫女二千人，赏给将士。

十二月二十五日，萧衍任命辅国将军萧宏，当中央军事总监（中护军）。

在江陵政府中，元首是萧宝融，萧衍不过征东大将军。在建康政府中，元首是宣德太后王宝明女士，萧衍不过是骠骑大将军。可是，他当权不到三天，竟大赦天下，下令如同下诏。

潘玉奴不过一个靠美色讨男人欢喜的可怜玩物而已，南齐帝国之亡，史迹斑斑可考，与她什么相干？王茂竟一口咬定亡在她手，跟坚持夏王朝亡于施妹喜，商王朝亡于苏妲己一样，这种把责任移花接木的和稀泥手段，我们必须洞烛其奸。

萧衍当初从雍州（州政府襄阳）东征时，豫州（州政府设历阳〔安徽省和县〕）州长（刺史）马仙琕，手握大军，不拥护萧衍，萧衍派马仙琕的老友姚仲宾，前往游说。马仙琕先为老友设下盛大筵席接待，欢宴之后，把老友绑到营门斩首示众。萧衍再派马仙琕的族叔马怀远前往，马仙琕说："大义灭亲！"又要斩他的族叔，军中将领为他的族叔求情，才免除族叔一死。萧衍已进攻到新林（江苏省南京市江宁区西），马仙琕仍在江西（安徽省中部），每天抄掠反抗军的粮船。萧衍包围宫城时，各州郡都派人向反抗军投降，只吴兴郡（浙江省湖州市）

郡长袁昂，守卫郡境，不接受萧衍命令。袁昂，是袁颛的儿子（袁颛事，参考四六六年正月）。萧衍派国务院民政部交通司司长（驾部郎）、考城（侨县，江苏省盱眙县南）人江革，写信给袁昂，说："根本已经拔除，枝叶何处依附？而今，你为昏君效死，不能算忠；全家屠灭，不能算孝。为什么不改变立场，自己争取幸福。"袁昂复信说："三吴地区（太湖流域及钱塘江流域），不是军事必争之地，何况我这个偏僻的小郡，怎么能参与作战？你的军旗所指之处，所有的人都露出脊背，用膝盖走到营门。只有我一个人敢最后抵达，只因为自问平凡庸碌，缺少文武才干。纵使我呈献身心，不增加反抗军的力量；不理会我的愚昧和缄默，又岂能打击反抗军的声威！感谢将军宽宏大量，使我得以安闲的尽我的礼节。我暗中认为，对于一顿饭的施舍之恩，甚至要杀身以报，何况吃人家的俸禄，怎么可以一旦忘记。不但舆论抨击，恐怕你也会轻视，因之犹豫不决，还没有口衔璧玉，开城投降。"袁昂向武康（浙江省德清县）县长、北地郡（侨郡）人傅暎，询问对时局的意见，傅暎说："从前，四五三年，发生开天辟地以来从没有过的事变（指南宋帝国三任帝刘义隆，被儿子刘劭格杀，参考该年〔四五三〕二月二十一日），所以，总司令（袁淑）牺牲性命，表明操守（袁昂的叔父袁淑，死于刘劭之手，追赠全国武装部队总司令〔太尉〕，参考该年〔四五三〕五月十九日）；宰相（司徒袁颛）身受皇帝寄托重任，在道理上不能苟且求全（袁昂的老爹袁颛不曾当过宰相〔司徒〕），所以不顾危险，去完成名分和大义。而今，皇上昏暴，一点没有悔改之意，荆雍二州同心合力，有身居上游的优势，天心人意，至为明显。但愿你深切考虑，不要后悔。"等建康政府（江苏省南京市）瓦解，萧衍命豫州（州政府历阳）州长（刺史）李元履到东方巡查安抚，吩咐李元履说："袁昂出身品德高贵的门第，世代有忠烈之士（指袁淑、袁颛），天下人当共同包容，不要

六世纪·五〇一年九月至十二月　南齐反抗军攻陷建康

中国地图

新洲
白下（张木）
石头城
西州城
西明门
建康都城
台城
南掖门
宣阳门
东府城（徐元瑜）
丹阳城
朱雀桥
萧衍驻军石头城，进攻建康
蔡洲
新亭
反抗军大破中央军于此
江
长
新林
秦
淮
河
萧衍率反抗军进攻建康
江宁
中央军大营
萧宝卷坚壁清野之地

用暴力对他凌辱。”李元履抵达吴兴郡（浙江省湖州市），布达萧衍的命令，袁昂并不请求投降，而仅只打开城门，撤除戒备而已。马仙琕听到宫城陷落消息，向将士们悲号哭泣，说：“我受人托付重任，大义上不可以投降，你们都有父母，我当忠臣，你们当孝子，岂不美好！”遂把城中所有军队都送出去投降，留下贴身卫士数十人，关闭房门自守；霎时间，反抗军闯进来，包围数十层。马仙琕命贴身卫士拉满弓弦，反抗军不敢逼近。一直僵持到天黑，马仙琕才把弓箭投到地下，说：“各位只管来杀，我在大义上绝不投降。”反抗军遂把马仙琕装上囚车，送到石头（建康城西北）。萧衍把他释放，命他跟袁昂同时晋见，说：“我要使天下人看看两位义士！”萧衍对马仙琕说：“管仲射中带钩（参考二五八年十月注），勃鞮斩断衣袖（参考四〇二年二月注），都受前人的赞美，你不要因你诛杀我所派的使节这件事，于心不安。”马仙琕道歉说：“我这个卑微的人，像失去了主人的狗，新主人喂养它，它就为新主人卖命。”萧衍笑起来，对二人十分优待。

十二月二十六日，萧衍入居金銮宝殿。

萧宝卷任命的安成郡（江西省安福县）郡长（内史）刘希祖，既攻克安成（参考本年〔五〇一〕六月），向湘州（湖南省）发出政治号召，始兴郡（广东省韶关市）郡长（内史）王僧粲响应。王僧粲自称湘州州长（刺史），率军攻击长沙（临湘）。距长沙城（临湘）一百余华里，湘州（湖南省）各郡县纷纷起兵响应王僧粲，只有临湘（湘州州政府所在县）、湘阴（湖南省湘阴县北）、浏阳（湖南省浏阳市）、罗县（湖南省汨罗市）等四个县，还在反抗军之手。长沙（湖南省）居民打算乘船逃走，湘州（临湘）总部执行官（行事）刘坦把船舶聚集一起，纵火焚毁；派带兵官（军主）尹法略阻截王僧粲，尹法略数次出击，都失利而归。前湘州镇车（可能是“湘州人前镇军将军”）钟玄绍，暗中集结群众数百人，约定日期翻越城墙而出，接应王僧粲。刘坦得到密报，却假装不知道。就在前一天，刘坦升堂审理诉讼案件，直到深夜，还不关闭城门，故意使钟玄绍起疑。钟玄绍不敢发动。第二天一早，钟玄绍晋见刘坦，询问没有关闭城门的缘故。刘坦留他坐下畅谈，一面秘密派亲信军警，搜查钟玄绍私宅，收集所有家信。钟玄绍仍然在座，搜查军警已经回报，在家信中得到全部阴谋。钟玄绍低头认罪，就在座位上，砍下钟玄绍人头；焚烧家信，所有党羽，一律不问，大家感激惭愧，湘州（湖南省）及所属各郡，遂平安无事。尹法略跟王僧粲僵持数月，建康陷落，湘州（州政府临湘）州长（刺史）杨公则，回到本州，王僧粲等失败逃走。南康郡（江西省赣州市）郡长王丹，被本郡变民诛杀。刘希祖也献出郡城，投降反抗军。杨公则很能克制自己，廉洁谨慎，减轻刑罚，少收赋税。不久，湘州（湖南省）户口，几乎恢复战乱前旧观。

五〇二年 壬午

南齐　中兴　二年
南梁　天监　元年
北魏　景明　三年
（柔然汗国太安十一年）

1 春季，正月，南齐帝国（首都江陵〔湖北省江陵县〕）皇帝（七任和帝）萧宝融（本年十五岁），派监督院兼任总监督长（兼侍中）席阐文等，到建康（江苏省南京市）慰劳萧衍大军。

最高指挥官（大司马）萧衍下令："萧宝卷（六任帝）在位时的浮华浪费，除非用来学习礼乐仪式，或用来加强制造及整修铠甲武器，其他的全部撤销。"

正月九日，萧衍迎接宣德太后王宝明入宫，代表皇帝，主持政府。萧衍解除行使皇帝职权（承制）。

正月十日，任命宁朔将军萧昞，当南兖州（州政府设广陵〔江苏省扬州市〕）军区司令（监南兖州诸军事）。萧昞，是萧衍的堂弟（参考去年〔五〇一〕十月二十一日）。

正月十三日，擢升最高指挥官（大司马）萧衍，当全国各军区总司令长官（都督中外诸军事），特准萧衍上殿时不解佩剑及不脱木屐，奏事时司仪不传报姓名（一出现“剑履上殿”“奏事不名”“入朝不趋”，篡夺就成定局）。

正月二十日，任命最高指挥部秘书长（大司马长史）王亮，当立法院总立法长（中书监），兼国务院总理（尚书令）。

最初，最高指挥官（大司马）萧衍，跟监督院宫廷监督官（黄门侍郎）范云、南清河郡（侨郡）郡长沈约、宰相府右秘书长（司徒右长史）任昉，同在竟陵王萧子良西州（建康城西）官邸（萧子良率军镇守西州）时，感情亲密（时称“八友”，参考四八四年正月）。而今，萧衍命范云当最高指挥部首席军事参议官（大司马咨议参军），主管政府机要特别助理（领录事），沈约当骠骑将军府军政官（骠骑司马）；任昉当记录军事参议官（记室参军）；组织一智囊小组，共同磋商军国大事。前吴兴郡（浙江省湖州市）郡长谢朏、前国立大学校长（国子祭酒）何胤，都辞去官职，退休在家（五任帝萧鸾上台时），萧衍也奏报宣德太后王宝明，征召二人当参谋主任（军咨祭酒），谢朏、何胤，都不就任。

最高指挥官（大司马）萧衍，决定消灭南齐帝国政府，夺取政权。沈约先用言语试探，萧衍不作回答。过了几天，沈约再进言说：“现代社会，跟古代不同，不可以用淳朴的风气，要求别人。知识分子或官宦士绅，攀龙附凤，都希望建立或大或小的功勋。而今，连牧牛放羊的顽童，都知道齐国（南齐帝国）皇家祖庙的祭祀，已经终结，阁下（萧衍）正巧承受这项大运，天文或神秘预言书上，记载十分明显。天心不可违背、人心不可丧失。如果这是冥冥中的安排，你即令要退步谦让，也没有用。”萧衍说：“我正在想这个问题。”沈约说：“你当初在樊城（湖北省襄阳市汉水北岸）之旁、沔水（汉水）之畔，建立大营，高竖军旗，那个时候，应该思量。现在帝王的大业，已经完成，还有什么可以思量！如果不能早日确定方向，只要有一个人忽然唱出反调，就伤害了你的恩德和声威。而且，人身不是金银木石，时局更难预料它的发展，怎么只盼望把建安公的爵位，传给子孙（萧衍封建安公，参考去年〔五〇一〕十二月九日）！一旦天子（萧宝融）返京（首都建康），三公及部长级官员各人回到各人岗位，君臣的名分一经确定，不再有三心二意。在上是英明的君王，在下是忠贞的臣属，还有谁跟你一同当叛徒！”萧衍认为分析正确。沈约退出后，萧衍召见范云，告诉他情况，范云回答的内容，跟沈约大略相同。萧衍说：“智者所见，如此的不谋而合，你明早带沈约一起来！”范云出来，通知沈约，沈约说：“明早，你一定要等我！”范云许诺。第二天一早，沈约却在约定时间前，提早入见萧衍。萧衍命沈约草拟夺权登极的各项细节，沈约立刻从怀中掏出早已准备好了的诏书，跟政府各部门人选名单，萧衍一字不改。不久，范云准时到来，到金殿门外，却被禁卫阻止，不能进去，范云大为惊慌困惑，在寿光阁外，不停的踱来踱去，一直自言自语：“奇怪！奇怪！”一会工夫，沈约出来，范云问沈约：“对我如何安置？”沈约向左举举手（意思是国务院左执行长〔尚书左仆射〕），范云笑说：“没有使我失望。”霎时间，萧衍召见范云，赞叹沈约才智纵横，强调说：“我自从起兵，到今天已有三年（首尾三年，事实上只一年零三个月；参考前年〔五〇〇〕十一月），将领们当然有他们的功劳，但建立帝王大业的，是你们二位。”

正月二十五日，宣德太后王宝明下诏（萧衍诏）：擢升最高指挥官（大司马）萧衍，当相国、总管文武百官、京畿总卫戍司令（扬州牧），封梁公，采邑十郡（豫州的梁郡〔侨郡〕、历阳郡〔安徽省和县〕、南徐州的义兴郡〔江苏省宜兴市〕，京畿〔扬州〕的淮南郡〔安徽省当涂县〕、宣城郡〔安徽省宣城市宣州区〕、吴郡〔江苏省苏州市〕，吴兴郡〔浙江省湖州市〕、会稽郡〔浙江省绍兴市〕、新安郡〔浙江省淳安县〕、东阳郡〔浙江省金华市〕），赏赐九锡（九锡，参考四年），梁国设立梁国政府，向行任用官员。撤除萧衍的“主管政府机要”（录尚书）职务，但仍保留骠骑大将军。

二月二日，萧衍接受任命。

湘东王萧宝晊（音zhì〔至〕），是安陆王（昭王）萧缅（五任帝萧鸾的老弟）的儿子，很喜爱文学。萧宝卷被杀，萧宝晊盼望大家拥护自己登上宝座，所以坐在家里，等待皇帝专用的法驾，前来迎接。不久，王珍国等把萧宝卷的人头，送给梁公萧衍，萧衍任命萧宝晊当祭祀部长（太常），萧宝晊心中不安。

二月三日，萧衍宣称：萧宝晊谋反。于是，连同萧宝晊的老弟、江陵公萧宝览、汝南公萧宝宏，一并斩首。

萧衍自己在那里谋反，却指控支持政府的人谋反，自己在那里叛变，却指控并没有叛变的人叛变。这是历史悲剧：谁有权，谁就有理。大厦已倾，刀已当头劈下，萧宝晊还在那里等人抬上花轿，愚蠢得使人生气。

二月七日，宣德太后王宝明下诏：梁国政府组织，完全仿照帝国制度。萧衍遂任命沈约当梁国国务院文官部长（吏部尚书）兼右执

六世纪·五〇二年正月至二月　萧衍梁国采邑

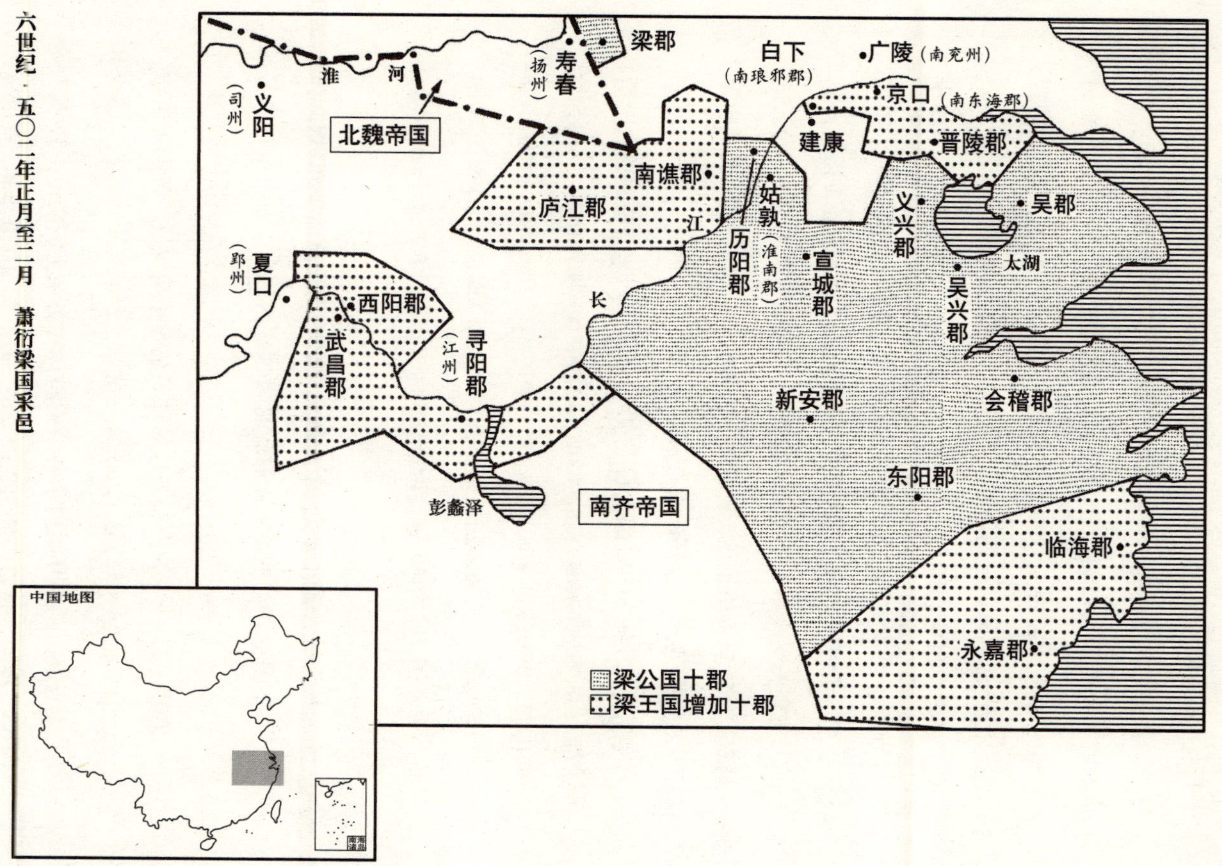

行长（兼右仆射），范云当梁国监督院总监督长（侍中）。

萧衍把萧宝卷的小老婆余妃，收作小老婆，沉湎在温柔乡中，对军国大事，往往疏忽。范云特别进言提醒，萧衍不理。范云跟另一位监督院总监督长（侍中）、中央禁军总监（领军将军）王茂，一同晋见。范云说："从前，刘邦进关（函谷关），对妇女并不特别喜爱，因此，范增畏惧他心怀大志（参考前二〇六年十二月）。阁下刚刚平定建康（南齐首都），四海之内，人民敬仰你的名望，为什么重蹈前人失败之路，被一个美女连累！"王茂起身叩拜说："范云的话讲得对，请明公想到天下大事，不应留她在身旁。"萧衍沉默不说话。范云就请求把余妃赏赐给王茂，萧衍终于认为他们的决定明智，应许。第二天，赏赐范云、王茂各一百万钱。

二月二十七日，宣德太后王宝明，下诏（萧衍诏）：增封梁公萧衍十郡（十郡：豫州的南谯郡〔安徽省巢湖市东南〕、庐江郡〔安徽省舒城县〕，江州的寻阳郡〔江西省九江市〕，郢州的武昌郡〔湖北省鄂州市〕、西阳郡〔湖北省黄冈市黄州区〕，南徐州的南琅邪郡〔白下，建康城北〕、南东海郡〔京口，江苏省镇江市〕、晋陵郡〔江苏省常州市〕，京畿〔扬州〕的临海郡〔浙江省台州市西北章安街道〕、永嘉郡〔浙江省温州市〕），晋封梁王。

三月五日，萧衍接受，下令赦免梁国国内及总部（府州）辖区死刑犯以下囚犯（"府"指骠骑大将军府，"州"指扬州）。

2 三月十三日，南齐政府诛杀邵陵王萧宝攸、晋熙王萧宝嵩、桂阳王萧宝贞（三人都是五任帝萧鸾的儿子）。

梁王萧衍刚刚开始屠杀各亲王时，对各亲王的防范，还不十分严密。鄱阳王萧宝夤的宦官颜文智，跟左右侍从麻拱等，密谋逃亡；半夜时分，在墙上凿出一个洞穴，让萧宝夤逃出，长江岸边，已停泊一条小船等候。萧宝夤穿黑布短袄，腰上缠一千余钱，暗中摸索到江畔，穿着草鞋，徒步奔走，脚底泡水，与鲜血交流，没有一块完好的肌肤。看守萧宝夤的军警天亮后才发觉，急忙追捕。萧宝夤假扮一个钓鱼的人，随着水波，上下飘荡十余华里，军警对这位渔夫，并不怀疑。等到军警撤退，萧宝夤遂到长江西岸（安徽省和县一带）投奔居民华文荣。华文荣跟他的族人华天龙、华惠连，抛弃家属，带着萧宝夤，躲藏在山沟之中。然后，租了一头毛驴，让萧宝夤乘坐，白天隐藏，夜间赶路，终于抵达寿阳（安徽省寿县，北魏帝国扬州州政府所在县）的东城（安徽省定远县东南）。北魏帝国（首都洛阳〔河南省洛阳市东白马寺东〕）驻军司令（戍主）杜元伦，飞快报告扬州（州政府寿阳）州长（刺史）、任城王元澄，元澄派车马和武装卫队，前往欢迎。萧宝夤本年十六岁，脚步踉跄，容貌憔悴，看到的人都认为是掠夺来贩卖的奴隶。元澄用客礼相待。萧宝夤请求穿君王逝世时、臣属应穿的斩衰丧服（最重丧服，麻布衣不缝边），元澄派人解释环境不许可，只送给萧宝夤当老哥死时、老弟应穿的齐衰丧服（次重丧服，麻布衣缝边。萧宝夤要为被杀的六任帝萧宝卷服丧，可是身在北魏帝国，而北魏另有君王，所以元澄劝他放弃政治性服丧，改为亲情服丧）。元澄率官属前往祭悼，萧宝夤在居丧期间，行止都合礼仪，跟哀悼君王或老爹逝世时一样，寿阳（安徽省寿县）人民敬佩他的大义，很多人前去哀悼慰问。只夏侯家没有人去，因夏侯详追随南齐帝国梁王萧衍之故。元澄对萧宝夤十分器重。

3 南齐帝（七任和帝）萧宝融，御驾东归（由江陵迁都建康），任命萧憺当荆湘六州军区司令长官（都督荆、湘六州诸军事。六州：荆、湘、益、宁、南秦、北秦）、荆州（州政府江陵）州长（刺史）。荆州（湖北省西部）经过长期战乱之后，无论政府与民间，都十分贫苦。萧憺专心治理，推广垦荒屯田，减少农民差役，慰问死于战乱中战士的遗属，解决他们的穷困。萧憺自以为年纪太轻（本年二十五岁），却身居重任，对他的部属说："政治不上轨道，大家应共同感到遗憾，我今天开诚布公，你们也要竭尽全力，不要藏私。"于是每人都有机会陈述自己的意见，民间有官司诉讼时，站在面前，等候判决，顷刻之间，就能裁定。各机关没有任何延误积压，荆州（湖北省西部）人大为悦服。

萧宝融抵达姑孰（安徽省当涂县）。

三月二十八日，萧宝融下诏（萧衍诏），把帝位禅让给梁王萧衍。

三月二十九日，庐陵王萧宝源（五任帝萧鸾的儿子）逝世（胡三省注："不是病死。"）。

4 北魏帝国（首都洛阳）鲁阳蛮（河南省鲁山县蛮夷）酋长鲁北燕等，率军攻击颍州（州政府设长社〔河南省长葛市〕）。

5 夏季，四月三日，南齐政府把政权和平转移给梁王萧衍。宣德太后王宝明下令说："西方（姑孰，安徽省当涂县）颁发的诏书传到建康；皇帝（萧宝融）效法前代，恭敬的把神圣的最高权柄，禅让给梁国。明天，我会亲自登上平台，派人恭敬的送上皇帝玉玺，我则回到别宫。"

四月四日，王宝明发布诏书，派兼任太保（兼太保，上三公之三）、国务院总理（尚书令）王亮等，携带皇帝印信，前往梁国宫廷。

四月八日，梁王萧衍在建康南郊，正式登极称帝（南梁帝国建立），大赦，改年号（之前是南齐中兴二年，之后是南梁天监元年）。当天（四月八日），萧衍追赠老哥萧懿"丞相"，封长沙王，绰号宣武，埋葬的礼仪，依照晋王朝安平王（献王）司马孚（参考二七二年二月）旧例（萧懿被萧宝卷诬杀，草草掩埋，如今隆重改葬。南齐帝国立国二十四年〔四七九至五〇二〕，共七任君，至此灭亡，代之而起的是南梁帝国）。

四月九日，新建立的南梁帝（一任武帝）萧衍（本年三十九岁），下诏封亡国之君萧宝融当巴陵王，在姑孰（安徽省当涂县）兴筑宫殿，就在那里居住。南梁政府对萧宝融崇敬优待的礼节，完全仿效南齐政府当初对南宋亡国之君刘準的旧例（参考四七九年四月）。尊奉宣德太后王宝明尊号：南齐文帝（萧长懋）妃，皇后王蕣华尊号：巴陵王妃。南齐所有王爵、公爵、侯爵，有的贬降一级，有的撤销。只南宋亡国之君、南齐夺权后改封汝阴王的刘準的王爵，不在废除之列。

萧衍追尊老爹萧顺之绰号文皇帝，庙号称太祖。娘亲陈道正绰号献皇后。追称亡妻郗徽绰号德皇后。封文武功臣车骑将军夏侯详等十五人当公爵、侯爵；封老弟、中央军事总监（中护军）萧宏当临川王，南徐州（州政府京口）州长（刺史）萧秀当安成王，雍州（州政府襄阳）州长（刺史）萧伟当建安王，首都东区卫戍司令（左卫将军）萧恢当鄱阳王，荆州（州政府江陵）州长（刺史）萧憺当始兴王。命萧宏当京畿总卫戍司令（扬州刺史）。

萧衍又任命立法院总立法长（中书监）王亮，当国务院总理（尚书令）；相国府左秘书长（相国左长史）王莹，当立法院总立法长（中书监）；国务院文官部长（吏部尚书）沈约，当国务院总执行长（尚书仆射）；梁国监督院长期兼任总监督长（长兼侍中）范云，当总顾问长（散骑常侍）兼国务院文官部长（吏部尚书）。

萧衍下诏：后宫、皇家乐队、西院杂作坊，以及宫廷监狱中所有妇女，一律释放出宫。

四月十日，巴陵王萧宝融逝世（年十五岁）。当时，萧衍打算把南海郡（广东省广州市）改作巴陵国，把萧宝融迁到那里定居。国务院总执行长（尚书仆射）沈约反对，说：“古代和现代的情势不一样，曹操所说：‘不可以为了虚名，而得实祸。’（《自明本志令》语，参考二一〇年十二月）”萧衍点头，于是派亲信郑伯禽，前往姑孰（安徽省当涂县），强迫萧宝融吞服金屑。萧宝融说：“要我死，用不着金屑，喝醉就可以了。”喝酒喝得酩酊大醉，郑伯禽就在榻旁把他击杀。萧宝融当荆州（州政府江陵）州长（刺史）时，琅邪（白下，建康城北）人颜见远，当机要军事参议官（录事参军），后来，萧宝融称帝，颜见远当诉讼监察官（治书侍御史）兼总监察官（兼中丞）。等到萧宝融把帝位禅让给萧衍，颜见远绝食数日，逝世。萧衍接到报告，说：“我上应天心，下顺民意，跟天下知识分子和官员士绅，有什么相干？颜见远竟做出这种事。” 394

四月十二日，萧衍下诏：“有关单位应参考周王朝、两汉王朝前例，讨论法律上用钱赎罪的各项条文（参考前一一〇年五月）。凡是现任官员，身犯鞭打罪的，一律停止鞭打，改判罚金，其他各部院低级官员，以及士卒，如果要求缴钱赎罪，一律批准。”

晋封谢沭县公萧宝义（五任帝萧鸾长子）当巴陵王，侍奉南齐帝国皇族香火（南齐帝国时萧宝义封晋安王）。萧宝义从小就是一个残废（参考四九四年十一月），不能言语，所以也只有他保全性命。

故南齐帝国南康侯萧子恪，及老弟祁阳侯萧子范（二人是南齐豫章王萧嶷的儿子），曾经有事晋见萧衍，萧衍心平气和的告诉他们：“国家的最高权柄，不是纯靠力量就可夺取，假如不是命中注定，即令有项羽（西楚王国一任王）那种英勇，终于也会失败灭亡。刘骏（南宋帝国五任帝）性情猜疑忌恨，兄弟中凡是有点好名声的，全都被他毒死（指南平王刘铄，参考四五三年七月），政府高级官员稍微被疑而冤死的，一个接连一个（指颜竣、沈怀文等）。然而，有的人虽被怀疑，却无法排除；

有的人根本不被怀疑，灾祸却从他们身上发出。像你们的祖父（南齐帝国一任帝萧道成），因具有才干，受到猜忌（参考四七〇年六月），但又有什么办法！刘彧（南宋帝国七任帝）平凡昏庸，没有被看到眼里。结果，刘骏的子孙，全死在刘彧之手（参考四六六年十月）。当时，我已降生，刘骏怎么知道我会有今天？使人坚信，命中注定要当君王的人，永不会受到伤害。我刚攻下建康时，有人劝我把你们兄弟铲除，使人无法再生二心，我当时如果采纳这项建议去做，谁能拒绝。只因为自从晋帝国政府撤退到江东（江苏省南部太湖流域）以来，政权兴亡交替的时候，一定把前朝皇族，全部屠杀（刘裕并没有把晋帝国皇族屠杀，只诛杀亡国之君司马德文，参考四二一年九月；萧道成则把南宋帝国皇族屠杀，参考四七九年五月），伤害天地之间的祥和之气，所以建国的时间不能长久。而且，齐国（南齐帝国）和梁国（南梁帝国），虽然也是改朝换代，可是跟从前的改朝换代，却不一样。我跟你们兄弟，虽然已超过'五服'范围（五服中最轻的是"缌麻"〔穿细麻布丧服三个月〕），但血缘并不太远（萧衍是萧道成的族侄），齐国（南齐帝国）建立的时候，我们两家，也曾同甘共苦（萧道成密谋南宋帝国政权时，萧衍的老爹萧顺之是辅助功臣，参考四七七年六月），亲情如同一家，怎么可以一时之间，成为路人！上天如果真的注定你们兄弟要当帝王，就不是我能诛杀。上天如果不照顾你们，我为什么要那样做，去显示我缺少宽宏的胸襟？而且，萧鸾屠杀你家满门（参考四九八年正月），我大义起兵，不但为自己雪耻，也替你们兄弟报仇。你们如果能在萧鸾、萧宝卷在位时，削平祸乱，返回正位，我岂不放下武器，推戴拥护！我从萧鸾家夺到政权，不是从你们家（南齐一任帝萧道成及二任帝萧赜）夺到政权。从前，刘子舆（王郎）自称是刘骜（西汉王朝十二任帝）的儿子，刘秀（东汉王朝一任帝光武帝）说：'即令成帝（刘骜）复活，天下也不再是他的，何况他的儿子？'（参考二四年四月。）曹志，是曹操的孙儿，成为晋王朝的忠臣（参考二八三年）。何况，而今，你们仍是梁国（南梁帝国）的皇族，希望我们彼此坦荡相待，你们不要自己见外。若干时日后，你们会知道我的寸心。”萧子恪兄弟共十六人，都在南梁政府供职，其中萧子恪、萧子范、萧子质、萧子显、萧子云、萧子晖，都因为很有才干，闻名于世，担任清闲高位，平安逝世。

萧衍下诏征召谢朏当左最高资政官（左光禄大夫）、开府仪同三司（宰相级）；何胤当右最高资政官（右光禄大夫）；何点当监督院总监督长（侍中）。何胤、何点，仍不肯就职。

四月十五日，萧衍下诏，命宫门接待署（公车府）在“谤木”“肺石”之旁，分别设立信箱（据说，黄帝王朝六任帝尧帝伊祁放勋，在宫门外竖立“丁”字形木架，鼓励人民在木架上写下批评政府的言论，称“谤木”，也称“表木”。古时，宫门外有一块红颜色的巨石，称“肺石”。《周礼·秋官》说：“人民有冤苦想向君王陈诉，被官员压制，不肯代为转达时，人民可以站在肺石上面，三天之后，法官听取他的控诉，转报君王，而处罚那位官员）。如果吃肉的人（在位当权派）不肯进言，而在野的人对政府有什么意见，只管把批评投入谤木信箱。如果功劳被掩盖，才能被压制，或沉冤不能昭雪，则把申诉投入肺石信箱。

萧衍身穿洗涤过的衣服（由此可看出君王只穿新衣），平常吃饭，只有蔬菜；每次遴选地方政府官员，都尽量要求廉洁公正，把他们召到面前，勉励他们治理人民的道理。擢升国务院财政部宫廷事务司长（尚书殿中郎）到溉（到，姓），当建安郡（福建省建瓯市）郡长（内史）；国务院民政部民政司司长（左户侍郎）刘鬷（音zōng〔宗〕），当晋安郡（福建省福州市）郡长，二人都以廉洁不贪污闻名当世。到溉，是到彦之的曾孙（到彦之，南宋三任帝刘义隆在位时的中央禁军总监〔中领军〕，参考四二四年八月）。萧衍又用法令规定：“小县县长有才干，升为大县县长。大县县长有才能，升为郡长。”擢升山阴（浙江省绍兴市）县长丘仲孚，当长沙郡（湖南省长沙市）郡长（内史）；武康（浙江省德清县）县长、东海郡（侨郡，江苏省镇江市）人何远，当宣城郡（安徽省宣城市宣州区）郡长。从此，廉洁而有才干的人，都受到鼓励。

6 北魏帝国境内鲁阳蛮，围攻湖阳（河南省唐河县南湖阳镇），中央政府抚军将军李崇，率军击破这项攻击，斩鲁阳蛮酋长鲁北燕，把蛮夷一万余户，强迫迁到幽州（河北省北部）、并州（山西省中部），以及北方六镇（怀荒镇〔河北省张北县〕、御夷镇〔河北省赤城县〕、柔玄镇〔内蒙古兴和县北〕、武川镇〔内蒙古武川县〕、抚冥镇〔内蒙古四子王旗〕、怀朔镇〔内蒙古固阳县〕）；不久，他们再度叛变，南下（当是想回故乡），沿途处处受到讨伐攻击，好不容易逃到黄河，全族已被杀光。

闰四月三十日，顿丘公（匡公）穆亮逝世（年五十二岁）。

7 南齐帝国末任帝萧宝卷在位时宠爱的家奴弄臣孙文明等，虽然南梁帝国政府已发布过赦免命令，但仍然没有安全感。

五月十八日，夜晚，孙文明等率领他们的党徒数百人，利用运送荻草火炬的机会，把武器密藏在荻草之内，向皇宫发动突击。进入南北掖门，纵火焚烧神虎门（宫城〔内城〕西门）、总章观，攻陷首都卫戍司令部（卫尉府），格杀首都卫戍司令（卫尉）、洮阳侯（愍侯）张弘策。前军将军府军政官（前军司马）吕僧珍，正在金殿值班，率禁卫军抵抗，无法击退攻击。萧衍全副武装，登上前殿，说：“贼盗在夜间行动，是因为人数不多，一旦天亮，包管逃走。”命值夜官敲五更（凌晨五时），中央禁军总监（领军将军）王茂、骁骑将军张惠绍，听到发生事变，率军援救，变民霎时四散。政府军作彻底搜查，全部诛杀。

南齐南梁皇族同源世系

<table>
<tr><td colspan="9">（晋）淮阴令
萧整</td></tr>
<tr><td colspan="4">即丘令
萧儁
（齐始祖）</td><td colspan="5">济阴太守
萧辖
（梁始祖）</td></tr>
<tr><td colspan="4">辅国参军
萧乐子</td><td colspan="5">州从事
萧副子</td></tr>
<tr><td colspan="4">（宋）汉中太守
萧承之</td><td colspan="5">治书御史
萧道赐</td></tr>
<tr><td colspan="2">齐①高
萧道成</td><td colspan="2">始安王
萧道生</td><td colspan="5">（齐）临湘侯
萧顺之</td></tr>
<tr><td colspan="2">②武
萧赜</td><td colspan="2">⑤明
萧鸾</td><td colspan="4">梁①武
萧衍</td><td>长沙王
萧懿</td></tr>
<tr><td colspan="2">文惠太子
萧长懋</td><td>⑥
萧宝卷</td><td>⑦
萧宝融</td><td>②简文
萧纲</td><td colspan="2">照明太子
萧统</td><td>④元
萧绎</td><td>⑤闵
萧渊明</td></tr>
<tr><td>③
萧昭业</td><td>④
萧昭文</td><td></td><td></td><td></td><td>豫章王
萧欢</td><td>⑦宣
萧詧</td><td></td><td></td></tr>
</table>

8 南梁帝国江州（州政府设寻阳〔江西省九江市〕）州长（刺史）陈伯之，没有读过书，不认识字，批示公文或官司诉讼，只会在纸上画押，表示已经过目。遇到事情，由收发官（典签）传达他的口头吩咐，赐予或夺取，全由传话的人决定。豫章郡（江西省南昌市）人邓缮、永兴（湖北省黄梅县西北）人戴永忠，从前都对陈伯之有恩（邓缮曾藏匿陈伯之的儿子，逃过一死，陈伯之尤其感激。戴永忠事迹，《资治通鉴》上不载）。陈伯之用邓缮当总务官（别驾）、戴永忠当记录军事参议官（记室参军）。河南郡（侨郡·河南省唐河县西北）人褚緭，居住首都建康（江苏省南京市），品行素来不良，官场中很不得意，屡次晋见国务院文官部长（吏部尚书）范云，范云对他不太理睬，褚緭大怒，私下对他的亲友说："自从萧鸾（南齐帝国五任帝）上台（五世纪九〇年代）以来，荒野乱草中的低贱小民，都变成贵人；我犯了什么罪，竟被摒弃？现在，政权刚刚建立，连年饥馑，或许再一次发生战乱，也说不定。陈伯之坐镇江州（州政府寻阳），手握重兵，不是领袖（萧衍）的旧部，他自然会担心自己的安全。而且，火星紧靠南斗六星（《晋书·天文志》：南斗六星，是天子之庙，显示军事行动），谁能说不是为我而出现？我现在去投奔他，如果仍然一事无成，再往魏国（北魏帝国），在黄河以南，至少也可当个郡长。"遂投奔陈伯之，陈伯之对他十分亲密。陈伯之又用同乡朱龙符，当刑狱军事参议官（长流参军），大家都利用陈伯之的愚昧，假公济私，贪赃枉法。

萧衍接到报告，派陈伯之的儿子陈虎牙，暗中告诫陈伯之。又派人接替邓缮的总务官（别驾），陈伯之全不接受，上疏说："朱龙符是一个勇士，邓缮工作效率很高。中央派来的总务官（别驾），请准予改当人事官（治中）。"邓缮日夜游说陈伯之："中央政府空虚穷困，没有武器；三大仓库，又没有存粮（三仓：太仓、石头仓、常平仓），东方（太湖流域及钱塘江流域）饥民四方逃亡流离，这是万世难得的机会，不可丧失。”褚缉、戴永忠，全都赞成。陈伯之对邓缮说：“我再一次上疏挽留你，如果仍不批准，我们就叛变。”萧衍指示陈伯之，可以在本州（江州）内命邓缮当一个郡长，于是，陈伯之召集总部（府州）所有官属，说：“建安王（逃入北魏帝国的萧宝夤）率长江以北义军十万人，已经抵达六合（江苏省南京市浦口区西六合山），我奉他的命令，动员江州所有力量，运送粮食，迅速东下供应。我身受明帝（萧鸾）深厚恩德，当誓死报答。”下令戒严，命褚缉假造一封萧宝夤的书信，交大家传观。就在大厅之前，兴筑高台，在台上跟大家歃血结盟。褚缉向陈伯之建议说：“现在发动大事，应任命众望所归的人。秘书长（长史）程元冲，不跟大家一条心。而临川郡（江西省南城县）郡长（内史）王观，是王僧虔的孙儿（王僧虔，参考四五三年三月十一日），人际关系还说得过去，不妨教他来担任秘书长（长史），代替程元冲。”陈伯之同意，遂任命褚缉当寻阳郡（江西省九江市）郡长（太守）、戴永忠当辅义将军、朱龙符当豫州（州政府历阳）州长（刺史）。王观拒绝陈伯之的命令；豫章郡（江西省南昌市）郡长郑伯伦动员本郡军队，严守城池。程元冲被免职后，赋闲住在家里，秘密集结勇士数百人，趁陈伯之没有防备，发动攻击，攻到会议厅前，陈伯之自己出来格斗，程元冲不能取胜，逃入庐山（九江市南）。陈伯之秘密派人通知陈虎牙兄弟，陈虎牙兄弟逃到盱眙（江苏省盱眙县）。

五月戊子日（五月戊午朔，没有戊子），萧衍下诏，任命中央禁军总监（领军将军）王茂当征南将军、江州（州政府寻阳）州长（刺史），率军讨伐陈伯之。

9 北魏帝国扬州（州政府设寿阳〔安徽省寿县〕）小岘（安徽省含山县西

北）驻军司令（戍主）党法宗，袭击大岘（安徽省含山县东北）基地，攻陷，俘虏驻军司令、龙骧将军邾菩萨。

10 南梁帝国反抗军首领陈伯之，听到王茂率军讨伐消息，对褚缙等说："王观既不接受命令，郑伯伦又起兵战斗，我们眼看就要空着双手，被中央军围困。现在应该先行击破豫章（江西省南昌市），打开南方通道，扩大征发兵力，加强粮秣运输，然后动员所有力量，向北进击（建康在豫章之北），直扑饥饿疲倦的敌人，不怕不打胜仗。"

六月，陈伯之命他的同乡唐盖人，留守寻阳（江西省九江市），自己率军南下豫章（江西省南昌市），攻击豫章郡郡长郑伯伦，不能攻克；而王茂率领的中央军已经抵达。陈伯之腹背受敌，大败逃走。从小路渡过长江，跟陈虎牙等，以及褚缙，一同投奔北魏帝国（首都洛阳）。

南梁帝萧衍派侍从陈建孙，送益州（州政府设成都〔四川省成都市〕）州长（刺史）刘季连的子弟三人，前往巴蜀（四川省），要他们传达萧衍的和平解决旨意。刘季连接受中央命令，命家人准备行装回京（首都建康）；新任命的益州州长（刺史）邓元起，才得以前往到任。

最初，刘季连当南郡（湖北省江陵县）郡长时，对当时还是低级官员的邓元起（南郡人），傲慢无礼。郡政府执行官（都录）朱道琛犯法有罪，刘季连打算把他诛杀，朱道琛逃亡，才免一死。而今，朱道琛当邓元起的收发官（典签），向邓元起建议说："益州（四川省中南部）战乱已久（自四九九年十月至今），无论政府和民间，都穷困枯竭，刘季连马上就要离开，怎么能派人远道来接？最好是派我先去探听观察，发动沿途官民，接待大军。否则，我们就要从万里路外转运粮食，补给问题不容易解决。"邓元起同意。朱道琛到了成都，态度恶劣，言辞傲慢，一连串拜访州政府及辅国将军府各级官员，看到贵重的东西，就强行索取，有人拒绝时，朱道琛说："反正要归别人，何必这么舍不得？"于是，恐怖气氛充塞，大家认为邓元起一定要大肆诛杀，不仅诛杀刘季连，还要诛杀刘季连的亲友和官属。大家把这种判断告诉刘季连，刘季连发现果然如此，而且从前对邓元起端过架子，也恐怕邓元起乘机报复，于是决定对抗。调查户籍名册，可以动员精锐部队十万人，叹息说："据守天险之地，手握强大兵力，进可以辅佐皇家，退可以当刘备（蜀汉帝国一任帝）二世，离开这个地方，将到什么地方去？"遂召集官属，宣称：奉故南齐帝国宣德太后王宝明密诏，集结军队，脱离南梁帝国；逮捕朱道琛，斩首。征召巴西郡（四川省绵阳市）郡长朱士略，及涪县（巴西郡郡政府所在县）县长李膺，二人拒绝。本月（六），邓元起抵达巴西，朱士略开城迎接。

之前，巴蜀（四川省）人民纷纷逃亡，听到邓元起率中央军来到，又纷纷出来归附，集结成军，响应中央军行动；新加入的连旧有的有三万人之多。邓元起途中耽误太久，粮秣开始缺乏。有人献计说："益州（四川省中南部）政令不够严格，人民往往假装患病，记载在户籍名册上，用来逃避捐税差役。假如调出巴西郡户籍名册，严格查证，查出虚报，即行处罚，一定有丰富的收获。"邓元起同意。李膺劝阻说："我们前有强敌，后无援军，山区人民刚来归附，正在观察我们的做法，如果对他们太过刻薄，他们一定难以接受，民心一旦背叛，后悔已来不及。而且，何必用处罚假病患的方法供应军粮？请准许我出面想办法，不要担心粮食不够。"邓元起说："好极，全交给你。"李膺出来后，领导富有乡绅，捐献军粮，得到三万斛。

秋季，八月二十二日，南梁帝萧衍命国务院文官部法令司长（尚书删定郎）、济阳郡（侨郡，江苏省盱眙县南）人蔡法度，整理王植之编辑注解的《齐律》（《南齐帝国法典》，参考四九一年十二月），经过删除和增加，称《梁律》（《南梁帝国法典》）。然后，再命蔡法度与国务院总理（尚书令）王亮、监督院总监督长（侍中）王莹、国务院执行长（尚书仆射）沈约、国务院文官部长（吏部尚书）范云等九人，共同研究讨论确定。

萧衍对音律，有深入的研究，很想制定"雅乐"，就自己制造了四种乐器，称"通"（《隋书·音乐志》：通，受声广九寸，宣声长九尺，临岳高一寸二分。每"通"都有三弦。一是玄英通，二是青阳通，三是朱明通，四是白藏通）。每"通"有三根弦，黄钟弦用二百七十丝，长九尺；应钟弦用一百四十二丝，长四尺七寸四分略强，中间的十律，以这个差额去计算。用这种"通"奏出的声音，推断月气，没有丝毫错误，而彼此还互相和谐。萧衍又制造十二种长笛：黄钟笛长三尺八寸、应钟笛长二尺三寸，中间的十笛，用这个差额去计算；由这种长笛吹出的声音，配合古钟玉律，一点不差。于是用八种乐器演奏（八种乐器：金、石、丝、竹、匏、土、革、木），发出七种音调（宫、商、角、徵、羽、变宫、变徵），没有一样不十分调和。最初，皇宫四面只有四个"镈钟"（单独悬挂在木架上的大钟。镈，bó〔博〕），掺杂着"编钟"（一排悬挂木架上的较小的钟）、"编磬"（一排悬挂木架上的石片或玉片）、"衡钟"（不详），共十六个钟架。萧衍命设置十二个"镈钟"（单独悬挂的大钟），另外各设置"编钟""编磬"，共三十六个钟架，而撤销"衡钟"。并在房子四角，增设四个大鼓（以上所谈音律，完全不懂，若干专有名词，不能译出）。

11 北魏帝国七任帝（孝文帝）元宏逝世时（四九九），前太傅（上三公之二）、平阳公爵元丕，自晋阳（山西省太原市）到京师（首都洛阳）参加丧礼，遂留在洛阳。元丕年八十余岁，历事六个皇帝（事实上只有五个皇帝，但传统史学家把追赠的皇帝也算在内，才有六人，计：三任帝太武帝拓跋焘、景穆太子拓跋晃、五任帝文成帝拓跋濬、六任帝献文帝拓跋弘、七任帝孝文帝元宏、现任帝〔八任〕元恪），官位高到公爵，当皇家的辅佐，后来忽然被贬黜为一个平民（参考四九七年二月）。北魏帝（八任宣武帝）元恪（本年二十岁）因他是皇族元老，对他至为同情尊敬。

八月三十日，元恪任命元丕当中央教育官（三老）。

扬州（州政府设寿阳〔安徽省寿县〕）州长（刺史）、任城王元澄，上疏请求攻击南梁帝国重镇钟离（南梁北徐州州政府所在城，安徽省凤阳县东北临淮关镇）。北魏帝元恪，派羽林警卫军总监（羽林监）、敦煌（甘肃省敦煌市）人范绍，前往寿阳，共同厘定作战计划。元澄说："大军需要十万，来回需要一百天，请中央迅速准备武器粮秣。"范绍说："现在，秋季已经结束，如果下令动员，人员和武器，都可以集结，可是，粮秣从哪里来？有兵没有粮，如何能攻克敌人？"元澄沉思很久，说："你说得对！"遂打消原意。

九月二日，元恪前往邺城（河北省临漳县西南邺城镇）。

冬季，十月十六日，元恪回京（首都洛阳）。途中，抵达怀县（河南省武陟县），跟皇亲国戚以及随身侍从官员，比赛谁射箭射得最远，元恪射三百五十余步，文武官员竖立石碑，记载赞美。

十月二十日，元恪返抵首都洛阳。

12 十一月五日，南梁帝萧衍，建立一个小型皇庙，祭祀老爹萧顺之的娘亲（萧衍的祖母）。每次祭祀皇家祖庙之后，都另用一份太牢（牛羊猪各一）致祭。

十一月十日，萧衍封皇子萧统（本年二岁）当皇太子。

13 北魏帝国首都洛阳的宫殿，完全落成（自四九三年兴建〔参考该年十月〕，迄今九年）。

14 十二月，南梁帝国将军张嚣之，攻击北魏帝国淮河以南地区，攻陷木陵（河南省新县南穆陵关）基地。北魏任城王元澄，派辅国将军成兴，率军反攻，张嚣之败退，北魏收复木陵。

宣布脱离中央的益州州长刘季连，派将领李奉伯等，阻止中央任命的益州州长邓元起前进，邓元起攻击，双方互有胜负。可是，时间一久，李奉伯等不能支持，败回成都。邓元起进驻西平（成都城外）。刘季连驱逐居民进城，紧闭城门固守。邓元起更进驻蒋桥——距成都二十华里，把辎重留在琕县（四川省成都市郫都区）。李奉伯等从小道袭击琕县，攻克，邓元起所有辎重，完全落入敌手。邓元起索性放弃琕县，率军直接包围州城。刘季连部属城防军事参议官（城局参军）江希之，打算献出城池投降，失败，被杀。

15 北魏帝国陈留公主寡居（参考去年〔五〇一〕七月），国务院执行长（仆射）高肇、秦州（州政府设上封〔甘肃省天水市〕）州长（刺史）张彝，都想娶她，陈留公主答应张彝而拒绝高肇。高肇老羞成怒，在北魏帝元恪面前，诬陷张彝，张彝因此被免职回家，赋闲数年之久。

16 本年（五〇二），南梁帝国江东地区（江苏省南部太湖流域）大旱，稻米每斗五千钱，人民很多饿死（人间惨事）。

洛阳暴动

导读

六世纪初叶的若干年，在大分裂时代中，除了再发生一次南北大战外，其他时候，无论南北，大致上还算平静，北朝由一位少妇胡太后统治，南朝则由一位壮汉萧衍统治，虽然男女不同，却有一个共同特征：他们都是经过一场惊险的苦斗，然后柳暗花明，取得政权。二人也都性情忠厚，待人热情，胡太后念念不忘救过她的人和她的亲戚，以及情夫；萧衍则对于亲属，更呵护得无微不至。然而，这种性格在政治上如果不知道节制，一定产生赏罚不公的罪恶，导致忠心的人不再忠心。

南梁帝国的大坝崩溃，北魏帝国的洛阳暴动，都是划时代的历史事件，在本册出现。

柏杨　一九八六·一〇·一五

目录

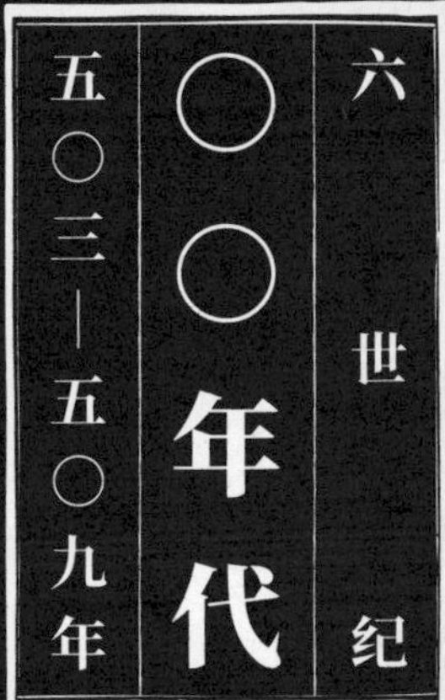

南北朝

- 第九次南北大战。
- “仇池”亡。
- 北魏元恪诬杀元勰。
- 佛教在北魏帝国盛行。

- 法兰克王国击斩西哥德王阿拉利克二世。

五〇三年 癸未

南梁　天监　二年

北魏　景明　四年

（柔然汗国太安十二年）

1 春季，正月二日，南梁帝国（首都建康〔江苏省南京市〕）政府任命国务院执行长（尚书仆射）沈约，当国务院左执行长（左仆射）；国务院文官部长（吏部尚书）范云，当国务院右执行长（右仆射）；国务院总理（尚书令）王亮，当左最高资政官（左光禄大夫）。

正月三日，王亮被指控元旦日假装有病，不肯登殿朝贺，南梁帝（一任武帝）萧衍（本年四十岁）下诏剥夺王亮的封爵，贬作平民。

2 正月二十二日，北魏帝国（首都洛阳〔河南省洛阳市东白马寺东〕）皇帝（八任宣武帝）元恪（本年二十一岁），主持亲自耕田大典。

梁州（州政府设骆谷城〔甘肃省西和县南〕）氐部落酋长杨会，聚众起兵，反抗中央。梁州总部执行官（行梁州事）杨椿等，率军讨伐。

3 南梁帝国成都（四川省成都市）城中，粮食吃完（成都被围事，参考去年〔五〇二〕六月），每斗米卖三万钱，人民饥饿，互相格杀吞食（人间惨事）。益州（州政府成都）州长（刺史）刘季连，几个月以来，一直吃稀饭，束手无策。南梁帝萧衍派文书助理官（主书）赵景悦，前往宣布诏书，接受刘季连投降；刘季连脱掉上衣，赤裸胸背，请求定罪。中央政府任命的益州（州政府成都）州长（刺史）邓元起，把刘季连全家送到城外居住，不久，邓元起亲自前去拜访，对刘季连十分有礼。刘季连感激说："早知道如此，怎么会发生前天那种事（指朱道琛把他逼反）。"珅城（四川省成都市郫都区）也跟着投降，邓元起斩埤城守将李奉伯等，而把刘季连送回首都建康（江苏省南京市）。最初，邓元起率军向前推进时，恐怕事情万一不能成功，没有什么东西可以赏赐，所以，凡是知识分子前来投靠的，都应允给他们官做，于是，仅拿到总务官（别驾）、行政官（治中）任官令的，就将近二千人。

刘季连抵达建康（江苏省南京市），进宫城东掖门，走数步就跪下来，用前额撞地，叩一次头；一直叩到南梁帝萧衍面前。萧衍笑着说："你打算效法刘备（蜀汉帝国一任帝），可是连公孙述（成家帝国一任帝）都不如，岂不是你没有诸葛亮那样的部属？"赦免他的罪，贬作平民。

4 三月十七日，北魏帝元恪的皇后（顺皇后）于女士，在首都洛阳北郊，举行养蚕典礼。

三月二十八日，扬州（州政府设寿阳〔安徽省寿县〕）州长（刺史）、任城王元澄，派长风（湖北省麻城市西北）城防司令（城主）奇道显（奇，姓），攻击南梁帝国，占领阴山（湖北省麻城市东北）、白藁（河南省潢川县西南）两个军事据点。

故南齐帝国鄱阳王萧宝夤，跪在北魏帝国首都洛阳皇宫大门之前（萧宝夤逃亡事，参考去年〔五〇二〕三月），请求出动大军，讨伐南梁帝国；一连数日，虽然有时天气有变，刮风落雨，但萧宝夤始终不肯移动。正巧，南梁帝国江州（州政府设寻阳〔江西省九江市〕）州长（刺史）陈伯之，投奔北魏帝国（参考去年〔五〇二〕六月）后，也请求出动大军南下，使自己有机会为北魏帝国效命。北魏帝元恪召集国务院八位高级官员（“八座”：国务院总理〔令〕、执行长〔仆〕，以及六部部长），及监督院高级官员（监督院总监督长〔侍中〕），共同讨论，决定发兵。

夏季，四月一日，元恪任命萧宝夤当东扬州（州政府设东城〔安徽省定远县东南〕）等三州军区司令长官（都督东扬等三州诸军事。三州：东扬、南徐、兖）、镇东将军、扬州（东扬州）州长（刺史），封丹阳公爵、齐王；对他十分礼遇，赏赐丰厚，配备军队一万人，命他驻防东城（安徽省定远县东南）；任命陈伯之当淮河以南军区司令长官（都督淮南诸军事）、平南将军、江州州长（北魏帝国没有江州），驻防阳石（羊石城，安徽省霍邱县南）；等待秋冬时节，开始行动。萧宝夤明天正式就职，当天夜晚，悲痛哭号，直到凌晨。北魏政府准许萧宝夤招募四方英雄豪杰，又集结数千人。萧宝夤任命颜文智、华文荣等六人当将军、带兵官（军主。颜文智帮助萧宝夤逃亡，华文荣弃家追随；参考去年〔五〇二〕三月）。萧宝夤性情稳重，感情丰富，为老哥萧宝卷（南齐帝国六任帝）穿戴丧服，虽然超过一年，仍不吃酒肉，脸色憔悴；只吃蔬菜，只穿粗布衣裳，从来不曾嬉笑欢愉。

5 四月二十一日，南梁帝国国务院文官部法令司长（删定郎）蔡法度，呈递《梁律》二十卷、《条列》（《令》）三十卷、《判例》（《科》）四十卷（蔡法度奉命修律事，参考去年〔五〇二〕八月）。南梁帝萧衍下诏公布施行。

五月六日，国务院右执行长（尚书右仆射）、霄城侯（文侯）范云逝世（年五十三岁）。范云对萧衍竭尽忠心，应该做的事，都全力去做，处理繁杂艰难的事务，精力超过常人。逝世后，大家认为沈约应接替他的机要位置。但萧衍认为沈约性情轻浮，不够稳重，不如国务院左秘书长（左丞）徐勉；遂任命徐勉，以及首都西区卫戍司令（右卫将军）周舍，同时参与帝国最高决策。周舍的胸襟度量，不如徐勉，但操行清廉和处理事务的迅速明确，超过徐勉；两人都被称为贤明的宰相（仅只"参与帝国最高决策"，不能算是宰相，否则，受宠爱的家奴弄臣，也参与帝国最高决策。宰相必须有实质官职，史学家应该说清楚二人是什么正式官职，却偏说不清楚）。二人时常留在国务院（尚书）住宿，很少休假。徐勉有时候回家，家里的狗都向他惊吠。二人每次所上的奏章，一定把草稿烧掉，免得泄露。周舍参与帝国最高决策二十余年，没有离开过皇帝左右（周舍于五二四年被免职，参考该年十二月）。凡帝国史的编辑、诏书，以及文告的撰写、礼仪典礼的修订、法律条例的制定、武装部队的参谋作业，都由他负责。平时，跟别人谈笑风生，玩笑嬉戏，整天不停，却能不泄露一点机密，人们尤其佩服。

五月二十一日，萧衍下诏，禁止各郡县直接向皇宫和太子宫（东宫）进贡。但各州及会稽郡（浙江省绍兴市）例外，可以进贡土产；如果不是土产，也不准进贡。

6 五月二十三日，北魏帝国梁州（州政府骆谷城）总部执行官

（行梁州事）杨椿等，大破氐部落变民军，杀数千人。

六月一日，北魏帝元恪，封皇弟元悦当汝南王。

扬州（州政府设寿阳〔安徽省寿县〕）州长（刺史）、任城王元澄，上疏说：“萧衍（南梁帝国）的军队，屡次封锁东关（濡须坞，安徽省含山县西南）对外的交通，明显的想使用人力，制造巢湖泛滥，用湖水淹没淮河以南我们的各军事据点。吴楚地区（长江中下游两岸），河流纵横，萧衍的船舰，一面决堤灌我们的基地，一面攻击劫掠，则淮河以南的领土，将不再属于帝国。寿阳（安徽省寿县）距长江五百余华里（寿阳距长江河道直线距离一百九十公里），居民惶恐不安，固然恐惧兵灾，同时更恐惧水患。假如我们顺应人民的盼望，在敌人还没有防备的时候，发动攻击，先行下令各州，征召兵马，在秋季集合，等待行动良机，虽然不一定能使天下重新统一，但江西地区（安徽省中部），应该从此再没有忧虑。”

六月五日，北魏政府动员冀州（州政府设信都〔河北省衡水市冀州区〕）、定州（州政府设中山〔河北省定州市〕）、瀛州（州政府设赵都军城〔河北省河间市〕）、相州（州政府设邺城〔河北省临漳县西南邺城镇〕）、并州（州政府设晋阳〔山西省太原市〕）、济州（州政府设碻磝〔山东省聊城市茌平区西南〕）六州武装部队二万人、马一千五百匹，预定中秋节（八月十五日）在淮河以南集合，连同原驻寿阳（安徽省寿县）的三万人马，全部交由元澄指挥；萧宝夤（东扬州〔州政府东城〕州长）、陈伯之（江州〔州政府不详〕州长），也受元澄节制。

7 南梁帝国弃官隐居的谢朏，乘轻便小船，前往首都建康（江苏省南京市）；南梁帝萧衍下诏，任命他当监督院总监督长（侍中）、宰相（司徒）、国务院总理（尚书令）。谢朏辞让，说他患有脚病，叩拜不便；于是，头戴隐士帽，身坐小轿，亲自到云龙门（宫城东门），陈述歉意。萧衍在华林园召见谢朏，谢朏改乘小车，坐上指定的席位。第二天早上，萧衍到谢朏家回拜，筵席上谈笑风生，十分融洽，谢朏坚持请求继续隐居，萧衍不准。谢朏遂请求回东方迎接他的娘亲，萧衍同意。谢朏临动身时，萧衍再到他家，赋诗饯行。皇帝尚且如此，政府官员前来送行的，道路上更是前后相望。谢朏不久回京（首都建康），萧衍下诏，在谢朏旧宅原址，另行改建新舍，礼遇超过别人。但谢朏一向厌烦工作，对他职务内的事，从不处理，大家十分失望。

六月十三日，萧衍任命立法院总立法长（中书监）王莹，当国务院右执行长（尚书右仆射）。

8 秋季，七月五日，北魏帝国平阳公（平公）元丕逝世（年八十二岁）。

北魏既然解除盐池禁令（胡三省注："北魏帝国八任帝元恪登极时，首都洛阳警备区司令〔中尉〕甄琛，上疏建议解除盐禁，彭城王元勰反对，元恪却下诏批准，《资治通鉴·目录》记载于五〇〇年，而《资治通鉴》却记载于五〇六年，当是误置。"），利益全被富家豪族吞没。

七月二十日，元恪下诏，盐池再度收归国有。

七月二十一日，元恪任命彭城王元勰当太师（上三公之一），元勰坚决辞让。元恪下诏殷勤征召，又以侄儿的身份，写信给老叔，诚恳请求。元勰实在无法推辞，只好接受任命。

9 北魏帝国开始进攻南梁帝国（第九次南北大战爆发）。

八月二十日，北魏政府任命镇南将军元英，当南征义阳（河南省信阳市）大军总司令官（都督征义阳诸军事）。南梁司州（州政府设义阳〔河南省信阳市〕）州长（刺史）蔡道恭，得到北魏大军即将进攻的情报，派骁骑将军杨由，率城外居民三千余家，进保贤首山（义阳城西南），建立三个堡寨。

冬季，十月，元英命各军包围杨由最前方的堡寨；寨民任马驹，击斩杨由，投降北魏（西战场）。

任城王元澄命指挥官（统军）党法宗、傅竖眼、太原郡（山西省太原市）人王神念等，分别攻击东关（安徽省含山县西南）、大岘（含山县东北）、淮陵（应是睢陵，安徽省明光市东北）、九山（江苏省盱眙县西）；命高祖珍率骑兵三千人，当机动支援部队；而元澄率主力随后进发。傅竖眼，是傅灵越的儿子（傅灵越是薛安都部将，参考四六六年正月）。北魏一连串攻陷南梁帝国的关要（今地不详）、颍川（侨郡，安徽省含山县南）、大岘（安徽省含山县东北）；南梁帝国白塔、牵城、清溪（今地均不详）等基地，全部崩溃。南梁帝国徐州（州政府设钟离〔安徽省凤阳县东北临淮关镇〕）州长（刺史）司马明素，率军三千人，增援九山（江苏省盱眙县西）；徐州州政府秘书长（长史）潘伯邻，增援睢陵（盱眙县西）；宁朔将军王燮，进保焦城（淮陵西）。北魏帝国指挥官（统军）党法宗等进击，攻陷焦城，攻破睢陵（盱眙县西）。

十一月四日（原文“壬午”，据《魏书》改），党法宗生擒司马明素，击斩潘伯邻（中战场）。

最初，南梁帝国南梁郡（崇义，安徽省寿县东南）郡长冯道根，驻防阜陵（安徽省全椒县东南）；刚刚就职，立即修筑城墙，命斥候深入敌境，侦察动静，好像北魏帝国大军已经逼近，大家对他这种煞有介事的穷紧张，大为失笑。冯道根说：“守势时要处处小心谨慎，好像胆怯。攻击时要争先恐后，勇不可当，正是我们目前的情况。”城墙还没有整修完毕，北魏指挥官（统军）党法宗等大军二万人，突然抵达城下，大家面无人色，冯道根命大开城门，身穿家常穿的衣服，登上城楼，遴选精锐部队二百人，出城迎战，击破北魏军攻势。北魏军看他神情镇定，态度安闲；而进攻又不顺利，遂向后撤退。冯道根率一百余人的骑兵，攻击北魏帝国的别动部队高祖珍，击破高祖珍军。北魏军队因粮秣运输线被切断，分别撤回。南梁政府任命冯道根当豫州（州政府设历阳〔安徽省和县〕）州长（刺史）。

"氐王"（首府武兴〔陕西省略阳县〕）武兴王（安王）杨集始逝世。

十一月十一日，北魏中央政府封杨集始的世子杨绍先继任武兴王。杨绍先年龄还幼，这个半独立的小王国事务，由杨绍先的两位叔父杨集起、杨集义裁决。

10 十一月二十七日，南梁帝国国务院左执行长（尚书左仆射）沈约，因娘亲逝世，辞职（要在家服三年之丧，术语称"丁忧"）。

11 北魏帝国迁都洛阳之后，北方边陲，开始凋零荒芜；又因距离京师（首都洛阳）太过遥远，遂发生饥馑，人民困苦贫穷。北魏帝元恪加授国务院左执行长（尚书左仆射）源怀：监督院总监督长（侍中）、中央特遣政府总监（行台）、"使持节"（一级权力），巡察北方六镇（参考四八四年九月）及恒州（州政府设平城〔山西省大同市〕）、燕州（州政府设广宁〔河北省涿鹿县〕）、朔州（州政府设盛乐〔内蒙古和林格尔县〕）三州，赈济贫苦人民，考核官员好坏，以及行政措施对错，先行裁决施行，然后奏报。源怀到任之后，对贫富作适当的调整，饥饿的人民，因他的缘故，得以保住残生。沃野镇（内蒙古杭锦旗北黄河南岸）防卫司令（镇将）于祚（沃野不在六镇之内），是于皇后的嫡伯父（于家嫡长子），跟源怀家也有婚姻之好。当时，于皇后的老爹于劲（参考前年〔五〇一〕九月），正受

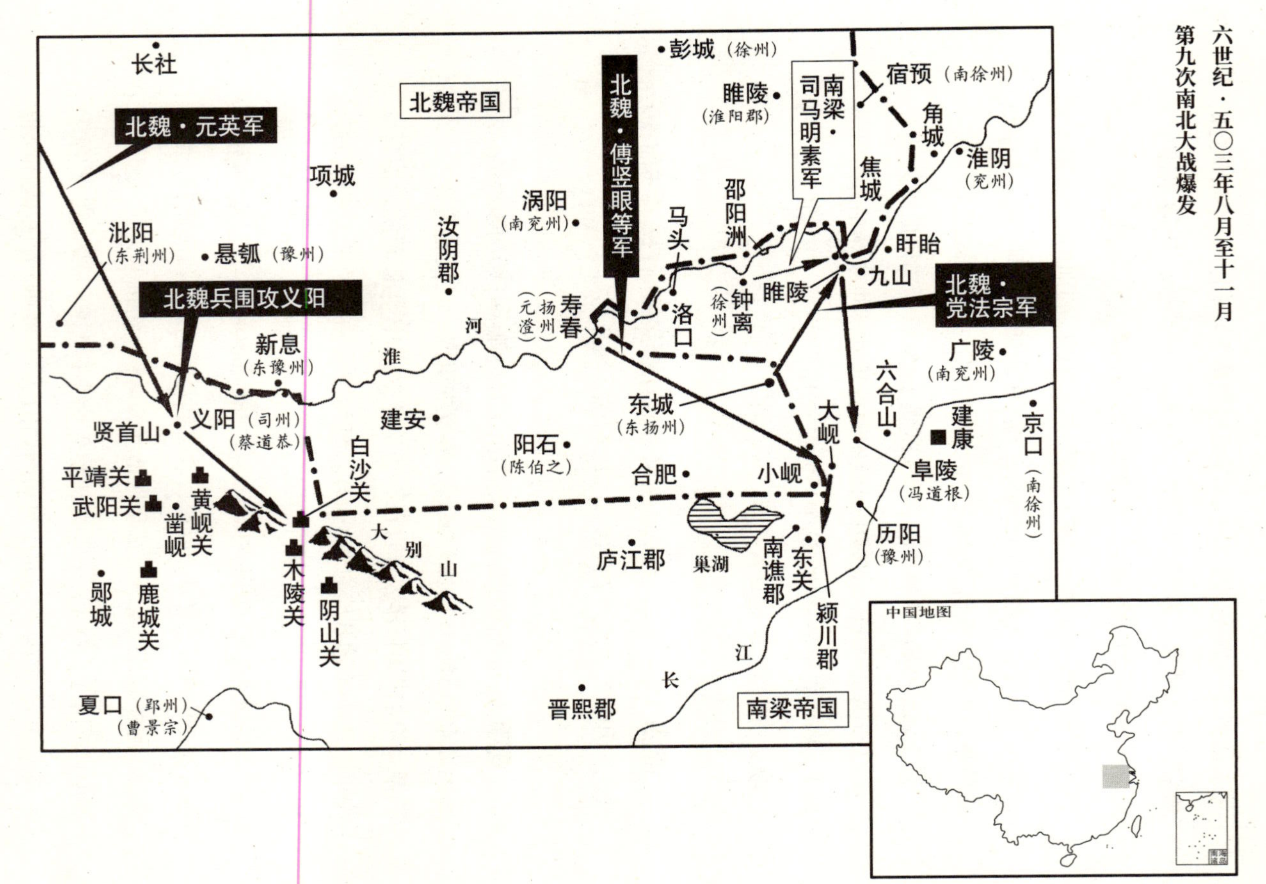

六世纪·五〇三年八月至十一月
第九次南北大战爆发

北魏帝元恪重用，权势之大，震撼政府与民间；而于祚却相当贪赃枉法。源怀快到沃野镇时，于祚亲到郊外，站在道路边恭迎，源怀不跟他对话，立即上奏弹劾，要求把于祚免职。怀朔镇（内蒙古固阳县）防卫司令（镇将）元尼须，贪赃枉法，无所不为，跟源怀原是亲密老友，元尼须特别摆下酒宴，招待源怀，对源怀说：“我性命的长短，决定于你一句话，怎么会不肯饶恕！”源怀说：“今天，我跟老友饮酒欢乐，不是我问官司的场所。明天，公堂之上，钦差大臣才调查防卫司令（镇将）的罪状。”元尼须用手拭去眼泪，无法回答。最后，源怀终于确定元尼须的罪证，提出弹劾，元尼须受到处罚。源怀又奏称：“沿边军事重镇，事情很少，而官员太多。沃野镇（内蒙古杭锦旗北黄河南岸）一镇，自防卫司令（将）以下，武官就有八百余人，请减少五分之二。”北魏帝元恪批准。

12 十一月二十七日（原文“乙酉”，据《魏书》改），南梁帝国将军吴子阳，跟北魏帝国镇南将军元英，在白沙（河南省光山县西南）会战，吴子阳战败。

13 北魏帝国东荆州（州政府设沘阳〔河南省泌阳县〕）首领樊素安，聚众起兵。

十一月乙酉日（十一月己酉朔，没有乙酉），北魏中央政府任命首都东区卫戍司令（左卫将军）李崇，当镇南将军、征剿蛮夷大军总司令官（都督征蛮诸军事），率步骑兵南下讨伐。

14 南梁帝国冯翊郡（侨郡，湖北省宜城市东南）人吉翂（音fēn〔分〕）的老爹，当原乡（浙江省安吉县）县长，被部属诬告，中央政府下令逮捕，押解京师（首都建康），交付最高法院（廷尉）审判，最高法院认为他有罪，判处死刑。吉翂年十五岁，到宫门外敲响登闻鼓，请求代父一死（自晋王朝以来，皇帝为了使人民有诉冤的管道，特在宫门外悬挂大鼓，称“登闻鼓”，参考二九一年六月。冤民击鼓后，皇帝即亲自处理；意义跟“谤木”“肺石”相同）。南梁帝萧衍认为吉翂的年龄是那么小，定然有人在背后指使，命最高法院院长（廷尉卿）蔡法度，严厉的威逼利诱，要吉翂供出实情。蔡法度把各种拷打的刑具，都摆到庭上，询问吉翂说：“你请求代替老爹一死，皇上已经批准，难道你真的要死？而且，你还是个不懂事的傻小子，如果是别人教你，现在后悔还来得及。”吉翂说：“我虽然愚劣幼稚，怎么不知道死的可怕！只因不愿见我老爹受到极刑，所以请求替他一死，这不是一件小事，怎么能接受别人教导。皇上既已发布诏书，准我代替，在我看来，好像登天成仙，怎么会反悔。”蔡法度更满脸慈祥，引诱吉翂说：“皇上已经知道你老爹没有罪，马上就会释放，看你的模样，一定是一个好孩子。今天你如果改变说辞，可能父子全都活命。”吉翂说：“我老爹被人用重罪弹劾，一定会受刑罚，我闭上眼睛，伸长脖子，等候斩首，没有多余的话可说。”当时，吉翂脚镣手铐，身上全是刑具，蔡法度顿觉可怜，命改换轻一号的，吉翂不肯，说：“犯死罪的囚犯，只有加重刑具，怎么可以减少！”竟不肯脱下。蔡法度据实奏报，萧衍赦免吉翂的老爹。

首都建康市长（丹阳尹）王志，知道吉翂在最高法院（廷尉）的表现，再向吉翂的同乡们探听，打算明年（五〇四）春季，向中央推荐吉翂“纯孝”。吉翂说：“王市长可真是有点怪，为什么把我看得这么肤浅？老爹受到羞辱，做儿子的代替一死，是天经地义的事。我如果因此而被推荐到中央做官，岂不是利用老爹的苦难，自己成名，这可是最大的羞辱。”坚决辞让。

吉翂小娃代父一死的整个事件，都在“背后有没有人指使”上打转。只要有人指使，父子就一同治罪；没有人指使，则老爹就轻松出狱！没有一句话提到吉老爹是否冤枉。事实上，他是被诬陷的，但他却不是因为无罪获免，而是因为儿子没有人指使获免。翻来覆去，法律事件不用法律解决，却用政治解决。这就是文化传统。

我们对那位幕后教导的神秘人物的谋略和道德勇气，深为尊敬，明哲保身的人早就跟吉家划清界限，谁肯一伸援手？传统知识分子一向怀有神经质恐惧，直迄二十世纪，仍然如此，遇到有人诉苦呼冤，从不先问对方是不是苦冤，而只紧张万状的追究：“谁在幕后指使他诉苦呼冤！”这种奇怪反应，竟然从来没有受到谴责！

15 北魏帝元恪收纳国务院执行长（仆射）高肇的老哥高偃的女儿高女士（元恪的表妹）当贵嫔（小老婆群第一级）。

顾问院总顾问长（散骑常侍）赵修，出身寒微，家庭贫贱，却突然之间，身居高官贵爵；仗恃北魏帝元恪对他的宠爱，骄傲放肆，凌辱亲王公爵，人人都对他痛恨入骨。元恪为赵修兴建住宅，豪华盖世，可以跟王府相比，邻居捐献土地给赵修的，往往会被越级超等擢升，出去当大郡的郡长。赵修请求回家安葬他的亡父，一切开支和差役，都由地方政府供给（赵修是赵郡〔河北省赵县〕人）。赵修回家途中，照旧荒淫放纵；皇帝左右侍从就利用赵修外出、不在皇帝身边的机会，揭发他的恶行。所以赵修回京（首都洛阳）之后，受宠爱的程度，稍稍降低。元恪的舅父、国务院执行长（仆射）高肇，遂抓住机会，对赵修秘密陷害，证实他的罪状。监督院总监督长（侍中），兼总监察官（领御史中尉）甄琛；监督院宫廷监督官（黄门郎）李凭；最高法院院长（廷尉卿）、阳平郡（河北省馆陶县）人王显，一向攀附谄媚赵修，是赵修的死党；现在发现情势有变，恐怕赵修一旦垮台，自己受到牵连，于是，立刻跟赵修保持距离，反而帮助高肇共同打击赵修。北魏帝元恪命国务院执行官（尚书）元绍，主持调查审问，下诏公布赵修的奸恶罪状，赦免他的死刑，命抽打一百皮鞭，放逐敦煌（甘肃省敦煌市）当一个普通士兵。赵修性情愚昧粗疏，一直都被蒙在鼓里，竟察觉不出周遭的气氛异于平常，更不知道大祸已经临头，还在中央禁军总监（领军）于劲家里打牌赌博。羽林警卫军官几个人，宣称皇帝有诏召见，命赵修前往，赵修出来后，即被押送到中央禁军总监部（领军府）。由过去亲信死党甄琛、王显监刑：事先，甄琛、王显在行刑队中，特别遴选力大无穷的壮士五人，轮流鞭打，目的就是要赵修死在鞭下。可是，赵修不但肥胖，而且健壮，禁得起毒打，以致暗中增加到三百皮鞭，而仍不死。甄琛、王显只好叫来驿马，命赵修立即出发前往敦煌（甘肃省敦煌市）报到，赵修出城之后，身上伤势太重，在马上已无法坐稳，押解人员用绳子把他捆绑到马鞍上，鞭打马背，狂奔八十华里，赵修才终于断气。北魏帝元恪得到报告，责备元绍为什么不再请示，而径自制裁？元绍说："赵修的奸邪谄媚，是帝国的蠹虫，我如果不利用他犯罪的机会，把他除掉，恐怕陛下会受到万世的批评。"元恪认为他的道理正直，也不处罚。元绍出宫，广平王元怀向他拜谢致敬，说："你老人家的正直，超过汲黯（西汉王朝汲黯事，参考前一二〇年）。"元绍说："唯一的恨事，是杀得太晚，深感惭愧。"元绍，是元素的孙儿（常山王拓跋素事，参考四二七年四月）。第二天，甄琛、李凭，都因是赵修的党羽，免除官职。北魏帝元恪左右侍从受赵修牵连而被罢黜或处死的，有二十余人。总顾问长（散骑常侍）高聪，跟赵修平日非常亲密，但因他姓"高"的缘故，转过来谄媚北魏帝元恪的舅父高肇，所以只有他免受处罚。

官场友谊，变化多端，在赵修的密友甄琛、王显身上，充分显露。不过，二人翻脸之后，挑选壮士，在一旁监刑，固然面目狰狞，但在翻脸之前，他们可是有马屁奇功，使有权的大爷——赵修，舒服得冒泡，信任得入迷。世界上有谁不愿舒服得冒泡和信任得入迷？所以官场友谊，也长存人间。

五〇四年 甲申

南梁　天监　三年
北魏　景明　五年
　　　正始　元年
（柔然汗国太安十三年）

1 春季，正月三日，南梁帝国（首都建康〔江苏省南京市〕）征虏将军赵祖悦，跟北魏帝国江州（州政府所在不详）州长（刺史）陈伯之（陈伯之投降北魏事，参考前年〔五〇二〕六月）在东关（安徽省含山县西南）会战，赵祖悦失败（中战场）。

正月六日，南梁帝（一任武帝）萧衍（本年四十一岁），任命国务院右执行长（右仆射）王莹，当国务院左执行长（左仆射）；太子宫总管（太子詹事）柳惔，当国务院右执行长（右仆射）。

2 正月九日，北魏帝国（首都洛阳〔河南省洛阳市东白马寺东〕）东荆州（州政府沘阳〔河南省泌阳县〕）州长（刺史）杨大眼，攻击州境内蛮夷反抗军将领樊季安等，大破蛮夷反抗军。樊季安，是酋长樊素安的老弟（樊素安起兵事，参考去年〔五〇三〕十一月）。

正月十九日，北魏帝（八任宣武帝）元恪（本年二十二岁）下诏大赦，改年号正始（之前是景明五年，之后是正始元年）。

镇东将军萧宝夤南征大军（参考去年〔五〇三〕四月）抵达汝阴（南汝阴，安徽省合肥市）时，东城（安徽省定远县东南）已被南梁帝国攻陷，只好把司令部设在寿阳（安徽省寿阳县）栖贤寺。

二月十一日，南梁将军姜庆真，乘着北魏任城王元澄（扬州〔州政府寿阳〕州长）率军在外，寿阳防务空虚，于是向寿阳发动大胆的奇袭，攻陷外城。元澄的秘书长（长史）韦缵，惊恐交集，手足失措。任城王元澄的娘亲孟太妃，紧急集结军队，登上内城，先行把守险要，勉励文武官员，安抚原来住民及新近归附的流人，军民战志昂扬。孟太妃不避艰险，身冒飞箭乱石，亲自视察防务。而萧宝夤正好率军抵达，跟扬州（州政府寿阳）州政府军，前后夹攻，从四更（凌晨三时）苦战到日落西山，姜庆真终于失败退走。韦缵被免除官职。（中战场）。

任城王元澄攻击南梁帝国的钟离（安徽省凤阳县东北临淮关镇），南梁派冠军将军张惠绍等，率五千人，运送粮秣，接济钟离守军。元澄派平远将军刘思祖等，拦腰截击。

二月二十日，在邵阳洲（钟离〔临淮关〕西北淮河中小岛）会战，北魏帝国南征兵团，大败南梁援军，生擒张惠绍等十个将领，南梁士卒被杀或被俘，没有几人生还。刘思祖，是刘芳的侄儿（刘芳，参考四九四年十二月）。国务院（尚书）认为刘思祖的功劳，应封一千户人家的侯爵。可是监督院总监督长（侍中）兼首都西区卫戍司令（领右卫将军）元晖，向刘思祖索取两个美丽婢女，刘思祖拒绝，事情遂被搁置。元晖，是元素的孙儿（拓跋素，参考四二七年四月）（中战场）。

3 南梁帝萧衍，派平西将军曹景宗（时任郢州〔州政府夏口〕州长）、后军将军王僧炳等，率步骑兵混合兵团三万人，增援义阳（河南省信阳市）。王僧炳率二万人进驻凿岘（河南省信阳市南曹店村），曹景宗率一万人在后续进。北魏帝国镇南将军元英，派冠军将军元逞等，进驻樊城（今地不详），严阵以待。

三月二十五日，就在樊城，大败王僧炳，斩杀及俘虏南梁士卒四千余人（西战场）。

北魏帝元恪下诏给任城王元澄，说："四月即将来临，淮河水位一定上涨，船舶通行，没有阻碍，南方（南梁帝国）军队，得到天时地利，不要贪小便宜，以免后悔。"正巧，连绵大雨，淮河果然猛涨，元澄率军返回寿阳（安徽省寿县）。北魏军仓猝撤退，失踪士卒四千余人。立法院主任立法官（中书侍郎）、齐郡（山东省淄博市东临淄区）人贾思伯，当元澄的参谋长（军司），担任殿后部队。元澄认为贾思伯是个文官，一定被杀，想不到贾思伯却安全撤退，元澄大喜，说："仁爱的人，一定勇敢（《论语》孔丘语："仁者必有勇。"），在参谋长（军司）贾思伯身上应验。"贾思伯推托说他的军队迷路，不强调自己的功劳。中央政府主管单位追究战败责任，于是免除元澄的开府仪同三司（宰相级），另贬降三级。南梁帝萧衍，把俘虏的北魏帝国的将士归还北魏，请求交换张惠绍，北魏遂把张惠绍送回。

太傅（上三公之二）兼宰相（领司徒）、主管政府机要（录尚书）、北海王元详，骄傲奢侈（"骄傲"二字出现），喜爱声色犬马，贪婪没有止境，尽量扩大修建家宅，强行夺取别人的房舍，对左右家奴弄臣，十分宠爱，到处请托说情，无论中央及地方，对元详无不痛恨。但北魏帝元恪认为元详是长辈亲属（元恪的叔父），所以对他的尊敬和礼节，并没有降低，军事上及政治上的大事决策，都让元详参与；元详所有奏章，元恪没有一件事不同意。当元恪亲自接管政府时，用武装军警传见各位叔父（参考五〇一年正月）。元详跟咸阳王元禧、彭城王元勰，共乘一辆车子入宫，防卫戒备，十分森严。元详的娘亲高太妃，大为恐惧，乘坐小车，尾随大军之后，一面追，一面哭。后来平安无事，高太妃对元详说："从今以后，再不盼望什么荣华富贵，只要我们母子能保住性命，我跟你宁可去扫街为生。"可是，等元详再度掌握权柄（参考五〇一年十一月），高太妃已忘了这段遭遇，反而帮助元详贪污暴虐。冠军将军茹皓，因心思灵敏而受北魏帝元恪的宠爱，经常侍奉左右，传达元恪的旨意，裁决监督院（门下）的奏章，玩弄权势，收受贿赂，无论官员或平民，都对他畏惧；连元详对他也很是巴结。茹皓娶国务院总理（尚书令）高肇的堂妹为妻，这位堂妹的姐姐，嫁给元详的堂叔、安定王元燮当王妃。元详跟这位婶母通奸，因为这个原因，元详跟茹皓之间，越发亲密。直阁将军刘胄，本是元详推荐任用；殿中将军常季贤，本是养马专家；而陈扫静侍候元恪梳头洗脸，都受元恪的宠爱，跟茹皓内外相结，卖权弄势。

高肇本是高句骊王国（首都平壤〔朝鲜半岛平壤市〕）人，在社会上没有声望，受到轻视（当时正重门第，高肇又来自外邦），北魏帝元恪既然解除六个托孤大臣的职务（参考五〇一年正月），又诛杀咸阳王元禧，于是专心信靠高肇，高肇遂掌握大权。高肇因在政府中担任官职的亲属太少，遂广结党羽，作为奥援（官场中不能没有官场友谊，但绝不可信赖官场友谊。高肇的官场友谊，只能增加他的罪恶，不能拯救他的覆灭）。凡是攀附他的人，十天半月，就越级升迁；不向他低头的，高肇就用重大的罪名陷害（诬以谋反）。对于所有亲王，更是忌恨。而元详在亲王群中，居于领袖地位，高肇急于把元详排除，由自己单独控制政府，遂向元恪告密，说："元详跟茹皓、刘胄、常季贤、陈扫静等，打算发动政变。"

夏季，四月，元恪深夜召见首都洛阳警备区司令（中尉）崔亮入宫，命他弹劾元详：收受贿赂，荒淫无耻，骄傲放纵，以及茹皓等四人：仗势欺人，贪污横暴。于是，元恪下诏逮捕茹皓等，囚禁总监察署（南台）；派虎贲禁卫军武士一百人，包围元详住宅。元恪恐怕元详惊恐过度，突围逃亡，于是派左右侍从郭翼，打开金墉城（洛阳城西北角）城门，先去传达旨意，把首都洛阳警备区司令（中尉）的弹劾奏章，拿给元详过目，元详说："真的只是这些罪状，我还有什么担心？只怕有更大的灾祸临头。人家送给我东西，我确实接受。"第二天早上，主管官员奏报：茹皓等四人有罪。元恪下令四人自杀。

元恪命高阳王元雍等五位亲王，进宫讨论元详罪刑。元详乘坐一辆小车，在严密防卫下，送到华林园。娘亲和正妻，一同跟随。元恪另派年幼奴仆及纤弱婢女数人，听元详使唤：元恪用武装部队把华林园层层包围，内外不通。

五月一日，元恪下诏，赦免元详死罪，只剥夺他的爵位和所有官职，贬作平民。不久，把元详移送到宫廷库藏部（太府寺）；但武装包围戒备，比以前更为严密。元详的娘亲和正妻，都准返回自己私宅，每隔五天探望一次。

最初，元详娶宋王刘昶的女儿当王妃，对她十分冷淡（刘昶原是南宋帝国亲王，投奔北魏帝国，参考四六五年九月）。元详既被囚禁，娘亲高太妃才知道元详跟婶母、安定王高妃通奸丑闻，大怒说："你的妻妾多得成群结队，怎么还去找那个高骊（高句骊王国）贱货？闯下这场大难！”打他一百余棍，元详身上伤口溃烂，流出血脓，十几天之后，才能勉强起床。高太妃再打刘妃数十棍，责备说：“女人都嫉妒，你为什么偏偏不嫉妒？”刘妃笑着受罚，不作任何辩解。元详的家奴数人，秘密结党，打算劫狱，救出元详。暗中写下姓名，托元详的随身婢女，禀告元详。元详刚打开来看，负责看守的门禁司令望见，闯进来把那张纸条从元详手中夺走，奏报北魏帝元恪。元详大哭数声，突然断气（家奴结党救主，固然可能是真，但更可能是敌人陷害，使门禁司令适时的把那张纸条夺走，不如此，不能达到诛杀目的。政治诡秘，一言难尽。《魏书·元详传》评论说：元详贪污荒淫，远近皆知，但身死之日，政府并没有宣布他的罪名，使国人感到奇怪叹息）。元恪下诏给有关单位，依照平民的礼仪，把元详安葬。

最初，国务院事务管理员（典事）史元显，呈献一只特殊的小鸡，小鸡长有四个翅膀四只脚。北魏帝元恪下诏问监督院总监督长（侍中）崔光，崔光上疏回答：“西汉王朝十一任帝（元帝）刘奭在位时，前四八年稍后，宰相府助理（丞相府史）家的孵卵母鸡，渐渐变成公鸡，长出鸡冠和利爪，昂头高啼，率领鸡群。前四三年稍后，有人进贡一只公鸡，头上生角。刘向（刘更生）认为：‘鸡，是小号家禽，负责报告时辰，它的奇异出现，是卑微的小官将执掌权柄，主持政府的征兆。前三三年，石显因罪被杀，是它的见证。’东汉王朝十二任帝（灵帝）刘宏在位时，一七八年，南宫寺的母鸡正要变成公鸡，全身都已变了，只有鸡冠还没有变。刘宏下诏询问参议官（议郎）蔡邕，蔡邕解释说：‘头是元首，象征君王。而今，鸡身虽然已变，而头还没有变，已被陛下发现，这是预告将发生大的变动，但结果不能成功。如果因应不得其法，政治不能革新，头部可能跟着变化，灾难将非常严重。’（参考《后汉书·蔡邕传》。）后来黄巾变民集团，踏破四方，天下大乱，不可收拾。今天鸡的形状，虽然跟两汉王朝不同，但形象十分类似，使人深感畏惧。我用刘向、蔡邕的话，推测目前现象：翅膀及鸡脚，竟如此之多，象征臣属互相结党营私。小鸡还没有长大，翅膀和脚仍然很小，说明他们的势力还很微弱，容易克制。我曾经听说，灾祸和变异的出现，都在显示吉凶，圣明的君王看到，内心恐惧，反而会招来幸福；愚蠢的君王看到，满不在意，正足以加速祸患。或许，就在此时，莫非也有什么人，从卑贱的地位爬到高峰，掌握权柄，干涉军国大事，好像前代的石显一样？但愿陛下任用贤才，斥退奸佞，则妖气就可自然消除，吉庆就可自然来临。”几天之后，茹皓等被诛杀；元恪越发敬重崔光。（胡三省注：“高肇难道不是由贱而贵？”）

高肇更向元恪建议：派出禁卫军特遣队长（队主），率羽林及虎贲武士，守卫各亲王家宅；元恪同意，各亲王从此等于受到软禁。彭城王元勰恳切劝阻，元恪不接受。元勰志向高远，不喜爱荣华权势，不愿被事务干扰，只愿躲在家里静养。出门没有游山玩水的乐趣，居家又没有知己朋友可以交往，一个人孤单的和妻子儿女面对，心中忧郁，感到人生没有乐趣。

4 北魏帝国南征大军包围南梁帝国义阳（河南省信阳市。参考去年〔五〇三〕八月），而城中守军不满五千人，粮食最多只能支持半年。北魏军发动猛烈攻击，日夜不停，南梁政府任命的司州（州政府义阳）州长（刺史）蔡道恭，随机应变抵抗，节节粉碎攻势，苦战一百多天，前后斩杀及俘虏北魏官兵不计其数。北魏军对他十分忌惮，打算撤退，而蔡道恭患病沉重，把堂弟骁骑将军蔡灵恩、侄儿国务院助理官（尚书郎）蔡僧勰，以及各将领、各参谋官，召到床前，对他们说："我受帝国厚恩，竟不能消灭盗贼（北魏帝国），而今病又比以前沉重，看情形支持不久。我死之后，你们当用生命保全你们的节操，不要让我在九泉之下，仍留遗憾。"大家流泪哭泣。蔡道恭逝世，蔡灵恩摄理司州总部执行官（摄行州事），接替蔡道恭工作，加强城防。

5 六月八日，南梁帝国大赦。

6 北魏帝国大旱，总顾问长（散骑常侍）兼国务院执行官（兼尚书）邢峦，奏称："从前圣明的帝王，看重粮食，轻视黄金璧玉，为什么？为的是：粮食养育人民，安定国家，黄金璧玉没有用处，只能败坏品德。先帝（七任孝文帝元宏）深刻警觉到奢侈浪费的弊害，所以提倡节约，甚至用纸张做帷帐和屏风，用铜铁做马鞍和口勒，政府库存黄金，刚好够用，不再买来囤积，去浪费国家财产。到了五〇〇年稍后，陛下继承先世太平大业，四方一派清平，远近的人，都来归附，于是各地进贡的贵重和精致物品，不绝于路，商人所缴的捐税，以及用其他方法呈献的金银财宝，比正常捐税，还要多出一倍。在国库中，黄金璧玉有很多盈余，可是政府开支，却感到不足，假设不迅速采取措施，恐怕总收入不能充裕。我建议：从今以后，除非民生必需品，其他进贡的东西，一概拒不接受。"北魏帝元恪批准。

7 秋季，七月八日，南梁帝国角城（江苏省淮安市淮阴区西）驻军司令（戍主）柴庆宗，献出城池，投降北魏帝国。北魏徐州（州政府设彭城〔江苏省徐州市〕）州长（刺史）元鉴，派淮阳郡（睢陵，江苏省睢宁县）郡长吴秦生，率军一千余人前往受降。南梁淮阴（江苏省淮安市淮阴区）派出援军（援助不降北魏的城池），阻挠吴秦生前进。吴秦生不断攻击，不断击败南梁部队，终于夺取角城。

8 七月十九日，南梁帝萧衍封皇子萧综当豫章王。

9 北魏帝国镇南将军李崇，击平东荆州（州政府沘阳〔河南省泌阳县〕）蛮夷反抗军，生擒酋长樊素安（蛮夷起兵事，参考去年〔五〇三〕十一月），再进攻西荆州（即荆州，州政府设穰城〔河南省邓州市〕）各蛮夷部落，接受他们全体投降。

围攻义阳（河南省信阳市）的北魏帝国南征大军，听到守城司令、南梁司州（州政府义阳）州长（刺史）蔡道恭逝世消息，攻势越发猛烈，拔栅爬城，用短兵器肉搏。南梁帝国援军、平西将军曹景宗，逗留凿岘（河南省信阳市南曹店村），只敢派出军队打猎，用来展示自己的兵力，而不敢进攻。南梁帝萧衍再派宁朔将军马仙琕，向义阳（河南省信阳市）增援，马仙琕一面作战，一面挺进，锐不可当，北魏镇南将军元英，在上雅山（信阳市南三公里）扎营布阵，构筑防御工事，分别派各将领在四面乱山丛中，设下埋伏，故意显示自己兵力薄弱。马仙琕乘胜追击，直抵围困义阳（河南省信阳市）的长墙之下，突击元英大营。元英假装战败，向后撤退，引诱马仙琕深入；马仙琕果然深入，进到平地，元英发动埋伏，北魏军全部投入战场；指挥官（统军）傅永，身披铠甲，手舞长矛，单人匹马，杀入重围，只有带兵官（军主）蔡三虎做他的助手，向阵地突击，横穿而过。南梁士卒争向傅永射箭，一支流箭正洞穿左大腿，傅永回到大营拔箭，翻身再行杀入敌阵，马仙琕不能抵挡，大败，一个儿子战死，马仙琕撤退。元英对傅永说：“你已受伤，且请回营。”傅永说：“从前，刘邦（西汉王朝一任帝）用手扪脚，就是不要人知道胸脯中箭（参考前二〇三年十月）。我虽然官职微小，但也是帝国的一员战将，怎能使贼寇（南梁帝国）有射伤我们将军的荣耀！”于是随同各路人马追击，直追到天亮才返。本年（五〇四），傅永已七十余岁（本年七十岁），军中将士没有人不敬佩他的勇壮！马仙琕再率一万余人，攻击元英，元英再把马仙琕击败，斩南梁帝国将军陈秀之。马仙琕知道义阳（河南省信阳市）危在旦夕，全靠他这支救兵，于是，集中全军精锐，一天之内，发动三次攻击，但三次均大败而回（马仙琕孤军苦战，曹景宗却坐在营房里心旷神怡的旁观，怎能成功！马仙琕虽败犹荣，他已尽了全力）。义阳（河南省信阳市）守将蔡灵恩势穷力竭，完全绝望。

八月十一日，打开城门，投降北魏帝国。三关（信阳市南）驻军司令得到消息。

八月十七日，也纷纷放弃城池逃走。

元英命军政官（司马）陆希道，撰写（向中央）公开告捷文书，陆希道撰写后，元英嫌他写得啰唆，命傅永修改，傅永删掉那些夸耀的形容词句，而只简单扼要的叙述作战经过。元英至为赞赏，说：“看这项谋略，义阳（河南省信阳市）纵是金城汤池，也不能再守下去。”（中国历史上，傅永这种文武全才的将领，如凤毛麟角。）最初，元英的老爹、南安王（惠王）元桢（景穆太子拓跋晃的儿子），参与穆泰的强行还都阴谋，被剥夺官爵（参考四九六年闰九月）。现在，元英攻克义阳（河南省信阳市），北魏帝元恪才重新封元英当中山王。

10 南梁帝国总监察官（御史中丞）任昉，弹劾贻误军机的平西将军曹景宗。南梁帝萧衍因曹景宗是开国功臣，搁置不再追究。

皇城保安司令（卫尉）郑绍叔，对萧衍十分忠心，在外面听到批评，就全盘报告萧衍。每次执行皇帝命令时，美好的事，都说是皇帝的指示；不好的事，都说是自己的错误。因为这个缘故，萧衍对他越发亲信。义阳（河南省信阳市）既然陷落，萧衍下诏，设立南义阳郡（鹿城关，湖北省孝昌县），再在南义阳郡设立司州，把州政府移到关南（三关之南），任命郑绍叔当州长（刺史）。郑绍叔修筑城墙、磨利武器、推广开荒垦田、招收流失逃散的农家，人民逐渐安定。

北魏帝国设立郢州，州政府置于义阳（河南省信阳市），任命司马悦当州长（刺史）。南梁帝萧衍派宁朔将军马仙琕，在三关（信阳市南）以南，兴筑竹敦、麻阳二城（今地不详）；司马悦派军攻击，占领竹敦。

11 九月八日，南梁帝国政府，任命吐谷浑汗国（青海省）可汗（十四任）慕容伏连筹，当西秦、河州二州州长（刺史。空头官衔），封河南王。

12 柔然汗国（瀚海沙漠群）南下攻击北魏帝国北疆的重要军事基地，沃野镇（内蒙古杭锦旗北黄河南岸）及怀朔镇（内蒙古固阳县）。北魏帝元恪下诏命车骑大将军源怀出巡，向各镇防卫司令（镇将）指示作战方略；并授权源怀，可以依自己的需要，随时遣兵调将，动用粮秣武器，一切全权行事。源怀抵达云中郡（盛乐，内蒙古和林格尔县），柔然军撤退。源怀认为，对付蛮夷，最有效的方法，莫过于兴筑城堡。在回程中，抵达恒代（故都平城〔山西省大同市〕）一带，勘察各镇左右前后要害，调查可以兴建基地的地方，打算从东到西，增加九个城池：再研究如何储蓄粮秣、辎重、武器，以及各军事基地互相交错、一旦发生战争、如何支援的形势；综合列出五十八条，奏报中央，说：“而今，帝国定都成周（洛阳），距北方边界，十分遥远，代都（平城）以北各蛮夷部落，很多背叛帝国，远离我们而去。边界之内，也遭受旱灾饥馑，边防军人员武器，十成中缺少八成（边防败坏到这种地步，使人震惊，北魏帝国正在迅速溃烂），我建议应比照原来已有的军事基地，增加新的重镇，东西互相守望，形势结成一体，兴建城池，驻军防御，分别把守要害，鼓励人民耕田种桑。一旦边防紧急，就可以随时动员他们，出发讨伐。北方那些马不停蹄的贼寇（柔然汗国），既不敢攻城，也不敢绕城南下。这样，北方边疆，可以无忧无虑。”元恪批准。

四九二年时，北魏帝国七任帝（孝文帝）元宏，曾命立法院总立法长（中书监）高闾，会同御前监督官（给事中）公孙崇，调查审定“雅乐”，很久没有完成（高闾制乐事，参考四九四年十二月）。后来元宏逝世，高闾跟着也逝世。五〇〇年稍后，公孙崇当祭祀部音乐管理官（太乐令），呈报他所调查审定的乐器和乐谱。本年（五〇四），北魏帝元恪命八座（国务院高阶层八官）以下官员，研究讨论。

冬季，十一月十五日，元恪下诏设置国立学校。当时，北魏帝国升平时间，已相当长久，教育发达，燕（河北省北部）、齐（山东省）、赵（河北省中南部）、魏（河南省北部）一带（各地区均在华北大平原），从事教育事业的，不计其数。登记在案的学生，多的有一千余人，少的也有数百人。州政府推荐“茂异”、郡政府推荐“孝廉”，每年的人数都有增加。

13 十一月二十一日，南梁帝国废除缴纳罚金赎罪办法（参考前年〔五〇二〕四月）。

14 十二月四日，北魏帝元恪，命国务院宫廷保安部宫廷保安司长（殿中郎）陈郡（河南省沈丘县）人袁翻等，拟定帝国法律及条例，由彭城王元勰等监督。

十二月二十七日，元恪前往伊阙（洛阳南龙门）。

15 南梁帝萧衍，非常喜爱儒家学派的理论与实践，认为晋帝国、南宋帝国、南齐帝国，虽然都曾经设置过国立学校，但每次不到十年，都被废弃，所存的不过一个形式而已，从没有讲课授业（胡三省注："三一七年，晋帝国时，戴邈建议设置国立大学〔参考该年十一月〕。王敦、苏峻之难，遂被废除。三三七年，再设国立大学，而儒家学派的理论与实践，仍不能复兴〔参考该年二月〕。三五二年，殷浩因北伐军起，解散国立大学〔参考该年九月〕。四三八年，南宋帝国时，设立学校，征召雷次宗，教授学生〔参考该年十二月〕；当时，儒学、玄学〔哲学〕、文学、史学，四科并立。四八二年，南齐帝国时，招收国立大学学生二百人〔参考该年正月〕。四九四年稍后，又归萧条，教师只靠着椅子打盹，已不开讲。"）。

五〇五年 乙酉

南梁　　天监　　四年
北魏　　正始　　二年
（柔然汗国太安十四年）
（皇帝杨绍先元年）

1 春季，正月一日，南梁帝国（首都建康〔江苏省南京市〕）皇帝（一任武帝）萧衍（本年四十二岁），下诏说："两汉王朝所任用的贤能人才，没有一个不深通儒家学派经典。他们坚持正大光明的立场，所以事业成功，声名远播。曹魏帝国以及晋王朝，社会风气，轻浮放荡，儒家思想跌到谷底；风范节操，无法树立，原因在此。现在，设立五经教授（博士）各一人（五经:《诗经》《书经》《礼经》《易经》《春秋》），尽量兴建学校房舍，招收青年学生。”于是，任命贺玚（音yáng〔洋〕）、平原郡（侨郡）人明山宾、吴兴郡（浙江省湖州市）人沈峻、建平郡（重庆市巫山县）人严植之，分别当大学教授（博士），每人主持一个学院（馆），每个学院有数百名学生，由政府供应他们饮食，发给津贴。考试时，如果见解适当，文字通顺，就任命他当初级官吏。一年之间，手拿儒家学派经书、身背装书竹箱，到京师（首都建康）留学的年轻学子，像风云一样聚集。贺玚，是贺循的玄孙（贺循，晋帝国名宰相，参考三一七年三月）。政府又选派学生，前去会稽郡（浙江省绍兴市）云门山（绍兴市南东山），追随隐士何胤读书，命何胤物色对儒家学派经典有明确了解而又品行端正的学生，开列姓名，奏报皇帝（何胤隐居会稽郡事，参考四九八年四月）。政府同时也分别派出主任教授（博士祭酒），巡行视察各州立学校及郡立学校。

2 最初，谯国（安徽省蒙城县）人夏侯道迁，在南齐帝国时代，当辅国将军，追随豫州（州政府设寿阳〔安徽省寿县〕）州长（刺史）裴叔业，镇守寿阳，当南谯郡（安徽省巢湖市东南）郡长；跟裴叔业之间，摩擦生怨，夏侯道迁单人匹马，投奔北魏帝国。北魏政府（首都洛阳〔河南省洛阳市东白马寺东〕）任命夏侯道迁当骁骑将军，做王肃的部属，也镇守寿阳。而王肃命夏侯道迁驻防合肥（安徽省合肥市）。王肃逝世后，夏侯道迁抛弃基地，再回南梁帝国，追随梁、秦二州（州政府南郑）州长（刺史）庄丘黑，镇守南郑（陕西省汉中市），庄丘黑任命夏侯道迁当秘书长（长史），兼汉中郡郡长（郡政府与州政府同设南郑）。庄丘黑逝世，南梁政府任命国务院法务部长（都官尚书）王珍国当州长（刺史）。王珍国还没有到，夏侯道迁跟带兵官（军主）、考城（侨县，江苏省盱眙县南）人江忱之，密谋再投降北魏帝国。

最初，北魏帝国仇池镇（甘肃省西和县南）防守司令（镇将）杨灵珍，背叛北魏，投奔南梁帝国（参考四九七年八月），南梁政府任命他当征虏将军，代理武都王，协防汉中（陕西省南部），有私人部队六百人，夏侯道迁心里畏惧。南梁帝萧衍派左右侍从吴公之等，出使南郑（陕西省汉中市），夏侯道迁认为时机已经成熟，遂斩吴公之等，出兵袭击杨灵珍军，斩杨灵珍父子，连同吴公之的人头，一起送到北魏帝国。南梁帝国白马（陕西省勉县西）驻军司令（戍主）尹天宝，得到消息，率军北伐，击败夏侯道迁的部将庞树，遂包围南郑。夏侯道迁向“氐王”（首府武兴〔陕西省略阳县〕）杨绍先，以及杨集起、杨集义求救，“三杨”没有反应。只杨集义的老弟杨集朗，率军赴援，攻击尹天宝军，斩尹天宝。北魏政府任命夏侯道迁当平南将军、豫州（州政府悬瓠）州长（刺史），封丰县侯。又任命国务院执行官（尚书）邢峦，当镇西将军、梁州汉水军区司令长官（都督梁汉诸军事），率军前往接收。夏侯道迁接受平南将军，但坚辞豫州（州政府悬瓠）州长（夏侯道迁志在梁州），又请求晋封公爵，北魏帝（八任宣武帝）元恪（本年二十三岁）不准。

3 正月九日，南梁帝萧衍，到首都建康（江苏省南京市）南郊，祭祀天神。大赦。

4 正月二十三日，北魏政府任命骠骑大将军、高阳王元雍，当最高监察长（司空）；加授国务院总理（尚书令）、广阳王元嘉：仪同三司（宰相级）。

二月五日，任命宕昌国（甘肃省宕昌县）世子梁弥博，当宕昌王。

5 南梁帝萧衍，准备大举反攻北魏帝国。

二月十一日，派皇城保安司令（卫尉卿）杨公则，率皇家禁卫军，封锁洛口（洛涧注入淮河处，安徽省怀远县西南）。

二月二十一日，交州（州政府设龙编〔越南河内市东北北宁省〕）州长（刺史）李凯，宣布脱离中央；秘书长（长史）李畟讨伐平定（畟，音cè〔册〕）。

6 北魏帝国镇西将军邢峦，抵达汉中（陕西省汉中市），攻击拒绝投降的各城，大军所至，全都摧破。南梁帝国晋寿郡（四川省广元市西南）郡长王景胤，据守石亭（广元市北），邢峦派指挥官（统军）李义珍攻击，王景胤撤退。中央遂任命邢峦当梁、秦二州（州政府南郑）州长（刺史）。南梁帝国巴西郡（北巴西郡，四川省阆中市）郡长庞景民，仍坚守城池，不肯屈服；郡民严玄思聚众起兵，自称巴州州长（刺史），归附北魏帝国，攻击庞景民军，斩庞景民。杨集起、杨集义，得到北魏已进入汉中地区（陕西省南部）消息，大为恐惧。

闰二月，率领氐民族各部落，背叛北魏帝国，切断北魏汉中补给线。邢峦派军队不断把他们击败。

7 夏季，四月十七日，南梁帝国政府任命代理宕昌王（甘肃省宕昌县）梁弥博，当河、凉二州州长（刺史），晋封宕昌王（南北都对这个蛮夷部落，用虚名空衔争取）。

冠军将军孔陵等，率军二万人，驻防深杭（四川省剑阁县北）；鲁方达驻防南安（剑阁县北剑门关镇）；任僧褒等驻防石同（今地不详），共同拒抗北魏帝国大军。北魏镇西将军邢峦，派带兵官（统军）王足，率军进击，连战连胜，遂攻克剑阁（即南安）。孔陵等退到梓潼（四川省梓潼县），登城拒守。王足再进击，又攻克梓潼。于是，梁州（州政府南郑）十四郡土地，东西七百华里，南北一千华里，全部并入北魏帝国版图。

8 最初，南梁帝国益州（州政府成都）州长（刺史）邓元起，因娘亲年老，请求回京（首都建康）。南梁帝萧衍下诏征调他当首都西区卫戍司令（右卫将军），任命西昌侯萧渊藻，接替他的职务。萧渊藻，是萧懿的儿子（萧懿是萧衍的老哥，被萧宝卷所杀，参考五〇〇年十月）。夏侯道迁刚刚叛变时，尹天宝派人飞马报告邓元起。稍后北魏军攻击晋寿（四川省广元市西南），晋寿郡郡长王景胤等，也立即派人告急求援，大家劝邓元起火速派出救兵。邓元起说："中央政府在万里之外，军队无法迅速抵达，如果贼寇（北魏帝国）不停的深入侵犯，定有大规模的征讨。指挥作战的任务，不交给我交给谁？何必这么仓猝出军！"果然，萧衍下诏，命邓元起当征剿大军总司令官（都督征讨诸军事），增援汉中（南郑，陕西省汉中市）；可是，晋寿（四川省广元市西南）已经陷落。萧渊藻将要来到，邓元起收拾行装回京（首都建康），把粮食储蓄和武器辎重，一点也不遗漏的全都运走。萧渊藻进城后，发现被搜刮一空，十分气愤。有一天，他要求邓元起留下良马，邓元起说："年轻小娃，要马干什么？"萧渊藻大怒，借着酒醉，斩邓元起（年四十八岁）。邓元起部下包围成都城，高声大哭，质问缘故，萧渊藻说："奉皇上诏书！"大家才解散。萧渊藻遂上奏中央，诬称邓元起谋反，萧衍怀疑这项弹劾的真实性。邓元起的旧部、广汉郡（四川省广汉市）人罗研，前往京师（首都建康）皇宫城门，替邓元起申冤。萧衍说："果然不出我所料。"派使节责备萧渊藻说："邓元起替你报杀父之仇（指邓元起参加反抗军，参考五〇〇年十二月），你却替仇人报仇，忠孝的道理在什么地方？"贬降萧渊藻当冠军将军。追赠邓元起

"征西将军"，绰号忠侯。

邓元起具有高度的工作热情，对上对下，十分亲和，有开疆辟土的功劳，还没有赏赐，大祸却先临头。萧渊藻贬为冠军将军，处罚太轻。南梁帝国的政治法律，已失去尊严和公平。萧衍袒护自己家属的自私行为，从此开端。政权的寿命不长，难道不合理（李延寿，唐王朝人，著《南史》）！

益州（四川省中南部）变民首领焦僧护，聚众起兵。萧渊藻还不到二十岁（据《梁书·萧渊藻传》，萧渊藻本年已二十三岁），召集幕僚参谋官等，讨论亲自讨伐，有人认为不可以，萧渊藻大怒，就在台阶一侧，把他斩首。然后乘坐两人抬的露天小轿（四川省称"滑竿"），沿着变民军的营垒巡视；变民军万弓齐发，飞箭好像大雨，侍从人员举起盾牌掩护，萧渊藻命他们拿开，因此人心安定。遂进攻焦僧护变民集团，把他们削平（《资治通鉴》没有说明这件事发生在什么地方，《梁书·萧渊藻传》说焦僧护占据郫县〔四川省成都市郫都区〕、繁县〔四川省成都市新都区西北新繁街道〕起兵）。

六月十一日，首都建康（江苏省南京市）开始建立儒家学派首领的孔丘庙。

豫州（州政府设历阳〔安徽省和县〕）州长（刺史）王超宗，率军包围北魏帝国小岘（安徽省含山县西北）。

六月二十八日，北魏帝国扬州（州政府设寿阳〔安徽省寿县〕）州长（刺史）薛真度，派兼任指挥官（兼统军）李叔仁等反攻，王超宗军大败。

南梁帝国冠军将军王景胤、李畎、辅国将军鲁方达等，对抗北魏帝国任命的益州（州政府所在不详）州长（刺史）王足，屡战屡败。

秋季，七月，王足进逼涪城（四川省绵阳市）。

9 八月四日，北魏帝国中山王元英，进攻南梁帝国雍州（州政府襄阳）。

八月十二日，南梁帝国秦、梁二州（州政府南郑）州长（遥领）鲁方达，跟北魏帝国益州（州政府所在不详）州长王足的指挥官纪洪雅、卢祖迁会战；鲁方达大败，连同十五个将领，全部阵亡。

八月十四日，晋寿郡（四川省广元市西南）郡长王景胤等，继续阻击卢祖迁，也大败，连同二十四个将领，也全部阵亡。

南梁帝国皇城保安司令（卫尉卿）杨公则，率军抵达洛口（洛涧注入淮河处，安徽省怀远县西南），跟北魏帝国豫州（州政府悬瓠）州政府秘书长（长史）石荣会战，斩石荣。

八月十六日，南梁帝国将军姜庆真，跟北魏军在羊石（安徽省霍邱县南）会战，不能取胜；杨公则退守马头（安徽省蚌埠市西南马城镇）。

南梁帝国雍州蛮（湖北省北部蛮夷）沔东郡（湖北省襄阳市东）郡长田青喜，背叛南梁，投降北魏。

10 北魏帝国皇宫太极殿西廊下，发现灵芝（古人认为预报祥瑞的神秘菌类），北魏帝元恪拿给监督院总监督长（侍中）崔光看。崔光上疏，认为："这正是《庄子》上所说：'热气上蒸，生长成菌。'灵芝是一种柔软脆弱的东西，应该生长在废墟荒田、肮脏污秽的地方，不应该生长在明亮玉屋、华丽高堂；可是，现在忽然出现于明亮玉屋、华丽高堂，而又十分茂盛、生气勃勃，实在使人震惊。野树生在金銮宝殿之上，野鸟飞到皇家祭庙之中，古人都认为是一种败亡的象征，所以子太戊（商王朝十任帝中宗）、子武丁（商王朝二十三任帝高宗)，恐惧地上的灾难和天际的变异，竭力改正自己的错误，推广皇家的恩德，商王朝得以复兴（参考二三五年八月注)。这正是所谓：'家族旺盛，先有怪事。国要复兴，先有妖物。'（这两句话的原文是："家利而怪先，国兴而妖豫。"与全文主旨相悖，引用并不恰当，不知是否有误？）而今，西南二方，战争仍没有停止，京畿之内，大旱已持续很久，人民劳苦，物资缺乏，没有比现在更为严重。承受天命（皇帝）和抚育人民（官员)，正是哀怜救助之时。但愿陛下亲自垂问，留意下情，改革政治弊端，节制夜间饮酒欢宴的快乐，爱护陛下正当少年的身体，则魏国（北魏帝国）的国脉就可以长久兴隆，皇上（元恪）的寿命也可以如同山岳。"因元恪喜爱饮宴欢乐，所以崔光特别提及（我们不知道元恪如何反应，只知道崔光有这么一篇文章；而传统史学家正认为我们只要知道这篇文章就够了)。

11 九月一日，南梁帝国皇城保安司令（卫尉卿）杨公则等，跟北魏帝国扬州（州政府设寿阳〔安徽省寿县〕）州长（刺史）元嵩会战，杨公则失败。

冬季，十月五日，南梁帝萧衍，动员全国兵力，大规模向北魏帝国反击。任命京畿总卫戍司令（扬州刺史)、临川王萧宏，当北伐大军总司令官（都督北讨诸军事)；国务院右执行长（尚书右仆射）柳惔，当副总司令官。亲王、公爵以下官员，都呈献他们采邑的田赋和稻米，支援大军。萧宏扎营洛口（洛涧注入淮河处，安徽省怀远县西南)。

12 氐部落酋长杨集起、杨集义，共同拥戴"氐王"（首府武兴〔陕西省略阳县〕）武兴王杨绍先（参考前年〔五〇三〕十一月）当皇帝，二人则自称亲王。

十一月一日，北魏帝国政府派高级资政官（光禄大夫）杨椿，率军讨伐。

13 北魏帝国益州（州政府所在不详）州长（刺史）王足，围攻涪城（四川省绵阳市），蜀地（四川省中部）人民震恐，益州（南梁益州，州政府成都）城防部队投降北魏军的，有十分之二三，民间自动把户籍呈献给王足的，有五万余家。北魏镇西将军邢峦上书北魏帝元恪，请求乘胜南下，夺取益州（四川省中南部），他说："建康（南梁首都，江苏省南京市）与成都（四川省成都市），相距一万华里（航空距离一千五百公里），陆路根本难以相连（当时建康、成都间陆上交通，要经过襄阳、汉中，汉中既陷入北魏帝国之手，就别无其他坦途可通），只有依靠长江一条水运。而船舰逆水西上，从建康到成都，要有一年时间，才能到达。益州（四川省中南部）外没有援军，这是可以夺取的原因之一。最近，益州（四川省中南部）经过刘季连叛变（参考前年〔五〇三〕正月），邓元起征讨，物资辎重，完全枯竭，无论官员或平民，都没有抗战到底的决心，这是可以夺取的原因之二。萧渊藻不过一个少年，不知道如何管理政府，旧日的名将，很多人被囚被杀，现在他所信任的人，都是少不更事之辈，这是可以夺取的原因之三。蜀地（四川省中部）所仗恃的，只有一个剑阁（四川省剑阁县北剑门关镇），而今，已经攻克南安（南安就是剑阁，南安郡郡政府设剑阁县），消灭他们的屏障，而在他们国境之内建立军事据点，三分土地，已占一分；从南安（剑阁，四川省剑阁县北剑门关镇）向南，直到涪城（四川省绵阳市），大道平坦，两辆车子可以并道奔驰，他们前方部队不断战败，后方部队一定闻风丧胆，这是可以夺取的原因之四。萧渊藻是萧衍的骨肉至亲（萧渊藻是萧懿的儿子），他绝对不可能舍命固守，只要攻克涪城（四川省绵阳市），萧渊藻怎么肯安心坐在危城中受困？他一定拔腿就跑。如果他出来战斗，庸蜀地区士卒，既笨拙而又胆怯（庸，古庸国，湖北省竹山县西南上庸镇。蜀，古蜀国，四川省成都市。萧渊藻手下并没有上庸士卒，但因《书经·牧誓》有言："姬发攻击子受辛，庸、蜀等八国都派军参与。""庸蜀"遂成为典故），弓箭弹石，都非常缺乏，这是可以夺取的原因之五。我是中央的文职官员，不懂军事，依赖将士的努力，一连串传出小小捷报。既然已经克服重重险阻，而民心又都渴望归顺，瞻望涪城（四川省绵阳市）、益州（州政府成都），早晚之间，可以占领，只以军力薄弱，粮秣不继，不能扩大战果。今天不夺取，以后再去图谋，就更困难。何况，益州（四川省中南部）富庶，户口多达十万，比起寿春（寿阳，安徽省寿县）、义阳（河南省信阳市），利益多出三倍。中央如果要作更进一步的发展，不可丧失时机。如果只想保护边境，安抚人民，则我留在这里，已无事可做，请召我回京（首都洛阳），奉养父母。"北魏帝元恪下诏说："削平蜀地（四川省中部）的军事行动，应等待稍后更进一步指示。贼寇（南梁帝国）还没有铲除，怎么可以借口奉养父母，推辞责任！"邢峦又上疏说："从前，邓艾、钟会，率十八万大军，挖空中国（曹魏帝国）所有的军用物资，仅不过摧毁蜀汉帝国的军事力量（参考二六三年）；所以如此，在于双方都用实力决斗。何况，我的才能不如古人，怎么能只靠两万军队，就打算削平蜀地（四川省中部）？我之胆敢这样去做，只因为我们已经夺得险要，知识分子及平民，向往仁义，都情愿归附。我们南征，自然容易；他们北伐，自然困难。我们就现有的力量，向前推进，按理推论，一定可以攻克。而今，王足已逼近涪城（四川省绵阳市），万一得到涪城，益州（州政府成都）就成了已被捕获到手的猎物，区别只在时间早晚。梓潼（郡政府涪城）归附的居民，已有数万户，中央政府怎么可以抛弃？剑阁（四川省剑阁县北剑门关镇）是天生险要，我们已经得到，再把它丢掉，实在可惜。我诚然知道，战争是一项危险的事，不可以轻率发动。自从大军穿过剑阁南下，我一半头发，已经变白，日夜惊骇恐惧，心情沉重。然而，仍勉强全力以赴的缘故：既已占领土地，反而把它放弃，自行撤退，恐怕辜负陛下赏赐的爵位和俸禄。而且，我的计划，只不过先夺取涪城（四川省绵阳市），然后逐渐推进。如果得到涪城，则益州（四川省中南部）就被拦腰分开，水陆交通，会完全断绝。萧渊藻等，外没有援军，苦守一座孤城，怎么能够持久！我现在打算命各军密集驻防，使声势相接，先求万全，然后再建立功业。成功则有大的收获，不成功也不会有什么损失。我又调查，巴西（东巴西，四川省阆中市）、南郑（陕西省汉中市），相距一千四百华里（航空距离二百公里），路途遥远（当中横隔海拔二千四百公尺的米仓山），常常骚动不安。属南朝时候，因地势艰险，管辖困难，曾在巴西地区（四川省东北部）设立巴州，镇压夷獠（四八〇年二月至四八四年）。只因梁州（州政府南郑）贪图当地利益，请求中央撤销。当地强大家族，有严姓、蒲姓、何姓、杨姓，不只一姓，虽然大都聚集山谷之中，但豪门很多，高级知识分子也不在少数。可是，距州城（南郑）太远，没有机会进入政府，更没有机会插足高级官位。所以人民苦闷难伸，往往另辟前途。后来，夏侯道迁起义来归之时，郡民严玄思，自称巴州州长（刺史）。帝国大军攻克城池后，照旧命他负责。巴西地区（四川省东北部）面积千里，居民四万多户，如果建立巴州，镇压安抚汉人及夷獠，则将大为顺应人心，垫江（重庆市合川区）以东的地方，用不着征讨战争，自然成为帝国领土。”（胡三省注："李雄〔成汉帝国一任帝〕、谯纵〔西蜀王国一任王〕，在蜀地〔四川省中部〕建国，东方疆域，不能超过垫江〔重庆市合川区〕。前秦帝国

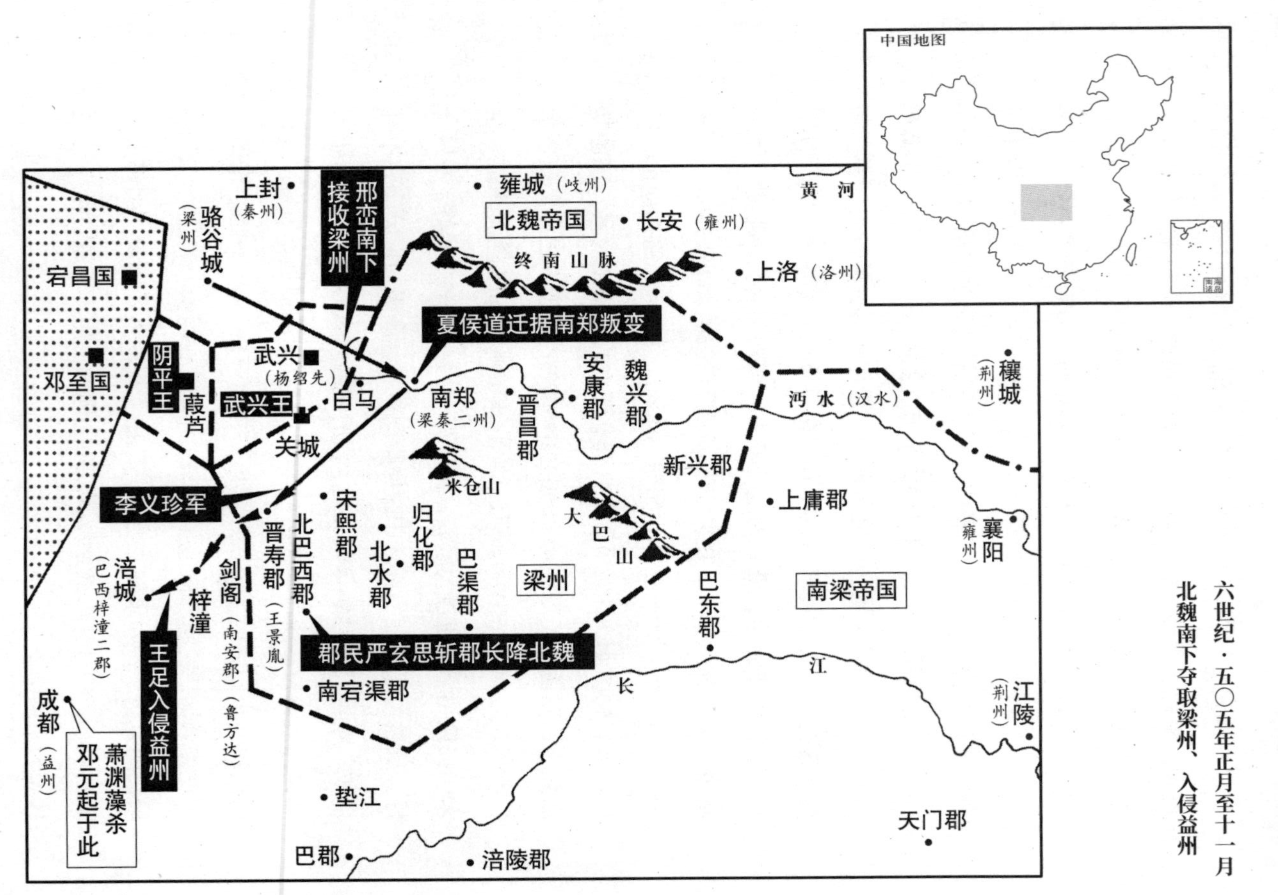

六世纪·五〇五年正月至十一月

北魏南下夺取梁州、入侵益州

兵力之强，夺取梁州、益州，易如反掌〔参考三七三年十一月〕，然而垫江〔重庆市合川区〕以东，始终不能收入版图。邢峦的计划，也仅限于垫江〔重庆市合川区〕以西。”）北魏帝元恪拒不接受。

最初，元恪任命王足当益州州长（刺史）。南梁帝萧衍，派天门郡（湖南省石门县）郡长张齐，率军增援益州（四川省中南部）；还没有抵达，而元恪又命梁州（州政府骆谷城）参谋长（梁州军司）、泰山郡（山东省泰安市）人羊祉，当益州州长（刺史）。王足听到消息，大不高兴，立即率军撤退，北魏帝国从此再没有力量夺取蜀地（四川省中部）。过了一段时间之后，王足背叛北魏，投奔南梁帝国。邢峦在梁州（州政府南郑），接待豪门强族，很有礼貌，安抚平民贫家，都有恩惠，一州人民，无不欢欣。邢峦攻克巴西（东巴西，四川省阆中市）时，派指挥官（军主）李仲迁镇守。李仲迁日夜沉溺在美酒和美女中，把军用物资及政府仓库储存，都花尽耗光；属官因公晋见，没有一个能见到他。邢峦痛恨得咬牙切齿；李仲迁恐惧，暗中打算背叛。而城中民变，砍下他的人头，献出城池，归降南梁帝国。

十二月二十四日，中央派骠骑大将军源怀，讨伐登极称帝的武兴氐（陕西省略阳县氐民族）“氐王”杨绍先。邢峦等同受指挥。

14 南梁帝国宰相（司徒）、国务院总理（尚书令）谢朏，因娘亲逝世，辞职（回家守三年之丧）。

本年（五〇五），南梁帝国农作物丰收，稻米每斛卖价三十钱。

五〇六年 丙戌

南梁　天监　五年
北魏　正始　三年
（柔然汗国太安十五年）
（柔然汗国始平元年）
（皇帝杨绍先二年）
（皇帝吕苟儿建明元年）
（国王陈瞻圣明元年）

1 春季，正月一日，北魏帝国（首都洛阳〔河南省洛阳市东白马寺东〕）于皇后生子元昌。大赦。

武兴氐（陕西省略阳县氐民族）酋长杨集义，围攻北魏帝国关城（陕西省宁强县西北阳平关镇），北魏梁、秦二州（州政府设南郑〔陕西省汉中市〕）州长（刺史）邢峦，派建武将军傅竖眼迎战；杨集义进击，傅竖眼把杨集义击败，乘胜猛进。

正月六日，攻克武兴（陕西省略阳县），俘虏登极称帝不久的杨绍先（称帝事，参考去年〔五〇五〕十月），解送首都洛阳。二位叔父杨集起、杨集义逃亡。北魏军遂彻底消灭这个半独立小国（这个半独立的氐民族建立的小国，有地盘而没有国名，世俗对他们的首长称“氐王”。二九六年，晋王朝二任帝司马衷在位时，“氐王”杨茂搜占据仇池〔甘肃省西和县南〕，后裔逐渐强大，控制甘肃省东南部及陕西省西南部部分山区。北魏帝国崛起后，四四三年二月，夺取仇池，杨文德遂退守葭芦〔甘肃省陇南市武都区东南〕，继任“氐王”。四七七年闰十二月，北魏攻陷葭芦，不久，据守武兴〔陕西省略阳县〕的杨文弘继承“氐王”地位，“氐王”领土，遂只剩下一个武兴〔陕西省略阳县〕。本年〔五〇六〕，遂被消灭。计维持半独立状态二百一十一年，一个地方性家族的政治寿命，竟如此之久，也属奇迹之一）。中央政府遂设武兴镇，不久改为东益州（州政府武兴；管辖武兴郡、仇池郡〔骆谷城，甘肃省西和县南〕、盘头郡〔略阳县西北〕、广长郡〔甘肃省成县东南〕、广业郡〔甘肃省成县〕、梓潼郡〔侨郡〕、洛丛郡〔略阳县西〕。应称北益州，方位才对）。

2 正月九日，南梁帝国（首都建康〔江苏省南京市〕）政府任命前宰相（司徒）谢朏，当立法院总立法长（中书监），仍当宰相（司徒）。

冀州（州政府设郁洲〔江苏省连云港市东沉积小岛〕）州长（刺史）桓和，攻击北魏帝国南青州（州政府设团城〔山东省沂水县〕），不能攻克。

3 北魏帝国秦州（州政府设上封〔甘肃省天水市〕）匈奴族屠各部落酋长王法智，聚集变民二千人，拥戴秦州州政府主任秘书（主簿）吕苟儿当皇帝，年号建明，设立中央政府，任命文武百官，攻击及压迫邻近州郡。泾州（州政府设安定〔甘肃省泾川县〕）变民首领陈瞻，也聚众起兵，称国王，年号圣明。

正月十三日，武兴氐（陕西省略阳县氐民族）部落酋长杨集起兄弟，相继向北魏政府投降。

大分裂时代“仇池”杨氏世系全表

第一代	第二代	第三代	第四代	第五代	第六代	第七代	第八代	第九代	第十代	第十一代	第十二代	第十三代	第十四代
杨腾1	杨驹2	杨千万3	杨飞龙4										
			杨?（令狐妻）	杨茂搜5	杨难敌6	杨毅7							
						杨宋奴	杨佛奴	杨定13					
							杨佛狗	杨?（前秦附马）	杨抚				
									杨倦				
									杨?	杨头			
								杨盛14	杨玄15	杨保炽17			
										杨保宗18			
										杨保显19			
										杨文德20			
									杨?	杨?	杨?	杨山虎	
									杨难当16	杨和			
										杨顺			
										杨虎			
										杨德	杨小眼	杨山熙	
											杨大眼	杨甑生	
												杨领军	
												杨征南	
												杨?（赵延宝妻）	
												杨?	杨彬
												杨白华	
										杨?（妻北魏）	杨后起24		
											杨后明		
										杨?	杨?	杨元秀	
									杨伯宜	杨文度22			
										杨文弘23	杨集始25	杨绍先26	杨智慧
													杨辟邪
											杨集同		
											杨集象		
											杨集起		
											杨集义		
											杨集朗		
									杨斌				
									杨?	杨僧嗣21			
									杨?	杨法深	杨崇显		
											杨崇虎		
									杨?	杨?	杨崇集		
											杨陈佳		
								杨寿					
					杨坚头	杨盘							
					杨?	杨初8	杨国9	杨安					
						杨俊10	杨世11	杨纂12					
							杨统						
	杨?	杨?	杨?	杨?	杨?	杨?	杨?	杨?	杨广香	杨炅	杨崇祖	杨孟孙	杨定
	杨?	杨?	杨?	杨?	杨?	杨?	杨?	杨?	杨?	杨高			

4 正月十八日，南梁帝（一任武帝）萧衍（本年四十三岁），封皇子萧纲当晋安王。

5 二月二十一日，北魏帝（八任宣武帝）元恪（本年二十四岁）下诏，命亲王、公爵以下官员，直率的批评政府。诉讼监察官（治书侍御史）阳固，上疏说："目前最急迫的事，莫过于亲近皇族，加强行政效率，推广农耕及鼓励人民种桑养蚕；以及贬低工匠、商人的地位，根绝谈论玄虚，探索幽冥的风气，减少浪费在佛教、和尚、庙宇上的费用；拯救人民饥饿、寒冻的悲苦。"当时，元恪把大权交给舅父高肇，跟皇族十分疏远，喜爱佛法，对政府事务，不闻不问，所以阳固特别提出（史书没记载元恪的反应）。

二月二十三日，元恪派首都西区卫戍司令（右卫将军）元丽，率各路兵马，讨伐自称皇帝的吕苟儿。元丽，是拓跋小新成的儿子（拓跋小新成事，参考四六一年七月）。

6 二月三十日，南梁徐州（州政府设钟离〔安徽省凤阳县东北临淮关镇〕）州长（刺史）、历阳郡（安徽省和县）人昌义之，跟北魏平南将军陈伯之在梁城（安徽省寿县东南）会战，昌义之战败。

南梁将军萧昞，率军攻击北魏徐州（州政府设彭城〔江苏省徐州市〕），包围淮阳（江苏省淮安市淮阴区西北）。

7 三月一日，日蚀。

8 三月十四日，北魏帝国荆州（州政府设穰城〔河南省邓州市〕）州长（刺史）赵怡、平南将军奚康生，增援淮阳。

咸阳王元禧的儿子元翼，遇到大赦，希望准许安葬他的老爹（元禧事，参考五〇一年五月），屡次在北魏帝元恪面前，流泪恳求，元恪不准。

三月十八日，元翼和老弟元昌、元晔，背弃北魏，投奔南梁。南梁帝萧衍，封元翼当咸阳王，元翼认为元晔虽是老弟，却是嫡妃李女士所生的嫡子，请求把爵位让给他，萧衍不准。

9 南梁帝国辅国将军刘思效，在胶水（流经山东省平度市西南）击败北魏帝国青州（州政府设东阳〔山东省青州市〕）州长（刺史）元系（东战场）。

南梁北伐大军统帅、临川王萧宏，命记录官（记室）、吴兴郡（浙江省湖州市）人丘迟，写信给北魏平南将军陈伯之，说："寻根追源，你所以决定离开南方，投奔北方，并不是有重大事故，只因内心不能多作思考，而外面又被流言诱导，行动失去控制，以致造成今天局面。主上（萧衍）法外施恩，即令是吞下一条船那么大的鱼，网也特别为它张开一面，使它仍遨游大海。将军祖先坟墓上的松柏，没有剪下一枝；亲戚都平安的住在自己的私宅，你家亭台楼阁没有倾倒；而你心爱的姬妾，仍为你独守空闺，等你回来。可是，将军却像一条鱼虾，游在滚水锅里；更像燕子的巢，筑在帐幕之上，岂不使人困惑。希望你早一天确定行动，自己寻求幸福。"

三月二十五日，陈伯之从寿阳（安徽省寿县）、梁城（安徽省寿县东南），率八千私人部队，归降南梁帝国（陈伯之归降北魏事，参考五〇二年六月）。北魏政府斩陈伯之的儿子陈虎牙。萧衍下诏任命陈伯之当西豫州（州政府设边城〔河南省固始县东南〕）州长（刺史）。还没有到任，再任命他当顾问院（集书省）副总顾问长（通直散骑常侍）。很久之后，在家逝世。

10 最初（五〇〇年），北魏总监察官（御史中尉）甄琛，上疏建议："《周礼》上说，山川林木，有管理山川林木的官员，立下禁令，为的是无论打猎捕鱼，都应在适当季节，不可以造成无法复原的伤害。所以虽然设立官府，实在是保护人民财产。一家的家长，一定要考虑到养育子孙。天下的君王，必然要想到养育万民。从来没有当爹娘的，舍不得让孩子们吃酱吃醋，也从来没有一个君王，富有天下，却独留一种东西，由自己专卖。而今，陛下占住河东（山西省永济市）盐池，单独收利，等于一个人，只管嘴巴肚子，不管手脚四肢。天子富有四海，何必担心贫穷？敬请解除盐禁，跟人民共享利益。"主管政府机要（录尚书事）元勰、国务院执行官（尚书）邢峦，上奏反对，认为："甄琛所陈述的见解，口头上谈谈，陈义很高，教人听了，十分动容。可是，如果付诸实行，则困难重重。我们暗中推测，古代管理资源的官员，一定随机应变，或收缩、或放纵，或丰盛、或节俭，培养根本，延长供应时间。如果完全放任，随它们自由发展，任凭人们毫无克制的大吃大喝，那就是把天下万物，当作猪狗一样糟蹋，又何必设立君王！所以，圣人开发山川林木，为的是减少农作物的田赋；收取关卡专卖捐税，为的是增加国库的储蓄。在这一方面征收，却在另一方面付出，陛下并不是为了自己的利益。这正是用天地之间的资源，养天地之间的万民。现在，盐池国有政策，实施已经很久，掌握在政府手中，然后四散各方，用来维持军事上或政治上的开支，并不是专供皇家御厨房（太官）烹调饮食，也不是专供后宫们衣服玩赏的资金。利益既不在陛下一人之身，则利益就在万民。当然，自从食盐专卖以来，负责专卖的官员，往往态度傲慢，怠忽职守，验收和卖出的时候，也许有人做出违法之事。于是，小民嗟叹，商贩怨恨，这是行政缺点，不是原则

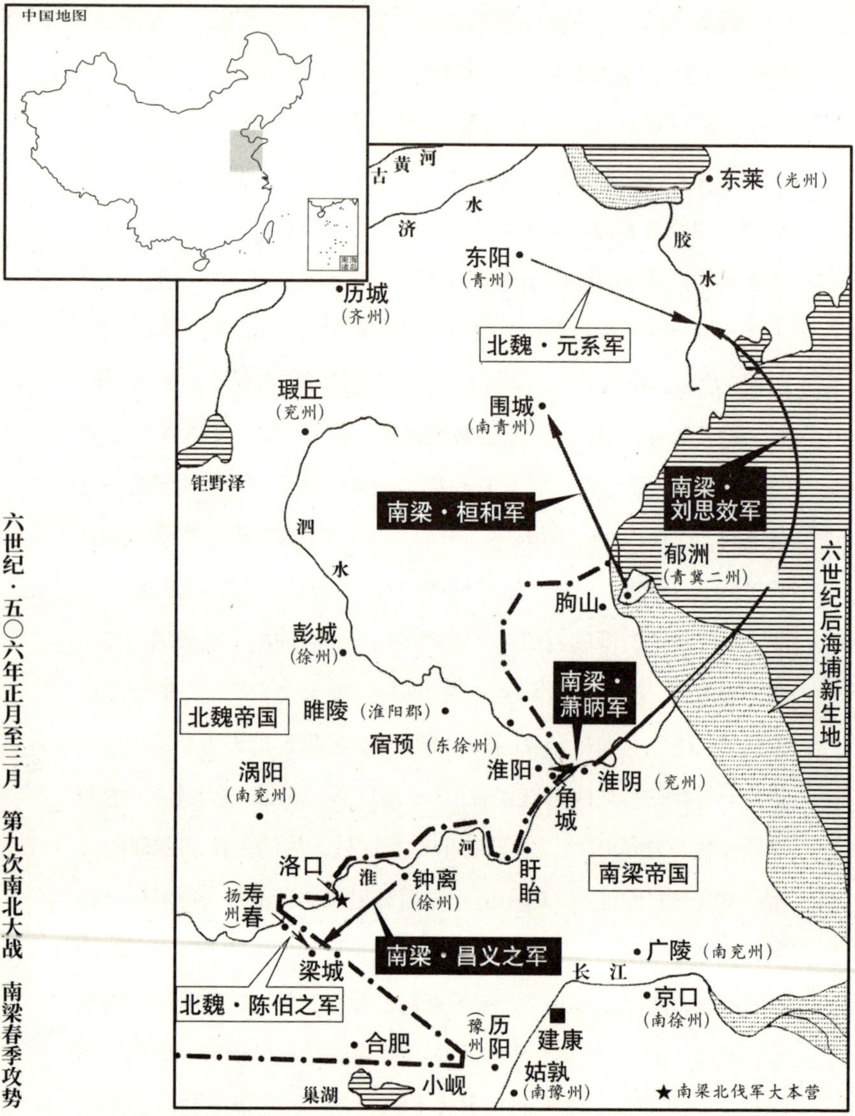

六世纪·五〇六年正月至三月　第九次南北大战　南梁春季攻势

中国地图

古黄河
济水
东莱（光州）
胶水
东阳（青州）
历城（齐州）
北魏·元系军
瑕丘（兖州）
围城（南青州）
钜野泽
南梁·桓和军
南梁·刘思效军
泗水
郁洲（青冀二州）
朐山
六世纪后海埔新生地
彭城（徐州）
南梁·萧昞军
北魏帝国
睢陵（淮阳郡）
宿预（东徐州）
淮阳
淮阴（兖州）
涡阳（南兖州）
角城
河
盱眙
洛口
淮
钟离（徐州）
南梁帝国
寿春（扬州）
梁城
南梁·昌义之军
广陵（南兖州）
长江
北魏·陈伯之军
京口（南徐州）
历阳（豫州）
建康
合肥
姑孰（南豫州）
巢湖
小岘
★南梁北伐军大本营

错误。一旦撤除，将会违反本意。一会实行，一会更改，岂不把法令看作棋子。综合各方面的意见，应该保持原状。”但元恪仍批准甄琛的建议（这段史迹应在五〇〇年〔参考五〇三年七月〕）。

夏季，四月一日，撤销食盐专卖（五〇〇年，用甄琛议，撤销盐专卖。五〇三年，恢复盐专卖。本年〔五〇六〕，再撤销盐专卖）。

11 四月十六日，北魏帝国政府任命中山王元英，当征南将军、扬徐二州军区司令长官（都督扬徐二州诸军事），率军十余万人，迎击南梁帝国临川王萧宏率领的北伐大军（参考去年〔五〇五〕十月），指挥各州郡武装部队，大军所至，元英全权行事。

12 南梁帝国江州（州政府设寻阳〔江西省九江市〕）州长（刺史）王茂，率军数万人，攻击北魏帝国的荆州（州政府设穰城〔河南省邓州市〕），引诱北魏沿边居民及各蛮夷，另行成立宛州（代替北魏的荆州），派他所任命的宛州州长（刺史）雷豹狼等，发动袭击，攻陷北魏的河南城（河南省唐河县西北）。北魏政府派平南将军杨大眼，统率各军，反击王茂。

四月二十七日，王茂大败，失踪及阵亡二千余人。杨大眼攻入河南城，王茂逃回。杨大眼尾追到汉水，一连攻陷五个城池（西战场）。

13 北魏帝国征虏将军宇文福，攻击南梁帝国新设的司州（州政府设南义阳〔湖北省孝昌县〕），俘虏一千余人而去（西战场）。

14 五月七日，南梁帝国太子宫右翼卫队长（太子右卫率）张惠绍等，攻击北魏帝国徐州（州政府设彭城〔江苏省徐州市〕），占领宿预（江苏省宿迁市），俘虏城防司令（城主）马成龙。

五月十一日，南梁北徐州（州政府设钟离〔安徽省凤阳县东北临淮关镇〕）州长（刺史）昌义之，攻陷北魏帝国梁城（安徽省寿县东南）。 458

豫州（州政府设历阳〔安徽省和县〕）州长（刺史）韦叡，派秘书长（长史）王超等攻击小岘（安徽省含山县西北），还没有攻克，韦叡巡视阵地，北魏军数百人，在大营外列阵，韦叡打算攻击，将领们都不赞成，说："我们轻装备行军，只能突袭，不能硬拼，应该回去改穿铠甲，才可以进击。"韦叡说："不然。小岘城中，守军有二千余人，足可以自保。而今无缘无故，忽然展示威力，定是勇将精兵，假如能把他们击败，城池会自己崩溃。"大家仍然迟疑，韦叡指着皇帝赐给他的符节（"持节"），说："中央加授我这个东西，不是用来装饰门面。我下的命令，不可违犯。"遂发动攻击，将士作殊死战，北魏军败退，韦叡的攻击更为猛烈，半夜时分，攻克小岘，遂进抵北魏帝国南疆重镇合肥（安徽省合肥市）。

最初，右军将军府军政官（右军司马）胡景略等，进攻合肥，一直不能攻下。韦叡考察山川形势，就在夜晚，率领部众，在淝水（东淝河）上兴筑水坝。不久，水坝筑成，水位上涨，南梁帝国船舰，陆续抵达。北魏军在合肥东西，分别兴筑两座卫星小城，韦叡先攻两座小城，北魏大将杨灵胤，率五万人庞大兵团，突然抵达，将领们恐惧不能抵挡，请迅速向中央要求援军，韦叡笑说："盗贼（北魏帝国军）已到城下，我们才要求增兵，怎么能来得及？而且，我们要求增兵，他们也会要求增兵。作战靠出奇制胜，岂在人数多少？"遂进攻杨灵胤，击破杨灵胤军。韦叡派指挥官（军主）王怀静，在淝水（东淝河）岸边筑城，保护水坝；北魏军攻破该城，南梁守军一千余人，全部被杀或被俘。北魏军乘胜向水坝挺进，声势强大，各将领建议退回巢湖；有的则主张退保三叉（今地不详），韦叡大怒说："怎么会有这种想法！”命把自己用的伞盖、长扇、旗帜，都竖在水坝之下，表示绝不离开。北魏军向水坝发动攻击，万锥齐下，要凿它崩塌。韦叡亲自搏斗，北魏军不敌，败退；韦叡遂在水坝上建筑营垒，加强保护。韦叡另行兴建主力战斗舰，舰桥跟合肥城墙同高，四面包围，城中守军，面对绝境，一片大哭。守军司令杜元伦，登城督战，被流箭射死。

五月十七日，合肥瓦解。南梁军斩杀及俘虏一万余人，掳获的牛羊以万为单位计算。

韦叡身体一向瘦弱，从没有骑过马。每次会战，常常乘坐两人抬的小轿，到战场督战及勉励将士，勇气无人可比。白天接待宾客，半夜起床处理军事文书，灯火通明，直到天亮。对部属十分爱护，照顾安抚，唯恐怕不够温暖，所以，知识分子或战斗壮士，争着向他投靠。无论到哪里，所住的宾馆、旅舍，都不超过他的身份。

韦叡等各路人马，继续推进，抵达东陵（今地不详），南梁帝萧衍下诏班师。（胡三省注：“班师诏书，当在洛口溃败之后；《资治通鉴》因叙述韦叡战绩，顺便作一总结。”）当时大军的位置，距北魏城池很近（北魏军守甓城，距东陵十公里）。各将领恐怕北魏军追击，韦叡命所有辎重车辆居于撤退大军之前，而自己乘坐小轿，留在最后。北魏军畏服韦叡威名，远远观望，不敢进逼，韦叡遂得全军而还。于是，把豫州州政府迁到合肥（安徽省合肥市。州政府原设历阳）。

15 五月十八日，北魏政府派遣国务院执行官（尚书）元遥率军南下，阻击南梁北伐大军。

五月十九日，又派征西将军于劲，统御秦陇（甘肃省南部）地区各军。

16 五月二十三日，南梁帝国庐江郡（安徽省舒城县）郡长、闻喜（侨县，湖北省松滋市境）人裴邃，攻陷北魏帝国羊石城（安徽省霍邱县南）。

五月二十六日，又攻陷霍丘城（霍邱县）。

六月七日，青、冀二州（州政府设郁洲〔江苏省连云港市东沉积小岛〕）州长（刺史）桓和，攻陷北魏帝国朐山城（江苏省连云港市）。

17 六月十二日，北魏帝国安西将军元丽，攻击匈奴族屠各部落酋长王法智，大败王法智军，杀六千人。

18 南梁帝国太子宫右翼卫队长（太子右卫率）张惠绍，会同代理南徐州（州政府设京口〔江苏省镇江市〕）州长（刺史）宋黑，水陆联军，同时并进，直攻北魏帝国徐州州政府所在地彭城（江苏省徐州市），包围高冢基地（彭城南刘交墓，在彭城城西〔刘交，西汉王朝一任帝刘邦的老弟，封楚王，参考前二〇一年正月〕）。北魏武卫将军奚康生，率军增援。

六月十四日，张惠绍战败，宋黑战死。

皇太子萧统本年五岁（实际上已六岁），能够阅读儒家学派的《五经》。

六月十七日，萧统从宫中搬出，移居东宫（太子宫）。

19 六月二十四日，北魏帝国任命国务院财政部长（度支尚书）邢峦，当东征大军总司令官（都督东讨诸军事）。

骠骑大将军、冯翊公爵（惠公）源怀逝世（年六十三岁）。源怀性情宽厚，做事简明，不喜爱啰唆琐碎，常说：“高高在上，权柄在手的人，只要掌握要点就够了，怎么可以连细小的事情，都去过问。好像盖房子，只要要求高敞显明，梁平柱正，基础牢固就够了。至于木头刨得平不平，接缝地方密不密，不是工程师的问题，而是匠人的问题。”

20 秋季，七月三日，南梁帝国青、冀二州（州政府设郁洲〔江苏省连云港市东沉积小岛〕）州长（刺史）桓和，攻击北魏帝国兖州（州政府设瑕丘〔山东省济宁市兖州区〕），占领固城（山东省滕州市东北）（东战场）。

21 登极称帝的吕苟儿，率武装变民十余万人，驻军孤山（甘肃省天水市境），遥遥包围秦州（州政府设上封〔甘肃省天水市〕）。北魏帝国安西将军元丽进击，大破吕苟儿军。秦州总部执行官（行秦州事）李韶，偷袭孤山，生擒吕苟儿的父母妻子。

七月十日，吕苟儿率他的部众，晋见元丽投降。

北魏帝国兼任交通部长（兼太仆卿）杨椿，率军讨伐泾州（州政府设安定〔甘肃省泾川县〕）变民首领、登极称王的陈瞻，陈瞻固守险要拒抗。北魏将领们有的建议在山路上设下伏兵，切断山区对外所有交通，等陈瞻把粮食吃完，然后再行攻击。有的建议砍伐山上树木，纵火烧山，然后进军。杨椿说：“这都不是最好的办法。自从政府出动大军以来，所到的地方，全都攻克，盗匪（陈瞻）所以逃入深山，不过为了逃命，现在下令各军，不准侵扰民间。盗匪一定认定我们畏惧山势险要，不敢前进。等他们戒备松懈，我们奋勇一击，可以一次扫平。”大军遂逗留不再前进。陈瞻部众果然出山抢掠；杨椿再用马羊之类当饵，故意让陈瞻部众抢走，而不派人追捕。时间一久，暗中挑选精锐壮士，战马口衔木条，发动猛烈夜袭；遂斩陈瞻，把人头送到京师（首都洛阳）呈献。秦州（州政府上封）、泾州（州政府安定），全都平定。

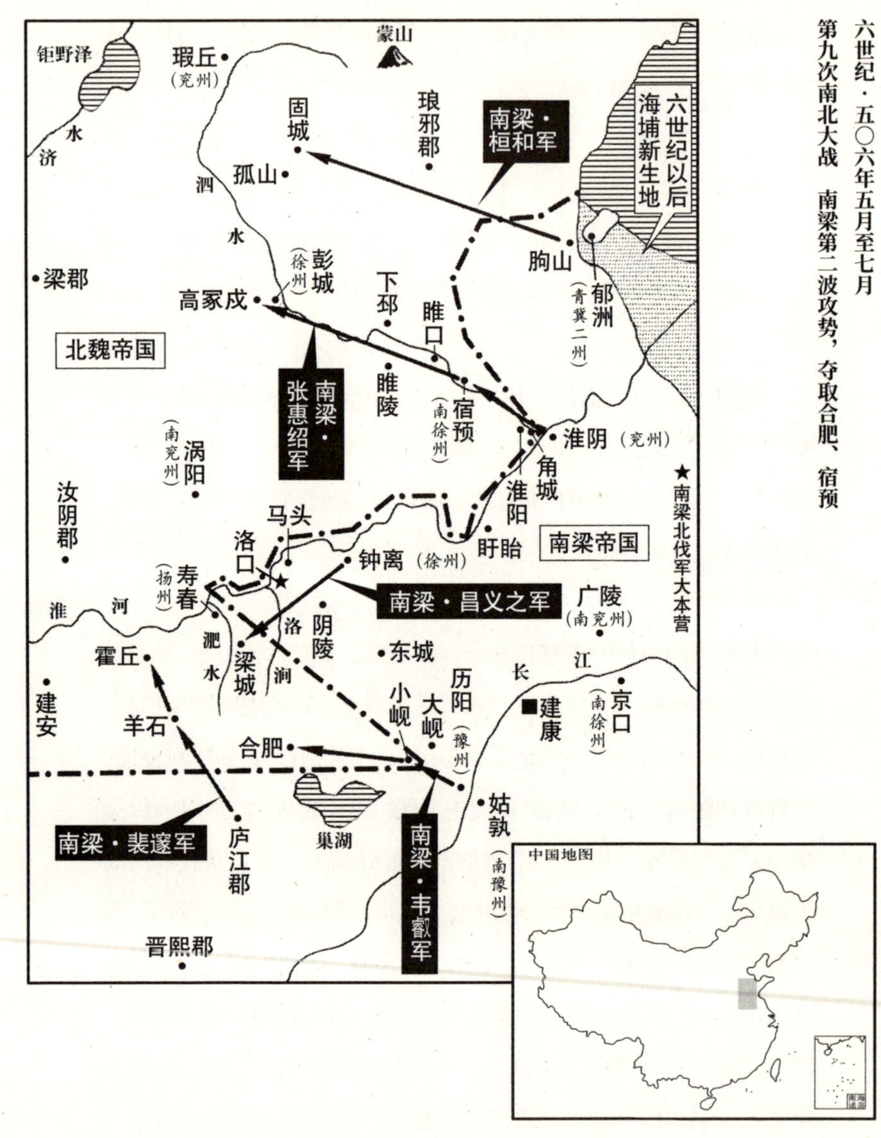

六世纪・五〇六年五月至七月
第九次南北大战　南梁第二波攻势，夺取合肥、宿预

22 七月二十五日，南梁帝国南徐州（州政府设京口〔江苏省镇江市〕）州长（刺史）王伯敖，与北魏帝国中山王元英，在阴陵（安徽省定远县西北）会战；王伯敖大败，失踪及阵亡五千余人（中战场）。

23 七月二十六日，北魏帝国征召定州（州政府设中山〔河北省定州市〕）、冀州（州政府设信都〔河北省衡水市冀州区〕）、瀛州（州政府设赵都军城〔河北省河间市〕）、相州（州政府设邺城〔河北省临漳县西南邺城镇〕）、并州（州政府设晋阳〔山西省太原市〕）、肆州（州政府设九原〔山西省忻州市〕）六州武装部队十万人，增援东征大军。南梁帝萧衍，派将军角念（角，姓），率军一万人，进驻蒙山（山东省蒙阴县南），招诱北魏帝国兖州（州政府设瑕丘〔山东省济宁市兖州区〕）境内居民，前来归附的很多。当时，南梁将军萧及驻防固城（山东省滕州市东北），桓和驻防孤山（滕州市东南）。北魏东征大军总司令官（都督东讨诸军事）邢峦，派指挥官（统军）樊鲁，攻击桓和；另一将领元恒，攻击萧及；另一指挥官（统军）毕祖朽，攻击角念。

八月十日，樊鲁在孤山大破桓和；元恒攻陷固城；毕祖朽猛攻，角念守军撤退（东战场）。

八月十七日，北魏帝元恪，下诏命平南将军、安乐王元诠，督促留在后方还没有出发的部队，增援淮河以南。元诠，是拓跋长乐的儿子（拓跋长乐，参考四七五年十二月）。

24 南梁帝国将军蓝怀恭，跟北魏东征大军总司令官（都督东讨诸军事）邢峦，在睢口（睢水注入泗水处，江苏省宿迁市〔宿预西北〕）会战，蓝怀恭战败，邢峦遂向前推进，包围宿预（江苏省宿迁市）。蓝怀恭在清水（泗水）以南，再筑营垒阵地，继续抵抗，邢峦跟平南将军杨大眼，联合攻击。

九月十一日，攻陷清水（泗水）以南新城，斩蓝怀恭，格杀及俘虏南梁士卒以万计算。南梁帝国太子宫右翼卫队长（太子右卫率）张惠绍放弃宿预（江苏省宿迁市），将军萧昞也放弃淮阳（江苏省淮安市淮阳区西北），逃回。

25 南梁帝国临川王萧宏，以南梁帝萧衍老弟的身份，统率的军队，武器精良，军容壮盛。北方人民认为：数十年，甚至百余年以来，从来没有见过。萧宏北伐大军，进抵洛口（洛涧注入淮河处，安徽省怀远县西南），前锋攻克梁城（安徽省寿县东南。五月间，北徐州州长昌义之攻克梁城，现在再作追叙）。各将领打算乘胜追击，深入敌境。萧宏性情愚劣，而又胆小如鼠，处理军务，错误百出。北魏帝元恪下令邢峦渡过淮河，跟中山王元英（时驻寿阳）会师，共同攻击梁城。萧宏得到消息，大为恐惧，召集军事会议，讨论班师。首都东区卫戍司令（左卫将军）吕僧珍说：“知道困难，就赶快撤退，岂不是件美事！”萧宏说：“我也认为应该如此。”副总司令官、国务院右执行长（尚书右仆射）柳惔说：“自从大军出击，哪一个城池不降服，什么地方有困难？”庐江郡（安徽省舒城县）郡长裴邃说：“这一次北伐，本来就是寻找敌人，把他们摧毁。有什么困难，竟使我们望风而逃？”宁朔将军马仙琕说：“大王（萧宏）怎么说出亡国的话，天子（萧衍）把全国所有的武装力量，全数交到你手，宁可以进一尺效死，也不可退一寸偷生。”北徐州（州政府设钟离〔安徽省凤阳县东北临淮关镇〕）州长（刺史）昌义之，大怒若狂，头发和胡须都激动得直竖，吼叫说：“吕僧珍应该斩首，岂有率百万大军，远征北伐，还没有遇到敌人，只听见风声，就急急撤退之理？还有什么面目，去见圣明君王（萧衍）？”将领朱僧勇、胡辛生，拔剑出鞘，从座位上跳起，厉声说：“要退的自已去退，我当向前求死！”军事会议之后，吕僧珍向各将领道歉说：“殿下（萧宏）昨天晚上头痛，不能专心处理军事，深恐怕大家失望沮丧，才打算保存实力，安全撤退而已。”萧宏不敢违背各将领的意见，又不敢前进，于是逗留不动。北魏东征兵团知道萧宏是个懦夫，派人送给他妇女用的包头巾和首饰，编出歌谣：“不怕萧娘娘（萧宏）和吕姥姥（吕僧珍。北方人称外祖母为“姥姥”，此指吕僧珍）／只怕合肥韦老虎。”韦老虎，指的是韦叡。吕僧珍叹息说：“假如始兴王（萧憺）或吴平侯（萧昺）当元帅，我当他们的助理，怎么会被敌人侮辱成这个样子！”打算派裴邃分出一部分军队夺取寿阳（安徽省寿县），而主力仍留洛口（安徽省怀远县西南），萧宏恐惧过度，唯恐触怒敌人，坚决反对，于是下令军中：“人马敢向前走一步的，斩首。”将领士卒全都怒不可遏。北魏帝国武卫将军奚康生，派杨大眼骑快马报告中山王元英，说：“梁国（南梁帝国）军队自从攻克梁城（安徽省寿阳县南）之后，这么久不再前进，畏怯的心态，显而易见。大王如果前进驻守洛水（洛涧），他们一定自己溃散。”元英说：“萧宏虽然愚不可及，可是部属中仍有良将韦叡、裴邃之辈，不可以轻视。最好是暂时观察形势，不要发生战斗。”

南梁太子宫右翼卫队长（太子右卫率）张惠绍号令严明，攻无不克，驻军下邳（江苏省睢宁县北古邳镇）时，下邳人很多打算归降，张惠绍劝告他们说：“我如果能攻克城池，你们都是帝国臣民；如果不能攻克，岂不白白使你们流离失所，有家难归，有国难投！不是政府拯救人民的本意。你们暂且安居，继续做自己的营生，不要去找麻烦。”想归降的人，全都悦服（如此为人着想，是出自肺腑深处的爱心，张惠绍为我们立下一个尊贵的榜样）。

九月二十七日，夜晚，洛口（洛涧注入淮河处，安徽省怀远县西南）天气突变，一夜狂风暴雨，南梁帝国北伐军大营，发生夜惊（夜惊事，参考一九二年五月注），临川王萧宏，心胆俱裂，抛下自己统率的大军，单人匹马，仅携带随从数人，落荒逃走。将领们在发现统帅失踪后，霎时间崩溃，官兵逃散，丢盔弃甲，扔掉武器，平地水沟，都被填满，患病和衰老的官兵，被遗弃营中或路旁，死亡将近五万人。萧宏乘坐小船，渡过长江，深夜到达白石垒（白下，建康城北），叫唤城门，要求进城。城防司令、临汝侯萧渊猷，登上城楼，对他说："你亲率百万大军北伐，一旦像鸟兽一样，四散逃走，我们帝国是存是亡，不得而知。恐怕奸恶的人利用这个机会，起兵叛变，所以，城门在夜间不可打开。"萧宏无言可对，萧渊猷用绳子把饮食从城楼缒下来，使萧宏等果腹。萧渊猷，是萧渊藻的老弟（本年还不到二十岁）。当时，北徐州（州政府钟离）州长（刺史）昌义之，驻军梁城（安徽省寿县东南），听到洛口军溃消息，跟太子宫右翼卫队长（太子右卫率）张惠绍，分别率军撤退。

26 北魏帝元恪下诏，命中山王元英，乘胜进击，消灭南梁帝国。元英乘胜追击，追到马头（安徽省蚌埠市西南马城镇），攻克。城中积存的粮秣，北魏军全部运回北方。南梁政府对这种现象，一致认为："他们把米运回北方，一定不会再继续南进。"南梁帝萧衍说："不见得，这必定是就要发动攻击，用运米的诈术，引导我们作错误的判断。"下令整修钟离城（安徽省凤阳县东北临淮关镇），命昌义之（北徐州〔州政府钟离〕州长）严密戒备（马头在钟离西，北魏军已攻陷马头，下一步当然进攻钟离）。

冬季，十月，北魏帝国中山王元英，包围钟离，北魏帝元恪下诏，命东征大军总司令官（都督东讨诸军事）邢峦，迅速跟元英会师。邢峦上疏，认为："南方（南梁帝国）军队，在野战上虽然不是我们的

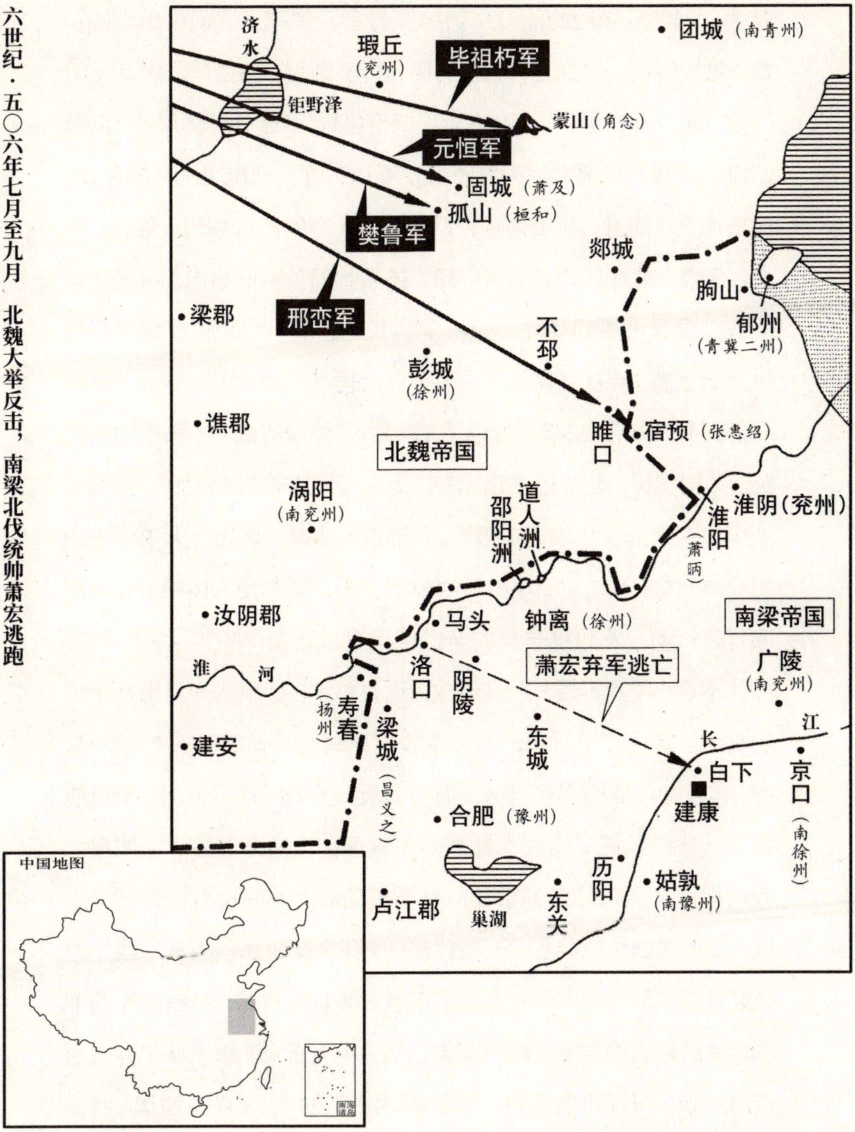

六世纪·五〇六年七月至九月 北魏大举反击，南梁北伐统帅萧宏逃跑

济水
瑕丘（兖州）
团城（南青州）
毕祖朽军
钜野泽
蒙山（角念）
元恒军
固城（萧及）
孤山（桓和）
樊鲁军
郯城
朐山
郁州（青冀二州）
邢峦军
梁郡
不邳
彭城（徐州）
谯郡
睢口
宿预（张惠绍）
北魏帝国
涡阳（南兖州）
道人洲
邵阳洲
淮阳（萧昞）
淮阴（兖州）
汝阴郡
马头
钟离（徐州）
南梁帝国
淮河
洛口
阴陵
萧宏弃军逃亡
广陵（南兖州）
寿春（扬州）
梁城（昌义之）
东城
长江
白下
京口（南徐州）
建安
建康
合肥（豫州）
历阳
姑孰（南豫州）
巢湖
东关
卢江郡
中国地图
南海诸岛

对手，但守卫城池的能力，仍绰绰有余。现在，我们投出全国精锐，进攻钟离，得到它，利益有限；得不到它，所受的伤害却十分严重，而且又在淮外（淮河以南）。即令他们守军自己绑住双手，向我们投降，我们还要考虑粮秣不继，难以久守；何况用士卒的生命，前去换取。而且，将士南征，已有两季（自夏到秋），疲劳、倦怠、死亡、伤残，情形严重，不问可知。虽然我们是乘胜追击，可是实质上我们没有可用的兵力。如果采纳我的意见，我建议应该恢复战争以前状态，安抚各州人民，等到以后再度出兵。江东（南梁帝国）的弱点，不怕以后没有。”元恪下诏，说：“渡淮河南下，跟中山王元英，互相支援，之前已发出指令，怎么能允许你徘徊逗留，到今天才提出这项请求！应迅速进军。”邢峦又上疏，认为：“现在，中山王（元英）攻击钟离（安徽省凤阳县东北临淮关镇），实在使人困惑。如果采取冒险行动，不顾虑自身安全，则应直接袭击广陵（江苏省扬州市），出其不意，攻其不备，一旦成功，也说不定，如果认为只用八十天的食粮，就可夺取钟离，我从来没有听说过（元英预期八十天攻克钟离，所以邢峦反驳）。他们固守坚城，拒绝会战，护城河宽广纵深，不可能填平，我们在城下白白消耗到明年春季，士卒全都疲惫。如果派我前往，又从何处得到粮秣？夏季出动的大军，没有携带冬季衣服，万一遇到结冰降雪，天气转寒，用什么解决这项困难？我宁愿负起怯懦、不能进军的责任，也不愿承当损兵折将、平白出军的罪名。钟离是天然要塞，政府高级官员，人人皆知。如果城中有内应或有埋伏，或许可能成功；如果城中没有内应，又没有埋伏，我断言绝不可能攻克。如果相信我的陈述，请准许我停止前进。如果认为我惧怕战争，则我愿交还我所率领的东征兵团，请准予全部移付中山王（元英），由他指挥调度，我只以一个人的身份，单身匹马，追随中山王（元英）左右。我当过很多次大军统帅，深知什么事可做、什么事不可做。我既已认为困难，不应该勉强派我执行我认为困难的事。”元恪下诏，命邢峦回京（首都洛阳），另命镇东将军萧宝夤，率军跟元英会师，共同包围钟离。

监督院总监督长（侍中）卢昶，一向厌恶邢峦，跟另一总监督长（侍中）兼首都西区卫戍司令（领右卫将军）元晖，共同在北魏帝元恪面前，打小报告陷害。命总监察官（御史中丞）崔亮，弹劾邢峦：镇守汉中（陕西省汉中市）时，抢夺壮男美女，男当奴，女当婢。（《魏书 · 邢峦传》："邢峦初到汉中时，新官上任三把火，待豪门士族，都有礼貌，安抚民众，广用恩惠。可是，一年多以后，态度大变，不断诛杀居民，有时甚至屠灭全家，被他没收为私人奴婢的有二百余人。”名将尚且如此，中国人还有生路？）邢峦把汉中所掠夺的美女送给元晖，作为贿赂。元晖对元恪说："邢峦新近为帝国建立大功（指夺取汉中地区），不应该把大赦令以前的小事，抖出来查办。”元恪同意，遂不追究。

元晖跟卢昶，同时受北魏帝元恪的宠爱，因之贪污放纵，丝毫没有忌惮，时人形容他们是“饿虎将军”“饥鹰监督”。元晖不久当国务院文官部长（吏部尚书），任用官职，都有一定价格，大郡郡长绸缎二千匹，次郡郡长减少一半（一千匹），下郡郡长再减少一半（五百匹）。其他官位随着等级，价格也有差别；人家称他是“市场管理员”。

27 十月六日，南梁帝国围攻义阳（河南省信阳市）的军队，利用夜色掩护，逃走（听到洛口军溃，不能独留）。北魏帝国郢州（州政府义阳）州长（刺史）娄悦追击，击破南梁围城军（西战场）。

28 柔然汗国（瀚海沙漠群）可汗（九任候其伏代库者可汗）郁久闾那

盖逝世，儿子郁久闾伏图继位，称佗汗可汗（十任），改年号始平（之前是太安十五年，之后是始平元年）。

十月十七日，郁久闾伏图派使节纥奚勿六跋（纥奚，复姓），前往北魏帝国，请求和解。北魏帝元恪不另派使节，而只对纥奚勿六跋说："蠕蠕（柔然汗国）的祖先郁久闾社仑（一任豆代可汗），是帝国的叛徒（参考三九四年十月），帝国过去对你们一直大度包容，暂时跟你们互派使节（参考四八六年三月）。而今蠕蠕（柔然汗国）衰败，已不复当年，而帝国的伟大恩德威望，正达高峰，可以上比周王朝及两汉王朝。只因江南（南梁帝国）还没有平定，对北方稍稍放宽，以平等的地位，和平共存，我不能答应。但你们如果尽到当藩属的礼节，诚心诚意，帝国也绝不会辜负你们。"

京兆王元愉、广平王元怀，二人封国中的官员，多半骄傲放纵，公开干预行政。元恪下诏，命首都洛阳警备区司令（中尉）崔亮作彻底扫荡。于是，连带受控而被诛杀的，有三十余人，没有被诛杀的，也全都撤除官职，贬作平民。只有广平国右侍从官（右常侍）杨昱、王府教育官（文学）崔楷，因为直言规劝，得以免罪。杨昱，是杨椿的儿子（杨椿事，参考四九〇年九月）。

29 十一月四日，南梁帝国大赦。

南梁帝萧衍命首都西区卫戍司令（右卫将军）曹景宗，率领各军二十万人，增援钟离（安徽省凤阳县东北临淮关镇）。萧衍指令曹景宗驻军道人洲（钟离〔临淮关〕东北淮河中小岛），等各路人马集结完成后，一同进兵。曹景宗一再请求前进到邵阳洲（钟离〔临淮关〕西北淮河中小岛）东岸，萧衍不准。曹景宗打算单独建立这项奇功，不理会诏书，径行挺进，想不到淮河突然刮起暴风，有些士卒被吹到河里淹死，不能再进，只好再回道人洲。萧衍得到报告，说："曹景宗无法西上，是上天旨意，如果孤军深入，城垒不能及时构筑完成，势将狼狈不堪。现在，一定击破盗贼（北魏帝国）。"（中战场）

30 最初，成汉帝国（首都成都〔四川省成都市〕）末任帝（五任）李势在位末期（四世纪四〇年代），獠人从益州（四川省中南部）四周山区，进入平地，北自汉中（南郑，陕西省汉中市），南到邛都（四川省西昌市）、笮都（四川省汉源县），满山满谷（参考三四六年）。成汉帝国灭亡（三四七年三月），蜀地（四川省中部）居民，很多向东方迁移，于是，山谷中空地，都被獠人占据。跟郡县接近而又跟汉人杂居的，也跟汉人一样，向政府缴纳赋税；但远在深山中的，政府就不能控制。而梁州（陕西省南部）、益州（四川省中南部）官员，每年都借着清剿獠人的机会，抢夺财产及妇女，使自己发财；所以，无论政府与官员，都希望不断清剿。后来，邢峦当梁州（州政府南郑）州长（刺史），距郡县较近的獠人，都安居乐业，距郡县较远的獠人，也不敢到平地抄掠。邢峦离职后，北魏帝国政府任命羊祉当梁州（州政府南郑）州长（刺史）、傅竖眼当益州（州政府设晋寿〔四川省广元市西南〕）州长（刺史）。羊祉性情残酷暴虐，激起人民反感，"獠王"赵清荆，引导南梁帝国军，侵入州境，羊祉派军击破獠梁联军。傅竖眼则推广恩德、建立信誉，汉人跟獠人相处，一片祥和。

31 十二月十二日，南梁帝国都亭侯（靖侯）谢朏逝世（年六十六岁）。

32 北魏帝国政府讨论拟订"雅乐"，很久不能作最后决定（公孙崇定雅乐事，参考前年〔五〇四〕九月）。

五〇七年 丁亥

南梁　天监　六年

北魏　正始　四年

（柔然汗国始平二年）

1 春季，正月，北魏帝国（首都洛阳〔河南省洛阳市东白马寺东〕）音乐管理官（太乐令）公孙崇，上疏北魏帝（八任宣武帝）元恪（本年二十五岁），请求由卫军将军、国务院右执行长（尚书右仆射）高肇，担任“雅乐”修订总监。北魏帝元恪批准，但也知道高肇不懂什么雅乐，再命祭祀部长（太常卿）刘芳，当他的助理。

柏杨曰

中国传统文化中有一项铁则：官大，学问会跟着也大。在文明社会，知识即是权力；落后的封建社会中，权力即是知识、即是智慧、即是至仁至圣、即是正确的英明领导。公孙崇在漫长的三年碰壁、沮丧、摸索、绝望之后，终于发现这个穴道，然后一击而中。从前，没有人能负责，没有人敢负责，也没有人肯负责。公孙崇选中了大家伙高肇，在“官场学”中，谓之“强棒战术”，无往而不利。连皇帝都知道高肇对雅乐是个白痴，但仍命他当最高编辑，不为别的，只为强棒才可以击出全垒打。却不管会不会把球打烂，以及会不会一棒击中裁判的天灵盖！

2 北魏帝国中山王元英，会同平东将军杨大眼等，率武装部队数十万，猛攻南梁帝国（首都建康〔江苏省南京市〕）钟离（安徽省凤阳县东北临淮关镇）。钟离城北，就是淮河。北魏军在邵阳洲（钟离西北淮河中小岛）两岸，建立大桥，树立木栅拒马，宽达数百步，横跨淮河，连接两岸交通。元英在南岸攻城，杨大眼在北岸另筑城垒，督运粮秣。城中守军才三千人，南梁帝国北徐州（州政府钟离）州长（刺史）昌义之，率领将士，随机应变，坚强抵抗。北魏军用车辆运土，强填护城河，命步兵背土在后面跟进，骑兵督战队在最后面紧逼。士卒到目的地，把土掷下，有的还来不及回头，后面的土已堆积而上，遂被活埋。不久，护城河填平，元英开始用冲车（攻城用的重武器）撞城，城上泥土块块脱落，昌义之立刻用泥土填补，冲车虽能冲击城墙，但无法冲出缺口。北魏军日夜苦攻，轮流爬城，被击中坠下，起来再登，没有人敢向后退。一天之中，攻城数十次，前后格杀的人数，以万为单位计算，北魏官兵的尸体，堆积起来，几乎跟城墙同高。

二月，北魏帝元恪命元英回军。元英上疏说："我的志向就是歼灭贼寇（南梁帝国），想不到自月初开始，阴雨不止，阻挠军事行动。如果三月间可以放晴，一定可以破城，请给我较长的时间。"元恪用诏书回答说："南方气候像蒸笼一样，土地潮湿，不可以久留。势必把钟离（安徽省凤阳县东北临淮关镇）夺到手，是将军的深谋远略；可是，大军在外太久，筋疲力尽，也是政府的忧虑。"元英仍上疏，坚称一定攻克。元恪派步兵指挥官（步兵校尉）范绍，到前线晋见元英，研究讨论攻取形势。范绍亲眼看到钟离城墙坚固，也劝元英撤退，元英拒绝。

南梁帝（一任武帝）萧衍（本年四十四岁），命豫州（州政府设合肥〔安徽省合肥市〕）州长（刺史）韦叡，率军增援钟离，受首都西区卫戍司令（右卫将军）曹景宗指挥。韦叡从合肥直接向北进发，穿过阴陵（安徽省定远县西北）沼泽地带，遇到山涧或深谷，就在两山之间，兴建吊桥渡过。将领及士卒，对北魏军的强悍，十分畏惧，多数人劝韦叡把速度放慢，韦叡说："钟离情势危急，守军挖掘地穴居住，身背门板挑水。我们飞车奔马，前去营救，都恐怕来不及，怎么可以故意迟慢？魏军（北魏帝国军）那一套全在我预料之中，你们不要担心。"只十天时间，就抵达邵阳（应是望见邵阳洲〔钟离西北淮河中小岛〕的地方）。南梁帝萧衍预先告诫曹景宗："韦叡，是你们家乡的望族（曹景宗是新野〔河南省新野县〕人，属雍州。韦叡原是雍州京兆〔陕西省西安市〕世家，南迁后定居襄阳〔湖北省襄阳市〕，家族强大如昔。二人既同州，韦家又拥有人望），你应该对他礼遇。"所以曹景宗接见韦叡，礼节十分恭敬。萧衍听到消息，说："两位将领和睦，一定克敌制胜。"

曹景宗会同韦叡，进军邵阳洲（在岛上登陆）。韦叡在曹景宗大营前二十华里处，深夜挖掘长沟，树立木栅拒马，把小岛截成东西两半，用挖掘出来的泥土，建筑城垒，距北魏帝国大营，仅一百余步。南梁郡（梁城，安徽省寿县东南）郡长冯道根，能骑在马上，谛听马步，量出长度，于是依照一个人的工作量，计算出总共需要多少时间和多少人力，用以分配筑城工程；天快明时，大营已经建立。北魏中山王元英，在天色朦胧中忽然发现敌人营垒就在门前，不禁大吃一惊，用手杖敲打地面，号叫说：“竟然这么快！”曹景宗等武器锐利、铠甲全新、军容雄壮，北魏军看到后，士气低落。曹景宗恐怕城中人心浮动，用重赏招募勇士言文达（言，姓）等，带着南梁帝萧衍的诏书，潜水进城，城中才知道救兵已到，勇气百倍。

北魏平东将军杨大眼，英勇超过三军中其他将领，率一万余人的骑兵部队，进攻邵阳洲上南梁前进基地，军锋所到之处，所有障碍，都被摧毁。韦叡把车辆全都集合，结成圆阵；杨大眼集中军力包围，韦叡用两千张强弓，一时俱发，洞穿铠甲，直中躯体，北魏军死伤惨重。南梁军一箭射中杨大眼右臂，杨大眼向后撤退。第二天一早，元英亲自率军攻击，韦叡乘坐两人抬的小轿，手拿白色牛角“如意”，指挥作战，一日之中，会战数次，元英也向后撤退。夜晚，北魏军大规模攻城，箭如雨下，韦叡的儿子韦黯，请他从城上下来，暂时躲避，韦叡拒绝。情势一度危急，军心惊扰，韦叡在城上咆哮呵责，局面才告稳定。前往淮河以北割草的牧羊人，都被杨大眼捉去。曹景宗招募敢死队一千余人，在杨大眼城垒南数华里地方也兴筑城垒。杨大眼发动攻击，曹景宗把他击退。城垒筑成后，命部将赵草守城，杨大眼捕捉牧羊人时，都被赵草截获。以后牧羊人割草，才恢复正常。

南梁帝萧衍，命曹景宗预先兴建特种战舰，甲板高度，跟北魏帝国的跨淮河大桥桥面略等，准备火攻。由曹景宗跟韦叡各攻一桥，韦叡攻南桥，曹景宗攻北桥。

三月，淮河水位暴涨六七尺（桥面降低，甲板升高），韦叡命冯道根和庐江郡（安徽省舒城县）郡长裴邃、秦郡（侨郡，江苏省南京市六合区）郡长李文钊等，乘战舰争先恐后，先行出动，攻击北魏留在邵阳洲上的残余部队，全部屠杀。另外派小艇，装载野草，灌满膏油，用来焚烧北魏跨淮河大桥。风狂火大，烟尘上冲霄汉，天地变色；敢死队奋勇而上，拔除木栅拒马，猛砍桥梁，水势湍急，转眼之间，大桥跟木栅拒马顺流而下，全部消失，河上不见踪影。冯道根等都亲身上阵，肉搏苦战，士卒奋发勇敢，厮杀呐喊之声，震动天地，没有一个不是以一当百；于是，北魏大军不能抵抗，霎时崩溃。中山王元英看见淮河大桥中断，立刻放弃城垒，自己脱身逃走。杨大眼也纵火焚烧大营，撤退；其他所有城垒、军营、基地，陆续瓦解，北魏军全都抛弃武器盔甲，四散狂奔，为逃命被挤到水里淹死的，有十余万人，阵亡的大致也是这个数目。韦叡派人通知围城中的昌义之（北徐州〔州政府钟离〕州长），昌义之悲喜交集，来不及答话，只叫说："再生，再生！"南梁帝国各路大军追击，直追到涉水（于安徽省五河县注入淮河）。元英单人匹马逃回梁城（寿县东南）。沿着淮河两岸一百余华里，尸体互相枕压，南梁俘虏北魏军五万人（对战果的夸张，使人对政府公报，丧失信心。司马光在此指出："《梁书·韦叡传》说：'其他脱下铠甲，叩头在地，乞求当奴隶的，犹数十万人。'事实上，当时北魏军总数不过数十万。"五万人，是司马光打了个对折。而前文提及淹死的，也有十万人）。收集北魏军遗弃的军用物资、粮秣、武器，堆积如山，牛马驴骡，更多到无法可计。

昌义之感激曹景宗及韦叡，请二人宴会，筹了二十万钱作赌

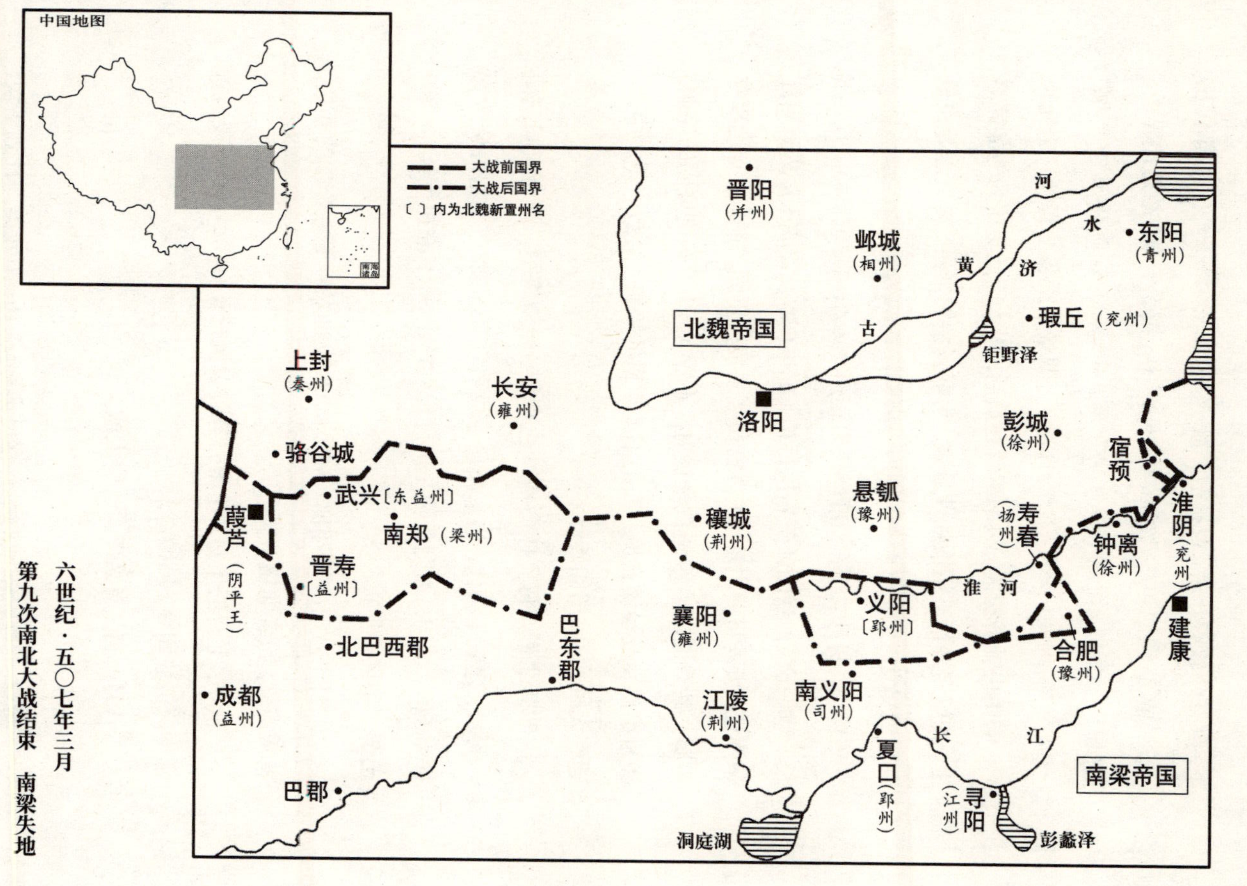

六世纪·五〇七年三月

第九次南北大战结束　南梁失地

本，就在州政府开赌。曹景宗掷骰子，掷出三个“一”，韦叡则掷出三个“六”，但他却在大家吆喝尖叫声中，拨动一颗，故意诧异说：“怪事！”遂大输特输（原文为“卢”“雉”，赌法今已不传，而只留下“呼卢喝雉”一则成语。现在用掷骰子代替，当可一目了然）。曹景宗跟各军将领，争先恐后，向中央驰奏捷报，只韦叡落在最后，世人因此更认为他品德高贵。南梁帝萧衍下诏增加曹景宗、韦叡封爵的采邑；昌义之等也分别受到奖赏。

夏季，四月二十日，萧衍任命江州（州政府设寻阳〔江西省九江市〕）州长（刺史）王茂，当国务院右执行长（尚书右仆射）；安成王萧秀，当江州州长。萧秀将要出发，主办官员要求拨付坚固的船舶，专运库存积蓄，萧秀说：“我难道只爱钱财，不爱人才！”命把坚固的船舶，拨付给部属及参谋官员，而把不太牢靠的船舶，装载库藏。中途，遇到大风，库藏船舶破碎。

四月二十八日，任命临川王萧宏当骠骑将军、开府仪同三司（宰相级）；建安王萧伟，当京畿总卫戍司令（扬州刺史）；右最高资政官（右光禄大夫）沈约，当国务院左执行长（尚书左仆射）；左执行长（左仆射）王莹，当中军将军。

六月十八日，冯翊郡（侨郡，湖北省宜城市东南）等七个郡的郡长，背叛南梁，投奔北魏帝国。

秋季，七月三十日，任命国务院右执行长（尚书右仆射）王茂当首都中区卫戍司令（中卫将军）。

八月一日，南梁帝国政府大赦。

3 北魏帝国政府主管官员奏称：“中山王元英，计划错误；齐王萧宝夤等，不能坚守淮河大桥，应判处死刑。”

八月十二日，北魏帝元恪下诏：元英、萧宝夤免除死刑，在贵族户籍中删除名字，贬作平民；杨大眼被贬到营州（州政府设和龙城〔辽宁省朝阳市〕）当普通士兵。任命中央军事总监（中护军）李崇，当征南将军、扬州（州政府设寿阳〔安徽省寿县〕）州长（刺史）。李崇喜爱经营产业家财，征南将军府秘书长（征南长史）、狄道（甘肃省临洮县）人辛琛，不断规劝，李崇不能接受，二人感情遂告破裂，互相指摘控告。北魏帝元恪下诏，对二人都不追究，李崇为了和解，摆下酒筵，请辛琛同饮，说："你以后一定也会当州长（刺史），不知道你希望有个什么样的秘书长（上佐）？"辛琛说："万一托你的福，当上州长（刺史），我愿得到一个规矩正直的秘书长（长史），无论早上晚上，都可听见我的过失，这是我的盼望。"李崇脸色惭愧。

九月三日（原文"己亥"，据《魏书》改），中央任命最高监察长（司空）、高阳王元雍，当全国武装部队总司令（太尉）；国务院总理（尚书令）、广阳王元嘉，当最高监察长（司空）。

九月八日，拓宽斜谷（陕西省太白县）旧道。

4 冬季，十月十六日，南梁帝国政府任命国务院国防部长（五兵尚书）徐勉，当国务院文官部长（吏部尚书）。徐勉有超过常人的能力，虽然文书案卷堆积如山，座上的宾客又没有虚席；可是徐勉一面跟宾客高谈阔论，反应之快，如同流水，一面下笔不停。平常日子阅读各家学派书籍（诸子百家），但从不批评它们的短处缺点。有一次，曾经跟他的门客在一起晚宴，其中一位门客，名叫虞暠，请求当太子宫总管府高级秘书（詹事五官），徐勉严肃的说："今天晚上，只谈风花雪月，不谈公事。"当时人都敬佩他大公无私。

闰十月十日，任命临川王萧宏当宰相（司徒）、代理太子师傅（行太子太傅），国务院左执行长（尚书左仆射）沈约当国务院总理（尚书令）、代理太子教师（行太子少傅），国务院文官部长（吏部尚书）袁昂当国务院右执行长（右仆射）。

5 闰十月十二日，北魏帝国于皇后逝世（年二十岁）。当时，贵嫔（小老婆群第一级）高女士，受北魏帝元恪的宠爱，十分嫉妒，而高肇的权势，又震动中外。于皇后突患急病，而且立刻死亡，人们认为是高贵嫔暗下毒手。宫廷隐秘，外间不能知道详情。

6 闰十月二十九日，南梁帝国任命高级资政官（光禄大夫）夏侯详，当国务院左执行长（尚书左仆射）。

7 闰十月三十日，北魏帝国把于皇后（顺皇后）安葬永泰陵（今地不详）。

8 十二月二日，南梁帝国国务院左执行长（尚书左仆射）、丰城公爵（景公）夏侯详逝世（年七十四岁）。

9 十二月十一日，北魏帝国淮阳镇（睢陵，江苏省睢宁县）总指挥官（都军主）常邕和，献出城池，向南梁帝国投降。

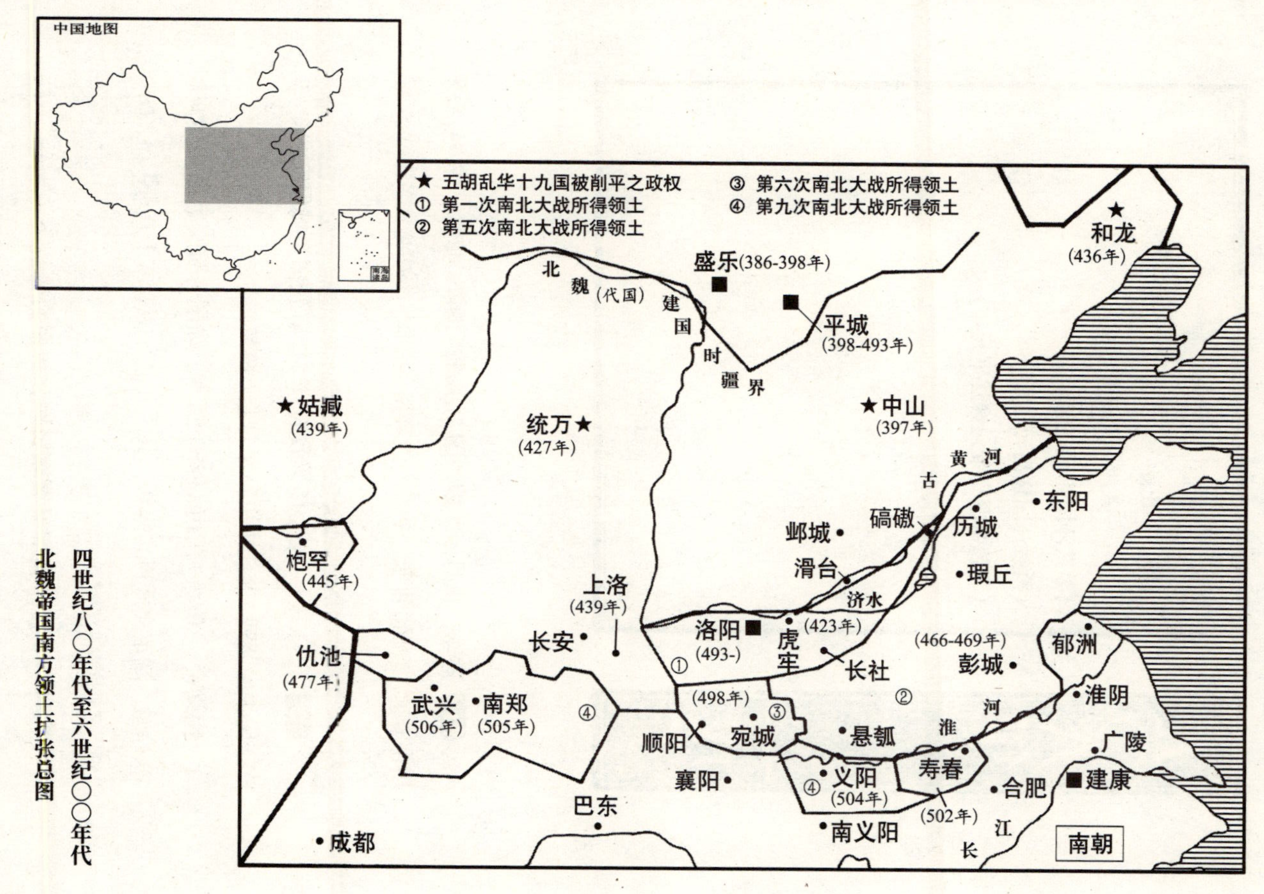

北魏帝国南方领土扩张总图

四世纪八〇年代至六世纪〇〇年代

五〇八年 戊子

南梁　天监　七年

北魏　正始　五年

永平　元年

（柔然汗国始平三年）

（柔然汗国建昌元年）

（北魏帝国皇帝元愉建平元年）

1 春季，正月，北魏帝国（首都洛阳〔河南省洛阳市东白马寺东〕）颍川郡（河南省长葛市）郡长王神念，投奔南梁帝国（首都建康〔江苏省南京市〕）。

2 正月二十八日，南梁政府（首都建康）任命皇城保安司令（卫尉）、吴平侯萧昞，兼任中央禁军总监（兼领军将军）。

南梁帝（一任武帝）萧衍（本年四十五岁），命国务院文官部长（吏部尚书）徐勉，制定文武百官等级，共"九品"（九等）"十八班"（十八级），"班"多则官高（"品"少则官高）。

二月十一日，又增设镇军将军、卫军将军以下"十品"，共二十四班。不入"十品"的（流外），另有八班。又特别给外国武官，设立二十四班，共一百零九个官称（南梁帝国时，官制又有变化，官秩等级更为精密，九品十八班，类似北魏帝国的“正品”“从品”〔参考四九九年十二月〕）。

二月十六日，萧衍下诏设“州选拔官”（州望）、“郡选拔官”（郡宗）、“乡选拔官”（乡豪）各一人，专门负责发掘贤能人才，推荐给中央。

二月二十一日，任命南兖州（州政府设广陵〔江苏省扬州市〕）州长（刺史）吕僧珍，当中央禁军总监（领军将军）。“领军”一职，掌握中央及地方军权。南宋帝国五任帝（孝武帝）刘骏在位、四五四年以后，皇家制造事务总监（制局监）掌握权柄，夺去中央禁军总监（领军。包括“中领军”及“领军将军”）的兵权，从最卑微的官位、事务管理员（典事）起，都可以直接奏报皇帝，中央禁军总监（领军）就只好袖起双手呆坐。吴平侯萧昞既当中央禁军总监（领军将军），工作负责，做事积极，一片新的严肃气象。可是，皇家制造事务局（制局）里的人，都是受皇上宠爱的亲信家奴，不允许权力滑出手指，所以采取小报告攻势，萧昞遂不能在位置上久留。

二月二十二日，萧昞被外放当雍州（州政府设襄阳〔湖北省襄阳市〕）州长（刺史）。

3 三月五日，北魏帝国皇子元昌逝世（年三岁）。御医王显诊断及用药错误，当时的人都认为奉国务院总理（尚书令）高肇的命令，下手谋杀。

4 夏季，四月二日，南梁帝国皇太子萧统（本年九岁）娶太子妃，大赦（九岁的男孩娶妻，即令是平民农家，也嫌太早，不知何以如此）。

五月十七日，南梁帝萧衍下诏，复设皇族事务部（宗正）、畜牧部（太仆）、工程部（大匠）、藩属事务部（鸿胪），又增设宫廷库藏部（太府)、水利部(太舟),连同从前各部(寺),共任命十二个部长(卿。自晋帝国建康政府建立以来,“九卿”〔次部长〕一直不曾齐全的出现。皇族事务部〔宗正〕撤销后,一直没有恢复设置,畜牧部〔太仆〕、藩属事务部〔大鸿胪〕、工程部〔将作大匠〕时有时无。宫廷库藏部〔太府〕始创于北魏帝国七任帝元宏,今萧衍沿用;水利部〔太舟〕则是以前的“都水使者”改称。如今,再把所有次部长机构名称加上“寺”字,各次部长官衔则加“卿”字,遂成为新的架构)。

五月二十一日,任命安成王萧秀,当荆州(州政府设江陵〔湖北省江陵县〕)州长(刺史)。最初,巴陵郡(湖南省岳阳市)马营蛮(所在地不详),沿长江南岸,抢劫掳掠,州郡政府全都无力讨伐。萧秀派王府禁卫官(防阁)文炽,率军焚烧山区的森林树木,马营蛮失去掩护,州境内才恢复秩序。

5 秋季,七月十三日,北魏帝(八任宣武帝)元恪(本年二十六岁),擢升贵嫔(小老婆群第一级)高女士当皇后;国务院总理(尚书令)高肇,更得元恪信任,权势更重。高肇对帝国政府从前的旧有制度,多作变更,削减贵族的采邑,压制功臣的功勋;因此,怨恨高肇的声音,盈满道路。文武百官及皇家贵族,都向他低头,只有国务院财政部长(度支尚书)元匡,敢跟高肇对抗,首先自己定做了一个棺材,放在大厅,打算带着它前往皇城宫门,指控高肇罪恶,然后自杀,用死表达真挚。高肇听到消息,十分厌恶。正巧,元匡跟祭祀部长(太常)刘芳,讨论某一个问题时,意见冲突。高肇支持刘芳,元匡遂跟高肇争论吵闹,上疏揭发高肇颠倒是非,指鹿为马(赵高指鹿为马事,参考前二〇七年七月)。总监察官(御史中尉)王显,立即弹劾元匡:诬陷宰相;主管单位判处元匡死刑。元恪下诏免除元匡死刑,降级当高级资政官(光禄大夫)。

6 八月二日，南梁帝国首都西区卫戍司令（右卫将军）、竟陵公爵（壮公）曹景宗逝世（年五十二岁）。

7 最初，北魏帝元恪，替京兆王元愉（元恪的老弟），娶于皇后的妹妹当王妃，元愉对于妃没有感情，却爱小老婆群李女士，生下儿子元宝月。于皇后命李女士入宫，施以鞭打，为妹妹出气。元愉骄傲奢侈（“骄傲”二字出现），贪污放纵，无法无天。元恪把他叫到皇宫，一一调查，发现都是事实，于是打元愉五十木棍，外放当冀州（州政府设信都〔河北省衡水市冀州区〕）州长（刺史）。元愉认为自己年纪最大，权势和官位，却不如两个弟弟（清河王元怿、广平王元怀），心中既惭愧又愤恨；而自己和爱妾又先后受到摧挫侮辱；高肇又在北魏帝元恪面前，不断挑拨陷害元愉兄弟，元愉忍耐不住怒火。

八月十二日，元愉诛杀他的秘书长（长史）羊灵引、军政官（司马）李遵；对外宣称：接到清河王元怿的密信，说：“高肇谋杀皇上！”遂在信都（河北省衡水市冀州区）南郊，登极称帝，大赦，改年号建平，封李女士当皇后。法务军事参议官（法曹参军）崔伯骥，拒绝服从，元愉杀崔伯骥。北方各州镇，都疑心中央一定发生事变；定州（州政府设中山〔河北省定州市〕）州长（刺史）、安乐王元诠，把实际情形通知各州镇，人心才归安定。

八月十四日，中央政府任命国务院执行官（尚书）李平，当北伐大军总司令（都督北讨诸军事）、冀州总部执行官（行冀州事），讨伐元愉。李平，是李崇的堂弟（李崇镇守寿阳，参考去年〔五〇七〕八月）。

八月十六日，北魏政府大赦，改年号永平（之前是正始五年，之后是永平元年）。

登极称帝的元愉，派人游说平原郡（山东省聊城市）郡长、清河郡

（山东省临清市）人房亮，房亮斩元愉的使节。元愉派将领张灵和攻击房亮，被房亮击败。李平抵达经县（河北省广宗县东北），各路人马全部到齐。夜晚，一支蛮夷部队，约数千人，忽然杀进李平大营，流箭射到李平所住的篷帐，李平镇静如常，不肯离开床铺；一会工夫，混乱自动平息。

九月一日，元愉在信都（河北省衡水市冀州区）城南草桥，迎战中央军，李平奋勇攻击，大破元愉军，元愉脱身逃回城中，李平进击，包围信都。

九月十二日，安乐王元诠，在城北也击破元愉军。

8 九月十三日，南梁帝国封皇子萧绩当南康王。

9 北魏帝元恪，擢升高贵嫔当皇后时，彭城王（武宣王）元勰，一再劝阻，元恪拒不接受。但高肇从此把元勰痛恨入骨，不断在元恪面前陷害元勰，元恪都不相信。元勰推荐他的舅父潘僧固，当长乐郡（河北省衡水市冀州区）郡长，京兆王元愉登极称帝，要挟潘僧固一同行动（长乐郡郡政府跟冀州州政府同设信都〔河北省衡水市冀州区〕，所以元愉得以要挟）。高肇因此诬陷元勰：北方跟元愉勾结，南方招南梁帝国入侵。彭城王府禁卫官司令（彭城郎中令）魏偃、前彭城王府禁卫官（防阁）高祖珍，希望高肇提拔升官，遂挺身出面作证。高肇命监督院总监督长（侍中）元晖，奏报北魏帝元恪，元晖不肯；于是改命首都东区卫戍司令（左卫将军）元珍奏报。元恪问元晖，元晖保证元勰绝不会如此。元恪又问高肇，高肇举出魏偃、高祖珍人证，元恪遂完全相信。

九月十八日，元恪邀请元勰、高阳王元雍、广阳王元嘉、清河王元怿、广平王元怀，以及高肇，入宫宴会。元勰的正妻李妃，正要生产，元勰一再推辞不去，而皇宫使节前后相继催促，元勰不得已，跟李妃告别登车，从东掖门进入宫城，过了小桥，牛不肯前进，鞭打棍击，都不能使它迈动一步（此幕类似东吴帝国最高统帅〔大将军〕诸葛恪被杀前赴会情景，参考二五三年十月），接着又有使节来催，还责备元勰来得太迟，于是把牛解下，而由人把车拉进去（直到六世纪，中国贵族仍乘牛车，还不骑马），在后宫欢宴，到了夜晚，都酩酊大醉，各人到各人在宫中的专用房舍休息。顷刻之间，元珍率武士带着毒酒来到，元勰说："我没有罪，但愿面见主上，死也无恨。"元珍说："主上怎么能够面见！"元勰说："主上圣明，不应该无缘无故杀我，请准我跟告我的人，当面对质！"武士上前，用刀柄凶猛的撞击元勰的肋骨，元勰哀号说："冤枉！苍天！忠心耿耿，却被诛杀！"武士又用刀柄殴击元勰，元勰只好饮下毒酒，武士遂上前乱刀砍死（年三十三岁）。黎明时分，用褥子把元勰尸体裹住，运回家宅，宣称：元勰因喝得太醉逝世。李妃悲哭号叫说："高肇昧尽天良，冤枉杀人！天道有知，你怎么能够好死！"北魏帝元恪在金銮宝殿东厢，为元勰发布死讯，举行祭悼；追赠高官，以及安葬的礼节，都特别加等优待。政府中无论大小官员，全垂头丧气，道上走路的平民男女，都哭泣流泪，说："高肇诬杀贤王。"从此，政府内外，对高肇怨恨更为入骨。

魏征曰

元勰性情品行，一片纯孝；为国效命，更全副忠心，文武全才；无论风采和谋略，都有充实的根基。当五世纪七〇、八〇年代（七任帝孝文帝元宏在位），二十余年之间，元勰已做了安身立命、预防灾祸的工作，难道都是白做？居安而不忘危，鉴往而知未来，姬旦誓不贰心的大义，霍光异姓辅佐的忠诚，元勰一身兼备。功勋太高，使人主忌惮；恩德太厚，为世俗拥戴。于是，诬陷挑拨的闲言闲语，一旦进入皇帝耳朵，终于不能保全他退隐的初志。可悲！姬诵（周王朝二任王成王）、刘弗陵（西汉王朝八任帝昭帝）这样的君王，不容易遇见。

冤狱是一种无奈，人，一旦无辜被捕，往往会十分理直气壮的认为：只要能见到大家伙当面申诉，定可迎刃而解，元勰就有这种盼望。"鲨鱼群"当然不允许他见元恪，以防变卦。事实上，即令他见到元恪，也无法化解元恪心里不可告人的杀机。无罪不能无刑，元勰岂能例外！

性格造成悲剧，往往指前进不已、贪心不止的人。而元勰几乎与世无争，儒家学派所赞扬的美德——包括明哲保身，元勰完全具备。但并不能救他一命；用血腥手段从事政治斗争的社会，是悲剧之母！

已登极称帝的元愉，无法守住信都（河北省衡水市冀州区）。

九月二十三日，纵火焚烧城门，携带皇后李女士跟四个儿子以及一百余名骑兵，突围逃走。李平进入信都（河北省衡水市冀州区），斩元愉所设置的冀州（州政府信都）全权州长（牧）韦超等，派指挥官（统军）叔孙头追捕，生擒元愉，囚禁信都，奏报北魏帝元恪。文武官员请诛杀元愉，元恪不准。命用铁链锁住，押解回京（首都洛阳），打算用家法对他训诫。元愉走到野王（河南省沁阳市），高肇派人把他谋杀（年二十一岁）。儿子们到洛阳，元恪都予赦免。

元恪将对李女士施用剖腹酷刑，立法院最高立法长（中书令）崔光劝阻说："李女士正怀身孕，如果用刑剖腹取胎，可是姒履癸

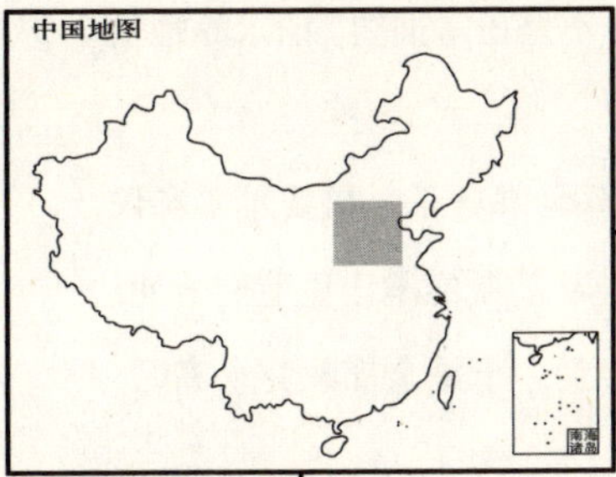

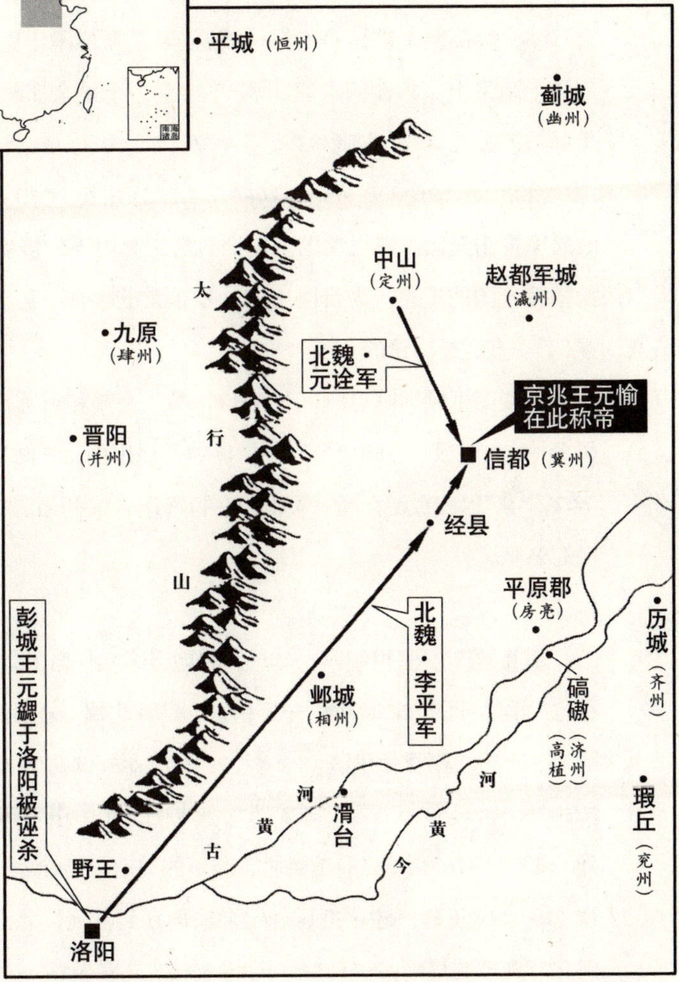

六世纪·五〇八年八月至九月　北魏元愉信都称帝

中国地图

南海诸岛

平城（恒州）

蓟城（幽州）

中山（定州）

赵都军城（瀛州）

太行山

九原（肆州）

晋阳（并州）

北魏·元诠军

京兆王元愉在此称帝

信都（冀州）

经县

平原郡（房亮）

历城（齐州）

碻磝（济州高植）

邺城（相州）

北魏·李平军

彭城王元勰于洛阳被诬杀

古黄河

滑台

今黄河

瑕丘（兖州）

野王

洛阳

（桀）、子帝辛（纣）干的勾当，残忍凶暴，不是正常刑罚。请求等她生产之后，再行斩首。”元恪同意。

李平捕获元愉党羽一千余人，打算全部屠杀，机要军事参议官（录事参军）高颢说：“这些人都是被逼，从前既然承诺免他们一死，应该上疏皇上，为他们求情。”李平接受，于是全都赦免。高颢，是高祐的孙儿（高祐，是高允的堂弟，参考四八七年十一月）。

济州（州政府设碻磝〔山东省聊城市茌平区西南〕）州长（刺史）高植，率州政府军攻击元愉，建立功勋，应该封爵，高植不肯接受，说：“我家蒙受帝国的重恩，为帝国出力，是正常的事情，怎么敢要求赏赐！”高植，是高肇的儿子。

加授李平顾问院总顾问长（散骑常侍）。高肇和首都洛阳警备区司令（中尉）王显，一向厌恶李平。遂由王显出面，弹劾李平在冀州（州政府信都）包庇叛逆；高肇奏准，在特许出入宫门名册中，剔除李平的名字。

10 最初，五世纪六〇年代，北魏帝国六任帝（献文帝）拓跋弘在位，柔然汗国（瀚海沙漠群）一万余家，投降北魏，分别安置在高平镇（宁夏固原市）和薄骨律镇（宁夏灵武市。来自北方游牧民族的俘虏及降户，被安置在北魏边境定居，又有“东部”“西部”之分，参考四七一年三月注）。可是，到了九〇年代，有的叛变，有的逃亡，剩下的只有一千余家。中级资政官（太中大夫）王通，建议把这一千余家再迁到淮河以北，根绝他们向北方逃亡的道路（不检讨柔然人民为什么逃亡，只责备他们不该逃亡，这是中国传统性的颟顸）。北魏帝元恪命交通部长（太仆卿）杨椿，“持节”，前往强迫迁移。杨椿上疏说：“从前，政府把蠕蠕（柔然汗国）人民，安置在边疆地带，目的在于激励风俗不同、习惯不同的蛮夷，前来归附。

而且，也使蛮夷跟中国（北魏帝国）人民，不相混淆。现在，新归附的户口很多，如果旧有人民被强制迁移，新归附的人民一定惊恐不安，是强迫他们非逃亡不可。而且，他们身穿皮袄皮袍，口吃牛肉羊肉，喜爱冬季，不怕寒冷；南方气候潮湿，土地蒸热，迁移到那里之后，一定全数死亡。既失去归附者的人心，对捍卫边疆，更没有裨益。尤其，把他们安置在中国（中原）心脏地带，或许还会发生别的问题，不是良策。”元恪不准，遂把他们迁移到济州（州政府设大约碻磝〔山东省聊城市茌平区西南〕），沿黄河南岸安置。后来，京兆王元愉起兵称帝，柔然人纷纷渡黄河北上，投奔元愉，所到之处，抢夺抄掠，一如当初杨椿的警告。

11 九月二十日，北魏帝国郢州（州政府设义阳〔河南省信阳市〕）军政官（司马）彭珍等叛变，暗中引导南梁帝国军，攻击义阳（河南省信阳市）。三关（位义阳南）驻军司令（戍主）侯登等，献出城池，向南梁投降。郢州州长（刺史）娄悦，登城自守。中央任命中山王元英，当南征大军总司令官（都督南征诸军事），率步骑混合兵团三万人，从汝南（悬瓠，河南省汝南县）出发增援。

冬季，十月，悬瓠（河南省汝南县）带兵官（军主）白早生，击斩豫州（州政府悬瓠）州长（刺史）司马悦，自称平北将军，向南梁帝国司州（州政府设南义阳〔湖北省孝昌县〕）州长（刺史）马仙琕求救。当时，荆州（州政府设江陵〔湖北省江陵县〕）州长（刺史）、安成王萧秀，当军区司令长官（此时，萧秀是荆湘雍益宁南梁北梁南秦北秦九州军区司令长官，司州不属其军区），马仙琕报告萧秀，请求准予接应。萧秀的参谋官员一致认为应等候中央命令，萧秀说：“白早生靠我们的支援救命，救兵如救火。如果依照惯例，必须有中央命令，才可以出军，就不可能因应非常事变。”

遂立即派军北进。南梁帝萧衍也下诏命马仙琕，增援白早生。马仙琕率军到楚王城（河南省信阳市北），派副司令官（副将）齐苟儿，率军二千人，进入悬瓠（河南省汝南县）协防。萧衍下诏，任命白早生当司州（可能是“北司州”之误）州长。

12 十月十六日，南梁帝国政府擢升吴兴郡（浙江省湖州市）郡长张稷，当国务院左执行长（尚书左仆射）。

13 北魏帝国政府任命国务院执行官（尚书）邢峦，当豫州（州政府设悬瓠〔河南省汝南县〕）总部执行官（行豫州事），率军攻击叛国投敌的白早生。北魏帝元恪问邢峦说：“依你的看法，白早生是逃走？还是坚守？什么时候可以平定？”邢峦回答说：“白早生并没有高深的谋略和远大的志向，只因司马悦残酷暴虐，激起大家愤怒，白早生利用机会起事，人民被他控制，不得不跟随服从。即令梁国（南梁帝国）的军队进城，因水路不能直达，粮秣一定无以为继，所以进城的军队，也会一同被我们生擒。白早生得到梁国（南梁帝国）支援，利欲熏心，自以为前途光明，定会固守，绝不逃走。如果圣王的大军（北魏帝国军）抵达城下，无论官员或民众，势必纷纷阵前起义。预料不出今年，白早生的人头，当悬挂京师（首都洛阳）。”元恪大喜，命邢峦先行出发，中山王元英继进。

邢峦率骑兵八百人，急行军前进，五天时间，即赶到鲍口（今地不详）。

十月二十六日，白早生派他的大将胡孝智，率七千人，出城二百华里迎战。邢峦奋勇进击，大破胡孝智军，乘胜长驱直入，直到悬瓠（河南省汝南县）。白早生出城迎战，又被击败。邢峦遂率军渡汝水南下，包围悬瓠城。元恪下诏加授邢峦南征大军总司令官（都督南讨诸军事）。

十月二十七日，镇东将军府军事参议官（镇东参军）成景儁，击斩宿预（江苏省宿迁市）驻军司令（戍主）严仲贤，献出城池，投降南梁帝国。当时，北魏帝国郢州（州政府设义阳〔河南省信阳市〕）、豫州（州政府设悬瓠〔河南省汝南县〕）疆土，自悬瓠以南，直到安陆（湖北省安陆市），全落入南梁帝国之手，只有义阳（河南省信阳市）一个孤城，仍在坚守。义阳蛮酋长田益宗，率其他各蛮夷部落，归附北魏帝国，北魏政府任命田益宗当东豫州（州政府设新息〔河南省息县〕）州长（刺史）。南梁帝萧衍，任命田益宗当车骑大将军、开府仪同三司（宰相级），封五千户人家的郡级公爵，引诱田益宗背叛北魏，田益宗拒绝。

十一月十一日，北魏政府派安东将军杨椿，率军四万人，进攻宿预（江苏省宿迁市）。

14 北魏帝元恪不断接到邢峦传来的捷报，因而命中山王元英迅速攻击义阳（河南省信阳市）。元英因军力太少，不断上书请求增兵，元恪不肯。元英返抵悬瓠（河南省汝南县），跟邢峦会师，联军攻击。

十二月十日，南梁帝国悬瓠协防司令齐苟儿等，打开城门，出城投降，北魏军入城，斩白早生跟他的党羽数十人。元英遂率军直指义阳（河南省信阳市）。南梁宁朔将军张道凝，先前驻军楚王城（河南省信阳市北）。

十二月十四日，张道凝放弃城池，向南撤退；元英追击，斩张道凝。

北魏义阳郡郡长、狄道（甘肃省临洮县）人辛祥，跟郢州（州政府义阳）州长（刺史）娄悦，一同守卫义阳（河南省信阳市）。南梁帝国围城军将领胡武城、陶平虏，不断攻击。辛祥夜晚出击，向南梁围城军，发动猛烈突袭，生擒陶平虏，击斩胡武城，南梁军溃散，州境恢复安定。论功行赏，身为郢州州长（刺史）的娄悦，对于部属辛祥，竟建立如此奇功，自己反而束手无策，越想越气，老羞成怒，遂向中央政府当权派官员（高肇系统）恶言陷害，于是，对辛祥等有功官兵，没有任何赏赐。

十二月二十三日，北魏东荆州（州政府设沘阳〔河南省泌阳县〕）上奏中央："桓晖的老弟桓叔兴，前后招抚太阳部族（即五水部族，参考四七二年正月），归附的有一万余家，请设立十六个郡、五十个县管辖（桓晖是桓诞的儿子，参考五〇〇年十一月三日）。"北魏帝元恪命前镇东将军府秘书长（镇东府长史）郦道元复查，遂即批准设立（如依照家数平均分配，一郡才六百二十五家，一县才二百家，真是地广人稀。一县的税收，恐怕连一个县长都养不起，又如何养县政府其他官员？自此以后，蛮夷地区郡县林立，记不胜记，记也毫无意义）。郦道元，是郦范的儿子（郦范事，参考四六七年二月）。

15 本年（五〇八），柔然汗国（瀚海沙漠群）可汗（十任佗汗可汗）郁久闾伏图，再派使节纥奚勿六跋（纥奚，复姓），到北魏帝国（首都洛阳）呈献貂皮大衣。北魏帝元恪拒绝接受，把上次回答他的话（参考前年〔五〇六〕十月），再重复一遍，作为回答。

最初，高车王国（新疆天山山脉北麓）"侯倍"（不懂这两个字什么意思）穷奇，被嚈哒王国（首都拔底延城〔阿富汗北部瓦齐拉巴德市〕）武装部队击斩，并把穷奇的儿子弥俄突，俘虏而去。穷奇的部落遂告瓦解，有的投奔北魏帝国（首都洛阳），有的投奔柔然汗国（瀚海沙漠群）。北魏帝元恪，派羽林军军事总监（羽林监）、河南（首都洛阳）人孟威，负责接待，把他们安置在高平镇（宁夏固原市）。高车国王阿伏至罗，残酷凶暴，贵族们不能忍受，把他诛杀，拥护王族跋利延，继承王位。嚈哒王国护送弥俄突北返，攻击高车王国。高车贵族再诛杀跋利延，欢迎弥俄突，拥护他当国王。弥俄突攻击柔然汗国，跟可汗（十任佗汗可汗）郁久闾伏图，在蒲类海（新疆巴里坤县西北巴里坤湖）会战，不能取胜，遂向西移动三百余华里。郁久闾伏图在伊吾（新疆哈密市）山北扎营；正巧，高昌王国（新疆吐鲁番市东）国王（六任）麴嘉，向北魏帝国请求，愿全国迁移到中国（北魏帝国）内地。当时，孟威当龙骧将军，北魏帝元恪派孟威征调凉州（州政府设姑臧〔甘肃省武威市〕）州政府军三千人，前往迎接，抵达伊吾（新疆哈密市）；郁久闾伏图忽然发现北魏帝国的正规军出现，像被恶魔抓住头皮一样，立刻逃走。弥俄突得到消息，闪电追击，大破柔然军，就在蒲类海（巴里坤湖）北方，斩郁久闾伏图，割下他的头发，送给北魏帝国龙骧将军孟威，并派人到北魏进贡。北魏帝元恪，派东城子爵于亮到高车王国报聘，赏赐馈赠的东西很多。高昌国王麴嘉在约定的时期没有抵达会合，孟威遂班师。

佗汗可汗郁久闾伏图的儿子郁久闾丑奴继位（十一任可汗），称豆罗伏跋豆伐可汗，改年号建昌（之前是始平三年，之后是建昌元年）。

16 南宋帝国及南齐帝国时代所用的礼仪：皇帝祭祀天神的时候，都要头戴皇冠（冕），身穿绣袍（衮）。南梁政府兼任国史编撰官（兼著作郎）、高阳郡（侨郡）人许懋，请求制造黑色羊羔皮袍（大裘），专供皇帝祭祀天神时之用；南梁帝萧衍批准。

萧衍将到皇家祖庙祭祀，下诏说："祭祀的当天，不可以听音乐。从现在开始，皇帝御驾出宫，乐队在后面跟随，却不演奏。但祭祀完毕后，回宫途中，一切依照平常规则。"

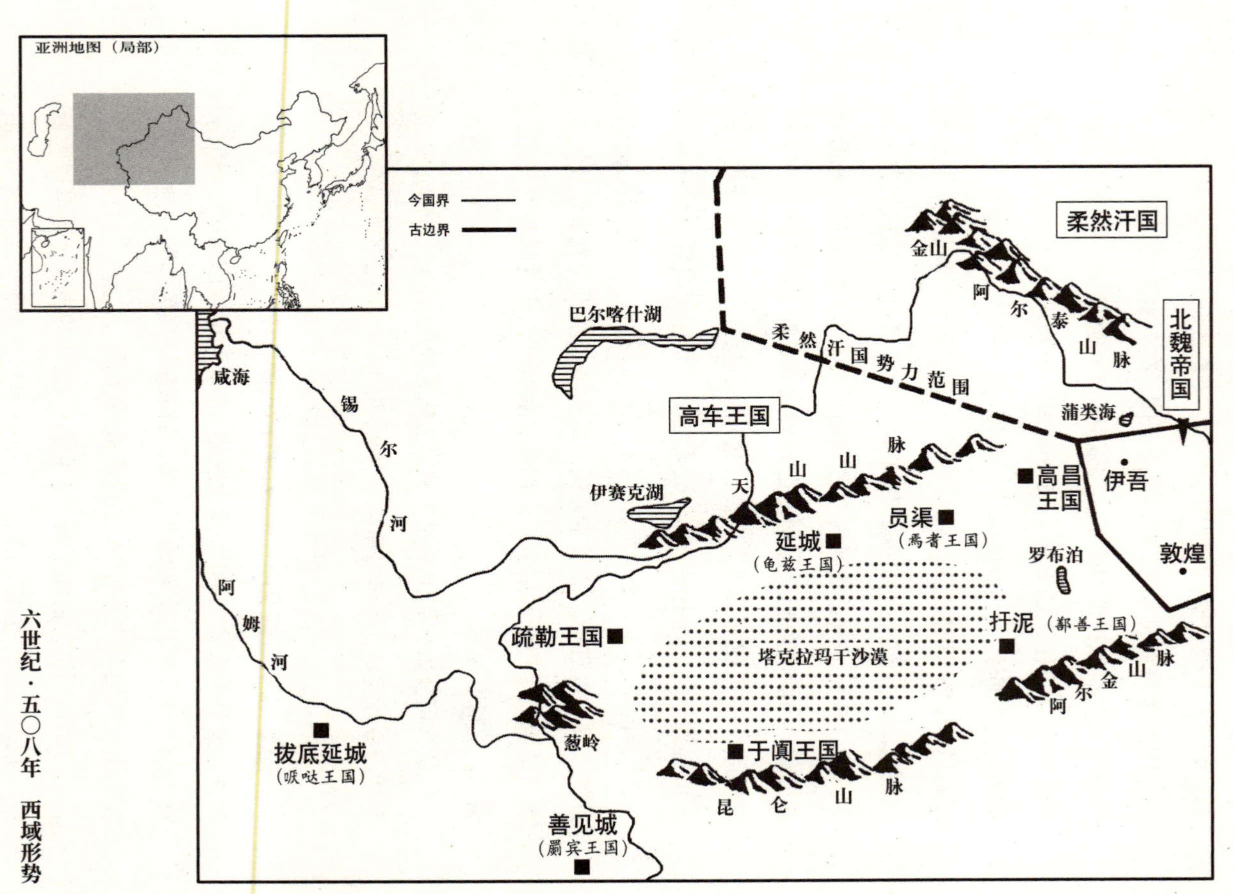

六世纪·五〇八年　西域形势

五〇九年 己丑

南梁　天监　八年
北魏　永平　二年
（柔然汗国建昌二年）

1 春季，正月三日，南梁帝国（首都建康〔江苏省南京市〕）皇帝（一任武帝）萧衍（本年四十六岁），前往建康南郊，祭祀天神。大赦。当时，有人建议萧衍到会稽山（浙江省绍兴市南）、国山（江苏省宜兴市西南），举行封禅大典（在泰山上添土祭祀天神，称"封"。在梁父山下辟土祭祀地神，称"禅"。萧衍既不能到泰山、梁父山〔二山均在北魏帝国版图〕，摇尾系统只好就近取材，固是肉麻当有趣，但也用尽心机）。萧衍命儒家知识分子起草拟定"封禅典礼"仪式，打算前往。兼任国史编撰官（兼著作郎）许懋，表示异议，认为："姚重华（黄帝王朝七任帝舜帝）在泰山堆集木柴燃烧，祭祀天神，不过是巡视天下的中途一站。可是，郑玄却引用《孝经钩命决》说：‘姚重华在泰山添土祭天（封），用柴火向上天禀告他的政绩；在梁父山辟土祭地（禅），在石碑上刻下他的祷词。’这是神秘预言书所作的曲解，不是正规经典的大义。姚重华每五年巡察天下一次；而春夏秋冬四季，又分别前往四岳。（《书经·舜典》载：“姚重华二月东往泰山，五月南往衡山，八月西往华山，十一月北往恒山。”）如果他是为了‘封禅’才到泰山，岂不是次数太多！又如，管仲曾经指出：古代‘封禅’的君王，有七十二位。燧人氏之前（燧人氏，“五氏”第二氏，应作“燧人部落”解），世界简陋，人民朴实，哪里有金泥玉印？当时全靠结绳记事，又哪里能写出文章，禀告天地？管仲又说：‘只有统一天下的君王，才可以“封禅”。’姬诵（周王朝二任王成王）难道不是天下统一的君王，管仲却说他怎么可以‘封’泰山、‘禅’社首山（山东省泰安市西南）！神农氏（“五氏”第五氏）就是炎帝，管仲却把他们当作二人，错误十分严重。如果是圣明的君王，根本用不着去那么远添土祭天，也用不着去那么远辟土祭地！如果是平凡的君王，根本不应该去那么远添土祭天，也不应该去那么远辟土祭地！只是当初，姜小白（春秋时代齐国十六任国君桓公）想去做这件事，管仲知道不可以，所以列举一些奇怪的动物，使他打消念头。（《汉书·郊祀志》：“前六五一年，姜小白既成霸主，打算‘封禅’〔到泰山添土祭天，到梁父山辟土祭地〕，管仲说：‘古时候，封〔添土祭天〕泰山、禅〔辟土祭地〕梁父的，有七十二位君王，我只记得十二位，这十二位是：无怀氏封泰山，禅云云山〔梁父山东〕；伏羲氏封泰山，禅云云山；神农氏封泰山，禅云云山；炎帝封泰山，禅云云山；姬轩辕〔黄帝〕封泰山，禅亭亭山〔山东省泰安市南〕；姬颛顼〔黄帝王朝三任帝玄帝〕封泰山，禅云云山；姬夋〔黄帝王朝四任帝喾帝〕封泰山，禅云云山；伊祁放勋〔黄帝王朝六任帝尧帝〕封泰山，禅云云山；姚重华〔黄帝王朝七任帝舜帝〕封泰山，禅云云山；姒文命〔夏王朝一任帝禹帝〕封泰山，禅会稽山〔河南省伊川县境〕；子天乙〔商王朝一任帝成汤〕封泰山，禅云云山；姬诵〔周王朝二任王成王〕封泰山，禅社首山〔山东省泰安市西南〕，都是统一天下，然后才有资格添土祭天〔封〕，辟土祭地〔禅〕。’姜小白说：‘我北伐山戎蛮夷〔河北省北部〕，越过孤竹〔河北省卢龙县〕。西伐大夏〔今地不详〕，跋涉流沙，紧束马腹，用人力抬起车辆，攀卑耳山〔山西省平陆县西〕。南伐楚王国召陵〔河南省漯河市郾城区东〕，登熊耳山〔洛阳西南〕，远眺长江、汉水。我组成过三次国际联军，讨伐叛逆〔兵车之会〕，召集过九次国际高阶层会议〔乘车之会〕，集合各封国国君，一次拥护周王朝天子〔二十任王襄王〕姬郑登极〔参考前六五二年〕。没有一个封国国君敢对我违抗冒犯。从前，夏、商、周三个王朝承受上天交付的使命，跟这个有什么分别？’管仲发现仅用言辞不能说服姜小白，于是举出事证，说：‘古时候君王添土祭天〔封〕，辟土祭地〔禅〕之时，鄗上〔鄗山，河南省荥阳市北〕长出黍米〔黄米，小米〕，北里〔今地不详〕遍地出产杂粮。长江、淮河之间，茅草都有三梗，用作号召。而且，东海游来比目鱼，西海飞来比翼鸟〔比目鱼只有一只眼，须两鱼合游。比翼鸟只有一只眼和一只翅膀，须两鸟并飞〕。还有其他不找它们，它们却飞来走来的奇异禽兽，有十五种之多。而且，凤凰、麒麟没有出现，祥瑞的庄稼没有产生。蓬蒿、野草反而兴旺，鸱枭却成结队〔鸱枭，参考三一五年八月注〕。在这个时候去泰山添土祭天〔封〕、到梁父山辟土祭地〔禅〕，似乎不合适。’姜小白才打消原意。”）。嬴政（秦王朝一任帝）曾经到泰山添土祭天（封。参考前二一九年），孙皓（东吴帝国末任帝）也曾经派他的兼任最高监察长（兼司空）董朝，前往阳羡（江苏省宜兴市），在国山（宜兴市西南）添土祭天（封）、辟上祭地（禅）；这都不是有美德的人应做的事，不应效法。主要的是：添土祭天（封）和辟土祭地（禅）的典礼仪式，都是道听途说，失去本意。只因在上的君王好名，在下的臣属就竭力满足君王的虚荣。古时候，无论祭天祭地，都有正常礼仪，诚心诚意的道理，完全包括在内。至于去那么远添土祭天（封）、辟土祭地（禅），实在不敢听这件事。”萧衍赞扬他的见解，遂把许懋这份奏章的内容，再加扩充，下诏驳回摇尾系统的请求，从此大家不再提出。

2 北魏帝国（首都洛阳〔河南省洛阳市东白马寺东〕）中山王元英，抵达义阳（河南省信阳市），打算南下收回三关（义阳之南：平靖关、武阳关、黄岘关，三关皆在大别山〔湖北省与河南省东段省界〕上），事先研究判断："三关互相依赖，如同左右双手，只要攻破一关，其他两关就会自己崩溃。攻难攻的，不如攻易攻的，应该先攻东关（武阳关，河南省信阳市南武胜关）。"又恐怕其他二关集中力量支援东关（武阳关），遂派秘书长（长史）李华，率五个指挥官的部众，攻击西关（平靖关，湖北省广水市东北），用以牵制南梁帝国兵力；元英亲自率军，向东关（武阳关）出发。 500

最初，南梁帝国司州（州政府设南义阳〔湖北省孝昌县〕）州长（刺史）马仙琕，派云骑将军马广，驻防长薄（三关北据点）；带兵官（军主）胡文超，驻防松岘（三关北据点）。

正月十八日，元英抵达长薄。

正月二十日，长薄防务崩溃，马广逃回东关（武阳关），元英南征大军，遂把东关（武阳关）包围。南梁帝萧衍派冠军将军彭瓮生、骠骑将军徐元季，率军增援东关（武阳关）。元英下令撤围，故意让这两支援军入城，说："我观察形势，这个城池很容易夺取！"彭瓮生等既进入东关（武阳关），元英发动攻击，只攻六日，即行攻克，俘虏南梁帝国三位将领（马广、彭瓮生、徐元季），以及士卒七千余人；接着攻击黄岘关（广岘关，河南省罗山县西南），守军司令、太子宫左翼卫队长（太子左卫率）李元履，放弃城池，逃走。元英再攻击西关（平靖关），南梁帝国总司令官马仙琕也放弃城池，逃走。

萧衍派南郡（湖北省江陵县）郡长韦叡，率军支援马仙琕（韦叡救钟离时，已是豫州〔州政府历阳〕州长〔刺史〕，邵阳洲大捷后，擢升首都东区卫戍司令〔左卫将军〕，不久调安西将军府秘书长〔安西长史〕、南郡郡长。官位未升反降）。韦叡进

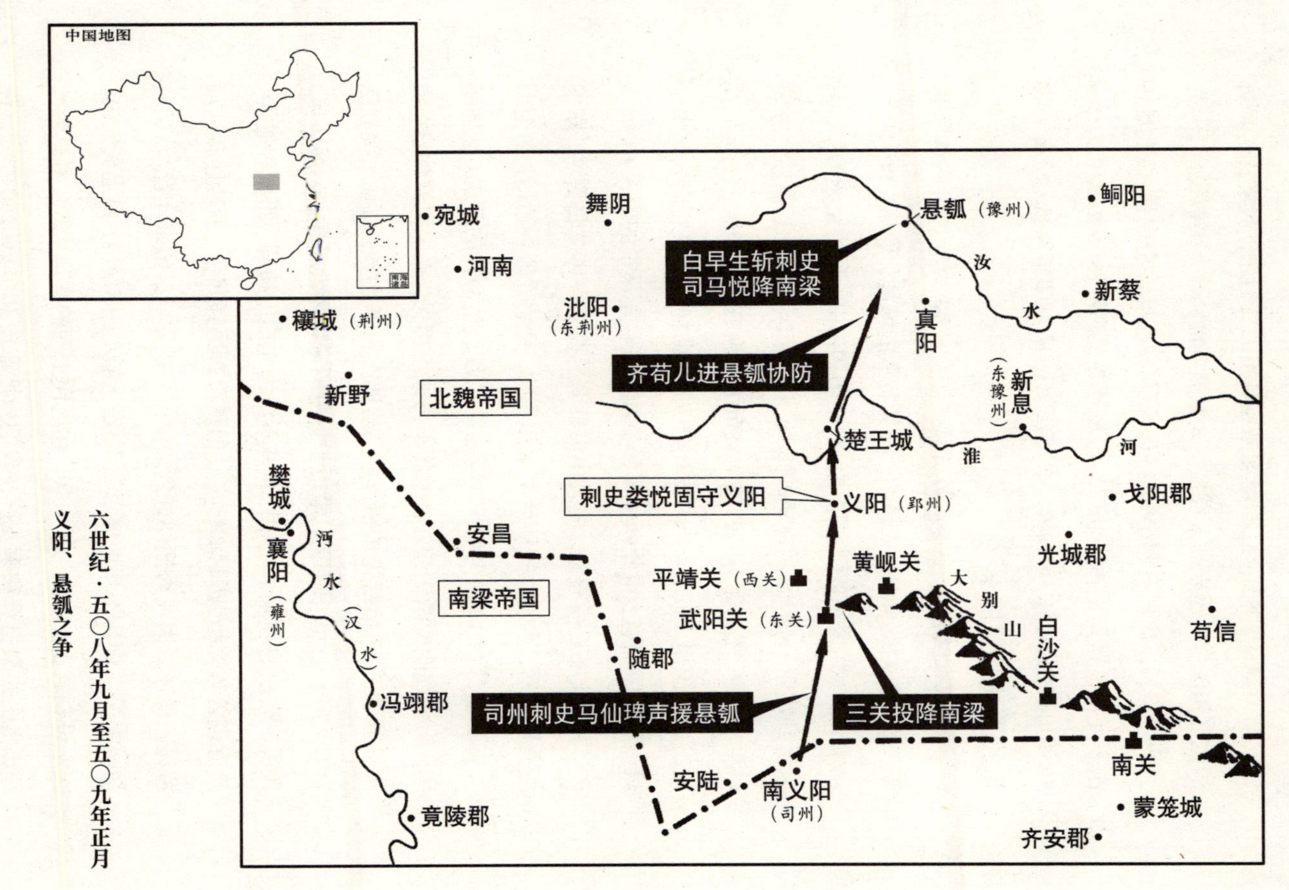

六世纪·五〇八年九月至五〇九年正月
义阳、悬瓠之争

到安陆（湖北省安陆市），立即增加城墙高度二丈有余，更增加护城河的宽度和深度，建立高大城楼。大家讽刺他胆小，韦叡说："不然，当一个将领，应该有胆小的时候，不可以一味斗勇逞强。"北魏中山王元英，紧急追击马仙琕，打算雪除邵阳洲（安徽省凤阳县东北淮河中小岛）战败的耻辱（参考前年〔五〇七〕二月）。听到韦叡军抵达，即行撤退。萧衍也下诏停战。

最初，北魏帝（八任宣武帝）元恪，派立法院立法官（中书舍人）、鲖阳（安徽省临泉县西鲖城镇）人董绍，慰劳背叛的城池；豫州（州政府设悬瓠〔河南省汝南县〕）变民首领白早生，在一场袭击中，俘虏董绍囚禁，后来送到建康（南梁首都，江苏省南京市）。北魏帝国军攻克悬瓠后，元恪（本年二十七岁）在所俘虏的四位南梁帝国将领齐苟儿等人中，选出两位，送到扬州（州政府设寿阳〔安徽省寿县〕），命扬州州政府用公文书征求南梁帝国同意，用此两位将领交换董绍和司马悦的人头（认为二人已死）。公文书还没有到，南梁中央禁军总监（领军将军）吕僧珍，跟董绍交往之后，喜爱他的谈话文采和见解，把感受报告萧衍，萧衍派文书助理官（主书）霍灵超，对董绍说："现在依照你的意思，送你回国，盼望你能使两国和好，彼此不再战场相见，人民得到休息，岂不是美事。"萧衍召见董绍，赏赐给他衣服等礼物，命立法院立法官（舍人）周舍，设宴慰劳。萧衍告诉董绍说："南北战争，一连多年，人民辗转哀号在炭火之中，我并不认为先提出和解，是一种耻辱。最近也曾写信给魏国（北魏帝国），但从没有得到回音，请转达我这项意见。现在派周灵秀把你送到边境，等候你早日传来佳音。"又殷勤嘱咐说："你知不知道你怎么不死？这次把你俘虏，是上天安排。国家设立君王，完全为了人民。在人民上面的官员，怎么不思考此理。贵国如果打算和解友好，我们当把宿预（江苏省宿迁市）奉还，你们也把汉中（陕西省汉中市）交回。”董绍回洛阳后，向北魏帝元恪报告，元恪拒绝。

3 三月，北魏帝国荆州（州政府设穰城〔河南省邓州市〕）州长（刺史）元志，率军七万人，攻击南梁帝国潺沟（湖北省襄阳市北），迫害驱逐各地区各部落蛮夷；各蛮夷纷纷南下，渡汉水投降南梁；南梁雍州（州政府设襄阳〔湖北省襄阳市〕）州长（刺史）、吴平侯萧昞，全部接受。左右高级官员认为，蛮夷一向是边境大祸，不断侵略骚扰，不如乘他们失去抵抗力的机会，全体屠杀铲除。萧昺说：“蛮夷在走投无路时，前来投靠，却把他们诛杀，事不吉祥。而且，魏国（北魏帝国）如果侵犯，我们用蛮夷作为屏障，先为我们阻挡一阵，岂不更好！”遂打开樊城（襄阳市汉水北岸），收纳蛮夷部众；命军政官（司马）朱思远等，进抵潺沟，迎战元志，大破元志军，杀北魏士卒一万余人。元志，是拓跋齐的孙儿（拓跋齐，参考四二七年六月）。

4 夏季，四月一日，南梁政府任命临川王萧宏，当最高监察长（司空）；加授车骑将军王茂，开府仪同三司（宰相级）。

5 四月二十日，北魏帝国楚王城（河南省信阳市北）城防司令（城主）李国兴，献出城池，投降南梁帝国。

6 秋季，七月十七日，南梁帝国巴陵王萧宝义逝世（萧宝义是南齐帝国五任帝萧鸾之子，参考五〇二年四月）。

7 九月六日，北魏政府封故北海王元详（参考五〇一年十一月）

的儿子元颢，继任北海王。

祭祀部音乐管理官（太乐令）公孙崇，制造乐尺，以十二个黄米（黍）作为一寸（公孙崇制乐事，参考五〇四年九月）。祭祀部长（太常卿）刘芳，认为错误，另以十个黄米（黍）作为一寸。国务院总理（尚书令）高肇奏称："公孙崇制造乐器及度量，都跟经典不合，问他什么缘故。他回答：'一定要遵照儒家学派经典的话，就会发出怪声。'请加派刘芳，依照《周礼》规定，重新制造，等完成后经过讨论，一并呈报，再选择最好的一种施行。"北魏帝元恪批准。

冬季，十月九日，元恪任命最高监察长（司空）、广阳王元嘉当宰相（司徒）。

十一月十五日，元恪在皇宫式乾殿，给佛教和尚，以及政府官员，讲解《维摩诘经》。当时，元恪一心信仰佛教，不去研读儒家学派经典。立法院主任立法官（中书侍郎）、河东郡（山西省永济市）人裴延儁上疏，认为："刘秀（东汉王朝一任帝）、曹操（曹魏帝国一任帝曹丕的老爹），虽然在战马奔腾之际，也从没有不阅读书籍。先帝（七任帝元宏）无论是从事迁都大业，或战争行军，手都不离开书籍；只因学问对自己有很大裨益，不可以暂时停止吸收。陛下登上佛教宝座，亲自讲解佛经，凡是听讲人士，蒙蔽灰尘的心灵，无不顿然觉悟。可是，儒家学派的'五经'（《诗经》《书经》《礼经》《易经》《春秋》），是治理家国的典范，在各种事务中，应居优先地位。我盼望陛下除了阅读佛经外，也阅读儒家学派经典，使孔丘跟释迦牟尼的学说，同时并存；心灵世界跟现实世界，都能兼顾，互相畅通。”（元恪如何反应，不得而知。）

当时，佛教在洛阳极为盛行，除了中国僧侣外，从西域（新疆及中亚东部）来的外国僧侣，就有三千余人。北魏帝元恪特别为他们兴建永明寺（在洛阳西城外），寺内房舍一千余间，招待住宿。南阳郡（河南省南阳市）人冯亮，对建筑有极高造诣，元恪命冯亮，会同首都洛阳市长（河南尹）甄琛、佛教总监（沙门统）僧暹，在嵩山（中岳，河南省登封市北）上选择一处风景优美的地方，兴建闲居寺，充分表现出山势惊险，庙宇雄伟，极为壮观。于是，无论远近，建造庙宇遂成为一种风气，家家户户，没有人不侍奉佛祖。等到本世纪（六）一〇年代初期，全国州郡共有一万三千余座寺院。

8 本年（五〇九），北魏帝国皇族事务部长（宗正卿）元树，投奔南梁帝国，南梁帝萧衍，封元树当邺王。元树，是元翼的老弟（元翼是咸阳王元禧的儿子，投奔南梁，参考五〇六年三月）。当时，元翼当青、冀二州（州政府郁洲）州长（刺史），镇守郁洲（江苏省连云港市东沉积小岛）。过了一段时间，元翼打算献出全州，归降北魏帝国；事情泄露，被杀。

南北朝

- 北魏帝国封皇子元诩当太子，不杀其母胡贵嫔。
- 南梁在淮河上筑坝灌寿阳。
- 北魏胡太后听政。
- 南梁淮河大坝崩溃。
- 北魏羽林、虎贲暴动。

- 法兰克王国定都巴黎。
- 法兰克国王克罗维斯逝世，国土四分。
- 新罗王国开始采用中国谥法。
- 东罗马帝国皇帝安那斯泰喜阿斯逝世，查士丁一世继位。

五一〇年 庚寅

南梁　天监　九年
北魏　永平　三年
（柔然汗国建昌三年）

1 春季，正月二日，南梁帝国（首都建康〔江苏省南京市〕）命国务院总理（尚书令）沈约，当左最高资政官（左光禄大夫）；右最高资政官（右光禄大夫）王莹，当国务院总理（尚书令）。沈约文学上的造诣，高过当时其他的人，可是，他贪得无厌，急功好利，当权十余年，对政治上的措施，只会顺服的听候指示办事。他自己认为：当文武百官首长的时间，已经够长，希望有一天，能升到宰相（台司）高位，一般人也都有这种肯定；可是南梁帝（一任武帝）萧衍（本年四十七岁）终不肯教他担任。沈约又要求调到外地当州长（刺史）等，萧衍也不批准。国务院文官部长（吏部尚书）徐勉，出面请求加授沈约：开府同三司之仪（副宰相级，位次于“开府仪同三司”〔宰相级〕），萧衍也不同意。

正月十七日，夹秦淮河两岸，修筑长堤。北岸西起石头城（建康城西北），东到东郊铁矿场（东冶）；南岸西起后渚篱门，东到三桥。

2 三月十四日，北魏帝国（首都洛阳〔河南省洛阳市东白马寺东〕）皇子元诩诞生。元诩的亲娘胡充华（“充华”，北魏帝国宫廷中没有这个编制，南梁帝国宫廷则是小老婆群第十五级），临泾（甘肃省镇原县东南）人；老爹胡国珍，世袭武始伯爵，胡充华（名不详）最初被选进皇宫当小老婆群时，一同被选的其他美女，都依照惯例，祈求神灵：“只愿生亲王、公主，不愿生太子。”（北魏帝国宫廷野蛮规则，皇子封太子时，诛杀娘亲，参考四〇九年十月。）胡充华却许愿说：“我的志向跟她们不同，为什么只爱惜自己的性命，而使帝国没有君王！”后来怀孕，密友们劝她堕胎，胡充华不肯，暗中发誓说：“如果有幸生个男孩，依照次序，应该是长子。生男孩而身死，死无遗憾。”后来，生下元诩。

之前，北魏帝（八任宣武帝）元恪的儿子不断夭亡。而元恪的年龄也逐渐长大（本年元恪二十八岁），对儿子深为疼爱，特别挑选孩子众多的良家妇女，当元诩的乳娘，住在别的宫院。嫡母高皇后、娘亲胡充华，都不准接近。

3 三月十七日，南梁帝萧衍前往视察国立大学（国子学），亲自进入课堂。

三月二十三日，萧衍下诏，命皇太子（萧统）以下，以及亲王、侯爵们的儿子，已到可以读书年龄的，都要入学。

过去制度：国务院（尚书）有五位总务官（五都令史，皆九品二班），都由寒门出身的平民知识分子担任。

夏季，四月十六日，萧衍下诏，说：“国务院五位总务官（五都令史），参与政府机密，职务重要，不但总管全局，而且跟左右秘书长（左右丞）并驾齐驱，以后不可再用寒门平民担任，而应改用豪门出身的世家子弟，领导所有官属（国务院左秘书长〔左丞〕五品九班、右秘书长〔右丞〕六品八班，班秩比总务官〔都令史〕高数级）。”于是提升总务官（都令史）的地位跟“奉朝请”（特准参加御前会报，九品二班）相等。命太学教授（大学博士，九品二班）刘纳，兼宫廷保安总务官（殿中都）；最高监察署法务军事参议官（司空法曹参军）刘显，兼考选总务官（吏部都）；太学教授（太学博士）孔虔孙，兼财务总务官（金部都）；最高监察署法务军事参议官（司空法曹参军）萧轨，兼民政总务官（左右户都）；宣毅将军府文书军事参议官（宣毅墨曹参军）王颙，兼民兵总务官（中兵都）。各人都因有优良的才干和高贵的门第，而被首先录用（南梁帝国制度：各崇官〔丞相、上三公、二大、三公〕、开府仪同三司〔宰相级〕、特进〔朝会时位于诸侯之上〕及各亲王府、将军府等，之下皆设属官，谓之“开府”；属官的衔头、名称及地位，除了跟长官官衔挂钩之外，又跟长官的出身有关联。譬如“司空法曹参军”，如当时的最高监察长〔司空〕是皇弟或皇子的话，他属下的军事参议官〔参军〕秩八品四班；若最高监察长〔司空〕是庶姓公爵的话，则军事参议官〔参军〕官秩便降至八品三班。如此，南朝的门第制度又比过往更为精密，层层分明。所以仅只出现“司空法曹参军”“宣毅墨曹参军”，仍不足以查出其官秩，必须再考查当时的最高监察长的身份才行）。

六月，宣城郡（安徽省宣城市宣州区）郡政府初级官员吴承伯，用妖术集结信徒群众。

六月十三日，吴承伯攻击郡城，格杀郡长朱僧勇，接着转向邻县烧杀。

闰六月十九日，吴承伯翻山越岭，突然抵达吴兴郡（浙江省湖州市）。东方（首都建康以东）各郡人民，很久没有经过战乱，官员、平民，忧虑恐惧，四散逃命。有人劝吴兴郡郡长蔡撙逃避，蔡撙不接受，

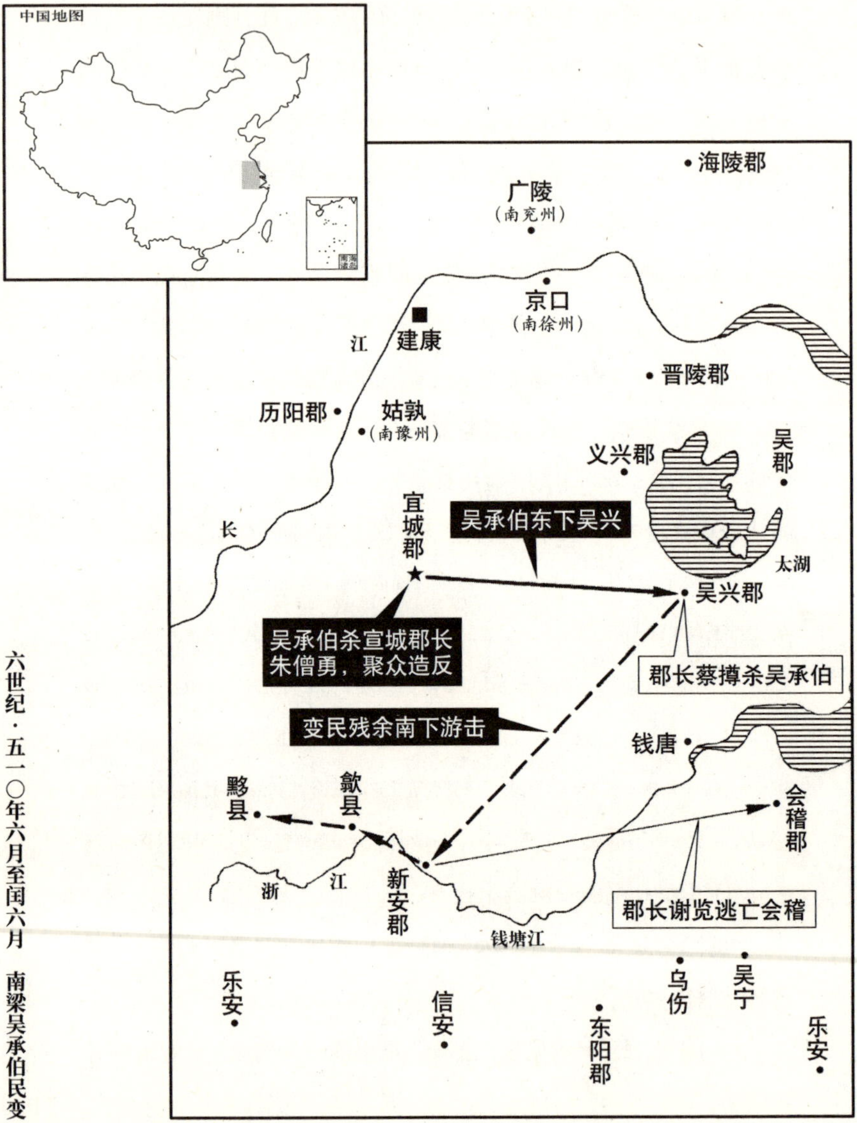

六世纪·五一〇年六月至闰六月　南梁吴承伯民变

中国地图

海陵郡
广陵
（南兖州）
京口
（南徐州）
建康
长
江
历阳郡
姑孰
（南豫州）
晋陵郡
义兴郡
吴郡
太湖
宜城郡
吴承伯东下吴兴
吴兴郡
吴承伯杀宣城郡长
朱僧勇，聚众造反
郡长蔡撙杀吴承伯
变民残余南下游击
钱唐
黟县
歙县
会稽郡
浙
江
新安郡
郡长谢览逃亡会稽
钱塘江
乐安
信安
东阳郡
乌伤
吴宁
乐安

招募勇士及敢死队，关闭城门守卫。吴承伯发动所有精锐进攻，蔡撙率领部众，开城出来迎战，大破变民军，就在战场上，击斩吴承伯。蔡撙，是蔡兴宗的儿子（蔡兴宗，参考四五八年六月）。吴承伯的残余部众继续游击，进入新安郡（浙江省淳安县），攻陷黟县（安徽省黟县）、歙县（安徽省歙县）。新安郡郡长谢览派军抵抗，不能取胜，逃往会稽郡（浙江省绍兴市）。中央政府军出动，才把变民军平定。谢览，是谢瀹的儿子（谢瀹，参考四八九年十二月）。

4 冬季，十月，北魏帝国中山王（献武王）元英逝世。

5 南梁帝萧衍登极的第三年（五〇四），下诏，命修定历法。编制外事务顾问官（员外散骑侍郎）祖暅（音xuǎn〔选〕），上奏章说，他的老爹祖冲之所定的新历法，至为严密，不可以更改（祖冲之奏报新历，参考四六二年十一月；当时南宋帝国五任帝刘骏在位）。萧衍登极的第八年（五〇九），再下诏天文台（太史）研究新历（祖冲之历）及旧历（何承天历）；研究结果是，新历（祖冲之历）严密；旧历（何承天历）疏误。本年（距祖冲之奏报新历，已四十八年），萧衍下诏改用祖冲之制定的新历，称《大明历》（大明是四六二年南宋政府使用的年号）。

6 北魏帝国祭祀部长（太常卿）刘芳，奏称："所制造的乐器，和文舞、武舞，以及登歌、鼓吹曲等，都已完成。请依照前例，召集三公及部长级会议，连同儒家学派等专家，共同讨论裁定，跟旧有的音乐，一并呈报。如果我们所造乐器的形式合乎古法，演奏又合乎节拍，就请在明年（五一一）元旦朝会时使用。"北魏帝元恪下诏："舞蹈部分可用新制，音乐部分仍维持原样。"

五一一年 辛卯

南梁　天监　十年
北魏　永平　四年
（柔然汗国建昌四年）

1 春季，正月四日，南梁帝国（首都建康〔江苏省南京市〕）皇帝（一任武帝）萧衍（本年四十八岁），前往首都建康南郊，祭祀天神，大赦。

国务院左执行长（左仆射）张稷，自认为功劳太大，而赏赐太少（张稷杀萧宝卷事，参考五〇一年十二月）。有一次，在乐寿殿参加南梁帝萧衍的御宴，喝了一阵酒，心里的怨恨全都流露到面貌上和言辞之间，萧衍说："你们兄弟二人，老哥杀他的郡长（张稷的老哥张瓌杀吴郡郡长刘遐，参考四七七年十二月），老弟杀他的君王（萧宝卷），有什么解释？"张稷说："没有什么解释，但对于陛下，不能说没有贡献。萧宝卷（南齐帝国六任帝）昏暴，正义的军队（指萧衍襄阳起兵）都来讨伐，何况是我？”萧衍拉拉他的胡子，说：“你的气势，可是咄咄逼人！”张稷既后悔又怨恨，请求外放。

正月六日，萧衍任命张稷当青、冀二州（州政府设郁洲〔江苏省连云港市东沉积小岛〕）州长（刺史）。王珍国同样也认为，他得到的赏赐太少，内心怨恨（王珍国与张稷同杀萧宝卷，参考五〇一年十二月），从梁、秦二州（州政府设阆中〔四川省阆中市〕。第九次南北大战中，梁州大巴山以北地区〔陕西省南部〕被北魏帝国夺取〔参考五〇五年四月〕，南梁政府遂把州政府迁到大巴山以南，管辖今四川省东北部地区）州长（刺史）卸任回京（首都建康），有一次，也是参加宫中宴会，王珍国在座上报告说：“我最近去梁山，忍不住痛哭。”（梁山，萧家祖坟所在。）萧衍大吃一惊，说：“你如果哭萧宝卷，未免哭得太晚；如果哭我，我还没有死。”王珍国马上离开座位道歉，萧衍不理，宴会不欢而散。王珍国遂被疏远，很久之后，才任命他当国务院法务部长（都官尚书）。

2 正月二十日，北魏帝国（首都洛阳〔河南省洛阳市东白马寺东〕）汾州（州政府设蒲子城〔山西省隰县〕）山胡（山区匈奴族）首领刘龙驹，聚众起兵，侵入夏州（州政府设统万〔陕西省靖边县北白城则村〕）。北魏帝（八任宣武帝）元恪（本年二十九岁）下诏，命议论资政官（谏议大夫）薛和，征调东秦州（州政府设中部〔陕西省黄陵县〕）、汾州（州政府蒲子城）、华州（州政府设华阴〔陕西省大荔县〕）、夏州（州政府统万）四州的武装部队讨伐。

3 正月二十四日，南梁帝萧衍在皇家大会堂（明堂）祭祀。

三月，琅邪（朐山·江苏省连云港市）变民首领王万寿，击斩东莞、琅邪二郡（二郡同在朐山）郡长刘晰，占领朐山（连云港市），请求北魏帝国派军接收。

4 三月二十六日，北魏帝国广阳王（懿烈王）元嘉逝世。

徐州（州政府设彭城〔江苏省徐州市〕）州长（刺史）卢昶，派郯城（山东省郯城县）驻军副司令（戍副）张天惠、琅邪（山东省临沂市）驻军司令（戍主）傅文骥，先后相继，增援朐山（江苏省连云港市）。南梁帝国青、冀二州（州政府郁洲）州长（刺史）张稷，派军抵抗，不能阻止。

夏季，四月，北魏军傅文骥等遂进入朐山（江苏省连云港市）。南梁帝萧衍，下诏命振远将军马仙琕攻击。北魏政府再派代理安南将军萧宝夤，跟代理平东将军、天水郡（甘肃省天水市）人赵遐，率军增援朐山，受卢昶指挥。

四月九日，议论资政官（谏议大夫）薛和，击破汾州（州政府设蒲子城〔山西省隰县〕）山胡变民首领刘龙驹，把他的党羽全部平定。上疏请设立东夏州（州政府设广武〔陕西省延安市东北〕）。

五月二十一日，北魏帝国禁止人民研究天文。

5 南梁帝国政府任命国立大学校长（国子祭酒）张充，当国务院左执行长（尚书左仆射）。张充，是张绪的儿子（张绪在南齐帝国一任帝萧道成在位时，也当过国立大学校长，参考四八二年正月）。

振远将军马仙琕，包围朐山（江苏省连云港市），青、冀二州（州政府郁洲）州长（刺史）张稷，暂时驻军六华里之外，督运粮草。南梁帝萧衍不断派军增援。

秋季，北魏帝国徐州（州政府彭城）州长（刺史）卢昶，上疏请求增援六千人、食米十万石；北魏帝元恪只派出四千人。

冬季，十一月七日，元恪下诏给扬州（州政府设寿阳〔安徽省寿县〕）州长（刺史）李崇，在寿阳（安徽省寿县）集结军队，希望牵制一部分南梁帝国的攻势，减少朐山（江苏省连云港市）所受的压力。卢昶本是一个文官，不懂军事，朐山城中粮仓木柴，全部枯竭，城防司令官、北魏琅邪（山东省临沂市）驻军司令（戍主）傅文骥，献出城池投降。

十二月十九日，卢昶率军先行逃走；其他各路人马，一个接一个崩溃。正巧，天降大雪，北魏士卒冻死及手脚冻残冻掉的，有三分之二。南梁振远将军马仙琕追击，大破北魏军，二百华里间，尸体互相连接，北魏军逃出性命的，仅十分之一二。南梁军掳获北魏军的食粮、牲口，以及武器，数量之多，无法计算。卢昶单人匹马，落荒而逃，连皇帝赐给的符节，都狼狈失掉；仪仗队及卫队，也都四散；逃到郯城（山东省郯城县），借用平东将军赵遐的符节，召集残兵败将。北魏帝元恪命监督院宫廷监督官（黄门侍郎）甄琛，乘驿马车迅速赶往郯城，把卢昶用铁链锁住，押回京师（首都洛阳），详细追查他战场失败的原因，连同赵遐，一同免除官职。只有萧宝夤没有受到损失，全军而归。

卢昶逗留朐山（江苏省连云港市）时，总监察官（御史中尉）游肇，向北魏帝元恪进言，说："朐山是个巴掌大的地方，又在偏僻的大海（东海）之滨，地势低洼，气候潮湿，难以住人。对我们而言，并不急需这个城池；可是对盗贼（南梁帝国）而言，却是有用的军事基地。有用，他们一定会拼死夺取；不急，所以我们士卒的斗志，并不旺盛。用斗志不旺盛的军队，攻击誓死必得的部众，恐怕时间拖延下来，军费将十分庞大。即令得到朐山，徒然引起以后不断的战争，最后仍难据守，正是古人形容的：'没有用处的石田。'（《左传》前四八四年：吴王国将攻击齐国，伍子胥劝阻说："得到齐国，等于得到石田，毫无用处。"）听说盗贼（南梁帝国）不断请求用宿预（江苏省宿迁市）交换朐山，如果能够这样，我们就可以拿这块毫无用处之地，恢复旧有疆土，而军事行动，也立刻解除，利益最大。"元恪将要采纳他的意见，而传来卢

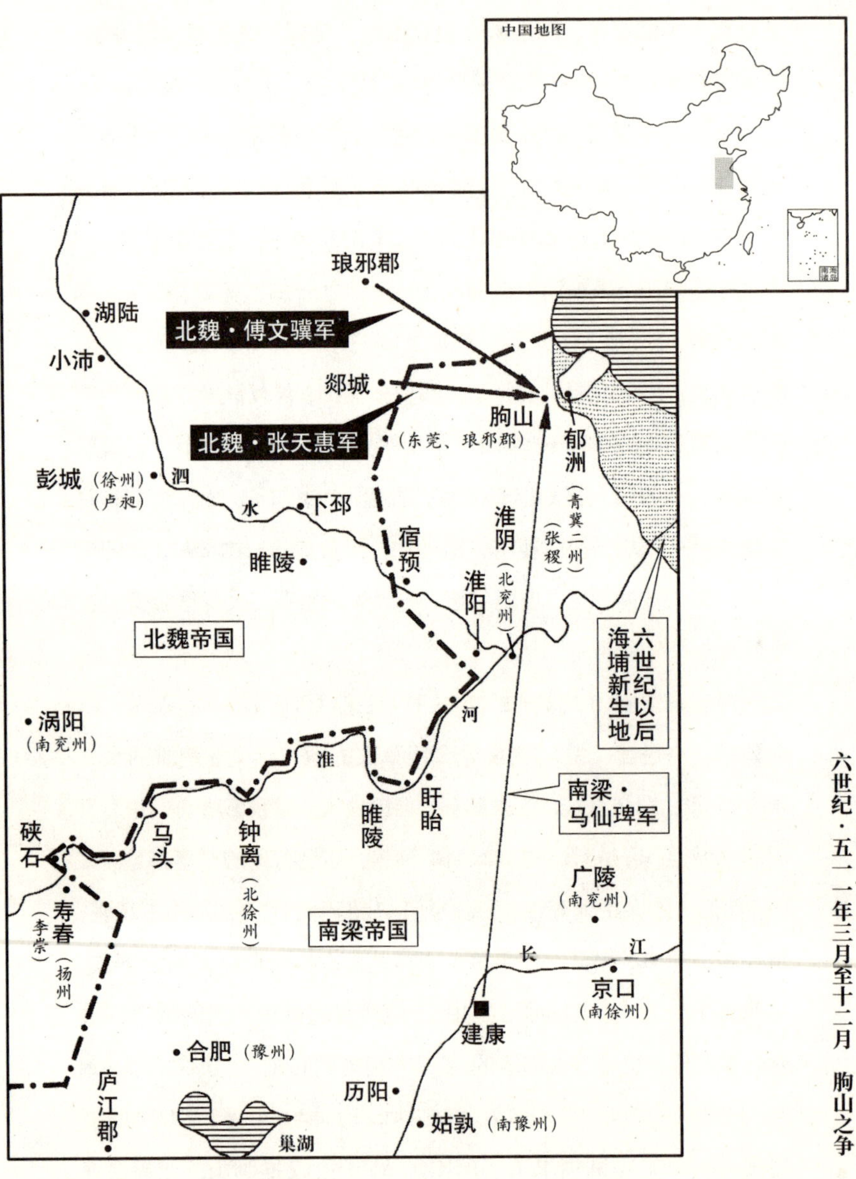

六世纪・五一一年三月至十二月 朐山之争

昶败报。于是擢升游肇当监督院总监督长（侍中）。游肇，是游明根的儿子（游明根，参考四六一年十月）。

南梁帝国振远将军马仙琕，担任将帅以来，能够跟士卒同甘共苦，穿的不过布做的衣服，住处没有帷帐屏障；饮食菜饭，跟最低级的勤务杂兵，完全一样。马仙琕守卫边境时，时常一个人暗中进入敌人国境，侦察城堡村庄各地险要；所发动的攻击，多半攻克，士卒也乐意追随。

6 北魏帝国政府任命甄琛，当首都洛阳市长（河南尹），甄琛上疏说："帝国在代都（故都平城，山西省大同市）的时候，为了对付日益增多的强盗小偷，世祖（三任太武帝拓跋焘）誓言把他们消灭，于是特别设置'里长'一职，任命居住在代都（平城）的卸任县长和世袭男爵，有才干、有能力的，出来担任；又大量遴选官吏，作为助手，对他们尊敬重用，盗贼才被削平。自从迁都洛阳，版图更为广大，各地人民，从遥远的地方，前来聚集，京师（首都洛阳）事务，繁重复杂，超过代都（平城）；五方人等（五方：汉人加四方蛮夷），混杂相处，强盗小偷，公开横行，而里长（里正）的职位低微，工作琐碎，多数是下等人才，在那里得过且过，遂无法尽到督察之责。我建议：请挑选八品将军以下，有才能而又清廉的武官，用他本官的薪俸和养亲津贴，使他们兼任基层治安工作；阶级最高的，兼任六区民兵司令（北魏帝国把首都洛阳，分为六区〔部〕，设六个民兵司令〔六部尉〕），阶级次高的，兼任街道巡查队长（经途尉），阶级最低的，兼任里长（里正）。如果办不到，我建议：请稍微提高里长（里正）及巡查队长（尉）的官等，遴选资格较低、应升级的官员担任，使督察的责任有所归属，京师（首都洛阳）的盗贼，就可肃清。"元恪下诏："里长今后成为政府正式文官，街道巡查队长（经途尉）‘从九品’，六区民兵司令（部尉）‘正九品’，应在各单位物色适当人选，不一定限于武官。”甄琛又建议派羽林警卫军，担任机动警备部队，随时到街坊路巷，捕捉强盗小偷，元恪也批准。于是首都洛阳治安良好，社会平静，后人常常使用这个办法。

7 本年（五一一），南梁帝国共有二十三个州（此时，南梁帝国应有以下二十四个州：扬州〔京畿〕、南徐州〔州政府京口〕、豫州〔州政府合肥〕、北兖州〔州政府淮阴〕、南兖州〔州政府广陵〕、北徐州〔州政府钟离〕、青州〔州政府郁洲〕、冀州〔州政府郁洲〕、江州〔州政府寻阳〕、广州〔州政府番禺〕、交州〔州政府龙编〕、越州〔州政府临漳〕、荆州〔州政府江陵〕、郢州〔州政府夏口〕、司州〔州政府义阳〕、雍州〔州政府襄阳〕、南梁州〔州政府阆中〕、益州〔州政府成都〕、宁州〔州政府味县〕、湘州〔州政府临湘〕、南豫州〔州政府姑孰〕、霍州〔州政府岳安〕、衡州〔州政府含洭〕、桂州〔州政府始安〕。《资治通鉴》说二十三州应误），三百五十个郡，一千零二十二个县。自此以后，州名越来越多，有的废除、有的设立、有的分割、有的合并，记也记不住。北魏帝国的情形，跟南梁帝国一样。

8 南梁帝萧衍，对于萧姓皇族，十分亲密和睦，尤其优待政府官员，有犯罪的，总要曲解法律，使他们不受刑罚。可是，平民犯罪的，却立刻依法严办，毫不留情。由于有连坐法，遂使老人和幼儿，都不能避免受到处分；有时候，一个人逃亡，全家男女老幼都被逮捕，充当人质，人民越走投无路，作奸犯科的手段，就越发精密。曾经有一次，萧衍到首都建康（江苏省南京市）南郊祭天，有一位秣陵（江苏省南京市江宁区南秣陵街道）老汉，拦住车驾，警告说：“帝国的法律，对平民如此严苛，对权贵却凡事包容，不是长久之道。如果能迅速改正，天下人都有福气。”萧衍于是考虑放宽补救。

六世纪·五一一年 南梁帝国二十四州

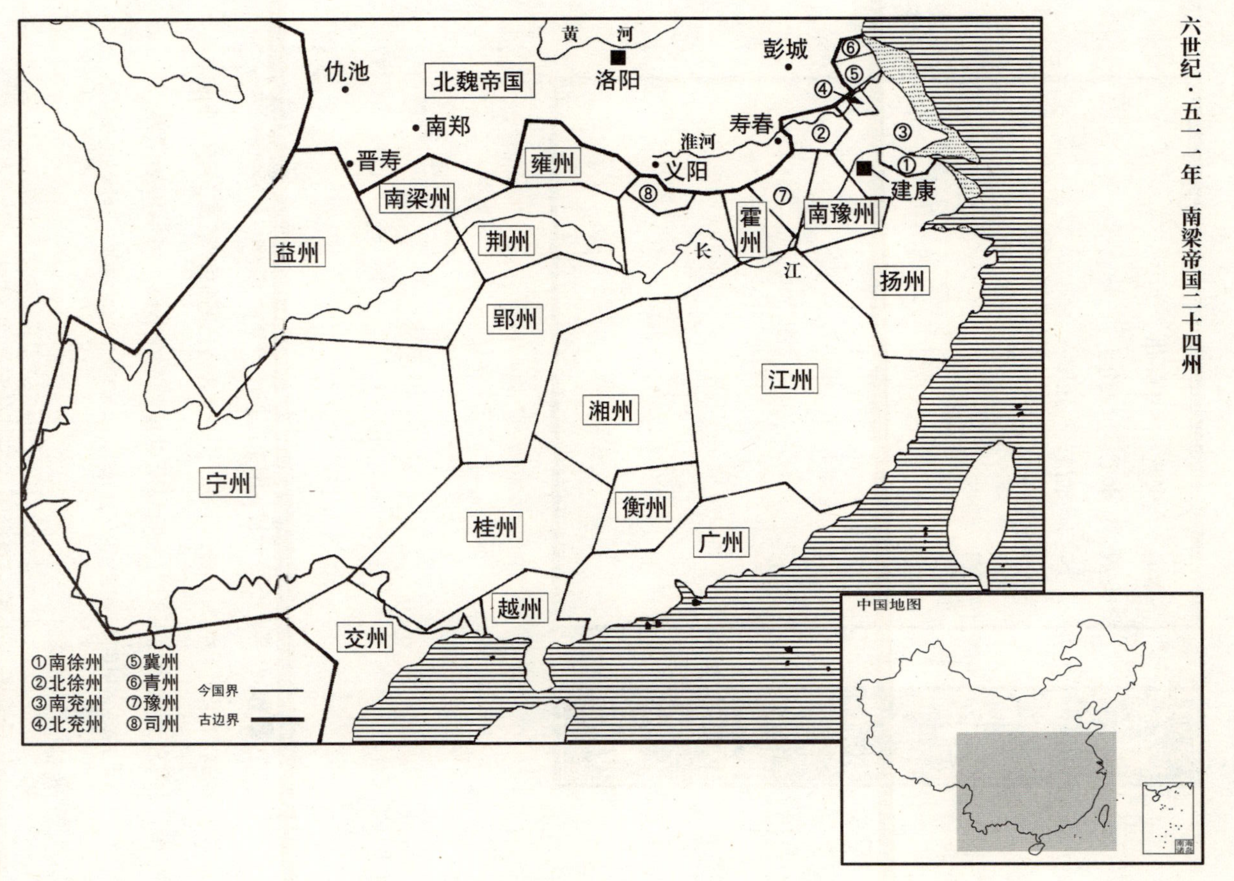

五一二年 壬辰

南梁 天监 十一年

北魏 永平 五年

延昌 元年

（柔然汗国建昌五年）

1 春季，正月一日，南梁帝国（首都建康〔江苏省南京市〕）皇帝（一任武帝）萧衍（本年四十九岁）下诏："从今之后，逃犯的家属，或有罪应该当人质做苦工的人，如果家里有老人或小孩，可以不必法办。"（胡三省注："所谓对平民放宽，不过如此而已。又不能用法律拘束权贵，可看出南梁帝国政治败坏混乱的缘故。"）

任命临川王萧宏当全国武装部队总司令（太尉），骠骑将军王茂当最高监察长（司空）、国务院总理（尚书令）。

2 正月二十五日，北魏帝国政府（首都洛阳〔河南省洛阳市东白马寺东〕）擢升车骑大将军、国务院总理（尚书令）高肇当宰相（司徒）；任命清河王元怿，当最高监察长（司空）；广平王元怀，进封骠骑大将军，加授仪同三司（宰相级）。高肇虽然攀登到宰相（司徒）高位，可是，却认为离开实权（国务院），怨恨不满的心情，在脸色上和言谈中，流露无遗；看到的人，忍不住嗤之以鼻。国务院右秘书长（尚书右丞）高绰，跟国立大学教授（国子博士）封轨，平常都以正直自勉，等高肇当宰相（司徒），高绰送旧迎新，而封轨却不去晋见高肇。高绰前后左右找不到封轨，也立刻回来，叹息说："我平常自己认为不违背规矩，看今天行事，不如封轨太多。"高绰，是高允的孙儿（高允，参考四八七年正月）。封轨，是封懿的族孙（封懿原是后燕帝国官员，后燕中山政府覆亡后，投奔北魏帝国，参考三九九年八月）。

清河王元怿，有才干声望，对彭城王元勰的灾祸（参考五〇八年九月），深怀戒心，因而乘着参加宫廷宴会机会，向高肇警告说："天子（皇帝元恪）的弟弟还有几个人？已快被你杀完！从前，王莽是个秃头，利用身为舅父的地位，夺取西汉王朝政权。而今，你是个驼背，恐怕终于成为祸乱的根源。"（元怿如果对高肇真的恐惧和存有戒心，就不敢说这种刺激的话，说了徒使灾祸加速。如果元怿真的说了这种刺激的话，那可看出，他对高肇并不恐惧，也没有戒心。）正巧，天灾大旱，高肇为了收买民心，自作主张，亲自重审囚犯。元怿报告北魏帝（八任宣武帝）元恪（本年三十岁）说："从前，鲁国国务官（大夫）季家，祭祀泰山（东岳，山东省泰安市北），受到孔丘斥责（封国境内的名山大川，只有国君可以致祭，国务官〔大夫〕没有资格）！只因君王和臣属，有严格的分际，应该在最微小的地方，坚持立场，不可以松懈冒犯。减少饮食，重审囚犯，是陛下应做的事，而今，宰相（司徒）却去做了，岂是当人臣的道理！圣君在上失误，奸臣在下弄权，祸乱的基础，于是奠立。”元恪只笑笑，不作回答。

夏季，四月，元恪下诏：命国务院（尚书）和各单位，重审囚犯；准许饥饿的人民逃往谷米丰收的燕州（州政府设广宁〔河北省涿鹿县〕）、恒州（州政府设平城〔山西省大同市〕），以及北方六镇谋生（六镇，参考四八四年九月）。

四月二十五日，大赦，改年号延昌（之前是永平五年，之后是延昌元年）。

冬季，十月十八日，北魏帝元恪封皇子元诩（本年三岁）当太子，开始废除“立太子，杀娘亲”的传统（诛杀太子娘亲制度，始于一任道武帝拓跋珪，参考四〇九年十月）。任命国务院右执行长（尚书右仆射）郭祚，兼任太子少师（太子三少之一）。郭祚曾经陪同元恪前往东宫（太子宫），私自携带黄扁瓜，呈献太子。当时，左右随从赵桃弓，深受元恪信任，郭祚暗中向他摇尾巴结，当时人称：“赵桃弓仆射”“黄扁瓜少师”。

3 十一月九日，南梁帝国政府任命吴郡（江苏省苏州市）郡长（太守）袁昂，兼国务院右执行长（兼尚书右仆射）。

最初，南齐帝国太子宫步兵指挥官（太子步兵校尉）、平昌郡（侨郡，安徽省滁州市）人伏曼容，上疏请求制定代表当代的礼仪和雅乐，二任帝（武帝）萧赜下诏遴选十位儒家学派的学者，重新修订五种礼仪（吉礼、凶礼、军礼、宾礼、嘉礼），由首都建康市长（丹阳尹）王俭，担任总编纂。王俭逝世后，把资料交给国立大学校长（国子祭酒）何胤。何胤后来到东山（会稽东山〔浙江省绍兴市境〕）隐居（参考五〇二年正月二十日），五任帝（明帝）萧鸾，指令国务院总理（尚书令）徐孝嗣负责。徐孝嗣被杀后，资料大部分失散，六任帝萧宝卷命骠骑将军何佟之负责。南齐帝国不久灭亡，经过一场战火浩劫，留下来的资料寥寥无几。南梁帝国建立后，一任帝（武帝）萧衍即位，何佟之请示是否继续。萧衍命有关官员讨论研究。当时，国务院（尚书）认为，帝国刚刚建立，应等到天下太平，再修订礼仪雅乐，建议把礼仪局撤销，所有未完成的工作，归还国务院内政部集会礼仪司（尚书仪曹）。萧衍下诏，说："礼仪破坏、雅乐残缺，应该及时改定。只因负责编纂的人，不是适当人选，所以多少年来，不能完成，空存一个机构，有名无实。这两项工作，既是治理帝国的基础，就应该开始着手。"于是，国务院执行长（尚书仆射）沈约等奏称："五种礼仪的厘定，应各设总编纂（学士）一人，由原来的总编纂（学士）推荐一位研究古代文物的学者，作为助理。如果遇到难以解决的疑问，依照石渠阁、白虎观前例（西汉王朝十任帝刘病已，在石渠阁集合儒家学派学者，讨论《五经》，亲自裁决谁对谁错，参考前五一年。东汉王朝三任帝刘炟〔音dá，达〕，在北宫白虎观，集合儒家学派学者，撰成《白虎议奏》，参考七九年十一月），请求陛下裁决。"于是，萧衍命右军将军府记录军事参议官（右军记室参军）明山宾等，分别主持"五礼"编纂工作（明山宾负责吉礼；后军将军府暂任骑兵军事参议官〔板后军骑兵参军〕严植之，负责凶礼；祭祀部主任秘书〔太常丞〕贺玚，负责宾礼；征虏将军府记录军事参议官〔征虏记室参军〕陆琏，负责军礼；右军将军府军事参议官〔右军参军〕司马褧〔音jiǒng，窘〕，负责嘉礼），而由何佟之总其大成。后来，何佟之逝世；萧衍再命镇北将军府首席军事参议官（镇北咨议参军）伏暅（音xuǎn〔选〕）继任。伏暅，是伏曼容的儿子。本年（五一二），五种礼仪，完全制成，逐条列出，奏报萧衍，共八千零一十九条。萧衍下诏，命有关单位实行。

十一月二十三日，临川王、全国武装部队总司令（太尉）萧宏，因公犯错，贬降为骠骑大将军。

4 本年（五一二），北魏帝国政府任命桓叔兴，当南荆州州长（刺史），州政府设安昌（湖北省枣阳市南）；隶属东荆州（州政府沘阳〔河南省泌阳县〕。隶属东荆州，即隶属东荆州军区）。

五一三年 癸巳

南梁　天监　十二年

北魏　延昌　二年

（柔然汗国建昌六年）

1 春季，正月六日，南梁帝国（首都建康〔江苏省南京市〕）皇帝（一任武帝）萧衍（本年五十岁），前往首都建康南郊，祭祀天神。大赦。

二月六日，萧衍命兼任国务院右执行长（兼尚书右仆射）袁昂，专任国务院右执行长（右仆射）。

2 二月二十四日，北魏帝国（首都洛阳〔河南省洛阳市东白马寺东〕）高阳王元雍，进位太保（上三公之三）。

3 南梁帝国青、冀二州州政府所在地郁洲（江苏省连云港市东沉积小岛），接近北魏帝国南境，很多住户跟北魏民间或商贩，互相交易。朐山（江苏省连云港市）之乱（王万寿召北魏军事，参考前年〔五一一〕三月），有些人跟北魏私通。朐山之乱平定后，他们暗中恐惧，心情不安。青、冀二州（州政府郁洲）州长（刺史）张稷，在官场上不能飞黄腾达（参考前年〔五一一〕正月），一直闷闷不乐，无心处理政事，法令松弛，所属官员，很多贪赃枉法，欺压人民，人民控诉无门。

二月二十五日，郁洲发生暴动，变民首领徐道角等，乘夜袭击州城，斩张稷（年六十三岁），把人头送给北魏帝国投降。北魏政府派前南兖州（州政府设涡阳〔安徽省蒙城县〕）州长（刺史）樊鲁，率军支援。此时，北魏帝国正逢饥馑，人民饿死的高达数万人（人间惨事）。监督院总监督长（侍中）游肇，上疏北魏帝元恪劝阻，认为："朐山（江苏省连云港市）紧邻大海（当时海岸在朐山城下），地势低洼。蒸热潮湿，难以居住。而郁洲（连云港市东沉积小岛）又在大海之中，得到它完全没有用处。但那些地方，跟盗贼（南梁帝国）要塞，相距很近；而距我们京师（首都洛阳），却路途遥远，用路途遥远的军队，攻击紧接要塞的部众，不可能战胜。本年（五一三），帝国遍地饥荒，人民困苦，应该只求安静，才是正理。不但不如此，反而大规模动员，大规模运送粮秣，我只看到损失，没有看到裨益。"北魏帝（八任宣武帝）元恪（本年三十一岁）不接受，更派平西将军奚康生，率军前往迎接；还没有出发，南梁帝国北兖州（州政府设淮阴〔江苏省淮安市淮阴区〕）州长（刺史）康绚，派军政官（司马）霍奉伯，讨伐徐道角，把民变平定。

二月二十六日，南梁新建的太极殿落成。

南梁帝萧衍，曾经跟总监督长（侍中）、太子教师（太子少傅）、建昌侯沈约，就有关栗子的掌故，分别提出。沈约提出的，比萧衍提出的，要少三条。沈约出宫后，对人说："这位老爷（萧衍）护短，如果不让他比我多三条，他会羞死。”萧衍接到报告，老羞成怒，打算给他罩上一个罪名，加以报复。立法院最高立法长（中书令）徐勉，恳切劝阻，萧衍才打消原意。萧衍对张稷十分不满（参考前年〔五一一〕正月），曾经很温和的跟沈约谈及，沈约说：“以国务院左执行长（左仆射）之尊，竟去边疆当一个州长（张稷出任青冀二州〔州政府郁洲〕州长）！过去的事，已经过去，还提他干什么！”萧衍知道沈约跟张稷两家有姻亲关系，勃然大怒说：“你说这种话，难道是忠臣！”站起来就上车回宫。像一个霹雳打到沈约头上，沈约恐惧颤栗，神智混乱，连皇帝上车回宫，都察觉不出来，仍呆呆坐在那里，一动不动。被宫廷侍卫唤醒后，恍恍惚惚回家，还没有走到床前，忽然踏空，一头栽倒在地。惊恐加上跌伤，遂生病卧床。病中梦见萧宝融（南齐帝国七任〔末任〕和帝），用佩剑割下他的舌头，沈约更为不安（沈约劝萧衍诛杀萧宝融，参考五〇二年四月十日），于是，请道士向上天呈奏赤章（道教向天神祈求时，把祷辞写在赤红纸上焚化），声明说：“改朝换代的事，不是我出的主意。”萧衍派文书助理官（主书）黄穆之，探望他的病，晚上回宫，没有马上报告病情轻重，恐怕受到斥责，遂揭发“赤章”之事。萧衍大怒若狂，一个接一个派出使节，对沈约盘问诟骂，沈约越发震恐。

闰三月十一日，沈约逝世（年七十三岁）。主管单位为他定绰号“文”，萧衍说：“心里隐藏很多事不肯吐露，称‘隐’才对。”改称隐侯。

沈约是中国文学史上不可磨灭的重要人物之一——他发现了中国语言的四声，对中国语言发音的精确度，贡献至大。然而，他品德上的卑鄙程度，使人失望。他以六十二岁的高龄（六世纪时，五十岁便算高龄），帮助萧衍夺取政权。夺取政权不是罪恶，但他利用萧衍对复仇的恐惧，坚持诛杀萧衍本来不准备诛杀的萧宝融。真是为了当一个官，不惜丧尽天良。后来，他梦见萧宝融用剑割他的舌头时，为了保命，却把责任一股脑推到萧衍头上！一同做贼，自己又是主角，一旦败露，硬称清白如水，东西都是别人偷的，可笑亦复可憎。一个人，一生中连续不断的一个接一个全是卑劣行为，他就一生可耻。

4 夏季，五月，北魏帝国寿阳（安徽省寿县）一直下雨，河川上涨，大水灌入城垣，淹没官民房舍。扬州（州政府寿阳）州长（刺史）李崇，下令进入紧急状态，率军驻扎城墙之上，而水势仍然不停上涨，于是改乘船舰，紧傍城垛停泊，城墙距水面仅有两块木板的厚度。将领和参谋官员都劝李崇放弃寿阳（安徽省寿县），退保北山（八公山，寿县北）。李崇说："我身为帝国独当一面的高官，镇守重镇，只因恩德欠缺，才引起灾难。淮河以南，疆土万里，靠我一人维系，只要我一移脚，社会结构就会立刻瓦解。扬州（州政府寿阳）版图，恐不再属帝国所有。我怎么敢爱惜自己的生命，而愧对王尊（《汉书·王尊传》：西汉王朝时，王尊当东郡〔河南省濮阳市西南〕郡长，黄河暴涨，冲击金堤，全郡恐惧，四处逃奔，堤防随时都可能崩塌。王尊立即迁到堤上居住，官民向王尊叩头劝阻，王尊都不肯离开。不久，堤崩，官民全都奔走逃命，只秘书官〔主簿〕在王尊身旁哭泣，没有移动，幸而水势稍减，得以平安。官民对王尊的勇气和节操，十分敬服）！只是，知识分子和城中小民，无缘无故而死，使人怜悯。可鼓励他们结扎木筏，前往高地，各自想办法逃生。我一定要跟本城共存亡，希望各位不要再谈。"

扬州州政府行政官（治中）裴绚，率寿阳（安徽省寿县）城南居民数千家，乘坐船舰南下，为了躲避水灾，特地迁到高地。裴绚认为李崇一定回到北方，遂自称豫州州长（南宋帝国初年以来，豫州州政府一直设寿阳〔安徽省寿县〕，裴绚利用大水机会，集结难民，称豫州州长，不称扬州州长，可说明他的动向），跟总务官（别驾）郑祖起等，送人质给南梁帝国，请求归降。南梁帝国振远将军马仙琕，派军接应支援。

李崇听到裴绚叛变消息，不知道真假，派公爵府顾问官（国侍郎）韩方兴，乘一只小艇，召见裴绚（李崇封陈留公，公国之中，有“国侍郎”，秩正九品下）。裴绚听说李崇仍在，大吃一惊，怅惘悔恨，回答说：“最近因大水成灾，狼狈逃命，受到大家推举。而今，大势已定，无法挽回。人民已不再是你的人民，官员也不再是你的部属，请你早早离开，不要把军人激怒。”李崇派堂弟、宁朔将军李神等，率舰队讨伐，裴绚战败，李神追击，攻陷裴绚大营。裴绚逃走，被村民捕获，送回寿阳（安徽省寿县），走到尉升湖（熨湖，寿县西南），自言自语说：“我还有什么面目，再见李公（李崇）！”投湖而死。裴绚，是裴叔业的侄孙（裴叔业降北魏事，参考五〇〇年正月）。郑祖起等都被诛杀。李崇上疏，认为自己应负水灾的责任，请求辞职，北魏帝（八任宣武帝）元恪（本年三十一岁）不准。

李崇沉默寡言，性情宽厚，心有谋略，很得将士们的拥护，在寿春（寿阳）十年（李崇五〇七年到任，五一六年回京〔首都洛阳〕任国务院右执行长〔尚书右仆射〕，恰十年），平常训练勇士数千人，盗贼（指南梁帝国）来时，立刻迎战，无不摧毁，邻近的敌人称他“卧虎”。南梁帝萧衍设下反间计，希望北魏帝国对他起疑，于是发布人事命令，加授李崇：车骑大将军、开府仪同三司（宰相级），封一万户郡级公爵，又封李崇所有的儿子县级侯爵。但元恪素来知道李崇忠贞不贰，信任毫不动摇。

5 六月十日，南梁帝国重新兴建皇家祖庙。

秋季，九月七日（原文误置于八月，据《梁书》改），任命临川王萧宏当最高监察长（司空）。

6 北魏帝国恒州（州政府设平城〔山西省大同市〕）、肆州（州政府设九原〔山西省忻州市〕），发生地震，群山雷鸣，有一年之久，仍不停止，房屋倒塌，居民被压死的很多。

北魏帝元恪，前往东宫（太子宫），命立法院总立法长（中书监）崔光，当太子少傅（太子三少之二）；命太子元诩（本年四岁）向崔光叩拜。崔光辞让，不敢承当，元恪不准，太子元诩遂向南叩拜两次。太子宫总管（太子詹事）王显，请求跟随太子行礼，于是太子宫文武百官，一起下跪叩拜。崔光面向北方站在那里，不敢答礼，只向西方叩拜致谢，然后告辞退出。

五一四年 甲午

南梁　天监　十三年

北魏　延昌　三年

（柔然汗国建昌七年）

1 春季，二月八日，南梁帝国（首都建康〔江苏省南京市〕）皇帝（一任武帝）萧衍（本年五十一岁），举行亲自耕田典礼。大赦。从前，南宋帝国及南齐帝国时代，皇帝亲自耕田典礼，都在正月举行，现在开始改在二月，同时祭祀神农氏（“五氏”中第五氏，神话时代的神祇）。

2 北魏帝国（首都洛阳〔河南省洛阳市东白马寺东〕）东豫州（州政府设广陵〔新息，河南省息县〕）州长（刺史）田益宗，年纪老迈，跟他的一群子孙，拼命搜刮聚敛金银财宝，胃口越来越大，永不满足（田益宗于四九五年当东豫州州长〔参考该年十二月〕，迄今整整二十年）。官员和人民都苦不堪言，一致声称：只有叛变，才能脱离苦海。北魏帝（八任宣武帝）元恪（本年三十二岁）派立法院立法官（中书舍人）刘桃符，前往慰劳田益宗。刘桃符回京（首都洛阳）后，证实田益宗抢夺民财、贪污横暴情形；元恪下诏给田益宗，说："刘桃符听说你的儿子田鲁生，在淮南（淮河以南），贪污横暴，如此下去，将伤害你报国的忠心。你应命田鲁生前来中央，我会交付给他别的工作。"而田鲁生一直未到京师（首都洛阳）。元恪采取断然措施，下诏调田益宗当镇东将军、济州（州政府设碻磝〔山东省聊城市茌平区西南〕）州长（刺史）。考虑到田益宗可能拒绝接受，于是派后将军李世哲跟刘桃符，率军袭击广陵（新息，河南省息县），田鲁生跟他的老弟田鲁贤、田超秀，都投奔关南（三关〔河南省信阳市南〕以南），带领南梁军队，攻陷光城（河南省光山县）以南、北魏帝国所有军事基地。南梁帝萧衍，任命田鲁生当北司州州长（刺史），田鲁贤当北豫州州长（刺史），田超秀当定州（州政府设蒙笼城〔湖北省麻城市北〕）州长。

三月，北魏帝国后将军李世哲攻击田鲁生等，击破田鲁生等军，收回北魏帝国所有基地，把田益宗带回洛阳（河南省洛阳市东白马寺东），加授：征南将军、特级资政官（金紫光禄大夫）。田益宗上疏指控刘桃符陷害，又声称："田鲁生等被刘桃符逼反，请求传讯刘桃符跟我当面对质，辨明是非。"元恪不许，说："关于叛乱谋反重罪，既经过赦免，不可以再提出控诉。"

3 秋季，七月二十九日，南梁帝国封皇子萧纶当邵陵王、萧绎（音yì〔意〕）当湘东王、萧纪当武陵王。

4 冬季，十月五日，北魏帝元恪，派骁骑将军马义舒，慰问劝告柔然汗国（瀚海沙漠群）。

当初，五〇五年，北魏帝国益州州长（刺史）王足，攻击南梁帝国时（参考该年〔五〇五〕七月），南梁帝萧衍，命宁州（州政府设昧县〔云南省曲靖市〕）州长（刺史）、涪城（四川省绵阳市）人李略，出军抵抗，承诺把敌人驱逐出境后，命他当益州（州政府设成都〔四川省成都市〕）州长（刺史）。后来王足撤退，萧衍不肯履行承诺，李略心中怨恨，准备叛变，萧衍下令把他处决。李略的侄儿李苗，投奔北魏帝国。步兵指挥官（步兵校尉）、泰山郡（侨郡）人淳于诞，曾经担任过益州州政府主任秘书（主簿），从汉中（陕西省汉中市）投奔洛阳（北魏首都，河南省洛阳市东白马寺东）。二人共同提出夺取益州（四川省中南部）的军事计划，北魏帝元恪相信。

十一月六日（原文误置于十月，据《魏书》改），任命宰相（司徒）高肇当最高统帅（大将军）、平蜀大军总司令官（平蜀大都督），率步骑兵混合兵团十五万人，攻击南梁帝国的益州（四川省中南部）；另派益州（州政府设晋寿〔四川省广元市西南〕）州长（刺史）傅竖眼，攻击巴北地区（四川省东北部）；梁州（州政府南郑）州长（刺史）羊祉，攻击庾城（今地不详）；安西将军奚康生，攻击绵竹（四川省德阳市北黄许镇）；抚军将军甄琛，攻击剑阁（四川省剑阁县北剑门关镇）。

十一月十日，任命中央军事总监（中护军）元遥，当征南将军、梁楚军区镇守司令（梁楚指古梁国、古楚王国疆域，包括今河南省南部及湖北省北部）。监督院总监督长（侍中）游肇劝阻，认为："连年以来，不是水灾，就是旱灾，人民穷苦，不应该在这个时候，征调他们入伍服役。从前开拓疆土，都因为敌人的城防司令（城主），诚心归附，所以，帝国军队只有出征，没有战争（没有薛安都、常珍奇、毕众敬，北魏帝国得不到山东省、江苏省北部及河南省中部；没有裴叔业，得不到寿阳〔安徽省寿县〕。而这些人全都是被逼而反——他们之所以反，是因为有人在那里大无畏的逼）。现在，呈献计策的人，真假虚实，难以预料；他们对梁国（南梁帝国）可能怨恨入骨，所以他们的言论，不可完全信赖。蜀地（四川省中部）道路艰难危险，防卫严密，没有空隙破绽，我们怎么可以被一些虚浮的说辞激动，而竟出动大军？开始时如果不慎重，后悔时已来不及。”元恪不接受，而任命淳于诞当骁骑将军，李苗代理龙骧将军；二人都兼向导指挥官（乡导统军）。

5 投奔南梁帝国的王足（参考五〇五年四月）献计，建议在淮河中游筑坝，拦阻河水，准备倒灌寿阳（安徽省寿县）。南梁帝萧衍同意，派水利工程帅陈承伯、宫廷供应部全国建材管理官（材官将军）祖暅（音xuǎn〔选〕），前往勘察。二人一致认为：“淮河含沙量太大，河床飘忽流动，不够坚固，承受不住压力。”萧衍不接受。于是在徐州（不知是北徐州还是南徐州）、京畿卫戍区（扬州）辖区，每二十户人家中，征召五名青年，参加筑坝工作。派代理太子宫右翼卫队长（假右卫率）康绚，当淮河军区司令长官（都督淮上诸军事），在钟离（安徽省凤阳县东北临淮关镇）设立司令部，兴筑大坝，投入工匠及战士共二十万人；南岸起自浮山（安徽省明光市北三十五公里，淮河南岸），北岸抵达巉石山（江苏省泗洪县西南三十五公里，淮河北岸），从两岸分别填土，而在淮河中流汇合。

6 北魏帝国政府任命前定州（州政府设中山〔河北省定州市〕）州长（刺史）杨津，当华州（州政府设华阴〔陕西省大荔县〕）州长（刺史）。杨津，是杨椿的老弟（杨椿，参考四九〇年九月）。从前，州政府征收绸缎，尺的长度具有弹性；税捐局的官员，狼狈为奸，上下掩护，共同作弊。看纳税人贿赂的多少，来决定尺的长短，人民深为悲苦。杨津下令：完全用政府规定的标准尺，纳税人缴纳绸缎品质特好的，由政府赏赐他一杯酒；缴纳绸缎差劲的，也同样收纳，但没有酒，表示羞辱。于是，人民互相竞争劝勉，政府税收，更超过从前。

7 北魏帝国太子元诩，年纪还小（本年五岁），每次老爹皇帝元恪要看小娃，元诩出太子宫（东宫）或入太子宫，随从左右的，只有乳娘；太子宫官员，全不知道。太子宫总管（詹事）杨昱上疏说："从今开始，陛下召见太子，必须下达手令，并命我们太子宫官员护送。"元恪批准，命值班的太子宫官员，护送到万岁门（洛阳宫城东门）。

总监察官（御史中尉）王显，问诉讼监察官（治书侍御史）阳固（阳，姓），说："我当宫廷库藏部部长（太府卿）时，库存满盈，你认为怎么样？"阳固说："文武百官薪俸，你强行征收四分之一。各州郡政府没收的赃物罚款，你又规定全部呈缴中央。用这种方法充实仓库，不值得特别赞扬。何况：'如果有聚敛民脂民膏的官员，宁可有窃盗国家财产的官员。'（《礼记·大学》语）怎么不使人戒惧！"王显大不高兴，找个机会，奏准免除阳固的官职。

五一五年 乙未

南梁　天监　十四年
北魏　延昌　四年
（柔然汗国建昌八年）

1 春季，正月一日，南梁帝国（首都建康〔江苏省南京市〕）皇帝（一任武帝）萧衍（本年五十二岁），在太极殿给太子萧统（本年十六岁），行加冠礼。大赦。

正月七日，萧衍到首都建康（江苏省南京市）南郊，祭祀天神。

2 正月十日，北魏帝国（首都洛阳〔河南省洛阳市东白马寺东〕）皇帝（八任宣武帝）元恪患病。

正月十三日，元恪在式乾殿逝世（年三十三岁）。监督院总监督长（侍中）、立法院总立法长（中书监）、太子少傅（太子三少之二）崔光，监督院总监督长（侍中）、中央禁军总监（领军将军）于忠，太子宫总管（詹事）王显；太子宫顾问官（中庶子）、鲜卑人（代人）侯刚，把太子元诩从太子宫迎接到显阳殿。王显主张等到第二天再行登极，崔光说："最高宝座不可以有片刻空位，为什么等到天亮？"王显说："必须奏报皇后（高皇后）。"崔光说："皇帝死亡，太子继承，是国家运转的正常法则，为什么要皇后指令？"于是，崔光等请元诩止住哭泣，站在东厢房，于忠跟监督院宫廷监督官（黄门郎）元昭，扶住元诩，面向西方，哭十余声，即行停止。由崔光摄理全国武装部队总司令（摄太尉），向元诩呈递正式登极文告及皇帝印信。元诩（本年六岁）跪下接受，身穿绣袍，头戴皇冠，前往太极殿，登极称帝（九任孝明帝）。崔光等跟值夜的文武官员，站在大庭之中，面向北方叩头，欢呼万岁。元昭，是拓跋遵的曾孙（略阳公拓跋遵参加参合陂之役，参考三九五年八月）。

高皇后打算诛杀元诩的娘亲胡贵嫔，宫廷调查官（中给事，宦官出任）、谯郡（河南省商丘市）人刘腾，告诉侯刚，侯刚再告诉于忠，于忠向崔光请教，崔光把胡贵嫔安置在一个隐秘的地方，派军警严密守卫；因此，胡贵嫔对四人深为感激。

正月十四日，大赦。

正月十五日，召回东西战场的出征军队。

骠骑大将军、广平王元怀，带病进宫祭悼，一直走到太极殿西厢，哀痛哭号，告诉总监督长（侍中）、中央禁军总监（领军）、监督院宫廷监督官（黄门）、首都东西区卫戍司令（二卫），声称："我要上金殿（太极殿）哭祭先帝（元恪），再进宫晋见主上（元诩）。"各官员大吃一惊，面面相对，没有人敢作回答。崔光身披丧服，手持丧杖（古人居丧期间，为了表示哀哭过度，体力不支，必须依赖手杖，才可起立），引用东汉王朝一任帝（光武帝）刘秀逝世，赵熹搀扶各亲王下殿前例（参考五七年），面色肃穆，声音严厉，听到的人，都认为举例恰当。元怀哭声和眼泪同时止住，说："总监督长（侍中崔光）用古代的礼仪纠正我，我怎敢不服！"遂出宫回家，仍不断派左右侍从，向崔光道歉。

早先，宰相（司徒）高肇，手握大权，横行霸道，对有声望的皇族，尤其猜忌。太子太傅（太子三师之二）、任城王元澄，屡次被高肇谗言陷害，唯恐怕受到诛杀，于是，不分昼夜的喝酒，所作所为，好像是个疯汉，对政府事务或国家机要，从来不闻不问。现在，元恪逝世，而高肇正率领大军，攻击南梁帝国的益州（参考去年〔五一四〕十一月），政府与民间，对高肇的动向，都感到深切的不安。于忠跟监督院（门下）官员商议，认为元诩年纪太小（本年只六岁），不能亲自主持政府，最好是命太保（上三公之三）、高阳王元雍入宫，居住西柏堂，裁决政务；而命任城王元澄当国务院总理（尚书令），统御文武百官。商议一定，奏报高皇后，由高皇后立即亲笔写下手令，交给两位亲王（立下手令而不用正式诏书，恐怕公文旅行途中，有人阻挠）。王显素来受元恪宠爱（当时有二王显，一当总监察官〔御史中尉〕，一当太子宫总管〔詹事〕，这位王显是谁，不得而知），仗恃权力魔杖，使尽威风，大家对他十分痛恨。王显发现：如果两位亲王当权，对他可能不会包容，于是，跟寝殿侍奉宦官（中常侍）孙伏连等，密谋搁置监督院（门下）的上项奏章，而假传高皇后指令，任命高肇当主管政府机要（录尚书事），王显和勃海公高猛，同当监督院总监督长（侍中）。于忠等接到情报，找个借口——指控王显服侍元恪医药，没有见效，就在宫中逮捕王显。北魏帝元诩下诏（于忠诏），免除王显的爵位和官职。王显被逮捕时，大声呼喊冤枉，直阁禁卫官（直阁）用刀柄猛烈撞击他腋下肋骨（用刀柄撞击肋骨，是南北朝时代〔五世纪及六世纪〕最常用的酷刑之一，使囚犯就范），然后送往首都西区卫戍司令部（右卫府），当天夜晚，即行死亡。

正月十六日，高皇后下诏，批准监督院（门下）的奏章，文武百官，完全听从二位亲王命令。宫内和宫外，官员和民间，都心悦诚服。

二月七日，北魏帝元诩，尊嫡母高皇后为皇太后。

元诩自称名字，写信给手握大军的高肇（高肇是元诩的舅爷和外伯祖父），报告老爹元恪逝世消息，并征召高肇班师（元诩六岁，当然不会写字。自称名字，表示卑微；又用私函，表示亲密）。高肇在前方接到巨变消息，忧愁恐惧，早晚不停的哭泣，以致身体突然消瘦，衰弱憔悴不堪，回军，抵达瀍涧（瀍水，在洛阳城西注入洛水），家人前往迎接，高肇拒不相见。

二月八日，高肇抵达京师（首都洛阳），入宫到太极殿元恪灵柩之前，身穿丧服，放声大哭，极为哀痛。高阳王元雍，跟于忠秘密定计，命值寝禁卫官（直寝）邢豹等十余人，在立法院（舍人省）布下埋伏，高肇哭祭已毕，被接待到西厢，清河王元怿等眼睛一直看着他，悄悄的低声交谈。高肇到立法院（中书省），邢豹等发动埋伏，把高肇绞死。于是，北魏帝元诩下诏（两位亲王诏），宣布高肇罪行，声称高肇畏罪自杀；对他的党羽不再追究；剥夺高肇爵位和官职，但准用知识分子的礼仪，把他埋葬。黄昏时分，把他的尸体从宫城侧门抬出，交给他的家人。

3 北魏帝国攻击南梁帝国益州（四川省中南部）时（参考去年〔五一四〕十一月），大军抵达晋寿（四川省广元市西南），南梁益州（四川省中南部）人民震惊恐惧。北魏益州（州政府设晋寿〔四川省广元市西南〕）州长（刺史）傅竖眼，率步兵三万人，攻击巴北地区（四川省东北部）。南梁帝萧衍派宁州（州政府设味县〔云南省曲靖市〕）州长（刺史）任太洪，从阴平（四川省剑阁县西北）小道挺进到傅竖眼所辖的益州（州政府晋寿）境内，号召氐人和汉人，断绝北魏帝国的后勤补给线。正巧，北魏大军班师（元恪逝世之故），任太洪追击，连破北魏帝国的东洛（四川省广元市西北）、除口（陕西省宁强县西北）两个军事据点；宣称南梁大军陆续到达，氐人和汉人，诚心诚意的群起追随。任太洪遂进军包围关城（陕西省宁强县西北阳平关镇）。傅竖眼派指挥官（统军）姜喜等，迎击任太洪，大破南梁军，任太洪放弃关城（白水关），撤退。

4 二月十日，北魏帝国政府擢升高阳王元雍，当太傅（上三公之二），兼全国武装部队总司令（领太尉）；清河王元怿当宰相（司徒）；广平王元怀当最高监察长（司空）。

二月二十一日，把八任帝元恪安葬景陵（在洛阳城北邙山），绰号宣武皇帝，祭庙称世宗。

二月二十六日，现任帝（九任）元诩，尊娘亲胡贵嫔为皇太妃。

三月一日，元诩下诏（两位亲王诏）：剥夺嫡母高太后头衔，放逐到瑶光寺当尼姑（瑶光寺是高级庙庵，七任帝元宏的皇后冯清，也到瑶光寺当尼姑，参考四九六年七月），除非是遇到重大的节日，不准进宫。

国务院左执行长（左仆射）郭祚，上疏说：“萧衍（南梁帝国皇帝）狂妄荒谬，企图在淮河上筑坝（当时称浮山堰，参考去年〔五一四〕十一月），士卒悲苦，人民劳困，危亡的征兆，已经显露，最好是派遣将领，率军出征，长驱直入，讨伐扑杀。”北魏帝元诩下诏，命平南将军杨大眼，率领各军，镇守荆山（安徽省怀远县西南，在钟离〔安徽省凤阳县东北临

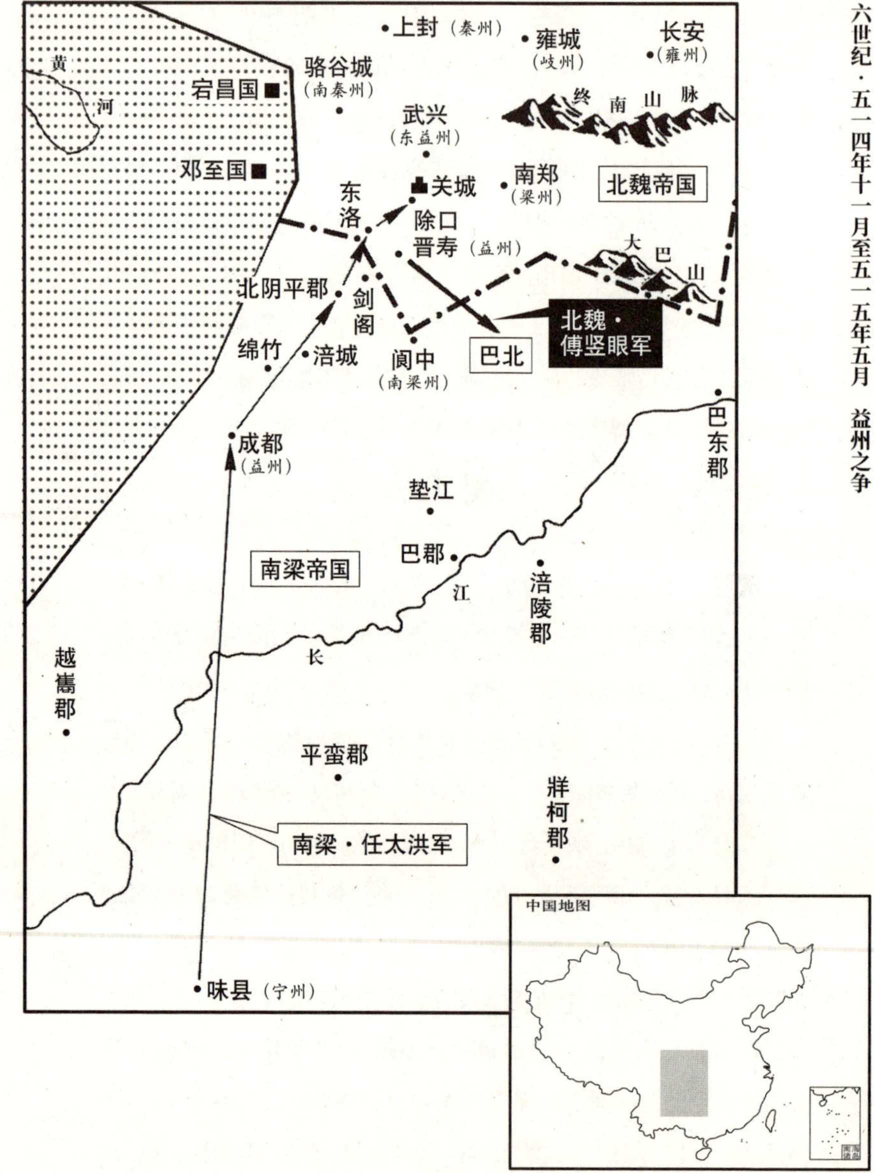

六世纪·五一四年十一月至五一五年五月　益州之争

淮关镇〕城西四十公里)。

于忠既当监督院(门下)总监督长(侍中),又掌管禁卫军(领军将军),遂完全控制中央政府,权势之大,一时无双。最初,五世纪八〇年代及九〇年代,北魏帝国不断对外扩张(第六、七、八次南北大战,参考四八〇年正月、四九四年十二月、四九七年八月;攻击朝鲜半岛百济王国,参考四八八年十二月),七任帝(孝文帝)元宏在位,因国库空虚,无法应付庞大开支,于是把文武百官的薪俸,减少四分之一。而今,于忠命发放全薪。旧有规定:人民缴纳绸缎一匹时,附加棉花八两;缴纳布一匹时,附加麻十五斤。于忠下令:附加部分,完全免除。

三月二十二日,元诩下诏(于忠诏),全国文武百官,每人晋升一级。

5 夏季,四月,淮河大坝(浮山堰,安徽省明光市北)筑成,却又崩溃。有人说:深水中的蛟龙(传说中的水怪),能呼风唤雨,摧残坝堤;但蛟龙天性畏惧钢铁。于是,筑坝工程总监康绚,从首都建康(江苏省南京市)东、西郊铁矿场(东、西冶),运来铁器数千万斤,沉入淮河水底;但水势湍急,大坝仍不能合龙。于是,砍伐木材,在河中先作护栏,再填巨大石块,再在上面加土。沿淮河两岸一百华里以内,树木石块,无论粗细大小,一扫而光,士卒民工,担土扛木,双肩上的肌肤都被磨破,夏季天热,疾病瘟疫,蔓延流行,尸体互相枕借,苍蝇及其他各种昆虫的叫声,日夜不停,一片怪响。

6 北魏帝国梁州(州政府设南郑〔陕西省汉中市〕)州长(刺史)薛怀吉,在沮水(汉水上游,发源于陕西省留坝县西)大破氐民族变民部落。薛怀吉,是薛真度的儿子(薛真度事,参考四九四年十二月)。

五月十二日，南秦州（州政府设骆谷城〔甘肃省西和县南〕）州长（刺史）崔暹，再击破氐民族变民部落，解除武兴（东益州，陕西省略阳县）的包围（崔暹本是梁州〔州政府南郑〕秘书长〔长史〕，是在解除武兴包围后，中央才任命他当州长〔刺史〕）。

六月，冀州（州政府设信都〔河北省衡水市冀州区〕）佛教和尚法庆，利用妖术幻象，迷惑人民，跟勃海郡（河北省南皮县）人李归伯，聚众起兵，由法庆当盟主。法庆娶尼姑惠晖当正妻，任命李归伯当“十住菩萨”、平魔大军参谋长（平魔军司），封定汉王（法庆宣称：杀一个人，称“一住菩萨”；杀十个人，称“十住菩萨”）。法庆自称“大乘”（不像是国号、帝号、官号，而像是年号）。法庆又配制使人发狂的药，吃了之后，父子兄弟，都不认识，而只知道杀人。冀州（州政府信都）州长（刺史）萧宝夤，派兼任秘书长（兼长史）崔伯驎率军攻击，崔伯驎兵败被杀。变民军气势越发旺盛，所到之处，摧毁寺院庙庵，诛杀和尚尼姑，焚烧佛像，说：“新的佛祖已降临人间，必须铲除各种妖魔。”

秋季，七月六日，北魏帝元诩下诏，命右最高资政官（右光禄大夫）元遥代理征北大将军，出兵讨伐。

国务院执行官（尚书）裴植，自己认为门第家世，不低于王肃，可是自从献出寿阳（安徽省寿县），归附北魏帝国（裴植叔父裴叔业据寿阳投降北魏，参考五〇〇年正月）以来，觉得中央政府给他的官位不高（当时任命裴植当兖州〔州政府瑕丘〕州长），一直愤愤不平，上疏辞职，请准许他到嵩山（中岳，河南省登封市北）隐居。八任帝（宣武帝）元恪不准，而且深感奇怪。后来，擢升裴植当国务院执行官（尚书），当了国务院执行官后，性情大变，态度傲慢，不可一世，常对别人说：“并不是我需要国务院（尚书），而是国务院（尚书）需要我。”每次进宫参与重大事项讨论，都趾高气扬，最爱当面讥讽其他官员，又上疏攻击征南将军田益宗说："汉人和蛮夷不是一类，他的官位不应在百代都是官宦世家高贵人物之上。"于忠、元昭看了，怒不可遏（于忠、元昭，都是鲜卑人，属于裴植所说的蛮夷）。

国务院左执行长（尚书左仆射）郭祚，不择手段的急于升官，自认为是北魏帝元诩当太子时的教师（五一一年，郭祚兼太子少师〔太子三少之一〕），希望能封侯爵，加授仪同三司（宰相级）。而元诩下诏（于忠诏），任命郭祚当雍岐华三州（陕西省中部）军区司令长官（都督雍岐华三州诸军事）、征西将军、雍州（州政府设长安〔陕西省西安市〕）州长（刺史）。

郭祚与裴植，对于忠的专横，都感不满，秘密向高阳王元雍建议：把于忠外放——当地方政府首长。于忠得到消息，暴跳如雷，命有关单位，弹劾他们犯罪。国务院（尚书）遂奏称："羊祉（梁州〔州政府南郑〕州长）告诉裴植姑妈的儿子（裴植的表弟）皇甫仲达，说：'受裴植指示，假装接到皇上诏书，集结私人军队，谋害于忠。'我们曾作彻底调查，被告虽然不肯承认，可是证据确切，依照法律，应该处死。各种供词中虽然没有提到裴植，可是大家一致声称：'皇甫仲达受裴植指使；裴植召见皇甫仲达责问，却不告知同事。'推测情形，说裴植不是皇甫仲达的同党，绝不可能。不应该当作一件普通刑事案件，作减刑处分；应该跟诛杀皇甫仲达一样，对裴植也予诛杀。只是，裴植曾经亲率大军，献出城池，接受圣明君王的教化，依照法令，应呈请再作考虑（裴植属于"八议"范围），敬请裁决。"于忠假传圣旨说："阴谋既然如此凶险，罪大恶极，不应宽恕。裴植虽然有归化圣明王朝的功劳，也不必再加讨论。应立即执行死刑，不必等到秋分以后。"（"秋分"之后，死刑犯才行刑。）

八月五日，裴植、郭祚及水利总监（都水使者）、杜陵（陕西省西安市南）人韦儁，全都奉令自杀（裴植年五十岁，郭祚年六十七岁，韦儁年五十七岁）。

韦儁跟郭祚，是儿女亲家。于忠又想杀高阳王元雍，崔光坚持不肯，于是，免除元雍官职，仍保留亲王身份，返回私宅。政府和民间，对这场冤狱，深为愤恨，没有人不咬牙切齿。

八月六日，北魏帝元诩尊娘亲皇太妃胡女士当皇太后；居住崇训宫。于忠兼崇训宫保安官（领崇训卫尉）；刘腾当崇训宫交通官（崇训太仆），加授总监督长（侍中）；侯刚当总监督长（侍中）、抚军将军（胡太后对上面三人，存感激之情）。又任命胡太后的老爹胡国珍，当高级资政官（光禄大夫）。

7 八月十日，南梁帝国定州（州政府设蒙笼城〔湖北省麻城市北〕）州长（刺史）田超秀（投降南梁事，参考去年〔五一四〕二月），率部众三千人，归附北魏帝国。

8 八月十八日，北魏帝国大赦。

八月十九日，清河王元怿晋升太傅（上三公之二），兼任全国武装部队总司令（领太尉）；广平王元怀晋升太保（上三公之三），兼任宰相（领司徒）；任城王元澄晋升最高监察长（司空）。

八月二十日，任命车骑大将军于忠，当国务院总理（尚书令）；“特进”（朝会时位置仅次于三公）崔光，当车骑大将军，加授：开府仪同三司（宰相级）。江阳王元继，是拓跋熙的曾孙（拓跋熙，是一任道武帝拓跋珪的儿子，参考四〇三年十月），先前当青州（州政府设东阳〔山东省青州市〕）州长（刺史）时，被控告掠夺良家妇女当婢女，剥夺爵位。元继的儿子元义，娶胡太后的妹妹。

八月二十二日，北魏帝元诩下诏（胡太后诏），恢复元继的爵位，任命元义当顾问院（集书省）中级事务顾问官（通直散骑侍郎），元义的正妻胡女士封新平郡君（男封侯爵，女封君爵），被任命当女监督官（女侍中）。

中央政府文武官员，奏请胡太后出席金銮宝殿，行使皇帝职权。

九月五日（原文“乙未”，据《魏书》改），胡太后开始听取文武官员对帝国大事所作简报，但仍只用“命令”，不用“诏书”，文武官员上书，则称她“殿下”。胡太后聪明绝顶，领悟力强，反应迅速，也很喜爱读书，会作文章，还会骑马射箭，百发百中，准确度能射中针眼，政事都由她亲笔批示。加授老爹胡国珍：总监督长（侍中），封安定公爵。

自从郭祚等被诛杀后，皇帝诏令和决定生死的大权，都握在于忠手中，亲王公爵，十分畏惧，见到他都双脚沉重，不敢移动，屏声静气，不敢大声呼吸。胡太后行使皇帝职权后，解除于忠总监督长（侍中）、中央禁军总监（领军）、崇训宫保安官（崇训卫尉）等职务，仅只剩下仪同三司（宰相级）、国务院总理（尚书令）。十余日之后，胡太后在崇训宫召见监督院（门下）官员，问说：“于忠身为文武百官的首长，声望怎样？”大家一致回答：“他没有能力胜任。”于是，外放于忠当冀定瀛三州（河北省中部）军区司令长官（都督冀定瀛三州诸军事）、征北大将军、冀州（州政府设信都〔河北省衡水市冀州区〕）州长（刺史）；而任命最高监察长（司空）元澄，兼国务院总理（领尚书令）。元澄奏称：“安定公胡国珍，最好是能够随时出入皇宫，参与帝国大计。”元诩下诏（胡太后诏）批准。

9 九月十四日，北魏帝国代理征北大将军元遥，击破“大乘”变民军，生擒变民军首领法庆跟他的将领一百余人；砍下人头，送首都洛阳。

10 南梁帝国左游击将军赵祖悦，袭取北魏帝国的西硖石（安徽省凤台县西南），立即作为军事基地，对寿阳（安徽省寿县）施加压力，更在旧城之外，兴筑外城；把淮河沿岸的居民，强迫迁到内城，增加守卫实力。南梁帝国将军田道龙等，攻击附近各军事据点，北魏帝国扬州（州政府寿阳）州长（刺史）李崇，分别派出将领阻击。

九月二十三日，北魏帝国政府派代理镇南将军崔亮，反攻西硖石（安徽省凤台县西南）；又派镇东将军萧宝夤，直接攻击淮河大坝（浮山堰，安徽省明光市北），准备摧毁。

11 冬季，十月十六日，北魏帝国政府任命安定公胡国珍，当立法院总立法长（中书监）、仪同三司（宰相级）；原职总监督长（侍中），仍然保留。

12 十月二十五日，南梁帝国弘化郡（蛮郡）郡长杜桂，献出土地，投降北魏帝国。

13 当初，北魏帝国政府在于忠控制之下，于忠声称：八任帝（宣武帝）元恪曾经允许他越级升迁。太傅（上三公之二）高阳王元雍等，都不敢违背，遂加授于忠“车骑大将军”。于忠又认为他在政权转移的时候，有安定帝国的功劳，明示或暗示文武官员，出面为他争取报酬；元雍等商议封他常山郡公爵。于忠不好意思单独被封，再明示或暗示有关机关，请求对监督院（门下）任职的高级官员，全都加封爵位；元雍等不得已，再封崔光当博平县公爵。国务院执行官（尚书）元昭等，也挤上一份（九任帝元诩登极时，元昭在监督院〔门下〕当总监督长〔侍中〕），不断请求封爵。胡太后命三公及部长级官员会商，太傅（上三公之二）广平王元怿等上疏说："先帝（八任帝元恪）逝世，我们拥护今帝（九任帝元诩），在宫殿中侍奉左右，保卫政府安全，本是做臣属应尽的责任，不应该认为立下一件功劳。我们从前商议赏赐给于忠采邑，只不过当时畏惧他的权势，免得惹祸杀身而已。如果比较功过，根本不应有任何赏赐，请全部追溯剥夺。"崔光也上疏缴回印信和封给的采邑，奏章呈递十余次，胡太后才批准。

高阳王元雍上疏，弹劾自己，说："我最初到西柏堂任职时，发现所有诏书，都没有呈阅皇上（元诩）批准，而竟由监督院（门下）直接颁发，臣属的意见，却用君王的权威去执行，深知绝不可以如此，可是不能阻止。于忠专权横行，随意生杀，而我又不能违抗。后来，于忠甚至还要把我除掉，幸亏主管官员（指崔光）坚决拒绝；我本来想把于忠外放到地方政府，只不过有此一念，并没有实行，反而被于忠贬谪。白白坐在官位上，又白白领受官职的薪俸，辜负国家大恩。请准予辞职回家，等候处罚。"胡太后因于忠对自己有救命功劳（参考本年〔五一五〕正月），因而不再追究。

闰十二月三日（原文按照北魏历，记载于十二月，今据南梁历改），更把于忠调回中央，任命他当太师（上三公之一），兼京畿总卫戍司令（领司州牧），不久，又当主管政府机要（录尚书事）；跟太傅（上三公之二）元怿、太保（上三公之三）元怀、监督院总监督长（侍中）胡国珍，一同住进监督院（门下），共同管理政事。

闰十二月十一日（南梁历），代理镇南将军崔亮，率军抵达硖石（西硖石，安徽省凤台县西南）；南梁帝国守将赵祖悦迎战，失败，登城固守。崔亮把硖石包围。

闰十二月二十九日（南梁历），北魏帝元诩，及娘亲胡太后，前往八任帝元恪墓园（景陵，洛阳城北邙山）祭拜。

14 本年（五一五）冬季，气候严寒，淮河、泗水，全都结冰；修筑淮河大坝（浮山堰，安徽省明光市北）的士卒工匠，十分之七八被冻死（十六万人以上被冻死，一片惨景）。

15 北魏帝国益州（州政府设晋寿〔四川省广元市西南〕）州长（刺史）傅竖眼，清白廉洁，众人都对他感恩怀念。后来，龙骧将军元法僧，接替傅竖眼当益州州长（刺史），虽没有行政能力，却贪赃枉法，十分凶暴。王、贾等姓，是本州的高门强族，从来不服劳役，元法僧不理这些，强行征召两大家族的子弟当兵。葭萌县（即晋寿，四川省广元市西南）变民首领任令宗，利用民心对北魏帝国贪官暴吏的怨恨，击斩晋寿郡（郡政府葭萌）郡长，献出城池，归降南梁帝国，众人很多响应。南梁帝国益州（州政府设成都〔四川省成都市〕）州长（刺史）、鄱阳王萧恢，派巴西、梓潼二郡（郡政府同设涪城〔四川省绵阳市〕）郡长张齐，率军三万人前往接应。元法僧，是北魏帝国阳平王拓跋熙的曾孙（拓跋熙，是一任帝拓跋珪的儿子，参考四〇三年十月）。

岐州（州政府设雍城〔陕西省宝鸡市凤翔区〕）州长（刺史）、赵郡王元谧，是拓跋幹的儿子（拓跋幹事，参考四九五年五月），对人民凶暴狠毒。有一天，不知道什么缘故，突然关闭城门，大肆搜查，逮捕很多人，苦刑拷打，手段残酷；而又毫无理由的把六个人斩首。全城恐惧，人民纷起抗暴，大声呼喊，封锁城门。元谧登上高楼，拆除楼梯，保住性命。胡太后派游击将军王靖，乘驿马车飞快前往，安抚劝告暴动民众，暴动民众才打开城门，表示有罪，送回城门钥匙。中央遂免除元谧州长（刺史）官职。元谧的正妻，是胡太后的侄女。元谧返回首都洛阳，被任命当农林部长（大司农卿）。

南梁帝国北伐兵团统帅萧宏，抛下大军逃亡，政府不但不闻不问，反而升他的官。北魏帝国的元谧，关闭城门屠杀，逼起民变，政府不但不闻不问，也同样升他的官。这种只有卡通片上才出现的赏罚的讽刺镜头，却是现实政治。

无论南北，表面上都是太平盛世，不过，是非颠倒、黑白混淆的毁灭之旗，已经迎风招展，预告大苦难就要来临，犹如当气象台挂出三个球，表示台风就要来临一样。两个帝国，行将在这个毁灭之旗下结束。

胡太后因北魏帝元诩，还是一个娃儿，不能亲自处理国家大事，打算主持祭祀大典，主管礼仪的官员会议讨论，一致认为不可以。胡太后遂问监督院总监督长（侍中）崔光，崔光举出东汉王朝和熹太后邓绥（东汉王朝四任帝和帝刘肇的继妻）祭祀皇家祖庙前例，胡太后大为高兴，遂代表皇帝，祭祀天地祖先。

南荆州（州政府设安昌〔湖北省枣阳市南〕）州长（刺史）桓叔兴，上疏请求不再隶属东荆州（州政府设沘阳〔河南省泌阳县〕），中央批准（南荆州隶属东荆州事，参考五一二年十一月）。

五一六年 丙申

南梁　天监　十五年
北魏　熙平　元年
（柔然汗国建昌九年）

1 春季，正月一日，北魏帝国（首都洛阳〔河南省洛阳市东白马寺东〕）大赦，改年号熙平。

代理镇南将军崔亮，围攻南梁帝国（首都建康〔江苏省南京市〕）硖石（西硖石，安徽省凤台县西南），不能攻克；跟扬州（州政府设寿阳〔安徽省寿县〕）州长（刺史）李崇，约定日期，水陆两路，同时进攻。但每次到约定日期时，李崇都不发动。胡太后因前方将领各自为政，指挥不能统一。于是，任命国务院文官部长（吏部尚书）李平："使持节"（一级权力）、镇军大将军，兼国务院右执行长（兼尚书右仆射），率步骑兵二千人，前往寿阳（安徽省寿县），建立中央特遣政府（行台），指挥所有军队，如果有人违抗命令，一律军法从事。镇东将军萧宝夤，派轻车将军刘智文等，渡过淮河，攻破南梁军的三个据点。

二月八日，在淮河北岸，又击败南梁帝国将领垣孟孙等。李平抵达硖石（安徽省凤台县西南），督促李崇、崔亮等水陆两军，发动攻击，没有人敢不听指挥，遂不断战胜。

南梁帝（一任武帝）萧衍（本年五十三岁），派首都东区卫戍司令（左卫将军）昌义之，率军增援淮河大坝（浮山堰，安徽省明光市北），还没有抵达，大坝总监康绚，已经把北魏南征兵团（指萧宝夤主力）击退。萧衍命昌义之，会同值阁禁卫官（直阁）王神念，逆淮河西上，增援硖石（安徽省凤台县西南）。北魏代理镇南将军崔亮，派所属将领、博陵郡（河北省安平县）人崔延伯，固守下蔡（安徽省凤台县）；崔延伯跟另一将领伊瓮生，分别在淮河两岸，夹水筑营。崔延伯收集车轮，砍下轮框，把轮柱削尖；轮轴相并，用竹筋扭成绳索，把它们串连起来，从北岸一直拉到南岸，重叠十余条，横断河面，两岸各建一个巨大的人工辘轳，可以随时拉起竹绳，使削尖的轮柱露出水面，也可以放松竹绳，使它们沉入水底；敌人既无法砍断，又无法烧毁。于是，南梁帝国据守硖石（安徽省凤台县西南）的守将赵祖悦，退路全被切断，而南梁帝国增援硖石的舰队，根本无法通过；南梁将领昌义之、王神念，驻军梁城（寿阳城东南），不能前进。北魏统帅李平，指挥水陆两路大军，攻击硖石（安徽省凤台县西南），攻克外城。

二月二十八日，赵祖悦出城投降，北魏军斩赵祖悦，把南梁军全部俘虏。

胡太后写信给崔亮，命崔亮乘胜追击。大军统帅李平，分配各将领任务，水陆并进，直攻淮河大坝（浮山堰，安徽省明光市北）。崔亮不买李平的账，声称有病，上疏请求回京（首都洛阳）；奏章递出后，不等批示，立即拔营出发。李平奏请诛杀崔亮，胡太后下令说："崔亮随他自己的意思，想去就去，想留就留，违背帝国的作战计划，虽然曾有小小胜仗，岂能免除大的罪刑！可是，我统治全国，不愿多作杀戮，特准崔亮戴罪立功，以功补过。"（满纸官话。事实上只因崔亮是崔光堂弟，国法才毁。）北魏帝国大军遂班师。

2 北魏帝国首都洛阳警备区司令（中尉）元匡，上疏弹劾主管政府机要（录尚书事）于忠："庆幸国家所发生的不幸（指元恪逝世），乘机专制政府，裴植、郭祚，受到冤杀，宰相级辅佐大臣（指高阳王元雍），受到罢黜，而又假传圣旨，命自己仪同三司（宰相级），出任国务院总理（尚书令），兼崇训宫保安官（领崇训卫尉）；追究他的本心，不但目无君王，而且自己以君王自居。事情发生在大赦之后，应该公开处刑。请派监察官（御史）一人，前往冀州（州政府设信都〔河北省衡水市冀州区〕），就地诛杀（此时于忠似仍留冀州，元匡才有此请）。去年（五一五），先帝（八任帝元恪）逝世以后，皇太后主持政府以前，于忠所作所为，没有经过合法程序——没有经过监督院（门下）颁发诏书，或经过立法院（中书）传达皇上指令，而竟擅自发布人事命令，任命官职。虽经大赦，也只不过可以免罪而已，至于官位，则应该一律撤除。"胡太后下令："于忠已受特赦，可特别原谅，不必追究。其他请求，一律批准。"

元匡又弹劾总监督长（侍中）侯刚，苦刑拷死羽林警卫军官。侯刚因善于烹调，担任宫廷膳食管理官（尚食典御），历时三十年；后来又对胡太后有救命之恩（参考去年〔五一五〕正月），所以相当专权横行，意气用事，亲王公爵，对他都十分畏惧巴结。侯刚既用苦刑拷死羽林警卫军官，最高法院（廷尉）判处侯刚死刑，胡太后说："侯刚因公事拷打被告，为取得口供而使被告死亡，问官不负刑责。"最高法院副院长（廷尉少卿）、陈郡（河南省沈丘县）人袁翻说："为取得口供而使被告死亡，是指犯罪事实至为明显，而被告仍不承认，用拷打要他亲口供出。现在，该羽林警卫官，一问之下，立即承认，侯刚却在公堂之上大喝说：'打死他！'伤天害理，横施酷刑，怎么能说是为了取得口供，而使被告死亡！"胡太后下令削除侯刚采邑三百户人家，免除宫廷膳食管理官（尚食典御）职务。

3 三月一日，日蚀。

4 北魏帝国政府评定硖石（西硖石，安徽省凤台县西南）之役功劳。三月四日，擢升李崇当骠骑将军，加授仪同三司（宰相级）；李平实任国务院右执行长（尚书右仆射）；崔亮晋升镇北将军。崔亮跟李平，在宫中争功，胡太后命崔亮当国务院宫廷保安部长（殿中尚书，负责宫内兵马调动及仓库管理）。

镇东将军萧宝夤仍逗留淮河大坝（浮山堰，安徽省明光市北）附近；南梁帝（一任武帝）萧衍（本年五十三岁），亲笔写信给他，诱惑他袭击彭城（北魏徐州州政府所在县，江苏省徐州市），承诺把萧宝夤家庙里的牌位和他的家属，送到北方跟他团聚；萧宝夤把萧衍的信，呈报中央。

5 夏季，四月，淮河大坝（浮山堰，安徽省明光市北）筑成，长九华里，下宽一百四十丈，上宽四十五丈，高二十丈，大坝两侧种植杨柳，大坝上驻屯军营。

有人告诉大坝总监（都督淮上诸军事）康绚说：“四大河流（长江、珠江、淮河、汉水），是大自然用来调节宣泄天地间不平之气，不可以长久阻塞。如能在大坝上游另行挖掘泄洪水道，使它东流，则可以减少积水对大坝造成的压力，大坝才可以保持不坏。”康绚遂挖掘泄洪水道，引导积水东流。同时用反间计，在北魏帝国境内散布耳语，说：“梁国（南梁帝国）最畏惧的只有挖掘泄洪水道，并不畏惧野战。”北魏镇东将军萧宝夤相信不疑，于是开凿山洞，长达五丈，作为泄洪水道，引导积水北流。大坝积水经泄洪水道，分别东流及北流，日夜不停，而水库中的水位，丝毫没有减低，北魏工兵部队遂被召回。大坝积水区，面积广达数百平方华里。北魏帝国扬州（州政府设寿阳〔安徽省寿县〕）州长（刺史）李崇，在硖石（西硖石，安徽省凤台县西南）基地修建浮桥，横跨淮河。又在八公山（寿县北）东南，兴筑魏昌城，准备一旦洪水倒灌，作为紧急避难之用。寿阳（安徽省寿县）城墙开始崩坏，居民纷纷攀山登岗，躲避日益上涨的水势。水坝积水区水质清澈，被淹没的房舍、坟墓，静静的卧在水底，清晰可见。 554

最初，筑坝地点，选在徐州（北徐州，州政府设钟离〔安徽省凤阳县东北临淮关镇〕）境内，州长（刺史）张豹子宣称：一定会教他主持筑坝大事。想不到后来康绚以其他官职的身份（太子宫右翼卫队长〔太子右卫率〕），担任大坝总监（都督淮上诸军事。参考前年〔五一四〕十一月），张豹子面子挂不住；再加上顷刻之间，南梁帝萧衍又指令张豹子受康绚指挥，张豹子更老羞成怒，于是不断向萧衍打小报告，坚称康绚跟北魏帝国私通消息（“诬以谋反”的老法宝）。萧衍虽然不理，但仍以“工程完成”为理由，征召康绚回京（首都建康），而把护坝任务，交给张豹子。

6 北魏帝国胡太后，追念于忠当初救命之恩，说：“怎么可以因为一点毛病，而舍弃所有功劳！”再封于忠当灵寿县公爵，同时也封崔光当平恩县侯。

7 南梁帝国巴西、梓潼二郡（四川省绵阳市）郡长张齐，率军三万人迎接晋寿（四川省广元市西南）变民首领任令宗（参考去年〔五一五〕十二月）。北魏帝国益州（州政府晋寿）州长（刺史）元法僧，派儿子元景隆，率军迎击张齐，在葭萌（晋寿）会战。张齐大破元景隆军，屠杀十余个城池，乘胜挺进，包围武兴（陕西省略阳县。北魏帝国益州州政府设晋寿，后又成立东益州〔应称北益州才符合方位〕，州政府设武兴。元法僧接替傅竖眼当益州州长时，在晋寿上任。当是去年〔五一五〕晋寿被变民集团占领时，元法僧退守武兴）。元法僧登城固守，而州境之内，人民全都叛变。元法僧向中央政府报告危急情况。中央政府用驿马车征召出征淮河以南的镇南将军府参谋长（镇南军司）傅竖眼，命他仍当益州（州政府晋寿）州长（刺史）、西征司令官，率步骑兵三千人，增援元法僧。傅竖眼由遥远的东方，进入益州州境，连续作战三日，挺进二百余华里，九次会战，都取得胜利。

五月，击斩南梁帝国梁州（南梁州，州政府设阆中〔四川省阆中市〕）州长（刺史）任太洪（去年还是宁州〔州政府味县〕州长；参考去年〔五一五〕二月）。无论汉人及獠人，听说傅竖眼重返益州（州政府晋寿），全都欢喜，到路旁迎接叩拜的，前后相接。张齐解围撤退，据守白水关（四川省青川县东沙州镇）。傅竖眼进入州城（晋寿，四川省广元市西南），白水关以东人民，都安居乐业。

北魏帝国梓潼郡（侨郡）郡长苟金龙，兼关城（白水关城）驻军司令（戍主）。南梁帝国军涌到，苟金龙恰巧卧病在床，不能指挥。他的正妻刘女士，集结鼓励全城军民，登城拒战，固守一百余天，守军死伤超过一半。驻军副司令（戍副）高景，阴谋叛变；刘女士斩高景，以及高景党羽数十人。对剩下的将士，平均分配铠甲和粮秣，也平均分配工作，使劳逸相等；大家对她既畏惧又尊敬。水井在关城之外，被南梁军队占领，守军陷于干渴苦境；正巧天降大雨，刘女士下令取出政府的和私人的绸缎布匹，以及民间所有衣服，悬挂起来受雨，然后绞出雨水，城中所有瓶瓶罐罐，全都储满。傅竖眼大军抵达，南梁军才撤退。北魏政府封刘女士的儿子当平昌县子爵。

8 六月五日，南梁政府任命国务院总理（尚书令）王莹，当左最高资政官（左光禄大夫）、开府仪同三司（宰相级）；擢升国务院右执行长（尚书右仆射）袁昂，当左执行长（左仆射）；国务院文官部长（吏部尚书）王暕（音jiǎn〔简〕），当右执行长（右仆射）。王暕，是王俭的儿子（王俭，参考四七八年二月）。

9 南梁帝国巴西、梓潼二郡（四川省绵阳市）郡长张齐，不断从白水关（四川省青川县东沙州镇）出兵，攻击北魏帝国的葭萌（即晋寿，四川省广元市西南）。北魏帝国新任益州（州政府晋寿）州长（刺史）傅竖眼，派虎威将军强虬（强，姓。虬，音qiú〔求〕），攻击南梁帝国信义将军杨兴起部队，斩杨兴起，夺回白水关。南梁帝国宁朔将军王光昭，又在阴平（四川省剑阁县西北）被北魏军击败；于是，张齐亲自率领精锐兵团二万余人，攻击傅竖眼。

秋季，七月，张齐攻势瓦解，全军溃败，向后撤退，小剑、大剑等据点守军，都放弃险要逃走（四川省剑阁县大剑山西北十五公里，有小剑山，李白诗："一夫当关，万夫莫开。"就是咏此）。东益州（州政府武兴）再回北魏帝国版图。

八月十一日，北魏政府任命胡国珍（胡太后的老爹）当骠骑大将军、开府仪同三司（宰相级）、雍州（州政府设长安〔陕西省西安市〕）州长（刺史）。胡国珍年老，胡太后根本不打算教他离开首都洛阳，只是盼望老爹享受独当一面大员的荣耀而已，并不前往雍州（长安）接事。

10 南梁帝国淮南大坝总监（都督淮上诸军事）康绚，既被召回京师（首都建康），徐州（州政府钟离）州长（刺史）张豹子，如愿以偿，接任他的工作，但对大坝不再修护保养。

九月十三日，淮河水位暴涨，大坝崩溃，发出巨雷般声响，三百华里之遥，都听得清楚。沿淮河下游两岸所有村庄十余万人，全被洪水吞噬，漂入大海（东海）。最初，北魏帝国对淮河大坝深感忧虑，命任城王元澄当最高统帅（大将军）、南征大军最高司令长官（大都督南讨诸军事），率大军十万人，进入紧急状态，将由徐州（州政府设彭城〔江苏省徐州市〕）出动，攻击大坝；国务院右执行长（尚书右仆射）李平认为："不需要动用兵力，大坝最后一定自己毁坏。"等大坝崩溃消息传到京师（首都洛阳），胡太后大为高兴，对李平的赏赐，极为厚重；元澄大军也不再出动。

淮河大坝自五一四年十月兴建，南梁帝国投入人工二十万。五一五年大寒，约冻死的也有十五万人，而终于在五一六年四月完成，历时一年零七个月。完成后只维持五个月，霎时之间，竟告崩溃，淮河下游村庄人民，席卷一空，全部冲入大海，死亡又十余万人。

当大坝兴建之初，具有专业知识的工程人员，就提出警告：沙多水急、河床不够稳固，不可能成功。然而，以南梁帝（一任武帝）萧衍为首的大权在握官员，认为大坝可以成功时，大坝一定可以成功；那些指出淮河沙多水急、河床不够稳固的专家，只不过是专唱反调、受外国人利用、别有居心、顽强的叛乱分子。

历史上无数“淮河大坝”事件，多少人在权力就是知识的颟顸决定下受辱受苦，丧失生命。这一观念如不能改，中国人还将继续付出代价。

11 九月二十八日，南梁帝国政府大赦。

12 北魏帝国胡太后常常前往皇亲国戚家，总监督长（侍中）崔光，上疏劝阻说：“《礼记》上说：‘封国国君，如果不是因为探病吊丧，而竟到臣属之家，谓之戏谑。’只提封国国君，不提国君夫人，表示国君夫人根本没有前往臣属家宅的道理。对国君夫人而言，爹娘在时，可以回家省亲——归宁；爹娘去世，则连她自己都不可以回家，只能派一个人，代表她回家探望兄弟侄子。西汉王朝上官皇后，将要罢黜刘贺（九任帝）的时候；霍光，是上官皇后的外祖父，身居宰相之职，而上官皇后仍高坐特设的武帐之中（参考前七四年六月），接见文武官员，表示男女有别。现在，皇族之家生男育女，贵族之家升官晋爵，请求殿下亲临祝福的地方，越来越多，假若不加节制，势将成为惯例。但愿殿下不再出宫，全国都有依靠，人民皆大欢喜。”

任城王元澄，因北方沿边将领的选拔，越来越轻率，深恐柔然汗国（瀚海沙漠群）侵犯疆界，皇家祖先墓园受到威胁（北魏帝国六任献文帝拓跋弘以前各帝，都埋葬盛乐〔内蒙古和林格尔县〕西北金陵），上疏请特别慎重将领的人选，并加强边防戒备。胡太后命三公及部长级高级

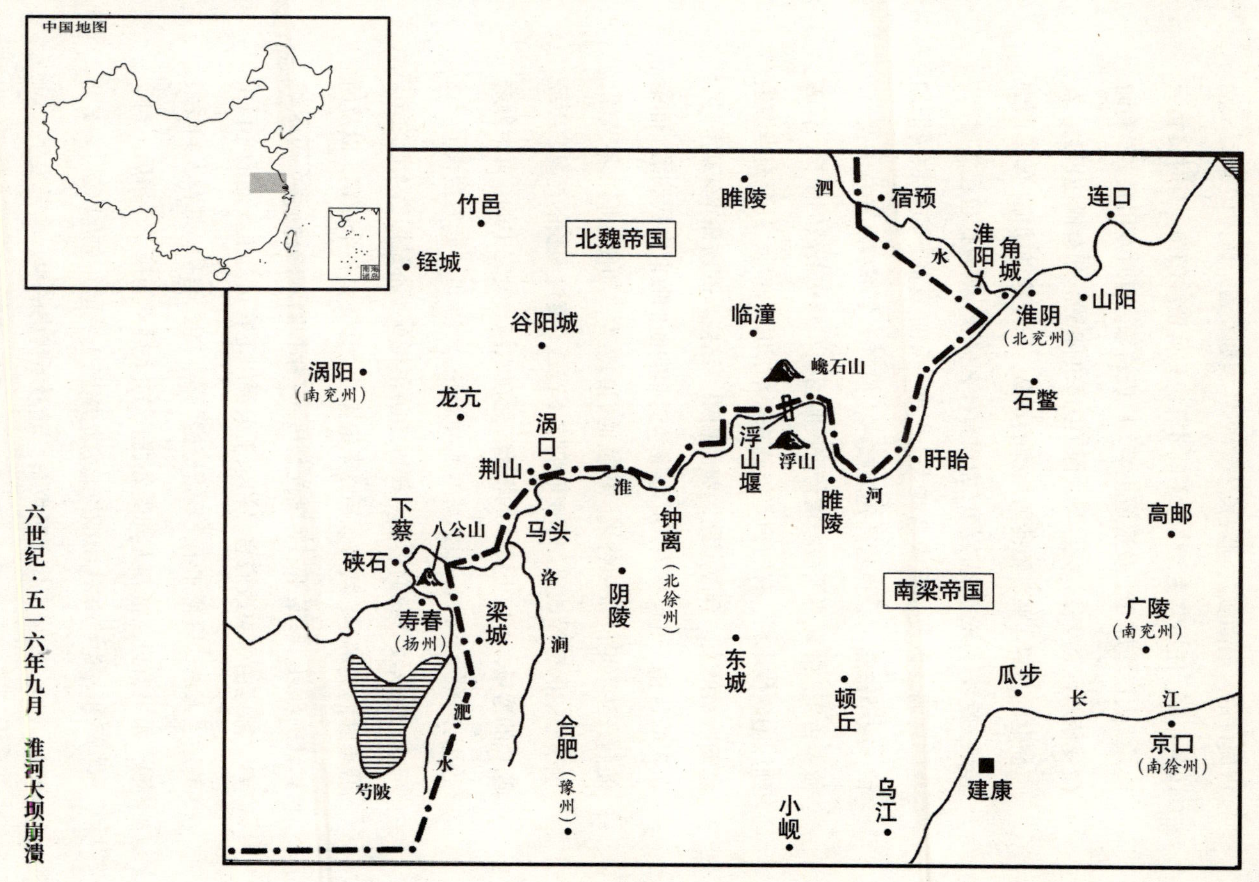

六世纪·五一六年九月　淮河大坝崩溃

官员讨论，最高法院副院长（廷尉少卿）袁翻发言，认为："最近，沿边各州郡，任用官吏，往往不问才干，只问资格门第。有时贪官当道，就大量增加守卫及巡逻士卒，广设将领。有时专用亲戚，有时接受贿赂；全没有战死沙场、保卫国家的心意；却有抓住机会，发点横财的打算。平日驱使所指挥的军队，到处抢夺劫掠。如果遇到强敌，就被俘虏，充当奴隶；如果有什么擒获，则收作自己的财产。身体衰弱，以及年纪太老或太小之辈，稍微具备一点炼铁铸铜知识，或稍微熟习一点营造建筑技术，没有一个不被从军营中搜出，派做苦工，受到将领百般虐待。其他留在军营中备战的士卒，有的到深山砍伐木材，有的到郊外割除野草，填平洼地；甚至充当做生意的贩卖商人，奔波道路，前后相望。这些人的薪俸本来就很少，贩卖的货物，更是有限，可是将领们却向他们收取实数绸缎，而给他们升斗不足的杂粮谷米，榨枯他们的苦力，却使他们衣不蔽体；坐享他们的劳役成果，却使他们吃不饱饭；度过漫长的严冬，历经酷热的盛夏，再加上疾病的折磨，死在水沟山涧之中的，有十分之七八（捍卫国家的英勇战士，受到的待遇，却是如此，使人落泪）。北方敌人（指柔然汗国），所以侵略我们边疆，都因边防军将领，不是适当人选之故。我愚昧的见解是：从今以后，无论南北，边防军各个重镇，以及所管辖的郡县、参谋秘书等辅佐官员，从指挥官（统军）到驻军司令（戍主），都应由中央政府官员和亲王公爵以下官员，推荐他们心目中的适当人选，只管才干，不管资格门第。如果有功，推荐人同受赏赐；如果有过，推荐人同受处罚。"胡太后不能接受。稍后，到了本（六）世纪二〇年代中期，北方边境民变纷起，逼近故都（平城，山西省大同市），蹂躏历代皇帝坟墓，元澄所忧虑的事，全部发生（参考五二四年五月、五二六年七月）。

13 冬季，十一月，南梁帝国交州（州政府设龙编〔越南河内市东北北宁省〕）州长（刺史）李畟，斩变民首领阮宗孝，把人头送到首都建康（江苏省南京市）。

14 最初，北魏帝国八任帝（宣武帝）元恪，在首都洛阳兴建瑶光寺，还没有完工（七任孝文帝元宏时，已建瑶光寺，元恪当是施行装修或扩建工程）。

本年（五一六），胡太后又兴建永宁寺，位置都在皇宫旁边。又在伊阙口（洛阳城南）兴建石窟寺，工程的精美，无以复加，而永宁寺尤其华丽，高达一丈八尺的金佛像有一个，跟普通人一样身材的金佛像有十个，玉佛像有二个；又兴建九层佛塔，挖掘地基，深到挖出泉水。佛塔高达九十丈，佛塔顶柱又高达十丈；夜深人静时，钟声远传十华里。佛殿仿效皇宫太极殿，殿门仿效皇宫端门。和尚住的房舍，有一千间，陈设的珠宝璧玉和绫罗绸缎，使人目瞪口呆。自从佛教传入中国，佛塔和庙宇的盛大，从来没有如此过。扬州（州政府设寿阳〔安徽省寿县〕）州长（刺史）李崇，上疏警告，他说："高祖（七任孝文帝元宏）迁都洛阳，已三十年（参考四九三年九月；迄今二十四年），皇家大会堂（明堂）没有整修，太学早已荒废，城墙及政府机关房舍，很多也都损坏；这不是继承祖先遗志、建立万国榜样的办法。而今，国立大学（国子学）虽然有学校的名称，却没有学校的事实，跟'菟丝'不是丝、'燕麦'不是麦、'南箕'不是箕、'北斗'不是斗，有什么分别（菟丝是一种植物〔参考八二年〕，虽有丝之名，却不能纺织。燕麦跟小麦不同，虽有麦之名，却不能供人食用。南箕是一个星座，虽有簸箕之名，却不能簸扬东西。北斗也是一个星座名，虽然有斗之名，却不可以装酒〔古代用斗装酒，后代用斗量米〕）！事情不能两方面同时兼顾，必须有一件事情优先。最好是停止皇家御库房（尚方）精致的雕刻作业，遣散永宁寺奔走的差役苦工，减少瑶光寺使用的木材砖瓦，解散石窟寺雕塑佛像的工匠，以及各种并不是紧急的工程，都应废除。而留待冬季农闲的时候，再行继续，使帝国显示威严形象！礼仪教化得以推行，岂不美好！”胡太后用措辞温和嘉许的诏书，作为回答，但不接纳他的意见。

胡太后信仰佛教，崇拜佛祖，民间很多人家的男子，全都去当和尚，以致后代灭绝（和尚不能结婚，是中国大乘佛教的戒法，日本小乘佛教系统则和尚可以结婚生子）。高阳王府亲王宾友（高阳王友）李玚（音yáng〔洋〕），上疏说：“天下罪恶，有三千种，没有比‘不孝’的罪恶更大。‘不孝’中最大的‘不孝’，莫过于断绝祖先祭祀香火。（孔丘语：“应受刑法处分的罪有三千种，最重的不能大过不孝。”孟轲语：“不孝有三，没有后代是最大的不孝。”）岂可以轻率的准许他们违背礼教，放纵他们去信仰佛法！双亲年纪已老，不肯奉养，反而抛弃家庭，划清界限；摧毁今世的恩情，追求来生来世的利益。孔丘说：‘不知道生，怎么知道死！’（《论语》孔丘语）天下之大，怎么会有人舍弃堂堂正正的道路，而投身“鬼教”！而且，南方敌人（指南梁帝国）还没有臣服，各种差役，层出不穷，人民所以纷纷去当和尚，多数不过是为了逃避兵役苦差。如果随他们自由发展，势将消灭父慈子孝的天伦之情，天下所有男子，都成了佛教和尚。”（和尚可免除各种差役，庙宇所属田地，又可不缴田赋）佛教总监（沙门统）僧暹等，对李玚诋毁佛教是“鬼教”，大为愤怒，认为是对佛祖的一种严重诽谤，向胡太后哭泣控诉，胡太后责备李玚，李玚说：“天神称神，地神称灵，人死之后称鬼。古书上说：‘光明的地方有礼仪音乐，黑暗的角落则有鬼神。’光明的地方堂堂正正，黑暗的角落出现鬼教。佛祖（释迦牟尼）本是人身，死后称他的魂魄是鬼，我愚昧的认为，不是诽谤。”胡太后虽然知道李玚的话不错，但是不愿使僧暹等人没有面子，于是，罚李玚黄金一两。

征南大将军田益宗，请求当东豫州（州政府设新息〔河南省息县〕）州长（刺史），用以召唤他的两个儿子回归（田益宗二子投奔南梁帝国事，参考前年〔五一四〕二月），胡太后不准，田益宗就在洛阳逝世。

15 柔然汗国（瀚海沙漠群）可汗（十一任伏跋可汗）郁久闾丑奴，雄壮强悍，精于指挥作战。本年（五一六），远征西域（新疆及中亚东部）高车王国（新疆吐鲁番市北），大破高车，生擒高车国王弥俄突。捆住弥俄突的脚，拴到一匹劣马上，鞭打劣马狂奔，把弥俄突活活拖死，然后砍下人头，涂上油漆，当作酒壶（郁久闾丑奴的老爹十任可汗〔佗汗可汗〕郁久闾伏图，被弥俄突击斩，参考五〇八年十二月）。邻近各国，原先本属柔然汗国，后来又背弃柔然汗国的，郁久闾丑奴都一一击灭，汗国声势恢复。

五一七年 丁酉

南梁　天监　十六年
北魏　熙平　二年
（柔然汗国建昌十年）

1 春季，正月九日，南梁帝国（首都建康〔江苏省南京市〕）皇帝（一任武帝）萧衍（本年五十四岁）前往首都建康南郊，祭祀天神。

2 北魏帝国（首都洛阳〔河南省洛阳市东白马寺东〕）“大乘”变民集团残余部众（法庆的党羽，参考前年〔五一五〕六月），突然攻入瀛州（州政府设赵都军城〔河北省河间市〕）；州长（刺史）宇文福的儿子、编制外事务顾问官（员外散骑侍郎）宇文延，率领家奴和宾客抵抗，变民军纵火焚烧州长（刺史）官舍住屋，宇文延突入火海，把老爹抱出来，以致头发肌肉皮肤，都被烧焦；指挥部属苦战，变民军终于被驱逐，四散逃走。宇文延追击，完全消灭。

正月十二日，大赦。

北魏帝国建国初期（四世纪八〇、九〇年代），商业交易，像初民社会一样，用物换物，从不用钱，直到一百年后的五世纪四九五年，才开始铸造“太和五铢钱”（参考该年〔四九五〕十二月），派冶金工程师到矿山设立熔炉铸钱（参考该年〔四九五〕十二月）；人民想要自己铸钱的，可以把铜铁带去，借用政府的熔炉；但必须使用精炼的铜，不可以有其他的杂质。本世纪（六）五一〇年，再铸五铢钱；对不合标准的钱，一律查禁。可是，不久，首都洛阳及各州镇所用的钱，大小重量，都不相同，商业上的交易，完全停顿。国务院总理（尚书令）任城王元澄上疏，认为：“禁止使用的钱币，法律有明文规定，指的是‘鸡眼’（钱小如鸡的眼睛）、‘凿边’（把外缘凸起部分的铜凿掉）；并不禁止其他。而黄河以南各州现在通行的钱币，并不在禁止之列，却于前些时禁止，使愚昧的我大惑不解。黄河以北各州，既没有铸造新钱，而又禁止旧钱，只好物物交换，用单丝织成的细绢和经纬线稀疏的棉布，当作钱币，它们的宽度既窄，长度又短，不符合普通的规格。而且为了支付零星的开支，不得不把整匹的细绢、棉布，剪成一尺长短，用来作为辅币；如此，白白浪费纺织的辛劳，而又无法免除饥寒的痛苦，这绝不是救灾救难、保护人民的心意。使用钱币，只要用绳子把它们串起来就行（古代钱币，当中开方孔，日本则在当中开圆孔，比方孔更为便利），不需要去量它的长短、秤它的轻重，既公平又方便，是一种对世人最有裨益的措施，应无疑义。请求下令各州各镇，如果‘太和钱’和新铸五铢钱，以及民间惯用的古钱，只要形状完好，即令大小不同，也都应该流通，至于某种钱贵，某种钱贱，则由当地自由市场自行决定。希望钱币流通全国，公私两便。至于‘鸡眼’‘凿边’以及盗铸，或把大钱毁掉，另铸小钱，或其他花样翻新的犯罪行为，都依照法律处罚。”北魏帝（九任孝明帝）元诩（本年八岁）下诏（胡太后诏）批准。可是，黄河以北钱的数量，仍然太少，人们仍然物物交易，钱币仍不能进入市场。

3 北魏帝国将领们，伪造战功，或假冒别人战功的人很多，国务院左秘书长（尚书左丞）卢同，查阅国务院文官部考选司（吏部）有关记录档案，重新检查求证，查出非法升迁的三百余人，于是上疏说：“请把国务院文官部考选司（吏部）、国防部民兵司（中兵）两司的战功档案，集中审查，对照原来的公文书，重新订定，编造两份，一份送考选司（吏部），一份留民兵司（中兵）。官兵作战，砍下人头，累积到可以晋升一级以上的数目时，就命中央特遣政府参谋长（行台军司）发给证明书一纸，由当中直裂为二，一半交立功的官兵，一半送监督院（门下），用以防止诈伪或投机取巧。”胡太后批准。卢同，是卢玄的族孙（卢玄事，参考四三一年九月）。首都洛阳警备区司令（中尉）元匡上疏，请求自五〇〇年（八任宣武帝元恪即位第二年）起，内外考核调查表册，包括国务院文官部考选司（吏部）所有的任官令、国防部民兵司（中兵）所有的功劳簿，以及最劣最优者的档案，打算查出非法升级及非法得到官位的人；胡太后批准。国务院总理（尚书令）、任城王元澄，上疏反对，认为：“国家法令，最忌苛刻琐碎，治理人民，最贵简单明了。监察官（御史）的责任，就是向中央呈报他所听到的消息，如果听说某人有假冒战功，不法升迁情事，只可以调阅某人的档案文卷，研判考核真假，给予适当的刑罚。岂有把国务院（尚书）所有档案全部移送总监察署（御史台），去追究‘两纪’间的旧事（十二年称一纪。自五〇〇年至本年〔五一七〕，只十八年），用这种方法寻求过失，谁能逃罪？圣明王朝，应特别慎重。”胡太后才打消原意。但考虑对元匡的建议，每次都予拒绝，元匡可能提出辞呈，打算用一种奖赏，作为安抚，遂加授元匡：镇东将军。

二月十六日，更封元匡当东平王。

4 三月十五日，南梁帝萧衍，手令纺织官："一切刺绣，不准刺绣出神仙、飞鸟、走兽等形状；因为将来制装剪裁时，可能损坏图案的躯体，违背仁爱、宽恕的美德。"

5 三月二十六日，北魏帝国广平王（文穆王）元怀（七任孝文帝元宏子）逝世。

夏季，四月十八日，任命立法院总立法长（中书监）胡国珍当宰相（司徒）。

6 南梁帝萧衍下诏：皇家祖庙祭祀时宰杀牲畜献祭，伤害上天好生之德，应该用面做成的牲畜，作为代替。于是无论政府及民间，惊骇喧哗，认为皇家祖庙不宰杀牲畜祭祀，是祖先不再"血食"的恶兆；萧衍坚持不变（古人认为：宰杀牲畜，取出鲜血，用来祭祀祖先，祖先才能享用）。国务院八位主要官员（八座）讨论，决定用肉干代替活牛。

7 秋季，八月十八日，北魏帝元诩下诏（胡太后诏），命太师（上三公之一）、高阳王元雍，入宫居住监督院（门下），参与裁决国务院（尚书）所上奏章。

8 冬季，十月，南梁帝萧衍下诏，因皇家祖庙祭祀时，仍用干肉腊肉，命研究用植物代替。于是，决定用面做的大饼，代替干肉；除了大饼，其他献祭物品，都用蔬菜水果。而且，另行兴筑至敬殿、景阳台，设置皇家祖先七庙的牌位，每月中旬，再献祭一次素食。

9 十月二十七日，北魏帝元诩下诏：北京（故都平城，山西省大同市）知识分子及居民，还没有南迁到洛阳（河南省洛阳市东白马寺东）的，从今之后，全体留下，把平城作为祖居（此后再想南迁，政府也不批准）。

10 十一月七日，南梁帝国巴州（北巴州，州政府设阆中〔四川省阆中市〕。与南梁州同城）州长（刺史）牟汉宠叛变，投降北魏帝国。

11 十二月，柔然汗国（瀚海沙漠群）可汗（十一任伏跋可汗）郁久闾丑奴派“俟斤”（官名）尉比建等，前往北魏帝国，请求以平等地位和解。

12 本年（五一七），南梁政府任命首都西区卫戍司令（右卫将军）冯道根，当豫州（州政府设合肥〔安徽省合肥市〕）州长（刺史）。冯道根性情谨慎，对人宽厚，木讷不善言辞；能约束士卒行动，军纪森严。每遇到各将领争功时，只冯道根在旁不言不语。处理事务，清廉扼要，官员和人民，对他都十分感念。南梁帝萧衍曾经叹赏说：“冯道根在哪里，哪里就平静无事，使中央政府想不起还有一州。”

13 北魏帝国国务院执行官（尚书）崔亮，上疏请求在王屋等山（王屋山在河南省济源市西北），开采铜矿，铸造钱币，胡太后批准。但自此之后，民间很多人纷起私铸，钱越来越小、越来越薄，分量更轻。

五一八年 戊戌

南梁　天监　十七年
北魏　熙平　三年
　　　神龟　元年
（柔然汗国建昌十一年）

1 春季，正月八日，北魏帝国（首都洛阳〔河南省洛阳市东白马寺东〕）封氐民族部落酋长杨定（时驻葭芦城〔甘肃省陇南市武都区东南〕）当阴平王。

秦州（州政府设上封〔甘肃省天水市〕）羌民族部落，聚众起兵。

2 二月七日，南梁帝国（首都建康〔江苏省南京市〕）安成王（康王）

萧秀逝世（年四十四岁）。萧秀跟南梁帝（一任武帝）萧衍（本年五十五岁），有平民时代的兄弟之情；兄弟后来成为君臣，萧秀更小心翼翼，对老哥萧衍的畏惧尊敬，超过其他血统疏远、地位卑微的人，萧衍因此更觉得他见识卓越。萧秀跟老弟、始兴王萧憺，尤其友爱，萧憺当荆州（州政府设江陵〔湖北省江陵县〕）州长（刺史），为时很久（五〇二年至五〇六年），常把自己的薪俸，分送萧秀（二人同一娘亲吴太妃），萧秀高高兴兴的接受，从不嫌多。

二月十八日，大赦。

3 二月二十三日，北魏帝国大赦，改年号神龟（之前是熙平三年，之后是神龟元年）。

东益州（州政府设武兴〔陕西省略阳县〕）氐民族部落叛变。

北魏帝（九任孝明帝）元诩（本年九岁），接见柔然汗国（瀚海沙漠群）使节（参考去年〔五一七〕十二月），责备柔然汗国没有尽到藩属的礼节。然后决定依照西汉王朝善待匈奴汗国的前例，派使节前往柔然汗国报聘（西汉王朝跟匈奴汗国之间的关系，因国势强弱不同，身价也随之不同。五任帝刘恒时，两国约定是兄弟之邦，参考前一七四年。十任帝刘病已时，匈奴汗国已降为臣属，参考前五二年。北魏帝国当是以兄弟之国待柔然，才有下述的张伦之奏）。农林部副部长（司农少卿）张伦，上疏劝阻，说："太祖（一任帝拓跋珪）开疆拓土，创立帝国，没有多余的时间照顾北方，以致使跳梁小丑，在那里像游魂一样四处飘荡（拓跋珪全力向南方开拓时，柔然一任可汗郁久闾社仑，在北方崛起。参考四〇二年正月）。以后也因为中国（北魏帝国自称）不断发生事故，不得不先行处理内部，而对夷狄（柔然汗国）暂时放宽。高祖（七任帝元宏）全力策划迁都，没有抽出时间北伐。世宗（八任帝元恪）继承遗志，对贼虏（柔然汗国）派来的使节，仅是接待，而不报聘（参考五〇六年十月）；只因圣明的君王在位，国富兵强，竟然跟敌人以平等地位相待，怕些什么？目的何在？而今，贼虏（柔然汗国）虽然感激我们的恩德，前来和解，也同时要观察我们的实力，如果派皇家使节，出现贼虏（柔然汗国）的巢穴，跟他们首领称兄道弟，恐怕不是祖宗的心意。万一，实在是不得已，必须跟他们来往，也应颁发诏书，显示上下有别；命宰相写信给他们可汗，告诫他们归顺的道理，然后观察反应，逐渐的用恩德招致他们归降，用威力镇压他们反抗，则君王的体制才可以正大。怎么只因为戎狄之间，发生互相吞并（柔然新灭高车，参考前年〔五一六〕十一月），就使帝国的荣誉，受到伤害！”胡太后不接受。张伦，是张白泽的儿子（张白泽事，参考四七七年十一月）。

三月十六日，灵寿公爵（武敬公）于忠逝世（年五十七岁）。

南秦州（州政府设骆谷城〔甘肃省西和县南〕）氐民族部落叛变。中央政府派龙骧将军崔袭“持节”，前往安抚。

夏季，四月十二日，宰相（司徒）、秦公（文宣公）胡国珍（胡太后的老爹）逝世（年八十岁）。胡太后下令追赠皇帝御用的铜斧（假黄钺），相国、全国各军区总司令长官（都督中外诸军事）、太师（上三公之一），号称“太上秦公爵”，用特别隆重的礼节，把他安葬；同时赠给死者衣服及仪仗卫队，每一件赏赐都十分优厚。又迎接胡太后的娘亲皇甫女士的灵柩，跟胡国珍合葬，称“太上秦孝穆君”。议论资政官（谏议大夫）、常山郡（河北省正定县）人张普惠，认为：“前代皇后的老爹，没有人可以称‘太上’，‘太上’二字，不可以加到臣属的官衔之上。”前往宫门上疏，竭力反对，但没有人敢给他传达。正巧，胡家挖掘墓穴，深处有块巨大岩石阻挡，挖不下去，张普惠遂再呈递密奏，指出：“天上没有两个太阳，地上没有两个君王。‘太上’一词，由

'上'字而生。皇太后的命令，不单称'敕'(皇帝手令称敕)，而称'敕令'，是采取妇女'三从主义'(在家从父、出嫁从夫、夫死从子)，为的是使之媲美古时的文母(周王朝一任帝姬发的祖母，文王姬昌的娘亲)，列为十位大贤之一(孔丘认为：人才难得，周王朝建立之初，大贤只有十人，其中一人还是妇女。计：姬旦、姬奭、姜子牙、姬高、荣公〔姓名不详〕、太颠、闳夭、散宜生、南宫括、文母)。而今，宰相(胡国珍)加'太上'称号，恐怕跟不称'敕'而称'敕令'的意义，恰好相反。孔丘说：'一定先要正名！'最近，选择墓穴，因为太浅(发现岩石)之故，改到别的地方，也或许是天地神明提出的警告，开启圣主的心灵。希望取消逼近帝座的'太上'称号，换取谦虚正大的福分。"胡太后于是亲到胡国珍私宅，召集五品以上官员，举行扩大会议，加以讨论。亲王及公爵等迎合胡太后的旨意，纷纷发言指摘诘问。张普惠随机应变，辩论分析，没有人能把他驳倒。胡太后派妹夫元义传达命令给张普惠，说："我所以这么做，是孝女之心。你所以那样坚持，是忠臣之言。高阶层官员已经定议，你不可以勉强使我改变主意。以后如果发现政府行事缺点，不要不肯开口。"

胡太后给老爹胡国珍，兴筑一座庙院，雄壮华丽，跟永宁寺一样。

国务院(尚书)又上奏，请恢复民间的"棉麻税"，张普惠上疏反对，认为："高祖(七任帝元宏)废除大斗，截短长尺，加重秤锤(参考四九五年六月)，减轻赋税，爱护人民。因军事及政府开支，都需要棉麻，所以特别在征收绸缎时加征棉花八两，在征收布匹时加征麻十五斤。人民从度量衡——尺斗秤上，节省下来的金钱，购买棉麻，还有剩余，所以踊跃的缴纳供应。可是，从那时起，征收绸缎布匹时，所用的尺，逐渐加长。人民叹气怨恨的声音，无论政府民间，都可听到（长度标准被利用为贪污工具，参考五一四年十一月）。宰相们不去了解根本问题在于布的宽度，和尺的长度，径行下令废除加征棉麻（于忠废除棉麻事，参考五一五年三月）；现在，国务院（尚书）又因国库收入不够开支，打算再恢复加征。摧毁政府的诚信，抛弃已经发布的明令。想补救从前的过失，却犯下更大过失。从没有想到，国库中多的是棉麻，只不过被文武官员，共同盗取一空！我怎么知道？试看，人民缴纳时，有时一斤的货物，能多出一百铢，从来没有听说主管单位因此去责备州郡；可是，只要有一点小小的瑕疵，往往逮捕一户之主（家长），并使三长连坐（三长：邻长、里长、村长；参考四八六年二月）。所以国库中的绸缎布匹，多数超过规格，文武官员领取薪俸，人人要长、要宽、要重，毫无标准，从没有听说有因绸缎布匹太长而退还的。而今又要加征棉麻，应该先校正秤、尺，明确的订定标准，不可放任。务使全国都知道二位圣人（小娃皇帝元诩及胡太后）是如此爱护人民，尊重法律。则五世纪八〇、九〇年代（七任帝元宏在位期间）的太平盛况，当在现代重现。”（北魏政府接纳了此建议没有？人民生活改善了没有？史书上没有记载，只记载这一份奏章。）

张普惠又因北魏帝元诩，喜欢在御花园中骑马游乐，不亲自出席金銮宝殿的朝会；而且迷信佛教，过度推崇佛法，以致南郊祭祀天神、皇庙祭祀祖先的事，多数都交付有关单位办理。于是上疏恳切规劝，说：“建立不可思议的幽冥中的基业，从人民身上榨取巨额的财富。减少薪俸，剥削民力，强迫他们奉养什么事都不做的和尚尼姑；崇敬寺庙，装饰华丽，追求未来不可预知的回报。群臣天色微明时入朝，却停留在宫门之外叩头；谈玄弄虚的和尚尼姑，在宫门之内游荡。违背礼教，不合时宜，人神二者，无法契合。我愚昧的认为，与其从早到晚去培养下世的‘因’，去追求无数劫难后产生的‘果’，不如促进人民，快乐欢喜，全心全意，奉养父母；使世间一派升平，天灾人祸，永不发生。我唯一的希望是，陛下行为谨慎，建立威仪，做万邦仿效的典型，表达主持南郊祭天、皇庙祭祖的虔敬，显示出席初一日及十五日两天祭典的礼仪。前往国立大学，设宴款待教师：全力关注田亩，推广农耕。酌量裁撤庙院僧侣们并不十分急需的费用，恢复文武百官很久以来就被折扣发放的薪俸（五一五年三月，于忠已下令恢复文武百官全薪；或是之后再行折扣）。工程进行中的寺庙，命它简单完成；还没有动工的寺庙，一律不再动工。孝顺父母，友爱兄弟的热诚，上通神明；道德提升，教化普及的成绩，传播四海。节约用度，爱护人民，无论佛教徒或凡夫俗子，都有所依赖。”不久，胡太后手令讨论宴请教师的礼节。而且从此，皇帝每月召见一次文武百官；都是张普惠的建议。

张普惠再上疏评论当时政治上的得失，故太后带着娃儿皇帝元诩，在宣光殿召见张普惠，就每件事提出询问和驳难。

4 南梁帝国临川王萧宏的小老婆群的弟弟吴法寿，杀了人而躲到临川王府，南梁帝萧衍手令萧宏把吴法寿交出，当天，吴法寿即行伏诛。总监察署（南司）奏请免除萧宏的官职，萧衍批示说：“爱萧宏的人，是兄弟的私情；免萧宏的官，是帝国尊严的法律；所奏照准。”

五月二十四日，撤销萧宏的宰相（司徒）、骠骑大将军、京畿总卫戍司令（扬州刺史）等职务。

萧宏自从洛口溃败逃回（参考五〇六年九月），心里既感惭愧，又感懊恼。首都建康（江苏省南京市）每次发生群众集结或混乱暴动，差不多都利用萧宏的名字，作为号召。不断被有关单位弹劾，南梁帝萧衍每次都赦免不问。有一次，萧衍前往光宅寺（萧衍故居改建），有刺客埋伏于骠骑桥（萧宏的王府面对秦淮河，河上建桥，用萧宏的官名，当作桥名），准备萧衍夜间经过时，发动突击。萧衍就要动身，忽然第六感使他心中一动，临时改走朱雀桥。阴谋后来泄露，刺客被捕，供称是萧宏派遣。萧衍哭泣流泪，对萧宏说："我的才能，超过你一百倍，身居此位，仍恐怕不能胜任，你怎么做出这种事？我不是不能当刘恒（西汉王朝五任帝文帝。刘恒杀老弟刘长事，参考前一七四年），只是可怜你愚不可及。"萧宏叩头，誓言绝对没有这种事。萧衍遂借口他藏匿吴法寿，免除他的官职。

萧宏奢侈豪华，超过一个亲王应有的限度，聚敛金银财宝，贪得无厌。家有巨大库房将近一百间，在寝宅的后院，门窗紧闭，封锁森严，有人怀疑里面储存武器，向萧衍告密。萧衍对兄弟之情，极为浓厚，所以心中大不愉快。某一天，萧衍送一桌丰盛的酒席给萧宏最宠爱的小老婆群江女士，吩咐说："我马上来欢宴。"到时候，萧衍只带老部属、射击兵团指挥官（射声校尉）丘佗卿前往，跟江女士、萧宏痛饮，酒过三巡，有点半醉，萧衍说："我到你后院走走。"立刻乘轿前往，萧宏恐怕萧衍发现他收藏的贿赂，恐惧震骇，脸色大变，萧衍越发怀疑。于是一个屋子挨一个屋子查看，每一百万钱作为一堆，悬挂黄色标帜；十堆（一千万钱）作为一库，悬挂紫色标帜。仅钱库就有三十余间。萧衍跟丘佗卿屈指计算，现钱就有三亿余万；其他房间则储存布匹、绸缎、蚕丝、棉花、油漆、蜂蜜、细麻、蜡烛等杂货，只看到把仓库填得满满的，不知道到底多少。萧衍这时候才知道并不是武器，大为高兴，对萧宏说："阿六，你生活过得不错！”（萧宏是六弟）于是，更开怀大饮，直喝到深夜，在侍卫人员高举火炬下回宫，兄弟之间，遂更和睦。

萧宏原不过是一个小职员——南齐帝国北翼警卫指挥官（北中郎将）、桂阳王（萧烁）的人事管理员（功曹史）。老哥萧衍政变成功，改朝换代，真是一人得道，连蟑螂虫蛆都跟着升天，萧宏也忽然成了亲王。官场定律，官大权大，财富一定也大；但怎么也想不到，十余年间，竟增加得如此之速、如此之巨。这都是小民卖儿卖女，当奴当娼的钱。身为国家元首的萧衍，不但没有愤怒，追查他钱财来源反而因不是武器，而大为欣慰。暴露出中国五千年来难解的一个结：首领对部属的效忠，一直建立不起来信心，所以总是要求忠，而不要求廉，积年累月下来，政府官员贪赃枉法的行为，遂像癌症一样，成为中国传统中最可耻、最致命的一种病毒。

萧宏在首都建康（江苏省南京市），拥有数十栋住宅，而仍贪求不已。借钱给别人时，总要别人把田地、住宅、店面，当作抵押品，写明在合约之上。期满而没有还钱，萧宏就把债务人赶走，强行夺取。京师（首都建康）及东土（首都以东，太湖流域及钱塘江流域），很多人因此流离失所。萧衍后来知道，下诏禁止；从此，即令契约上写明抵押品，也不准夺取。

总监督长（侍中）、中央禁军总监（领军将军）、吴平侯萧昞，文雅而有性格，深受南梁帝萧衍的宠爱，军国大事，都跟他磋商后决定；本年（五一八），萧衍任命他当安右将军、京畿总卫戍司令部执行官（监扬州）。萧昞自己知道亲属关系较远（萧昞跟萧衍同一祖父，是萧衍的堂弟），而超越其他亲弟，主持京畿（扬州），不敢接受，哭泣流泪辞让，萧衍不准。萧昞在京畿总卫戍司令部执行官（监扬州）任内，清明公正，决断迅速，行政及执法，十分严正。

五月二十七日，萧衍任命萧宏当中军将军、立法院总立法长（中书监）。

六月一日，再擢升萧宏代理宰相（行司徒）。

萧宏当将领，使三军覆没；当文官，涉嫌阴谋叛乱；萧衍饶他不死，已经够了，只不过几天工夫，竟重新回来，再居三公高位（五月二十四日免职，六月一日复职，仅只七天）。兄弟之间，诚然有恩，但国家法律，却在何方！

5 最初，洛阳有东汉王朝所立的"三字石经"（参考一七五年），虽然经过无数次战乱，却都没有受到损伤。直到北魏帝国建立，冯熙、常伯夫，相继当洛州（当时洛州州政府设洛阳）州长（刺史），才把"石经"破坏，用刻经的石碑，去修筑佛塔佛舍；所以大部分都颓塌倾倒，偶尔有残存的，也散落在野林荒草之间，被庙里和尚及民间凡夫俗子随意拿走（此事或有误，北魏帝国七任帝元宏在位时，还曾亲自参观；参考四九三年九月）。总监督长（侍中）兼国立大学校长（领国子祭酒）崔光，请求派官员保护，并命国立大学教授（国子博士）李郁等，修补残缺。胡太后批准。可是，不久就发生元义、刘腾政变（参考后年〔五二〇〕七月），事情遂告停顿。

秋季，七月，河州（州政府设枹罕〔甘肃省临夏市〕）所属羌民族部落酋长却铁忽，聚众起兵，自称水池王。中央政府命国务院内政部礼宾司长（主客郎）源子恭，当中央特遣政府总监（行台），进行讨伐。源子恭抵达河州，严令州郡以及中央直属军队，不准侵犯人民一针一线，也不准轻率的跟变民集团作战；然后推广恩德，使对方畏惧、后悔。

八月，却铁忽等相继向源子恭投降。从源子恭抵达河州（州政府枹罕），到和平结束，前后不过二十天。源子恭，是源怀的儿子（源怀，参考五〇六年六月）。

宦官刘腾，不认识字，也不能书写，但诡计多端，善于迎合人的心意。胡太后因他有救命之恩（参考五一五年正月），所以不断擢升他的官位，最后擢升他当总监督长（侍中）、右最高资政官（右光禄大夫），遂干预政府行政，收受贿赂，替别人谋求官职，没有一次不达到目的。河间王元琛，是拓跋简的儿子（齐郡王拓跋简事，参考四九一年十二月），当定州（州政府设中山〔河北省定州市〕）州长（刺史），以贪污闻名于世，离职回京时（首都洛阳），胡太后下诏说："元琛在定州（州政府中山），只差没有把中山宫（后燕帝国时代皇宫）搬来，其他没有一件东西不拿走，怎么可以再用！"遂在家闲居。元琛就拜刘腾当义父，自己当义子，贿赂刘腾的金银财宝，以万为单位计算。刘腾向胡太后说情，胡太后遂命元琛兼任国务院法务部长（兼都官尚书），不久再出任秦州（州政府设上封〔甘肃省天水市〕）州长（刺史）。稍后，刘腾病重，胡太后打算在他还活着的时候，享受更高的荣华富贵。

九月一日，任命刘腾当首都卫戍司令（卫将军），加授仪同三司（宰相级）。

胡太后因天际星辰变异，想用高太后（崇宪太后）承当灾难（高太后谋杀胡太后失败，囚禁瑶光寺当尼姑事，参考五一五年三月）。

九月二十六日，夜晚，高太后遂被害死（没有人知道如何害死）。

冬季，十月十五日，用尼姑的礼节，把高太后埋葬北邙山（洛阳城北），缍号顺皇后（与于皇后缍号相同）。文武百官穿素色衣服，头戴便帽，送到墓地，埋葬后即行脱下。

6 十月二十三日，南梁帝国政府擢升临川王萧宏当宰相（司徒）。

7 北魏帝国胡太后，派使节宋云，陪同佛教和尚惠生，前往西域（西方）寻求佛经。最高监察长（司空）任城王元澄奏称："从前，高祖（七任帝元宏）迁都洛阳（河南省洛阳市东白马寺东），规定城中只准有一个和尚庙和一个尼姑庵，多出来的寺庙，都迁到城外。只因佛法跟世俗是两条不同的道路，和尚尼姑的住处，必须清静，远离红尘。五〇六年，佛教总监（沙门统）惠深，违犯这项规定，在闹市建立寺庙，从此，旧有法令束之高阁，无人执行，私自兴建寺庙的人，越来越多。首都（洛阳）城内，就超过五百所，其中三分之一是霸占民宅，跟屠户酒店，以及其他肮脏污秽的行业，混杂住在一起。往日，代都（故都平城，山西省大同市）有法秀之乱（参考四八一年二月），冀州（州政府设信都〔河北省衡水市冀州区〕）有'大乘'之乱（参考五一五年六月）。政府所以才在五世纪七〇年代至六世纪〇〇年代之间，定下种种限制，不但使出家人和世俗人，划分隔离，也是对发生灾难的可能性，先行预防。当初，如来弘扬佛法，差不多都在山林，而今和尚尼姑宏扬佛法，却眷恋城市；只因他们受到利欲引诱，身不由己。这种人事实上是佛教的渣滓和寄生虫，不但佛祖'内戒'不容许（"内戒"，释迦牟尼为世俗门徒定的五条戒律：不杀生、不偷窃、不邪淫、不妄语、不饮酒）；而且，帝国法律也严格禁止。我建议，首都（洛阳）城内正在兴建中的寺庙，还没有完成、可以迁移的，最好是全部迁到城外郊区；小寺庙里的和尚不满五十人的，应把他们送到大寺庙，而把小寺庙撤销。全国各州，都比照首都办理。"胡太后下诏批准，但并不能实行。

本年（五一八），太师（上三公之一）元雍等，奏称："盐池，是天赐的宝藏，养育人民。从前，政府曾经颁布专卖法令，并不是跟人民争利。只因盐池是天然财源，如果不立法控制，有的受到豪门贵族霸占，有的被附近居民划归己有，远方来的老弱贫民，即令想得到一点，也都绝望。因此，政府才设立官员，负责监督，裁定纷争，无论强者或弱者，同时照顾，务使各得其所。十分之一的捐税，古时就有，关键在于使远近人等，都受到公平待遇，政府或民间，彼此都有利益。后来，甄琛请求解除专卖（参考五〇六年三月），政府官员刚刚撤走，盐池四周的居民尉保光等，立刻接管，划定区域，分割势力范围，执行的严厉，超过政府时代两倍，想怎么征收就怎么征收，盐价贵贱，由他们随便开口。请参考前例，最好是仍由政府收回经营。"胡太后下诏批准。

五一九年 己亥

南梁 天监 十八年
北魏 神龟 二年
（柔然汗国建昌十二年）

1 春季，正月四日，南梁帝国（首都建康〔江苏省南京市〕）政府擢升国务院左执行长（尚书左仆射）袁昂，当国务院总理（尚书令）；右执行长（右仆射）王暕，当左执行长（左仆射）；太子宫总管（太子詹事）徐勉，当右执行长（右仆射）。

2 正月七日，北魏帝国（首都洛阳〔河南省洛阳市东白马寺东〕）皇帝（九任孝明帝）元诩（本年十岁）下诏（胡太后诏），说："皇太后（胡太后）主持政府，亲登宝座，将近半纪（一纪十二年，胡太后临朝听政，参考五一五年九月），以后所下命令，应改称‘诏书’，号令天下。”

3 正月十一日，南梁帝（一任武帝）萧衍（本年五十六岁），前往首都建康南郊，祭祀天神。

4 北魏帝国首都洛阳，发生暴动。

征西将军张彝的儿子张仲瑀，向胡太后呈递“亲启密奏”，建议改变铨叙条例：排斥军人，使军人不能转为文官。消息传出后，引起强烈回响，喧哗诟骂的声音，充满大街小巷，军人开始在各个要道路口，竖立木牌，张贴文告，号召军人在指定的时间地点集合，采取共同行动，屠杀张彝全家。张彝父子反应冷淡，在家安住，毫不在意。

二月二十日，羽林及虎贲警卫军，将近一千人，呼朋引类；到国务院（尚书）集结，大声诟骂，要国务院交出张仲瑀的老哥、国务院财政部户籍司长（左民郎中）张始均；无法得到，于是用砖瓦石头，猛烈攻击国务院大门，政府自高级长官到低级雇员，都被恐惧震慑，不敢出面禁止、干预。变兵遂转移方向，拿起火把，一路点燃路边民间堆积的木柴和蒿草，用木棍和石头作武器，直扑张彝住宅，把张彝拖到院子里（张彝时患半身麻痹，一手一足不能行动），百般侮辱，痛加殴打；变兵呐喊欢呼，声震天地，然后纵火焚烧房舍。张始均跳墙逃走，中途又折回来，向变兵下跪叩头，请饶恕他的老爹张彝一命，变兵冲上来拳脚交加，把他抬起来投进熊熊烈火。张仲瑀也被打得身负重伤，挣扎逃掉，得免一死。张彝奄奄一息，仅只挨过一晚，于第二天死亡（年五十九岁。张彝之死，使我们想到陈留公主嫁给张彝〔参考五〇二年十二月〕时的困难抉择，张彝不久就半身不遂，而今又被殴死，陈留公主何其坎坷，红颜何其薄命）。无论远近，听到这个消息，无不恐惧惊骇。胡太后下令逮捕变兵首领和最凶悍的暴徒八人，斩首；其余的不再追究。

二月二十五日，大赦，用以安抚军心，并准许军人可以依照武官资历，转任文官。有见识的人，知道北魏帝国就要大乱。

柏杨曰

仅只根据《资治通鉴》所显示的史料，我们已听到北魏帝国奏起“亡国进行曲”，一个政权在长期腐败——贪赃枉法，赏罚颠倒，和严重的颟顸无能之后，一声响亮，亡国进行曲的乐声大作。洛阳暴动就是这声响亮，像安徒生童话中的魔曲，北魏帝国统治阶级，抛弃荣华、舍掉富贵，如痴如醉的紧随魔法师——暴君贪官之后，奔向死谷，谁也阻挡不住。

变兵在大街小巷公布集合日期，政府如果早早出面，或张彝父子如果稍稍让步，事情可能因安抚而化解。可以想象，一定有人向张彝父子提出过警告，父子二人的反应在预料之中的：“什么！嘿嘿嘿，他们敢！沟通？他们没有撒泡尿照照尊容，随便几个犯上作乱的武夫喊叫几句，政府就改变立场，威信安在？他们胆敢动一动，军法伺候！”这就是冥顽不灵，一针扎不透，两针则扎死。洛阳暴动，就是两针。

有人认为北魏帝国之亡，亡于对洛阳暴动案处罚的不够严重。这些人包括高欢在内，都没有看清楚病因，胡太后的善后动作，是她这一生中唯一的一次最正确、最智慧的措施。变兵一千人，诛杀领导八人，已经够多，难道必须全体处决，北魏帝国才能有救？不立即大赦，势将逼出更难控制的反击，一千将士加上他们的同党，在首都作殊死战，恐怕将再蹈王允的悲剧（参考一九二年五月）。而立即废除新法，更显示胡太后应变的能力，如果她要坚决维持所谓政府威信，那可是埋下威力更大的定时炸弹。

洛阳暴动是中国有史以来，影响最大的暴动之一，虽然它仅只停留在暴动阶段，并没有晋升到政变层面，但亡国进行曲既起，北魏帝国尊贵的皇亲国戚，就只好像猪羊一样被屠被宰，别人既不能使他们身陷灾难，也不能使他们免于灾难。九年之后，胡太后跟小娃皇帝，被投入黄河，活活淹死；十五年之后，北魏帝国分裂；三十七年之后，两魏帝国先后瓦解。统治者在势力强大时所作的孽，一一回收——拓跋家族遇到的，是历史上最残酷无情的回收。

当时，北魏帝国官员缺额很少，可是候补的官员，人数多，国务院文官部长（吏部尚书）李韶，依照法令任用，困难重重，引起大家普遍怨恨。政府遂擢升国务院宫廷保安部长（殿中尚书）崔亮当文官部长（吏部尚书）。崔亮创立排队制度，不管候选者的才能和品德如何，而只以任官或候补时间的长短，作为依据；一直被埋没在低阶层的庸才，全都称赞崔亮贤明，有行政魄力。崔亮的外甥、最高监察署首席军事参议官（司空咨议）刘景安，写信给崔亮说："商王朝和周王朝，由乡村学校推荐人才；两汉王朝，由州郡政府推荐人才（如"贤良""文学""孝廉"等。"孝廉"始创于前一三四年〔参考该年十一月〕；"孝廉"制度累积下来的流弊，参考一三四年闰十二月）；曹魏帝国及晋王朝，遵照前例，而且更有考选官（中正）的设置，虽然不是尽善尽美，但总可网罗十分之六七（"中正"始于东汉王朝末年的魏国封国，参考二二〇年二月；后来晋王朝沿用，参考二八四年正月）。现在，中央政府选拔人才，只管他文章写得通顺，却不管他文章所说的道理；地方政府推荐人才，只管他能够把书上的文章背得滚瓜烂熟，却不管他的行政能力；虽然也设置考选官（中正），却不考查才干品德，而只在那里分辨门第高低和姓氏贵贱。选拔人才的范围太小，淘汰的办法也不合理。舅父手握人事大权，理应作彻底改革。想不到不但没有改革，反而使用排队制度，阻挠人才升迁，则天下所有知识分子，谁还修身自爱，砥砺名节！”崔亮回信解释说：“你所说的道理，十分中肯。但是，我所以制定这种年资顺序办法，自有原因。古今不同，因应之道也不一样。从前，姬产把刑法铸到鼎上，用以矫正当时的弊端，羊舌肸根据传统规范，予以讥刺（肸，音ㄒ〔西〕。《春秋》前五三六年：郑国国务官〔大夫〕姬产，把刑法条文，铸到鼎上。羊舌肸写信给姬产，说：“我开始时对你有很大的期许，现在已完全绝望。从前的君王，根据犯罪的轻重，判决被告所受刑罚，并不需要制成法律，恐怕人民生出争强好胜之心。即令如此，仍无法禁止人民诉讼，所以用大义预防、用政治阻止、用礼仪勉励、用信守示范、用仁爱行事。政府设立各种官职，发给不同的俸禄，规劝人民接受教化；用严厉的处刑，使人民畏惧，自动约束自己。即令如此，仍担心没有效果，所以更进一步教导人民什么是忠，用奖赏引导他们向善；教导他们各自谋生技能，使他们喜悦和睦；对人民必须严肃而认真，才能建立强势权威。有违犯的，就无情的加以制裁。即令如此，仍然要求圣明的执政宰相、聪明的主管官员、忠厚的乡长村长，以及慈祥无私的教师，尽心辅导，才能不发生灾祸。人民如果知道法律，就对政府官员，不再畏惧，大家就怀有竞争之心，各自引证对自己有利的条文，希望侥幸的达到目的，国家大事，不得不完全败坏。你把刑法条文，铸到鼎上，使人人皆知，却想维持社会秩序，岂不太难！《诗经》说：‘用姬昌的德行作为准则／四方平安。’又说：‘把姬昌作模范／万邦信守。在这种情形下，要什么法律！而今，人民已经知道用什么从事争夺，势将抛弃礼仪，崇拜法律条文，每一句每一字，都会成为争论的依据，诉讼事件将逐渐加多，贿赂将随之而行。在你这一生，莫非将看到郑国败亡？’姬产回信说：‘我没有才干，管不到子孙的事，我所以这样做，是为了拯救人民。’”按：羊舌肸主张的是愚民政策，反对法治。孔丘对他有高度赞扬，称他“遗直”——有古代正直的遗风。儒家之反对法治，其来自有）。你所说的道理，跟羊舌肸当年说的道理，有什么分别！”洛阳县长、鲜卑人（代人）薛琡（薛，原姓叱干）上疏说：“人民的命运，掌握在政府官员之手，如果负责考选的单位，只问年资，不问能力，把候补者像飞雁一样排成顺序，又像用绳索串起一串鱼一样，前后相接，主办人手拿名册点名，做这种事，只不过数数人头而已，一个小职员就够了，怎么能叫作考选诠叙！”奏章呈上后，如石沉大海，没有批示。后来，薛琡请求胡太后召见，再报告说：“请下令亲王、公爵、高阶层官员，推荐贤能人才，去当郡长县长。”胡太后命交三公及部长级会议讨论，事情也不了了之。之后，甄琛等接替崔亮当国务院文官部长（吏部尚书），觉得排队制度对自己有利，也就继续实行。北魏政府再不能得到新的人才，从崔亮开始。

四世纪时，后燕帝国燕郡（北京市）郡长高湖，投奔北魏帝国（参考三九九年十二月），他的儿子高谧当执法监察官（侍御史），因犯法被放逐到怀朔镇（内蒙古固阳县），于是世世代代，定居北方，风俗习惯，逐渐被鲜卑人同化。高谧的孙儿高欢，沉着而有伟大志向，因家庭贫苦，远到平城（北魏首都，山西省大同市）当低贱的差役，勉强糊口。富翁娄家的女儿娄昭君偶尔看到他，对他的相貌举止，大为惊奇，遂嫁给他，高欢这才有钱买一匹马代步，也因之升级，当防守司令部的信差，常常送公文到京师（首都洛阳）。张彝被变兵殴死时，高欢正在那里。回家之后，把家产全部变卖，广交宾客。有人问他原因，高欢说：“禁卫军竟然纵火焚烧大臣的住宅，政府恐怕引起更大的变乱，竟不敢过问，政治败坏到如此地步，大势可知，财产怎么敢说就是自己的。”高欢跟怀朔镇（内蒙古固阳县）防守司令部官员、云中郡（盛乐·内蒙古和林格尔县）人司马子如，秀容郡（山西省忻州市西北）人刘贵，中山郡（河北省定州市）人贾显智，民政助理官（户曹史）、咸阳郡（陕西省泾阳县）人孙腾，地方军事助理官（外兵史）、怀朔镇（内蒙古固阳县）人侯景，监狱管理员（狱掾）、善无郡（山西省右玉县）人尉景，广宁郡（河北省涿鹿县）人蔡儁；结成好友，在乡里之间，抱打不平，行侠仗义。

5 夏季，四月八日，南梁帝国政府大赦。

6 五月二十日，北魏帝国政府任命任城王元澄当宰相（司徒），京兆王元继当最高监察长（司空）。

北魏帝国一连数世，国势强大，东方部族（指朝鲜半岛及中国东北地区）、西域各国（新疆及中亚东部），都来进贡，没有中断。又在南方边境，设立交易站，换取南梁帝国的货物。所以，累积下来，政府仓库，全被堆满。胡太后曾经驾临绸缎库，命随行的亲王、公爵、公主、宫女等一百余人，尽个人的力量去拿，能拿多少就拿多少，于是，拿得最少的也不少于一百余匹。国务院总理（尚书令）、仪同三司（宰相级）李崇，章武王元融，肩上背的绸缎太多，以致压得栽倒在地；李崇跌伤了腰，元融扭伤了脚，胡太后下令，把他们所背的绸缎，全部夺下，教他们空手出来，引起世人的讥笑。元融，是拓跋太洛的儿子（拓跋太洛，参考四六八年九月）。监督院总监督长（侍中）崔光只拿两匹，胡太后对他拿得如此之少，至为奇怪，崔光回答说："我只有两只手，所以只能拿两匹。"大家都感惭愧。

当时，皇亲国戚、当权官员，互相比赛奢侈。高阳王元雍，无论官位爵位和拥有的财富，都居全国第一，王府房舍，花园猎场，跟皇宫禁苑，相差无几。奴仆六千人，婢女五百人，出来的时候，仪仗队卫士，塞满道路，在家的时候，歌声乐声，日夜不断，一顿饭就消费数万钱。李崇的财富跟元雍相当，但性情吝啬，曾经对人说："高阳王（元雍）的一顿饭，够我吃三年。"河间王元琛，屡次想跟元雍斗富，养有骏马十余匹，马槽都用银铸成；门窗上面，雕有口衔铜铃的玉凤和口吐旌旗的金龙。曾经有一次，元琛邀请各位亲王欢宴，酒器中就有水晶酒杯和玛瑙酒壶，以及赤红色的璧玉酒瓶；制作精巧，都是中国所没有的进口货。同时展示女子歌舞和名贵骏马，以及各色各样奇异宝物；再引导所有亲王，逐栋的参观他的仓库、钱库，绸缎布匹，多到无法计数。他回头对章武王元融说："我不恨看不到石崇，只恨石崇看不到我（石崇事，参考二八二年正月）。"元融素来自负他的财产，回家后叹息三天，甚至病倒。京兆王元继得到消息，前往探视，对他说："你的财富不少于他，怎么会惭愧羡慕到这种程度！"元融说："最初，我以为比我有钱的只有高阳王（元雍），想不到又出了河间王（元琛）！"元继说："你好像袁术（参考一九七年正月），盘踞淮河以南，不知道世界上还有刘备。"元融忍不住大笑，这才起床。

看了元雍、元琛二位斗富，晋王朝时王恺、石崇二位斗富情景，重现眼前。这些财富是特权阶级所独有，每一文钱，都是小民的一掬眼泪，或一声哀号、一声叹息，可称之为"凶钱"。

种下凶钱的因，定有凶杀的果。稍微有点历史知识的人，都会毛骨悚然，只有富贵之家的子弟，还在那里乐不可支。

胡太后笃信佛祖，兴建佛教寺庙，一座连一座，永没有停止。又下令各州，命各州州政府兴建五层高的佛塔。人民筋疲力尽，不堪负荷。风气所及，亲王、贵族、宦官，以及羽林警卫军，都分别在首都洛阳建立寺庙，互相夸耀堂皇富丽。胡太后屡次举行吃素诵经大会（斋会），施舍给和尚、尼姑的财物，动辄以万为单位计算，赏赐左右侍从官员的，更是没有节制，费用庞大，却从来没有把恩德普及到平民身上。国库逐渐空虚，最后，只好减少文武官员的薪俸。任城王元澄上疏，警告说："萧衍（南梁现任帝）一直有侵略我们的意图，最好是乘帝国力量强大之时，将士战斗力仍保持巅峰之际，早一天完成统一天下的大功。最近几年以来，无论政府与民间，都陷于贫困，应该节省不重要的开支，去支援重要任务。"胡太后虽不能接受，但一直对他十分包容优待。

北魏帝国自从五〇八年以来，兴建皇家大会堂（明堂），以及国立中央大学（辟雍），投入的工匠不超过一千人，有关官员又从中借调去修筑寺庙，或作其他差役，所以，历时十余年，而终不能完成。国务院内政部工程司长（起部郎）源子恭上疏，认为："废弃国家重要事务，去作无关紧要的浪费。应该裁撤或减少其他各种工程，以便两项重要建设，早日落成，使祖宗可以配享上天（在皇家大会堂配享），人民可以充分受到礼乐教育。"胡太后下诏批准，但仍不能完成。

民间音乐师陈仲儒，上疏请依照京房所定的标准，调整八音（金〔钟〕、石〔石磬〕、土〔埙——一种陶瓷乐器〕、革〔鼓〕、丝〔琴〕、木〔柷——桶状乐器〕、匏〔笙〕、竹〔箫笛〕）。主管官员质问陈仲儒："京房所定音律，乐器虽然仍在，可是实际了解的人不多。你是哪个教师传授的？根据什么经典？"陈仲儒回答说："我性情喜爱弹琴，而且曾经读过司马彪撰写的《续汉书》，看到京房所定的音律，数字十分明显。我竭尽能力，深入研究，为时相当长久，很有收获。'夫准者所以代律，取其分数，调校乐器。窃寻调声之体，宫、商宜浊，徵、羽宜清。若依公孙崇，止以十二律声，而云还相为宫，清浊悉足。唯黄钟管最长，故以黄钟为宫，则往往相顺。若均之八音，犹须错采众音，配成其美。若以应钟为宫，蕤宾为徵，则徵浊而宫清，虽有其韵，不成音曲。若以中吕为宫，则十二律中全无所取。今依京房书，中吕为宫，乃以去灭为商，执始为徵，然后方韵。而公孙崇乃以中吕为宫，犹用林钟为徵，何由可谐！但音声精微，史传简略，旧志准十三弦，隐间九尺，不言须柱以不（读曰否）。又，一寸之内，有万九千六百八十三分，微细难明。仲儒私曾考验，准当施柱，但前却柱中，以约准分，则相生之韵，已自应合。其中弦粗细，须与琴宫相类，施轸以调声，令与黄钟相合。中弦下依数画六十律清浊之节，其余十二弦须施柱如筝，即于中弦按尽一周之声，度着十二弦上。然后依相生之法，以次运行，取十二律之商、徵。商、徵既定，又依琴五调调声之法，以均乐器，然后错采众声以文饰之，若事有乖此，声则不和。'（以上事关音律，完全不懂，无法译出，原文照抄。）而且，燧人氏（"五氏"第二氏）没有人教导，自己却发明钻木取火；焦延寿（京房的教师，参考前三七年六月）没有缴过学费，却能改变音律（变十二律为六十律）。所以说：知道的人，想教人没有渠道；明白的人，用不着教师讲解，自己就可领会。任何一丝一毫收获，都经过用心思考，为什么非要有教师传授，才算是学问！"国务院执行官（尚书）萧宝夤奏报胡太后，说："陈仲儒没有经过教师传授，竟然轻率的创造发明，不敢核准。"事情遂被搁置。

师承，是一种毒药，两千年来，一直在摧毁中国人的创意，阻挠社会进步。西方文化精髓最早表现在柏拉图的一句话："我爱我师，我更爱真理。"酱缸文化则恰恰相反："我爱我师，因为我师就是真理！"实际情形是"我师就是饭碗！”真理一旦和饭碗结合，事态就十分严重，不但自己不敢批判教师的见解，也不准许别人批判，如果有人批判，立刻奋不顾身，群起猛攻。蠢血沸腾的去保卫教师，也就是保卫自己的饭碗。对教师的任何质疑，都是异端，罪大恶极。

为什么把师承看得跟何仙姑的大腿一样，既不敢摸，也不敢碰？因为在政治力量介入之下，师承不仅是饭碗，同时也是帮派。不加入帮派，就别想在码头上立足，没有师承，同样也别想在大学堂里混。陈仲儒就是这种毒药的牺牲品，政府所以拒绝他的学说，并不由于他的学说错误，而只由于他没有师承。虽然陈仲儒提出燧人氏和焦延寿，作有力的反证，但酱缸蛆的老昏病一旦发作——六世纪就开始了的老昏症候，对任何新生事物，都竭力排斥。一句话就堵死了陈仲儒的嘴：“你可不是燧人氏焦延寿！”师承既有此奇异力量，怎能不被当作真理！

不扬弃师承，中国学术水准就一直倒退，不能跃升。

7 北魏帝国首都洛阳警备区司令（中尉）、东平王元匡，因为很多次提出的建议，都被任城王元澄否决，忿怒恚恨，再抬出他从前那副棺材（元匡打算抬棺弹劾高肇事，参考五〇八年七月），准备上疏弹劾元澄。元澄先下手反击，指控元匡犯了三十余项大罪，最高法院（廷尉）遂判决元匡死刑。

秋季，八月十二日，胡太后下诏，赦免元匡一死，削除官职爵位，贬作平民；而任命车骑将军侯刚，兼代首都洛阳警备区司令（代领中尉）。国务院宫廷保安部狱政司司长（三公郎中）辛雄，上疏为元匡辩护，认为：“元匡前后事奉三位皇帝（七任帝元宏、八任帝元恪、九任帝元诩），骨鲠正直的事迹，无论政府或民间，全都知道，所以高祖（七任帝元宏）才把他的名字改作元匡。先帝（八任帝元恪）既然对他包容，陛下也应对他宽恕，如果非贬谪不可，恐怕填塞忠臣之口。”不久，再任命元匡当平州（州政府设肥如〔河北省卢龙县北〕）州长（刺史）。辛雄，是辛琛的族孙（辛琛事，参考五〇七年八月）。

九月十四日，胡太后前往嵩山（中岳，河南省登封市北）游览。

九月十七日，胡太后回宫。

胡太后在跟兼任立法院立法官（兼中书舍人）杨昱闲谈时，说：“我的一些亲戚，在外做官，不得人心，你如果听到什么，千万不要隐瞒。”杨昱遂弹劾扬州（州政府设寿阳〔安徽省寿县〕）州长（刺史）李崇：用装甲战车，装载货物做生意；相州（州政府设邺城〔河北省临漳县西南邺城镇〕）州长（刺史）杨钧：用白银制造餐具，呈献中央禁军总监（领军）元义。胡太后召见元义夫妇（元义妻是胡太后妹妹），流泪责备（流泪责备，是仍怀至爱的痛心责备），元义因此把杨昱恨入骨髓，决心报复。杨昱有叔父杨舒，杨舒的正妻，是武昌王元和的妹妹。而元和，是元义的堂祖父。杨舒逝世，元女士要求另外居住，杨昱的老爹杨椿，对弟妇这项要求，流泪责备（二十世纪中叶之前，中国是大家庭制度，以分居为耻；寡妇更是不可），坚决拒绝，元女士对他至为忿恨。正巧，瀛州（州政府设赵都军城〔河北省河间市〕）变民首领刘宣明，阴谋武装反抗政府，消息外泄，刘宣明逃亡。元义命元和跟妹妹元女士，联合诬告杨昱藏匿刘宣明，检举书上更指控："杨昱的老爹、定州（州政府设中山〔河北省定州市〕）州长（刺史）杨椿，叔父、华州（州政府设华阴〔陕西省大荔县〕）州长（刺史）杨津，同时运送三百人使用的铠甲、武器，打算武装叛变。"元义更暗中证明确有其事。胡太后派亲卫军（御仗）五百人，深夜包围杨昱家宅，详加搜索，什么也搜不到。胡太后调查诬告原因，杨昱说明元女士所以怨恨之故。胡太后下令解开杨昱的捆绑，判处元和跟元女士死刑。没有多久，元义多方营救，元和仅只免除官职，元女士竟没有受任何处罚。

冬季，十二月八日，任城王（文宣王）元澄逝世（年五十三岁）。

十二月十五日，大赦。

8 本年（五一九），高句骊王国（首都平壤〔朝鲜半岛平壤市〕）国王（二十一任文咨王）高云逝世，世子高安继位（二十二任安臧王）。

9 北魏帝国政府因为禁卫官员（郎）不够水准，作大规模淘汰。只有朱元旭、辛雄、羊深、源子恭及范阳郡（河北省涿州市）人祖莹等八个人，因为具有才干，特准留任，其他的全部免职，送回家乡。羊深，是羊祉的儿子（羊祉，参考五〇五年十一月）。

◎ 北魏政变，元义囚胡太后。

◎ 百济王国大饥馑。

五二〇年 庚子

南梁 普通 元年
北魏 神龟 三年
正光 元年
（柔然汗国建昌十三年）

1 春季，正月一日，南梁帝国（首都建康〔江苏省南京市〕）改年号普通。大赦。

2 正月二日，日蚀。

3 正月五日，南梁政府任命临川王萧宏，当全国武装部队总司令（太尉）、京畿总卫戍司令（扬州刺史）；特级资政官（金紫光禄大夫）王份，当国务院左执行长（尚书左仆射）。王份，是王奂的老弟（王奂死事，参考四九三年三月）。

左军将军、豫宁伯爵（威伯）冯道根逝世（年五十八岁）。当天，正是南梁帝（一任武帝）萧衍（本年五十七岁）祭祀“二庙”之日（一是皇家祭庙，称“太庙”；另一是萧衍祖母的祭庙，称“小庙”）。刚出宫城，有关官员报告冯道根的死讯。萧衍问立法院立法官（中书舍人）朱异（音yì〔义〕）：“一天之内，丧礼跟吉礼同时举行，可不可以？”朱异说：“从前，卫国国君（二十七任献公）卫衎（音kàn〔看〕），听到柳庄逝世消息，连祭祀时穿的衣服都没有脱，就直接前往哀悼（《礼记 · 檀弓》：卫国天文台长〔太史〕柳庄病重，国君卫衎吩咐：“如果危急，即令我正在主持祭祀，也要报告。”卫衎向柳庄尸体两次叩拜，说：“我的部属柳庄，不是我的部属，而是国家栋梁。”）冯道根虽然不能称为国家栋梁，但对皇家也建有功劳（当初萧衍起义时，冯道根前往投奔，参考五〇〇年十二月；之后在第九次南北大战中，保卫疆土，参考五〇三年十一月），前往祭悼，合乎礼教。”萧衍就前往冯道根家，哭声悲痛。

4 高句骊王国（首都平壤〔朝鲜半岛平壤市〕）国王（二十二任安臧王）高安，派人到南梁帝国（首都建康）进贡。

二月九日，南梁政府任命高安当宁东将军，封高句骊王。派使节江法盛，乘船渡海前往朝鲜半岛，授予高安衣服、冠帽、佩剑。北魏帝国（首都洛阳〔河南省洛阳市东白马寺东〕）光州（州政府设东莱〔山东省莱州市〕）州政府海上巡逻队，在海上阻截，把他们俘虏，送到首都洛阳。

5 北魏帝国太傅（上三公之二）、监督院总监督长（侍中）、清河王（文献王）元怿（七任帝元宏的儿子），风度翩翩，胡太后命他进宫，强迫他跟她上床。元怿本来就有才干能力，辅佐皇家政府，做出很多有益的措施。他喜爱文学，对知识分子，十分敬重及礼貌，得到世人的拥戴尊敬。总监督长（侍中）、中央禁军总监（领军将军）元义，身在监督院（门下），又总管京师所有禁卫军，仗恃胡太后的宠爱，骄傲不可一世，一意孤行，贪得无厌。元怿每次都用法令加以制裁，元义遂对元怿十分怨恨。首都卫戍司令（卫将军）、仪同三司（宰相级）刘腾，权势震动内外，国务院文官部（吏部）迎合刘腾的意思，奏请任命刘腾的老弟当郡长；因资格和才能，都不够水准，元怿把奏章搁置，不肯转呈；刘腾对元怿也大为愤怒。龙骧将军府秘书长（龙骧府长史）宋维，是宋弁的儿子（宋弁，参考四九二年七月）。元怿推荐他当顾问院（集书省）中级事务顾问官（通直郎），宋维行为轻薄，品德败坏。元义承诺擢升宋维更高官位，要他检举宫廷库藏部（太府寺）染布局长（司染都尉）韩文殊父子（韩文殊是父还是子？叙述不明）阴谋聚众起兵，拥护元怿登极称帝（诬以谋反）。胡太后下令拘捕元怿，软禁，不准行动。经过调查审问，发现根本没有这回事，元怿遂被释放，而宋维应该受诬告处分，元义向胡太后进言说："如果诛杀宋维，将来万一真有人叛变，谁还敢告发！"只贬逐宋维出任昌平郡（河北省阳原县东）郡长。

元义深恐元怿报复，将给自己带来滔天大祸，于是跟刘腾暗中计划，命宫廷膳食局高级侍从宦官（主食中黄门）胡定，向政府自首，声称：元怿用重金收买他，命他在皇帝饮食中下毒，如果元怿坐上宝座，承诺给他荣华富贵。北魏帝（九任孝明帝）元诩本年才十一岁，相信这段供词。

秋季，七月四日，胡太后在嘉福殿，没有到前殿跟元诩会面，元义抓住机会，把元诩引导到显阳殿；刘腾立即关闭永巷门（切断北宫到南宫通道），胡太后无法出来。此时，元怿正巧入朝，在含章殿后，跟元义碰面，元义厉声高叫，不准元怿进去，元怿说："你想造反呀！"元义说："我不造反，只是捉拿造反的人！"（事实上，谁都没有反，而都是在"诬以谋反"，这是专制封建社会的特征）命皇族纠察队（宗士，属皇家事务总监〔宗师〕）及值斋禁卫官（直斋），拉住元怿衣襟，拉到含章殿东厢，派人看守。刘腾宣称奉皇帝诏书，召集高阶层官员会议，指控元怿大逆不道。大家畏惧元义，没有人敢表示不同的意见。只国务院执行长（仆射）、新泰公爵（文贞公）游肇发言反对，坚持不肯签名。

元义、刘腾拿着高阶层官员会议的决议，进宫奏报十一岁的小娃皇帝元诩，一会工夫，元诩批准，于是，就在当天夜晚，诛杀元怿（年三十四岁）。元义、刘腾又伪造胡太后诏书，自称身患疾病，不再临朝，而把政权交回元诩。于是，把胡太后软禁在北宫宣光殿，宫门日夜关闭，内外隔绝，音讯不通。刘腾亲自掌管钥匙，连北魏帝元诩想见娘亲一面都不可得，唯一跟外界的交往，只剩下传递饮食。胡太后的衣服不能换洗、饮食不能选择，甚至还不免受冻挨饿，不由叹息说："养老虎反被老虎吃掉，正说的是我！"元义、刘腾又派寝殿侍奉宦官（中常侍）贾粲，陪伴并侍候小娃皇帝元诩读书写字，同时暗中监视小娃一举一动。元义遂跟太师（上三公之一）、高阳王元雍等，共同接管政府；元诩称元义"姨父"。元义跟刘腾，内外夺权，元义对外，刘腾对内，二人常在宫内值班，共同裁决赏赐或惩罚，政治上不分大事小事，统由二人决定，声威振动内外，文武百官恐惧，不敢轻移脚步。无论政府或民间，听到元怿被杀消息，莫不垂头丧气。匈奴等部族，有数百人之多，用刀划破自己脸面（北方部族风俗），表示哀痛。游肇忧愁愤怒，逝世。

6 七月七日，长江、淮河，泛滥成灾。

7 七月十九日，北魏帝元诩（本年十一岁）行加冠礼。大赦。改年号正光（之前是神龟三年，之后是正光元年）。

相州（州政府设邺城〔河北省临漳县西南邺城镇〕）州长（刺史）、中山王（文庄王）元熙，是元英的儿子（元英，参考五一〇年十月）；跟老弟、监督院副总监督长（给事黄门侍郎）元略，宰相府办公所主任（司徒祭酒）元纂，都受清河王元怿敬重。元熙得到元怿死亡消息，遂在邺城（河北省临漳县西南邺城镇）紧急动员，集结部队，上疏北魏帝元诩，要求诛杀元义、刘腾。元纂逃离京师（首都洛阳），投奔邺城（河北省临漳县西南邺城镇）。十天之后，州政府秘书长（长史）柳元章等暴动，率领城中变民，擂鼓呐喊，冲进州政府，击斩元熙左右侍从，生擒元熙、元纂，以及他们所有的儿子，囚禁高楼。

八月十三日，元义派国务院左秘书长（尚书左丞）卢同，就在邺城街上，斩元熙和他的老弟及儿子。

元熙喜爱文学，有风度、讲道义，很多知名之士跟他交游。元熙临死前夕，写信给他的朋友，说："我和老弟，都受胡太后的知遇，老哥当大州州长，老弟在宫中侍奉左右，胡太后待我们态度温和，言辞恳切，恩德好像慈爱的娘亲。现在，她被囚禁北宫；太傅（上三公之二）、清河王元怿，又无端受到残酷杀害。主上（元诩）年纪还小，而又独自住在前殿（南宫）。君王和亲人，沦落到如此地步，我怎能够只管自己平安？所以率领军民，打算建立天下的大义。可是，智慧不够，力量薄弱，回转之间，就被捕捉囚禁。上对不起政府，下对不起好友。本来就是要树立美名、伸张正义，不得不如此，剖肚流肠、砍颈碎首，都无话可说，但愿所有正直君子，各自珍惜你们的名誉，为国家也为自己，勉励不失名节！”看到这封信的人，无不哀怜。元熙的人头送到首都洛阳，亲戚朋友，都不敢前去探望；只有前骁骑将军刁整，出面收拾他的尸体，暂时寄葬。刁整是刁雍的孙儿（刁雍投奔北魏，参考四一七年九月）。卢同迎合元义的意思，扩大打击面，穷追猛查元熙的党羽，用脚镣手铐逮捕济阴郡（山东省菏泽市定陶区西）郡长（内史）杨昱，押解到邺城（河北省临漳县西南邺城镇），苦刑拷打一百天（为元义报仇，参考去年〔五一九〕九月），问不出口供，才被送还任所。元义任命卢同当宫廷监督官（黄门侍郎）。

元略逃亡，投奔老友、河内郡（河南省沁阳市）人司马始宾；司马始宾跟元略，用荻草缚成竹筏，在夜晚从孟津（河南省洛阳市孟津区东黄河渡口）渡黄河北上，投奔屯留（山西省长治市屯留区）栗法光家，再辗转逃到西河郡（山西省汾阳市）郡长刁双家，刁双把他藏匿在一个隐秘的地方，如此过了一年，政府悬赏捉拿元略的行动，仍非常紧急，元略恐惧，请求送他逃出国境，刁双说：“人生都有一死，最难的是为知己一死，请不要担心。”元略坚决要求南下，刁双遂命堂侄刁昌，护送元略，渡长江投奔南梁帝国（首都建康）。南梁帝萧衍，封元略当中山王。刁双，是刁雍的族孙。元义得到南梁帝国封元略王爵的消息，诬称是刁整把他偷运到南梁帝国；于是，连同刁整的儿子和老弟，一并逮捕囚禁；监察官（御史）王基等竭力为刁整辩护，刁整才免一死。

8 八月二十三日，南梁帝国总监督长（侍中）、车骑将军、永昌侯（严侯）韦叡逝世（年七十九岁）。当时，南梁帝萧衍正信奉佛教，官员或平民，没有一个不追随潮流风气，跟着信奉。只有韦叡，认为自己是帝国的大臣，不打算随波逐流；立身行事，跟从前没有两样。

9 九月二十七日，北魏帝国政府任命高阳王元雍当丞相，总管军国内外事务，跟元义共同处理日常行政。

10 最初，柔然汗国（瀚海沙漠群）可汗（十任佗汗可汗）郁久闾伏图，娶伏名敦的正妻候吕陵女士，生郁久闾丑奴（十一任伏跋可汗）、郁久闾阿那瓌等六个儿子。郁久闾丑奴登上宝座（参考五〇八年十二月）后，最小的儿子郁久闾祖惠，却忽然失踪，虽经悬赏寻找，却找不到。有一位名叫地万的女巫说："郁久闾祖惠正在天上，我能唤他回来。"于是，在荒野草泽地带，搭起篷帐，祭祀天神，郁久闾祖惠此时忽然在篷帐中出现，自称他一直住在天上。郁久闾丑奴大为欢喜，称地万是"圣女"，正式娶作皇后。地万既然会左道旁门的巫术，人又生得美丽，郁久闾丑奴对她又敬又爱，十分相信她的话，地万遂干涉政治。这样过了几年，郁久闾祖惠逐渐长大，告诉娘亲说："我一直住在地万家，从没有上过天，我之所以说住在天上，是地万教我这么说。"娘亲把情形告诉郁久闾丑奴，郁久闾丑奴说："地万能未卜先知，你不要暗箭伤她。"然而，地万开始恐惧，遂在郁久闾丑奴面前，诬陷郁久闾祖惠，老爹遂把这个千方百计才寻回来的幼子诛杀。身为祖母的候吕陵女士大怒，派她的大臣具列等，绞死地万。郁久闾丑奴悲愤咆哮，打算诛杀具列等报复，正巧，阿至罗部落（属于高车种，游牧于今内蒙古乌兰察布市东部）侵入边境，郁久闾丑奴迎战，大败而回。候吕陵女士跟汗国高官，共同诛杀郁久闾丑奴，命他的老弟郁久闾阿那瓌继任可汗（十二任）。郁久闾阿那瓌登极十天，族兄郁久闾示发，率部众数万人，发动攻击，郁久闾阿那瓌战败，跟他的老弟郁久闾乙居伐，在轻装备骑兵保护下，投奔北魏帝国（首都洛阳）。郁久闾示发遂斩候吕陵女士及郁久闾阿那瓌的两位老弟。

柏杨曰

传统文化中，女人不是人，没有人的地位。然而，女人的威力一旦发作，仍势不可挡。因为受知识、见解，以及男女性别的限制，恨人所制造的灾祸，往往会反弹到自己身上。地万以一人之力，引起一连串屠杀，最后甚至引起汗国覆亡，只有在封闭社会中，为权力而发狂的女人，才有这么强大的爆破力。

地万排除万难，走上绞架。胡太后也正在排除万难，走向黄河。读史至此，能不兴悲！

11 北魏帝国清河王元怿被杀后，他的老弟（都是罗夫人所生）汝南王元悦，对凶手元义一点恨意都没有，反而携带桑洛酒（产于河东郡〔山西省永济市〕的一种名酒），前往拜候元义，百般谄媚，元义大为高兴。

冬季，十月十五日，任命元悦当总监督长（侍中）、全国武装部队总司令（太尉）。元悦向元怿的儿子元亶，索取元怿的衣服、饰物、珍宝。元亶没有立即送上，而稍后送上的又不能使元悦满意，于是打元亶一百军棍，几乎打死。

12 柔然汗国（瀚海沙漠群）可汗郁久闾阿那瓌，南下投奔北魏帝国（首都洛阳），将到边境，北魏帝元诩派最高监察长（司空）、京兆王元继，总监督长（侍中）崔光等，相继前往迎接，赏赐非常丰厚。元诩在显阳殿接见郁久间阿那瓌，摆下酒筵，安置郁久间阿那瓌坐在亲王席次之下。宴会将到尾声时，郁久间阿那瓌手拿书面报告，站在座位之后，元诩命他到御座之前，郁久间阿那瓌叩头两次，陈诉说："我因家庭变故，轻骑前来朝见陛下。汗国臣民，大乱之后，都已逃散。陛下大恩，如同天地，乞求派遣军队，送我回国，翦除叛徒，招集失散的人民。我当率领残余部落，侍奉陛下。言辞不能尽意，另有书面报告。"就把书面报告交给立法院立法官（中书舍人）常景转呈。常景，是常爽的孙儿（常爽事，参考四三九年十二月）。

十一月二十九日，封郁久间阿那瓌当朔方公爵、蠕蠕王（在封爵的时候，仍用侮辱性的称号，北魏帝国此时人才已尽），赏赐郁久间阿那瓌华贵衣服、小马车，以及薪俸、抚恤金、仪队侍卫，完全跟亲王相同。此时，北魏帝国国势正在强盛（北魏帝国像一栋巨厦，内部已被白蚁吃空，只剩下一个巍峨的外壳，没有地震则已，一有地震，立刻倒塌），在洛水（流经洛阳城南）桥南、皇家大道之东，兴建四个宾馆；皇家大道之西，设立四个里，凡从南梁帝国投降来奔人士，开始时安置金陵馆，三年后赏赐归正里住宅；凡从柔然汗国投降来奔人士，开始时安置燕然馆，三年后赏赐归德里住宅（燕然山，今蒙古国杭爱山）；凡从东方（指东北平原及朝鲜半岛）投降来奔人士，开始时安置扶桑馆，三年后赏赐慕化里住宅；凡自西方（指西域〔新疆及中亚东部〕各国）投降来奔人士，开始时安置崦嵫馆，三年后赏赐慕义里住宅（崦嵫山，今甘肃省天水市西，是神话时代中日落之处）。郁久间阿那瓌入朝，政府招待他下榻燕然馆。郁久间阿那瓌不断请求护送他回国，而政府议论纷纷，有的赞成，有的反对，一直不能决定。最后郁久间阿那瓌用一百斤黄金，贿赂元义，中央才批准他回去。

十二月十三日，指令怀朔镇（内蒙古固阳县）司令官（都督）：遴选精锐骑兵二千人，护送郁久闾阿那瓌到达边界，观察形势，利用机会，招收归降人士。如果柔然汗国派人来接，就赏赐他们绸缎、布匹、车马，用尊贵的礼节，给他们饯行，然后返回。如果没有派人来接，则郁久闾阿那瓌不妨再回京师（首都洛阳）。关于郁久闾阿那瓌的行李、装备，以及各种费用，由国务院（尚书）酌量供应。

13 十二月二十二日，北魏帝国政府任命京兆王元继当宰相（司徒）。

14 北魏帝国（首都洛阳）派使节刘善明前往南梁帝国（首都建康）聘问，南北两国重新和解（自从四九五年三月卢昶北归之后，南北两国邦交中断二十五年）。

五二一年 辛丑

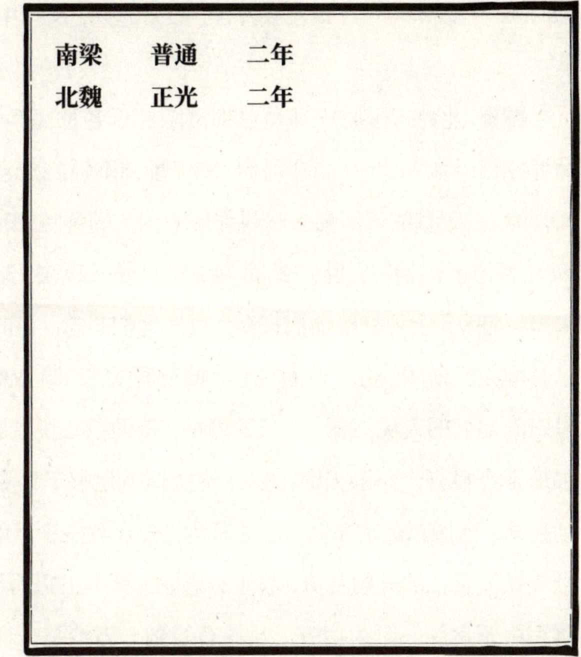

南梁　普通　二年
北魏　正光　二年

1 春季，正月十二日，南梁帝国（首都建康〔江苏省南京市〕）皇帝（一任武帝）萧衍（本年五十八岁），前往南郊祭祀天神。

中央政府在首都建康设立“老弱残障收容院”（孤独园），收容穷苦平民。

正月十九日，大赦。

2 北魏帝国（首都洛阳〔河南省洛阳市东白马寺东〕）南秦州（州政府

设骆谷城〔甘肃省西和县南〕）氐民族部落，聚众起兵，反抗中央。 606

3 北魏帝国政府动员首都洛阳邻近各郡民兵一万五千人，命怀朔镇（内蒙古固阳县）防守司令（镇将）杨钧率领，护送柔然汗国（瀚海沙漠群）被罢黜的可汗郁久闾阿那瓌回国。国务院左秘书长（尚书左丞）张普惠上疏劝阻，说："蠕蠕（柔然汗国）长久以来，是北方边疆的大患，而今，上天降给他们灾祸，败坏他们心志，目的就是要他们了解顺应天道的快乐，革面洗心，诚意叩头，侍奉我们。陛下最好是慰问他们的人民，推广自己的恩德，使他们心悦诚服。郁久闾阿那瓌亲身投奔，归顺天命，安抚安抚他就足够了！竟然先自己骚动起来，征调京畿的军队，出征荒远，去拯救多少代的大敌，援助上天就要灭亡的丑陋蛮虏；我十分愚昧，看不出它的益处。这是边防军将领贪图一时的功劳，从没有想到：刀枪是一种凶器，英明君王非到万不得已的时候，不去使用。何况，旱灾正重，圣上（元诩）及太后（胡女士）都为之减少饮食，此时却派出一万五千人庞大军团，由杨钧当元帅，打算平定蠕蠕（柔然汗国）内乱；在最不恰当的时机出兵，事情怎么可以成功！万一发生全军覆没的巨变，纵是吞食杨钧的肉，也不足以抵消他的罪行。宰相和辅佐大臣，只贪图小小声名，从不考虑国家安危，这正是我这个卑微小官，所以寒心的缘故。而且，我们不送郁久闾阿那瓌回去，有什么地方不信不义？我的地位低贱，没有资格参与国家决策（国务院〔尚书〕八座，才有资格参与国家决策。左右秘书长〔左右丞〕地位并不低贱，但属事务官），只因公文书经过我这里，心有所感，不敢不陈述意见。"中央不接受。郁久闾阿那瓌遂到西堂告辞，北魏帝（九任孝明帝）元诩（本年十二岁）下诏（元义诏），赏赐给他武器、衣服、被褥、各色绸缎、粮秣、牲畜，非常优厚；派总监督长（侍中）崔光等，到外城之外，慰劳送行。

郁久间阿那瓌南下投奔北魏帝国时，堂兄郁久间婆罗门，率部众数万人，进攻王庭（蒙古国中部，可汗篷帐所在），讨伐郁久间示发，大破郁久间示发军。郁久间示发逃往地豆干部落（内蒙古锡林郭勒盟东北部），地豆干部落斩郁久间示发。柔然汗国贵族推举郁久间婆罗门当可汗（十三任弥偶可社句可汗）。杨钧上疏说："柔然（柔然汗国）已有君王，那位逼杀堂兄（郁久间示发）的君王，恐怕不肯到郊外迎接回国的堂弟（郁久间阿那瓌）。我们轻率的前进，白白损害帝国的声威，弄到后来，除非增加军队，就无法送郁久间阿那瓌北归。"

二月，北魏帝国政府派曾经出使过柔然汗国的牒云具仁（牒云，复姓），前往游说郁久间婆罗门，命他迎接郁久间阿那瓌。

4 二月三日，南梁帝萧衍到皇家大会堂（明堂）祭祀。

5 二月十二日，北魏帝国代理抚军将军邴虬（邴，姓。虬，音qiú〔求〕），讨伐南秦州（州政府设骆谷城〔甘肃省西和县南〕）氐民族叛变部落。

中央禁军总监（领军将军）元义、仪同三司（宰相级）刘腾，软禁胡太后（参考去年〔五二〇〕七月）时，首都西区卫戍司令（右卫将军）奚康生参与阴谋。事成之后，元义命奚康生当抚军大将军、首都洛阳市长（河南尹），仍兼管宫廷保安局（领左右局。此时还不知属哪一个部门，至北齐帝国时，属监督院〔门下〕）。奚康生的儿子奚难当，娶总监督长（侍中）、首都东区卫戍司令（左卫将军）侯刚的女儿。而侯刚的另一个儿子，又是元义的妹夫。元义因奚康生有姻亲关系，对他十分信任依赖。所以元义、侯刚、奚康生三人经常在宫中住宿，轮流外出。北魏帝元诩遂任命奚难当担任千牛备身卫士（"千牛备身"。千牛，指千牛刀，是一种利刃，杀千牛而刀不钝；手执利刀侍奉左右，必要时替主人死。担任此职者，当是最最亲信）。但奚康生性情粗暴鲁莽，心浮气动，意气用事，元义对他开始顾忌，而且形于脸色；奚康生也察觉到元义的反应，略微畏惧不安。

二月十六日，北魏帝元诩前往西林园朝见娘亲胡太后，文武百官分坐左右，酒酣耳热之际，开始跳舞。奚康生跳“力士舞”，在转身投足的时候，注视胡太后，使出表情神色，举手、跺脚、瞪眼、点头，暗示可以发动攻击，胡太后了解他的意思，但不敢开口发令，而天已黄昏，胡太后打算带着小娃皇帝元诩，同往宣光殿；侯刚反对，说：“至尊（元诩）已朝拜完毕，寝殿在南方（宣光殿在北宫，胡太后被囚北宫，元诩和小老婆群则住南宫），怎么可以留宿？”奚康生说：“至尊（元诩）是陛下（胡太后）的儿子，随着陛下的意思往东往西，还要问谁？”文武官员不敢作声，胡太后起身，握住小娃元诩的手臂，走下台阶。奚康生大喊：“高呼万岁！”元诩一直走进殿阁，元义党羽紧张的挤住阁门，使阁门无法关闭（阁门一闭，宫深似海，元义党羽只有任人宰割）。奚康生从奚难当手中夺下千牛刀，猛砍宫廷后卫官（直后）元思辅，情势才归平定。于是，元诩登宣光殿，左右侍从官员，都站在西阶下面。奚康生乘着酒势壮胆，挺身而出，正要发号施令，而元义已从震撼中苏醒，紧急下令逮捕奚康生，用铁链锁在门口。宫廷膳食部长（光禄勋）贾粲，骗胡太后说：“侍从官员，人心惶惶，陛下最好亲自出面安慰他们。”胡太后相信。刚刚下殿，贾粲立即扶起小娃元诩，从东侧门走廊，直到南宫显阳殿，而把胡太后关闭在宣光殿。当天夜晚，元义不出宫门，就在宫中命总监督长（侍中）、宫廷监督官（黄门）、国务院执行长（仆射）、国务院执行官（尚书）等十余人，前往奚康生囚禁的地方审问，判决奚康生斩刑，奚难当绞刑。元义跟侯刚都留在宫内，假传圣旨，批准奚康生斩刑，奚难当免除一死，改判流刑。奚难当晋见老爹，痛哭辞别，奚康生意气激昂，并不悲痛，只说："我不是叛徒，却被处死，你为什么哭！"时已入夜，主管官员把奚康生押到刑场，斩首。宫廷膳食管理官（尚食典御）奚混，跟奚康生同时拿刀入宫，绞死。奚难当因是侯刚的女婿，得以在京师（首都洛阳）停留一百天，最后放逐安州（州政府设方城〔河北省隆化县〕）；过了一段时间，元义命中央特遣政府总监（行台）卢同，就近诛杀奚难当（北魏帝国一任帝拓跋珪，曾在中山〔河北省定州市〕、邺城〔河北省临漳县西南邺城镇〕，均设中央特遣政府〔行台〕，参考三九八年正月七日），另行任命刘腾当最高监察长（司空）。八座（国务院总理、左右执行长及五部部长）及九卿（卿，次要部长），经常于凌晨前往刘腾家晋见，察言观色，然后再去上班，也有整天见不到面的，无论公事私事，只看贿赂多少，再决定如何处理。水旱码头，以及山川特产，处处收捐课税；剥削压榨北方六镇（六镇，参考四八四年九月），沿着边界设立市场，跟外国贸易，每年利润高达一万亿之多（天文数字）；夺取邻居的房舍，扩张自己的住宅，无论远近，都痛苦不堪。

京兆王元继（元义的老爹），眼看父子的权势太大，地位太高，坚决要把宰相（司徒）一职，让给车骑大将军、仪同三司（宰相级）崔光。

夏季，四月三日，中央擢升元继当太保（上三公之三），但仍保持总监督长（侍中）官位。元继竭力辞让，中央不准（这时的中央，就是元义）。

四月五日，任命崔光当宰相（司徒），原来总监督长（侍中）、国立大学校长（祭酒）、国史编撰官（著作）等官位，仍然保持。

6 北魏帝国（首都洛阳）使节牒云具仁（牒云，复姓），抵达柔然汗国（瀚海沙漠群），可汗（十三任弥偶可社句可汗）郁久闾婆罗门，态度傲慢，没有让出宝座、退避一旁的迹象，并且要求牒云具仁用卑微的礼节晋见，牒云具仁不接受。郁久闾婆罗门遂命他的大臣丘升头等，率军二千人，随同牒云具仁南下，迎接郁久闾阿那瓌。

五月，牒云具仁回怀朔镇（内蒙古固阳县），详细描述情况，郁久闾阿那瓌大为恐惧，不敢前进，上疏请求返回洛阳（北魏首都，河南省洛阳市东白马寺东）。

7 五月十二日（原文"癸卯"，误置于六月；据《建康实录》"五月己卯"改），南梁帝国琬琰殿失火，焚毁宫殿三千间。

8 五月十四日，北魏帝国南荆州（州政府设安昌〔湖北省枣阳市南〕）州长（刺史）桓叔兴，率部众投降南梁帝国（桓叔兴任州长，参考五一二年十一月）。

六月一日，南梁帝国义州（州政府设义城〔河南省商城县〕）州长（刺史）文僧明、边城郡（河南省固始县东南）郡长田守德，率部众投降北魏帝国，二人都是蛮夷酋长。北魏政府任命文僧明当西豫州州长（刺史），田守德当义州州长（刺史。都是蛮州蛮郡）。

秋季，七月一日，南梁政府任命工程部长（大匠卿）裴邃，当信武将军、"假节"（三级权力），统率各路人马，讨伐义州（州政府设义城〔河南省商城县〕），在檀公岘（大别山），大破北魏义州州长封寿，遂包围州城。（本年〔五二一〕六月，北魏帝国刚任命田守德当义州州长〔刺史〕，七月便换成封寿，竟如此之速！）封寿投降，南梁帝国遂夺回义州。北魏帝国派国务院左秘书长（尚书左丞）张普惠，当中央特遣政府总监（行台），率军增援，已来不及。

南梁政府任命裴邃当豫州（州政府合肥）州长（刺史），镇守合肥（安徽省合肥市）。裴邃打算袭击北魏帝国寿阳（安徽省寿县），暗中结交寿阳人李瓜花等，作为内应。裴邃军队进入紧急状态，只等约定日期，恐怕北魏帝国发觉，于是，用一份公函送达北魏扬州（州政府寿阳），说："你们最初在马头（安徽省蚌埠市西南马城镇），建立军事基地，驻扎大军。最近，听说你们又要修筑白捺（马头东）故城，如果是这样，就更逼近边疆，我们必须修筑欧阳（江苏省仪征市东闸口），加强沿边戒备。工兵已经集结，只等候信差回来。"扬州州长（刺史）长孙稚跟他的参谋人员讨论，都说："我们没有修筑白捺城的意思，不妨把实际情形告诉对方。"机要军事参议官（录事参军）杨侃说："白捺是一个小城，没有资格作一个军事据点，裴邃狡猾，一肚子诡诈，集结重兵，送递公文，恐怕另有用意。"长孙稚恍然大悟说："你快写一封回信。"杨侃遂用州政府的公文，回答说："你们动员武装部队，想是另有打算，为什么荒谬的拿白捺作借口！'别人心里的事／我猜得清清楚楚。'（《诗经·巧言》："他人有心／予忖度之。"）不要认为秦国没有人。"（《左传》前六一四年，秦国国务官〔大夫〕绕朝语。）裴邃收到这份文书，认为北魏帝国已经洞察他的阴谋，即下令遣散军队。李瓜花等因为无法在约定的日期起事，唯恐怕阴谋泄露，为了自救，互相告发，结果屠杀十余家。长孙稚，是长孙观的儿子（长孙观，是长孙道生的孙儿。参考四七三年四月）。杨侃，是杨播的儿子（杨播，参考四九五年三月）。

9 最初，高车王国（新疆天山山脉北麓）国王弥俄突被杀（参考五一六年十一月），所统御的部众全投奔嚈哒王国（首都拔底延城〔阿富汗北部瓦齐拉巴德市〕）。几年之后，嚈哒王国命弥俄突的老弟伊匐，率领这支部众，北上复国。伊匐攻击柔然汗国（瀚海沙漠群）可汗（十三任弥偶可社旬可汗）郁久闾婆罗门，大破柔然军。郁久闾婆罗门率十个部落，前往凉州（州政府设姑臧〔甘肃省武威市〕），向北魏帝国投降。而其他剩余的部落数万人，前后相继的派人前往北魏帝国，迎接郁久闾阿那瓌。郁久闾阿那瓌上疏北魏帝元诩，说："汗国大乱，各姓和各部落，都分开居住，不断的互相攻击抢掠。汗国人民孤立无依，盼望得到拯救，请求依照前些时赐下的恩德，派遣精锐部队一万人，送我返回瀚海沙漠之北，慰问安抚陷于混乱的人民。"元诩下诏（元义诏），命立法院（中书）及监督院（门下）广泛讨论，凉州（州政府姑臧）州长（刺史）袁翻，认为："帝国自从迁都洛阳以来，蠕蠕（柔然汗国）与高车，互相吞噬，最初蠕蠕首领被杀（指十任可汗郁久闾伏图战死，参考五〇八年十二月），不久高车首领被擒（指弥俄突）。而今，高车发愤图强，在衰微中崛起，报仇雪耻。可是，因为两国的人口太多，部落又很繁盛，所以谁都无法把对方消灭。但是，自从这两个蛮虏交斗，我们的边境一片清平，不见战马踢起的尘土，长达数十年之久，这是中国（北魏帝国）的大利。现在，蠕蠕（柔然汗国）两位可汗，相继投降，虽然说野蛮民族，形同禽兽，不会有纯洁坚定的节操；可是，使灭亡了的复生，使断绝了的再续，却是帝王的神圣任务。如果把他们抛弃，不接受他们的请求，则对帝国的崇高理想，便造成伤害；如果收容之后，一直供养，则又消耗我们的粮食资源；如果全部迁移到内地，不但他们不愿意，恐怕也后患无穷，刘渊（汉赵帝国一任帝）、石勒（后赵帝国一任帝），就是最好的前例（汉赵帝国事不详。后赵帝国四出征战，使各民族大迁徙，所引起的后遗症，参考三五一年三月）。而且，蠕蠕（柔然汗国）仍然存在，高车有后顾之忧，没有多余的能力窥探我们。蠕蠕（柔然汗国）如果完全消灭，高车飞扬跋扈，下一步的行动，可以未卜先知。蠕蠕（柔然汗国）虽然一片混乱，但部众仍多，分散四方，都在盼望旧主；高车再强，不可能全部征服。我愚昧的意见是：蠕蠕（柔然汗国）的两位可汗，应同时保护，把郁久闾阿那瓌安置东方，把郁久闾婆罗门安置西方，把投降过来的人，分成两部，各属一方。郁久闾阿那瓌所在东方的情形，我没有看到，不敢凭空猜测。至于郁久闾婆罗门，则请中央下令，修复西海故城（内蒙古额济纳旗），供他居住。西海故城在酒泉（甘肃省酒泉市）之北，距高车占领下的金山（新疆阿尔泰山）一千余华里（西海故城距金山山脉东端航空距离七百五十公里），是北方蛮虏来往的交通咽喉，土地肥沃，非常适宜耕种，最好派遣一位优秀的将领，配备武装部队，加以监视和保护，命他们就地开荒屯垦，用以节省中央运输供应的辛劳。西海（内蒙古额济纳旗）之北，紧接广大沙漠，野兽聚集，再使两位可汗射猎，彼此之间，互相帮助，就足以维持生存。另一方面可以减少蠕蠕（柔然汗国）的衰弱程度，一方面可以阻挠高车的扩张；这是安定疆域，保护边塞的长程计划。如果郁久闾婆罗门能够集结离散的部众人民，复兴他的汗国，则逐渐命他们向北迁移，渡过流沙，成为我们的藩篱和高车的劲敌，西北方面，可再没有顾虑。如果他心怀奸诈，反复无常，也不过是一个逃亡的流寇，对帝国有什么损失？”政府高阶层会议认为是真知灼见。

九月，柔然汗国酋长郁久闾俟匿伐，前往北魏帝国怀朔镇（内蒙古固阳县），请求派遣援军，并且迎接郁久闾阿那瓌回国。郁久闾俟匿伐，是郁久闾阿那瓌的老哥。

冬季，十月，主管政府机要（录尚书事）、高阳王元雍等奏称：“怀朔镇（内蒙古固阳县）之北的吐若奚泉（今地不详），原野一望无际，平坦肥沃，请把郁久闾阿那瓌安置在吐若奚泉（今地不详），把郁久闾婆罗门安置在从前的西海郡（内蒙古额济纳旗）。命他们各率自己的部落，

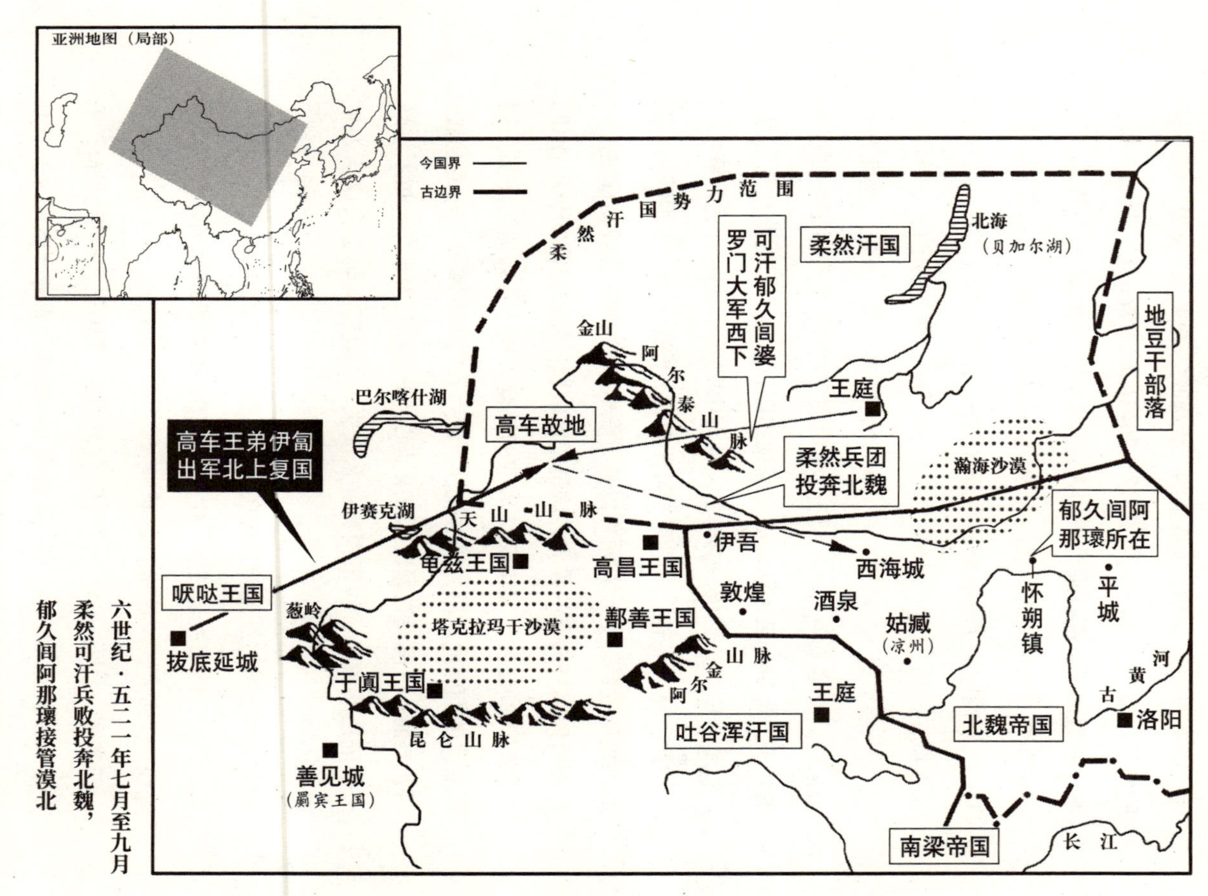

六世纪·五二一年七月至九月

柔然可汗兵败投奔北魏，

郁久闾阿那瓌接管漠北

召集离散的人民。郁久闾阿那瓌既身居塞外，应稍加优待，郁久闾婆罗门不能比照办理。在郁久闾婆罗门没有投降前，就投降我们的蠕蠕（柔然汗国）人民，则命所在的州政府及镇防部，护送到怀朔镇（内蒙古固阳县），移交给郁久闾阿那瓌。”北魏帝元诩下诏（元义诏）批准。

10 十一月十九日，北魏帝国政府加授总监督长（侍中）、车骑大将军侯刚：仪同三司（宰相级）。

因为东益州（州政府设武兴〔陕西省略阳县〕）、南秦州（州政府设骆谷城〔甘肃省西和县南〕）氐民族部落，全都叛变。

十二月十七日（原文误置于十一月，据《魏书》改），政府命秦州（州政府设上封〔甘肃省天水市〕）州长（刺史）、河间王元琛，当中央特遣政府总监（行台），出军讨伐。元琛仗恃刘腾的势力（元琛请求当刘腾的养子事，参考五一八年八月），贪污暴虐，毫无忌惮，于是不断被氐民族部落击败。总监察官（御史中尉）提出弹劾，正巧遇上大赦，仅只革除官爵。然而，不久，就又再封亲王。（这是什么赏罚？）

11 北魏政府任命安西将军元洪超，兼国务院特遣分院总监（兼尚书行台），前往敦煌（甘肃省敦煌市），筹划及准备安置柔然汗国前任可汗（十三任弥偶可社句可汗）郁久闾婆罗门工作。

五二二年 壬寅

南梁 普通 三年

北魏 正光 三年

1 春季，正月七日，南梁帝国（首都建康〔江苏省南京市〕）政府，任命国务院总理（尚书令）袁昂，当立法院总立法长（中书监），吴郡（江苏省苏州市）郡长王暕，当国务院左执行长（尚书左仆射）。

2 正月十八日，北魏帝国（首都洛阳〔河南省洛阳市东白马寺东〕）皇帝（九任孝明帝）元诩（本年十三岁），举行亲自扶犁耕田典礼。

胡太后派使节宋云及和尚惠生，前往西域（新疆及中亚东部）寻求佛教经典（参考五一八年十月），从首都洛阳出发，西行四千华里，抵达赤岭（青海省西宁市湟中区西。洛阳距赤岭航空距离一千公里），才越过北魏帝国边界。然后继续西行，约有两年，到乾罗国（巴基斯坦伊斯兰堡市西白沙瓦城）后折回。

二月，返抵洛阳（北魏首都，河南省洛阳市东白马寺东），得到佛家经典一百七十部。

3 高车王国（新疆天山山脉北麓）国王伊匐，派使节到北魏帝国（首都洛阳）进贡。

夏季，四月十九日，北魏政府任命伊匐当镇西将军，封西海郡公、高车王。一段时间之后，伊匐跟柔然汗国（瀚海沙漠群）会战，失败；伊匐的老弟越居，格杀老哥伊匐，越居自称高车国王。

4 五月一日，日全蚀。

5 五月二日，南梁帝国政府大赦。

冬季，十一月六日，中央禁军总监（领军将军）、始兴王（忠武王）萧憺（南梁帝萧衍老弟）逝世（年四十五岁）。

6 十一月十七日，北魏帝元诩前往圆形祭坛上祭祀天神。

最初，三任帝（太武帝）拓跋焘，认为《玄始历》（参考四五二年十二月）的错误，会越来越严重，命政府重造新历。直到本年（五二二），国史编撰官（著作郎）崔光（这大概是另一崔光），才整理就绪，采取荡寇将军张龙祥等九家所拟定的日历，实验考察它们的正误，综合成为一部日历，以“壬子”日作为行使新历的第一日，用以呼应北魏帝国的“水德”——受水神保护的传统（参考四九二年正月），定名为《正光历》（十一月一日是“壬子”，所以定十一月实行。至于“壬子”怎么和水神扯上关系，事关神秘“五行”，不懂）。

十一月十八日，政府公布《正光历》，即日起施行。大赦。

十二月二十七日，任命车骑大将军、国务院右执行长（尚书右仆射）元钦，当仪同三司（宰相级）；太保（上三公之三）、京兆王元继当太傅（上三公之二），宰相（司徒）崔光当太保（上三公之三）。

7 当初，南梁帝（一任武帝）萧衍（本年五十九岁），还没有生皇太子萧统时，收养老弟临川王萧宏的儿子萧正德当自己的儿子。萧正德自幼险恶凶诈，萧衍当了皇帝后，萧正德希望能当皇太子。后来，皇太子萧统诞生（五〇一年九月），萧正德回到亲爹亲娘膝下，封西丰侯。侯爵当然不如皇太子，遂由失望而愤懑，一直阴谋制造事端。本年（五二二），萧正德由监督院宫廷监督官（黄门侍郎 · 五品十班）调任轻车将军（武散官，四品十四班），更受打击。不久，暗中逃亡，投奔北魏帝国（首都洛阳），自称是南梁帝国被罢黜的太子，为了逃避灾难，请求政治庇护。北魏国务院左执行长（尚书左仆射）萧宝夤，上疏指控说：“天下之大，岂有伯父（萧衍）当皇帝，老爹（萧宏）当京畿总卫戍司令（扬州刺史），竟然舍弃那种密切的亲属，却远奔异国！对萧正德，不如诛杀。”北魏政府虽没有诛杀萧正德，但对他的态度，却十分冷淡。萧正德看情形不对，就把别人的一个孩子杀掉，声称是自己儿子死亡，在距洛阳很远的地方，兴建一个墓园，北魏政府不疑心有什么变化。明年（五二三），萧正德再自北魏帝国逃回南梁帝国。南梁帝萧衍对他哭泣教训，并恢复他的爵位（萧衍真是一头猪，赏罚不明如此）。

8 柔然汗国可汗（十四任）郁久闾阿那瓌，请求北魏帝国发给粟米（黄米）种植，北魏帝国政府送给他一万石。

安置在故西海郡（内蒙古额济纳旗）的前任可汗（十三任弥偶可社句可汗）郁久闾婆罗门，率领部众，背叛北魏帝国，逃往𠺕哒王国（首都拔底延城〔阿富汗北部瓦齐拉巴德市〕）。北魏政府命平西将军府秘书长（平西府长史）、鲜卑人（代人）费穆，兼国务院右秘书长（兼尚书右丞）、中央驻西北特遣政府总监（西北道行台），率军讨伐，柔然人逃走。费穆对各将领说：“夷狄的性格，看到敌人就逃走，一有空隙就出来，如果不使他们破胆，恐怕我们会疲于奔命。”于是，挑选精锐骑兵，埋伏深山峻谷，用老弱步兵当作外围，柔然大军果然发动攻击，费穆奋起迎战，大破柔然军。北魏凉州（州政府设姑臧〔甘肃省武威市〕）政府军生擒郁久闾婆罗门，送往首都洛阳。

河阴屠杀

导读

历史上的宫廷政变，往往都伴随着血腥的屠杀。发生在六世纪的“河阴屠杀”，是极端的一例。先是北魏胡太后只为了纵欲方便，竟下手毒死年仅十九岁的亲生独子——皇帝元诩。然后，野心家尔朱荣拥立元子攸，兴师洛阳，把胡太后及年仅三岁的新皇帝元钊投入黄河淹死。接着，因为担心局面控制不住，尔朱荣又利用文武百官出城迎接皇帝的机会，将文武百官二千余人全部诛杀，连刚称帝的元子攸的至亲，正处于尔朱荣“保护”之下的亲王元劭、元子正，也未能幸免。

从某一个角度评估河阴屠杀，包括把现任皇太后和现任皇帝全部投到黄河里活活淹死，诚是一项惊天动地而泣鬼神的壮举，这是对腐败凶暴统治阶层的大反扑和大报复。暴君暴官临死时的悲惨，正是他们加到小民身上的悲惨的再现，凶手或被投入急流，或被带进屠场，全体小民，都为这场屠杀发出欢呼！

然而，政治不是军事，大屠杀的后遗症是更多的悲惨，中国历史显示出一种使人困惑的轨迹，人民除了走向河阴——用暴力对抗暴政外，几乎没有第二条路可走。问题是，暴力对抗暴政之后，留下的却是更严厉的暴政，需要更大的暴力，才能再把它推翻。暴力暴政，循环不息。

一九八六·一二·五

目录

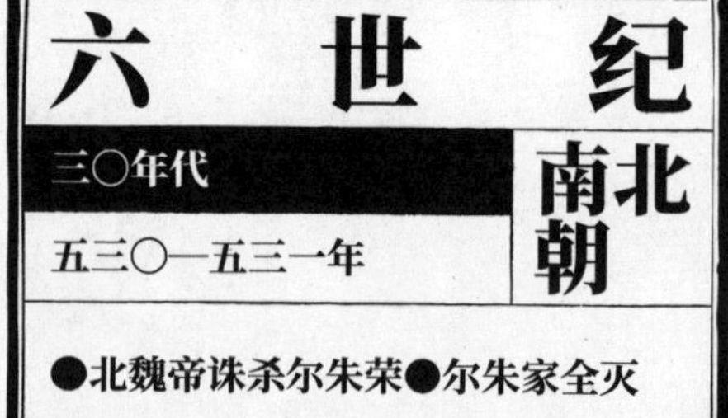

南北朝

- 北魏六镇齐叛。
- 北魏全国变民烽起，遍地烽火血腥，无一寸净土。
- 北魏尔朱荣把胡太后及幼帝投入黄河淹死。
- 萧衍开始舍身同泰寺。

- 波斯屠杀马资达克信徒，死者超过十万人。
- 东罗马帝国皇帝查士丁尼登位。

五二三年 癸卯

南梁　普通　四年
北魏　正光　四年
（破六韩拔陵真王元年）

1 春季，正月四日，南梁帝国（首都建康〔江苏省南京市〕）皇帝（一任武帝）萧衍（本年六十岁），前往首都南郊，祭祀天神。大赦。

正月十九日，再到皇家大会堂（明堂）祭祀。

二月十八日，萧衍主持亲自耕田典礼。

2 柔然汗国（瀚海沙漠群）发生广大饥荒，可汗（十四任敕连头兵豆伐可汗）郁久闾阿那瓌，率领部众，退入北魏帝国（首都洛阳〔河南省洛阳市东白马寺东〕）国境，上疏帝国政府，请求赈济。

二月二十二日（原文“己亥”，据《魏书》改），北魏政府命国务院左秘书长（尚书左丞）元孚，当中央特遣政府执行官（行台尚书），“持节”，前往安抚慰问。元孚，是拓跋谭的孙儿（拓跋谭事，参考四四二年十月）。元孚出发之前，上疏要求全权，说：“蠕蠕（柔然汗国）长久以来，都很强大。从前，我们首都在代京（故都平城·山西省大同市）之时，对他们一直保持高度戒备。而今，上天保佑魏国（北魏帝国），使他们激烈内斗，自取灭亡，向我们叩头屈服。帝国政府集合他们逃散的人，用优厚的礼仪送他们回国，就应该利用这个机会，妥善拟定长程计划。当初，西汉王朝十任帝刘病已在位时，匈奴汗国呼韩邪单于（十四任）挛鞮稽侯栅入塞，西汉政府派董忠、韩昌，率领沿边各郡武装部队，送他们离开朔方（黄河河套地区），遂乘势留下来协防（参考前五一年）。而东汉王朝一任帝刘秀在位时，也命皇家警卫指挥官（中郎将）段彬，设置安抚官员（安集掾史），随同匈奴汗国单于返国，协助防务，察看动静（参考五〇年）。现在大体上应该依照前例，借给他们一块我们用不着的空闲地区，由他们耕田放牧，先行设立一个粗略的中央政府，分别任命官职，表示帝国对他们的关心和温暖。一面严厉禁止边防军向他们侵犯，并命柔然协助边防军，阻截其他蛮夷向帝国侵犯。双方一直维持相当关系，亲密时不至鼓励他们诈欺，疏远时不至刺激他们叛变，是最上等的策略。”政府不准。

柔然汗国部落首领郁久闾俟匿伐，到北魏帝国朝见。

3 三月，北魏帝国最高监察长（司空）刘腾逝世（年六十岁）。宦官中当刘腾养子、服三年之丧的，有四十余人；身穿孝衣送葬的，以百为单位计算；政府官员及贵族送葬的，塞满大街小巷，遍布郊外原野（当权分子死在权位上，都有这种景观）。

夏季，四月，中央特遣政府执行官（行台尚书）元孚，携带白虎幡（督战旗），前往柔玄（内蒙古兴和县北）、怀荒（河北省张北县）二镇间，慰问安抚柔然汗国可汗郁久闾阿那瓌。郁久闾阿那瓌拥有强大的武装部众，号称三十万，暗中已怀二心，打算背叛北魏，而元孚恰巧到达，郁久闾阿那瓌认为时机已经成熟，遂拘捕元孚，载到一辆匈奴车上。每次召集部众，都使元孚坐在东厢，称他是中央特遣政府总监（行台），礼貌至为尊敬，然后率军南下，所经过的地方，大肆抢劫抄掠，一直抵达平城（山西省大同市），才把元孚放回。有关单位弹劾元孚有辱使命，于是以有辱使命的罪名判刑。

四月二十八日，北魏政府派国务院总理（尚书令）李崇、国务院左执行长（左仆射）元纂，率骑兵十万人，攻击柔然汗国。郁久闾阿那瓌得到消息，裹挟善良平民二千人，以及政府和民间马牛羊数十万头，向北方逃走，李崇追击三千余华里，无法追上，班师。

元纂另派军械军事参议官（铠曹参军）于谨，率骑兵二千人，继续追击郁久闾阿那瓌，追到郁对原（今地不详），前后十七次会战，每次都击破柔然军。于谨，是于忠的族曾孙（于忠保护胡太后有功，参考五一五年正月），性情沉默，有见识胆量，读过很多经书及史书。年幼时，不跟外界往来，居住乡间，不追求政府职务，有人劝他当官，于谨说："州郡政府官职，从前的人一向都看不起。（《后汉书·梁竦传》："大丈夫在世，生前应该封侯，死后应该进忠烈祠享受香火。如果办不到，闲居在家，可以培养志气，阅读诗书，也可以寻求乐趣。州郡政府官职，只是一场辛劳。"）而中央政府的高位，须等待时机。"元纂听到他的名声，延聘到幕府担任参谋官员。有一次，于谨率轻装备骑兵出塞侦察敌情，刚巧，铁勒部落骑兵数千人，突然发动袭击（高车初名狄历，也称敕勒，汉人称之为丁零〔丁零部落自漠北南徙，参考三三〇年六月〕，因发音不准，“敕勒”转成“铁勒”。此处铁勒部落，当指未曾西迁、残留在瀚海沙漠群的高车部落），于谨寡不敌众，如果撤退，一定全军覆没；于是下令所有骑兵散开，躲藏在荒林野草之间；又派人登上附近山岗，煞有介事，左右指挥，好像在那里部署大军进入阵地。铁勒部落望见，虽然疑心有埋伏，但仗恃自己人数众多，仍向前挺进，逼近于谨。于谨平常有两匹骏马，一匹是紫毛马，一匹是黑嘴黄毛马，铁勒部落早就熟悉，于谨遂命二人各乘一马，突阵而出，铁勒部落认为定是于谨，争相追赶。于谨率剩下来的军队，攻击铁勒追赶的骑兵，铁勒军队遂撤退，于谨得以平安入塞。

李崇的秘书长（长史）、钜鹿郡（河北省晋州市）人魏兰根，建议李崇，说：“从前，沿着边界，设置各‘镇’，地广人稀，有时征召中原豪门强族的子弟，有时征召皇族或鲜卑贵族，使他们当帝国的爪牙，保卫边疆。若干年之后，主管机关对这些人家，称为‘府户’，当作低贱的奴仆差役。久而久之，不能跟高贵门第世家通婚，做官时更因为没有高贵门第世家作为外援之故，以致不能进入‘清流’——高贵门第世家系统。本来是同等阶层的亲属亲戚，可是在京师（首都洛阳）的却都当了显要大官，享受荣耀；两相比较之下，当然怨恨愤懑。最好是取消以军事为主的‘镇’，而改为以行政为主的‘州’，分别设立郡县。凡是‘府户’，一律撤除，恢复成为平民，如果想进政府当官，则完全依照最早的规则办理，文武兼用，恩威同施。这些建议如果能够实行，帝国或许不会再有北方的忧虑。”李崇上疏奏报，如石沉大海，没有批示。

最初，元义软禁胡太后，时常到北魏帝（九任孝明帝）元诩（本年十四岁）所住寝殿侧房，值班陪伴，竭尽所有能力，讨元诩欢心，元诩因此对元义十分宠爱信任。元义出入宫城，总是命武士手持兵器，前呼后拥，严密戒备。有时出宫，到千秋门外休息，四周全设木栏拒马，派心腹将士保护，防范刺客突击；无论官民，要想见他一面，也只能站在远处，遥遥对话而已。元义刚掌握政权时，故意表现他如何的为国为民，所以待人十分谦虚，处事勤快认真，对于施政的成绩，也非常关心。然而，等到情势稳定，就不由自主的骄傲怠慢；喜爱名酒美女，贪财好货，随自己的高兴或不高兴，夺取或赏赐；帝国法令，完全败坏；社会秩序，陷于混乱。元义的老爹、京兆王元继，尤其贪污放纵，跟正妻（元义的娘）分别接受贿赂，向有关单位请托办事，没有人胆敢违抗；甚至郡县政府的一个小小雇员，都不能公平任用。州长、郡长、县长，全是贪官，由于这个缘故，民间穷苦困顿，人人渴望天下大乱。

武卫将军于景，是于忠的老弟；打算罢黜元义，元义先下手为强，使他出任怀荒镇（河北省张北县）防卫司令（镇将）。稍后，柔然汗国可汗郁久闾阿那瓌南下攻入边塞，大肆抢掠，镇民请求发给粮食救济，于景拒绝，镇民忍耐不住悲愤，遂武装暴动，生擒于景，斩首。不久，沃野镇（内蒙古杭锦旗北黄河南岸）镇民破六韩拔陵（破六韩，三字姓），聚众起兵，格杀新上任的防卫司令（镇将），改年号真王。各镇汉人和蛮夷，纷纷响应。破六韩拔陵率军南下，派他的将领卫可孤，包围武川镇（内蒙古武川县），并攻击怀朔镇（内蒙古固阳县）。尖山（山西省神池县）人贺拔度拔（贺拔，复姓），跟他的三个儿子：贺拔允、贺拔胜、贺拔岳，都有才能，而且是三员勇将；怀朔镇（内蒙古固阳县）防卫司令（镇将）杨钧，擢升贺拔度拔当指挥官（统军），命他的三个儿子当带兵官（军主），抵抗卫可孤的攻击。

本世纪(六)〇〇年代初叶，八任帝(宣武帝)元恪在位，为了祈求佛祖赐福给已逝世的老爹、七任帝(孝文帝)元宏，以及娘亲高皇后(文昭皇后)，命宦官白整在龙门山(洛阳南二十四公里伊阙)开凿两个佛龛(音kān〔堪〕)，每龛都高一百尺。五〇八年稍后，宦官刘腾又给当时在位的元恪，另行开凿一个佛龛，到本年(五二三)为止，已二十四年，共用十八万二千余工人，但工程浩大，仍不能完成。

秋季，七月二十七日，北魏帝元诩下诏："凡现任政府官员，依照法令，于七十岁退休时，可以继续领取一半薪俸，直到去世。"

九月，元诩命总监督长(侍中)、全国武装部队总司令(太尉)、汝南王元悦，迁居监督院(门下)，跟丞相、高阳王元雍，共同研究裁决国务院(尚书)奏章。

4 冬季，十月十七日，南梁政府任命立法院总立法长(中书监)、首都中区卫戍司令(中卫将军)袁昂，当国务院总理(尚书令)，即以首都中区卫戍司令(中卫将军)身份，开府仪同三司(宰相级)。

5 十一月一日，日蚀。

6 北魏帝国太保(上三公之三)、平恩公(文宣公)崔光病重，北魏帝元诩亲自到他床前探望安慰，并任命他的儿子崔励，当齐州(州政府设历城〔山东省济南市〕)州长(刺史)，为了表示哀伤，又命金銮宝殿停止奏乐，并取消游玩及登高远望。

十一月十五日(原文误置于十月，据《魏书》改)，崔光逝世(年七十三岁)。元诩亲去吊丧哭泣，至为悲痛，特别为他减少每天的饮食。

崔光宽厚、乐观，性情和善，怡然自得，从没有忿恨恼怒。于忠、元义前后手握大权，认为崔光是前辈，素有声望，对他都十分尊敬，很多事都先向他请教后决定。但他却不能救裴植、郭祚（参考五一五年八月），以及清河王元怿（参考五二〇年七月）之死，当时的人把他比作张禹、胡广（张禹，参考一一〇年二月；胡广，参考一七二年三月；都是明哲保身的官场混混）。

崔光临死时，推荐国务院法务部长（都官尚书）贾思伯，当皇帝的讲经教师（侍讲），北魏帝元诩向他学习《春秋》。贾思伯虽然地位尊贵，但待人谦恭，有人问贾思伯说："你有什么办法能使自己不骄傲？"贾思伯说："衰败的命运抓住你时，你就会骄傲。富贵，怎么能一直保持！"人们认为他谈话风趣。

7 十一月二十二日，南梁国务院左执行长（尚书左仆射）王暕逝世（年四十七岁）。

南梁帝国最初只有扬州（京畿卫戍区）、荆州（湖北省西部）、郢州（湖北省中部）、江州（江西省及福建省）、湘州（湖南省）、梁州（四川省东北部）、益州（四川省中南部）使用钱币；交州（越南北部）、广州（广东及广西）使用金银；其余各州，则杂用谷米、布帛交易。南梁帝萧衍遂铸五铢钱，钱孔、钱边，及四周凸起处，全都完美。又另铸一种平面钱——钱孔四周并不凸起，称为"女钱"。民间私下使用女钱，政府下令禁止，却禁止不住，于是高官会议讨论，决定全部废除铜钱。

十二月六日，政府开始铸铁钱（既铸钱孔钱边都有凸边的钱，为什么又铸钱孔没有凸边的平面钱——女钱？既铸女钱，为什么又禁止使用？叙述不清）。

8 北魏政府任命汝南王元悦当太保（上三公之三）。

五二四年 甲辰

南梁　普通　五年
北魏　正光　五年
(破六韩拔陵真王二年)
(高平王胡琛元年)
(秦王莫折大提元年)
(秦帝莫折念生天建元年)
(燕王就德兴元年)

1 春季，正月二十日，北魏帝国（首都洛阳〔河南省洛阳市东白马寺东〕）皇帝（九任孝明帝）元诩（本年十五岁），前往首都洛阳南郊，祭祀天神。

三月，任命临淮王元彧，当北伐大军司令官（都督北讨诸军事），讨伐沃野镇（内蒙古杭锦旗北黄河南岸）变民首领破六韩拔陵（参考去年〔五二三〕四月）。

夏季，四月，高平镇（宁夏固原市）人赫连恩等，聚众起兵，推举敕勒部落酋长胡琛，称高平王；攻击高平镇，响应破六韩拔陵。中央政府将领卢祖迁，击破胡琛军，胡琛向北逃走。

怀朔镇（内蒙古固阳县）被破六韩拔陵部将卫可孤围攻，已过一年，而外面的援军不见到来，防卫司令（镇将）杨钧，命带兵官（军主）贺拔胜南下云中（盛乐，内蒙古和林格尔县），向临淮王元彧求救。贺拔胜招募少年骑兵十余人，组成敢死队，于夜晚找到敌人空隙，突围而出，变民军骑兵追到，贺拔胜大叫说："我，是贺拔胜！"变民军骑兵不敢逼近。贺拔胜抵达云中（盛乐·内蒙古和林格尔县），晋见元彧，警告说："怀朔（内蒙古固阳县）被围，随时都会陷落，大王却把大军停在这里，不肯前进，怀朔（内蒙古固阳县）如果不守，武川（内蒙古武川县）立刻危险，盗贼（变民军）的锐气，将百倍上升，即令张良、陈平复出，也无法替大王分忧。"元彧允许出兵。贺拔胜回怀朔镇报命，再突围而入。杨钧又命贺拔胜去侦察武川镇（内蒙古武川县）情况，发现武川镇已经陷落。贺拔胜飞骑而还，怀朔镇（内蒙古固阳县）人心大乱，立刻崩溃，贺拔胜父子同被卫可孤俘虏。

五月，临淮王元彧率军北进，在五原（内蒙古包头市）跟变民军首领破六韩拔陵会战，元彧战败，被削除官职爵位。安北将军、陇西郡（甘肃省陇西县）人李叔仁，又在白道（内蒙古呼和浩特市北）被变民军击败；变民势力，每天都在茁壮。

噩耗传到京师（首都洛阳），北魏帝元诩在显阳殿召集丞相、国务院总理（令）、执行长（仆）、各部部长（尚书）、总监督长（侍中）、副总监督长（给事黄门侍郎），询问说："而今，盗匪（变民军）布满恒州（州政府设平城〔山西省大同市〕）、朔州（州政府设盛乐〔内蒙古和林格尔县〕），已经逼近皇家祖先墓园——金陵（位于盛乐〔内蒙古和林格尔县〕西北），我们应该怎么办？"国务院文官部长（吏部尚书）元修义，请派遣重要官员，率领大军，镇守恒（平城）、朔（盛乐）二州，抵抗强悍的贼寇（变民军）。元诩说："去年（五二三），郁久闾阿那瓌叛变，政府派李崇北伐，李崇上疏请求改‘镇’为‘州’，我因为旧有的制度，难以马上变动，没有批准。想不到李崇这份报告，却诱导镇民兴起不安分的心理，以致发生今天的灾祸。但这已是过去的事，无法挽救，姑且提出来谈论。事实上，李崇是尊贵的皇亲（李崇，是五任帝〔文成帝〕拓跋濬的小老婆群李夫人〔生六任帝拓跋弘〕的老哥，父亲李诞），拥有崇高声望，有才干见识，果断敏捷，我打算派他出征，各位认为如何？”国务院执行长（仆射）萧宝夤等一致同意说：“这样决定，正合大家盼望。”李崇说：“我因为六镇（参考四八四年九月）荒远偏僻，跟蛮夷相接，打算安慰镇民，使人心欢愉，才提出改‘镇’为‘州’的意见，怎么敢诱导镇民武装作乱！实在罪该万死，请求陛下赦免；而今更派我北伐，正是改过报恩之时。可是，我年纪已超过七十，四肢无力，而又患病在身，不能胜任军事重任，请另行选择贤能人才。”元诩不准。元修义，是拓跋天赐的儿子（拓跋天赐事，参考四七一年四月）。

司马光曰

李崇上疏建议改“镇”为“州”，正是在灾祸还没有萌芽的时候把它铲除；无形之中，掌握主动，夺取胜利。元诩既不能采纳他的意见，在灾祸发生之后，又没有一句惭愧自责的话，反而倒打一耙，硬把该项建议，当作李崇的罪状，这种昏君，怎么配跟他谈论国家大计。《诗经》说：“听虚假的话认为很对／听真实的话就像昏醉／不能用金玉良言／定要倒霉。”（《诗经·桑柔》：“听言则对／诵言如醉／匪用其良／覆俾我悖。”）指的就是这种人。

五月二十三日，北魏政府加授李崇“使持节”（一级权力）、开府仪同三司（宰相级）、北部征剿总司令官（北讨大都督）；命抚军将军崔暹、镇军将军、广阳王元深，接受李崇指挥。元深，是元嘉的儿子（元嘉，参考四九九年三月)。

2 六月，南梁帝国（首都建康〔江苏省南京市〕）政府任命豫州（州政府设合肥〔安徽省合肥市〕）州长（刺史）裴邃，当讨伐大军司令官（都督征讨诸军事），攻击北魏帝国。

3 北魏帝国自从变民首领破六韩拔陵聚众起兵以来，夏州（州政府设统万〔陕西省靖边县北白城则村〕）、东夏州（州政府设广武〔陕西省延安市东北〕）、豳州（州政府设定安〔甘肃省宁县〕。豳，音bīn〔宾〕）、凉州（州政府设姑臧〔甘肃省武威市〕），人民纷纷集结，武装反抗政府。秦州（州政府设上封〔甘肃省天水市〕）州长（刺史）李彦，施政及刑罚，残酷暴虐，在下位的官员和人民，充满怨恨。本月（六），城中居民薛珍等，率领党羽，突入州政府大门，生擒李彦，诛杀；推举莫折大提（莫折，复姓）当首领；莫折大提自称秦王。北魏政府命雍州（州政府设长安〔陕西省西安市〕）州长（刺史）元志讨伐。

最初，南秦州（州政府设骆谷城〔甘肃省西和县南〕）豪门杨松柏兄弟，不断抢劫抄掠，州长（刺史）、博陵郡（河北省安平县）人崔游，用阴谋诡计，引诱他们投降，并委任杨松柏兄弟当州政府主任秘书（主簿），态度诚恳，言辞亲切，命他们游说叛变的氐民族部落放下武器。然后，有一天，崔游摆下盛大筵席，招待杨松柏兄弟和所有放下武器的氐民族酋长，就在筵席上，把他们逮捕，全部斩首。从此，所有部属对崔游都不再信任，暗怀猜疑、畏惧，人心不安。崔游听到李彦被杀消息，知道身处险境，打算逃走，就在逃走前夕，城中居民张长命、韩祖香、孙掩等暴动，率领群众攻击州政府，诛杀崔游，献出城池，响应莫折大提。莫折大提派他的部将卜胡，袭击高平镇

（宁夏固原市），攻克，格杀防卫司令（镇将）赫连略，及中央特遣政府总监（行台）高元荣。莫折大提不久逝世，儿子莫折念生登极，自称皇帝，组织政府，设立文武百官，改年号天建。

六月十八日，北魏政府大赦。

秋季，七月六日，命国务院文官部长（吏部尚书）元修义，兼国务院执行长（兼尚书仆射），当中央驻西部特遣政府总监（西道行台），率各将领讨伐莫折念生。

北伐大军抚军将军崔暹，违背总司令官（大都督）李崇命令，跟变民军首领破六韩拔陵，在白道（内蒙古呼和浩特市北）会战，大败，单人匹马逃回。破六韩拔陵遂攻击李崇大营，李崇竭力奋击，不能阻止，退返云中（盛乐，内蒙古和林格尔县），双方僵持。

广阳王元深上疏说："祖先们建都平城（山西省大同市）时代，认为北方边疆，至为重要，所以特别慎重的选拔贤能亲信，竖立军旗，担任防卫司令（镇将），把高贵门第出身（参与帝国建国的非皇族鲜卑人）的参谋官佐，配备在防卫司令（镇将）左右，拼死保卫边疆，阻遏强敌，不但不剥夺他们升迁的资格，反而免除他们的差役赋税；因此当时人士，乐于到边疆服务。五世纪八〇年代，国务院执行长（仆射）李冲当权，凉州（甘肃省中部西部）人全部免除官差兵役（李宝入北魏事，参考四二一年。李宝的儿子李冲一旦有权，就厚待他的凉州同乡），而皇家乡亲和故旧后裔，却仍然驻防边塞；除非是身犯重罪，不为世所容，才贬黜蛮荒，普通人谁肯跟他们为伍？镇民在防卫司令部工作，只能担任山林管理员（虞候）、义务服务员（白直。没有薪俸），一辈子升迁，也不过升迁到带兵官（军主）。留在京师（首都洛阳）的同族，一个个当上高等显官；而居留边镇的人，却被远隔在文官系统之外，很多人因此不得不逃离家乡。于是，中央政府更加强对镇民管理，严格规定镇民不可以到其他州镇居住或游历。结果，少年子弟无法到其他州镇留学，长大以后更无法到其他州镇工作；所受非人的待遇，写到这里，忍不住落泪。自从首都南迁洛阳（参考四九四年十月），边疆官职，越发受到轻视，唯有一直停留在低阶层的庸才，才会外放到卫镇当防守司令（镇将）。这些人到差之后，辗转学习，互相模仿，专门贪赃枉法，搜刮财富。有时候其他各地的贪官污吏，被定罪放逐到边疆，他们在防卫司令（镇将）身旁，设计筹划，操纵指挥；于是，一切措施，非钱不行，镇民悲痛，一个个咬牙切齿。后来郁久闾阿那瓌背弃帝国对他的恩德，大肆抢劫。政府动员警备部队（奔命）追击，十五万大军渡沙漠北上，没有几天就撤退而回（参考去年〔五二三〕四月），镇民看到这种援军，当然轻视中央。国务院总理（尚书令）李崇，建议把'镇'改'州'，可算是洞察机先的远见，而中央却不肯批准。就在这时候，高阙要塞（内蒙古杭锦后旗东北）驻军司令（戍主）跟他的部属发生冲突，破六韩拔陵（沃野镇〔内蒙古杭锦旗北黄河南岸〕变民首领）把驻军司令击斩，互相激荡，各地纷纷起兵，攻城掠地，所经过的地方，把拒绝叛变的人，屠杀净光。政府军讨伐，屡次战败，变民集团一天比一天壮大。李崇出征，指望一举荡平，想不到崔暹全军覆没，连一个车轮都没有回来；我跟李崇，只好顺着去时旧路，往后撤退，暂驻云中（盛乐，内蒙古和林格尔县），而军心已散，将士没有斗志。今天所忧虑的，不仅仅限于西北（破六韩拔陵），恐怕所有边镇，都是如此。天下大事，很难逆料！"奏章呈上去后，没有反应。

元诩下诏逮捕崔暹，囚禁最高法院（廷尉）。崔暹用美女、舞娘、田园、房产，贿赂元义，最后，竟被判无罪。

七月二十九日，变民首领秦帝莫折念生，派他的司令官（都督）杨伯年，进攻仇鸠、河池（二地都在甘肃省徽县西）军事据点。东益州（甘肃省东南部及陕西省西南部，州政府设武兴〔陕西省略阳县〕）州长（刺史）魏子建，派将军伊祥等迎战，杀一千余人。东益州（甘肃省东南部及陕西省西南部）本属“氐王”杨绍先的半独立“仇池王国”（北魏帝国擒杨绍先及设东益州，参考五〇六年正月），将领及参谋官员都认为：州城居民勇敢剽悍，秦州（州政府设上封〔甘肃省天水市〕）及南秦州（州政府设骆谷城〔甘肃省西和县南〕）所有变民，都是他们的同族（氐民族），建议先行没收他们的武器。魏子建说：“城中居民，经过太多战阵；如果以诚相待，安抚他们，就是我们的部队；如果逼迫，则我们将被前后夹攻。”于是集合全体居民，慰问沟通，不久之后，渐渐把他们的子弟或父兄，派到外郡或其他军事据点驻防，使他们内外连心，直到最后，都没有人叛变。魏子建，是魏兰根的族兄（魏兰根，参考去年〔五二三〕四月）。

凉州（州政府设姑臧〔甘肃省武威市〕）警卫司令（幢帅）于菩提等暴动，生擒州长（刺史）宋颖，据守州城，反抗中央政府。

4 八月十二日，南梁帝国徐州（北徐州，州政府设钟离〔安徽省凤阳县东北临淮关镇〕）州长（刺史）成景儁，攻占北魏帝国童城（童县故城，安徽省泗县东北）。

5 北魏帝国编制外事务顾问官（员外散骑侍郎）李苗，上疏北魏帝元诩，说：“凡是粮食不多，而将士精锐，最有利的行动是速战速决。粮食多而军队也多，当然最好是采取持久作战。陇山以西地区（甘肃省南部）盗匪（指莫折念生及胡琛），虽然猖狂，但没有雄厚实力，虽然占领两座城池（上封及高平），但缺少恩德仁义。他们的情势是：必须发动闪电攻击，每天才有人响应、归降，如果行动迟缓，人心沮丧离散，就会坐在那里，等待崩溃。当闪电攻击发动之时，势如狂风暴雨，叛徒（变民军）追求的是万分之一的成功机会；而长期坚守据点，城高沟深，政府则可以主动控制全局。只不过天下升平的时间太久，人民不知道什么是战争，为了利益，互不等待；逃避灾难，也互不照顾。将领不会指挥，士卒没有训练，既缺少长远作战计划，又各有轻视敌人的骄傲心理。如果陇东（甘肃及陕西二省交界处）不能保住，汧阳（陕西省千阳县）军队（指雍州〔长安〕州长元志讨伐莫折念生军）战败溃散，则秦州（州政府上封）以及南秦州（州政府骆谷城）的变民军（秦州莫折念生、南秦州张长命），势将强大，三辅（陕西省中部）立刻危险，帝国右臂就被斩断。我建议陛下，最好下令前方高级将领，坚壁清野，不要出战，另派中下级军官，率精锐部队，绕道麦积崖（山在天水市东南四十公里），袭击变民军背后，则汧阳（陕西省千阳县）及陇山地区（陕西省及甘肃省交界）一群妖魔（变民军）自会星散。”

北魏政府任命李苗当指挥官（统军），跟另一位将领淳于诞，同时从梁州（州政府设南郑〔陕西省汉中市〕）及益州（州政府设晋寿〔四川省广元市西南〕）出发，攻击变民首领秦帝莫折念生，军队还没有抵达，莫折念生派他的老弟、高阳王莫折天生，率军东下，直指陇山地区（陕西省与甘肃省交界）。

八月十六日，雍州（州政府长安）司令官（都督）元志，在陇口（陇山险要）迎战，大败，元志抛弃大军，单身逃往岐州（州政府设雍城〔陕西省宝鸡市凤翔区〕）。

此时，北魏帝国北方边境东部及西部敕勒部落，纷纷背叛，归降破六韩拔陵。北魏帝元诩才想起李崇及广阳王元深的建议。

八月十八日，下诏说：“所有州镇属于军方的户口（府户），除了因犯罪而被贬谪充军的之外，一律解除束缚，成为正常居民。”改“镇”为“州”：怀朔镇（内蒙古固阳县）改为朔州，原朔州（州政府设盛乐

〔内蒙古和林格尔县〕）改为云州。派兼任宫廷监督官（兼黄门侍郎）郦道元，当钦差大臣（大使），前往慰问六镇；可是，此时六镇已全部叛变，郦道元没有出发。

最初，鲜卑人（代人）从代都（故都平城，山西省大同市）迁到洛阳，很多人受到国务院文官部考选司（选部）压制，无法当官或无法升迁，而今，六镇全叛，元义才起用这批穷乡寒门出身的鲜卑人，特别为他们颁发皇帝诏书，对他们慰问安抚，博取他们的好感。最高法院复判官（廷尉评）、鲜卑人（代人）山伟（山，本姓土难），上奏皇帝，歌颂元义的美德，元义遂擢升山伟当国务院法务部畿外巡察司长（尚书二千石郎）。

秀容川（山西省朔州市西北）人乞伏莫于，聚众起兵，攻击郡城，格杀郡长。

八月十九日，南秀容（山西省原平市西南）牧羊人万于乞真（万于，复姓）格杀中央畜牧部长（太仆卿）陆延，秀容匈奴部落酋长尔朱荣（尔朱，复姓）用武力削平这次叛乱；尔朱荣，是尔朱羽健的玄孙（尔朱羽健事，参考三九八年二月）。尔朱荣的祖父尔朱代勤，曾经出去打猎，部落中平民射击老虎，误中他的大腿，尔朱代勤把箭拔出，不去追究是谁发射，部属们无不感动喜悦。尔朱代勤官位做到肆州（州政府设九原〔山西省忻州市〕）州长（刺史），封梁郡公，年九十余岁，逝世。儿子尔朱新兴继承酋长职位，牲畜大量繁殖，牧场更是旺盛，牛羊骆驼马匹，以毛色分类，成群结队，满山满谷，遍布原野，无法计算它们的数量。政府每逢出军，尔朱新兴一定进贡战马，捐助粮食辎重，七任帝（孝文帝）元宏对他非常嘉奖赞美。尔朱新兴年老，请求传位给儿子尔朱荣，政府批准。尔朱荣聪明机智，处理事务决断迅速，像有神灵相助；统率部众，严格整齐。当时，四面八方传出叛变事件，尔朱荣野心勃勃，暗中另有打算，用他从畜牧中得来的财富，

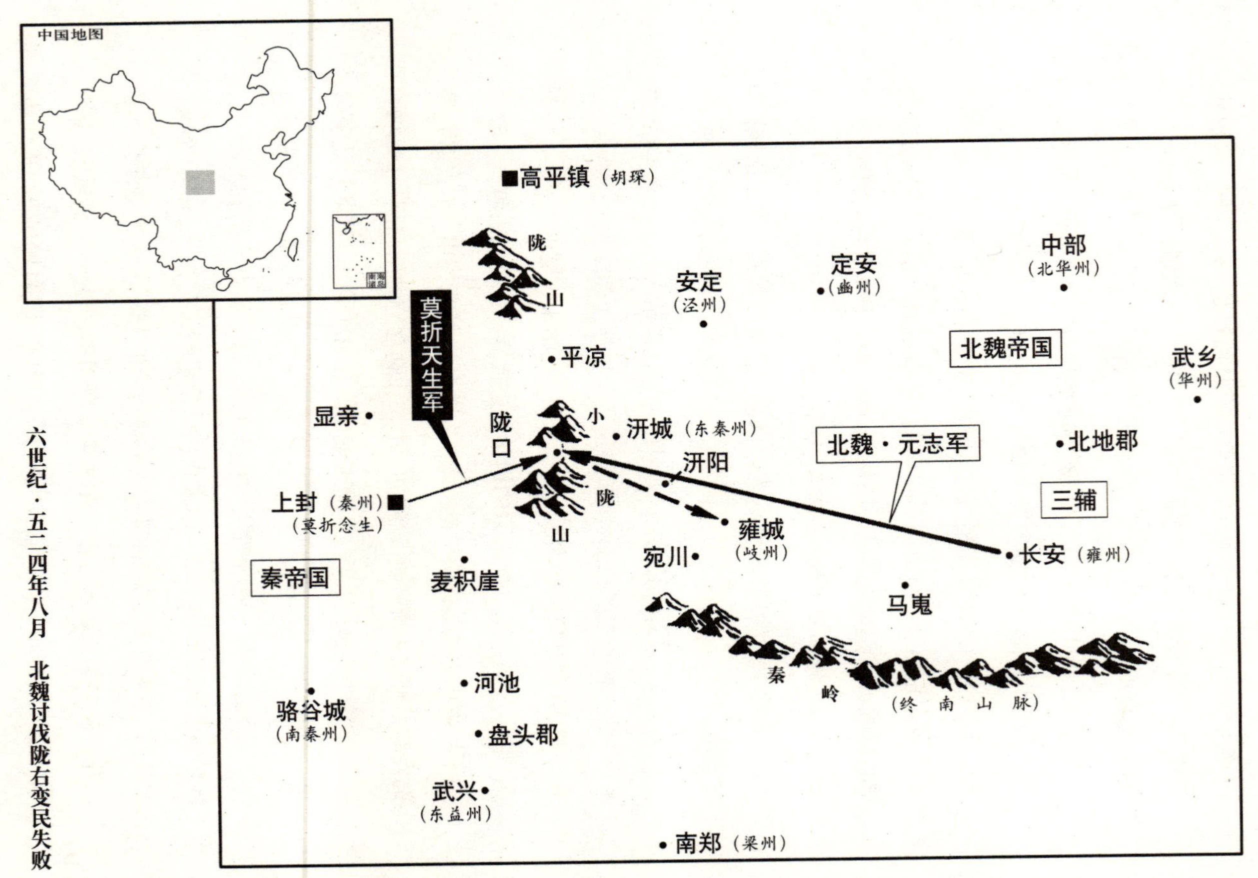

六世纪·五二四年八月 北魏讨伐陇右变民失败

招募骁勇武士，集结英雄豪杰。于是，侯景、司马子如、贾显度，以及五原郡（内蒙古包头市）人段荣、太安郡（内蒙古固阳县）人窦泰，都往投靠。贾显度，是贾显智的老哥（贾显智，参考五一九年二月）。

八月二十日，变民首领秦帝莫折念生，派司令官（都督）窦双，攻击北魏盘头郡（甘肃省徽县南）；北魏东益州（州政府设武兴〔陕西省略阳县〕）州长（刺史）魏子建，派将军窦念祖击破窦双。

6 九月一日，南梁徐州（州政府设钟离〔安徽省凤阳县东北临淮关镇〕）州长（刺史）成景儁，攻陷北魏睢陵（江苏省睢宁县）。

九月十一日，北兖州（州政府淮阴）州长（刺史）赵景悦，包围北魏荆山（安徽省怀远县西南）；豫州（州政府合肥）州长（刺史）裴邃，率骑兵三千人，袭击北魏寿阳（安徽省寿县）。

九月十五日，夜晚，砍开城门，进入外城；北魏扬州（州政府寿阳）州长（刺史）长孙稚抵抗，一天之内，九次会战，而南梁援军蔡秀成迷失道路，不能依照约定时间抵达，裴邃不能独立完成这项巨大任务，撤退。别动部队将领攻击北魏淮阳（睢陵，江苏省睢宁县），北魏政府命中央特遣政府总监（行台）郦道元、司令官（都督）河间王元琛，增援寿阳（安徽省寿县）；安乐王元鉴增援淮阳（睢陵，江苏省睢宁县）。元鉴，是元诠的儿子（元诠事，参考五〇六年八月）。

7 北魏帝国中央驻西部特遣政府总监（西道行台）元修义身患风湿，不能处理军务。

九月二十五日，中央任命国务院左执行长（尚书左仆射）、齐王萧宝夤，当中央驻西部特遣政府总监（西道行台）兼总司令官（大都督），率各将领攻击变民首领秦帝莫折念生。

被变民罢黜的凉州（州政府设姑臧〔甘肃省武威市〕）州长（刺史）宋颖，派人秘密向吐谷浑汗国（青海省）可汗（十四任）慕容伏连筹，请求援救；慕容伏连筹亲自率军攻击凉州（姑臧），变民首领于菩提放弃州城逃走，吐谷浑军追捕，斩于菩提。州城居民赵天安等，再推举宋颖，恢复原职。

河间王元琛大军抵达西硖石（安徽省凤台县西南），解除涡阳（安徽省蒙城县）的包围，恢复荆山（安徽省怀远县南）基地的秩序。南梁帝国青、冀二州（州政府设郁洲〔江苏省连云港市东沉积小岛〕）州长（刺史）王神念迎战，被元琛击败。

冬季，十月一日，南梁豫州（州政府合肥）州长（刺史）裴邃、郢州（州政府设夏口〔湖北省武汉市〕）州长（刺史）元树，攻击北魏建陵城（江苏省新沂市），攻克。

十月四日，再攻克曲木（曲沭戍〔建陵城西〕）；扫虏将军彭宝孙，也攻克北魏琅邪郡（山东省临沂市）。

北魏帝国营州（州政府设龙城〔辽宁省朝阳市〕）居民刘安定、就德兴（就，原姓菟赖），拘捕州长（刺史）李仲遵，夺取州城，叛变。另一居民王恶儿，斩刘安定，反正归附政府。就德兴率领部众向东逃走，自称燕王。

变民首领高平王胡琛，派将领宿勤明达（宿勤，复姓）进攻豳州（州政府设定安〔甘肃省宁县〕）、夏州（州政府设统万〔陕西省靖边县北白城则村〕）、北华州（原为东秦州，州政府设中部〔陕西省黄陵县〕）。中央政府派司令官（都督）、北海王元颢，率各将领讨伐。元颢，是元详的儿子（元详事，参考五〇四年三月）。

8 十月七日，南梁帝国扫虏将军彭宝孙，攻克北魏檀丘（山东省莒县西)。

十月十四日，豫州（州政府合肥）州长（刺史）裴邃，攻克北魏狄城（安徽省寿县南）。

十月十九日，又攻克甓城（今地不详），进驻黎浆（安徽省寿县东南）。

十月二十五日，北魏东海郡（江苏省宿迁市北）郡长韦敬欣，献出司吾城（东海郡郡政府所在城），投降南梁帝国。南梁定远将军曹世宗，攻克曲阳（安徽省淮南市）。

十月二十七日，再攻克秦墟（洛口〔洛涧北流注入淮河处，安徽省怀远县东南〕），北魏守城将领，纷纷放弃城池逃走。

9 北魏帝国政府派宫廷监督官（黄门侍郎）卢同"持节"，前往营州（州政府龙城）慰劳变民军首领燕王就德兴。就德兴投降，但不久再叛。北魏帝元诩下诏，任命卢同当幽州（州政府设蓟城〔北京市〕）州长（刺史），兼国务院特遣分院总监（兼尚书行台）。但卢同不断被就德兴击败，知难而退。

朔方地区（陕西省北部及黄河河套地区）匈奴部落叛变，包围夏州（州政府统万）州长（刺史）源子雍；城里粮食吃光，守军宰杀战马，煮吃马皮，而军心不变。源子雍打算亲自出去寻找粮食，留儿子源延伯守城（统万），将领参谋都说："而今，四面八方都背叛中央，粮食已尽，援军已绝，不如父子同时出去逃生。"源子雍流泪说："我家世世代代承受帝国恩典，应该死守此城。然而，没有粮食，就不能死守，所以我打算前往东夏州（州政府设广武〔陕西省延安市东北〕），为各位筹募几个月的粮食，如果有幸能够得到，城池一定可以保全。"遂率老弱残兵，前往东夏州（广武）运粮，源延伯跟各将领参谋等，流泪痛哭，送他起程。源子雍一行走了几日，匈奴酋长曹阿各拔在中途拦击，俘虏源子雍。源子雍秘密派人到统万（陕西省靖边县北白城则村），下令固守，全城忧愁恐惧。源延伯告诉大家说："我父亲生死存亡，还不知道，此心像被火烧一样，已成焦烂。可是，奉命保守州城，责任重大，不敢因私害公，请各位了解我的心意。"大家被源延伯的大义感动，没有人不鼓舞奋发。源子雍虽被匈奴人生擒，但匈奴人仍把他当作州长（刺史）尊敬。源子雍向他们分析是非利害，劝曹阿各拔归降政府。正巧，曹阿各拔逝世，老弟曹桑生遂率领部众，随同源子雍，改变立场，拥护政府。源子雍晋见中央特遣政府总监（行台）、北海王元颢，详细陈述变民军可以消灭的理由，元颢拨付源子雍一支军队，命他充当先锋。当时，东夏州（州政府设广武〔陕西省延安市东北〕）全境，一片混乱，人民全都叛变，到处结营扎寨，交通寸断。源子雍辗转搏斗，艰苦前进，九十天之中，经过数十次会战，终于削平东夏州（州政府广武）境内的变民军，征收粟米，运往统万（夏州州政府所在城，陕西省靖边县北白城则村），供应军食。两个夏州（夏州及东夏州），因此获得保全。源子雍，是源怀的儿子（源怀，参考五〇一年十一月）。

广阳王元深，上疏说："而今，北边六镇，全部叛变；高车东西二部（即敕勒东西二部），跟六镇同时发动。用现有筋疲力尽的政府军迎战，绝对没有胜利的道理，不如挑选精兵，据守恒州（州政府设平城〔山西省大同市〕）各地要塞，以后再从长计议。"遂跟北部征剿总司令官（北讨大都督）李崇，自云中（盛乐，内蒙古和林格尔县）撤退到平城（山西省大同市）。李崇对各将领说："云中（盛乐），正当白道（内蒙古呼和浩特市北）的要冲，是盗贼（变民军）的咽喉，如果此地不保，并州（州政府设晋阳〔山西省太原市〕）及肆州（州政府设九原〔山西省忻州市〕）立刻陷于险境。应该留一员大将镇守，谁可以胜任？"大家推举费穆，李崇遂向中央保荐费穆当云州（州政府设盛乐〔内蒙古和林格尔县〕）州长（刺史）。

六世纪·五二四年十月 朔方一带形势

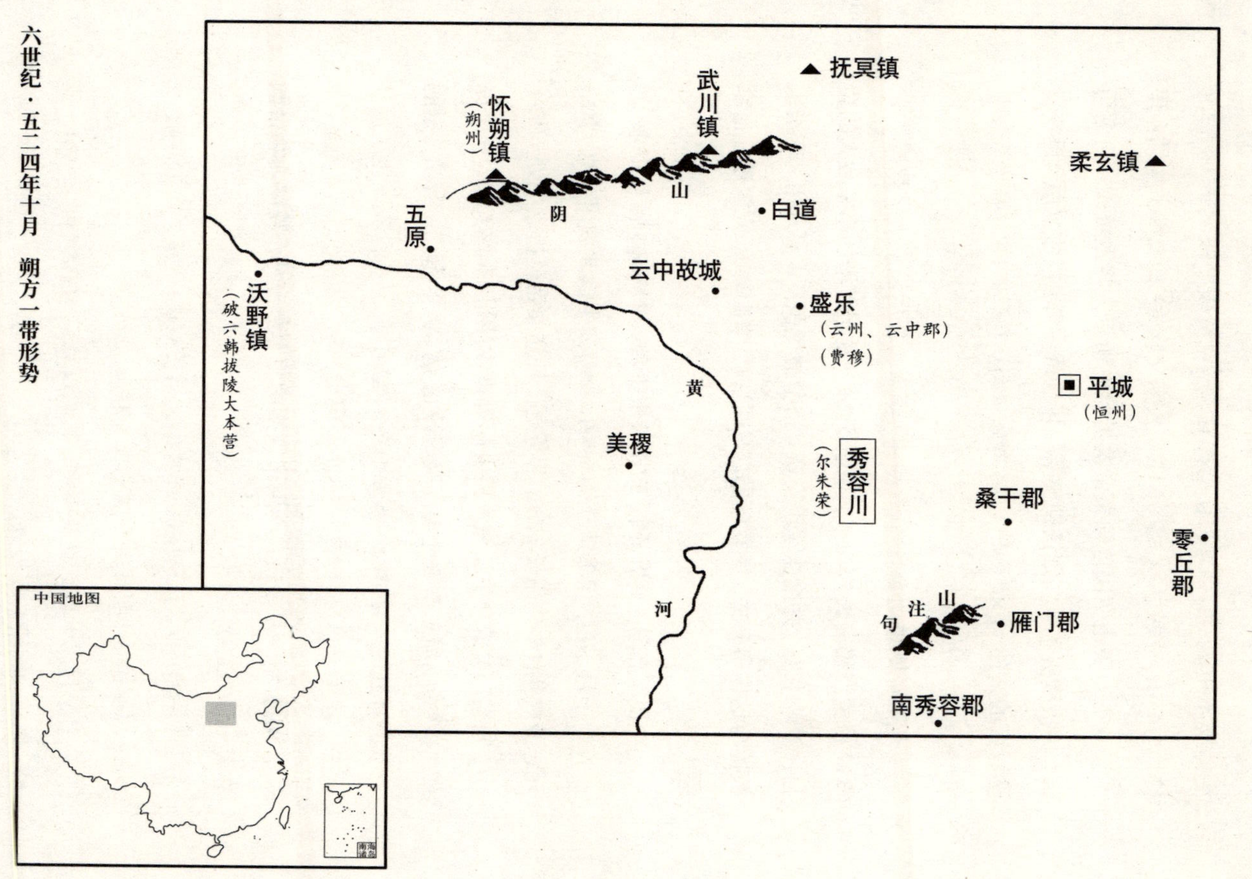

故怀朔镇（内蒙古固原县）指挥官（统军）贺拔度拔父子（参考去年〔五二三〕四月），跟武川（内蒙古武川县）人宇文肱（宇文，复姓），集结乡里武士豪杰，袭击变民首领秦帝莫折念生所派大将卫可孤，斩卫可孤；贺拔度拔不久在跟铁勒部落一场会战中阵亡。宇文肱，是宇文逸豆归的玄孙（宇文肱，是宇文泰〔北周帝国始祖〕的老爹。宇文逸豆归被前燕帝国消灭事，参考三四四年正月）。

北部征剿总司令官（北讨大都督）李崇，任用国立大学教授（国子博士）祖莹当秘书长（长史）；广阳王元深弹劾祖莹增加击杀敌人的数目，蒙蔽中央，并偷盗军用物资。祖莹被免职，永不录用。李崇也被控与这件事有关，免官削爵，召回京师（首都洛阳）。元深遂独自掌握大军。

变民军高阳王莫折天生，攻击岐州（州政府设雍城〔陕西省宝鸡市凤翔区〕）。

十一月二日，攻陷岐州（州政府设雍城），生擒北魏司令官（都督）元志及岐州（雍城）州长（刺史）裴芬之，押送秦帝莫折念生处（时在上封），斩首。莫折念生又派大将卜胡等进攻泾州（州政府安定），在平凉（甘肃省华亭市）城东击败北魏高级资政官（光禄大夫）薛峦。薛峦，是薛安都的孙儿（薛安都归降北魏事，参考四六六年十月）。

10 十一月十日，南梁帝国扫虏将军彭宝孙，攻陷北魏帝国东莞（山东省莒县）。

十一月十六日，豫州（州政府合肥）州长（刺史）裴邃，攻击寿阳（北魏扬州，安徽省寿县）所属的安城（安徽省阜阳市东）。

十一月二十日，马头（涡阳，安徽省蒙城县。此非淮河南岸之马城）、安城，先后向南梁帝国投降。

高平（宁夏固原市）变民军斩秦帝莫折念生所派大将卜胡；迎接

本城变民首领高平王胡琛。

北魏政府任命监督院宫廷监督官（黄门侍郎）杨昱，兼总监督长（兼侍中），“持节”，监督北海王元颢大军，增援豳州（州政府设定安〔甘肃省宁县〕）；包围豳州（定安）的变民军撤退。巴蜀变民首领张映龙、姜神达（巴蜀人移居关中〔陕西省中部〕，因战乱遍地，无法维生，遂也加入叛乱行列，政府称之为“蜀贼”），攻击雍州（州政府设长安〔陕西省西安市〕），雍州（长安）州长（刺史）元修义，向杨昱请求增援，一日一夜之间，发出九封告急文书。司令官（都督）李叔仁，迟疑拖延，不肯出兵，杨昱说：“长安（陕西省西安市），是关中（陕西省中部）的基石，长安如果失陷，大军立即瓦解，我们留在这里还有什么用处！”遂跟李叔仁进击，斩姜神达；其他变民军溃散逃走。

11 十二月二日，北魏帝国荆山郡（安徽省怀远县南），投降南梁帝国。

12 十二月十六日，北魏政府任命京兆王元继，当太师（上三公之一）、最高统帅（大将军）、西部军区总司令（都督西道诸军），讨伐变民首领秦帝莫折念生。

13 十二月二十五日，南梁帝国信威将军府秘书长（信威长史）杨乾，进攻北魏帝国武阳关（义阳〔河南省信阳市〕三关之一，河南省信阳市南武胜关）。

十二月二十六日，进攻岘关（黄岘关，义阳三关之二，河南省罗山县西南）。

十二月二十九日，武勇将军李国兴，进攻平靖关（义阳三关之三，湖北省广水市北）；全部攻克。李国兴进围北魏郢州（州政府设义阳〔河南省

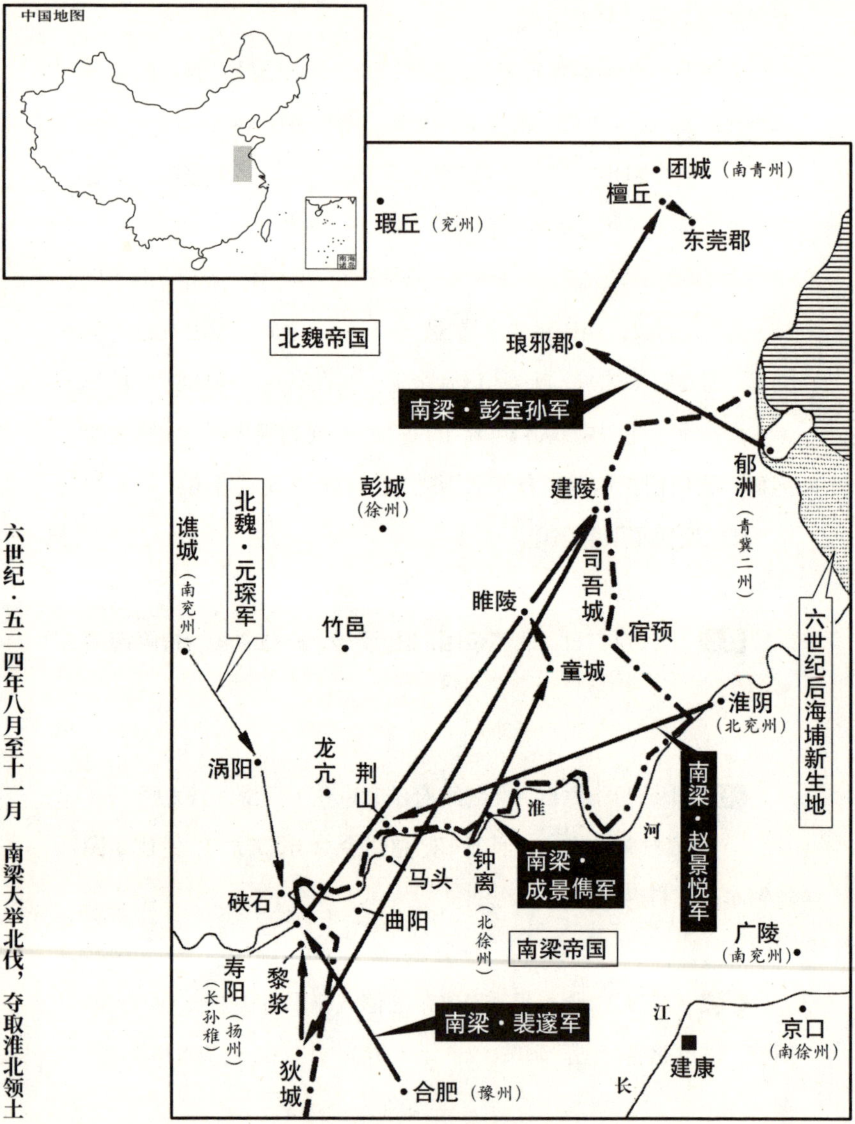

六世纪·五二四年八月至十一月　南梁大举北伐，夺取淮北领土

中国地图

南海诸岛

团城（南青州）
檀丘
东莞郡
瑕丘（兖州）
北魏帝国
琅邪郡
南梁·彭宝孙军
郁洲（青冀二州）
彭城（徐州）
建陵
谯城（南兖州）
北魏·元琛军
司吾城
睢陵
竹邑
宿预
童城
六世纪后海埔新生地
淮阴（北兖州）
龙亢
荆山
涡阳
淮
河
南梁·赵景悦军
马头
钟离（北徐州）
南梁·成景儁军
硖石
曲阳
广陵（南兖州）
南梁帝国
寿阳（扬州）（长孙稚）
黎浆
江
南梁·裴邃军
京口（南徐州）
建康
狄城
合肥（豫州）
长

信阳市〕），北魏郢州州长（刺史）裴询，跟蛮夷酋长、西郢州（州政府设安阳〔河南省泌阳县西〕）州长（刺史）田朴特，互相支援抵抗，南梁军围攻将近一百天，北魏增援部队抵达，李国兴撤退。裴询，是裴骏的孙儿（裴骏事，参考四四五年十一月）。

14 北魏帝国汾州（州政府设蒲子城〔山西省隰县〕）所有匈奴部落，全部叛变；北魏政府任命章武王元融当总司令官（大都督），率军讨伐。

东益州（州政府设武兴〔陕西省略阳县〕）州长（刺史）魏子建，跟南秦州（州政府设骆谷城〔甘肃省西和县南〕）叛变的氐部落，沟通谈判，安抚解释，有些氐部落开始放下武器。最后，全州六个郡及十二个军事基地，秩序完全恢复，遂斩变民军首领韩祖香。中央擢升魏子建兼任国务院执行官（兼尚书）、中央特遣政府总监（行台），仍兼东益州（武兴）州长（刺史），梁州（州政府设南郑〔陕西省汉中市〕）、巴州（州政府设隆城〔四川省仪陇县西南〕）、益州（州政府设晋寿〔四川省广元市西南〕）、秦州（州政府设上封〔甘肃省天水市〕）、南秦州（州政府设骆谷城），都纳入魏子建统御指挥系统。

变民首领秦帝莫折念生派军攻击凉州（州政府设姑臧〔甘肃省武威市〕），城中居民首领赵天安，囚禁州长（刺史）宋颖，响应莫折念生。

15 本年（五二四），南梁政府总监督长（侍中）、太子宫总管（太子詹事）周舍，被人控告，免职。由总顾问长（散骑常侍）、钱唐（浙江省杭州市）人朱异（音yì〔异〕），接替他的职务，处理政府机要；军政参谋、军区司令任免调动，以及政府决策、诏书法令等，都由他负责。朱异喜爱文学，多才多艺，精力充沛，敏捷而有见解，南梁帝萧衍因此对他非常信任。

五二五年 乙巳

南梁 普通 六年
北魏 正光 六年
孝昌 元年
（破六韩拔陵真王三年）
（高平王胡琛二年）
（秦帝莫折念生天建二年）
（燕王就德兴二年）
（宋帝元法僧天启元年）
（杜洛周真王元年）
（皇帝刘蠡升神嘉元年）

1 春季，正月一日，南梁帝国（首都建康〔江苏省南京市〕）雍州（州政府设襄阳〔湖北省襄阳市〕）州长（刺史）、晋安王萧纲，派安北将军府秘书长（安北长史）柳浑，攻陷北魏南乡郡（河南省淅川县）；安北将军府军政官（司马）董当门，攻陷晋城。

正月五日，又攻陷马圈（河南省邓州市东北三十五公里）、雕阳（晋城、雕阳，当是马圈一带小城）。

正月六日，南梁帝（一任武帝）萧衍，前往首都建康（江苏省南京市）南郊，祭祀天神。大赦。

2 北魏帝国（首都洛阳）徐州（州政府设彭城〔江苏省徐州市〕）州长（刺史）元法僧，一向依附元义，现在，看见元义骄傲奢侈，恐怕将来一旦发生大祸，灾难可能会降临自己头上，遂决心叛变。正巧，中央政府派立法院立法官（中书舍人）张文伯，视察徐州（彭城），张文伯到了彭城（徐州州政府所在县），元法僧对他说："我打算跟你同时逃避危险，谋求安全，你同不同意？"张文伯说："我宁愿死了去见孝文皇帝（七任帝元宏）坟上的松柏，也不能抛弃忠义，跟随叛徒！"元法僧遂斩张文伯。

正月十五日，元法僧再诛杀中央特遣政府总监（行台）高谅，自称皇帝（宋帝），改年号天启，把儿子们都封作亲王。北魏政府派军讨伐，元法僧派他的儿子元景仲，向南梁帝国投降。

北魏安东将军府秘书长（安东长史）元显和，是元丽的儿子（元丽事，参考五〇六年二月），率军攻击元法僧，元法僧俘虏元显和，握住元显和的手，请他坐在身旁，元显和拒绝，说："我跟你，都是皇族（元法僧是阳平王拓跋熙的曾孙。元丽，是拓跋小新城的孙儿；拓跋小新城，是景穆太子拓跋晃的儿子，参考四六一年七月），而你一旦割据国土叛变，难道不恐惧历史上将如何记载？"元法僧仍打算安抚解释，元显和说："我宁愿死后当一个忠鬼，也不能活着当一个叛徒。"元法僧遂斩元显和。

南梁帝国派总顾问长（散骑常侍）朱异，前往徐州（州政府彭城）会晤元法僧；任命宣城郡（安徽省宣城市宣州区）郡长元略（五二〇年投降南梁。参考该年八月）当总司令官（大都督），会同将军、义兴郡（江苏省宜兴市）人陈庆之、胡龙牙、成景儁等，率军接应。

3 北魏帝国变民军首领高阳王莫折天生（秦帝莫折念生的老弟），驻军黑水（约在陕西省宝鸡市境，北流注入渭水），兵力强盛，声势旺盛。

北魏政府任命岐州（州政府设雍城〔陕西省宝鸡市凤翔区〕）州长（刺史）崔延伯，当征西将军、西路军司令官（西道都督），率军五万人讨伐。崔延伯跟中央特遣政府总监（行台）萧宝夤，一同驻军马嵬（陕西省兴平市西）。崔延伯以骁勇闻名于世，萧宝夤催促他发动攻击，崔延伯说："明天早上，为你测试一下盗贼（变民军）的胆量！"于是，遴选精兵数千，向西渡过黑水，排成阵势，逼近莫折天生大营。萧宝夤扎营黑水之东，遥遥作为后援。崔延伯直抵莫折天生营前，耀武扬威，展示实力，然后缓缓撤退。莫折天生发现政府军人数太少，一声令下，各营营门大开，武装部队争先恐后出击，人数多出崔延伯十倍，万马奔腾，企图把崔延伯逐到水畔，萧宝夤望见，惊惶失色。崔延伯亲自断后，不跟变民军接战，命部队先渡黑水，军容一直保持整齐，莫折天生军不敢攻击。一会工夫，渡河完毕，崔延伯最后才慢慢渡过；莫折天生的部队也撤退。萧宝夤大喜说："崔延伯的勇敢，连关羽、张飞都不如。"崔延伯说："这些贼寇，不是我这个老家伙的对手，请坐在那里，看我把他们击破！"

正月十八日，崔延伯率军出战，萧宝夤出动全部兵力，随后支援。莫折天生也空营迎战，崔延伯身先士卒，攻破变民军的前锋，政府军精锐全部投入，于是大破变民军，俘虏及斩杀十余万人，追到小陇山（陇山有大小，大陇山在甘肃省清水县北，小陇山在陕西省陇县西南）；于是，岐州（州政府雍城）、雍州（州政府设长安〔陕西省西安市〕）以及陇山以东地区（陕西省）民变，全部平息。但政府军逗留原地抢夺劫掠，不能及时向前推进。莫折天生遂堵塞陇山通道，政府军不能再进。

萧宝夤攻克宛川（陕西省宝鸡市东陈仓镇），搜捕居民当奴婢，遴选十位美女，送给岐州（州政府雍城）州长（刺史）魏兰根，魏兰根不肯接受，说："宛川县（陕西省宝鸡市东陈仓镇）被夹在政府跟盗寇之间，没有能力自卫，居民只好忍辱顺从，以救残生。政府军来临，应该哀怜安抚，怎么可以帮助盗贼，暴虐相待，强迫他们从事贱役！”到处寻找她们的父兄，交他们领回。

4 正月二十四日，南梁帝国豫州（州政府设合肥〔安徽省合肥市〕）州长（刺史）裴邃，攻克北魏帝国新蔡郡（河南省固始县）。南梁帝萧衍下诏，命总监督长（侍中）、中央禁军总监（领军将军）、西昌侯萧渊藻，率军担任前锋，先行出发，南兖州（州政府设广陵〔江苏省扬州市〕）州长（刺史）、豫章王萧综，率各将领，随后继进。

正月二十八日，裴邃攻陷郑城（固始县东南），汝水、颍水流域地区（河南省东南部），到处有人民响应。

北魏帝国河间王元琛等，畏惧裴邃的威名，驻军城父（安徽省亳州市东南城父镇），几个月之久，不敢前进。中央派最高法院副院长（廷尉少卿）崔孝芬，“持节”，携带尚方宝剑（“斋库刀”，即千牛刀），前来督战（如再逗留，尚方宝剑可斩大军统帅）。崔孝芬，是崔挺的儿子（崔挺，参考四九六年闰十二月）。元琛南下，抵达寿阳（安徽省寿县），打算立即出兵决战。扬州（州政府寿阳）州长（刺史）长孙稚，因大雨连绵已久，反对采取行动，元琛不接受，率军五万人出城，攻击南梁豫州（州政府合肥）州长（刺史）裴邃。裴邃布下四层埋伏，等待猎物；命直阁将军李祖怜先行挑战，假装战败，向后撤退；长孙稚、元琛全军追击，进入口袋阵地后，南梁伏兵突然发动，北魏军大败，被杀一万余人，元琛逃进寿阳城，长孙稚作为殿后，遂紧闭城门自守，不敢再主动出兵。

5 北魏帝国安乐王元鉴，率军讨伐献出土地、投降南梁帝国的元法僧，在彭城（江苏省徐州市）之南，攻击南梁总司令官（大都督）元略，元略大败，率数十位骑兵，逃进彭城。元鉴军没有戒备，元法僧出击，大破北魏军，元鉴单人匹马逃回。南梁将军王希聃，攻陷南阳平郡（侨郡，安徽省固镇县），俘虏郡长薛昙尚。薛昙尚，是薛虎子的儿子（薛虎子，参考四八一年九月）。

6 正月二十九日，南梁政府任命元法僧当最高监察长（司空），封始安郡公爵。

北魏政府任命安丰王元延明，当中央驻东部特遣政府总监（东道行台）；临淮王元彧当司令官（都督），攻击彭城（江苏省徐州市）。

再任命京兆王元继，当全国武装部队总司令（太尉）。

7 二月二十日，南梁帝国北兖州（州政府设淮阴〔江苏省淮安市淮阴区〕）州长（刺史）赵景悦，攻陷北魏帝国龙亢（安徽省怀远县西北龙亢镇）。

8 当初，北魏帝国政变主角大宦官、最高监察长（司空）刘腾逝世（参考前年〔五二三〕三月），政变集团在胡太后及北魏帝元诩身旁所建立的防卫措施，逐渐松懈。而政变首领元义，自己也不认为再有什么危险，所以时常出宫游逛，甚至流连外边，不常回宫；他的亲信提出警告，元义全不采纳。胡太后暗中了解这种情况，去年（五二四）秋季，胡太后对元诩，以及文武百官说："而今，隔绝我们母子，不准见面，还要我这个人干什么？我只有出家当尼姑，去嵩山闲居寺修道！"（闲居寺事，参考五〇九年十一月。）遂自己动手要剪下头发；元诩跟文武官员叩头流泪，苦苦劝阻，而胡太后面色及声音，越发凄厉。为了安慰娘亲，元诩遂下榻在嘉福殿，一连数天，跟娘亲密谋如何罢黜元义。元诩年纪虽小（本年十六岁），却很能自制，丝毫不露形迹；他把娘亲大发脾气，以及想要来往显阳殿（显阳殿在南宫）的话，全都告诉元义；又对元义流泪哭泣，叙述娘亲打算出家为尼，做儿子的忧伤恐惧之情，每天都再三再四涌上心头。元义一点也不疑心，反而劝元诩听从娘亲的话。于是，胡太后经常去显阳殿，南宫北宫之间，来往密切，再没有禁制。元义当初保荐元法僧当徐州（州政府设彭城〔江苏省徐州市〕）州长（刺史），而元法僧忽然叛变，胡太后抓住这一点，屡次提起，元义至为惭愧后悔。

丞相、高阳王元雍，官位虽然比元义要高，但对元义却十分畏惧。正巧，胡太后跟北魏帝元诩，同游洛水（流经洛阳城南），元雍乘机邀请母子驾临自己家宅；夜晚，胡太后跟元诩，到元雍内宅就寝，侍从人员都不能进去；胡太后等遂秘密定下铲除元义、夺回政权的计划。不久，胡太后对元义说："元郎，你如果对政府忠心耿耿，不准备做出叛逆的事，为什么不辞去中央禁军总监（领军），仍保留其他官职，继续辅佐皇家？"元义恐惧失措，脱下官帽，请求解除中央禁军总监（领军）职务。元诩遂擢升元义当骠骑大将军、开府仪同三司（宰相级）、国务院总理（尚书令）、总监督长（侍中），仍兼千牛刀备身卫士司令（领左右）。

二月二十三日，大赦。

二月二十七日，变民首领秦帝莫折念生，派司令官（都督）杨鲊等，进攻北魏帝国仇池郡（骆谷城，甘肃省西和县南）；北魏中央特遣政府总监（行台）魏子建（东益州〔州政府武兴〕州长），击破杨鲊军。

9 三月五日，南梁帝萧衍前往白下城（建康城北），视察六军军营。

三月二十一日，命豫章王萧综，暂时驻防彭城（江苏省徐州市），统率各军，摄理徐州（州政府彭城）总部执行官（摄徐州府事）。

三月二十五日，命元法僧的儿子元景隆，当衡州（州政府设含洭〔广东省英德市西北浛洸镇〕）州长（刺史）；另一儿子元景仲，当广州（州政府设番禺〔广东省广州市〕）州长（刺史）。南梁帝萧衍征召元法僧及元略返回建康（南梁首都，江苏省南京市），元法僧裹挟彭城官员及人民一万余人，南渡长江。（《北史 · 元法僧传》："北魏驻防彭城的军官有三千余人，元法僧在他们的额头烙上印记，当作家奴，强迫南迁。"）元法僧到建康，萧衍待他十分优厚。只元略看不起他的为人，跟他谈话时，脸上不露笑容。

10 北魏政府命京兆王元继班师（元继率军讨伐秦帝莫折念生事，参考去年〔五二四〕十二月。这是将向他儿子元义下手的预防措施）。

11 南梁帝国北凉州（应是"北梁州"，州政府设魏兴〔陕西省安康市〕）州长（刺史）锡休儒等，从魏兴出发，侵入北魏帝国梁州（州政府设南郑〔陕西省汉中市〕），攻击直城（陕西省汉阴县）。北魏梁州州长（刺史）傅竖眼派他的儿子傅敬绍迎战，锡休儒等败回。

12 柔然汗国（瀚海沙漠群）可汗（十四任）郁久闾阿那瓌，替北魏帝国攻击变民首领破六韩拔陵；北魏政府派牒云具仁（牒云，复姓）携带各种礼物，前往赏赐慰劳。郁久闾阿那瓌率大军十万人，自武川镇（内蒙古武川县）向西推进，直指沃野镇（内蒙古杭锦旗北黄河南岸），不断击败破六韩拔陵变民军。

夏季，四月，北魏帝元诩再派立法院立法官（中书舍人）冯儁，前往赏赐及慰劳郁久闾阿那瓌。郁久闾阿那瓌部众越发强盛，自称敕连头兵豆伐可汗（总揽全局可汗）。

13 北魏帝国骠骑大将军元义，虽然解除京师（首都洛阳）禁卫军的职务（中央禁军总监〔领军将军〕职掌禁卫），但仍掌握大权，控制内外，一点也想不出自己会被罢黜的理由。而胡太后此时反而犹豫不决，总监督长（侍中）穆绍，鼓励胡太后早日排除元义。穆绍，是穆亮的儿子（穆亮，参考四八六年七月）。北魏帝元诩的小老婆群潘嫔（"嫔"，小老婆群第四级，位比九部部长〔九卿〕），深受元诩宠爱，宦官张景嵩警告她说："元义要害你！"潘嫔向元诩哭诉说："元义不但要害我，也将对陛下不利。"元诩深信不疑。遂乘元义休假，回家住宿之际，下诏解除元义总监督长（侍中）职务。第二天一早，元义将要入宫，宫门守卫拒绝。

四月十七日，胡太后登上显阳殿，再度临朝主政，立即下诏追削刘腾所有官爵，剥夺元义所有公职，从皇家名簿中剔除名字，贬作平民。

清河王府（元怿封清河王）禁卫官司令（郎中令）韩子熙，上疏替清河王元怿申冤（元怿被害事，参考五二〇年二月），请求诛杀元义等，说："从前，赵高掌握秦王朝政府的权柄，使关东（函谷关以东）像滚水一样沸腾（参考前二〇八、二〇七年）；而今，元义在魏王朝（北魏帝国）专权，使四面八方的叛乱，风起云涌。叛徒行径，从宋维开端（宋维诬陷元怿）；而终于构成大祸的，则出于刘腾；应该砍下他们的人头，污染他们的家宅，粉碎他们的尸体，屠杀他们的全族，公开他们的罪行。"胡太后下令挖掘刘腾的坟墓，敲碎骨骸，抛弃荒野，没收全部家产，诛杀他所有的养子（刘腾死后哀荣事，参考前年〔五二三〕三月）。任命韩子熙当立法院立法官（中书舍人）。韩子熙，是韩麒麟的孙儿（韩麒麟事，参考四六七年三月二十五日）。

最初，宋维的老爹宋弁常说：“宋维性情疏略，心地阴险，一定败坏宋家。”李崇、郭祚、游肇也说：“宋维行为邪恶，而又不能深谋远虑，终有一天使宋家受灭门大祸，如果仅只自己身首异处，还算大幸。”宋维谄媚元义，获得越级擢升的优待，当洛州（州政府设上洛〔陕西省商洛市商州区〕）州长（刺史）。胡太后免除宋维所有公职，从官府中剔出名字。不久，命他自杀。

元义当初解除中央禁军总监（领军）时，胡太后认为他的党羽仍十分强大，不能仓猝之间，完全铲除，因而用侯刚代替元义当中央禁军总监（领军），使他安心（元义果然安心，一点也想不出他自己会被罢黜的理由）。不久，外放侯刚当冀州（州政府设信都〔河北省衡水市冀州区〕）州长（刺史），加授仪同三司（宰相级）；侯刚前往就职，还没有到信都（河北省衡水市冀州区），就被贬降为征虏将军（从三品），在家逝世。胡太后打算诛杀贾粲（贾粲欺骗胡太后事，参考五二一年二月），因元义的党羽很多，恐怕引起骚动，遂外放贾粲当济州（州政府设碻磝〔山东省聊城市茌平区西南〕）州长（刺史）；不久，派使节尾追而至，斩首，家产没收，只元义因是胡太后妹夫的缘故，不忍诛杀。

最初，副总监督长（给事黄门侍郎）元顺，因刚强正直，冒犯元义，被逐出中央，外放当齐州（州政府设历城〔山东省济南市〕）州长（刺史）。胡太后召他回京（首都洛阳），当总监督长（侍中）。有一天，在胡太后左右陪坐，元义的正妻正巧也在胡太后身边，元顺指控说：“陛下怎么为了一个妹妹，不使元义受法律裁判！天下人士刻骨的怨恨，难以申雪！”胡太后张口结舌。元顺，是元澄的儿子（任城王元澄与元匡交恶事，参考五一九年五月）。另一天，胡太后神色安闲的对左右侍从人员说：“刘腾、元义，从前曾向我要求免死铁券，希望有错时得以免死，幸亏我没有给。”韩子熙说：“事情只看杀不杀，跟免死铁券有什么关系？陛下从前虽然不给免死铁券，但对今天的不杀，有什么影响？”胡太后怅然若失。不久，有人告发说：“元义跟老弟元瓜，阴谋引诱六镇投降的镇民，在定州（州政府设中山〔河北省定州市〕）集结，武装起事；同时引诱鲁阳部族（鲁阳〔河南省鲁山县〕）攻击伊阙（洛阳城南），元义充当内应。”已查获他的亲笔信件，胡太后仍不忍行刑。文武百官一再请求，北魏帝元诩也为这件事发言，胡太后才批准。于是，命元义、元瓜在家自杀。但仍追赠元义骠骑大将军、仪同三司（宰相级）、国务院总理（尚书令）。元义的老爹江阳王元继，被免除官职，赋闲在家，病死。前任幽州（州政府设蓟城〔北京市〕）州长（刺史）卢同，因是元义的党羽，免除所有公职。

胡太后很喜爱化妆修饰，常常出宫游乐，元顺当着侍从人员的面，规劝说：“《仪礼》上说，‘妇女的丈夫逝世，则自称“未亡人”，头上不戴珠宝璧玉，身上不穿彩色衣服。’陛下以国母身份，治理天下，年龄将近四十岁，却浓妆艳抹，怎么能当后世的模范！”胡太后大为羞惭，返宫后，召见元顺，责备他说：“千里之遥，把你请回来，难道是要你在大庭广众下，对我羞辱？”元顺说：“陛下不怕天下人耻笑，为什么只怕我一句话！”

元顺跟穆绍同在监督院（门下）值班，一天，元顺喝醉了酒，一直闯进穆绍的卧室，穆绍推开被子坐起来，严肃的说：“我当了二十年的总监督长（侍中），跟你的老爹（任城王元澄）几度同事。即令你正受重用，怎么可以如此唐突！”遂辞职回家，胡太后下诏安慰，很久之后，才再回到原职。

最初，郑羲的堂孙（老哥的孙儿）郑俨，当宰相（司徒）胡国珍的副军事参议官（行参军），是胡太后的情夫，外界没有一个人知道。齐王萧宝夤西上讨伐秦帝莫折念生时（参考去年〔五二四〕九月），任用郑俨当属下职员。胡太后复出摄政，郑俨向萧宝夤请求担任信差，回京（首都洛阳）送递公文；胡太后把他留下，命他当议论资政官（谏议大夫，从四品下）、立法院立法官（中书舍人），兼宫廷膳食管理官（尚食典御），无论昼夜，都住在宫内。每逢遇到休假回家，胡太后就派宦官跟随，在旁监视，郑俨见到妻子，只能谈家务之事，不能叙夫妻之情。立法院立法官（中书舍人）、乐安郡（山东省广饶县）人徐纥，有点文学修养，最早，因谄媚赵修（参考五〇三年十一月），被放逐到枹罕（河州州政府所在县，甘肃省临夏市）。后来，回到京师（首都洛阳），再任立法院立法官（中书舍人）；又向清河王元怿摇尾，元怿被杀（参考五二〇年七月），徐纥出任雁门郡（山西省代县）郡长，调回中央后，再谄媚元义，而元义又失败。正在走投无路，胡太后因徐纥是元怿的忠心部属，就任命他再当立法院立法官（中书舍人），徐纥于是纳入郑俨的摇尾系统。郑俨看出徐纥精通官场诀窍，便当作智囊；徐纥也了解郑俨跟胡太后有床上关系，权力坚强稳定，也用出全身功夫，密切合作；二人权势遂震动中外，当时号称“徐郑”。 660

郑俨一帆风顺，升到立法院最高立法长（中书令）、车骑将军（正二品）；徐纥则升到监督院副总监督长（给事黄门侍郎），仍兼立法院立法官（领舍人），总管立法院（中书）、监督院（门下）事务，军事政治，以及皇帝诏书、国家法令，没有一件事不由他裁定。徐纥反应敏捷，体力充沛，从早到晚处理公务，没有一点休息，但他并不认为劳苦。偶尔有紧急诏令，徐纥就命几位文书员在旁记录，自己则有时徘徊，有时躺下，口述文稿，文书员分别缮写，一时之间，全都完成，文字通顺，道理充分。然而，他没有治理国家的方略，只不过熟悉一些官场上的小动作，对人故意做出谦卑的模样；无论远近，纷纷向他依附（摇尾分子，同样也有摇尾分子）。

人，必须有小才干，然后才能混世和受到宠爱，偷窃一时的权力。朱异、徐纥就是例证。

副总监督长（给事黄门侍郎）袁翻、李神轨，都兼立法院立法官（领中书舍人），受胡太后信任，当时人们传说李神轨也陪胡太后上床，大家对这种事无法证实。李神轨向总顾问长（散骑常侍）卢义僖，请求结亲，卢义僖拒绝。监督院宫廷监督官（黄门侍郎）王诵对卢义僖说："从前的人，不为了一个女儿，而牺牲所有儿子（乐广语，参考三〇三年闰十二月），你莫非是为了一个女儿，而愿牺牲所有儿子！"卢义僖说："我所以拒绝，正是为了不愿牺牲所有儿子。如果答应这门婚事，恐怕灾祸更大，也来得更快。"王诵紧紧握住卢义僖的手，说："我听说上天有命／不敢泄漏。"（《诗经·扬之水》："我闻有命／不敢以告人。"）卢义僖竟把女儿许配给别人。但是就在成婚前夕，胡太后派宦官前往宣布皇家指令，禁止举行婚礼。人心惶惶，内外恐怖，只卢义僖若无其事。李神轨，是李崇的儿子（李崇绰号"卧虎"，参考五一三年五月）。卢义僖，是卢度世的孙儿（卢度世逃崔浩之难，参考四五一年二月）。

14 北魏帝国变民首领、高平王胡琛，据守高平（宁夏固原市），派他的大将万俟丑奴（万俟，音mòqí〔墨其〕，复姓）、宿勤明达（宿勤，复姓）等，攻击北魏帝国的泾州（州政府设安定〔甘肃省泾川县〕），北魏将军卢祖迁、伊瓮生，出军迎战，不能取胜。中央驻西部特遣政府总监（西道行台）萧宝夤、征西将军崔延伯，先前曾击败莫折天生（参考本年〔五二五〕正月），率军前进，跟卢祖迁等在安定（甘肃省泾川县）会师，武装士卒十二万人，战马八千匹，军威强大。万俟丑奴在安定（甘肃省泾川县）西北七华里扎营，不断派出轻骑兵挑战，但是不等到大兵团接触，即行撤退。崔延伯自认为他的勇敢天下无敌，而且刚刚建立战功，遂请求自己担任先锋。于是，特别制造大型盾牌，内装架柱，使勇士套到身上前进，称之为“活动城堡”（排城），把辎重放在活动城堡之中，而野战士卒在外结阵，从安定（甘肃省泾川县）北方，沿着平原边缘，向北挺进；还没有来得及发动攻击，变民军数百名骑兵，手拿书册，声称呈献“投降人名簿”，请求暂缓行动。萧宝夤、崔延伯还没有打开翻阅，宿勤明达已从东北杀奔而来，呈献“投降人名簿”的数百名骑兵，则从西方发动攻击，北魏讨伐大军遂腹背受敌。崔延伯上马，奋勇迎战，一直逼近变民军大营。变民军全是轻装备骑兵，而崔延伯则有一部分是步兵，搏战太久，体力不继，变民军抓到机会，攻入“活动城堡”，崔延伯遂大败，死伤将近二万人；萧宝夤集结残余部众，退保安定（甘肃省泾川县）。崔延伯受不了战败的羞辱，于是磨利武器，招募敢死队，从安定西进，距变民军大营七华里，构筑阵地。

四月十八日，并不报告大军统帅萧宝夤，崔延伯单独向变民军发动奇袭，大破变民军，刹那之间，踏平几个营区，然而，政府军没有纪律，乘胜抢夺劫掠，士卒四散，不能集中力量战斗，变民军立即反击，政府军大败，崔延伯被流箭射中，阵亡，士卒被杀一万余人。这是一场关键性的战役，当时，强大的变民军没有一处消灭，政府却损失一位勇将，中央与民间，同时忧虑震恐，而变民集团声势越发兴盛。可是，从外地到京师（首都洛阳）的文武官员，胡太后向他们询问治安情形时，大家一致声称变民军力量薄弱，用以讨胡太后欢心。因此，将领们请求增援，胡太后经常拒绝。

15 五月，南梁帝国讨伐大军司令官（都督征讨诸军事）、夷陵侯（烈侯）裴邃在军中逝世。裴邃沉着镇定，而有智谋，行政措施宽大公平，将领士卒对他都很敬畏。

五月八日，南梁帝萧衍命中央军事总监（中护军）夏侯亶，当寿阳（安徽省寿县）军区司令官（督寿阳诸军事），乘坐政府驿马车，前往战地接替裴邃的位置。

益州（州政府设成都〔四川省成都市〕）州长（刺史）、临汝侯萧渊猷，派他的将领樊文炽、萧世澄等，包围北魏益州（州政府设晋寿〔四川省广元市西南〕）秘书长（长史）和安（和，姓）据守的小剑（四川省剑阁县北小剑山）。北魏益州州长（刺史）邴虬，派指挥官（统军）、河南（首都洛阳）人胡小虎、崔珍宝，率军增援。樊文炽发动奇袭，攻破北魏军营寨，生擒胡小虎、崔珍宝；命胡小虎到城下劝说和安早早投降，胡小虎远远的对和安说："我的营寨戒备不够严密，被匪徒（南梁帝国军）捉住，观察他们的兵力，实在不值得一提。你要努力守城，魏子建（中央特遣政府总监〔行台〕、东益州〔州政府武兴〕州长）、傅竖眼（梁州〔州政府南郑〕州长）的增援部队，已经抵达。"话还没有说完，南梁士卒用刀背和刀柄，把他殴打至死。北魏中央驻西南特遣政府参谋长（西南道军司）淳于诞，率军增援小剑，樊文炽在龙须山（四川省剑阁县西）上建立营寨，保护后路。

五月二十四日，淳于诞秘密招募敢死队，于夜晚登山，纵火焚烧营寨，南梁军看见火光冲天，发现后路已被切断，大为恐惧，淳于诞乘机进击，樊文炽大败，勉强逃出一命，萧世澄等将领十一人被俘，阵亡及受伤的以万计算。魏子建用萧世澄交换胡小虎的尸体，隆重安葬。

魏昌伯爵（武康伯）李崇逝世（年七十一岁）。

16 最初，南梁帝萧衍接收萧宝卷（南齐帝国六任帝）最宠爱的吴淑媛（淑媛，南齐小老婆群第四级）当小老婆群，仅七个月，就生下萧综，封豫章王，宫里的人对这个孩子的老爹到底是谁，议论纷纷。后来，吴淑媛的宠爱衰退，心怀怨恨，暗中对萧综说："你是七个月生下的小娃，怎么有资格跟别的皇子相比！然而，你是太子（萧统）的二弟，总可以保持荣华富贵，不要走漏消息。"跟萧综拥抱哭泣。萧综从此开始怀疑自己的身世，白天谈笑风生，夜间则特辟一个安静的房间，紧闭门户，披头散发，睡在草席之上；又秘密在另一个房间，祭祀南齐帝国皇家的七位皇帝。也曾换穿平民衣服，前往曲阿（江苏省丹阳市），叩拜萧鸾（南齐帝国五任帝）的墓园（兴安陵，参考四九八年八月）。民间有一种传说：把血滴到死者枯骨上，如果立刻渗入，则定是父子。遂暗中挖掘萧宝卷的坟墓，取出骨骼；再把自己的一个儿子杀掉，用血去试，果然渗入。从此，心情大变，决定一旦时机来临，就采取行动。萧综勇敢而有气力，能赤手制伏奔马，不重视钱财，只重视人才，除了贴身的旧衣服，其他的全部施舍给别人，以致时常陷于贫困；屡次向萧衍提出对军国大事的意见，请求担任边疆职务，萧衍一直没有允许。萧综常在卧室之中，把沙铺到地上，整天赤着双脚，在上面行走，以致脚板生出茧皮，每日能走三百华里。亲王、侯爵、嫔妃、公主，甚至外界的人，全都知道他的想法，只有南梁帝萧衍不知道；萧衍性情严肃，没有人敢向他报告。萧综又秘密派人到北魏帝国（首都洛阳）晋见萧宝夤，称他"叔父"（萧宝夤是南齐五任帝萧鸾之子，投奔北魏，参考五〇二年三月）。萧综当南兖州（州政府设广陵〔江苏省扬州市〕）州长（刺史）时，从不接见宾客，审判诉讼时（直迄二十世纪初叶，中国行政官的任务主要的还是司法），也故意隔一道竹帘，出去时车轿一定垂下帷帐，不愿别人认识他的相貌。 664

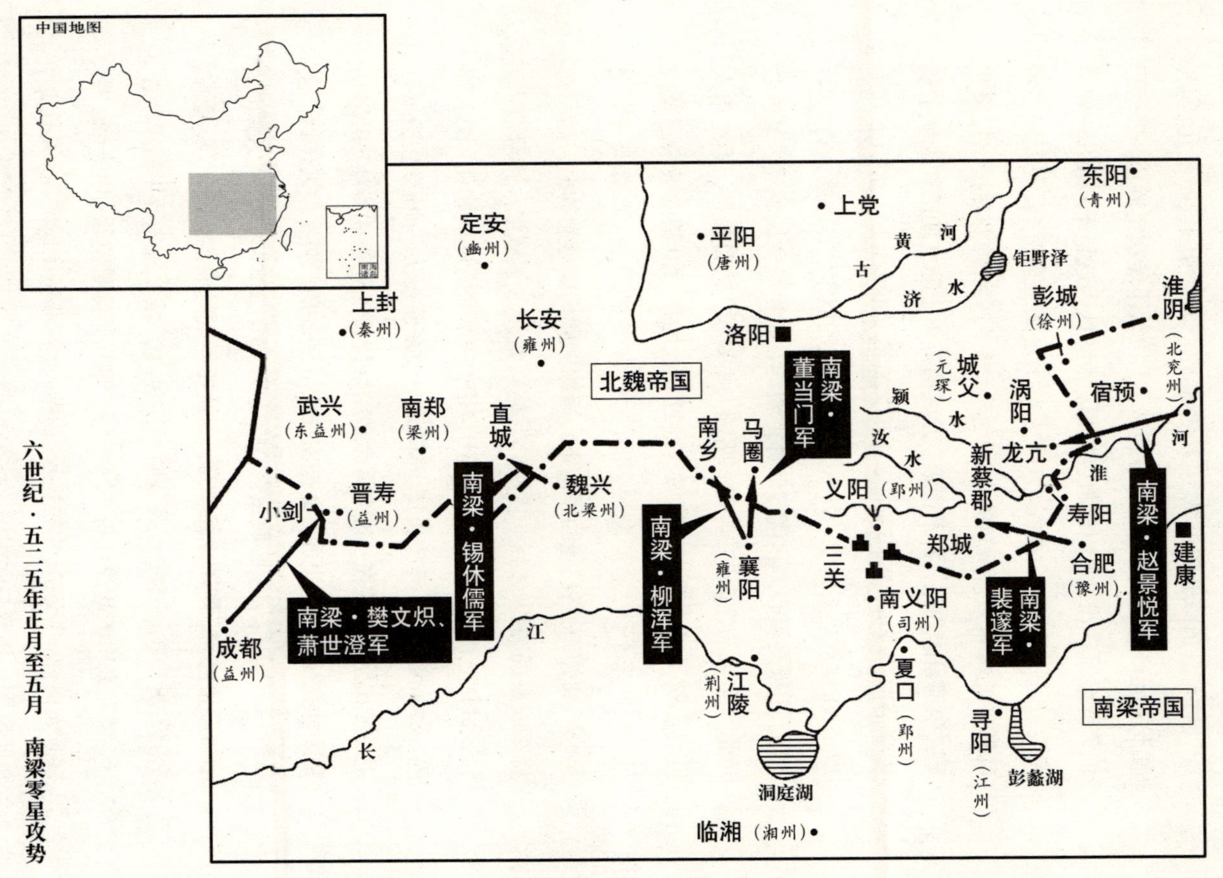

六世纪·五二五年正月至五月　南梁零星攻势

后来，萧综驻防彭城（江苏省徐州市），北魏帝国安丰王元延明、临淮王元彧，率军二万人，逼到城下，很久不能决定胜负。萧衍恐怕萧综全军覆没，下诏命萧综撤退。萧综认为这是千载良机，如果南返，以后可能不会再回北方边界，于是派出密使，晋见元彧表示降意。北魏军大营所有的人，面对敌人大军统帅忽然提出投降之事，全都目瞪口呆，誓不相信。元彧招募勇士随密使前往彭城了解实际情况，没有人敢于应征。金殿监察官（殿中侍御史）、济阴郡（山东省菏泽市定陶区西）人鹿悆（音yù〔玉〕），当元彧的监军官，志愿一行，说："萧综如果是真心，我就跟他订定盟约；如果是一场骗局，又何必珍惜一个人的性命！"当时，两国大军对抗，内外戒严，鹿悆单人匹马出营，从小路直往彭城，穿过无人地带后，被南梁帝国军拘捕，问他来干什么，鹿悆说："临淮王（元彧）教我来，打算谈一笔交易。"当时，元略已经回军南下；萧综接到拘捕鹿悆的报告后，对将军成景儁等说："我一直疑心元略兵变，占领城池，投降敌人。为了试探它的真实性，所以派出亲信，假装是元略的密使，深入魏国（北魏帝国）大营，教他们也同样派一个密使接头；他们跳进圈套，果然派出密使。现在，我将再命亲信继续冒充元略的侍从，声称元略卧病在床，不能见面，而把密使引导到卧房门外，教人传话，表示歉意。"萧综遂派心腹亲信、安定郡（侨郡，湖北省南漳县西）人梁话，出去迎接鹿悆，把萧综的本意，以及如何应付成景儁的计策，暗中全部告诉鹿悆。鹿悆于黄昏时候，进入彭城，首先晋见将军胡龙牙，蒙在鼓里的胡龙牙说："中山王（元略）非常盼望跟你见一面，所以派人请你。"又说："安丰王（元延明）、临淮王（元彧），将领既少，军队又弱，想要夺回彭城（江苏省徐州市），岂能到手？"鹿悆说："彭城，是我们的东方重镇，形势险要，非夺回来不可，至于能不能成功，在乎天意，世人无法预测。”胡龙牙说：“我同意你的话。”引导鹿悆晋见成景儁，成景儁请鹿悆入座，说：“你不会是刺客吧！”鹿悆说：“今天奉命担任使节，还打算回国报告成果。至于动刀行刺，希望以后能有机会。”成景儁摆下酒筵招待；引导鹿悆到其他房间，命另一人假冒元略的侍从，从房间出来，代表元略向鹿悆致意说：“我离国南下，为时已久（参考五二〇年八月），所以派人请你，只是打算听听故乡消息，想不到昨晚突然发病，不能相见。”鹿悆说：“早就奉到你的吩咐，冒昧前来晋谒，竟不能见面，内心不安。”遂告辞。南梁将领争相询问鹿悆：北魏的战士和战马，到底有多少？鹿悆夸张说：精锐部队有数十万人。各将领互相看看，说：“这个牛吹得太大！”鹿悆说：“终有一天会得到证明，吹牛干什么！”萧综遂命鹿悆返回，成景儁送鹿悆到戏马台（江苏省徐州市南），向北遥望彭城（徐州市）城垣和护城河，对鹿悆说：“形势如此险要坚固，如同钢铁，你们怎么能够夺回？”鹿悆说：“无论防御或攻击，都决定于人，跟险要牢固，有什么关系？”在回北魏大营途中，鹿悆跟梁话再一次确定盟誓和行动时间。

六月七日，萧综在梁话及淮阴（江苏省淮安市淮阴区）人苗文宠陪伴下，乘夜秘密出城，徒步投奔北魏军大营。第二天黎明（六月八日），萧综统帅府后院寝室的门，仍没有打开，大家还不知道发生什么事，却听见城外北魏帝国围城军士卒，高声喊话通知守军：“你们的统帅豫章王（萧综）昨晚投降，人已在我们大营，你们待在那里干什么？”南梁将领立即寻找萧综，这才发现萧综果然投降北魏，于是，刹那之间，全军崩溃，四散逃走。北魏军攻入彭城（江苏省徐州市），乘胜追击，把丧失的所有城池，全部收复，前锋追击到宿预（江苏省宿迁市）才退。南梁官兵死亡高达十分之七八，只有将军陈庆之的部队，安全返防。

南梁帝萧衍得到报告，大为惊骇。有关单位奏请取消萧综的皇族资格，剔除皇家名簿上的名字，把萧综的儿子萧直，改姓为“悖”，称“悖直”，萧衍批准。可是不到十天，萧衍又下诏恢复萧综的皇族身份，封萧直当永新侯。

西丰侯萧正德，自从北魏帝国逃回（参考五二二年十二月），丝毫没有后悔之意，反而变本加厉，集合很多地痞流氓，和亡命之徒，于夜深人静，到路上抢劫，北伐大军出发时，萧正德以轻车将军身份，率军跟随萧综北伐。萧综投奔北魏，萧正德抛弃军队，只身逃回，萧衍累计他前后所犯的罪行，下诏撤除他的官位和封爵，放逐到临海郡（浙江省台州市西北章安街道）。萧正德还没有到目的地，萧衍派人追上去赦免。

国家也好，政府也好，像一座大楼，法律像大楼的钢架；没有钢架，建筑物一定倒塌。北朝有胡太后，南朝有萧衍，显然认为砍断钢架没有什么关系，于是用种种出人意表的手段，加以破坏。

六世纪往事，已相当遥远，此后不断有一些有权大爷，仍坚持胡太后和萧衍的信念，认为摧毁法律，可以显示恩德；显示恩德，可以换取效忠。结果是钢架因不断受到破坏而寸寸断碎，而恩多反而成怨。回顾历史轨迹，有无限感叹。

萧综抵达洛阳（北魏首都，河南省洛阳市东白马寺东），晋见北魏帝元诩后，回到宾馆，替萧宝卷（南齐帝国六任帝）设立灵堂，哀悼祭祀，穿三年丧服。包括胡太后在内，北魏政府所有高级官员，都前往祭吊；

对萧综的赏赐，十分丰厚，任命他当最高监察长（司空），封高平郡公、丹阳王，改名萧赞。任命苗文宠、梁话，都当高级资政官（光禄大夫）；封鹿悆当定陶县子爵，当编制外顾问官（员外散骑常侍）。萧赞（萧综）的秘书长（长史）、济阳郡（侨郡，江苏省盱眙县南）人江革，军政官（司马）范阳郡（侨郡）人祖敬之，都被北魏帝国俘虏。安丰王元延明敬重他们的才名，相待十分优厚。江革声称脚上有病，不能叩头。元延明命祖敬之作《欹器漏刻铭》（"欹器"，是一种形状独特的酒壶，酒满时会自动倾斜流出，酒太少时则歪斜不正。"铭"是一种记事的散文，用来叙述功德或警醒自己），江革唾骂祖敬之说："你身受国家大恩，竟然给蛮虏写起'铭'来，辜负政府。"元延明听到报告，命江革作《大小寺碑》《祭彭祖文》（民间传说，彭祖年八百岁，兴建彭城〔江苏省徐州市〕），江革推辞，不肯执笔。元延明大怒，打算动用鞭刑，江革面上严肃，说："我江革快要六十岁，今天能死，实是万幸，但绝不替人写文。"元延明知道无法使他屈服，才把他赦免，但不再优待，每天只发给他三升糙米，仅饿不死而已。

17 南梁帝萧衍密令寿阳（安徽省寿县）军区司令官（督寿阳诸军事）夏侯亶撤退，驻守合肥（安徽省合肥市），等淮河大坝（安徽省明光市北）筑成后再行前进（南梁帝国再筑淮河大坝〔淮堰〕对付寿阳）。

18 六月十日，北魏帝国大赦，改年号孝昌（之前是正光六年，之后是孝昌元年）。

19 北魏帝国变民首领破六韩拔陵，包围北魏广阳王元深驻防的五原（内蒙古包头市），北魏带兵官（军主）贺拔胜，招募敢死队二百人，打开东门出击，杀一百余人，变民军稍稍后退。元深利用这个机会，放弃城池，全军突围，南下移防朔州（去年〔五二四〕八月已改称云州，州政府设盛乐〔内蒙古和林格尔县〕）。贺拔胜经常担任后卫。

云州（即朔州）州长（刺史）费穆，招抚离散的人民和士卒，四面抵抗敌人。当时，北方边疆全部陷于变民军之手，只有云中（盛乐，内蒙古和林格尔县）一个孤城，尚为政府守卫。时间一久，跟外界的交通，全被切断，而增援的部队不见来到，粮秣和箭石，全都耗尽。费穆不能支持，遂放弃州城（盛乐），南下秀容川（山西省朔州市西北），投奔当地匈奴部落酋长尔朱荣（参考去年〔五二四〕八月）。稍后，费穆前往京师（首都洛阳）皇宫大门前，请求定罪；胡太后下诏赦免。

情报军事参议官（长流参军）于谨，报告广阳王元深说："现在，盗贼土匪（指变民军），纷纷起事，专靠武力镇压，不容易取胜。我请求以大王您的名义，前往变民军基地访问，分析祸福利害，说服他们放下武器，或许可能归顺。"元深同意。于谨精通数国语言，于是单人匹马，前往匈奴变民军大营，晋见酋长，用诚心和公道，跟他们谈判，西部铁勒部落酋长乜列河等（乜，姓；音niè〔聂〕），率三万余家，南下向元深投降。元深打算率军亲往折敷岭（今地不详）迎接。于谨说："破六韩拔陵正威不可当，听说乜列河归降，一定出兵拦截，如果抢先一步据守险要，就很容易把他击破。不如把乜列河当作钓饵，然后设下埋伏，等破六韩拔陵上钩，定可破敌。"元深接受。破六韩拔陵果然率军拦截乜列河，把西部铁勒部落全部俘虏；而北魏帝国的埋伏，适时发动，破六韩拔陵大败。元深救出乜列河的部落，班师。

柔然汗国（瀚海沙漠群）可汗（十四任）郁久闾阿那瓌大破破六韩拔陵，斩破六韩拔陵的大将孔雀等。破六韩拔陵为了躲避柔然的攻击，渡黄河（河套）南下。北魏帝国将军李叔仁，因威胁日增，向广阳王元深求援，元深率军前往会师，变民军前后归降的有二十万人。元深跟中央特遣政府总监（行台）元纂，上疏说："请在恒州（州政府设平城〔山西省大同市〕）之北，另外设立郡县，安置投降的变民部众，并且应该随时赈济和借贷给他们钱财或粮食，使他们不再有叛乱的心。"中央政府不同意，胡太后下诏命监督院宫廷监督官（黄门侍郎）杨昱，把他们分别送到冀州（州政府设信都〔河北省衡水市冀州区〕）、定州（州政府设中山〔河北省定州市〕）、瀛州（州政府设赵都军城〔河北省河间市〕），由各州郡政府，就地赈济。元深对元纂说："这些人势将跟乞活（庞大的难民群。参考三〇六年十二月）一样，不久就变成武装游击部队。"

20 秋季，七月十九日，南梁帝国大赦。

21 八月，北魏帝国柔玄镇（内蒙古兴和县北）居民杜洛周，在上谷（河北省怀来县）聚众起兵，改年号真王，一连攻陷附近郡县。怀朔镇（内蒙古固阳县）镇民高欢（参考五一九年二月）、蔡儁、尉景，以及段荣、安定郡（甘肃省泾川县）人彭乐，都投奔杜洛周麾下。杜洛周包围燕州（州政府设广宁〔河北省涿鹿县〕）州长（刺史）、博陵郡（河北省安平县）人崔秉。

九月十四日，北魏帝国命幽州（州政府设蓟城〔北京市〕）州长（刺史）常景兼国务院执行官（兼尚书），当中央特遣政府总监（行台），跟幽州军区司令官（幽州都督）元谭，共同讨伐。常景，是常爽的孙儿（常爽，参考四三九年十二月）。政府军从卢龙塞（河北省迁安市北喜峰口至冷口）到军都关（北京市昌平区居庸关北），凡是险要地方，全派军戒备；元谭则驻防居庸关。

冬季，十月，吐谷浑汗国（青海省）派军出击北魏帝国变民首领赵天安（赵天安响应秦帝莫折念生事，参考去年〔五二四〕十二月），赵天安投降，凉州（州政府设姑臧〔甘肃省武威市〕）回归政府。

平西将军高徽，奉命出使哌哒王国（首都拔底延城〔阿富汗北部瓦齐拉巴德市〕），回国途中，经过枹罕（甘肃省临夏市），正巧，河州（州政府枹罕）州长（刺史）元祚逝世。前任州长（刺史）梁钊的儿子梁景进，引导秦帝莫折念生大军，包围州城。州政府秘书长（长史）元永等，推举高徽当州总部执行官（行州事）。高徽命武装部队进入紧急状态，严密固守；梁景进也自称是州总部执行官（行州事）。高徽再向吐谷浑汗国（青海省）请求援救，吐谷浑出军，梁景进战败，逃走。高徽，是高湖的孙儿（高徽是高欢的堂叔）。

22 北魏帝国西部及北部，战乱日益扩大，而南方的荆州（州政府设穰城〔河南省邓州市〕、东荆州（州政府设沘阳〔河南省泌阳县〕）、西郢州（州政府设安阳〔河南省泌阳县西〕），境内的蛮夷部落，也全都叛变，切断三鸦路（河南省鲁山县西南三个险要山径隘口），击斩各地司令官（都督），抢劫烧杀，北方直到襄城（河南省襄城县）；汝水上游一带（河南省中部），冉家、向家、田家，都是人口众多的强大亲属集团；而别的亲属集团，大的有一万家，小的也有一千家，酋长、族长们都称自己是王爵或侯爵，据守险要，交通完全断绝。

十二月十二日，北魏帝元诩下诏说：“我将亲自统率六军（《周礼·夏官》：“二千五百人为一军，天子有六军，大国三军，次国二军，小国一军。”），扫荡逃窜各地的流寇（指变民军）。现在，先讨伐荆州（州政府设穰城〔河南省邓州市〕）叛蛮，使南疆恢复秩序。”当时，各部落蛮夷引导南梁帝国将领曹义宗等，包围北魏帝国荆州（州政府穰城）。北魏司令官（都督）崔暹，率军数万人增援，行军到鲁阳（河南省鲁山县），不敢前进。中央政府更命临淮王元彧，当征南大将军，率军讨伐鲁部族（河南省鲁山县境）；最高监察署秘书长（司空长史）辛雄，当中央特遣政府政务秘书长（行台左丞），向东方的叶城（河南省叶县西南）推进。另派征虏将军裴衍，恒农郡（河南省三门峡市）郡长、京兆郡（陕西省西安市）人王罴（音pí〔皮〕），率军一万人，从武关（陕西省商南县西南）出发，企图打通三鸦路；使崔暹及元彧兵团，得以南下增援荆州（州政府穰城）。

裴衍等还没有抵达三鸦路，元彧兵团已进驻汝水，受到蛮夷攻击的各州郡，纷纷请求拯救，元彧因他的任务只限于讨伐鲁阳蛮（鲁阳〔河南省鲁山县〕一带蛮夷），不准备改变行军路线。辛雄说："现在，裴衍还没有到，大王的军队却集结完成，中原一带蛮夷，如此猖獗，已威胁到京畿的安全。大王在外手握军权，认为应做的，就应去做，为什么受最初所下达命令的拘束？"元彧恐怕万一发生事故，负不起这种移军作战的重大责任，要求辛雄正式下达新的命令。辛雄认为：蛮夷各叛变部落，听到北魏帝元诩即将御驾亲征的消息，在心理上一定先感到恐惧，正可利用这种形势取胜。于是以中央特遣政府政务秘书长（行台左丞）身份，下令元彧：迅速进击。各蛮夷部落听到风声，果然四散逃走。

北魏帝元诩准备御驾亲征，但立法院最高立法长（中书令）袁翻劝阻，遂中止出动。辛雄自军中上疏说："一个人，在战场上忘记死亡，身冒钢刀而毫不畏惧，原因有四：一是追求荣耀英名，二是贪图丰富赏赐，三是害怕刑罚，四是逃避灾难。如果没有这四种原因，虽神圣的君王不能驱使他的部属，虽慈爱的父母不能鼓励他的儿女。英明的领袖无不深刻了解人情，所以，该赏赐的一定赏赐，该处罚的一定处罚。不管是亲是疏，是贵是贱，是勇是怯，是贤是愚，只要一听见战鼓擂动，一看到军旗招展，没有一个不奋勇激励，争先恐后，奔向敌人。他们岂是不愿长命百岁，而乐于寻死？只因利害摆在面前，想不赴汤蹈火，也不可能。自从秦陇（甘肃省南部）居民叛变，中原蛮夷制造混乱，已长达数年。中央政府分三方面讨伐（三方面：北讨破六韩拔陵等，西讨莫折念生等，南讨中原蛮夷），失败多而胜利少，追究原因，都是赏罚不明所致。陛下虽然颁下诏书，承诺随时赏赐，可是将领建立的功勋，呈报中央之后，多少年都不能定案。而逃亡的士卒，却安坐在家。因而使忠勇守法的人，沮丧失望，平凡庸碌的人，无所忌惮。奋勇作战，死亡临头，赏赐却遥遥无期；退走逃散，既保住性命，又可以不受处罚。这就是帝国战士，看见敌人就扭头逃走，不肯效力的缘故。陛下如果真能够实践你的承诺，有功必赏，有罪必罚，则军威一定重振，士气一定大增，盗贼（指变民军）一定消灭。”奏章呈上后，没有反应。

南梁帝国将领曹义宗等，攻陷顺阳马圈（河南省邓州市东北三十五公里），跟北魏帝国东下的征虏将军裴衍，在淅阳（河南省西峡县）会战，曹义宗等败退。裴衍等夺回顺阳（河南省淅川县东南），进围马圈。北魏洛州（州政府设上洛〔陕西省商洛市商州区〕）州长（刺史）董绍，认为马圈城防坚固，而裴衍等粮秣太少，上疏指出一定失败。不久，曹义宗反攻，击破裴衍军，再夺回顺阳。北魏帝国政府命王罴当荆州（州政府穰城）州长（刺史）。

23 南梁帝国邵陵王萧纶（南梁帝萧衍的儿子），摄理南徐州（州政府设京口〔江苏省镇江市〕）州长（刺史），喜怒无常，横行霸道，无法无天。曾经有一次，到菜市场游逛，问一个卖鳝鱼的小贩：“你们的州长（刺史）怎么样？”鳝鱼小贩说：“急躁暴虐！”萧纶勃然大怒，强迫小贩吞下活生生的鳝鱼，小贩竟告惨死。人民惊惶恐怖，在路上不敢说话，只敢用眼神示意。又有一次，萧纶遇到送葬车辆，他把孝子的丧服剥下来，穿到自己身上，爬到地上，又号又叫。收发官（签帅）恐怕南梁帝萧衍把罪状加到自己头上，遂秘密奏报，萧衍才严厉责备萧纶；可是萧纶不能改正，萧衍下诏把他免职。而萧纶疯狂凶恶的程度越发严重，他物色到一位身材短小、体形消瘦，容貌好像老爹萧衍的老汉，教他戴上皇帝的冠帽、穿上皇帝的衮袍，扮作皇帝，高高坐在上座；萧纶则在下边叩头朝见，陈述自己无罪；然后霎时翻脸，命人就在座位上把那老汉的冠帽衮袍剥下，拉到庭院，用皮鞭抽打。同时定做一个新的棺材，把军政官（司马）崔会意装进去，抬上丧车，唱着挽歌，送到墓地，而使老年妇女坐在车上悲号痛哭。崔会意不能忍受，轻装骑马，奔回京师（首都建康），报告萧衍。萧衍恐怕萧纶逃走，派禁卫军驰往京口（江苏省镇江市）逮捕，准备在监狱中命他自杀。皇太子萧统，流泪哭泣，一再请求，得免一死。

十二月十八日，剥夺萧纶所有官职及封爵采邑。

24 北魏帝国山胡部落（汾州〔州政府设蒲子城，山西省隰县〕蛮夷〔稽胡〕）酋长刘蠡升，聚众起兵，自称皇帝，设立文武百官。

25 最初，敕勒部落酋长斛律金（斛律，复姓）在怀朔镇（内蒙古固阳县）防卫司令（镇将）杨钧（参考五二一年正月）帐下，当带兵官（军主），士卒训练及疆场作战，全用匈奴人的方法；遥望飞扬的尘土就可知道骑兵多少、步兵多少；谛听地面，就可知道敌军远近。破六韩拔陵聚众起兵时，斛律金率部众前往投靠，破六韩拔陵封他王爵。稍后，斛律金发现破六韩拔陵势将一事无成，遂前往云州（州政府设盛乐〔内蒙古和林格尔县〕），向北魏政府军投降，带领部众，逐渐向南移动，终于抵达黄瓜堆（山西省山阴县北）；受变民首领杜洛周攻击，斛律金大败，脱险逃走，投奔尔朱荣，尔朱荣任命他当别动部队司令（别将）。

六世纪·五二五年十二月
北魏平定淮西蛮夷，南梁入侵

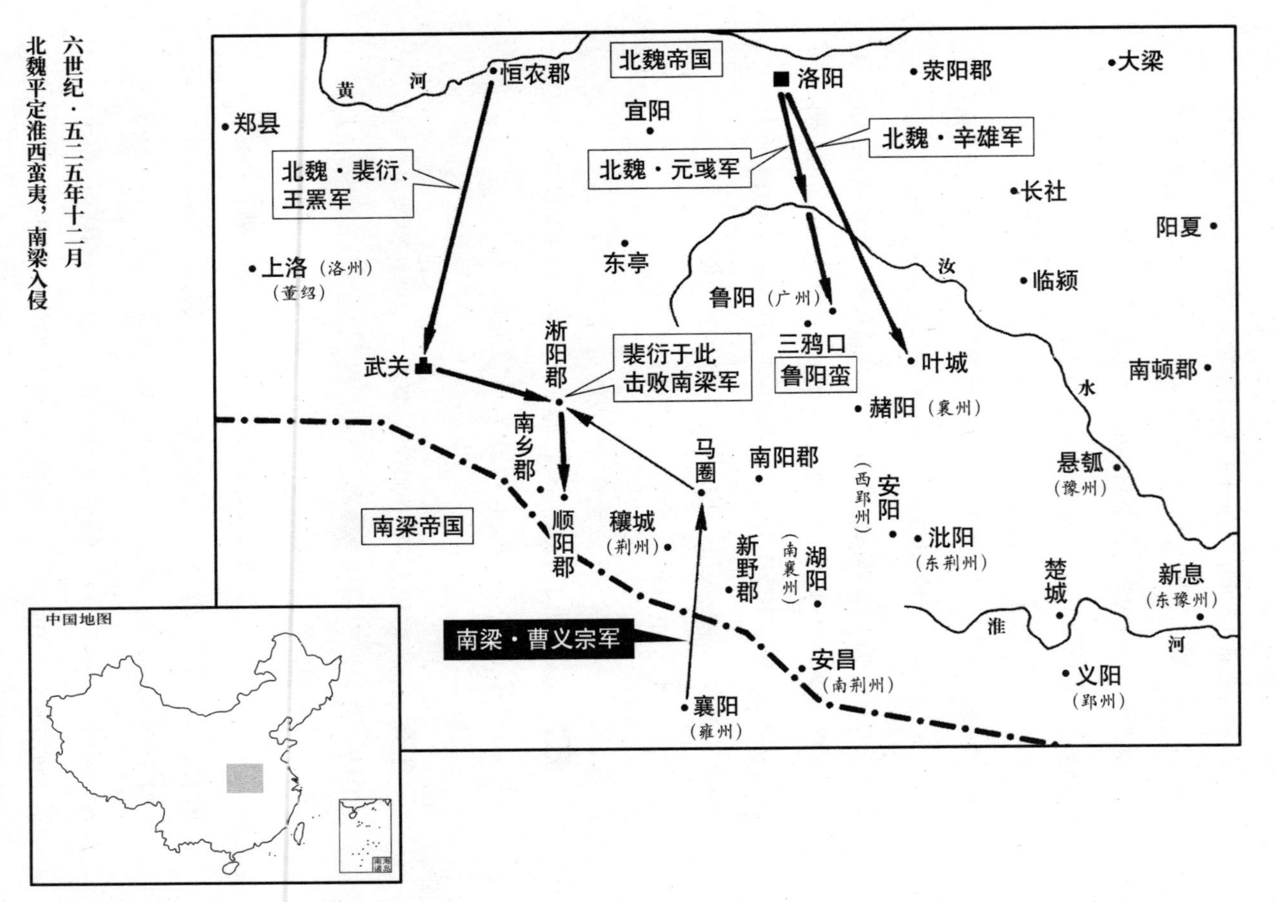

五二六年 丙午

南梁　普通　七年
北魏　孝昌　二年
（破六韩拔陵真王四年）
（高平王胡琛三年）
（秦帝莫折念生天建三年）
（燕王就德兴三年）
（杜洛周真王二年）
（皇帝刘蠡升神嘉二年）
（鲜于修礼鲁兴元年）
（始建王陈双炽元年）
（齐帝葛荣广安元年）

1 春季，正月一日，南梁帝国（首都建康〔江苏省南京市〕）大赦。

2 正月十二日，北魏帝国（首都洛阳〔河南省洛阳市东白马寺东〕）政府任命汝南王元悦，兼全国武装部队总司令（太尉）。

安州（州政府设燕乐〔河北省隆化县〕）所属石离（今地不详）、穴城（今地不详）、斛盐（河北省滦平县）三城驻扎的边防军叛变，约二万人，响应变民首领杜洛周；杜洛周从松岖（河北省丰宁县境）南下会合。北魏帝国中央特遣政府总监（行台）常景，派将领崔仲哲据守军都关（太行山八陉之八，北京市昌平区西），出军拦截；崔仲哲战死；幽州（州政府设蓟城〔北京市〕）军区司令官（都督）元谭，于深夜崩溃。中央政府任命将领李琚，接替元谭的幽州军区司令官职位。崔仲哲，是崔秉的儿子（崔秉当时是燕州〔州政府设广宁，河北省涿鹿县〕州长〔刺史〕）。

最初，广阳王元深跟城阳王元徽的王妃通奸（堂叔跟堂侄媳通奸）。元徽当国务院总理（尚书令），胡太后对他非常信任；正巧，恒州（州政府设平城〔山西省大同市〕）州民请求中央任命元深当州长（刺史）；元徽乘机打小报告说："元深的居心，不可臆测。"后来，杜洛周叛变（参考去年〔五二五〕八月），五原（内蒙古包头市）在恒州（平城）的降户（元深预测的"乞活"，参考去年〔五二五〕六月），阴谋拥护元深当盟主。元深大为恐惧，上疏请求召回洛阳。中央遂命首都东区卫戍司令（左卫将军）杨津，接替元深，当北路军总司令官（北道大都督），命元深当国务院文官部长（吏部尚书）。元徽，是拓跋长寿的儿子（拓跋长寿，参考四七五年十二月）。

被安置在定州（州政府设中山〔河北省定州市〕）左城（河北省唐县西）的五原降户（"乞活"）首领鲜于修礼等，率北部迁来的难民武装叛变，改年号鲁兴，率军进攻中山，州政府军抵抗，作战不利。杨津抵达灵丘（山西省灵丘县），得到定州（中山）危急情报，加速前进，抢先入城。鲜于修礼大军紧接着到达城下，杨津打算出城攻击，秘书长（长史）许被反对，杨津用佩剑直刺许被，许被急忙逃走，才免一死。杨津开门出战，杀数百人，变民军后退，人心才稍微安定。北魏帝（九任孝明帝）元诩（本年十七岁）下诏，任命杨津当定州（州政府设中山〔河北省定州市〕）州长（刺史），兼中央驻北方特遣政府总监（北道行台）。又任命扬州（州政府设寿阳〔安徽省寿县〕）州长（刺史）长孙稚，当北伐大军总司令

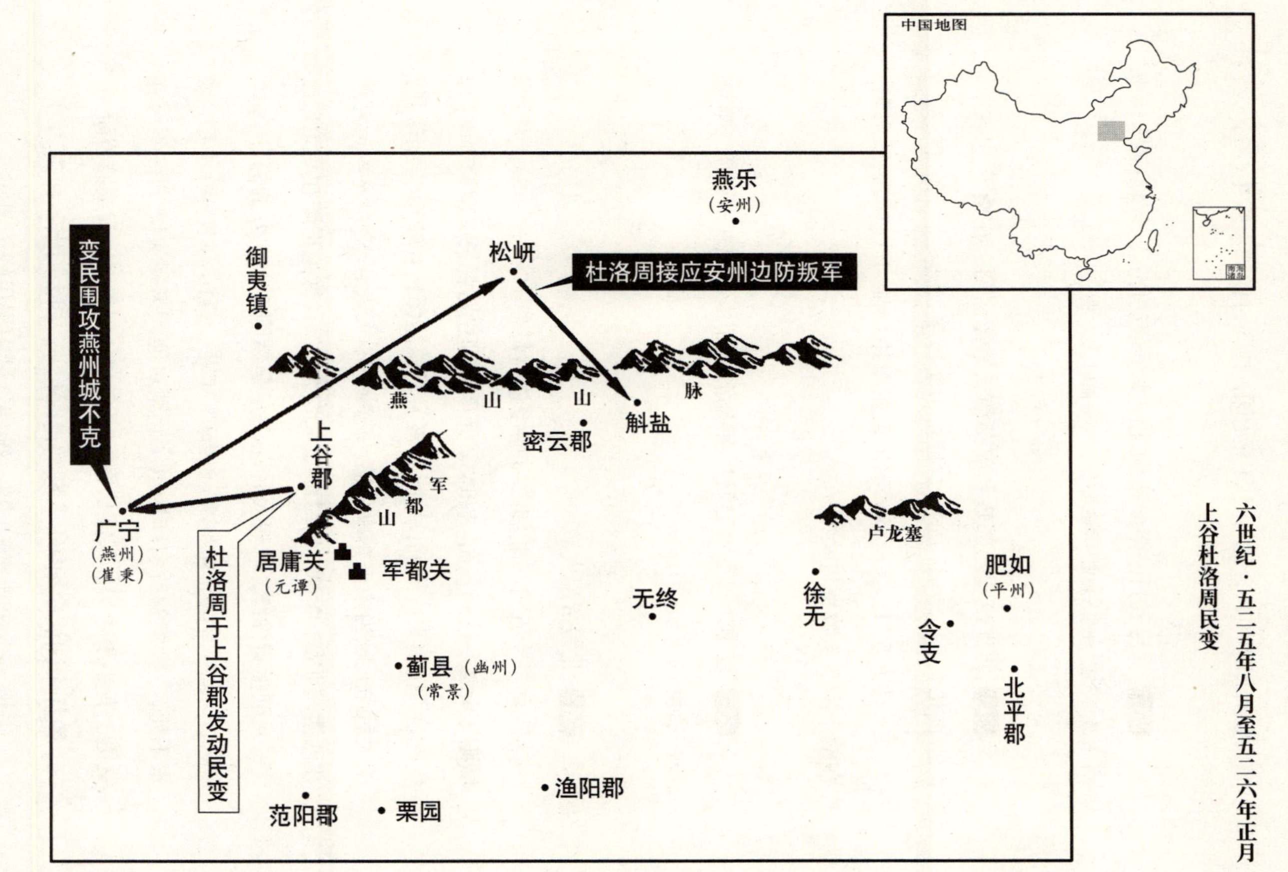

六世纪·五二五年八月至五二六年正月
上谷杜洛周民变

官（大都督北讨诸军事），会同河间王元琛，共同讨伐鲜于修礼。

3 二月五日，南梁帝国北伐军事行动停止，解除戒严（命豫州〔州政府合肥〕州长〔刺史〕裴邃北伐事，参考前年〔五二四〕六月）。

4 北魏帝国西部敕勒部落酋长斛律洛阳，在桑干（山西省山阴县）西境叛变，跟另一变民首领费也头牧子（费也头，三字姓）联合。

三月十五日，游击将军尔朱荣在深井（今地不详）击破斛律洛阳，在桑干河西击败费也头牧子。

5 夏季，四月十七日，南梁帝国临川王（靖惠王）萧宏（萧衍的老弟）逝世（年五十四岁）。

6 北魏帝国大赦。

四月二十五日，北魏政府加授总监督长（侍中）、车骑大将军、城阳王元徽：仪同三司（宰相级）。元徽跟副总监督长（给事黄门侍郎）徐纥配合，在胡太后面前，共同陷害另一总监督长（侍中）元顺；于是，胡太后命元顺当中央军事总监（护军将军）、祭祀部长（太常卿）。元顺在西游园叩辞（既免除"侍中"职位，从此不能入宫），徐纥正陪在胡太后之旁；元顺指着徐纥，对胡太后说："这是魏国（北魏帝国）的伯嚭（伯嚭，陷害伍子胥至死，导致吴王国灭亡事，参考前四八四年），魏国（北魏帝国）不亡，他永不死。"徐纥耸耸肩膀退出，元顺对他大声呵责说："你不过在文笔上有小小才华，只能伏案写写文章，怎么可以污染监督院（门下），败坏帝国法令纪律！"激动得跳起来，胡太后默不作声。

朔州（州政府设怀朔镇〔内蒙古固阳县〕）城中居民鲜于阿胡等，占领州城叛变。

变民首领杜洛周自上谷郡（河北省怀来县）南下，劫掠蓟城（北京市）。北魏帝国中央特遣政府总监（行台）常景，派指挥官（统军）梁仲礼，击破杜洛周攻势。

四月丁未日（四月己巳朔，没有丁未），幽州（州政府蓟城）军区司令官（都督）李琚，在蓟城北攻击杜洛周，李琚战死。常景率军继续阻击，杜洛周无法前进，退回上谷。

扬州（州政府设寿阳〔安徽省寿县〕）州长（刺史）长孙稚，率军北上，抵达邺城（河北省临漳县西南邺城镇），胡太后下诏，解除他的北伐大军总司令官（大都督北讨诸军事）职务，改命河间王元琛接任。长孙稚上疏说："从前，我跟元琛，一同在淮河以南作战，元琛溃败，而我的军队仍保完整，因此遂成私仇，我难以接受他的指挥。"中央不理。北伐大军前进到滹沱河，长孙稚不打算作战，元琛不准。鲜于修礼在五鹿（今地不详）拦击长孙稚，元琛在后坐视，不肯出军救援，长孙稚兵团大败。长孙稚及元琛，同时被中央免除所有官爵。

五月九日，北魏帝（九任孝明帝）元诩下诏，将亲自北伐，内外戒严，但没有出发。

7 南梁帝国衡州（州政府设含洭〔广东省英德市西北浛洸镇〕）州长（刺史）元略，自从逃亡到南梁帝国（参考五二〇年八月），思念故乡，早晚哭泣，经常好像家有丧事一样。后来，元义伏诛（参考去年〔五二五〕四月），胡太后打算召回元略，知道元略因刁双的保护，得以逃命，于是擢升刁双当高级资政官（光禄大夫），释放江革、祖暅之二人南返（二人被俘事，参考去年〔五二五〕六月），交换元略。南梁帝（一任武帝）萧衍（本年六十三岁）礼节周到，也遣送元略北还，馈赠极为优厚。元略刚渡过淮河，北魏政府即发表人事命令，任用元略当总监督长（侍中），封义阳王；司马始宾当御前监督官（给事中），栗法光当本县（屯留县〔山西省长治市屯留区〕）县长，刁昌当东平郡（山东省东平县）郡长，刁双当西兖州（州政府设左城〔山东省菏泽市定陶区西〕）州长（刺史。本年还没有西兖州，西兖州置于明年〔五二七〕）。凡是当初元略所经过的地方，供应他吃一顿饭或招待他住一宿的人，都一一赏赐（元略当年逃亡路线，参考五二〇年八月）。

任命丞相、高阳王元雍，当最高指挥官（大司马）；再任命广阳王元深当总司令官（大都督），讨伐变民首领鲜于修礼；章武王元融当左翼司令官（左都督），征虏将军裴衍当右翼司令官（右都督），同时受元深指挥。

元深把儿子带在身边，城阳王元徽报告胡太后说："广阳王（元深）带着他心爱的儿子，在外手握重兵，会有贰心。"胡太后命元融、裴衍暗中戒备。元融、裴衍把胡太后的指令，拿给元深过目，元深大为恐惧，于是，事情不管大小，处处请示，从不敢自己作主。胡太后问他为什么如此，元深回答说："元徽把我恨入骨髓，我在皇族中，血缘疏远（元深是三任太武帝拓跋焘的曾孙），而又统军在外。元徽对我的陷害，无所不至。自从元徽当权以来，我向中央所作的要求，多数都不批准。元徽不但害我一人而已，凡是跟随我为国建立功勋的将士，全受到排斥压制，待遇无法比照其他部队。但元徽仍不放弃憎恨，将士中偶尔有犯罪的，一定用法律条文套牢，甚至处死。因此，我的部属没有人不颤栗恐惧。有人对我称许，元徽就把他当作盗贼寇仇；有人对我抨击，元徽就把他当作亲戚老友。元徽在中央掌握权柄，日夜陷害我，要使我受到难以预测的诛杀，我又如何能够安心！陛下如果能命元徽离开中央，主持一州，我没有后顾之忧，才有可能在贼盗（指变民军）巢穴中战死，呈献我的忠心。”胡太后不理。

元徽跟立法院立法官（中书舍人）郑俨等，结成密网。这两位聪明的官僚，外表十分柔和，待人更是谦恭；但内心对有才能的人，却强烈的嫉妒猜疑；随自己的喜怒赏罚，北魏政府因此越发败坏混乱。

五月十日，燕州（州政府设广宁〔河北省涿鹿县〕）州长（刺史）崔秉，放弃州城（广宁），率领部众南下（燕州自去年〔五二五〕八月，被变民首领杜洛周包围迄今，不见援军），投奔定州（州政府设中山〔河北省定州市〕）。

五月二十七日，中央任命安西将军宗正珍孙（宗正，复姓）当司令官（都督），讨伐汾州（州政府设蒲子城〔山西省隰县〕）叛变的匈奴部落（去年〔五二五〕十二月称帝的刘蠡升）。

六月，绛郡蜀首领陈双炽，聚众叛变（迁居绛郡〔山西省绛县〕的巴蜀〔四川省〕人，被称绛郡蜀），自称始建王。北魏政府命代理镇西将军长孙稚，当讨伐绛郡蜀司令官（讨蜀都督）。另一将领、河东郡（山西省永济市）人薛修义，轻装骑马，直往陈双炽军营，分析利害，陈双炽遂即投降。胡太后下诏，命薛修义当龙门镇（山西省河津市）防卫司令（镇将）。

六月九日，改封义阳王元略当东平王；不久，又擢升他当最高统帅（大将军）、国务院总理（尚书令），受胡太后信任的程度，跟城阳王元徽相等。但徐纥、郑俨掌握实权，元略也不敢违背。

8 北魏帝国变民首领杜洛周，派“都督王”曹纥真等（变民集团首领，对所属将领，全封王爵，曹纥真以都督〔司令官〕加封王爵〔不知封什么王〕，民间称“都督王”），率军到蓟城（北京市）以南烧杀劫掠。

秋季，七月九日，北魏帝国中央特遣政府总监（行台）常景，派司令官（都督）于荣等，在栗园（河北省固安县境）发动攻击，大破变民军，斩曹纥真及将士三千余人。杜洛周率领部众，南下进攻范阳（河北省涿州市），常景与于荣等再把他击败。

国务院执行长（仆射）元纂，以中央特遣政府总监（行台）身份，坐镇恒州（州政府设故都平城〔山西省大同市〕）。变民首领鲜于阿胡，率朔州（州政府设怀朔镇〔内蒙古固阳县〕）变民军，向恒州（平城）发动攻击。

七月十一日，平城陷落（故都失守，政府力量已竭），元纂逃奔冀州（州政府设信都〔河北省衡水市冀州区〕）。

9 南梁帝萧衍，得到淮河大坝积水已满，寿阳（安徽省寿县）城池几将淹没报告（命夏侯亶退军等待坝成事，参考去年〔五二五〕六月），下令郢州（州政府设夏口〔湖北省武汉市〕）州长（刺史）元树等，从北方进攻黎浆（安徽省寿县东南）；豫州（州政府设合肥〔安徽省合肥市〕）州长（刺史）夏侯亶等，从南方进攻寿阳（安徽省寿县）。

10 八月二十七日，北魏帝国变民军将领元洪业，斩变民首领鲜于修礼，向帝国政府投降。另一变民军将领葛荣，再斩元洪业，继承鲜于修礼地位。

安北将军、恒朔军区剿匪司令长官（都督恒朔讨虏诸军事）尔朱荣，路过肆州（州政府设九原〔山西省忻州市〕），肆州州长（刺史）尉庆宾畏惧猜忌，闭城不敢出迎。尔朱荣大怒，挥兵攻击肆州（九原），生擒尉庆宾，返回秀容（北秀容，山西省朔州市西北），直接任命叔父尔朱羽生当肆州州长（刺史），中央政府不能制裁。

最初，贺拔允以及老弟贺拔胜、贺拔岳，都追随元纂，驻防恒州（平城）；平城（山西省大同市）陷落时，兄弟失散，贺拔岳投奔尔朱荣，贺拔胜投奔肆州（州政府九原）。尔朱荣攻克肆州，得到贺拔胜，大喜说："有了你们兄弟，平定天下，足足有余。"任命为别动部队司令（别将），军中大事，多半跟他们磋商。

11 九月十三日，南梁帝国鄱阳王（忠烈王）萧恢（南梁帝萧衍老弟）逝世（年五十一岁）。

12 北魏帝国变民首领葛荣，既接收鲜于修礼的部众，向北挺进，直指瀛州（州政府设赵都军城〔河北省河间市〕）；北魏广阳王（忠武王）元深，从交津（河北省武安市西南）率军尾追。

九月十五日，葛荣抵达白牛逻（河北省蠡县境），用轻装备骑兵袭击章武王（庄武王）元融大营，斩元融。葛荣遂登皇帝位，国号齐，改年号广安。元深听到元融兵败丧命消息，逗留不敢前进。总监督长（侍中）元晏秘密向胡太后打小报告，煽动说："广阳王（元深）徘徊不进，坐在那里盼望发生非常之变。有一个名叫于谨的人，智慧及谋略，都超过常人，当元深的智囊；时局如此动荡，元深恐怕不可能再是陛下的忠诚干部。"胡太后认为正确，于是在国务院（尚书）大门外，公布赏格：凡是能生擒于谨的，给予重赏。于谨听到消息，对元深说："而今，女主（胡太后）处理国事，信任邪恶奸诈的马屁精，假如不能使她明白你的本心，恐怕大祸随时都会来临。我愿单身前往京师（首都洛阳），向有关单位自首。"元深同意，于谨遂南下入京（首都洛阳），站在国务院（尚书）门前赏格榜文之下，声称他就是于谨；有关单位报告胡太后，胡太后召见于谨，怒不可遏。于谨详细陈述及证明元深的忠心，并且说明所以不能前进的原因。胡太后完全了解，下令释放于谨。

元深撤退到定州（州政府设中山〔河北省定州市〕），定州州长（刺史）杨津，也疑心元深即将叛变。元深也知道杨津的怀疑态度，遂进住城南的寺庙。过了两天，元深召集司令官（都督）毛谥等数人，手臂相交，订立盟誓，期许危难来临之时，互相救援。但这个密约，反而激起毛谥的警觉，遂秘密告诉杨津说："元深阴谋叛变！"杨津命毛谥攻击元深，元深逃走，毛谥跟他的部属，呐喊追逐，元深和他的左右侍从官员，落荒逃走，从小道逃到博陵郡（河北省安平县）边界，却跟葛荣派出的游骑兵部队遭遇，遂被俘虏，送给葛荣。变民军见到元深，有些人十分欣喜，葛荣刚刚称帝，对这种现象，大为厌恶（唯恐怕他的部属改变主意，拥护元深），遂斩元深。城阳王元徽乘势诬称元深投降葛荣，遂逮捕元深的妻子儿女。广阳王府助理官宋游道，替元深上诉申冤，才把元深的妻子儿女释放。宋游道，是宋繇的玄孙（宋繇，西凉王国一任王李暠心腹，参考四〇〇年四月）。

九月甲申日（九月丁酉朔，没有甲申），北魏帝国中央特遣政府总监（行台）常景，击破变民首领杜洛周，斩杜洛周部属、武川王贺拔文兴等，俘虏四百人。

变民首领燕王就德兴，攻陷平州（州政府设肥如〔河北省卢龙县北〕），斩州长（刺史）王买奴。

天水郡（甘肃省天水市）变民首领吕伯度，本是秦帝莫折念生的党羽，后来据守显亲（甘肃省秦安县西北），反抗莫折念生，但无法取胜，遂投奔另一变民首领高平王胡琛（时在高平〔宁夏固原市〕）；胡琛任命他当总司令官（大都督），封秦王，供应他士兵战马，命他攻击莫折念生。吕伯度不断击败莫折念生军，最后克复显亲，于是又背叛胡琛，跟东方的北魏政府军结合。莫折念生窘困急迫，只好向北魏中央特遣政府总监（行台）萧宝夤（时驻长安〔陕西省西安市〕）投降，萧宝夤派政务秘书长（行台左丞）崔士和，进驻秦州（州政府设上封〔甘肃省天水市〕，莫折念生根据地）。中央命吕伯度当泾州（州政府设安定〔甘肃省泾川县〕）州长（刺史），封平秦郡公。可是，总司令官（大都督）元修义，驻军陇口（陇山要隘），迟迟不肯前进，于是莫折念生再叛，发动突袭，生擒崔士和，送给胡琛，但在中途就把崔士和诛杀。后来，吕伯度被胡琛的大将万俟丑奴击斩（万俟，音mò qí〔墨其〕，复姓），变民集团的势力更大，萧宝夤不能控制。胡琛跟莫折念生勾结后，对最早起兵的变民首领破六韩拔陵，态度逐渐怠慢（胡琛响应破六韩拔陵事，参考前年〔五二四〕四月）。破六韩拔陵，派他的部属费律，前往高平（宁夏固原市），引诱胡琛跳进圈套，诛杀；胡琛部众全部落到万俟丑奴之手。

13 北魏帝国变民首领杜洛周，包围范阳（河北省涿州市）。

冬季，闰十月三日（原文据北魏历，放在十一月，如今据南梁历改），范阳居民暴动，生擒幽州（州政府设蓟城〔北京市〕）州长（刺史）王延年及中央特遣政府总监（行台）常景，献俘给杜洛周，大开城门，欢迎杜洛周入城（常景讨伐杜洛周，战无不胜，但终于失败被俘，是人民对政府官员，怨恨至深，已到无法化解地步）。

齐州（州政府设历城〔山东省济南市〕）平原郡（东平原，山东省邹平市北）居民刘树等，聚众起兵，攻陷郡县，不断击败州政府军。州长（刺史）元欣，任命平原郡（东平原，山东省邹平市北）人房士达当将领，讨伐平定。

14 十一月十五日，南梁帝国大赦。

南梁帝萧衍的小老婆群丁贵嫔（小老婆群第二级）逝世，太子萧统（丁贵嫔所生）十分哀痛，滴水不入口，萧衍派人对他说："悲哀不可过度，以免伤害身体，何况，我这个老爹还在！"萧统才勉强吃数碗稀粥。萧统身体一向肥壮，腰围五尺，现在剩下不到一半。

豫州（州政府设合肥〔安徽省合肥市〕）州长（刺史）夏侯亶等率军进入北魏国境，连战连胜。

十一月十六日，北魏帝国扬州（州政府设寿阳〔安徽省寿县〕）州长（刺史）李宪，献出城池，投降。南梁宣猛将军陈庆之进入寿阳接收，共计投降城池五十二座，归附人民七万五千口。

十一月二十二日，把李宪遣返北魏帝国（首都洛阳）；再把豫州州政府迁入寿阳（安徽省寿县），而将合肥（安徽省合肥市）改称南豫州（南朝豫州州政府一直在寿阳，五〇〇年二月，南齐裴叔业以寿阳投降北魏后，州政府南迁至历阳〔安徽省和县〕，五〇六年五月夺回合肥〔安徽省合肥市〕，州政府再北移合肥。如今收复寿阳，豫州州政府重回旧地），任命夏侯亶当豫州（寿阳）及南豫州（合肥）二州州长（刺史）。寿阳长期受战争破坏，居民多数四散流离，夏侯亶不轻率的动用刑罚，又减少田赋捐税，推广农耕，尽量不强征人民当差服役，不久，户口恢复旧观。

15 南梁帝国将领曹义宗攻克穰城（北魏荆州州政府所在城，河南省邓州市），进逼新野（河南省新野县），北魏派司令官（都督）魏承祖及国务院左秘书长（尚书左丞）、中央驻南方特遣政府总监（南道行台）辛纂，率军增援。曹义宗失利，不敢前进。辛纂，是辛雄的堂兄（辛雄，参考五一九年八月）。

16 北魏帝国民变造成的灾难，日益扩大，政府军马不停蹄的讨伐扫荡，国库消耗一空，于是向人民预征六年的田赋捐税（预征到五三二年），而仍不够开支，只好取消文武官员的酒肉供应，凡到市场的人，都抽税一钱，店铺旅舍，都要缴税，人民叹息怨恨。国务院文官部考选司长（吏部郎中）辛雄，上疏建议："汉人和蛮夷，联合叛乱，难道对政府有什么深仇大恨？只因为郡长、县长贪污暴虐，人民忍无可忍，乘机爆发。应该乘时间还来得及，及时对他们慰问安抚。问题是，郡长、县长的地位，十分卑微，大家心存轻视，贵族子弟和干练人才，都不肯担任。现在应该马上改正弊端，把郡县分为三等（参考四六九年二月），任官的办法，最好是兼顾才能和门第，如果实在无法兼顾，也应先考虑才能，后考虑门第。不可再用排队制度，拘限年资（崔亮创排队制度事，参考五一九年二月）。三年考核，对称职的人，调升中央重要官位。没有县长、郡长经历的，不准到中央任职。这样，人人都会自我勉励，冤枉可以伸雪，强暴自然和缓。"中央拒不接受。

五二七年 丁未

南梁　普通　八年
　　　大通　元年
北魏　孝昌　三年
（破六韩拔陵真王五年）
（秦帝莫折念生天建四年）
（燕王就德兴四年）
（杜洛周真王三年）
（皇帝刘蠡升神嘉三年）
（齐帝葛荣广安二年）
（刘获天授元年）
（齐帝萧宝夤隆绪元年）

1 春季，正月一日，南梁帝国（首都建康〔江苏省南京市〕）任命国务院左执行长（尚书左仆射）徐勉，当国务院执行长（仆射）。

正月七日，南梁帝（一任武帝）萧衍（本年六十四岁）到南郊祭祀天神。

2 正月十日，北魏帝国（首都洛阳〔河南省洛阳市东白马寺东〕）任命最高监察长（司空）皇甫度当宰相（司徒）；仪同三司（宰相级）萧宝夤当最高监察长（司空）。

分割定州（州政府设中山〔河北省定州市〕）、相州（州政府设邺城〔河北省临漳县西南邺城镇〕）二州的四个郡，成立殷州（州政府设广阿〔河北省隆尧县〕），任命中央驻北方特遣政府总监（北道行台）、博陵郡（河北省安平县）人崔楷当州长（刺史）。崔楷上疏说："新创立一个州，却连一尺布、一把刀、一斗粮食都没有！事已如此，请中央供应粮秣武器。"胡太后下诏，命有关单位计算应发的数量奏报，然而最后仍没有任何供应。有人劝崔楷把眷属留在京师（首都洛阳），而单身上任，崔楷说："我曾经听说，吃人家俸禄的，分担人家的忧虑，如果我单身上任，将士们谁能安心！"遂全家前往任所。变民首领齐帝葛荣，逼近州城（广阿），有人劝崔楷遣送弱小，避免无谓损失，崔楷命他最小的儿子及一个女儿，乘夜逃出，可是，不久他就又后悔，说："人们将会指摘我信心不够坚定，为了亲情之爱，不能全心尽忠国家。"又派人把儿女追回。变民军大量涌到，政府军太弱，实力相差太远，而又没有守城的工具，崔楷安慰鼓励将士抵抗，大家奋勇争先，说："崔公不顾念一家百口，我们怎么敢爱惜自己一身！"攻防战一直不停，尸体累累堆积，而将士始终没有背叛之意。

正月十七日（原文"辛未"，据《魏书》改），殷州州城（广阿）陷落，崔楷手拿皇家符节，不肯屈服，葛荣遂斩崔楷，进围冀州（州政府设信都〔河北省衡水市冀州区〕）。

最高监察长（司空）萧宝夤，出兵多年，东征西讨，将领士卒全都疲惫不堪。变民首领秦帝莫折念生发动攻击，在泾州（州政府设安定〔甘肃省泾川县〕）会战，萧宝夤大败，集结残兵败将，只剩下一万余人，退驻逍遥园（陕西省西安市西北）。东秦州（州政府设汧城〔陕西省陇县〕）州长（刺史）潘义渊，献出州城，投降变民军。莫折念生遂进逼岐州（州政府设雍城〔陕西省宝鸡市凤翔区〕），城中居民暴动，生擒州长（刺史）魏兰根响应。豳州（州政府设定安〔甘肃省宁县〕）州长（刺史）毕祖晖战死，中央特遣政府总监（行台）辛深，放弃州城逃走，北海王元颢兵团，也被击败。变民军将领胡引祖，占领北华州（原东秦州，州政府设中部〔陕西省黄陵县〕），变民首领叱干麒麟（叱干，复姓），占领辛深刚放弃的豳州州城（定安，甘肃省宁县），响应莫折念生，关中（陕西省中部）人心震动。雍州（州政府设长安〔陕西省西安市〕）州长（刺史）杨椿，招兵买马，集结七千余人，用来保卫州城。胡太后下诏，加授杨椿总监督长（侍中）兼国务院右执行长（兼尚书右仆射），兼中央特遣政府总监（行台），指挥关西（函谷关以西）所有武装部队。北地郡（陕西省富平县）郡政府人事官（功曹）毛鸿宾，引导变民军抢掠渭水以北，雍州机要军事参议官（录事参军）杨侃，率军三千人袭击，毛鸿宾大为恐惧，请求讨伐变民军赎罪，遂生擒宿勤乌过仁（宿勤，复姓）。宿勤乌过仁，是变民军大将宿勤明达的侄儿。莫折念生乘胜东下，直攻雍州（州政府长安）。萧宝夤的部将羊侃，埋伏壕沟中，用暗箭狙击，弦声响处，莫折念生中箭毙命，所建立的秦政府，霎时瓦解。羊侃，是羊祉的儿子（羊祉，参考五〇五年十一月）。 692

国务院财政部田籍司司长（右民郎）、阳平（侨郡，安徽省固镇县）人路思令，上疏中央，认为："军队出征，所以能建立功劳，关键在于将领。将领的人选恰当，则天下虽然混乱，摩拳擦掌之间，仍可以使它澄清；如果人选不恰当，则京畿之地，都会变成战场。我私自观察，近年以来，各军将领，多数是受宠爱的皇族或高贵门第出身的子弟，平时行为放荡，口不离酒，骑到马上，精神恍惚，心情浮躁，可是，却耀武扬威，扬眉挥拳，自以为叱咤风云，指挥若定。一旦面对强大的敌人，忧愁恐怖，交集心头，智谋计略，英雄豪气，霎时间化为乌有。只好命老弱残兵在前方抵挡贼寇（变民军），而把精锐强壮的士卒，留作后卫，保护自己的安全。再加上武器军械，不够精良，前进后退，毫无纪律；用这种军队，去讨伐据守险要的变民，征剿战场经验丰富的敌人，要他不失败，怎么可能？士卒明知道一定失败，所以刚刚集合，就拔腿逃走；将领畏惧敌军，尽量拖延，不敢前进。政府却认为他们嫌官阶不够高，就不断加以擢升；又认为他们嫌赏赐不够多，就每天都抛出大量金银绸缎。国库空竭，民间财富也搜刮枯干，促使民变更为扩大，民生更为贫苦，缘故在此。德，可以感动重视义气的人；恩，可以激励英勇之士。而今，如果能罢黜奸邪，擢用贤能，赏有功，罚有罪，挑选强劲善战的士卒，修理磨利武器军械，先派有口才的人前往变民集团，分析利害，如果他们仍不愿悔过，再顺应天心，讨伐叛逆不迟。如此，势将跟用巨斧去砍菌苔、用洪炉去烧毛发，没有分别！”中央不接受。

正月二十四日，任命宰相（司徒）皇甫度，当全国武装部队总司令（太尉）。

正月二十五日，北魏帝（九任孝明帝）元诩（本年十八岁），因四方叛乱仍不能平息，下诏全国戒严；再度准备御驾亲征，但仍不能成行。

3 南梁帝国谯州（州政府设顿丘〔侨县，安徽省滁州市〕）州长（刺史）湛僧智，包围北魏帝国东豫州（州政府设新息〔河南省息县〕）；将军彭群、王辩，包围琅邪（山东省临沂市）。北魏政府指派青州（州政府设东阳〔山东省青州市〕）、南青州（州政府设团城〔山东省沂水县〕），救援琅邪。南梁司州（州政府设南义阳〔湖北省孝昌县〕）州长（刺史）夏侯夔，率壮武将军裴之礼等，从义阳（南义阳）出发，攻击北魏平静关（义阳三关之三，湖北省广水市北平靖关）、穆陵关（河南省新县南木陵关）、阴山关（湖北省麻城市北），连克

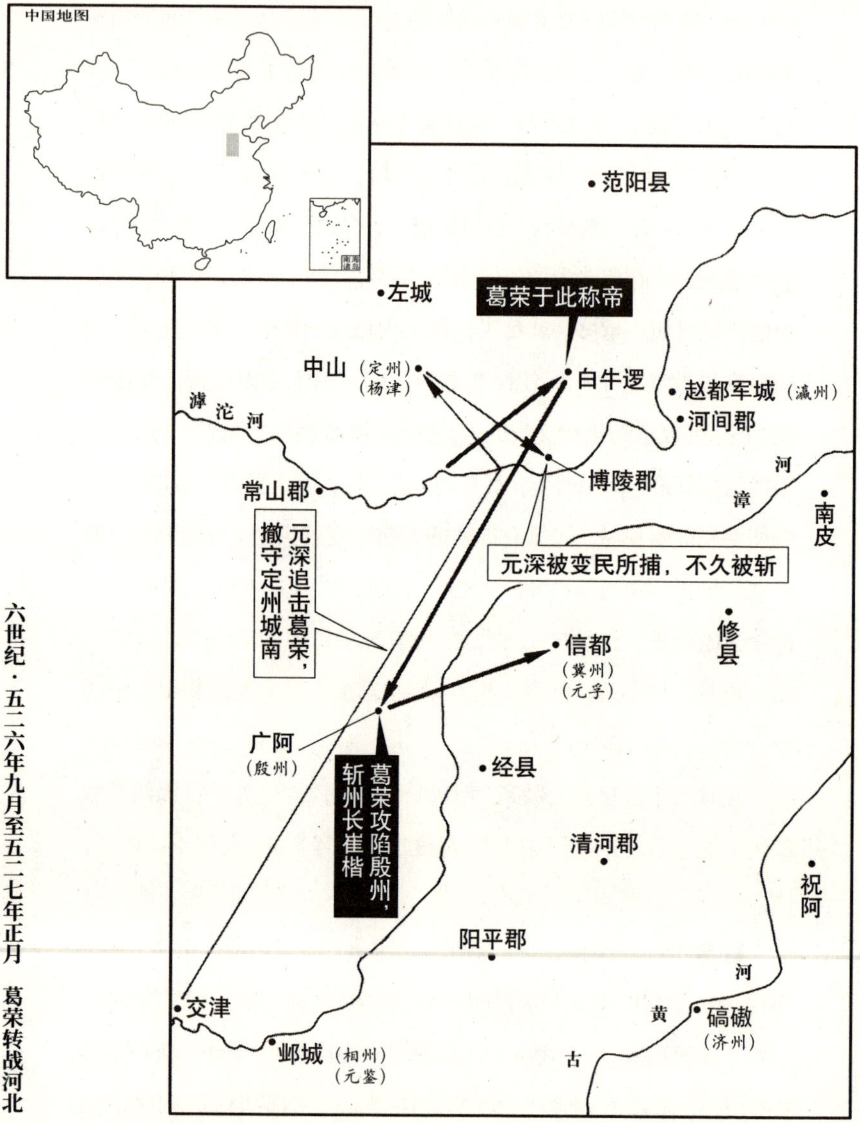

六世纪·五二六年九月至五二七年正月　葛荣转战河北

中国地图

南海诸岛

范阳县

左城

葛荣于此称帝

中山（定州）（杨津）

白牛逻

赵都军城（瀛州）

河间郡

滹沱河

博陵郡

常山郡

漳河

南皮

元深追击葛荣，撤守定州城南

元深被变民所捕，不久被斩

修县

信都（冀州）（元孚）

广阿（殷州）

葛荣攻陷殷州，斩州长崔楷

经县

清河郡

祝阿

阳平郡

交津

古黄河

碻磝（济州）

邺城（相州）（元鉴）

三关。夏侯夔，是夏侯亶的老弟（夏侯亶，参考去年〔五二六〕十一月）。裴之礼，是裴邃的儿子（裴邃，参考前年〔五二五〕五月）。

4 北魏帝国东清河郡（山东省淄博市南）山区民变大起。中央政府任命齐州（州政府设历城〔山东省济南市〕）秘书长（长史）房景伯，当东清河郡郡长。郡民刘简虎曾经侮辱欺凌过房景伯，一听房景伯当本郡郡长，恐怕报复，全家逃亡。房景伯派人穷追紧捕，终于擒获，任命刘简虎的儿子当人事秘书（西曹掾），派他前去山地，拜访变民集团，沟通劝导。山地变民了解房景伯不计较过去的态度之后，陆续出山投降。

房景伯的娘亲崔女士，通晓儒家学派经典，聪明而有见识。贝丘（东清河郡郡政府所在县）一位妇女，控告她的儿子忤逆，房景伯告诉娘亲，崔女士说："我听说，听得再多，不如亲自一看，山地居民不知道礼义，用不着对他们太责备。"遂把那位母亲请到家中，崔女士跟她面对面一块进餐，命那位母亲的儿子站在堂下，亲眼观看房景伯怎么给娘亲端茶盛饭；不到十天，做儿子的后悔过去错误，要求回家。崔女士说："这只是他脸上挂不住，心里并没有真正觉悟，暂时不要理他。"这样二十余天，做儿子的叩头流血，做母亲的也向崔女士哭泣，请准予返回乡里。这时候房景伯才允许，那儿子最后因为孝顺老母，而闻名于世。房景伯，是房法寿的族侄（房法寿事，参考四六七年八月）。

二月，秦州（州政府设上封〔甘肃省天水市〕）变民军，占领潼关（陕西省潼关县）。

二月二十七日，东郡（滑台，河南省滑县）郡民赵显德聚众起兵，格杀郡长裴烟，自称司令官（都督）。

5 南梁帝国徐州（州政府钟离）州长（刺史）成景儁，进攻北魏帝国彭城（江苏省徐州市）；北魏政府任命前荆州（州政府设穰城〔河南省邓州市〕）州长（刺史）崔孝芬，当中央驻徐州（州政府彭城）特遣政府总监（徐州行台），率军抵御。当初，崔孝芬被控是元义的党羽，跟卢同等都被免官除爵，把姓名从官府名簿中剔出（参考前年〔五二五〕四月）。现在，在前往徐州（州政府彭城）上任前夕，进宫向胡太后辞行，胡太后问崔孝芬说："我跟你是儿女亲家（崔孝芬的女儿是皇帝元诩的世妇〔小老婆群第五级〕），可是，你却把头伸到元义车子里，说，'应该把那老太婆赶走！'"崔孝芬说："我世代受帝国厚恩，实在没有说过这种话。如果我说过这种话，谁能听见？如果有人听见，他跟元义亲密的关系，一定远超过我！"胡太后心里的怨恨化解，怅然若失，面有愧色。成景儁打算在泗水筑堤，倒灌彭城（泗水流经彭城东），崔孝芬跟司令官（都督）李叔仁等进攻，成景儁逃回。

6 三月一日，北魏帝元诩下诏，声言即将亲自讨伐西部叛逆，中外戒严。正巧，秦州（州政府设上封〔甘肃省天水市〕）变民军向西撤退，政府军收复潼关（陕西省潼关县）。

三月五日，元诩又下诏改变行程，御驾转向北征。其实，他仍端坐深宫，并没有走动一步。

变民首领、自称齐帝的葛荣，围攻信都（河北省衡水市冀州区）已久，北魏政府命特级资政官（金紫光禄大夫）源子邕，当北部剿匪总司令官（北伐大都督），率军增援。

7 最初，南梁帝萧衍兴建同泰寺，又开凿大通门（台城〔宫城〕北面西门），跟同泰寺遥遥相对，取它们的"反语"相同（胡三省原注："'同泰'反为'大','大通'反为'同',是反语相协也。"反语在南北朝以及隋王朝时代,极为流行,是一种语言上的智力游戏。但因古今发音有异,用二十世纪流行的北京话,去反语古音,答案一定错误,因之也无法了解)。萧衍无论是早晨或晚上,前往同泰寺进香,都出入大通门。

三月八日,萧衍在同泰寺舍身(佛教徒为了报恩,不惜烧臂或纵火自烤,或割肉奉献,谓之"舍身"。源出《金光明最胜王经》:古印度国王摩诃罗陀的幼子摩诃萨埵,在山崖下见到七只初生的小虎,围着一只瘦弱的母虎,母虎饥饿待毙,摩诃萨埵遂生大慈大悲之心,舍身喂母虎)。

三月十一日,回宫(萧衍第一次舍身),大赦天下,改年号(之前是普通八年,之后是大通元年)。

8 北魏帝国齐州(州政府设历城〔山东省济南市〕)广川郡(东广川郡,山东省邹平市东)人刘钧,聚众起兵,自称中央特遣全权政府总监(大行台);清河郡(东清河郡,山东省淄博市南)人房项,也聚众起兵,自称总司令官(大都督),驻军昌国城(山东省淄博市)。

夏季,四月,政府军将领元斌之,讨伐东郡(滑台,河南省滑县)变民军,斩变民首领赵显德。

9 四月十七日,柔然汗国(瀚海沙漠群)可汗(十四任敕连头兵豆伐可汗)郁久闾阿那瓌,派使节到北魏帝国(首都洛阳)进贡,并且声称愿出兵讨伐变民军。北魏政府畏惧他的反复无常,于是下诏(不知道是谁下诏)说:天气正在炎热,请等候进一步的指令。

10 北魏帝国萧宝夤在泾州(州政府设安定〔甘肃省泾川县〕)溃败时(参考本年〔五二七〕正月),中央主管单位奏请判处萧宝夤死刑,中央下诏赦免，贬作平民。雍州（州政府设长安〔陕西省西安市〕）州长（刺史）杨椿患病，请求辞职；中央再起用萧宝夤，当雍泾四州军区司令长官（都督雍泾等四州诸军事。四州：雍岐泾南豳）、征西将军、雍州（州政府长安）州长（刺史）、开府仪同三司（宰相级）、西部剿匪总司令官（西讨大都督），潼关以西所有军队，都归萧宝夤指挥。杨椿返回故乡（华阴，陕西省华阴市），而他的儿子杨昱，将往首都洛阳（河南省洛阳市东白马寺东），杨椿对他说："当今之世，雍州（州政府长安）州长（刺史）的人选，没有人比萧宝夤更为恰当。可是，他的高级助理，应由中央派亲信的重要干部担任，怎么可以允许随萧宝夤的意思任命？这是中央一百种周密考虑中，唯一的失误。以萧宝夤现在的尊贵地位，并不在乎一个州州长（刺史）的荣耀。可是，根据我的观察，他对得到州长（刺史）一职，却喜形于色。他的奖赏、惩罚以及所作所为，完全不依照法令、惯例，恐怕心中另有打算。而今你前往京师（首都洛阳），应该把我的这种顾虑，禀告二圣（二圣：胡太后、元诩），同时并告诉当权人士，另行给萧宝夤加派秘书长（长史）、军政官（司马）、城防司令官（城防都督），如果准备安定关中（陕西省中部），完全靠此三人；如果不肯派遣，一定会发生灾难。"杨昱当面报告元诩及胡太后，二人都不接受。 698

11 五月四日，南梁帝国徐州（州政府钟离）州长（刺史）成景儁，进攻北魏帝国临潼（安徽省泗县）、竹邑（安徽省宿州市北符离镇），攻克。太子宫值阁禁卫官（东宫直阁）兰钦，进攻北魏帝国萧城（安徽省萧县）、厥固（萧县南），也攻克，斩北魏守将曹龙牙。

12 六月，北魏帝国司令官（都督）李叔仁，讨伐广川（东广川，山东省邹平市东）变民首领刘钧，全部削平。

秋季，七月，陈郡（河南省沈丘县）人刘获、郑辩，在西华（河南省西华县）聚众起兵，武装反抗政府，改年号天授，跟围攻东豫州（州政府设新息〔河南省息县〕）的南梁帝国谯州（州政府设顿丘〔安徽省滁州市〕）州长（刺史）湛僧智结合。北魏政府命代理东豫州（新息）州长（刺史）、谯国（河南省商丘市）人曹世表，当中央驻东南特遣政府总监（东南道行台），率军讨伐；而命源子恭接替曹世表当东豫州（新息）州长。所属将领，都认为变民军强大，政府军微弱，而且都是重新集结的残兵败将，不敢挑战，只打算固守城池，保护自己不死。曹世表正患一种背肿的重病，教人把他抬出来，召见指挥官（统军）是云宝（是云，复姓），吩咐说："湛僧智所以敢深入国境，是因为刘获、郑辩，都是州民中有声望人士，作他的内应。刚才听说刘获率军去城外八十华里，迎接湛僧智；如果能出其不意，只要一次突袭，就可把刘获击破，刘获一破，湛僧智自然撤退。"挑选兵马，交给是云宝。是云宝傍晚出城，第二天拂晓抵达前线，攻击刘获，大破刘获军，穷追猛打，把残余的党羽，全部削平。湛僧智听到消息，逃回。郑辩跟新任东豫州（州政府新县）州长（刺史）源子恭是亲戚和老友，所以躲到源子恭家，曹世表集合将士，当面责备源子恭，逮捕郑辩，斩首。

相州（州政府设邺城〔河北省临漳县西南邺城镇〕）州长（刺史）、安乐王元鉴，会同北路军总司令官（北道大都督）裴衍，增援被变民首领齐帝葛荣包围的信都（河北省衡水市冀州区）。元鉴对帝国陷于混乱，十分高兴，暗中作其他打算。于是，就在邺城叛变，投降葛荣。

七月二十八日，北魏中央政府大赦。

最初，执法监察官（侍御史）、辽东郡（侨郡，辽宁省朝阳市境）人高道穆，奉中央命令，前往相州（州政府邺城）查案，前任州长（刺史）李世哲，奢侈骄傲，放纵不法，高道穆提出弹劾。李世哲的老弟李神轨，正在中央当权，高道穆的老哥高谦之的家奴，控告高谦之逼迫良家子女充当奴婢，李神轨逮捕高谦之，囚禁最高法院（廷尉），正遇上大赦，高谦之应在释放之列，李神轨先行报告胡太后，命高谦之自杀，政府官员都很哀悼。

13 南梁帝国将领彭群、王辩，自春季正月围攻琅邪（山东省临沂市），直到秋季。北魏青州（州政府设东阳〔山东省青州市〕）州长（刺史）、彭城王元劭，派军政官（司马）鹿悆；南青州（州政府设团城〔山东省沂水县〕）州长（刺史）胡平，派秘书长（长史）刘仁之，率军迎战彭群、王辩，大破南梁兵团，彭群战死。元劭，是元勰的儿子（元勰，参考五〇八年九月）。

14 八月，北魏帝国政府派司令官（都督）源子邕、李神轨、裴衍，进攻叛王元鉴据守的邺城（河北省临漳县西南邺城镇）。源子邕挺进到汤阴（河南省汤阴县），元鉴命他的老弟元斌之，在夜间发动袭击源子邕大营，不能成功；源子邕遂乘胜包围邺城。

八月十七日，攻克邺城，斩元鉴，把人头送到首都洛阳，改姓拓跋。中央遂派源子邕、裴衍，北上讨伐变民首领齐帝葛荣。

九月，秦州（州政府设上封〔甘肃省天水市〕）居民杜粲，聚众起兵，屠杀已阵亡的秦帝莫折念生全家，男女老幼，不留一个活口；杜粲自任秦州总部执行官（行州事）。南秦州（州政府设骆谷城〔甘肃省西和县南〕）居民辛琛，也自任南秦州总部执行官（行州事）；都派人晋见萧宝夤（雍州〔州政府长安〕州长）投降。中央政府再擢升萧宝夤当国务院总理（尚书令），恢复原来封爵（齐王）。

15 南梁帝国谯州（州政府设顿丘〔侨县，安徽省滁州市〕）州长（刺史）湛僧智，把北魏东豫州州长（刺史）元庆和，包围在州城广陵（新息，河南省息县）之中。北魏将军元显伯，率军增援元庆和，而南梁司州（州政府设南义阳〔湖北省孝昌县〕）州长（刺史）夏侯夔，从武阳关（义阳〔河南省信阳市〕三关之一）也率军增援湛僧智。

冬季，十月，夏侯夔兵到广陵（新息，河南省息县）城下，元庆和献出州城投降。夏侯夔把功劳让给湛僧智，湛僧智说："元庆和希望向你投降，不希望向我投降。我如果出面，一定不合他的心意。而且，我的军队都是招募来的乌合之众，不能用法令拘束。你训练军队，从来严格，入城之后，一定不会有奸淫烧杀暴行。接受投降，安抚归附，最为合适。"夏侯夔遂进城，拔掉北魏旗帜，换上南梁旗帜。元庆和带队出城，街市居民，安静如同平日，南梁共俘虏男女四万余人。

湛僧智可以说是君子人物，忘掉整年累月攻城的功劳，而把战果交给刚刚抵达的将领。他知道自己的缺点，不掩饰别人的长处，勋业完成，而不居功，只求有利于国家，忠心耿耿，没有一点私念，可以说是君子人物。

北魏增援元庆和的援军元显伯，听到广陵（新息，河南省息县）陷落的消息，于夜间拔营逃走，南梁各军追击，斩杀及俘虏以万为单位计算。南梁帝萧衍任命湛僧智兼东豫州州长（刺史），镇守广陵（新息，河南省息县）。夏侯夔率军进驻安阳（河南省正阳县），另派将领攻陷楚城（楚王城，河南省信阳市北），屠城（人间惨事）。于是，义阳（河南省信阳市）成为一座孤城，跟北魏的道路，完全断绝。

16 南梁帝国中央禁军总监（领军）曹仲宗、太子宫值阁禁卫官（东宫直阁）陈庆之，联军进攻北魏帝国涡阳（安徽省蒙城县）；南梁帝萧衍下诏，命寻阳郡（江西省九江市）郡长韦放率军会师。北魏总顾问长（散骑常侍）费穆，率军突然出现，韦放的营垒阵地还没有筑成，手下只有二百余人。韦放脱掉头盔，跳下马背，坐在交椅上（交椅，正式名字是“胡床”，胡人下马休息时坐的小凳；绳或布做凳面，四条腿不是直立的，而是交叉的，不用时可以折叠，携带方便），指挥部署，士卒殊死奋战，没有人不以一当百，终于把北魏军击退。韦放，是韦叡的儿子（韦叡，参考五二〇年八月）。

北魏再派将军元昭等，率军五万人，增援涡阳（安徽省蒙城县），前锋抵达驼涧（蒙城县西北），距涡阳四十华里。南梁太子宫值阁禁卫官（东宫直阁）陈庆之，打算迎战，韦放认为，北魏军前锋一定是轻装备精锐部队，最好是不要攻击，而等待他们来到，陈庆之说：“魏军（北魏军）远征南下，士卒疲惫，跟我们之间，距离又很遥远，一定不会想到我们会发动突击，现在乘他们人马还没有全部到齐，挫挫他们的锐气。各位放心，我单独进攻。”于是率帐下二百人骑兵部队出击，攻破元昭的前锋，北魏兵团大为惊骇。陈庆之返防后，会同各军大营，联合前进，背靠涡阳城（安徽省蒙城县），跟北魏兵团对峙。从春季到冬季，交锋数十百次，将士劳苦不堪。这时，传来北魏将在南梁阵地之后，兴筑营垒消息，曹仲宗等恐怕腹背受敌，商量撤退。陈庆之手拿皇帝颁发的“符节”，站在大营门前，说：“各军在这里集合，已过了一年（去年〔五二六〕十一月，陈庆之首先进入寿阳〔安徽省寿县〕），国库大量消耗。而各位却全无斗志，只想后退，岂是立功报国的态度？只不过一群烧杀抢劫的暴徒而已。我曾经听说：把军队带到非死不可的地方，才可以死里逃生（《孙子兵法》：“置之死地而后生。”），我们一定要等到蛮虏（北魏帝国）的军队大肆集结，然后才跟他们会战。假定有人仍想撤退，我奉有皇上的秘密指令，如果有人违抗，我就遵照秘密指令行事。”曹仲宗等才算停止。

北魏帝国军连筑十三个城垒，打算控制南梁军。陈庆之在夜色掩护下，出动骑兵，战马都衔木片（禁止马嘶），向北魏突击，攻克四个城垒；北魏涡阳（安徽省蒙城县）城防司令（城主）王纬，请求投降。韦放在投降的将士中，挑选三十余人，释放他们回去，分别到各城垒报告信息；陈庆之再把所余俘虏，编成队伍，命他们回营，南梁大军则擂起战鼓，大声呐喊，紧随于后，声势如泰山压顶，剩余的九个城堡，先后崩溃，南梁军追击，几乎全部斩杀和俘虏，尸首塞满涡水（淮河支流，流经涡阳城北），水都难流，降城中男女有三万余人。

17 北魏帝国西部剿匪总司令官（西讨大都督）萧宝夤，于泾州（州政府设安定〔甘肃省泾川县〕）溃败时（参考本年〔五二七〕正月），有人劝他回首都洛阳，听候中央处分；有人则建议他：“不如留在关中（陕西省中部），再建功勋，报效国家。”中央特遣政府总务官（行台都令史）、河间郡（河北省河间市南）人冯景说：“手握重兵，不肯班师，可是一项大罪。”萧宝夤不理，只担心多年以来率军征战，浪费国家财物不可计数，而最后竟全军覆没，深感不安；而中央对他，也开始怀疑。

首都洛阳警备区司令（中尉）郦道元，以严厉刚猛，闻名于世；京畿总卫戍司令（司州牧）、汝南王元悦所宠爱的弄臣家奴丘念，依仗权势，无法无天。郦道元逮捕丘念，囚禁监狱，元悦向胡太后说情，胡太后打算下诏赦免，郦道元立即斩丘念，弹劾元悦。

此时，萧宝夤（雍州〔州政府长安〕州长）叛变的迹象，已经显露，元悦奏请命郦道元当关右地区（潼关以西）钦差大臣（大使）。萧宝夤得到情报，认为是来对付自己，大为恐惧；长安（陕西省西安市）轻狂浮躁的青少年，劝他不如武装叛变。萧宝夤询问河东郡（山西省永济市）人柳楷，柳楷说："大王是齐国（南齐帝国）明帝（五任帝萧鸾）的儿子，天下人向你归心，采取军事行动，符合人民盼望。而且，民间有谣言说：'鸾生十蛋九个死，一个不死关中治。'大王治理关中（陕西省中部），有什么问题！"郦道元走到阴盘驿（陕西省西安市临潼区东），萧宝夤派他的将领郭子恢，击斩郦道元；然后收殓他的尸体，上疏声称被"白贼"（留在关中的鲜卑变民。大分裂时代，鲜卑曾被称为"白虏"，参考三八四年九月）谋杀，又上疏为自己辩护，认为受杨椿父子陷害。

萧宝夤部属、中央特遣政府助理官（行台郎中）、武功郡（陕西省武功县西）人苏湛，在家养病，萧宝夤命苏湛的表弟、开府助理官（属）、天水郡（甘肃省天水市）人姜俭（开府仪同三司，简称开府。开府官属，比照宰相府〔司徒府〕、最高监察署〔司空府〕、全国武装部队总司令部〔太尉府〕。萧宝夤身上有数不完的官爵，每个官和每个爵，都有一个庞大的机构，容纳大批职员），游说苏湛："元略承受萧衍的指使，打算杀我（元略返国后，受胡太后的宠爱和重用，萧宝夤遂用作借口），郦道元西上，事情变化，难以预测，我不能坐在这里等死，必须为自己的生命打算，不能再做魏国（北魏帝国）的臣属。愿跟你同生同死，同荣同辱。"苏湛放声大哭，姜俭连忙劝解说："怎么这样？"苏湛说："我百口之家，要被屠灭，为何不悲！"再痛哭数十声，慢慢对姜俭说："替我报告齐王（萧宝夤）：你本是一只穷途末路的小鸟，投入怀抱，全靠政府帮助，才羽毛丰满，享受今天如此尊贵的荣耀。而今，国家正处困境，你不但不能竭尽忠心，报答恩德，反而乘人之危，相信道路上没有见识的流言，打算用衰老的残兵败将，据守关隘（潼关〔陕西省潼关县〕。进入六世纪，函谷关〔河南省新安县〕的重要性已成陈迹，潼关取而代之），窥探天位。魏国（北魏帝国）的政治虽

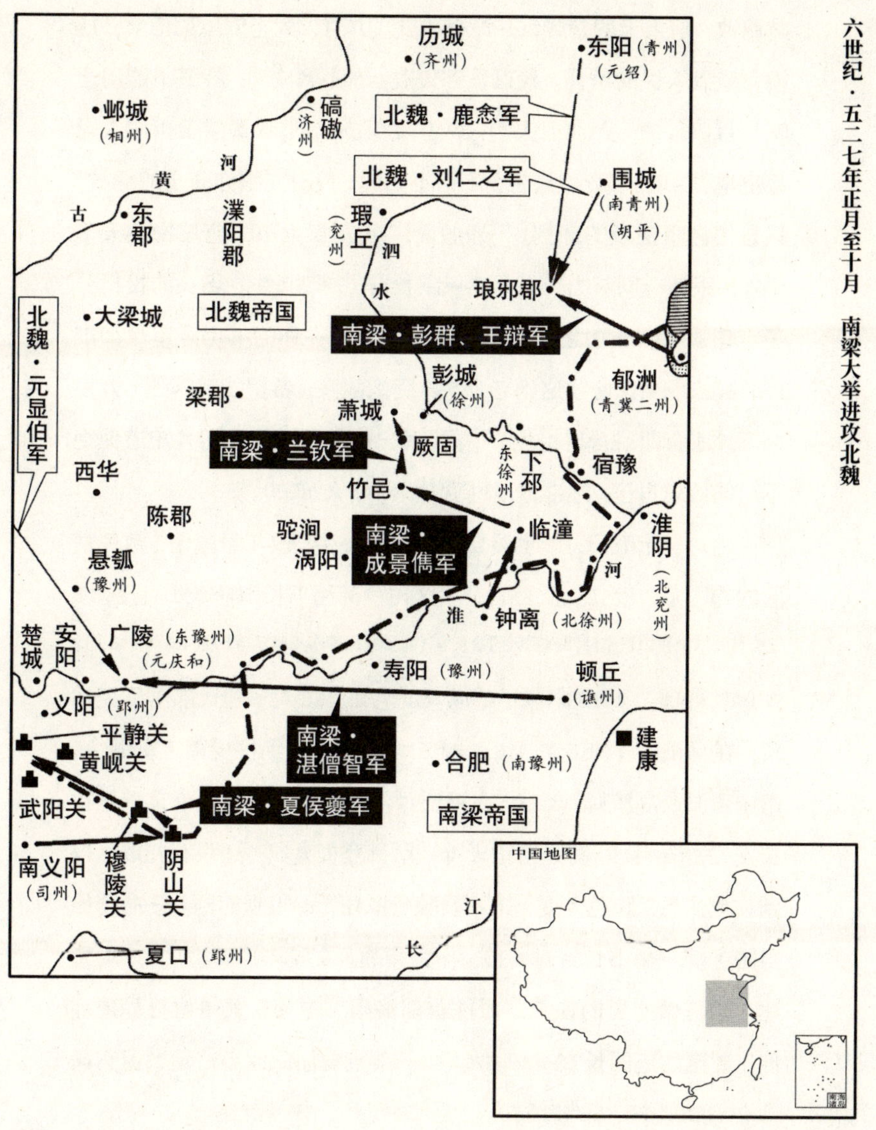

六世纪·五二七年正月至十月 南梁大举进攻北魏

然腐败，但上天的眷顾，并没有改变。并且，大王的恩德信义，还没有受到人民的赞扬。我只看到失败，看不到成功，苏湛不能用全家一百口人命，因你一人的缘故，受灭族酷刑。”萧宝夤再派人对苏湛说：“我为了死里逃生，不得不如此；没有先跟你商量的缘故，只是怕你阻挠我的计划。”苏湛说：“凡图谋大事，应该物色天下奇才，跟他一同努力，而今你只跟长安（陕西省西安市）街头的投机分子定计，岂有成功之理？我恐怕荆棘将生在你的书房卧室！请准许我辞去职务，使我这副老骨头，回到故乡，希望能够病死，九泉之下，才有面目晋见祖先。”萧宝夤一向尊重苏湛，而且知道他绝不可能效忠自己，遂准他返回武功（陕西省武功县西）。

十月二十五日，萧宝夤自称齐帝国皇帝，改年号隆绪，赦免辖区内的囚犯，设立文武百官。军区司令部秘书长（都督长史）毛遐（萧宝夤另外两个官职是雍泾四州军区司令长官〔都督雍泾等四州诸军事〕及西部剿匪总司令官〔西讨大都督〕，各有官属），是毛鸿宾的老哥，二人率领氐部落及羌部落，在马祗栅（今地不详，当在西安市近郊）起兵，拒绝接受萧宝夤命令。萧宝夤派最高统帅（大将军）卢祖迁讨伐，被毛遐击斩。萧宝夤正在长安（陕西省西安市）南郊祭祀天神，举行登极大典，还没有礼成，得到兵败消息，脸色大变，来不及整顿队伍，即狼狈而回。任命姜俭当国务院左秘书长（尚书左丞），作为智囊。文安（河北省文安县）人周惠达，担任萧宝夤的使节，派往首都洛阳，中央有关单位打算逮捕他，周惠达逃回长安（陕西省西安市），萧宝夤任命他当宫廷禁卫官司令（光禄勋。此依照南齐帝国官制）。

丹阳王萧赞（萧综）听到萧宝夤叛变消息，恐惧不安，出奔逃命，直向白马山（洛阳东北十五公里邙山北麓），走到黄河大桥，被人查获，押回首都洛阳。北魏帝元诩知道萧赞（萧综）并没有参与萧宝夤的阴谋，下令释放，加以安慰。中央特遣政府助理官（行台郎）封伟伯等，跟关中（陕西省中部）英雄豪杰，打算聚众起兵，诛杀萧宝夤，事情泄漏，全被萧宝夤处决。

北魏政府任命国务院执行长（尚书仆射）长孙稚，当中央特遣政府总监（行台），讨伐萧宝夤。

正平郡（山西省新绛县）人薛凤贤，聚众起兵。同族人薛修义（参考去年〔五二六〕六月），也在河东郡（山西省永济市）聚集部众，派军占领盐池（在今山西省运城市南），围攻蒲阪（河东郡郡政府所在县），东西相连，响应萧宝夤。中央政府派司令官（都督）宗正珍孙（宗正，复姓）讨伐。

18 十一月八日，南梁政府命中央军事总监（护军）萧渊藻，当北部剿匪司令官（北讨都督），镇守涡阳（安徽省蒙城县）。

十一月九日，南梁政府在涡阳（安徽省蒙城县）设置西徐州。

19 北魏帝国变民首领齐帝葛荣，围攻信都（河北省衡水市冀州区），自春季到冬季，冀州（州政府信都）州长（刺史）元孚，鼓励将士，日夜不停抵抗，城中存粮已经吃尽，而外面的援军不来。

十一月三十日，信都城被攻破，葛荣生擒元孚，把居民驱逐出城，天气严寒，冻死的十分之六七。元孚的老哥元祐，当城防司令（防城都督），葛荣召集军事会议，讨论他们的生死，元孚兄弟都把责任揽到自己身上，坚持自己应替对方一死。司令官（都督）潘绍等数百人更向葛荣叩头，愿接受死刑，换取元孚一命。葛荣说："这都是魏国（北魏帝国）的忠臣义士。"于是连同囚禁的五百人，一起赦免。

中央任命北部剿匪总司令官（北讨大都督）源子邕，继任冀州（州政府信都）州长（刺史），率军讨伐葛荣；北路军司令官（北道都督）裴衍，上疏请求同行，中央下诏批准。源子邕上疏，说："裴衍如果出军，我就请求留守；我如果出军，就请裴衍留守。如果用压力强迫我们同行，失败就在早晚之间。"中央驳回。

十二月二十日，二人进军到阳平（河北省馆陶县）东北方漳水河畔，葛荣率十万大军迎击，源子邕、裴衍，战败阵亡。

相州（州政府设邺城〔河北省临漳县西南邺城镇〕）官民听到冀州（州政府信都）陷落、源子邕等战败消息，人心恐慌。相州州长（刺史）、恒农郡（河南省三门峡市）人李神，神色态度，跟平常一样，安抚勉励将士，老弱大小，同心合力。葛荣出动所有精锐部队，发动攻击，始终无法攻克。

北魏帝国秦州（州政府设上封〔甘肃省天水市〕）人骆超，格杀变民首领、州总部执行官（行州事）杜粲，向政府投降（杜粲杀秦帝莫折念生，骆超又杀杜粲，这是中国民变必经的过程，互相砍杀的结果，最后胜利者是英明帝王或英明领袖，失败的全成了盗贼）。

五二八年 戊申

南梁 大通 二年
北魏 孝昌 四年
武泰 元年
建义 元年
永安 元年
（燕王就德兴五年）
（杜洛周真王四年）
（皇帝刘蠡升神嘉四年）
（齐帝葛荣广安三年）
（齐帝萧宝夤隆绪二年）
（汉王邢杲天统元年）
（皇帝万俟丑奴神兽元年）

1 春季，正月五日，北魏帝国（首都洛阳〔河南省洛阳市东白马寺东〕）政府任命北海王元颢，当骠骑大将军、开府仪同三司（宰相级）、相州（州政府设邺城〔河北省临漳县西南邺城镇〕）州长（刺史）。

中央驻北方特遣政府总监（北道行台）杨津，守卫的定州州城（中山，河北省定州市），位于变民首领鲜于修礼及另一变民首领杜洛周之间，受到不断的轮流攻击。杨津储备木柴粮秣，修理刀枪武器，随机应变抵抗，变民军不能攻克。杨津暗中派人到变民军中游说，承诺发给他们“免死铁券”，变民军中有人响应，写信给杨津说：“盗贼所以围城，正为了要杀鲜卑人（北人），城里的鲜卑人，最好是先行杀光。不然，定有后患。”杨津把所有的鲜卑人收容到内城之中，不加伤害，没有人不感激他的仁爱（以上追叙鲜于修礼未死前事）。

后来，葛荣接替鲜于修礼，统率大军（鲜于修礼被杀事，参考前年〔五二六〕八月），派人游说杨津，应许给他宰相（司徒）高位，杨津斩葛荣的使节，固守城池，三年之久；一直受杜洛周包围，中央不能援救。杨津派他的儿子杨遁，突围而出，去柔然汗国（瀚海沙漠群），请求可汗（十四任敕连头兵豆伐可汗）郁久闾阿那瓌出军。杨遁日夜哭泣恳求，郁久闾阿那瓌派他的堂祖父郁久闾吐豆发，率精锐骑兵一万人南下；前锋抵达广昌（河北省涞源县），变民军堵塞隘道山口，无法通过，柔然军撤退。

正月七日，杨津的秘书长（长史）李裔，引导变民军入城，生擒杨津，打算用水煮酷刑烹杀，但稍后又把他释放。瀛州（州政府设赵都军城〔河北省河间市〕）州长（刺史）元宁，献出州城（赵都军城），投降杜洛周。

正月七日，北魏帝（九任孝明帝）元诩（本年十九岁）的姬妾潘嫔（小老婆群第四级），生一个女儿，胡太后诈称生一个儿子。

正月八日，大赦，改年号武泰（之前是孝昌四年，之后是武泰元年）。

2 北魏帝国叛将、自称齐帝的萧宝夤，围攻冯翊（陕西省西安市高陵区），不能攻克，而中央特遣政府总监（行台）长孙稚的大军，已抵恒农（河南省三门峡市），特遣政府政务秘书长（行台左丞）杨侃，对长孙稚说：“从前，曹操跟据守潼关（陕西省潼关县）的韩遂、马超对抗，韩遂、马超的才干，根本不是曹操的对手，然而两军相峙，长时间不能决定胜负，原因在于二人据守的是险要之地。而今，贼寇（指萧宝夤）防御，已十分坚固，即令曹操再生，也无法施展他的智略和勇气。我建议：不如北上夺取蒲阪（山西省永济市），再西渡黄河，深入贼寇（萧宝夤）心脏，把军队挺进到死战之地，则华州（州政府设武乡〔陕西省大荔县〕）的包围，不用战斗，会自动解除；潼关守军，也会自行退走；枝叶既都翦除，长安（陕西省西安市）一座孤城，我们可坐在凳子上，夺取到手（这正是当年曹操击败韩遂、马超的战略〔参考二一一年闰八月〕，不知杨侃为什么说即令曹操，也无办法）。如果这项愚昧的计策可以执行，我愿当明公的前锋。”长孙稚说：“你的计策很好，可是今天的情势是，薛修义包围河东郡（蒲阪，山西省永济市），薛凤贤盘踞安邑（山西省运城市），宗正珍孙固守虞坂（山西省平陆县北二十公里中条山口），大军寸步难进，如何前往？”杨侃说：“宗正珍孙，不过一个武夫，阴差阳错，当上将领，只可以供别人驱使，怎么能驱使别人！河东郡郡政府设在蒲阪（山西省永济市），西临黄河，郡境全在郡城之东，薛修义裹挟变民军到西部围攻郡城，变民军的父母妻子，一定仍留在东方自己村落，忽然听见政府军来到，都会担心家人的安危，势必望见风尘，立刻溃散。”长孙稚遂派儿子长孙子彦，跟杨侃率骑兵从恒农（河南省三门峡市）北渡黄河，占领石锥壁（山西省运城市西南）。杨侃声称：“现在暂时驻扎，等待后援的步兵部队，同时观察民心动向。凡是送来投降名册的人，各回本村，注意政府军信号，政府军如果一连燃起三次烽火，各村就要也燃起烽火回应；没有燃起烽火的村落，显然是贼盗（变民军）党羽巢穴，政府军当发动攻击，屠杀全村，而把财产妇女，赏赐给政府军士兵。”村民辗转传播，于是，即令没有投降的村落，也燃起烽火；一夜之间，烈焰冲天，火光照耀数百华里，包围州城的变民军大为惊骇，不知道后方发生什么变故，各自奔回，首领薛修义也狼狈逃还，跟薛凤贤都向政府投降。

正月十八日，长孙稚攻克潼关，进入河东（蒲阪，山西省永济市）。

正巧，中央颁布诏书：废除盐税。长孙稚上疏，认为："盐池是天降资源，近在京畿（盐池在山西省运城市南，属京畿〔司州〕），我们唯一要做的是，把它当作宝物，小心看守，合理分配。而今，四方多难，库藏枯竭，冀（州政府信都）、定（州政府中山）二州，骚动不安（时长孙稚还不知二州陷落），应缴中央的绸缎，无法运到，全靠国库供应，只有支出，没有收入。估计盐税一年的收入，如果用绸缎作标准的话，不少于三十万匹，等于把冀定二州，移到京畿之内。如今废除盐税，是第二次犯错（北魏政府第一次废除盐专卖事，参考五〇六年三月，长孙稚认为当时已误，现在再误），我前时曾经违背严厉的圣旨，不先讨伐关中（陕西省中部）蟊贼（指萧宝夤），而直接解除河东（蒲阪·山西省永济市）包围的原因，不是认为长安（陕西省西安市）不重要，蒲阪（山西省永济市）重要，而是认为，一旦失去盐池，三军就缺乏粮食。上天保佑伟大的魏王朝（北魏帝国），我的任务得以完成。从前，高祖（七任帝元宏）时代，天下升平，物资丰富，无所缺乏，可是，仍然设置盐池管理官负责管理，不是跟人民争利，而是防止人民互相争利，免使社会混乱。何况今天，国库开支已无法供应，人民应缴的田赋，已预征到六年之后（参考前年〔五二六〕十二月），绸缎也预征到明年，这都是剥夺人民的私财，事不得已。我已会同盐池管理官及盐池警卫军司令，各率他们的属官和军队，返回旧有岗位，依照正常手续，继续收税，等候中央更进一步指令。"

萧宝夤派他的将领侯终德，攻击毛遐（毛遐反抗事，参考去年〔五二七〕十月），不能取胜；而郭子恢等，又不断被北魏军击败，侯终德乘萧宝夤受挫沮丧之际，回军突击，进抵白门（长安西城南数第三门），萧宝夤才发觉自己的部队倒戈。

正月十九日，萧宝夤率军迎战，不支失败，带着正妻南阳公主跟最小的儿子，以及帐下一百余骑兵卫队，从后门冲出，投奔另一变民首领万俟丑奴（时在上封〔甘肃省天水市〕）。万俟丑奴任命萧宝夤当太傅（上三公之二。此时萧宝夤的皇帝头衔，大概自动取消）。

二月，中央任命长孙稚当车骑大将军、开府仪同三司（宰相级）、雍州（州政府设长安〔陕西省西安市〕）州长（刺史）、国务院执行长（尚书仆射）、中央驻西部特遣政府总监（西道行台）。

变民首领李洪，攻击焚烧巩县（河南省巩义市）以西、伊阙（洛阳城南）以东地区各城池村落，南方结交各蛮夷部落。中央军司令官（都督）李神轨、武卫将军费穆，出军讨伐。费穆在伊阙口南击败李洪，变乱完全平定。

变民首领齐帝葛荣，击斩另一变民首领杜洛周（参考五二五年八月），并吞杜洛周部众。

3 北魏帝国胡太后二度掌握政权以来，亲信的弄臣家奴，作威作福；政府功能瓦解，行政效率停滞，既没有恩德，也没有威望，到处发生民变，政府所控制的地区，每天缩小。而北魏帝元诩的年纪，却日渐长大（本年十九岁），胡太后自知不够检点，恐怕左右侍从人员报告元诩，因此，凡是元诩所宠爱信任的人，胡太后都一定找一个罪名，扣到对方头上，把他排除，目的在蒙蔽元诩的耳目，不让他知道外界的事。副总顾问长（通直散骑常侍）、昌黎郡（辽宁省朝阳市）人谷士恢，受元诩宠信，元诩命他当千牛刀备身卫士司令（领左右）；胡太后不断向谷士恢强烈暗示，打算命他出任州长，

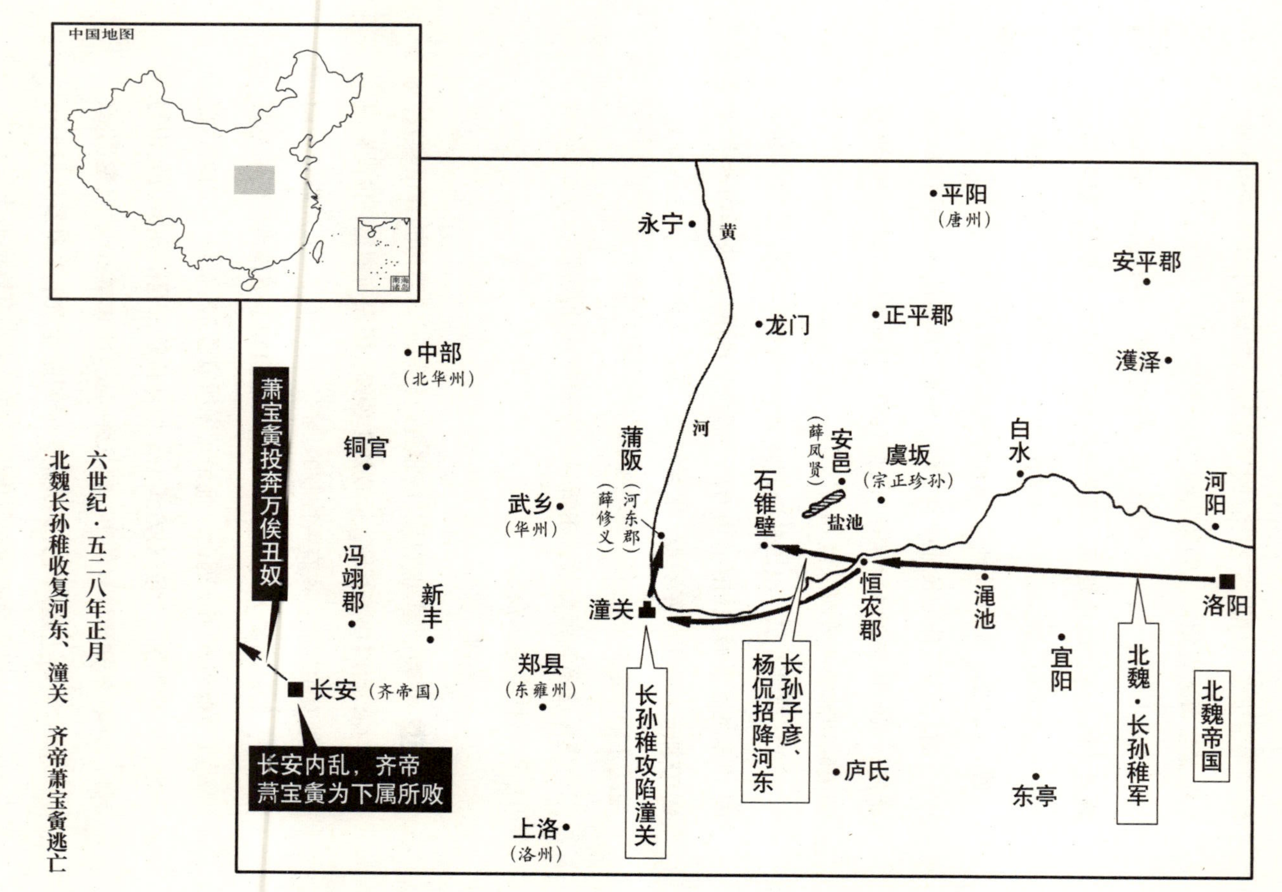

六世纪·五二八年正月

北魏长孙稚收复河东、潼关　齐帝萧宝夤逃亡

谷士恢正受皇帝高度宠信，不肯离开中央，胡太后遂给他扣上一个罪名，诬陷他犯法，竟被诛杀。又有蜜多道人，能说鲜卑话，元诩常把他带到身旁，胡太后派人在洛阳城南把他刺死，一面悬赏捉拿刺客。由于这些事件，娘亲与儿子之间，猜忌憎恶之情，日益加深。

当时，车骑大将军，仪同三司（宰相级），并肆汾广恒云六州剿虏总司令官（并肆汾广恒云六州讨虏大都督）尔朱荣，兵多将广，战斗力强大，中央政府对他很是顾忌。高欢、段荣、尉景、蔡儁，曾经投靠变民首领杜洛周（参考五二五年八月）；稍后，打算推翻杜洛周，没有成功，再投靠齐帝葛荣，又从葛荣那里逃出，投靠尔朱荣。骑兵军事参议官（骑兵参军）刘贵，早就在尔朱荣那里，不断向尔朱荣推荐高欢，尔朱荣看见高欢精神不振，并不认为他有什么奇特之处。但有一次，高欢随从尔朱荣到养马场视察，正有一匹新捕的野马，尔朱荣命高欢修剪它的鬃毛，高欢不用绳索捆绑，就把鬃毛修剪整齐，野马竟然不踢不咬。高欢修剪已毕，起身，对尔朱荣说："对付恶棍，也是这种手段。"尔朱荣对这句话，印象至为深刻，命高欢坐在身旁，摒除左右侍从，询问他对时局的意见，高欢说："我曾经听说，你的战马，足足分布十二个山谷，依照毛色不同，分别成群，不知道养这么多战马干什么？"尔朱荣说："只管说出你的看法！"高欢说："而今，天子（元诩）昏庸懦弱，太后（胡太后）又荒淫无度，弄臣家奴，横行霸道，中央政令，不能推行。以你的英武和兵力，正应利用这个时机，奋发起义，讨伐郑俨、徐纥罪行，肃清皇上（元诩）身旁的奸佞邪恶之辈，盟主的大业，可以在扬起马鞭的短暂时间之内建立，这是我的观察。"尔朱荣大为高兴，从中午谈到夜半，才放他出来，自此，高欢经常参与军事会议。

并州（州政府设晋阳〔山西省太原市〕）州长（刺史）元天穆，是拓跋孤的五世孙（拓跋孤，是拓跋郁律的第四子，参考三三八年十月。元天穆是第四代，现任北魏帝元诩是第九代；元天穆皇家血缘关系，至为疏远），跟尔朱荣有深厚友谊，尔朱荣把他当作老哥事奉，时常跟元天穆，以及作战司令官（帐下都督）贺拔岳，秘密讨论，打算率军进入首都洛阳，对内诛杀受宠信的弄臣家奴，对外肃清天下变民，元天穆与贺拔岳，都鼓励尔朱荣发动。

尔朱荣遂上疏中央，说："山东（太行山以东）各地盗匪，正如火如荼，冀州（州政府设信都〔河北省衡水市冀州区〕）、定州（州政府设中山〔河北省定州市〕）沦陷，政府军不断失败，请准许我派精锐骑兵三千，增援相州（州政府设邺城〔河北省临漳县西南邺城镇〕）。"胡太后对尔朱荣自告奋勇，大起疑心，下诏回答说："莫折念生斩首砍尸（参考去年〔五二七〕正月），萧宝夤生擒活捉，万俟丑奴请求投降，关陇（陕西省中部及甘肃省东部南部）地区，已经平定。费穆又大破各地蛮夷部落，绛郡蜀也逐渐被制伏。而北海王元颢率军二万，出镇相州（邺城），还不需要援军。"尔朱荣再上疏，认为："盗匪的声势虽然减弱，可是中央军不断受到挫败，人人心怀恐惧，恐怕再难作战。如果不考虑用其他方法，就不能够万全。我愚昧的建议：蠕蠕（柔然汗国）可汗郁久闾阿那瓌，屡受我国大恩（参考五二二年十二月），不应忘记回报，最好是下令他出动大军，东下飞狐口（太行山八陉之六，河北省涞源县北），攻击变民军的后背；北海王（元颢）的军队则严密戒备，对变民军正面对抗。我的部众虽然人数不多，当为国尽力，从井陉（太行山八陉之五，河北省井陉县东北）以北，滏口（太行山八陉之四，河北省武安市南）以西，分别控制险要之地，攻击盗匪最脆弱的后肘和腋下。葛荣虽然吞并了杜洛周的部众，可是，恩德威信，都没有树立，而他们的背景不同，种族不同(杜洛周部众是柔玄镇〔内蒙古兴和县北〕匈奴人，葛荣部众是移民定州〔州政府中山〕的五原〔内蒙古包头市〕降户，多是鲜卑人)，一旦形势成熟，可以使他们分裂。”遂全军戒严，招兵买马，北方据守马邑(山西省朔州市)，东方封锁井陉(太行山八陉之五，河北省井陉县东北)。徐纥向胡太后建议，把免死铁券赏赐给尔朱荣的左右将领，挑拨离间他们跟尔朱荣的感情；尔朱荣发现了之后，大为愤恨。

北魏帝元诩，十分厌恶郑俨、徐纥等，但在娘亲胡太后控制下无法排除，于是，下密诏给尔朱荣，命尔朱荣向京师(首都洛阳)进军；用以胁迫胡太后。尔朱荣接到密诏，命高欢当前锋，率军南下，进抵上党(山西省长治市北)，元诩忽然改变主意，再下密诏，命他停止。郑俨、徐纥恐怕大祸临头，跟胡太后阴谋——由她下手毒死亲生之子。

于是，二月二十五日，元诩突然死亡(年十九岁)。

二月二十六日，胡太后宣布皇子继承帝位，大赦天下。不久又下诏。紧接着再下诏：“潘充华(潘嫔)生的本是皇女，不是皇子。而临洮王元宝晖的嫡长子元钊，是高祖(七任帝元宏)的后裔(元宝晖是元宏的孙儿)，应该继承大统。文武百官一律晋升二级，宫廷禁卫武士一律晋升三级。”

二月二十七日，元钊登极(十任帝)，年才三岁。胡太后打算长久独揽政权，正因为元钊年纪太小，才教他继承。

尔朱荣得到事变消息，怒火冲天，对元天穆说：“主上(元诩)逝世时，已十九岁，天下还认为他是幼主，而今竟把一个还不会说话的小娃，掇弄到宝座之上，治理帝国，要想政治安定，怎么能够！我打算率铁甲骑兵，前往皇帝墓园，致敬哀悼，翦除奸邪马屁精，另立长君，你认为如何？”元天穆说：“伊尹、霍光，再见今世！”

尔朱荣于是上疏，指控说："主上（元诩）抛弃人间，四海之内，都认为被鸩酒毒死。天子生病，既不召请医生，皇亲国戚、高官贵爵，又不在病床之旁侍候！突然断气，怎不使远近惊骇？而竟然命皇女当继承人，随意大赦，上欺天地，下压人民。更在一群小娃之中，挑选君王，实际上是邪恶之徒，要专制政府、破坏法纪，这跟掩住眼睛捕捉麻雀、捂住耳朵偷盗铜铃，有什么分别？而今，盗匪成群，四海沸腾，强大的邻国（南梁帝国），在边境不断侵犯，却打算用一个还不会说话的小娃，来安邦定国，岂不是太难！请准许我亲到京师（首都洛阳）宫门之前，参与高阶层决策，向侍从臣属，查问主上（元诩）的死亡原因，对宫廷禁卫，追究疏忽责任，把徐纥、郑俨之辈，交付军法审判，誓雪不共戴天的耻辱（君父之仇，义不共戴一天），平息远近的怨恨，然后更在皇族之中，物色适当人选，继承皇位。"尔朱荣的堂弟尔朱世隆，这时当值阁禁卫官（直阁），胡太后派他到晋阳（山西省太原市）对尔朱荣安慰劝解。尔朱荣打算把他留下，尔朱世隆说："中央对你已经怀疑，所以派我前来，如今把我留下，使中央提高警觉，得以从容准备，不是良策。"尔朱荣才命他回去。

三月二十六日，变民集团首领齐帝葛荣，攻陷沧州（州政府设饶安〔河北省盐山县西南〕），生擒州长（刺史）薛庆之，居民死亡十分之八九（一次默默无声的屠城）。

三月二十八日，把北魏帝元诩（九任孝明帝），安葬定陵（今地不详），庙号称肃宗。

4 北魏帝国发生流血政变。

尔朱荣跟元天穆商议，因彭城王（武宣王）元勰，尽忠帝国，建立大功（元勰冤死，参考五〇八年九月）；他的儿子长乐王元子攸，一向有很高声望，打算拥护他当皇帝，跟胡太后及小娃皇帝元钊对抗。于是，派侄儿尔朱天光和心腹亲信奚毅、侍从王相，再去首都洛阳，跟尔朱世隆秘密交换意见。尔朱天光晋见元子攸，报告尔朱荣的忠心；元子攸应允。尔朱天光等回晋阳（山西省太原市），尔朱荣仍然犹豫，不敢马上决定，只好祈求神明指示，用铜来铸六任帝（献文帝）拓跋弘各孙儿的塑像，只有元子攸的像铸成（用铸像来观察天意，是鲜卑人的风俗），尔朱荣遂在晋阳起兵南下。尔朱世隆逃出洛阳（河南省洛阳市东白马寺东），到上党（山西省长治市北）跟尔朱荣会面。胡太后得到报告，大为恐惧，召集全体亲王、公爵等进宫，举行扩大御前会议，皇家高级官员都痛恨胡太后的行为，没有人肯发一言。只有徐纥说："尔朱荣不过一个匈奴部落小头目，竟敢冒犯京师（首都洛阳），文武百官及禁卫部队，足够把他制伏，现在只要据守险要，以逸待劳。他们的军队远在千里之外，人困马乏，定可把他们击破。"胡太后同意，任命监督院宫廷监督官（黄门侍郎）李神轨当总司令官（大都督），率军抵抗，别动部队司令郑季明、郑先护，率军保护黄河大桥，武卫将军费穆，驻防小平津（河南省洛阳市孟津区东黄河渡口）。郑先护，是郑俨的堂兄弟（郑俨，参考五二五年四月）。

尔朱荣抵达河内（河南省沁阳市），再派王相秘密到洛阳，迎接长乐王元子攸。

夏季，四月九日，元子攸跟老哥彭城王元劭、老弟霸城公元子正，暗中出城，从高渚（黄河中小岛）渡黄河北上。

四月十日，元子攸在河阳（河南省孟州市）跟尔朱荣会面，将士们高呼万岁。

四月十一日，再渡黄河而南，元子攸（本年二十二岁）遂登极称帝（十一任孝庄帝），封元劭当无上王、元子正当始平王；任命尔朱荣当总监督长（侍中）、全国各军区总司令长官（都督中外诸军事）、最高统帅（大将军）、国务院总理（尚书令）、中央禁军总监（领军将军）、千牛刀备身卫士司令（领左右），封太原王。

郑先护跟元子攸本是老友，听到元子攸登极消息，跟郑季明大开北中城门迎接。李神轨率军抵达黄河大桥，听到北中失守，立刻逃回（北中，指黄河大桥北岸所筑二城，七任帝元宏在位时，在二城设北翼警卫指挥部〔北中郎府〕，所以称北中城。北中城失守，黄河大桥畅通无阻）。费穆则抛弃军队，向尔朱荣投降。一连串噩耗传回京师（首都洛阳），人心大乱；徐纥假传圣旨，夜晚打开宫门，到交通部种马管理署（骅骝厩）牵出御马十匹，向东投奔兖州（州政府设瑕丘〔山东省济宁市兖州区〕）；郑俨也逃回他的家乡（开封，河南省开封市西南）。胡太后无可奈何，召集元诩所有的姬妾，命她们全体出家当尼姑，胡太后自己也剃光头发。尔朱荣传话，命文武百官迎接皇帝（元子攸）大驾。

四月十二日，文武百官携带皇帝玉玺，备妥皇帝专用车队——法驾（参考前一八〇年闰九月），前往黄河大桥，恭迎元子攸。

四月十三日，尔朱荣派骑兵进入洛阳，逮捕胡太后及年仅三岁的皇帝（十任）元钊，送到河阴（河南省洛阳市孟津区西北）。胡太后见到尔朱荣后，对她的行为竭力辩护，反复解释，尔朱荣不耐烦再听，拂袖而去，下令把胡太后及元钊，投入黄河淹死。

胡太后统治一个庞大的帝国，前后六年之久，享尽人间荣华富贵。直到本年（五二八），也不过四十岁左右，正是一个成熟少妇的年龄，然而她的美貌和伶牙俐齿，无法动摇尔朱荣处死她的决心。

没有结婚的女人前途是不可限量的，尤其是美女，一婚定天下，只要嫁对了人，她甚至可以控制（包括断送）一个帝国，历史上层出不穷的女主临朝，可作证明。问题是，受环境和内在心智的影响，女主很少不伤害她的帝国。胡太后并不比其他女主更坏，但她犯了一项最严重的错误：就是毒死皇帝元诩！只不过为了纵欲方便，便对亲生之子下手，不仅邪恶得离谱，也愚蠢得离谱。武曌同样谋害亲生之子，但她还有别的亲生之子，而胡太后却只此一子，她不知道爱护这支唯一的权力魔杖，反而予以摧毁。至于皇女登极，轻易改变性别，把性命交关的政治当作儿戏，把人民当作虫豸，狗男女在密室中沾沾自喜的表情，跃然纸上。

费穆向尔朱荣秘密建议，说："你的军队，不超过一万人，现在长驱直入，向洛阳挺进，既没有遇到抵抗，所以也没有战胜声威，大家心里一定毫不畏服。以京师（首都洛阳）人口的众多，文武人才的鼎盛，一旦知道你的实力薄弱，将生出轻视及骄傲的心理，如果不大肆处罚诛杀，建立你自己的党羽，恐怕你北返之日，还没有穿过太行山，中央就会发生变化。"尔朱荣同意，对亲信慕容绍宗说："洛阳繁华，人民骄傲奢侈，成为风气，如果不加以翦除，恐怕永远不能控制，我想利用文武百官出城迎接皇帝的机会，全部诛杀，你意下如何？"慕容绍宗说："胡太后荒淫，政治脱轨，争宠的弄臣家奴，倚仗权势，扰乱天下，所以你才出动正义大军，肃清政府。而今无缘无故，不分忠奸，屠灭文武百官，恐怕使全国人民失望，不是长远之计。"尔朱荣不理，于是请元子攸沿黄河西行，抵达淘渚（河阴西北一公里），把中央政府出迎的文武百官，引导到行宫西北，宣称要祭祀天神。大家既集合完毕，蛮夷骑兵在四周团团围住，尔朱荣斥责说："天下大乱，皇帝（九任帝元诩）死于非命，都由于官员贪污残暴，虐待人民，不能辅佐矫正。”于是，下令格杀，蛮夷骑兵部队，万马奔腾，冲入人群，刀锋马蹄，作无情的践踏，自丞相高阳王元雍、最高监察长（司空）元钦、仪同三司（宰相级）义阳王元略以下，格杀二千余人。前监督院宫廷监督官（黄门郎）王遵业兄弟，正在为老爹守三年之丧，娘亲是元子攸的姨妈，二人相伴迎接御驾，同时丧生。王遵业，是王慧龙的孙儿（晋帝国刘裕当权，杀王愉，王愉的孙儿王慧龙投奔后秦帝国，后再投奔北魏帝国，参考四一七年九月），天资聪明，博览群书，时人惋惜他的才华，而讥刺他急于做官的心情。另一批官员一百余人随后赶到，尔朱荣再命蛮夷骑兵把他们包围，下令说：“有能写皇帝让位诏书文告的，饶他一命。”执法监察官（侍御史）赵元则接受这项任务，遂命赵元则执笔。尔朱荣又命他的军队宣传：“元家已灭，尔朱家已兴！”大家都喊万岁。尔朱荣派武士数十人，手拿钢刀，直奔行宫，刚称帝的元子攸，跟无上王元劭、始平王元子正，一同出帐视探。尔朱荣先派并州（州政府设晋阳〔山西省太原市〕）人郭罗刹、西部高车部落人叱列杀鬼，在元子攸左右侍从，诈称严密保护，防备恶徒突击，把元子攸连拖带抱，拉进篷帐；留在外面的卫士，遂斩元劭、元子正。又派数十人，把元子攸强行押送到黄河大桥，安顿在营帐之下。

柏杨曰

从某一个角度评估河阴屠杀，包括把现任皇太后和现任皇帝，全部投到黄河里活活淹死，诚是一项惊天地、泣鬼神的壮举，这是对腐败凶暴统治者的大反扑和大报复。暴君暴官临死时的悲惨，正是他们加到小民身上的悲惨的再现，昔日凶恶之徒，一个个哀号而死全体小民，都为这场屠杀，发出欢呼！

然而，政治不是军事，大屠杀的后遗症是，还会发生更多的大屠杀，中国历史显示出一种使人困惑的轨迹，人民除了走向河阴——用暴力对抗暴政外，几乎没有第二条路可走。问题在于，暴力对抗暴政之后，留下的却是更严厉的暴政，需要更大的暴力，才能再把它推翻。暴力复暴政，循环不息。

河阴屠杀是一个企图用军事手段解决政治问题的案例，启示是多方面的，每一方面都使人警醒。

元子攸既忧愁又愤慨，派人转告尔朱荣，说："帝王大业，不断有人兴起，盛盛衰衰，变化无常。而今，帝国从四面八方，崩溃瓦解，将军（尔朱荣）奋勇起兵，所向无敌，这是上天旨意，不是人力所能做到。我前来投靠，初意只求保住残生，怎么敢妄想登上宝座？只因将军逼迫，才到今天这种形势。如果天命已经注定，将军就应及时登极，名正言顺的称尊。如果将军推辞，不肯接受，一心仍维持帝国政府，也应该另行遴选皇族血缘更近、更为贤能的人，辅佐他治理天下。"当时，司令官（都督）高欢，建议尔朱荣抓住这个机会坐上宝座，左右侍从官员，很多人赞成，但尔朱荣迟疑，不敢决定。贺拔岳说："将军首先兴起正义之师，立志铲除奸人叛逆，伟大的勋业还没有建立，就兴起这种阴谋，只会加速灾祸发生，不会增加福分。"尔朱荣遂用铜铸自己的像，先后四次，都铸不成。人事军事参议官（功曹参军）、燕郡（北京市）人刘灵助，精通算卦占卜，尔朱荣相信这一套，连刘灵助也认为天时、人事，都不许可。尔朱荣说："如果我不行，就拥护元天穆！"刘灵助说："元天穆也不行，唯有长乐王（元子攸）被上天选定。"尔朱荣也精神恍惚，无法支持，很久之后，才自己醒悟，后悔惭愧，说："已铸成大错，只有一死，报答政府。”贺拔岳请诛杀高欢，向天下道歉，尔朱荣左右侍从说：“高欢虽然愚昧疏漏，说话不经过考虑，但而今四方多事，需要借重军事将领，才可以平定，请特别宽恕，要他戴罪立功。”尔朱荣才停止篡夺帝位阴谋。当天（四月十三日）夜晚，四更（一至三时），再把元子攸从黄河大桥营帐下，迎接到皇帝御营，尔朱荣望见马头，跪下来叩拜，请求把自己处死。

尔朱荣所率匈奴籍骑兵，屠杀中央官员太多，结下血海怨仇，不敢进入洛阳，遂发起迁都运动。但尔朱荣狐疑，不能马上裁决，武卫将军汎礼（汎，姓）则一再劝止。

四月十四日，尔朱荣护送元子攸进入洛阳。元子攸登太极殿，下诏大赦，改年号建义（之前是武泰元年，之后是建义元年）。追随尔朱荣南下的将士，一律擢升五级；留在京师（首都洛阳）的文官，擢升二级，武官擢升三级，人民免除田赋差役三年。这时，文武百官几乎死尽，活着的人也都逃亡躲藏，不敢露面，只有总顾问长（散骑常侍）山伟一人，到皇宫门前，叩谢大赦之恩。洛阳人民，忧愁恐惧，人心思乱，有人说尔朱荣打算命他的军队大肆烧杀抢劫；又有人说尔朱荣打算迁都晋阳（尔朱荣根据地，山西省太原市）。于是，富人抛弃家室，穷人把小儿女背在背上，纷纷逃命，洛阳居民剩下的不足十分之一二。宫廷内院，连值班守卫的人都没有，政府空空荡荡，缺少官员处理公务。尔朱荣上疏说：“大军推进，难以完全控制，行动或有出轨，各位亲王及政府高官，遭受横死的太多，我今天就是粉身碎骨，都不能补偿我的罪行。敬请追赠死亡人士官位，略尽我私人的责任。请尊无上王（元劭）‘无上皇帝’；其余河阴（河南省洛阳市孟津区东北）丧生的，亲王一律追赠仪同三司（宰相级）；三品官员，一律追赠国务院总理（尚书令）或执行长（仆射）；五品官员，一律追赠州长

(刺史)；七品以下及平民，追赠郡长、防卫司令(镇将)。死者如果没有后裔，则准由养子继承，而由政府封爵；同时请派出使节，到各城巡视慰问。”元子攸下诏批准，官员才有人出面，人心稍微安定。元子攸封无上王元劭的儿子元韶当彭城王。但尔朱荣仍支持迁都的意见，元子攸无法违背。国务院法务部长(都官尚书)元谌竭力劝阻，认为不可迁都，尔朱荣咆哮说：“这跟你有什么相干？要你固执坚持！河阴(河南省洛阳市孟津区东北)之役，你应该知道！”元谌说：“天下事，当跟天下人共同讨论，为什么用河阴屠杀，吓阻我的发言。我是帝国皇族，一直在皇帝左右辅佐，活着时对国家如果没有益处，死亡又对国家有什么损失！即令今天头颅粉碎、肚肠横流，也毫不畏惧！”尔朱荣暴跳如雷，要办元谌的罪；尔朱世隆一再劝阻，尔朱荣才算停止。在座亲眼看到这场争辩的人，全都震恐颤栗，而元谌面色不变。稍后数日，尔朱荣跟元子攸登高眺望，看到皇宫壮丽，树木成行，不禁叹息说：“我昨天愚昧，有迁都北方之意，今天看到皇家住宅如此盛大，再考虑元谌的话，认为他一点也没错。”遂不再谈论迁都。元谌，是元谧的老哥(元谧，参考五一五年十二月)。

四月十六日，命江阳王元继当太师(上三公之一)；北海王元颢当太傅(上三公之二)；高级资政官(光禄大夫)李延实当太保(上三公之三)，封濮阳王；并州(州政府设晋阳〔山西省太原市〕)州长(刺史)元天穆当全国武装部队总司令(太尉)，封上党王；前任总监督长(侍中)杨椿当宰相(司徒)；车骑大将军穆绍当最高监察长(司空)，兼国务院总理(领尚书令)，封顿丘王；雍州(州政府设长安〔陕西省西安市〕)州长(刺史)长孙稚当骠骑大将军、开府仪同三司(宰相级)，封冯翊王；国务院宫廷保安部长(殿中尚书)元谌当国务院右执行长(尚书右仆射)，封魏郡王；特级资政官（金紫光禄大夫）、广陵王元恭，加授仪同三司（宰相级）；其他，突然之间高升大官、位居尊贵职位的人，多到无法计算。李延实，是李冲的儿子（李冲气死，参考四九八年三月），因是元子攸的舅父，得以越级高升。

徐纥的老弟徐献伯，当北海郡（山东省昌乐县东南）郡长；另一老弟徐季产，当青州（州政府设东阳〔山东省青州市〕）秘书长（长史）；徐纥派人告知京师（首都洛阳）消息，二人携带家属，弃职逃走，会同徐纥，一起投奔泰山（山东省泰安市，泰山郡属兖州）。郑俨跟堂兄、荥阳郡（河南省荥阳市）郡长郑仲明，密谋占领郡城，起兵讨伐尔朱荣，被部属诛杀。

四月二十日，元子攸下诏，内外解除戒严。

5 北魏帝国郢州（州政府设义阳〔河南省信阳市〕）州长（刺史）元显达，向南梁帝国（首都建康〔江苏省南京市〕）投降。南梁帝（一任武帝）萧衍（本年六十五岁），命郢州（州政府设夏口〔湖北省武汉市〕）州长（刺史）元树，率军迎接；夏侯夔也由楚城（楚王城，河南省信阳市北）前往会师，遂留下镇守。把北魏郢州改称北司州（义阳原是南梁司州，北魏占领后，改称郢州，南梁司州迁到南义阳〔湖北省孝昌县〕，参考五〇四年八月），命夏侯夔当州长（刺史），同时兼管司州（南义阳）。夏侯夔进攻毛城（河南省确山县东南），逼近新蔡（河南省新蔡县）。豫州（州政府设寿阳〔安徽省寿县〕）州长（刺史）夏侯亶，包围南顿（河南省项城市），进攻陈郡项城（河南省沈丘县）。北魏中央特遣政府总监（行台）源子恭，率军抵抗。

6 四月二十三日，北魏政府封尔朱荣的儿子尔朱义罗当梁郡王。

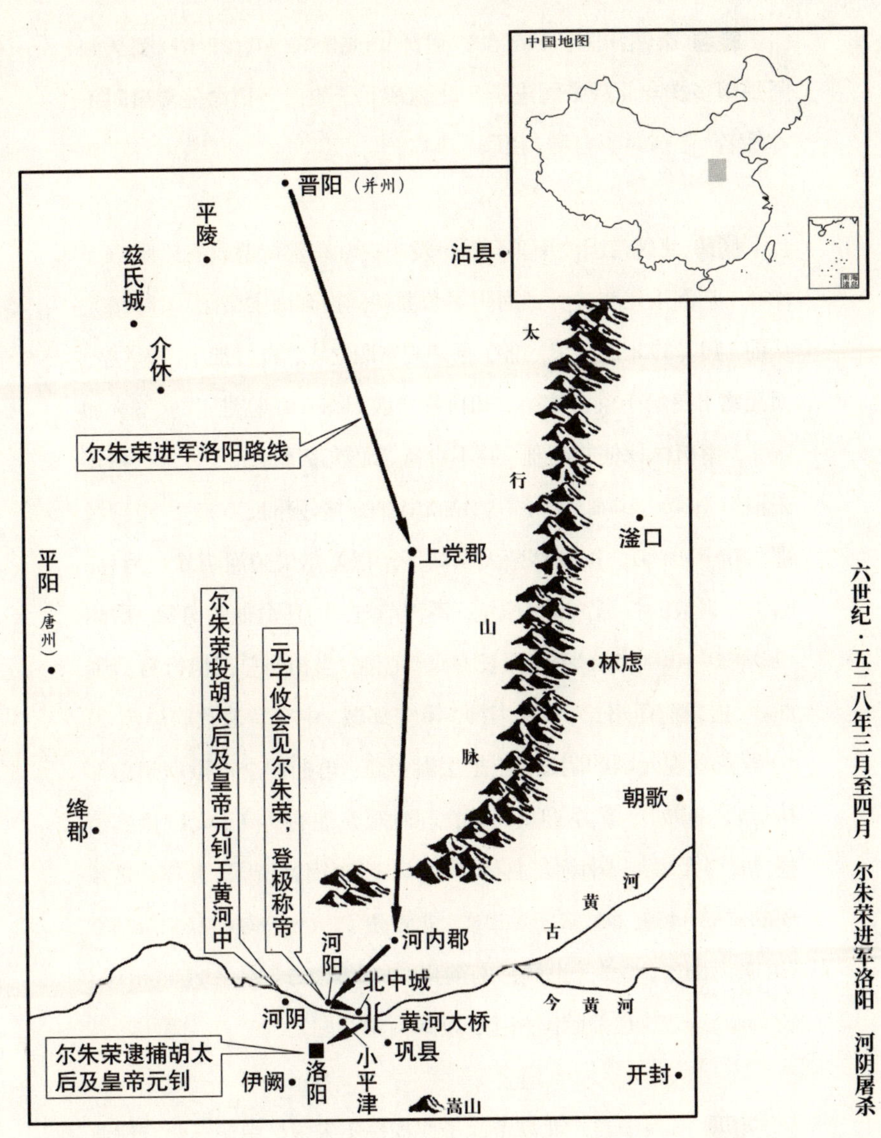

六世纪·五二八年三月至四月　尔朱荣进军洛阳　河阴屠杀

7 柔然汗国（瀚海沙漠群）可汗（十四任敕连头兵豆伐可汗）郁久闾阿那瓌多次向北魏帝国进贡。北魏帝元子攸，下诏命他奏事时不称姓名，上疏时不自称“臣”。

8 北魏帝国汝南王元悦，及中央驻东部特遣政府总监（东道行台）、临淮王元彧，听到河阴屠杀噩耗，投奔南梁帝国（首都建康）。从前，归降的北魏官员，都在原来的官职之上，自行加上“伪”字，而元彧上疏给南梁帝萧衍，却自称“魏（北魏帝国）临淮王”，不肯加“伪”，萧衍体谅他的高雅，并不责备。北魏帝国北海王元颢，将要去相州（州政府设邺城〔河北省临漳县西南邺城镇〕）接任州长（刺史），走到汲郡（河南省卫辉市），接到葛荣大军南下，以及尔朱荣河阴暴行消息，暗中作自救的打算，逗留原地，不再前进，而任命他的舅父、殷州（州政府设广阿〔河北省隆尧县〕）州长（刺史）范遵，当相州总部执行官（行相州事），接替前任州长（刺史）李神，镇守邺城。中央特遣政府总监（行台）甄密发现元颢的阴谋，于是罢黜范遵，再拥护李神摄理州总部执行官（摄州事），派军迎接元颢，同时观察他的动向。元颢接到情报，放弃大军，只率领左右侍从，南下投奔南梁帝国。甄密，是甄琛的堂弟（甄琛，参考五〇一年正月）。北青州（即青州，州政府设东阳〔山东省青州市〕）州长（刺史）元世儁、南荆州（州政府设安昌〔湖北省枣阳市南〕）州长（刺史）李志，也都献出州土，投降南梁帝国。

9 五月一日，北魏帝元子攸加授尔朱荣：中央驻北方特遣全权政府总监（北道大行台）。任命国务院右执行长（尚书右仆射）元罗（元义的老弟），当东部地区钦差大臣（东道大使）；宫廷膳食部长（光勋）元欣，当副钦差大臣，巡查各地，处罚官员，先执行然后奏报。元欣，是拓跋羽的儿子（拓跋羽，参考四八五年三月）。

尔朱荣入宫，在明光殿晋见元子攸，再一次为河阴屠杀惨案，向元子攸道歉，誓言没有二心。元子攸站起来，亲自阻止他的叩拜，并乘势向尔朱荣发誓，声称自己绝没有一点猜疑。尔朱荣大为欢喜，遂要求饮酒，饮得烂醉如泥。元子攸想借此机会诛杀，左右侍从苦苦劝阻，才没有动手，就把尔朱荣坐的床，连人一起抬到宫廷总管府（中常侍省）休息；尔朱荣半夜才醒，对自己身陷险境，大为震惊，直到天亮，不敢合眼。自此不再入宫住宿。

尔朱荣的女儿，先前曾当九任帝元诩的“嫔”（小老婆群第四级），尔朱荣希望元子攸娶她当皇后，元子攸迟疑，不敢马上决定（元子攸是元诩的堂叔，尔朱女士是元子攸的堂侄媳）。监督院宫廷监督官（黄门侍郎）祖莹说：“从前，姬重耳（春秋时代晋国二十四任国君文公）在秦国，怀嬴侍候他上床（怀嬴，秦国九任国君穆公嬴任好之女，晋国二十三任国君怀公姬圉之妻），事情违背经典，但合乎大义（前六三八年，姬圉逃回晋国。前六三七年，姬重耳到秦国，嬴任好又命怀嬴嫁姬重耳。辈分上，姬重耳是姬圉的叔父，怀嬴是姬重耳的侄媳。在宗法封建极严格的时代，姬重耳对这项虽然乱伦，但符合政治利益的婚姻，欣然接受），陛下有什么可考虑的！”元子攸遂同意，尔朱荣大为高兴。

尔朱荣举止轻佻，喜爱骑马射箭，每次入宫朝见，什么事都不干，只是表演他如何矫健的跳上马背，和如何矫健的从马背跳下来。在西林园参加北魏帝元子攸的宴会时，常请皇后出来参观，更召集亲王、公爵、姬妾、嫔妃、公主，齐集一堂。每看到元子攸射中靶心，尔朱荣就自己起身，蹦跳欢呼，宰相、将领、高官，都随时附和，又喊又闹，甚至王妃、公主，也不免跟随乐声，翩翩起舞；等到酒酣耳热之时，尔朱荣一定在自己位置上，正襟危坐，高唱胡歌。日暮黄昏，筵席结束，尔朱荣跟左右官员手牵着手，双脚踏地，唱《回波乐》而出。尔朱荣性情严厉凶暴，喜怒无常，刀枪弓箭都放在伸手可以够到的地方。每逢心情烦躁或突然大怒，就立即拿起兵器，杀人泄愤，左右侍从人员，一直恐惧随时会大祸临头。曾经有一次，两个小和尚合骑一匹马，尔朱荣看见，命他们作殊死决斗（在遥远的西方罗马帝国，贵族往往命奴隶殊死决斗，作为娱乐。中国历史上对殊死决斗的记载，似仅此一次），二人筋疲力尽，躺在地上喘息，无力再斗，尔朱荣命人抓住他们的头，互相猛撞，直到撞死才止。

五月五日，尔朱荣回到根据地晋阳（山西省太原市），北魏帝元子攸在邙山北麓设宴饯行。尔朱荣命元天穆进驻首都洛阳；元子攸加授元天穆总监督长（侍中）、主管政府机要（录尚书事）、京畿总司令官（京畿大都督），兼中央禁军总监（兼领军将军）；任命中央特遣政府助理官（行台郎中）、桑干郡（山西省山阴县）人朱瑞，当监督院宫廷监督官（黄门侍郎），兼立法院立法官（兼中书舍人）。中央重要官职，全由尔朱荣的心腹亲信担任。

五月十日，元子攸下诏："五二五年以来，凡是含冤负屈、哭诉无门的人，都到华林东门集合，我当亲自处理。"当时，大乱之后，仓库枯竭，元子攸再下诏："凡呈缴谷米八千石的，封散职侯爵（比开国侯爵低一级）；平民呈缴谷米五百石的，赐给他当官的资格（出身）；和尚呈缴谷米五百石的，命他当本州的佛教总管理官（本州统）或郡县佛教管理官（郡县维那）。"

当尔朱荣南下洛阳时，派他的司令官（都督）樊子鹄，夺取唐州（州政府设平阳〔山西省临汾市〕），唐州州长（刺史）崔元珍、中央特遣政府总监（行台）郦恽据城抵抗，不肯屈服。

五月十九日，樊子鹄攻陷平阳（唐州州政府所在县），斩崔元珍及郦恽。崔元珍，是崔挺的堂弟（崔挺，参考四九六年闰十二月）。

10 南梁帝国将军曹义宗，包围北魏帝国荆州（州政府设穰城〔河南省邓州市〕），堵塞河床，用水倒灌城垣，水位距城墙高处只差几块木板。当时，北魏内部灾难正重，不能派出援军，城中粮食吃光，州长（刺史）王罴（音pí〔皮〕）命煮稀粥，跟大家平均分配。王罴每次出战，头不戴盔，身不穿甲，冲锋陷阵，仰天大呼说："荆州城（穰城）是孝文皇帝（七任帝元宏）设置，上天如果不再保佑帝国，教飞箭射中我前额；不然的话，王罴一定击破盗贼（指南梁军）。"历时三年，不断冲锋肉搏，而竟没有受伤。

五月二十七日，北魏政府终于派中军将军费穆，当南征大军司令官（都督南征诸军事），率军增援。

11 逃亡南梁帝国的北魏临淮王元彧，听到祖国皇帝已经确定，遂以娘亲太老为理由，请求南梁帝萧衍准许自己回国，措辞十分诚恳；萧衍很爱他的才华，想留他但又不能违背这项亲情。

六月一日，送元彧北返。北魏政府命元彧当总监督长（侍中）、骠骑大将军，加授仪同三司（宰相级）。

12 北魏帝国顾问院（集书省）编制外顾问官（员外散骑常侍）高乾，是高祐的侄儿（高祐是高允的堂弟，参考四八七年十一月），跟老弟高敖曹、高季式，都喜欢行侠仗义，跟北魏帝元子攸，交情深厚。尔朱荣南下洛阳时，高家兄弟逃奔齐州（州政府设历城〔山东省济南市〕），听到河阴屠杀消息，遂集结逃荒难民（"乞活"，参考五二五年六月），在黄河、济水之间，起兵叛变，接受变民首领齐帝葛荣的官爵，不断击破齐州（历城）州政府的军队。元子攸派元欣前往传达旨意，高家兄弟投降。元子攸任命高乾当副总监督长（给事黄门侍郎），兼武卫将军；高敖曹当中级事务顾问官（通直散骑侍郎）。可是，尔朱荣认为高乾兄弟曾经参加过叛乱集团，不应再在皇帝身边担任重要职位，元子攸遂批准高乾等辞职还乡。高敖曹再集合部众，抢劫烧杀，尔朱荣用计把他诱捕，跟薛修义一同囚禁晋阳（山西省太原市。薛修义归降事，参考本年〔五二八〕正月，不久又叛，同时被捕）。高敖曹本名高昂，但平常都用别名敖曹。

变民首领齐帝葛荣大军，缺少粮食，派他的国务院执行长（仆射）任褒，率军南下到沁水（河南省济源市东北）抢粮。北魏政府任命元天穆当东北军区最高司令长官（大都督东北道诸军事），率宗正珍孙（宗正，复姓）等讨伐。

前任幽州（州政府设蓟城〔北京市〕）平北将军府主任秘书（平北主簿）、河间郡（河北省河间市南）人邢杲，率黄河以北流亡难民十万余家，在青州（州政府设东阳〔山东省青州市〕）北海郡（山东省昌乐县东南）起兵叛变，自称汉王，改年号天统。

六月二十二日，北魏政府擢升征东将军李叔仁当车骑大将军、仪同三司（宰相级），率军讨伐。

六月二十五日，北魏帝元子攸下诏："我当亲率六军，扫平燕代（河北省北部及山西省北部）。命最高统帅（大将军）尔朱荣担任左翼，上党王元天穆当前锋，宰相（司徒）杨椿当右翼，最高监察长（司空）穆绍当后卫。"变民首领齐帝葛荣，退守相州（州政府设邺城〔河北省临漳县西南邺城镇〕）北方。

秋季，七月十日，加授尔朱荣：柱国大将军（正一品）、主管政府机要（录尚书事）。

七月二十七日（原文"壬子"，与《魏书·肃宗纪》同，唯《魏书》置于"辛巳"〔二十六〕之后，则应是"壬午"〔二十七〕），光州（州政府设东莱〔山东省莱州市〕）人刘举，在濮阳（山东省鄄城县西）聚众起兵，自称皇武大将军。

本月（七），变民首领万俟丑奴，登极称帝，设置文武百官。正巧，波斯王国（伊朗）向北魏帝国进贡狮子，万俟丑奴把它留下，改年号神兽。

泰山郡（山东省泰安市）郡长羊侃，因祖父羊规曾经当过南宋帝国一任帝（武帝）刘裕的参谋官（祭酒从事），所以常有回到南方的念头。徐纥既往投奔，遂劝羊侃武装起事，脱离北魏帝国；羊侃照办。兖州（州政府设瑕丘〔山东省济宁市兖州区〕）州长（刺史）羊敦，是羊侃的堂兄，暗中得到消息，固守州城，抵抗羊侃。

八月，羊侃率军袭击羊敦，不能攻克，遂在城外兴筑十余个军垒，严加封锁，一面派人到南梁（首都建康）投降。南梁帝萧衍下诏，命广晋县侯爵、泰山郡（侨郡）人羊鸦仁等，率军接应羊侃。北魏政府擢升羊侃当骠骑大将军，封泰山公爵，兼兖州（州政府瑕丘）州长（刺史）；羊侃斩北魏使节，拒绝接受。

13 南梁帝国将军王弁，攻击北魏帝国徐州（州政府设彭城〔江苏省徐州市〕）；北魏蕃郡（山东省滕州市）变民首领续灵珍，率军一万人，攻击郡城，响应王弁。北魏徐州（州政府彭城）州长（刺史）杨昱反击变民军，斩续灵珍。王弁撤退。

14 八月十九日，北魏帝国总司令官（大都督）宗正珍孙，在濮阳（山东省鄄城县西）攻击变民首领皇武大将军刘举，把他消灭。

变民首领齐帝葛荣，率军包围邺城（河北省临漳县西南邺城镇），号称百万，游骑兵及斥候，已越过汲郡（河南省卫辉市），所到之处，烧杀抢劫。尔朱荣上疏请求出兵讨伐，元子攸批准。

九月，尔朱荣命侄儿、肆州（州政府设九原〔山西省忻州市〕）州长（刺史）尔朱天光，回晋阳（山西省太原市）镇守，说：“我不在的地方，非你不能使我放心。”亲自率领精锐骑兵七千人，每个骑兵都备有副马，加倍速度前进，穿过东方的滏口（太行山八陉之四，河北省武安市南），进入河北大平原，由侯景担任前锋。葛荣自起事到今天，为时已久（葛荣于前年〔五二六〕八月取代鲜于修礼），横行河北大平原，所向无敌；尔朱荣只有七千骑兵，在数量上居绝对劣势，所有谈论的人，都认为没有战胜的可能。葛荣听到这些评估，掩饰不住喜上眉梢，下令给他的军队说：“尔朱荣容易对付，每人都要准备一条长绳，到时候把他们一一捆绑。”从邺城（河北省临漳县西南邺城镇）以北，筑垒布阵，长达数十华里，像蚌壳一样张开两翼，向前推进。尔朱荣率军秘密进入山谷，编成突击队，每三个军官结为一组，每一组有骑兵数百人，命他们所到之处，扬起灰尘，猛擂战鼓，大声呐喊，使变民军不知道政府军到底有多少。尔朱荣认为冲锋肉搏，人马相接，用刀不如用棍，于是下令士卒每人携带袖棒一根，安置在马鞍一侧；又考虑会战时士卒为了杀人争功，可能影响追逐，于是下令不准争砍人头，只要棍击（古代军功，按人头计算）。会战开始，尔朱荣发动突击，号令严厉而简单明了，战士同心奋战，尔朱荣亲自领导，攻入敌阵，一直冲出后卫，再拨马反击，内外夹攻，遂大破变民军，就在战场上生擒葛荣，变民军全部投降。尔朱荣因变民军太多，如果立即把他们拆散，分配给各部队，恐怕惊疑恐惧，或者重新集结。于是，尔朱荣下令解散，命他们想干什么就干什么，亲属朋友，互相照顾，投奔任何地方都可以。变民军大为欢喜，霎时四散逃走，数十万军队，一天工夫，化为乌有。可是，等他们走出一百华里以外，尔朱荣设立收容站，再把他们收容集合，分别编组，押送各部队，或作其他安置，使他们每人都觉得合适。再遴选变民集团的干部，依照各人才能，委任官职，新归附的人，全都安定；当时人士，都佩服尔朱荣处理的正确和迅速。尔朱荣把葛荣装上囚车，送往首都洛阳。冀（信都）、定（中山）、沧（饶安）、瀛（赵都军城）、殷（广阿）五州（五州面积，合为今河北省中部），全部平定。这时，上党王元天穆，驻军朝歌（河南省淇县）之南；穆绍、杨椿，还没有从京师（首都洛阳）出发；而葛荣已被消灭，遂都复员。

最初，宇文肱追随变民首领鲜于修礼攻击定州（州政府设中山〔河北省定州市〕），在唐河（河北省唐县）战死；儿子宇文泰留在鲜于修礼军中。鲜于修礼死后，宇文泰再作葛荣部属。葛荣失败，尔朱荣喜爱宇文泰才干，命他担任指挥官（统军）。

九月二十一日，北魏帝国大赦，改年号永安（之前是建义元年，之后是永安元年。一年之中，就有四个年号）。

九月二十七日，北魏帝元子攸擢升尔朱荣：大丞相、黄河北及京畿外军区司令长官（都督河北、畿外诸军事）；尔朱荣的儿子平昌公爵尔朱文殊、昌乐公爵尔朱文畅，同时晋封王爵。命杨椿当太保（上三公之三），城阳王元徽当宰相（司徒）。

冬季，十月三日，葛荣被押到洛阳（北魏首都，河南省洛阳市东白马寺东），北魏帝元子攸登阊阖门（洛阳城西面北头第二门）受降，再把葛荣押到街市，斩首。

15 南梁帝萧衍封北魏北海王元颢当魏王，派太子宫值阁将军陈庆之，率军护送元颢回国。

16 十月十二日，北魏政府任命太原王尔朱荣的世子尔朱菩提，当骠骑大将军、开府仪同三司（宰相级）。

十月十三日，指定长乐郡（河北省衡水市冀州区）等七个郡，每郡一万户，连同前封的采邑，共十万户，作为尔朱荣的采邑。

十月十四日，又加授尔朱荣当太师（上三公之一）；以上都是酬庸尔朱荣生擒葛荣的功劳。

十月二十八日，江阳王（武烈王）元继（一任道武帝拓跋珪孙）逝世。

北魏政府命征虏将军韩子熙，前往游说变民首领汉王邢杲（参考本年〔五二八〕六月），邢杲假装投降，但又叛变。征东将军李叔仁攻击邢杲，在潍水会战（潍水，源出沂山，北流经山东省安丘市，注入渤海），失利，撤退。

17 北魏帝国中军将军费穆，增援荆州（州政府设穰城〔河南省邓州市〕）；南梁围城军将领曹义宗大败，被北魏兵团俘虏，荆州包围解除（荆州被围三年，参考五二五年十二月）。

18 被南梁帝国封魏王的元颢，袭击北魏的铁城（安徽省宿州市西南），占领。

19 北魏帝国中央特遣政府左执行长（行台尚书左仆射）于晖等，

率军数十万，攻击包围瑕丘（山东省济宁市兖州区）的羊侃。徐纥恐怕兵败被俘，劝羊侃向南梁帝国（首都建康）求援；羊侃相信他，命他前往，徐纥遂往南梁，一去不返。于晖等把羊侃包围十余重，羊侃营中箭已射尽，而南梁的救兵不到。

十一月十日，夜晚，羊侃突围而出，且战且走，一日一夜，才逃出北魏南界，抵达渣口（山东省枣庄市东南），部队还有一万余人、战马二千匹，士卒就地休息，彻夜不停的唱出离别悲歌，羊侃向大家道歉说："各位依恋乡土，自然不能随我，是留下来或是继续南下，各位自己决定，就在这里告别。"士卒们向羊侃拜辞，各自散去。北魏帝国收复泰山郡（山东省泰安市）。于晖，是于劲的儿子（于劲，参考五〇一年九月）。

十一月二十五日，任命上党王元天穆当最高统帅（大将军）、开府仪同三司（宰相级），世袭并州（州政府设晋阳〔山西省太原市〕）州长（刺史）。

十二月十七日，元子攸下诏，命于晖回军讨伐邢杲。

变民首领齐帝葛荣的余党韩楼，再度叛变，占领幽州（州政府设蓟城〔北京市〕），北方沿边郡县陷于混乱。尔朱荣命抚军将军贺拔胜当总司令官（大都督），镇守中山（河北省定州市）。韩楼畏惧贺拔胜的威名，不敢南下。

五二九年

己酉

南梁　大通　三年
　　　中大通　元年
北魏　永安　二年
（燕王就德兴六年）
（皇帝刘蠡升神嘉五年）
（汉王邢杲天统二年）
（皇帝万俟丑奴神兽二年）
（魏帝元颢孝基元年，建武元年）
（天子僧强元年）

1 春季，正月二日，北魏帝国（首都洛阳〔河南省洛阳市东白马寺东〕）中央特遣政府执行长（行台尚书仆射）于晖的部属、司令官（都督）彭乐，率骑兵二千余人叛变，投奔幽州（州政府设蓟城〔北京市〕）变民首领韩楼。于晖撤退（于晖奉命讨伐邢杲，军心已离，不敢进击）。

2 正月九日，南梁帝国（首都建康〔江苏省南京市〕）皇帝（一任武帝）萧衍（本年六十六岁），到首都南郊祭祀天神。大赦。

正月十二日，投奔南梁的北魏汝南王元悦（参考去年〔五二八〕四月）请求回国，萧衍批准。

正月二十九日，萧衍到皇家大会堂祭祀。

3 二月十二日，北魏帝（十一任孝庄帝）元子攸（本年二十三岁），追尊老爹、彭城王（武宣王）元勰绰号文穆皇帝，庙号肃祖；娘亲李女士绰号文穆皇后。打算把牌位迁到皇家祖庙（太庙），而称七任帝（孝文帝）元宏"伯父"（元宏事实上是元子攸的伯父）。最高指挥官（大司马）兼主管政府机要（兼录尚书）、临淮王元彧，上疏劝阻，认为："西汉王朝一任帝刘邦，在香街（长安古城内）给老爹建'太上皇庙'；东汉王朝一任帝刘秀，在春陵（湖北省枣阳市南）老爹坟上祭祀（参考四三年正月）。西汉王朝十一任帝刘奭，跟刘秀之间的血缘关系，已疏远得不穿丧服，可是，刘秀仍遵守宗法规定，以儿子的身份，入继大宗（嫡长子继承），承认刘奭是'老爹'（参考四二年十二月）。高祖（七任帝元宏）恩德广布中土，品格高超顶峰。肃祖（元勰）虽然功勋等同宇宙，但他自始至终，都是一个臣属。而且，两位元首（元宏及元勰）同时享受香火，乃是君臣并肩坐在筵席之上，嫂嫂跟小叔同住一个房间，我私下觉得，并不妥当。"国务院文官部长（吏部尚书）李神儁也劝阻，元子攸都不接受。元彧又请取消"帝"，只称"皇"，元子攸也不接受。

4 南梁帝萧衍下诏，重新厘定二百四十号将军，等级分四十四班（五〇八年，将军等级二十四班〔参考该年正月〕，本年几乎加倍）。

5 二月二十日，北魏帝元子攸下诏，命济阴王元晖业兼中央特遣政府执行官（兼行台尚书），会同司令官（都督）丘大千等，镇守梁国（河南省商丘市）。元晖业，是拓跋小新成的曾孙（拓跋小新成事，参考四六一年七月）。

三月十一日，元子攸下诏命上党王元天穆，讨伐变民首领汉王邢杲，由费穆当前锋总司令官（前锋大都督）。

夏季，四月二日，元子攸把老爹元勰、娘亲李女士的牌位，迁入皇家祖庙（太庙）。又追尊老哥、彭城王元劭绰号孝宣皇帝。临淮王元彧再劝阻说："这种老弟追尊老哥当皇帝的事，自古迄今，从来没有听说过，陛下做事，不遵守传统法则，后世人怎能当作榜样！"（后世人却硬是把元子攸当作榜样，唐王朝时，甚至追称老弟或儿子当皇帝，参考七六八年五月。）元子攸不接受。

上党王元天穆讨伐邢杲，因北海王元颢在南梁军护送下，已进入国境，元天穆召集文武官员讨论，大家一致说："邢杲强大，应该最先攻击。"中央特遣政府执行官（行台尚书）薛琡说："邢杲部众虽多，不过偷鸡摸狗之辈，没有远大的志向。而元颢却是皇族的近亲（元颢，是元详的儿子），大军北来，声称是正义之师，将来的发展如何，难以预测，最好是先行铲除。"元天穆因各将领都盼望先攻击邢杲，而中央又认为元颢孤独微弱，不够资格使人忧虑，命元天穆等先平定古齐国地区（山东省）后，再回军攻击元颢。元天穆得到指令，率军东下。

元颢跟陈庆之，乘北魏边界防务空虚，从铚城（安徽省宿州市西南）向前推进，占领荥城（河南省虞城县西南），抵达梁国（河南省商丘市）。北魏司令官（都督）丘大千，拥有七万人的兵力，分筑九个营垒抵抗南梁军前进。陈庆之进攻，从早上到下午，一连攻陷三个营垒，丘大千投降。元颢登上高台，焚烧木柴，借上升的烟火，禀告天神：已在睢阳（梁国首府）城南登极称帝；改年号孝基。北魏济阴王元晖业，率羽林禁卫军二万人，驻防考城（河南省民权县东），陈庆之攻陷考城，生擒元晖业。

6 四月二十日，北魏帝国上党王元天穆及尔朱兆，在济南（山东省济南市）击破变民首领汉王邢杲，邢杲投降，押送首都洛阳，斩首。尔朱兆，是尔朱荣的侄儿。

7 五月六日，北魏政府命东南路军总司令官（东南道大都督）杨昱，镇守荥阳（河南省荥阳市）；国务院执行长（尚书仆射）尔朱世隆，镇守虎牢（河南省荥阳市西北汜水镇）；总监督长（侍中）尔朱世承，镇守崿坂（河南省洛阳市偃师区东南）。

五月十四日，中外戒严。

五月十七日，登极称帝的元颢，攻克梁国（河南省商丘市）；任命陈庆之当首都卫戍司令（卫将军）、徐州（州政府彭城）州长（空头头衔），率军向西挺进。杨昱手握七万人重兵据守荥阳（河南省荥阳市），陈庆之攻击，没有攻克，元颢派人前往游说杨昱投降，杨昱拒绝。而北魏的增援部队、上党王元天穆，与骠骑将军尔朱吐没儿，率大军前后抵达。南梁军大为恐惧，陈庆之解开马鞍，喂马吃草，勉励将士说："我们自进入魏国（北魏帝国）领土，直到今天，夺取土地，屠杀城民，为数实在不少。你们格杀人家的父兄、抢掠人家的子女，为数也难数清。元天穆的部众，都是仇人。我们的人才七千，蛮虏却有三十余万。今天的事，只有决心一死，才可以死中求生。蛮虏的骑兵太多，不可以跟他们野战，应该把握他们还没有完全到达之前的时机，发动急攻，占领荥阳死守。各位不要疑惑，自己去找宰割！”乃擂动战鼓，驱使爬城，将领士卒像蚂蚁一样，攀登而入。

五月二十二日，攻陷荥阳（河南省荥阳市），生擒杨昱。南梁将领三百余人，伏身叩拜在元颢御帐之前，请求说：“陛下渡长江北上，挺进三千华里，没有损失一箭，可是，昨天，就在荥阳城下，一次就死伤五百余人，请求把杨昱交给我们，使大家能雪心头之恨。”元颢说：“我在江南（南梁帝国），听贵国皇帝（萧衍）谈到最初起兵东下时，吴兴郡（浙江省湖州市）郡长袁昂，拒不投降（参考五〇一年十二月），对他的忠心节操，十分敬重。杨昱是帝国忠臣，为什么杀他？除了这件事，其他的事，都由你们决定。”南梁军遂斩杨昱手下将领三十七人，全都开膛破肚，挖出心脏吃掉（难道这三十七位将领，都不是忠臣！只是已没有利用价值而已，可痛）。不久，元天穆等率军围城，陈庆之出动骑兵三千人，出城奋力攻击，大破北魏军，元天穆、尔朱吐没儿全都逃走。陈庆之进攻虎牢（河南省荥阳市西北汜水镇），守将尔朱世隆放弃关隘，跟着元天穆等也逃走。南梁军生擒北魏帝国东翼警卫指挥官（东中郎将）辛纂（东中郎将府在虎牢）。

北魏帝元子攸，打算放弃首都洛阳，用以躲避元颢的攻势，但不知道逃向何方，有人建议迁都长安（陕西省西安市），立法院立法官（中书舍人）高道穆说：“关中（陕西省中部）残破不堪，怎么可以去那里！元颢的武装部队，数目不多，乘虚深入，只因我们的将领差劲，才到今天地步。陛下最好亲自率领禁卫官兵，用重赏招募敢死武士，就在洛阳城下决战，我们竭尽死力，一定可以击破元颢军。如果对胜负没有把握，则陛下不妨渡黄河北上，征召最高统帅（大将军）元天穆、大丞相尔朱荣，命他们各自率军，前来会师，互相呼应，进军讨伐，少则十日，多则一月，必然成功，这是万全的方略。”元子攸接受第二项建议。

五月二十三日，元子攸出京（首都洛阳），渡黄河北上，当天夜晚，抵达河内郡（河南省沁阳市）南郊，命高道穆在烛光下书写诏书数十纸，分别送到远近张贴，四方才知道皇帝所在。

五月二十四日，元子攸进入河内郡（河南省沁阳市）。

北魏临淮王元彧、安丰王元延明，率中央文武百官，封存国库，出动法驾（皇帝专用车队），迎接元颢。

五月二十五日，元颢进住洛阳皇宫，改年号建武，下诏大赦。任命陈庆之当总监督长（侍中）、车骑大将军，采邑增加到一万户人家。前雍州（州政府设长安〔陕西省西安市〕）州长（刺史）杨椿，此时身在洛阳；杨椿的老弟杨顺，当冀州（州政府设信都〔河北省衡水市冀州区〕）州长（刺史）；侄儿杨侃当北翼警卫指挥官（北中郎将），追随北魏帝元子攸，逃亡黄河以北。元颢对杨椿十分顾忌，但因杨家世代显耀尊贵，恐怕丧失人心，所以不敢诛杀（华阴〔陕西省华阴市〕杨家，以杨震最有名，参考一二四年三月）。有人劝杨椿逃走，杨椿说："我家内外，有一百余口，往哪里躲藏？只有坐在这里，听天由命。"

元颢的后军司令官（后军都督）侯暄，据守睢阳（梁国首府，河南省商丘市），遥作声援。北魏中央特遣政府总监（行台）崔孝芬、总司令官（大都督）刁宣，急行军包围睢阳，日夜不停猛烈攻击。

五月二十七日，侯暄突围逃走，被擒，斩首。

北魏上党王元天穆等，率军四万人，攻陷大梁（河南省开封市），另派前锋总司令官（前锋大都督）费穆率军二万人，进攻虎牢（河南省荥阳市西北汜水镇），元颢命陈庆之迎战。元天穆对陈庆之心存畏惧，打算撤退到黄河以北，对中央特遣政府助理官（行台郎中）济阴郡（山东省菏泽市定陶区西）人温子升说："你打算去洛阳？还是打算跟我去黄河以北？”温子升说：“主上（元子攸）因虎牢失守，所以才狼狈逃亡。元颢刚到洛阳，人心不安，我们发动攻击，不可能不攻克。大王收复京师（北魏首都洛阳），奉迎圣驾，是姜小白（桓）、姬重耳（文）霸主的事业。放弃这里，北渡黄河，实在替大王惋惜。”元天穆认为他的分析正确，但不能接受（因没有必胜把握），遂率军渡黄河北上。费穆正攻虎牢，快要攻克，听到元天穆北渡消息，认为后继无人，遂投降陈庆之。陈庆之攻击大梁（河南省开封市）、梁国，全都克复。陈庆之率领仅仅数千名的部队，自铚城（安徽省宿州市西南）到洛阳，共计攻取三十二城；凡四十七次会战，所向无敌。

元颢命监督院宫廷监督官（黄门郎）祖莹，写信给元子攸（二人是堂兄弟），说：“我向梁国（南梁帝国）皇帝流泪哭泣，请求援助，目的只在雪耻复仇，惩罚尔朱荣的罪行，救你挣脱枷锁。你把性命交给豺狼，把身家投到虎口，看起来已有人民土地，但这些本是尔朱荣所有，不属于你（指元子攸一草一木，都出于尔朱荣赏赐）。而今，帝国是兴盛或是衰亡，在你我之手，如果上天帮助正义，皇家的魏王朝（北魏帝国）将再度兴起。如果不然，尔朱荣有福，你却有祸。你应三思，荣华富贵，可以保全。”

元颢既入洛阳，黄河以南州郡，多数归附。齐州（州政府设历城〔山东省济南市〕）州长（刺史）沛郡王元欣，召集文武官员会议，讨论立场，元欣说：“北海王（元颢）和长乐王（元子攸），都是皇族近亲（二人同一祖父——六任献文帝拓跋弘），而今，天下虽乱，领导中心并没有转移，我打算接受大赦（元颢颁大赦令），各位意下如何？”在座的人脸色大变，只有参谋长（军司）崔光韶单独抗议说：“元颢在梁国（南梁帝国）控制之下，引导贼寇的军队，颠覆祖国，这正是魏王朝（北魏帝国）的乱臣贼子！岂仅是大王一家的事，使人切齿痛恨。我们身受政府

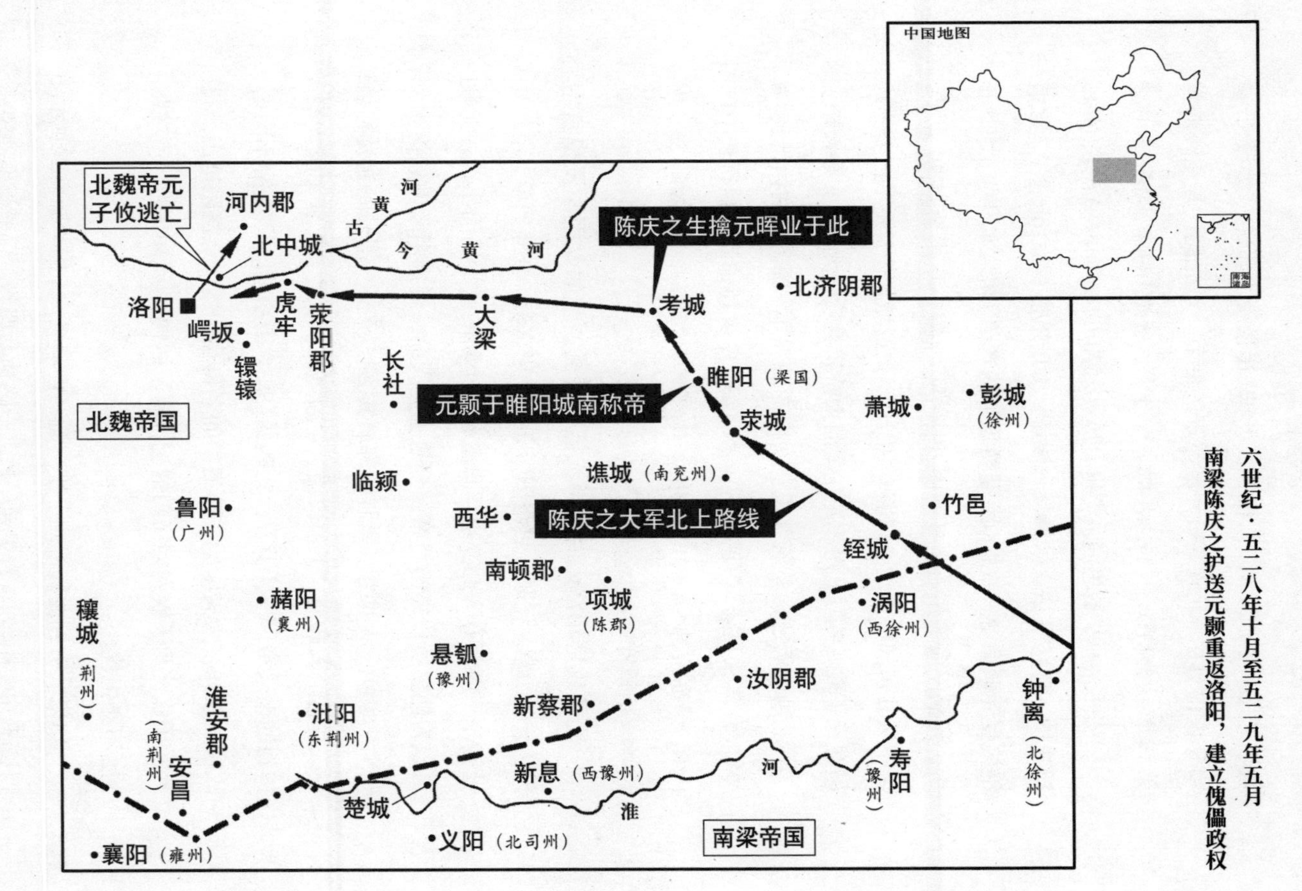

六世纪·五二八年十月至五二九年五月
南梁陈庆之护送元颢重返洛阳，建立傀儡政权

栽培之恩，不敢顺从！”秘书长（长史）崔景茂等都说：“参谋长（崔光韶）说得对！”元欣遂斩元颢派来的使节。崔光韶，是崔亮的堂弟（崔亮创立排队制度，参考五一九年二月）。于是，襄州（州政府设赭阳〔河南省方城县〕）州长（刺史）贾思同、广州（州政府设鲁阳〔河南省鲁山县〕）州长（刺史）郑先护、南兖州（州政府设谯城〔安徽省亳州市〕）州长（刺史）元暹，全都拒绝接受元颢命令。贾思同，是贾思伯的老弟（贾思伯事，参考五二三年十月）。元颢任命冀州（州政府设信都〔河北省衡水市冀州区〕）州长（刺史）元孚，当中央驻东部特遣政府总监（东道行台），封彭城郡王；元孚把委任状呈缴元子攸。平阳王元敬先在黄河大桥起兵攻击元颢，失败被杀。

北魏政府任命总监督长（侍中）、车骑将军、国务院右执行长（尚书右仆射）尔朱世隆：“使持节”（一级权力）、中央特遣政府执行长（行台仆射）、最高统帅（大将军）、相州（州政府设邺城〔河北省临漳县西南邺城镇〕）州长（刺史），镇守邺城。

元子攸逃出洛阳时，单人匹马而去，皇家禁卫军及皇宫内外，一切如常。元颢一进洛阳，皇家荣华富贵，全部到手。元颢发号施令，而四方人心，也都盼望有一个新的政治局面出现。元颢自以为他之所以能当皇帝，全是上应天命，遂逐渐骄傲怠惰（“骄傲”二字出现），从前当亲王时的部属宾客、亲友，都受到宠爱和信任，并且进入政府，干预政治。元颢更日夜饮酒，不管军国大事。护驾的南梁帝国军士兵，行为凶暴，在大街小巷，欺凌洛阳市民，政府与民间，大失所望。高道穆的老哥高子儒，从洛阳逃出，投奔元子攸，元子攸问他洛阳情况，高子儒说：“元颢失败，就在眼前，不必担忧。”

尔朱荣听到北魏帝元子攸向北逃亡消息，立即坐政府驿马车，到长子（山西省长子县）晋见元子攸，一路遣兵调将，元子攸也掉转马头立即南下（元子攸大概投奔尔朱荣，走到长子，跟前来晋谒的尔朱荣相会；既得到支持，即随尔朱荣回京〔首都洛阳〕），尔朱荣担任前道。十天光景，各路勤王兵马，大批集中，粮食、武器、辎重、盔甲，陆续运到。

六月二日，元子攸下诏大赦。

太原王尔朱荣南下时，并州（州政府设晋阳〔山西省太原市〕）、肆州（州政府设九原〔山西省忻州市〕）人心动摇，社会不安。尔朱荣命尔朱天光当中央驻并肆九州特遣政府总监（并肆等九州行台。九州：并州、肆州、恒州〔州政府平城〕、朔州〔州政府怀朔镇〕、云州〔州政府盛乐〕、蔚州〔州政府怀荒镇〕、显州〔州政府六壁城〕、汾州〔州政府蒲子城〕、燕州〔州政府广宁〕。九州都在山西省及内蒙古南部），仍兼并州（州政府晋阳）总部执行官（行并州事）。尔朱天光抵达晋阳，部署兵力，整顿军纪，所属各路人马，才归于安定。

六月九日，费穆到达洛阳，元颢接见，责备他挑动河阴屠杀，斩首（费穆向尔朱荣秘密进言事，参考去年〔五二八〕四月十三日）。元颢命司令官（都督）宗正珍孙，跟河内郡（河南省沁阳市）郡长元袭，占领河内。太原王尔朱荣首先攻击河内，上党王元天穆率军会师。

六月二十二日，尔朱荣攻克河内（河南省沁阳市），斩宗正珍孙及元袭。

闰六月一日（原文误置于六月），淮安郡（河南省唐河县南湖阳镇）郡长晋鸿（晋，姓），献出湖阳（淮安郡郡政府所在县），投降南梁帝国（首都建康）。

8 闰六月九日，南梁帝国南康王（简王）萧绩（南梁帝萧衍子）逝世（年四十四岁）。

9 北魏洛阳政府首领元颢，既坐上皇帝宝座，平生最大的志愿已经实现，志得意满，秘密跟临淮王元彧、安丰王元延明，讨论脱离南梁的控制，只因威胁还没有消除，必须依靠陈庆之的兵力；所以表面上团结无间，内心却另有打算，言语上也不免针锋相对，怀疑猜忌。陈庆之开始看出有点不对劲，暗中戒备，向元颢建议说："我们从遥远的地方来到此地，不服从的人还有很多，他们如果知道虚实，联合反攻，我们用什么抵御？应该奏请天子（南梁帝萧衍），请他继续派遣精锐部队增援，并请陛下训令各州，凡是南朝（从南宋帝国到南梁帝国）流亡在北朝（北魏帝国）的人士，都应强行押送。"（不知道押送回南方，还是押送来洛阳？说不清楚。）元颢打算采纳，可是元延明说："陈庆之的军队，不过数千人，就已难以控制，如果更增加他的军队，他还肯听从指挥？政府大权一旦丧失，连呼吸一口气，都要由人做主，皇家祖庙，势将从此崩塌！"元颢遂拒绝陈庆之的请求，但又恐怕陈庆之向萧衍呈递"亲启密奏"，于是，抢先上疏给萧衍说："而今，黄河以南与黄河以北，同时平定，只剩下尔朱荣，仍有胆量在那里跋扈；我跟陈庆之，自会讨伐擒获。州郡都是新近归附，正需要休息安抚，最好是不再增加军队，使民心动摇。"萧衍乃下令续进增援各军，停留边界。

洛阳城中的南梁护送军，不满一万人，而羌人及匈奴人的军队却有十万之多。陈庆之的副带兵官（军副）马佛念，对陈庆之说："将军威力震慑黄河、洛水，声势撼动中原，功劳太高，权力太重，已被魏国（指元颢）猜疑，对突然发生难测的变化，你难道毫不担心！不如乘元颢没有准备，把他诛杀，占领洛阳，这是千载难逢之机。"陈庆之不采纳。元颢先前任命陈庆之当徐州（州政府彭城）州长（刺史），陈庆之一再请求前去到任，元颢对他心存畏惧，不放他走，并且说："主上（萧衍）把洛阳地区，完全托付给你，忽然听说你抛弃我们的生命线，打算前去彭城（江苏省徐州市），认为你只图自己富贵，不替国家着想，不但对你有伤害，恐怕我也会受到责备。”陈庆之不敢再说。

太原王尔朱荣勤王军跟洛阳夺权军，隔黄河对峙。陈庆之驻防北中城（黄河大桥北岸护桥城），元颢亲自防守南岸。陈庆之三天之内发动十一次攻击会战，杀伤敌人很多。夏州（州政府设统万〔陕西省靖边县北白城则村〕）一批忠于元子攸的部队，正替元颢驻防河中小岛（渚），秘密跟尔朱荣取得联系，希望摧毁黄河大桥，为国立功，但请尔朱荣率军接应。然而，当夏州兵团摧毁黄河大桥时，尔朱荣却来不及接应，元颢把夏州兵团全部屠杀，尔朱荣怅然自恨。同时洛阳政府安丰王元延明，沿黄河南岸严密防守，而勤王军没有船舰可以渡河，尔朱荣有意撤回北方，再决定下一步行动，跟大家商议。监督院宫廷监督官（黄门郎）杨侃说：“大王从并州（州政府晋阳）出发时，难道已经知道夏州（州政府统万）忠义之士的密谋，特地前来接应？还是为了完成复国建国、辅佐皇家的历史任务，才率军南下？疆场作战，胜败都是常事，怎么能避免溃散后重新集结、伤口痊愈后再去冲锋！何况，直到今天，勤王军并没有损失，岂可因一件事情不顺利，就把伟大的目标放弃？四方举头仰望，集中在大王这次出击。如果不能成功，轻率后退，民心失望，意志动摇，最后谁胜谁负，难以判断。我的意见是，不如征取民间的木材，人量建造木筏，用少数船舰夹在它们之间，沿岸一字排开，使数百华里之长的防线，任何地方都可出动渡河，阵势首尾相距既远，元颢就防不胜防。一旦在南岸登陆，一定可立下大功。”稍后，高道穆也建议说：“而今，御驾流亡在外，主上（元子攸）忧愁，臣属耻辱，大王手握百万雄师，辅佐天子，号令天下，如果分出一部分力量，建造木筏，用人海战术，作全线出击，分别在南岸抢滩，转眼之间，就可成功。为什么抛弃胜算，回到北方，那将使元颢重整军备，征召全国部队，这可是把小蛇养成大蛇，后悔时已来不及。”尔朱荣说：“杨侃也提出同样战术，当再找他商议。”尔朱荣最信任的巫师刘灵助，告诉尔朱荣说：“不出十日，黄河之南战乱，一定削平。”伏波将军、正平郡（山西省新绛县）人杨标，跟他的家族，居住马渚（黄河中小岛），有小船数艘，自告奋勇说，愿意充当向导。

闰六月十八日，尔朱荣发动总攻，命车骑将军尔朱兆，跟总司令官（大都督）贺拔胜，用木材绑成木筏，从马渚西硖石（河南省洛阳市孟津区西十公里黄河渡口），在夜色掩护下秘密渡过黄河，袭击元颢的儿子、中央禁军总监（领军将军）元冠受大营，生擒元冠受。安丰王元延明部队听到噩耗，立刻溃散。元颢像巨雷轰顶，不知所措，率侍从武士数百骑兵，出洛阳城向南逃走。陈庆之集结步骑兵数千人，结成阵势，向东撤退。元颢控制下的城池，一时之间，全部归附勤王军。尔朱荣亲自追击陈庆之，正巧，嵩山水（源出嵩山〔南岳，河南省登封市西北〕，南流注入颍水）突涨，陈庆之兵团死亡、逃散，几乎全被消灭；陈庆之剃光头发，假装和尚，从小路穿过汝阴（安徽省阜阳市），返回建康（南梁首都，江苏省南京市），仍以功勋被南梁政府任命当首都西区卫戍司令（右卫将军），封永兴县侯。

陈庆之率七千人一支孤军，深入敌国国土，破坚城，陷首都，扶持新帝登极，历经四十七次野战，战无不胜，攻无不取，使人想到迦太基的汉尼拔，东西两大名将，战功彪炳，史册互相辉映。

然而，两位名将最后都归失败，不是被敌人击败，而是被自己窝囊腐烂的祖国击败。陈庆之早看出危机，要求增援，要求离开洛阳，都被拒绝，悲剧已经注定，纵有通天本领，都无法挽救。可是，在全局崩溃之际，仍能全军东撤，如果不是嵩山水猛涨，拦住去路，他更会全军而归。即令嵩山水猛涨，如果涨在南梁兵团渡河之后，大军照样可以保全。国家领导人的决策错误，使东西两大英雄，饮恨千古，怎不掩卷叹息。

10 北魏帝国中军总司令官（中军大都督）兼中央禁军总监（兼领军大将军）杨津，进入洛阳，住宿宫城，打扫清洁，封闭仓库，到北邙山（洛阳城北）迎接北魏帝元子攸，哭泣流泪，自请处罚，元子攸加以慰劳。

闰六月二十日，元子攸住宿华林园，大赦。任命尔朱兆当车骑大将军、仪同三司（宰相级）；北方来的勤王军，以及追随御驾流亡的文武百官和起义立功人士，一律擢升五级；黄河北通报敌情的官员和黄河南起义官员，都擢升两级。

闰六月二十二日，加授大丞相尔朱荣天柱大将军（正一品），增加采邑——连前所封共二十万户（尔朱荣擒葛荣时，采邑已十万户〔参考去年十月〕，此次勤王，再增十万户）。

逃亡的皇帝元颢，从轘辕（河南省洛阳市偃师区东南）逃到临颍（河南省临颍县），侍从骑兵卫队各奔前程，四散逃走，临颍县士卒江丰，斩元颢。

闰六月二十三日，把元颢人头，呈送首都洛阳。临淮王元彧再归附元子攸；而安丰王元延明携妻带子，投奔南梁帝国（首都建康）。

11 南梁帝国永兴县侯陈庆之，进入洛阳时，萧赞（萧综）送一封信给陈庆之，请求返回江南（南梁帝国。萧综投奔北魏帝国事，参考五二五年五月)；当时萧赞（萧综）的娘亲吴淑媛，仍在人世，萧衍命吴淑媛把萧赞（萧综）小时候的衣帽鞋袜送给他，还没有送到，陈庆之战败。

陈庆之从北魏帝国回来后，特别尊敬北方人。朱异大为惊异，问他原因，陈庆之说:“最初，我认为长江以北（北朝），全是戎狄之乡，等到了洛阳（北魏首都，河南省洛阳市东白马寺东），才知道高级知识分子，都在中原，长江以南（南朝）根本赶不上，怎么可以轻视！”

12 闰六月二十四日，北魏帝国任命上党王元天穆当太宰（上公），城阳王元徽当最高指挥官（大司马）兼全国武装部队总司令（兼太尉）。

闰六月二十五日，北魏帝元子攸设下盛筵，在驿马车总站，宴请尔朱荣、元天穆，以及从北方来的勤王各军司令官（都督），元子攸释放宫女三百人，以及动用锦绣绸缎、杂色布料数万匹，依照等级，分别赏赐，凡接受元颢爵赏和元颢所免除的田赋差役，一律撤销。

秋季，七月二日，元子攸才住进皇宫。

元子攸命高道穆当总监察官（御史中尉），元子攸的姐姐寿阳公主外出时，冒犯戒严净街令，不肯停车接受检查；巡逻队（赤棒）士卒呵止，寿阳公主不理，高道穆下令把车辆击碎。寿阳公主向老弟元子攸哭诉，元子攸说:“高道穆是清廉公正人士，他所做的是公事，怎么可以因私情责备他。”高道穆晋见元子攸，元子攸说:“我姐姐在路上多有冒犯，使我感到惭愧。”高道穆脱下冠帽道歉，元子攸说:“惭愧的是我，你怎么反而道歉！”

当时，北魏帝国流行细钱（轻于或小于五铢的钱），一斗米几乎值一千钱。高道穆上疏说：“街市上商店铜价，八十一钱可买一斤；私自铸造细钱（轻于或小于五铢钱的钱），一斤铜可铸出二百钱。既告诉人有可观的利润，而又用重刑吓阻，受到刑罚的人虽然层出不穷，犯罪的人却越来越多。而今，名称虽是‘五铢’（参考五一七年正月），事实上连二铢都没有，放到水面上，简直不往下沉。这是当初查禁并不严厉，因循累积，为时已久之故。政府既有错误，铸钱的人有什么罪！最好是改铸大钱，钱上铸明年号，记载何时使用，则一斤铜只能铸七十钱，私人筹钱，既没有利益，自会打消这种念头。何况，又加上严刑防范。”特级资政官（金紫光禄大夫）杨侃，也上疏请求，准许政府与民间，都可以铸造五铢钱，使人民乐于使用，则弊端自会革除（弊端由来已久，参考五一七年正月元澄奏章）。元子攸批准，开始铸五铢钱，称“永安五铢钱”（永安是元子攸本年〔五二九〕使用的年号）。

七月十二日，元子攸擢升车骑将军杨津，当最高监察长（司空）。

13 最初，北魏帝国因梁州（州政府设南郑〔陕西省汉中市〕）、益州（州政府设晋寿〔四川省广元市西南〕），距离太过偏远，而州的面积又大，于是，分割二州若干郡县，成立巴州（州政府设隆城〔四川省仪陇县西南〕），管辖各部落，约二十余万户，命酋长严始欣当州长（刺史）。同时设立隆城镇（四川省仪陇县西南），任命严始欣的远房侄儿严恺当防卫司令（镇将）。严始欣贪污凶暴，五二五年稍后，各部落纷纷叛变，包围州城（隆城）。中央特遣政府总监（行台）魏子建安抚慰问，变民才散去。严始欣害怕受到处罚，打算归降南梁帝国（首都建康），南梁帝萧衍派人前往，赏赐给他诏书、免死铁券、衣服冠帽等，被严恺查获，送缴魏子建。魏子建上奏，中央遂把隆城镇改称南梁州，命严恺当州长（刺史），而把严始欣囚禁南郑（陕西省汉中市）。后来，中央任命唐永当东益州（州政府设武兴〔陕西省略阳县〕）州长（刺史），接替魏子建；另命梁州（州政府南郑）州长（刺史）傅竖眼当中央特遣政府总监（行台）。魏子建去职，东益州（武兴）的氐人和侨居的巴蜀（四川省）人，不久即行叛变，唐永放弃州城逃走，东益州（武兴）遂永远脱离北魏帝国版图，成为蛮夷地区。

傅竖眼初到梁州（南郑）时，人民兴奋，互相庆贺（参考五一六年五月），然而，过了一段时间，傅竖眼患病，不能痊愈，无法亲自处理州政府事务。他的儿子傅敬绍，奢侈荒淫，贪污凶暴，人民对他深为厌恶。严始欣重金贿赂傅敬绍，傅敬绍遂释放严始欣返回巴州（州政府隆城）；严始欣出动军队，消灭严恺，献出巴州（隆城），归降南梁帝国。南梁帝萧衍派将军萧玩等增援。傅敬绍眼看帝国已经大乱，暗中有据守南郑（陕西省汉中市）的打算，派他妻子的老哥唐昆仑，到外引诱山区居民，联合包围州城（南郑），傅敬绍准备作为内应。山民军包围圈刚刚完成，而阴谋外泄，守城将士共同逮捕傅敬绍，报告傅竖眼，然后斩傅敬绍。傅竖眼羞愧愤怒交集，逝世。

八月十日，太傅（上三公之二）李延寔，出任宰相（司徒）。

八月二十五日，总监督长（侍中）、太保（上三公之三）杨椿退休。

14 九月十五日，南梁帝萧衍前往同泰寺进香，举行“四部无遮大会”（四部：和尚、尼姑、善男、信女。无遮：宽容与赦免，也就是“信徒宽容祈祷大会”）。萧衍脱下皇帝衮袍，换上僧侣法衣，全身沐浴，吃斋念佛，把皇帝休息室（便省），改作僧侣房，只放一张简单的木床和若干陶制的日常用具；萧衍乘坐一辆小车，亲自动手做事。

九月十六日（原文“甲子”，据《建康实录》改），萧衍登上佛堂讲座，对和尚、尼姑、善男、信女，讲解《涅槃经》（“涅槃”，梵语“死亡”的音译，意译则为“圆寂”“灭度”。有“有余涅槃”，谓生命已尽。有“无余涅槃”，谓断气之后，永无生死，《涅槃经》有小乘、大乘之别，《小乘涅槃经》记载佛祖历史，《大乘涅槃经》阐明佛教教义）。

九月二十五日，政府文武百官共捐出一亿万钱，向“三宝”祷告（三宝：佛、法、僧），请求赎回“皇帝菩萨”；和尚不表示反对。

九月二十七日，文武百官全体前往同泰寺东门，呈递奏章，请求萧衍重返金銮宝殿。直到第三次请求，萧衍才算答应。这三次回答请求——两次拒绝，一次批准复函上，在结尾时，萧衍都书写“顿首”（皇帝至高至大，不会向臣民顿首，顿首是用僧侣身份。此是萧衍第二次舍身〔第一次在五二七年三月〕）。

15 北魏帝国太原王尔朱荣，派总司令官（大都督）尖山（山西省神池县）人侯渊，前往蓟城（北京市）讨伐占据幽州（州政府蓟城）的变民首领韩楼（参考去年〔五二八〕十二月），拨付给他的军队很少，只有骑兵七百人。有人提出这个问题，尔朱荣说：“侯渊临机应变，是他的长处，但他没有能力指挥大兵团作战。如今，就只七百人，足够他取得胜利。”侯渊向外夸张军队的实力，大量设置炉灶及其他补给物品，亲自率领数百骑兵，深入韩楼控制地区。距蓟城（北京市）一百余华里，跟变民军将领陈周的一万余人的步骑混合兵团遭遇，侯渊暗中埋伏，等陈周主力通过后，侯渊发动伏兵，攻击陈周后卫，大破陈周兵团，俘虏五千余人。但不久就把马匹及武器发还，释放他们返回州城（蓟城）。左右参谋人员劝阻说：“既然捉住贼寇（变民军），为什么又放他们远走？”侯渊说：“我们的人数太少，不可以

尔朱家世系

祖辈	父辈	第一代	第二代
梁郡公爵 尔朱代勤	秀容第一领民酋长 尔朱新兴	太原王 尔朱荣	侍中 尔朱菩提
			梁郡王 尔朱义罗
			太原王 尔朱文殊
			昌乐王 尔朱文畅
			梁郡王 尔朱文略
			颍川王 尔朱兆
			安定王 尔朱智虎
		常山王 尔朱度律	
			陇西王 尔朱天光
始昌侯 尔朱侯真	武卫将军 尔朱买珍	博陵王 尔朱彦伯	尔朱敞
		彭城王 尔朱仲远	
		乐平王 尔朱世隆	
		御史中尉 尔朱世承	
		河间郡公爵 尔朱弼	
	殷州刺史 尔朱翟		

打硬仗，必须靠计谋，离间他们的团结，使他们互相猜忌，才能够把他们克制。”侯渊计算被释放的俘虏已经进城，乃率骑兵乘夜前进，天色拂晓时，开始攻击燕郡（郡政府设蓟城，北京市）城门。韩楼果然怀疑回城的被俘过的士卒，已被收买作为侯渊的内应，霎时间大为惊恐，出城逃走。侯渊追击，生擒韩楼，幽州（州政府蓟城）秩序恢复。中央任命侯渊当平州州长（刺史），镇守范阳（平州州政府本设肥如〔河北省卢龙县北〕，今迁范阳〔河北省涿州市〕）。

最初，中央任命征东将军刘灵助，兼国务院左执行长（兼尚书左仆射），前往濮阳（山东省鄄城县西）、顿丘（河南省清丰县）一带，慰劳安抚从幽州（州政府蓟城）逃出来的难民，刘灵助乘势率领难民北上返乡，会合侯渊，共同击灭韩楼。中央遂任命刘灵助当幽州总部执行官（行幽州事），擢升车骑将军、中央驻幽平营安四州特遣政府总监（幽平营安四州行台）。

16 变民首领、已称皇帝的万俟丑奴（根据地高平〔宁夏固原市〕）攻击北魏帝国东秦州（州政府设汧城〔陕西省陇县〕），攻克，斩州长（刺史）高子朗。

17 冬季，十月一日，南梁帝萧衍再设“四部无遮大会”（信徒宽容祈祷大会），僧侣及世俗平民五万余人参加。会毕，萧衍乘坐用黄金装饰的御车回宫，登太极殿，大赦，改年号中大通（之前是大通三年，之后是中大通元年）。

18 北魏帝国任命前最高监察长（司空）萧赞（萧综）当宰相（司徒）。

19 十一月二日，变民首领燕王就德兴，向北魏政府投降（就德兴事，参考五二四年十月），营州（州政府设龙城〔辽宁省朝阳市〕）战乱平息。

20 十一月二十九日，北魏帝国任命城阳王元徽当太保（上三公之三），丹阳王萧赞（萧综）当全国武装部队总司令（太尉），雍州（州政府设长安〔陕西省西安市〕）州长（刺史）长孙稚当宰相（司徒）。

21 十二月四日，南梁帝国兖州州长（刺史）张景邕、荆州州长（刺史）李灵起、雄信将军萧进明叛变，投降北魏帝国（胡三省原注："三人都是南梁北方边界民间强族豪门，给一个州长〔刺史〕、将军头衔，表示政府对他们的重视。"）

南梁帝萧衍任命陈庆之当北兖州（州政府设淮阴〔江苏省淮安市淮阴区〕）州长（刺史）。有变民首领僧强，自称天子；当地豪门蔡伯龙，聚集民众，武装响应，兵力达到三万人，攻陷北徐州（州政府设钟离〔安徽省凤阳县东北临淮关镇〕）。陈庆之讨伐，斩僧强、蔡伯龙。

22 北魏帝国任命岐州（州政府设雍城〔陕西省宝鸡市凤翔区〕）州长（刺史）王罴当南秦州（州政府设骆谷城〔甘肃省西和县南〕）总部执行官（行南秦州事）。王罴设计引诱州境内的盗匪，全部诛杀。

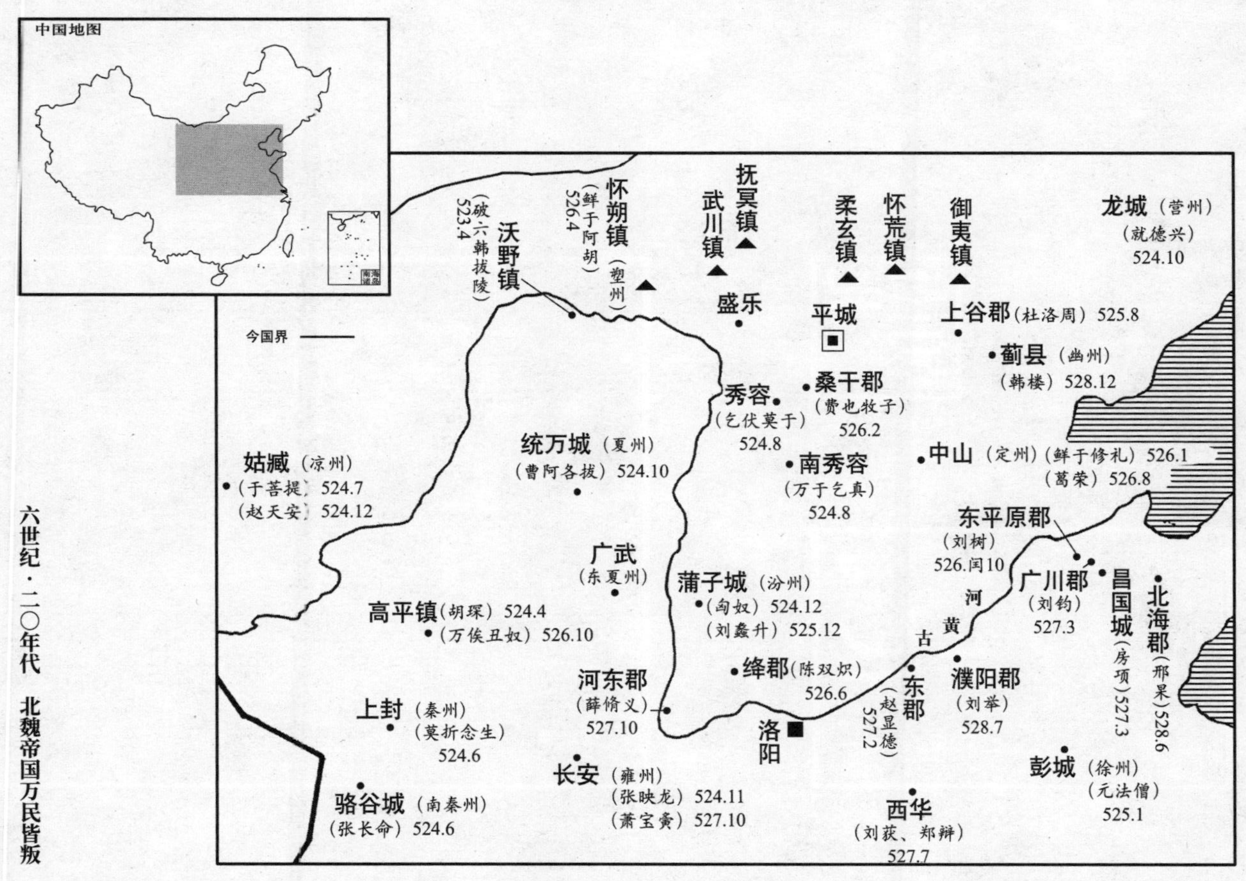

六世纪·二〇年代　北魏帝国万民皆叛

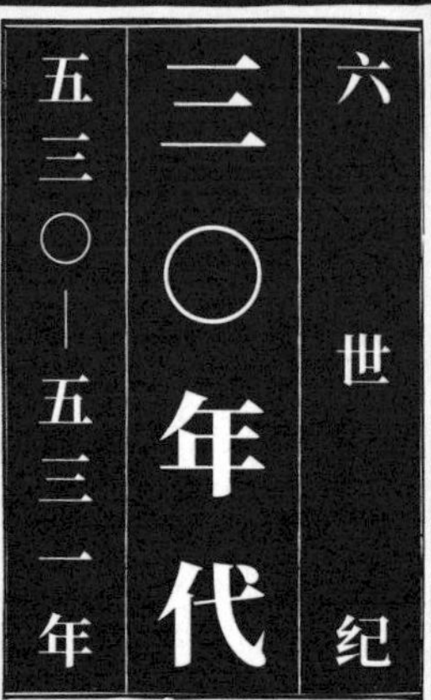

南北朝

◎ 北魏帝诛杀尔朱荣。

◎ 尔朱家全灭。

◎ 《罗马法典摘要》《查士丁尼法典》完成。

五三〇年 庚戌

南梁　中大通　二年
北魏　永安　三年
　　　建明　元年
（皇帝刘蠡升神嘉六年）
（皇帝万俟丑奴神兽三年）
（皇帝王庆云元年）
（魏王元悦更兴元年）

1 春季，正月十三日，北魏帝国（首都洛阳〔河南省洛阳市东白马寺东〕）益州（州政府设晋寿〔四川省广元市西南〕）州长（刺史）长孙寿、梁州（州政府设南郑〔陕西省汉中市〕）州长（刺史）元儁等，派军攻击投降南梁帝国（首都建康〔江苏省南京市〕）的巴州（州政府设阆中〔四川省阆中市〕）州长（刺史）严始欣，斩首。南梁派出的增援部队、将军萧玩等，也战败被杀，逃亡及战死的，有一万余人。

2 正月二十五日（原文“辛亥”，据《魏书》改），北魏帝国东徐州（州政府设下邳〔江苏省睢宁县北古邳镇〕）居民吕文欣等，格杀州长（刺史）元大宾，占领州城（下邳），叛变。北魏政府派国务院法务部长（都官尚书）、平城（山西省大同市）人樊子鹄讨伐。

二月八日，斩吕文欣。

3 变民首领、皇帝万俟丑奴，扰乱关中（陕西省中部），北魏帝国太原王尔朱荣，派武卫将军贺拔岳讨伐。贺拔岳秘密对老哥贺拔胜说：“万俟丑奴是一个劲敌，如果不能取胜，固然有罪；即令取胜，恐怕嫉妒诬陷的谗言，将应运而生。”贺拔胜说：“那么，如何才好？”贺拔岳说：“最好是由尔朱家派一个人当主帅，我做他的助手。”贺拔胜报告尔朱荣，尔朱荣大为高兴，命尔朱天光“使持节”（一级权力），当雍岐四州军区司令长官（都督二雍二岐诸军事）、骠骑大将军、雍州（州政府设长安〔陕西省西安市〕）州长（刺史。二雍：雍州、东雍州〔州政府设郑县，陕西省渭南市华州区〕。二岐：岐州〔州政府设雍城，陕西省宝鸡市凤翔区〕、南岐州〔州政府设固道·陕西省凤县〕），任命贺拔岳当左翼总司令官（左大都督）；征西将军、鲜卑人（代郡人）侯莫陈悦（侯莫陈，三字姓），当右翼总司令官（右大都督），同时作尔朱天光的助手，共同讨伐万俟丑奴。

尔朱天光出发时，尔朱荣只配备给他嫡系部队士卒一千人，其他则动员洛阳以西各路兵马，交他指挥。当时，赤水蜀（陕西省渭南市华州区北巴蜀〔四川省〕移民）变民军，封锁道路，北魏帝（十一任孝庄帝）元子攸（本年二十四岁）下诏，命总监督长（侍中）杨侃，先去安慰解释，并命他们捐献战马，赤水蜀疑惧，不肯接受。尔朱天光军抵达潼关，不敢前进，贺拔岳说：“赤水蜀不过一小撮鼠辈，你尚且犹豫，如果遇到大敌，还打什么仗？”尔朱天光说：“今天的事，全交给你！”贺拔岳遂在渭水北攻击赤水蜀，大破赤水蜀变民军，俘获战马二千匹，挑选变民军中的壮士，编入政府军当兵，同时征收马税，加起来有一万余匹。但仍因军队太少，不敢再进。尔朱荣大怒，派骑兵军事参议官（骑兵参军）刘贵，坐政府驿马车到大营，责备尔朱天光，打他一百军棍，派二千人增援。

三月，万俟丑奴亲自率他的部众，包围岐州（州政府雍城），派他的中央特遣全权政府总监（大行台）尉迟菩萨、国务院执行长（仆射）万俟仵，从武功（陕西省武功县西）南渡渭水，攻击北魏营垒；尔朱天光派贺拔岳，率骑兵一千人增援，而尉迟菩萨等，已铲除拒马而回。贺拔岳故意格杀变民军的官员及平民，用以激怒尉迟菩萨。此时，尉迟菩萨率步骑兵二万人，已渡过渭水，抵达北岸，贺拔岳率轻装备骑兵数十人，在渭水南，隔河跟尉迟菩萨对话，强调帝国威势；尉迟菩萨派传达员传话，贺拔岳大怒说：“我跟尉迟菩萨对话，你是什么东西！”一箭把传达员射死。第二天，贺拔岳再率骑兵一百余人，隔水向变民军喊话，一面喊话，一面向东移动，直到河床最浅的地方，贺拔岳好像受到惊吓，突然间策马向东狂奔。变民军认为他恐惧逃走，立刻抛下步兵，用轻装备骑兵，在浅水处渡过渭水，在后追击。贺拔岳早在前面横冈一带，设下伏兵，严阵以待，变民军一半越过横冈，到了冈东，贺拔岳回军攻击，伏兵同时发动，变民军大败逃走，贺拔岳下令：下马的不杀！变民军士卒纷纷抛弃马匹，一会工夫，俘虏三千人，连同全部马匹，遂生擒尉迟菩萨。贺拔岳率军北渡渭水，变民军投降的步兵有一万余人，军用物资也由贺拔岳夺取。万俟丑奴接到报告，放弃岐州（州政府雍城），向北逃回安定（泾州州政府所在县，甘肃省泾川县），在平亭（泾川县北）设置大营。尔朱天光这才自雍州（州政府长安）到岐州（州政府雍城），跟贺拔岳会师。

夏季，四月，尔朱天光进抵汧水（在陕西省千阳县注入渭水）及渭水之间，逗留休息，不再前进，对外宣称："天气快要变热，不适宜行军，等到秋季凉爽，再作进一步打算。"捕获万俟丑奴的间谍，全都释放他们回去，万俟丑奴相信这项情报，遂命他的部众，四散到细川（甘肃省灵台县境）耕田；而命全国武装部队总司令（太尉）侯伏侯元进（侯伏侯，三字姓），率军五千人，据守险要，设立指挥部；其他一千人以下的小部队，分别派到其他的地方，筑营布阵。尔朱天光知道万俟丑奴的力量已经分散，于是，一天晚饭时候，开始行动，在严密戒备下，各军相继出发，拂晓，开始攻击侯伏侯元进指挥部，攻克，所有俘虏，全部放回。万俟丑奴还没有陷落的各营，听到消息，纷纷投降。尔朱天光昼夜不停前进，抵达安定（甘肃省泾川县）城下，万俟丑奴任命的泾州（州政府安定）州长（刺史）侯几长贵（侯几，复姓），献出城池，投降。万俟丑奴放弃平亭（泾川县北）逃走，打算投奔高平（宁夏固原市），尔朱天光派贺拔岳率轻装备骑兵追击。

四月二十二日，追到平凉（甘肃省华亭市）。变民军还没有集结成阵，值阁禁卫官（直阁）、鲜卑人（代郡人）侯莫陈崇（侯莫陈，三字姓），单人匹马，冲入变民军，在马上生擒万俟丑奴；于是大声宣布战果，变民军霎时间奔走逃命，没有人敢挺身阻截。而北魏政府军后继的骑兵部队，越来越多，变民军遂完全崩溃。尔朱天光进逼高平（宁夏固原市），城中变民军逮捕萧宝夤，投降。

4 四月二十七日，南梁帝国（首都建康）政府，任命吐谷浑汗国（青海省）可汗（十四任）慕容伏连筹，当西秦州、河州州长（空头官衔）。

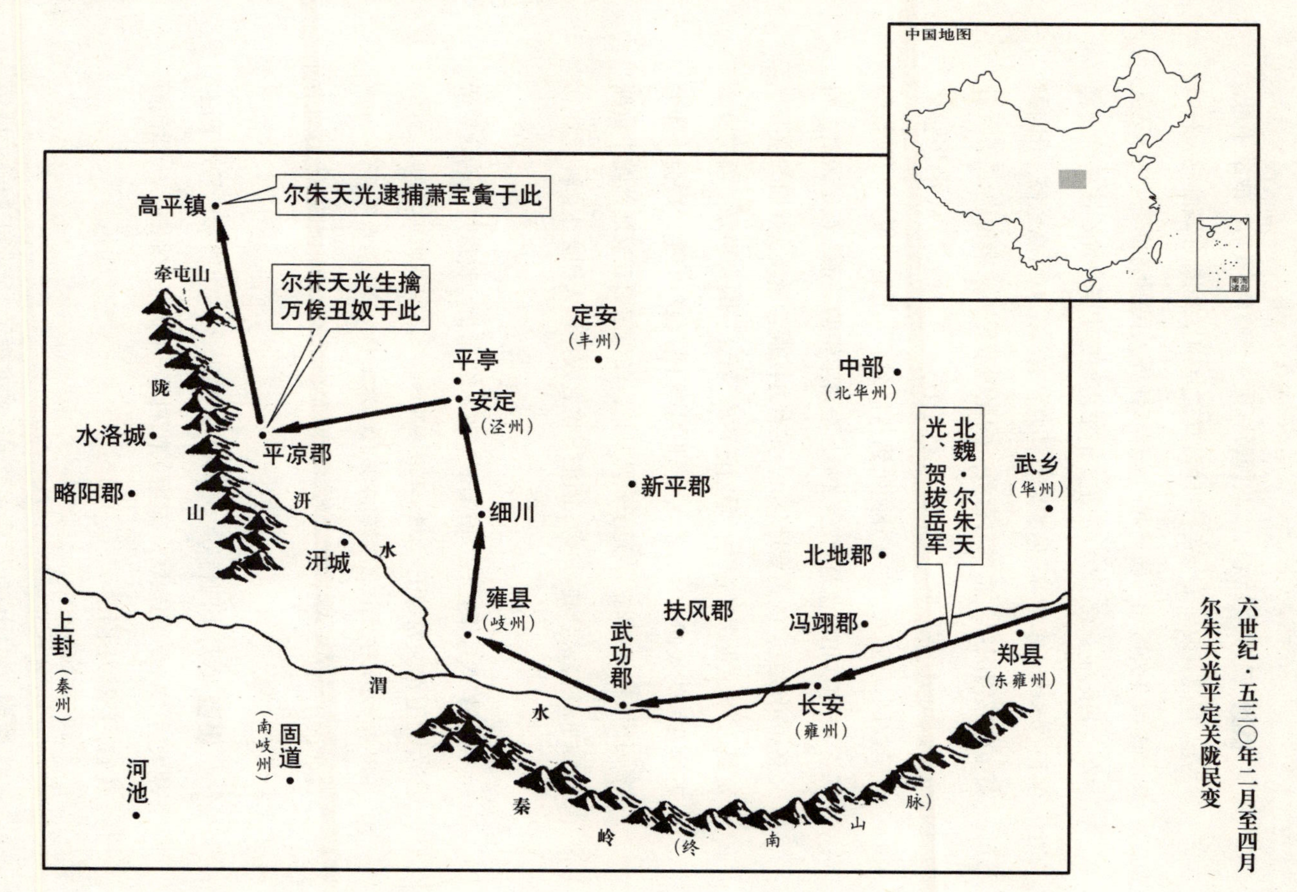

六世纪·五三〇年二月至四月
尔朱天光平定关陇民变

5 四月二十九日，北魏帝国因关中（陕西省中部）战乱平息，大赦。万俟丑奴、萧宝夤被押解到首都洛阳，捆绑在阊阖门（洛阳西城北头第二门）外闹市，像马戏团一样，任凭人民围绕参观，长达三天之久。丹阳王萧赞（萧综）上疏，请求饶恕萧宝夤一命；国务院文官部长（吏部尚书）李神儁、监督院宫廷监督官（黄门侍郎）高道穆，一向跟萧宝夤感情深厚，也参与营救，向北魏帝元子攸报告说："萧宝夤叛变，在前任政府时代。"正巧，传诏官（应诏）王道习，从外边进来，元子攸问王道习："你在外面听到些什么？"王道习说："只听说李部长（李神儁）和高监督官（高道穆），跟萧宝夤的关系，很是亲密，而又高居可以发言的重要地位，一定有办法保全老友。他们的说辞一定是：'萧宝夤叛逆行为，是前任政府时代的事。'可是，萧宝夤当万俟丑奴的太傅（上三公之二），岂不是陛下在位时的事！叛徒不加铲除，国法将审判谁？"元子攸乃下诏，命萧宝夤在交通部驼牛管理局（驼牛署）自杀（年四十四岁）。而把万俟丑奴押解大街之上，斩首。

6 六月十三日，南梁帝（一任武帝）萧衍，改封归降的北魏帝国汝南王元悦为魏王（元悦归降事，参考前年〔五二八〕四月。请求回国，萧衍批准事，参考去年〔五二九〕正月。今年离京〔首都建康〕出发，改封魏王，萧衍不忘情在北魏境内建立一个傀儡政权）。

7 六月十四日（原文"戊寅"，据《魏书》改），北魏帝元子攸下诏，胡太后（灵皇后）的亲属，有爵位或在政府中担任官职的，一律撤爵免官，贬黜为平民。

8 六月十六日，南梁帝国任命北魏帝国归降的将领范遵（元颢的舅父，参考前年〔五二八〕四月)，当安北将军，兼北魏京畿总卫戍司令(司州牧)，护送元悦北返。

9 变民首领万俟丑奴溃败之后，东自泾州(州政府设安定〔甘肃省泾川县〕)、豳州(州政府设定安〔甘肃省宁县〕)，西到灵州(州政府设回乐〔宁夏灵武市〕，薄骨律镇改)，所有变民军，全向北魏政府投降。只有万俟丑奴所任命的中央特遣政府总监(行台)万俟道洛，率军六千人，逃入深山，拒绝投降。当时，高平(宁夏固原市)地区，大旱成灾，尔朱天光因马匹缺少草料，退到城东五十华里扎营，只派司令官(都督)长孙邪利，率二百人，当原州(改高平镇为原州)总部执行官(行原州事)，镇守州城。万俟道洛跟城中居民秘密结合，发动突袭，斩长孙邪利和他所率的二百人。尔朱天光率军讨伐，万俟道洛出城迎战，失败，率部众向西逃入牵屯山(宁夏泾源县北)，固守险要。尔朱荣因尔朱天光损失大将长孙邪利，又不能生擒万俟道洛，再派人打尔朱天光一百军棍，用北魏帝元子攸的名义，下诏贬黜尔朱天光当抚军将军、雍州(州政府长安)州长，降为侯爵。

尔朱天光率军进入牵屯山(宁夏泾源县北)，追击万俟道洛；万俟道洛失败，逃走，退入陇山(甘肃、陕西二省交界处)，投奔另一变民首领、略阳郡(甘肃省秦安县东北)人王庆云。万俟道洛勇敢果断，没有人可跟他相比，王庆云得到他，大为兴奋，认为帝王大业，可以建立，遂在水洛城(甘肃省庄浪县)登极称帝，组织中央政府，设立文武百官；任命万俟道洛当最高统帅(大将军)。

秋季，七月，尔朱天光率各路人马，进入陇山地区，抵达水洛城；王庆云、万俟道洛出城迎战，尔朱天光一箭射中万俟道洛的手臂，万俟道洛的弓被震掉地上，急忙回马，尔朱天光乘势攻克水洛东城。变民军合力保卫水洛西城，城中没有水，部众口渴难忍，体力不继。投降政府的变民军，告诉尔朱天光说："王庆云、万俟道洛，打算逃走。"尔朱天光恐怕二人突围成功，就派使节进城游说王庆云，促使他早日投降，使节说："如果你一时不能决定，需要听取意见，今天晚上不妨跟大家讨论，明天早晨再作答复。"王庆云等希望政府军暂且停止攻击，使变民军稍稍休息，等夜晚来时，冲出重围，遂乘势说："请等到明天。"尔朱天光对变民军使节说："知道你们需要饮水，我特地向后略作撤退，随你们汲取涧水解渴。"变民军十分高兴，不再考虑逃走。尔朱天光秘密命士卒大量制造木枪，枪长七尺，黄昏之后，围绕城池，安放拒马，重要的道路之上，纵深更特别加厚。又在拒马之间，埋伏士卒，防止变民军逃走时横冲直撞。同时秘密捆制长梯，集中水洛城北。当天夜晚，王庆云、万俟道洛，果然率骑兵突围，遇到拒马，马受重伤，倒地不起，而政府军发动伏兵，当场生擒二人。政府军顺着长梯，攀登进城；变民军残余部众，涌出南城逃命，遇到拒马，无法走动，束手无策，只好投降。

七月三日，尔朱天光要他们缴出武器，然后全体坑杀，死一万七千人，再拆散他们的家属，分别配给出征官兵。于是，秦州(州政府设上封〔甘肃省天水市〕)、东秦州(州政府设汧城〔陕西省陇县〕)、南秦州(州政府设骆谷城〔甘肃省西和县南〕)、河州(州政府设枹罕〔甘肃省临夏市〕)、渭州(州政府设襄武〔甘肃省陇西县〕)、瓜州(州政府设敦煌〔甘肃省敦煌市〕)、凉州(州政府设姑臧〔甘肃省武威市〕)、鄯州(州政府设乐都〔青海省西宁市乐都区〕)的变民，全都投降。

尔朱天光驻军略阳(甘肃省秦安县东北)，北魏帝元子攸下诏，恢复尔朱天光的官职和爵位；不久，再加授他总监督长(侍中)、仪同三

六世纪·五三〇年七月

河西陇右各州变民陆续投降

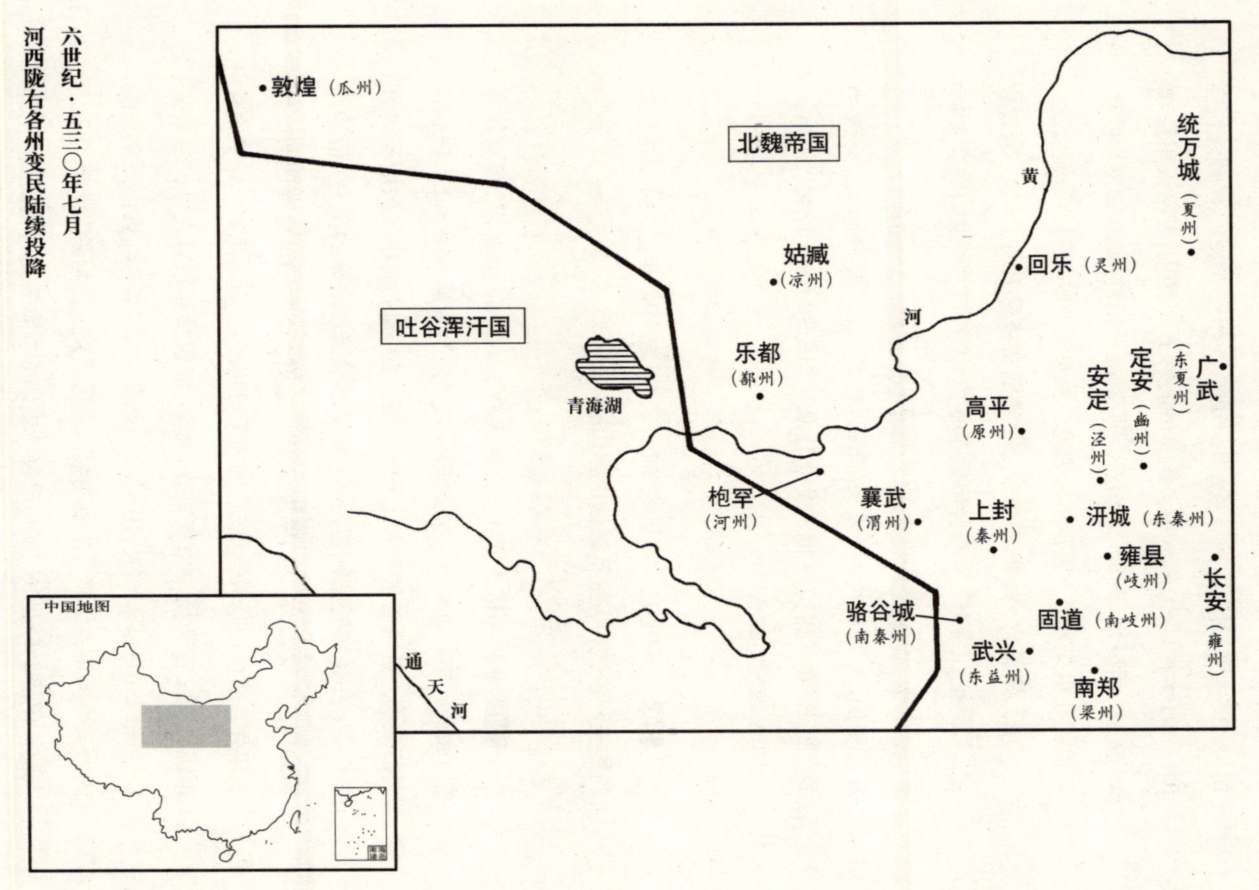

司（宰相级）；任命贺拔岳当泾州（州政府安定）州长（刺史），侯莫陈悦当渭州（州政府襄武）州长（刺史）。秦州（州政府上封）变民阴谋格杀州长（刺史）骆超，南秦州（州政府骆谷城）变民阴谋格杀州长（刺史）辛显；骆超、辛显都在事先发觉，逃奔尔朱天光，尔朱天光派军削平两地叛乱。

步兵指挥官（步兵校尉）宇文泰，追随贺拔岳入关（潼关），因有战功，擢升征西将军、原州（州政府设高平〔宁夏固原市〕）总部执行官（行原州事）。当时，关陇（陕西省中部及甘肃省东部南部）地区，残破凋零，宇文泰建立威信，用恩德待人，人民都感动欢腾，说："早些时如果宇文当我们的长官，我们怎么肯去犯上作乱！"（一句话包括千言万语："中国民变，都是官逼民反！"民想不反，都不可得！）

10 八月七日，南梁帝萧衍在宫城德阳殿设宴，给即将北返的魏王元悦饯行，派军把他送到边境。

11 北魏帝国太原王、天柱大将军（正一品）尔朱荣，虽身居外藩（根据地在晋阳〔山西省太原市〕），却有效的控制京师（首都洛阳），把他的亲信党羽，安插在北魏帝元子攸左右，侦察动静。中央政府无论大事小事，尔朱荣统统知道。元子攸虽然承受尔朱荣的压力，但他性情勤快，喜爱政治，从早到晚，从不疲倦，不断的亲自审理司法诉讼事件，清查及昭雪冤狱。尔朱荣得到报告，大不高兴。元子攸又跟国务院文官部长（吏部尚书）李神儁，商议整顿政府人事；尔朱荣曾经关照文官部（吏部），用某人当曲阳（河北省晋州市）县长，李神儁认为某人的资格太低，不肯奏报，而另派别人。尔朱荣大怒，命某人前往驱逐新任县长，而自己径行就职；李神儁大为恐惧，急忙辞位；尔朱荣命国务院左执行长（尚书左仆射）尔朱世隆，摄理考选事务（摄选）。尔朱荣请求用北方人当黄河以南各州州长，元子攸不肯；太宰（上公）元天穆入宫当面请求，元子攸仍不允许。元天穆说：“天柱（天柱大将军尔朱荣）既立有大功，当帝国的宰相，如果要撤换天下所有的官，恐怕陛下也不能违背。何况只任命几个人当州长，怎能轻率的拒绝！”元子攸严正的说：“天柱（尔朱荣）如果不当臣属，连我也可以撤换！如果他仍坚持臣属的立场，就没有撤换天下所有官员的道理！”尔朱荣听到报告，大为怨恨，说：“天子（元子攸）是靠谁坐上宝座的，今天居然不听我的话。”

尔朱皇后（尔朱荣的女儿）性情嫉妒，为了争风吃醋，不断愤怒怨恨。元子攸命尔朱世隆向她劝解，尔朱皇后说：“天子，是我们家教他当的，今天却是这个样子。我爹本来自己要干，今天仍然可以再作决定。”尔朱世隆说：“他只是自己不做，如果那时他做的话，我今天也封了亲王。”

元子攸外受尔朱荣的威胁，内受尔朱皇后的逼迫，心情忧郁，甚至不认为当皇帝是一件乐事。唯一庆幸的是，各地变民没有平息，继续跟尔朱荣不分胜负，互相僵持。后来，关陇（陕西省中部及甘肃省东部南部）地区平定，捷报传到京师（首都洛阳），元子攸并不十分高兴，对国务院总理（尚书令）、临淮王元彧说：“从此，天下再没有盗贼。”元彧看见元子攸一脸的不愉快，就说：“我恐怕盗贼平息之后，陛下的忧虑，才真正开始。”元子攸恐怕有人对他们之间的对话感到奇怪，急忙用其他的话掩饰，说：“你说得对，安抚战后残生，更不容易。”尔朱荣看见全国秩序恢复，四方升平，上疏说：“军事参议官（参军）许周，劝我接受九锡（九锡，参考四年），我对他的言论，十分厌恶，已申斥责备，免职开除。”尔朱荣时常盼望得到非常礼敬，所以故意提出，作为对中央暗示，元子攸本来也不愿给他，遂顺水推舟，赞叹尔朱荣忠心。

尔朱荣喜爱狩猎，不管春夏秋冬，都要出动；每次完成包围圈，向前推进，都令全体官兵的行动，必须整齐划一，即使遇到危险阻碍，也不准逃避；所以，只要有一只鹿溜出包围圈，定有数人被指控有罪处死。曾经有一个士卒，看见老虎时逃掉，尔朱荣问他："你难道是怕死？"即行斩首。从此，每逢狩猎，士卒如同身在战场。曾经有一次，在一个荒僻险恶的山谷之中，发现老虎，尔朱荣命十余人，赤手空拳捕捉，但不准伤害老虎，死于虎口的有数人之多，最后总算生擒。尔朱荣认为狩猎是一种娱乐，只他的部属却深感痛苦。太宰（上公）元天穆，在尔朱荣心情好时，意态安闲的说："大王的勋业，已经鼎盛，四方太平，最紧要的事莫过于减少政治干预，使人民获得休养，而顺应时令，只在冬季狩猎（《礼经》：春天选种，夏季除草，秋季收割，冬季狩猎），为什么在盛夏炎热季节，到山林中追逐奔跑，伤害天地和平之气。"尔朱荣卷起袖子说："胡太后（灵皇后）那个婆娘，立身不正，我们打倒她，另行拥护一位天子（元子攸），乃是臣属应尽的普通节操。葛荣之辈，本来就是奴才，乘机起来作乱，好像一个逃走的家奴，捉拿回来，事情也就结束。而我，近来深受大恩，却不能统一中国，怎么能够谈到勋业！仿佛听说，中央政府官员的生活，仍跟从前一样，奢侈放纵。今年秋季，我打算跟你，一起动员兵马，在嵩山（中岳，河南省登封市西北）比赛狩猎，命那些贪赃枉法的高官显宦，到围场中捕捉猛虎。然后，挥军南下，穿过鲁阳（河南省鲁山县），踏遍三荆（荆州〔州政府设穰城，河南省邓州市〕、东荆州〔州政府设沘阳，河南省泌阳县〕、南荆州〔州政府设安昌，湖北省枣阳市南〕），制伏所有蛮夷，把他们送到北方荒凉残破的六镇（六镇，参考四八四年九月）。在班师回军途中，扫平汾州（州政府设蒲子城〔山西省隰县〕）的稽胡（匈奴一支）。明年（五三一），挑选精锐骑兵，分别渡过淮河、长江，萧衍（南梁帝）如果投降，我将请求封他万户侯爵；如果不投降，我就率数千骑兵，把他逮捕归案。然后，与你上奉天子，巡游四方，到那时候，才可以称作勋业。现在如果不经常狩猎，士卒就会懈怠，怎能使他们作战！”

城阳王元徽的正妻，是元子攸舅父的女儿；总监督长（侍中）李彧，是李延寔的儿子、元子攸的姐夫（李延寔是元子攸的舅父〔参考去年四月〕，所以李彧同时是元子攸的表兄弟）。元徽和李彧，都想得到元子攸的宠信，掌握大权，认为尔朱荣对自己有害，每天在元子攸面前，诋毁尔朱荣，劝元子攸把尔朱荣铲除。元子攸鉴于河阴屠杀（参考前年〔五二八〕四月）的残酷，恐怕尔朱荣终有一天会翻脸无情，暗中也有谋杀尔朱荣的想法。总监督长（侍中）杨侃、国务院右执行长（尚书右仆射）元罗，同时参与这次密谋。

正巧，尔朱荣请求到京师（首都洛阳）朝见，打算照顾女儿尔朱皇后分娩。元徽等建议元子攸乘尔朱荣入宫的时候，把他刺死。只有胶东侯李侃晞、济阴王元晖业反对，说："尔朱荣如果前来，定有戒备，恐怕无法下手。”也有人建议，现在就诛杀尔朱荣所有的党羽，出动军队，拒绝尔朱荣南下。元子攸迟疑，不敢贸然决定，而洛阳居民，人人忧愁恐惧，立法院主任立法官（中书侍郎）邢子才之流，恐怕发生事故，都纷纷逃出京师（首都洛阳），向东而去。尔朱荣遂给中央政府官员，每人发一封信，声明：或离开或留下，完全尊重各人意愿，绝不勉强。立法院立法官（中书舍人）温子升，把信呈给元子攸，元子攸一直盼望尔朱荣不要来，看到这封信，知道尔朱荣非来不可，不觉面色沉重。邢子才，本名邢劭，但使用他的别名（因“劭”字冒犯了元子攸老哥无上王元劭），是邢峦的族弟（邢峦，参考四九三年正月)。当时人往往用别名代替本名，旧史书也跟着使用，没有更改。

武卫将军奚毅，原是尔朱荣的亲信；五二八年春季，尔朱荣派他来往元子攸处，传递讯息（参考该年〔五二八〕三月）；元子攸对他十分期许敬重，但念及他毕竟是尔朱荣的亲信，不敢对他谈到实情。奚毅说："如果一定发生事变，我宁可为陛下而死，不愿事奉契胡。"（契胡，匈奴民族的一支，尔朱荣所属。）元子攸说："我敢保证，天柱（尔朱荣）没有二心，同时，也不忘记你的忠诚。"

国务院左执行长（尚书左仆射）尔朱世隆，警觉到北魏帝元子攸将采取行动，遂自己写了一张纸条，贴在自己家门之上，说："天子与杨侃、高道穆等设计，打算格杀天柱（尔朱荣）。"然后揭下来呈给尔朱荣。尔朱荣仗恃自己的强大，根本不放在心上，把尔朱世隆的信，用手撕掉，朝地上唾口水，说："世隆胆小如鼠，谁敢？"尔朱荣的正妻北乡长公主（尔朱荣的正妻不是元姓皇家女儿，而是因尔朱荣有功，特封公主），也劝尔朱荣不要前往京师（首都洛阳），尔朱荣不理。

本月（八），尔朱荣率骑兵四五千人，从并州（州政府设晋阳〔山西省太原市〕）出发；当时无论政府或民间，都认为："尔朱荣叛变！"又传言："天子（元子攸）一定要害尔朱荣。"

九月，尔朱荣抵达洛阳，元子攸打算立即就地把他格杀，但因太宰（上公）元天穆留在并州（晋阳），恐怕成为后患，所以一直忍耐，不能发动，于是，征召元天穆进京（首都洛阳）。有人警告尔朱荣说："皇上要除掉你！"尔朱荣立即奏报元子攸，元子攸说："外面的人也说大王要除掉我，怎么能够相信！"尔朱荣遂认为自己绝对安全，每次进宫晋见皇帝，卫士不过数十人，而又徒手不带武器。元子攸打算停止发动，城阳王元徽说："他纵然不叛变，也不能容他，何况，谁敢保证他不叛变！"

最初，彗星穿过中台星，横扫大角星（“长星出中台，扫大角。”长星就是彗星。依《晋书·天文志》：三台六星，上阶上星代表帝王，上阶下星代表女主，中阶上星代表封国国君及三公，中阶下星代表部长〔卿〕及国务官〔大夫〕，下阶上星代表知识分子，下阶下星代表平民。中阶，也称中台）。恒州（州政府设平城〔山西省大同市〕）人高荣祖，相当了解天文，尔朱荣问他，高荣祖回答说：“这预兆革除弊端，开创新局面。”尔朱荣很是高兴。抵达洛阳后，中央特遣政府助理官（行台郎中）李显和说：“天柱（尔朱荣）入京（首都洛阳），怎么能不加授九锡（九锡，参考四年），难道要大王（尔朱荣）亲自索取？从这一点，可看出天子（元子攸）是何等的不识相。”司令官（都督）郭罗察说：“今年可真用得着让位文告，何止九锡！”军事参议官（参军）褚光说：“有人说并州（晋阳）城上有紫气，不愁不应验到天柱（尔朱荣）身上。”尔朱荣部属，全都凌辱皇帝左右人士，随口诟骂，毫无忌惮，所以这些话都一一传到元子攸耳中。

奚毅再一次晋见元子攸，请求单独面谈，元子攸走下明光殿，跟他密语，肯定他的忠诚，遂召见城阳王元徽、总监督长（侍中）杨侃、李彧，转告奚毅的话。尔朱荣最小的女儿，嫁给元子攸的侄儿、陈留王元宽，尔朱荣曾经指着元宽说：“有一天，我终于会得这个女婿的帮助。”元徽报告元子攸，说：“尔朱荣认为你最后非对他伤害不可，假如要立太子，一定选择小娃，假如皇后不生太子，就会立陈留王（元宽）。”元子攸做梦，梦见自己拿刀，砍掉自己十个手指，心里厌恶，告诉元徽和杨侃，元徽说：“毒蛇咬手，壮士断腕，砍下手指，也是一样，是吉祥之兆。”

九月十五日，元天穆抵达洛阳，元子攸亲自出城迎接。尔朱荣跟元天穆，一同随元子攸入宫，到西林园饮宴、射箭，尔朱荣说：“近世以来，侍从官员都不会武艺，陛下最好是率五百骑兵出城狩猎，休息休息审理官司的辛劳。”之前，奚毅透露风声，说尔朱荣计划乘皇帝出猎的机会，挟持他迁都；因此，尔朱荣的话使元子攸更加疑惧。

九月十八日，元子攸召见立法院立法官（中书舍人）温子升，告诉他诛杀尔朱荣的决心，并询问当年诛杀董卓故事，温子升报告事情经过，元子攸说：“王允如果允许赦免凉州人，一定不会弄成那种结局（参考一九二年五月）。”思虑很久，对温子升说：“我现在的处境，你所深知，即令是死，还要去做，何况不一定死！我宁愿当曹髦（曹魏帝国四任帝）而死（参考二六〇年五月），也不愿当曹奂（曹魏帝国五任帝）偷生（参考二六五年十二月）。”元子攸判断：诛杀尔朱荣、元天穆后，立即下诏大赦，尔朱荣的党羽绝不会反击。传诏官（应诏）王道习说：“尔朱世隆、司马子如、朱元龙，都受尔朱荣的宠爱信任，对中央政府的弱点，知道得十分清楚，也应一并除掉。”元徽和杨侃都说：“如果尔朱世隆不能保全，尔朱仲远（徐州〔州政府彭城〕州长）、尔朱天光（雍州〔州政府长安〕州长），怎么可能归附中央！”元子攸也认为如此。元徽说：“尔朱荣常佩腰刀，情况一旦紧急，可能发出凶性，出手伤人，事情发生时，陛下最好是起身躲开。”于是，杨侃等十余人，埋伏明光殿东。当天（九月十八日），尔朱荣跟元天穆，同时入宫，坐下来进食，还没有吃完，即起身告辞，杨侃等从东厢台阶上殿，看见尔朱荣、元天穆已走到大庭，来不及发动。

九月十九日，是元子攸的忌日（父母逝世之日）。

九月二十日，是尔朱荣的忌日（父母逝世之日）。

九月二十一日，尔朱荣进宫稍作停留，就到陈留王元宽家饮酒，饮得酩酊大醉，遂声称发病，一连几天，都没有到金銮宝殿出席早朝，元子攸的阴谋也稍稍泄漏，尔朱世隆再报告尔朱荣，并且劝尔朱荣迅速采取行动。尔朱荣一向看不起元子攸，认为他是无能之辈，说："有什么值得紧张！"

而参与元子攸阴谋的人，却开始恐惧，元子攸十分担心。城阳王元徽说："就说皇后生太子，尔朱荣一定入宫，乘机把他诛杀。"元子攸说："皇后怀孕才九个月，可以不可以？"元徽说："妇女提前生产的太多了，他绝不会怀疑。"元子攸同意。

九月二十五日，元子攸在明光殿东厢，设下伏兵，声称皇子降生，派元徽骑马飞奔到尔朱荣宅报告；尔朱荣正跟上党王元天穆赌博，元徽摘下尔朱荣的帽子，盘旋舞蹈祝贺，此时，从皇宫派出召唤尔朱荣进宫的文武百官，一迭连声的催促，尔朱荣遂完全相信，跟元天穆一起入朝。元子攸听到尔朱荣已来，脸色大变，立法院立法官（中书舍人）温子升警告说："陛下脸色大变！"元子攸连连索酒来喝，命温子升撰写大赦令。温子升完稿之后，拿着出宫，正巧尔朱荣从外面进来，问说："你手里是什么文件？"温子升镇静如常，回答说："圣旨。"尔朱荣竟没有要过来过目，即行入宫。元子攸坐在东厢下，面向西方，尔朱荣、元天穆，坐在御座的右边，面向东南方。这时，元徽进殿，刚刚行礼，就在这一刹那，宫廷膳食部副部长（光禄少卿）鲁安、宫廷事务管理官（典御）李侃晞等，抽出佩刀，从东厢门闯入，尔朱荣一跳而起，直扑元子攸，元子攸事先把一把刀横在膝下，遂把尔朱荣劈倒；鲁安等挥刀乱砍，尔朱荣（年三十八岁）与元天穆，同时被杀；尔朱荣的儿子尔朱菩提（年十四岁），及车骑将军尔朱阳睹等三十人，随尔朱荣入宫，也被伏兵格毙。元子攸拿起尔朱荣的手版（即"笏"，作备忘录之用），上面有数条记事，都是皇帝左右应排除和应任用的人名，不是尔朱荣的心腹，全都逐出宫廷。元子攸说："这个无赖如果过了今天，对他就无法制伏。"

消息传出，宫内宫外，一片欣喜，欢呼之声，震动洛阳，文武百官，纷纷进宫道贺。元子攸登阊阖门（洛阳西面北数第二门），下诏大赦，派武卫将军奚毅、前燕州（州政府设广宁〔河北省涿鹿县〕）州长（刺史）崔渊等，率军镇守北中（黄河大桥北）。当天（九月二十五日）夜晚，北乡长公主率尔朱荣留在京师（首都洛阳）的部众，纵火焚烧西阳门（洛阳西面南数第一门），出城驻屯河阴（河南省洛阳市孟津区东，河阴屠杀故地）。

魏收曰

尔朱荣身为帝国的将帅，凭借部属对他的效忠，正巧碰上皇帝（九任孝明帝）元诩中毒而死，人民怨恨，神灵愤怒，遂有扶危救亡的大志，支援旧主，驱逐邪恶，这是上天为他打开大门。当时，上下离心，文武解体，渴望有人发出忠义的声音，像姜小白（桓）、姬重耳（文）一样，兴起勤王之师。果然，尔朱荣一帆风顺，战马不曾出汗，政府和民间，全都顺从，拥护亲王（元子攸）登极，政府主持有人，祭祀皇家祖先，配享上天香火，帝国旧有传统，毫无损害。之后，生擒葛荣，诛杀元颢，处死邢杲，翦除韩楼，万俟丑奴与萧宝夤，全都绑赴刑场，砍下人头。这些变民首领，割据一方，并不是小小的偷鸡摸狗之辈，占一个城池或一个村落而已。假如不是尔朱荣竭尽全力，消除灾难，则真不知道几人称帝，几人称王！尔朱荣所建的功勋，岂不盛大。可是，他一开始就有非分的妄想，企图夺取宝座，而又把胡太后及元钊（十任帝）沉入黄河，永不复返。河阴之役，高贵的官员全被屠杀，这正是受人神谴责，终于被灭之故。假如，当初尔朱荣没有犯下奸诈残忍的错误，而以道德仁义自勉，则伊尹、霍光，又算什么！然而，到了后来，虽没有叛变的事迹，却受到猜忌，仓猝横死！蒯彻所以游说韩信（参考前二〇三年二月），原因在此。

尔朱荣跟董卓是一对双胞胎，董卓走过的脚步，尔朱荣小心翼翼的踏着前进。两个不懂政治的粗汉，却必须作出正确的政治决定，结局是可以预期的：害人害己。

然而，即令尔朱荣懂得政治，悲剧也不可避免，如果他像魏收所盼望的，先修道德仁义，则结果恐怕仍要受到诛杀，“功德震主”，封建头目绝不允许一个使自己芒刺在背的人，长期站在身旁。尔朱荣如果用严密的戒备，得免一死，也不过是曹操第二，由他的后裔发动不流血政变，最后仍是夺取政权。

专制政治运作中，帝王一旦被踢下宝座，靠别人的力量再把他抱上去，他就像一头陷在非洲流沙里的犀牛，不挣扎还好，越挣扎就陷得越快、越深。

首都卫戍司令（卫将军）贺拔胜，跟尔朱荣党羽田怡等，得到尔朱荣被杀消息，投奔尔朱荣家。当时宫城各门还没有严格防守，田怡等商议立即发动攻击，贺拔胜劝阻说：“天子既做出这种大事，定有充分戒备，我们的人少，怎么可以轻率从事。现在应该闯出洛阳城，再作打算。”田怡才停止。后来，尔朱世隆等出城，贺拔胜却不肯追随，元子攸对他至为嘉许。监督院宫廷监督官（黄门侍郎）朱瑞，虽是尔朱荣推荐，但他跟政府官员相处很好，元子攸对他也很尊重，所以朱瑞追随尔朱世隆逃走，中途又折回洛阳。

尔朱荣对特级资政官（金紫光禄大夫）司马子如，一向厚待，尔朱荣死，司马子如从宫中奔出，到尔朱荣住宅，抛弃自己的家，随北乡长公主逃出洛阳城。尔朱世隆打算马上回到北方，司马子如说：“兵不厌诈，现在天下沸腾，只看谁的拳头最大，在这时候，不可以使人发现我们的脆弱。如果急于北走，恐怕肘腋之下，就生变化。不如分出一部分兵力，据守黄河大桥，回军攻击京师（首都洛阳），会大出他们意料，说不定可以成功；即令不能成功，也足以展示我们仍有攻击力量，使四方畏惧我们的强盛，不敢背叛离散。”尔朱世隆同意。

九月二十六日（尔朱荣死的次日），尔朱兵团攻击黄河大桥，生擒奚毅等，斩首，入据北中城（黄河大桥北岸）。洛阳政府听到消息，大为恐惧，派前任华阳郡（陕西省勉县）郡长段育，前往尔朱世隆大营安慰解释，尔朱世隆斩段育，把人头示众。

元子攸任命雍州（州政府设长安〔陕西省西安市〕）州长（刺史）尔朱天光，当总监督长（侍中）、仪同三司（宰相级）。最高监察长（司空）杨津，当并肆九州军区司令长官（都督并肆等九州诸军事。九州：并肆燕恒云朔显蔚汾）、骠骑大将军、并州（州政府设晋阳〔山西省太原市〕）州长（刺史），兼国务院总理（兼尚书令）、中央驻北方特遣政府总监（北道行台），负责经略黄河、汾水一带。

尔朱荣进入洛阳时，把高敖曹带在身旁，囚禁畜牧部驼牛管理局（驼牛署。高敖曹被囚事，参考前年〔五二八〕六月），尔朱荣死后，元子攸接见他，慰劳勉励。高敖曹的老哥高乾，也从东冀州（州政府所在地不详）飞快奔到洛阳，元子攸任命高乾当黄河北钦差大臣（河北大使），高敖曹当值阁将军，派他们回去，招兵买马，作中央声援，元子攸亲自到黄河大桥给二人送行，举起酒杯，指水发誓说：“你们兄弟，都是冀州（古冀州，河北省中部南部）豪杰，能使士卒效死疆场，京师（首都洛阳）倘若发生变化，可为我在黄河岸上，扬起尘土。”高乾流泪泣涕，接受圣旨；高敖曹拔剑起舞，誓言以死相报。

冬季，十月一日，尔朱世隆派尔朱拂律归，率匈奴骑兵一千人，白盔白甲（丧服），抵达洛阳外郭城下，索取太原王尔朱荣尸体。

元子攸亲登大夏门（洛阳北面西门）眺望，派文书助理官（主书）牛法尚前去解释："太原王（尔朱荣）效忠帝国，不能有始有终，阴谋叛变，国法严正，不避至亲，已经明正典刑，犯罪只尔朱荣一人，其余的人全都不问。你们如果投降，官职爵位，跟过去一样。"尔朱拂律归说："我们追随太原王（尔朱荣）进京（首都洛阳）朝见，忽然受到天下奇冤，我们不忍心空手而返，只盼望把太原王（尔朱荣）的尸体运回，即令是死，也没有遗恨。"说到伤心之处，哭泣流泪，悲哀不能自制，匈奴士卒都放声大哭，声震都城，元子攸也感到悲怆，派总监督长（侍中）朱瑞，携带免死铁券，赏赐给尔朱世隆。尔朱世隆对朱瑞说："太原王（尔朱荣）功劳，与天地同大，赤胆忠心，奉献帝国。长乐王（元子攸）不顾念信誓旦旦，竟把他冤枉杀害，今天，铁券上的两行字，怎么可以信任。我们替太原王（尔朱荣）报仇，没有投降之理。"朱瑞回来，报告元子攸，元子攸立即把仓库里的东西，运到洛阳西门外，招募敢死勇士，讨伐尔朱世隆，一日之间，集结一万人，于是在郭城之外，跟尔朱拂律归等会战，尔朱拂律归等是支训练有素的军队，洛阳人从不熟悉战斗，虽然人数十倍于尔朱拂律归，屡次战斗，仍不能取胜。

十月二日，元子攸任命前车骑大将军李叔仁当总司令官（大都督），率军讨伐尔朱世隆。

十月六日，尔朱皇后生下皇子，大赦。元子攸任命立法院最高立法长（中书令）魏兰根，兼国务院左执行长（兼尚书左仆射）、中央驻黄河北特遣政府总监（河北行台）；定州（州政府设中山〔河北省定州市〕）、相州（州政府设邺城〔河北省临漳县西南邺城镇〕）、殷州（州政府设广阿〔河北省隆尧县〕），都受魏兰根指挥。

尔朱兵团仍在洛阳城外，元子攸举行御前会议，文武官员心怀恐惧，不知道如何是好。副总顾问长（通直散骑常侍）李苗，振臂而起，说："一小撮贼寇就闹成这个样子，政府面临难以预测的忧处，正是忠臣烈士尽责之日，我虽然不是武士，但请给我一支军队，为陛下摧毁黄河大桥。"城阳王元徽、高道穆，都认为这是上策，元子攸批准。 782

十月十三日，李苗招募敢死队，从马渚（黄河中小岛）上游，夜晚坐船东下，距黄河大桥数华里处，放下火船，转眼之间，火船碰上大桥，大桥开始燃烧，火焰冲天。尔朱兵团留在南岸的士卒，发现火起，争先恐后奔向北岸，一会工夫，黄河大桥中断，淹死的人很多。李苗率一百余人，停泊在一小岛旁，等待南岸政府军援救，而政府军却没有来，尔朱军逼近攻击，李苗左右全都被杀，李苗投入黄河溺死（年四十六岁）。元子攸伤感惋惜，追赠李苗车骑大将军、仪同三司（宰相级），封河阳侯，绰号忠烈。尔朱世隆也整顿部队，北返。

十月十四日，元子攸下诏，命中央特遣政府总监（行台）源子恭，率步骑兵混合兵团一万人，由西路；杨昱率新招募的将士八千人（洛阳西门外招募），由东路；分别出发，讨伐尔朱世隆。源子恭仍镇守太行山脉丹谷（山西省晋城市东南），兴筑军垒防备。尔朱世隆抵达建州（州政府设高都城〔山西省晋城市〕），州长（刺史）陆希质闭门抵抗，尔朱世隆攻克，屠城，全城居民不留一人（人间惨事），用以发泄愤怒，只陆希质一人逃生。

元子攸命前东荆州（州政府沘阳）州长（刺史）元显恭，当晋州（州政府设平阳〔山西省临汾市〕）州长（刺史），兼国务院左执行长（兼尚书左仆射）、中央驻西方特遣政府总监（西道行台）。

12 北魏帝国东徐州（州政府设下邳〔江苏省睢宁县北古邳镇〕）州长（刺

史)、广牧(山西省寿阳县北)人斛斯椿(斛斯,复姓),一向依附尔朱荣;尔朱荣死后,斛斯椿恐惧,听说魏王元悦由南梁帝国(首都建康)派军护送返国,已到边境,遂率领他的部众,放弃州城(下邳),投奔元悦。元悦任命斛斯椿当总监督长(侍中)、最高统帅(大将军)、最高监察长(司空),封灵丘郡公爵,同时担任中央特遣全权政府(大行台)前锋司令官(前驱都督)。

13 北魏帝国汾州(州政府设蒲子城〔山西省隰县〕)州长(刺史)尔朱兆,得到尔朱荣的死讯后,自汾州(蒲子城)率领骑兵北上,占领晋阳(山西省太原市)。尔朱世隆率军,走到长子(山西省长子县),尔朱兆前来会面。

十月三十日,共同推举太原郡(郡政府晋阳)郡长、并州(州政府晋阳)总部执行官(行并州事)、长广王元晔(年龄不详),继任皇帝(十二任),大赦,改年号建明(此时元子攸的洛阳政府,仍用永安年号)。元晔,是中山王元英的侄儿(元英,参考五一〇年十月)。元晔任命尔朱兆当最高统帅(大将军),晋封王爵;尔朱世隆当国务院总理(尚书令),封乐平王,加授太傅(上三公之二)、京畿总卫戍司令(司州牧)。同时任命尔朱荣的堂弟尔朱度律当全国武装部队总司令(太尉),封常山王;尔朱世隆的老哥、天柱大将军府秘书长(天柱长史)尔朱彦伯,当总监督长(侍中);徐州(州政府设彭城〔江苏省徐州市〕)州长(刺史)尔朱仲远,当车骑大将军,兼国务院左执行长(兼尚书左仆射)、中央驻三徐州特遣全权政府总监(三徐州大行台。三徐州:徐州〔州政府彭城〕、北徐州〔州政府设琅邪,山东省临沂市〕、东徐州〔州政府设下邳,江苏省睢宁县北古邳镇〕),尔朱仲远率军直指洛阳。

尔朱天光攻克平凉(甘肃省华亭市)时,变民首领万俟丑奴的部将宿勤明达投降，不久，宿勤明达再度叛变，向北逃走，尔朱天光派贺拔岳追击，宿勤明达奔往东夏州（州政府设广武〔陕西省延安市东北〕），贺拔岳听到尔朱荣的死讯，不再穷追，回军泾州（州政府设安定〔甘肃省泾川县〕），等待尔朱天光。尔朱天光跟侯莫陈悦，也东下到陇山（甘肃及陕西二省交界地带）跟贺拔岳会师，准备直扑洛阳。元子攸派朱瑞向尔朱天光解释慰劳；尔朱天光跟贺拔岳商量，打算使元子攸出京（首都洛阳）逃亡，而另行拥护一个新皇帝，遂不断上疏给元子攸说："我仍然一片忠心，只不过盼望一见陛下，申诉尔朱家的冤枉！"同时命他的部属也上疏元子攸说："尔朱天光有背叛的阴谋，请陛下用万全的方法防备。"

范阳郡（河北省涿州市）郡长卢文伟，引诱平州（州政府范阳）州长（刺史）侯渊出城狩猎，然后紧闭城门，拒绝他回城。侯渊率部众驻扎城南，宣布尔朱荣死讯，举行祭悼大典，战备行军南下，抵达中山（河北省定州市），中央特遣政府执行长（行台仆射）魏兰根阻截，被侯渊击退。

元子攸任命城阳王元徽，兼最高指挥官（兼大司马）、主管政府机要（录尚书事），总揽全局。元徽当初认为，只要尔朱荣一死，枝叶自然会枯折散落，想不到尔朱世隆等四处起兵，党羽声势，日渐扩大，元徽忧愁恐怖，再想不出因应办法。而且，元徽天性嫉妒，不愿别人的能力高过自己，每次都单独跟元子攸商定谋略，文武官员偶有提出意见的，元徽都劝元子攸不要采纳，而且说："几撮小贼，何必担心！"又十分吝啬，每次颁发赏赐，品质既劣，数量又少，有时赏赐稍多，往往后悔不迭，中途削减，甚至已到立功者之手，而又追回。所以，虽然浪费财物，却收不到感恩之情。

十一月一日，洛阳政府皇帝（十一任孝庄帝）元子攸，任命车骑将军郑先护，当总司令官（大都督），会同中央特遣政府总监（行台）杨昱，共同讨伐尔朱仲远。

十一月三日，任命宰相（司徒）长孙稚当全国武装部队总司令（太尉），临淮王元彧当宰相（司徒）。

十一月四日，下诏命雍州（州政府设长安〔陕西省西安市〕）州长（刺史）、广宗公尔朱天光，晋封王爵。

同日（十一月四日），晋阳政府（山西省太原市）皇帝（十二任）元晔，封尔朱天光当陇西王。

尔朱仲远攻击西兖州（州政府设左城〔山东省菏泽市定陶区西〕）。

十一月五日，攻克州城（左城），生擒州长（刺史）王衍。王衍是王肃的侄儿（王肃，参考五〇一年七月）。

十一月十一日，元子攸命首都西区卫戍司令（左卫将军）贺拔胜，当东部剿匪总司令官（东征都督）。

十一月二十日，任命郑先护兼国务院左执行长（兼尚书左仆射），当中央特遣政府总监（行台），跟贺拔胜共同讨伐尔朱仲远。

十一月二十六日，下诏撤销魏兰根中央特遣政府职务，命定州（州政府设中山〔河北省定州市〕）州长（刺史）薛昙尚，兼国务院执行官（兼尚书），当中央驻北方特遣政府总监（北道行台）。郑先护怀疑贺拔胜的立场，把他的部队远放在营外。

十一月二十八日，贺拔胜在滑台（河南省滑县）东与尔朱仲远会战，兵败，投降尔朱仲远。

最初，尔朱荣心情轻松时，曾经问左右说："一旦没有了我，谁可以统御大军？"大家都肯定尔朱兆，尔朱荣说："尔朱兆虽然战场上勇不可当，然而他的能力只可以指挥三千骑兵，人数增多，一定混乱。有资格接替我的，只有高欢！"因而警告尔朱兆："你不是高欢的对手，最后一定被高欢穿透鼻子（牛被穿鼻，小娃都可控制它）！”遂命高欢当晋州（州政府设平阳〔山东省临汾市〕）州长（刺史）。后来，尔朱兆率军向洛阳进发，派使节征召高欢，高欢命秘书长（长史）孙腾，晋见尔朱兆，推辞说：“山蜀（山居的巴蜀〔四川省〕移民）变乱，还没有平息，正在讨伐，不应该中途撤手，留下后患。等把山蜀平定，当隔黄河互相支援。”尔朱兆不高兴，说：“请回去禀告高州长（高欢），我做了一个好梦，梦见我跟老爹，登上一座高丘，高丘旁边的土地，已经收割完毕，只剩下马蔺草（叶似韭菜，但茎叶较长较厚，十分坚硬，牛马都不吃），老爹叫我去拔，手到之处，拔得净光。由此推测，以后作战，战无不克。”孙腾回来报告，高欢说：“尔朱兆疯狂愚蠢到这种地步，而竟敢叛变，我看不能够长久事奉尔朱家了。”

十二月一日，尔朱兆进攻丹谷（山西省晋城市东南），洛阳政府军司令官（都督）崔伯凤战死，另一司令官（都督）史仵龙，打开营门投降，中央特遣政府总监（行台）源子恭退走。尔朱兆率轻装备骑兵，加倍速度追击，从黄河大桥西边，涉水渡过黄河，在南岸登陆。之前，元子攸认为黄河既深又宽，判断尔朱兆不可能渡过，想不到当天（十二月一日），水深不超过马腹。

十二月三日，暴风陡起，黄尘滚滚，蔽满天空，尔朱兆的骑兵敲打宫门，禁卫军才发觉情形紧急，弯弓射箭抵抗，箭竟无法射出，霎时之间，一哄而散。华山王元鸷，是拓跋斤的玄孙（拓跋斤，参考三七六年十二月），素来依附尔朱家。元子攸最初听到尔朱兆南下消息，打算亲自率军讨伐，元鸷劝阻说：“黄河深有万丈，尔朱兆怎么能渡过！”元子攸才感到安全，等到尔朱兆入宫，元鸷再制止禁卫军不准战斗。元子攸逃到云龙门（洛阳南门）外，正遇城阳王元徽骑马逃走，元子攸向他呼喊，叫了很多声，元徽头都不回，快马加鞭，径自跑走。尔朱兆的骑兵，遂生擒元子攸，用铁链锁在永宁寺楼上；元子攸感到寒风刺骨，向尔朱兆要求给一个头巾，尔朱兆拒绝。尔朱兆把大营扎在国务院（尚书），使用天子专用的金鼓，在大庭中设立报时的“刻漏”，捕杀皇子（尔朱皇后所生），奸污嫔妃、王妃、公主，放纵士卒在洛阳大肆抢掠。诛杀最高监察长（司空）、临淮王元彧，国务院左执行长（尚书左仆射）、范阳王元诲，青州（州政府设东阳〔山东省青州市〕）州长（刺史）李延寔。

城阳王元徽逃到山南（洛阳南龙门山南麓），投奔前洛阳县长寇祖仁；寇祖仁一家之中，出了三个州长（刺史），都是元徽推荐提拔；因有这段故旧关系，所以前往。元徽携带黄金一百斤、马五十匹，寇祖仁贪图这批财产，所以，表面上虽然热诚欢迎，暗中却对子弟说：“好像听说尔朱兆悬赏一百两黄金，通缉城阳王（元徽），拿获的封千户侯爵，今天，富贵临门。”于是恐吓元徽说：“政府军警就要前来搜索。”命他另投别处，元徽果然继续逃亡，而寇祖仁在半途设下埋伏，格杀元徽，把人头送给尔朱兆（胡三省注：“元徽背弃元子攸，而寇祖仁背弃元徽，恶报何其迅速，苍苍者天，不可欺骗！”）。尔朱兆对寇祖仁并没有任何赏赐。可是，尔朱兆却做了一梦，梦见元徽对他说：“我有黄金二百斤、马一百匹，在寇祖仁家，你可去取。”尔朱兆醒来后，认为梦境是真，遂即逮捕寇祖仁，索取黄金马匹。寇祖仁以为定有人告密，于是一经询问，立刻承认：“实际得到黄金一百斤、马五十匹。”尔朱兆疑心他有所隐瞒，只依照梦中的话索取，寇祖仁家原有积蓄黄金三十斤、马三十匹，也都缴出，但尔朱兆仍不相信，大发雷霆，对寇祖仁用刑，把头挂在高树上，用大石头挂在他脚上，皮鞭木棍齐下，活活打死。

尔朱世隆抵达洛阳（自长子〔山西省长子县〕出发），尔朱兆自认为立下大功，责备尔朱世隆说："叔父在中央时日已久，耳目众多，为什么使天柱（尔朱荣）受到大祸！"手按剑柄，眼如铜铃，面色和声音，极为严厉。尔朱世隆用卑微的言辞一再道歉，然后才算结束，但从此深恨尔朱兆。尔朱仲远也从滑台（河南省滑县），抵达洛阳。

十二月七日，北魏帝（十二任）元晔，下诏大赦。

尔朱荣刚被诛杀时，元子攸下诏，命河西（陕西省北部）变民首领纥豆陵步蕃（纥豆陵，三字姓），袭击尔朱家根据地秀容（北秀容，山西省朔州市西北）。等尔朱兆进入洛阳，纥豆陵步蕃南下，声威远播，尔朱兆遂不能在京师（首都洛阳）久居，急回晋阳（山西省太原市）抵抗，而命尔朱世隆、尔朱度律、尔朱彦伯等，留守洛阳。

十二月十三日，尔朱兆先派军把前任北魏帝元子攸，押解晋阳（山西省太原市），而尔朱兆自己，则到黄河大桥，检阅他所劫掠的金银财宝。高欢（晋州〔州政府平阳〕州长）听说把元子攸押解晋阳，率军向东巡视，打算拦腰截取，已来不及；于是写信给尔朱兆，分析利害祸福，警告他绝不可以谋害皇帝，那将受到恶名。尔朱兆大怒，拒不采纳。尔朱天光在轻装备骑兵保护下，前往洛阳，晋见尔朱世隆等，即返雍州（州政府设长安〔陕西省西安市〕）。

最初，元子攸恐怕北军（驻防丹谷的源子恭军）失利，曾拟定向南撤退计划；借口讨伐南方各州蛮夷，任命高道穆当中央驻南方特遣全权政府总监（南道大行台，设于悬瓠〔河南省汝南县〕）。高道穆还没有出发，尔朱兆已进入洛阳。高道穆借口有病，打算离开，尔朱世隆遂诛杀高道穆。有关单位请追夺李苗的官爵，尔朱世隆说："当时，大家商议，再过一两天，就要放纵士卒大肆抢掠，焚烧城池，幸亏李苗出面，京师（首都洛阳）才获得保全。天下的善行，到处都应受到尊敬，他的官爵不应该追夺。"

尔朱荣死时，尔朱世隆等向泰宁郡（山西省沁水县）郡长、鲜卑人（代人）房谟，征召援军，房谟不理，前后诛杀尔朱世隆所派的三位使节，并且派老弟房毓前往洛阳，效忠元子攸政府。等到尔朱兆控制中央，尔朱帮建州（州政府设高都城〔山西省晋城市〕）州长（刺史）是兰安定（是兰，复姓），逮捕房谟，囚禁州政府监狱，泰宁蜀（山西省沁水县巴蜀〔四川省〕移民）得到消息，全体武装，起兵反抗。是兰安定给房谟一匹劣马，命他前往安抚慰问，变民军看见房漠，没有人不遥遥叩拜。房谟从前骑的马，是兰安定赏赐给别的将士，那位将士战败，被泰宁蜀俘获，认为房谟已经被杀，无不悲号泣涕，好好的饲养那匹马，不让人骑，儿童妇女，纷纷喂它草粮，都说："这是房公的马。"尔朱世隆得到报告，赦免房谟的罪，命他当自己的秘书长（长史）。

中央驻北方特遣全权政府总监（北道大行台）杨津，因军队太少，留在邺城（河北省临漳县西南邺城镇）招兵买马，打算从滏口（太行山八陉之四，河北省武安市南）进入，攻击并州（州政府晋阳）；正巧尔朱兆攻克洛阳，杨津遂解散他的部众，轻装备骑马回京（首都洛阳）。

尔朱世隆跟兄弟们秘密商量，认为北魏帝元晔的娘亲卫女士可能干预政治，于是，乘她出门，派数十个骑兵，假装强盗，在小巷中把卫女士击杀。然后，尔朱世隆悬出赏金一千万钱，捉拿刺客。

十二月二十三日，尔朱兆在晋阳（山西省太原市）三级佛寺，绞死元子攸（年二十四岁）；并斩陈留王元宽（元宽是尔朱荣的女婿，参考本年〔五三〇〕九月）。

本月（十二），河西（陕西省北部）变民首领纥豆陵步蕃，在秀容（山西省朔州市西北）大破尔朱兆军，南下逼近晋阳（山西省太原市）。尔朱兆恐慌，派人征调高欢（晋州〔州政府平阳〕州长）增援，高欢的部属都主张拒绝，高欢说：“尔朱兆形势紧张，绝没有别的花样。”遂率军北上。高欢的亲信贺拔焉过儿，请求慢慢前进，使尔朱兆的兵力更加削弱。于是，高欢走走停停，不断逗留，告诉尔朱兆：“汾河上没有桥梁，不能渡过。”纥豆陵步蕃日益强盛，尔朱兆屡战屡败，向高欢告急，高欢才赶到会合。当时，尔朱兆为了躲避纥豆陵步蕃的攻势，不断向南撤退；纥豆陵步蕃率军挺进到乐平郡（山西省和顺县西北）。高欢与尔朱兆联合进攻，大破敌军，追到石鼓山（在秀容郡境），斩纥豆陵步蕃，部众四散逃走。尔朱兆对高欢大为感激，互相发誓，永为结义兄弟。尔朱兆率数十人骑兵，到高欢大营拜访，欢宴通宵。

最初，变民首领齐帝葛荣的部众，流亡到并州（州政府晋阳）、肆州（州政府九原）的有二十余万，深受契胡（尔朱家所属部落）欺凌暴虐，简直无法生存，前后共计发生二十六次叛变，被杀被屠的，超过一半，而仍叛变不止。尔朱兆十分忧虑，询问高欢的意见，高欢说：“他们六镇叛徒的残余，无法全部杀光，最好是由大王的心腹亲信，出任统帅，再有冒犯时，就处罚领导，则犯罪的一定减少。”尔朱兆说：“你说得对，谁可以担任？”贺拔允当时正巧在座，建议交给高欢。高欢跳起来，伸出拳头，猛击贺拔允的嘴巴，打落一颗牙齿，高欢咆哮说：“当天柱（尔朱荣）在世时，我们奴才辈像猎鹰猎狗一样，听从指挥。而今，天下大事，应由大王裁决，贺拔允竟敢妄自发言，应立即诛杀。”尔朱兆认为高欢出于至诚，遂把葛荣残部，完全交给高欢。高欢知道尔朱兆已经饮醉，恐怕醒来后悔，遂立即出帐，传达命令，说：“我奉命接管六镇降户（葛荣军都是六镇人），六镇降户都到汾河东岸集中，听候号令。”就在阳曲川（山西省阳曲县境）竖起军旗，建立大营，整顿训练。士卒们素来厌恶尔朱兆，而乐于归属高欢，所以无人不到。

没有多久，高欢又命骑兵军事参议官（骑兵参军）刘贵，向尔朱兆请求，认为："并（州政府晋阳）、肆（州政府九原）二州，连年以来，不断霜灾旱灾，六镇降户掘吃田间老鼠，饥饿难忍，面无人色，白白污染大王辖区，最好打发他们前往山东（太行山以东），寻找粮食，等到稍稍温饱，再作调动。"尔朱兆批准。秘书长（长史）慕容绍宗劝阻说："不可以答应，现在，四方骚动，人人都有非分之想，高欢英雄盖世，再使他在外手握大军，好像把浓云大雨借给蛟龙，势将不能制伏。"尔朱兆说："我跟他有香火重誓，何必担忧！"慕容绍宗说："亲兄弟还不能信任，何况香火兄弟？"当时，尔朱兆左右全都接受高欢的重礼，遂众口一词，诬陷慕容绍宗跟高欢曾有私怨，所以借机挑拨，破坏团结。尔朱兆大怒，逮捕慕容绍宗，囚入监牢，一面催促高欢迅速出发。高欢离开晋阳（山西省太原市），打算取道滏口（太行山八陉之四，河北省武安市南）；路上正遇到北乡长公主从洛阳北返，携带马三百匹，高欢强行交换夺取。尔朱兆听到报告，释放慕容绍宗，问他如何是好，慕容绍宗说："没有关系，高欢仍在我们掌心。"尔朱兆亲自追击，追到襄垣（山西省襄垣县），正巧漳水（浊漳水，流经襄垣城东）猛涨，桥梁崩塌，高欢隔着漳水，向尔朱兆叩拜说："我所以借公主的马，没有别的原因，只是为了防备山东（太行山以东）盗匪。大王相信公主陷害我的话，亲自追赶，我本要投河而死，只恐怕部属们叛变。"尔朱兆声明根本没有怪罪高欢的意思，遂跨上无鞍马，渡过漳水，跟高欢同坐幕帐之下，把自己的佩刀交给高欢，伸出脖子，教高欢砍下，高欢大哭说："自从天柱（尔朱荣）逝世，贺六浑（高欢自称乳名）还仰仗谁？只希望我主（尔朱兆）长命千岁万岁，许我能够尽忠效命。现在被人陷害，我主又怎么忍心说这种话！"尔朱兆把刀掷到地上，于是，再杀白马，跟高欢重申盟誓，夜晚就住宿高欢大营，设筵欢饮。高欢助手尉景，埋伏勇士，打算生擒尔朱兆，高欢口咬尉景手臂，誓死阻止，说："今天把他杀掉，他的党羽一定逃回，重新集结，我们的战士饥饿，马匹瘦弱，无法抵抗，如果真正的英雄豪杰，乘机而起，害处更大，不如放他一条生路。尔朱兆虽然骁勇凶悍，可是缺少智慧，没有谋略，容易对付。"次日，尔朱兆回营，命高欢过河，高欢上马，就要前往，孙腾拉住高欢衣服，高欢才不出发。尔朱兆隔着漳水，暴跳诟骂，回到晋阳（山西省太原市）。尔朱兆心腹念贤（念，姓），率领六镇降户士卒的家属，另外扎营，高欢假装跟念贤亲善，使念贤信赖自己的诚意，高欢借念贤的佩刀一看，遂顺手格杀念贤。六镇降户感动喜悦，更愿追随。

14 北魏帝国齐州（州政府设历城〔山东省济南市〕）州城居民赵洛周，听到尔朱兆进入洛阳消息，遂驱逐州长（刺史）、丹阳王萧赞（萧综），献出城池，归降尔朱兆。萧赞（萧综）剃掉头发，冒充和尚，逃入长白山（山东省邹平市南），辗转流亡，死于阳平（山东省莘县。年三十一岁）。有人把他的棺柩运回江南（南梁帝国），南梁帝萧衍仍把他当作儿子，埋葬皇家墓园（萧赞〔萧综〕投奔北魏，历时六年，参考五二五年五月）。

15 北魏帝国荆州（州政府设穰城〔河南省邓州市〕）州长（刺史）李琰之，是李韶的族弟（李韶，参考五一九年二月）。南阳郡（河南省南阳市）郡长赵修延，认为李琰之是十一任帝（孝庄帝）元子攸的亲戚（元子攸的娘亲姓李），遂诬告李琰之打算投奔南梁帝国（首都建康）；于是出兵突袭州城（穰城），逮捕李琰之；赵修延自称州总部执行官（行州事）。

六世纪·五三〇年十月至十二月
尔朱帮攻陷洛阳，逮捕皇帝元子攸

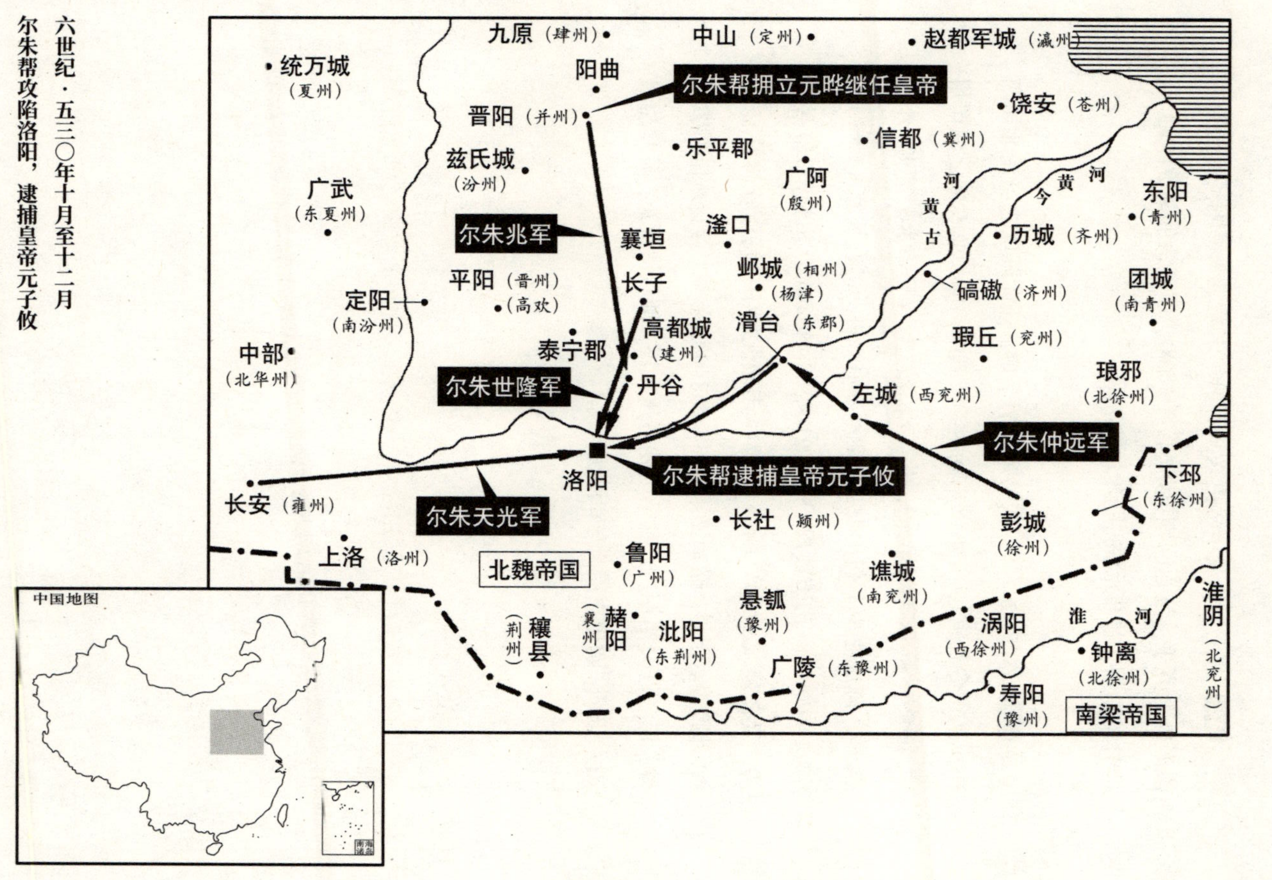

16 魏王元悦改年号更兴，听说尔朱兆进入洛阳，自己知道没有能力竞争，遂返回南梁帝国（首都建康）。所任命的最高统帅（大将军）斛斯椿，抛弃元悦，投奔北魏帝国。

17 本年（五三〇），南梁帝萧衍下诏，任命陈庆之当南北司四州军区司令长官（都督南北司等四州诸军事。四州：南司北司西豫豫）、南司州（州政府设南义阳〔湖北省孝昌县〕）、北司州（州政府设义阳〔河南省信阳市〕）州长（刺史）。陈庆之率军包围北魏悬瓠（河南省汝南县），在溱水（于河南省汝南县东南注入汝水）击破颍州（州政府设长社〔河南省长葛市〕）州长（刺史）娄起等，又在楚城（楚王城，河南省信阳市北）击破北魏中央特遣政府总监（行台）孙腾等。于是，撤销义阳（河南省信阳市）边防军，停止水陆粮食运输，沿长江及沿洞庭、鄱阳二湖各州人民，都获得休息，开垦出良田六千顷。两年之后，仓库满盈。

五三一年 辛亥

南梁 中大通 三年
北魏 建明 二年
普泰 元年
中兴 元年
（皇帝刘蠡升神嘉七年）
（燕王刘灵助元年）

1 春季，正月十日，南梁帝国（首都建康〔江苏省南京市〕）皇帝（一任武帝）萧衍（本年六十八岁），前往首都南郊，祭祀天神。大赦。

2 北魏帝国（首都洛阳〔河南省洛阳市东白马寺东〕）国务院右执行长（尚书右仆射）郑先护所率军队，听到首都洛阳陷落消息，霎时溃散，郑先护遂投奔南梁帝国（郑先护于去年〔五三〇〕十一月，率军讨伐尔朱仲远）。

正月二十五日，南梁政府任命郑先护当征北大将军。

3 二月一日，南梁帝萧衍前往皇家大会堂（明堂），主持祭祀典礼。

4 北魏帝国自十一任帝（孝庄帝）元子攸被囚（参考去年〔五三〇〕十二月三日），皇宫接近一百天没有男主人。乐平王尔朱世隆留下来镇守洛阳，迅速恢复社会秩序，商人行旅，畅通无阻，治安良好，没有强盗小偷。尔朱世隆兄弟秘密商议，认为现任皇帝（十二任）元晔（参考去年〔五三〇〕十月）皇家血缘疏远（元晔是景穆太子拓跋晃的重孙，元子攸的远房堂叔），而又没有声望，打算另行拥护一位皇家血缘较近的。仪同三司（宰相级）、广陵王元恭，是元羽的儿子（元羽，是七任帝元宏的老弟，参考四八五年三月），喜爱读书，又有见识气度，本世纪（六）二〇年代初，兼任监督院副总监督长（领给事黄门侍郎）；因元义专权横行，元恭假装哑巴，住进龙华寺（在洛阳东城外），跟外人绝不来往。五二八年稍后，有人报告元子攸，说元恭原是假装，将有更大的阴谋；元恭恐惧，逃到上洛山（陕西省商洛市商州区境），洛州（州政府上洛）州长（刺史）把他逮捕，送回京师（首都洛阳），经过长期的调查审讯，查不出叛乱证据，免掉一死。中央驻关西（函谷关以西）全权特遣政府助理官（关西大行台郎中）薛孝通，建议尔朱天光说："广陵王（元恭），是高祖（七任帝元宏）的侄儿，从小就有声望，性情沉默，闭口不言，历经艰难，如果能拥护他当天下之主，一定符合天心民意。"尔朱天光跟尔朱世隆等商议，疑心元恭可能真是哑巴，命尔朱彦伯暗中拜访元恭，请他出任皇帝，并加以威胁，元恭说："上天如此，有什么可说的！"尔朱世隆等大为高兴。薛孝通，是薛聪的儿子（薛聪事，参考四九五年八月）。

二月二十九日，北魏帝元晔由晋阳（山西省太原市）南下，抵达邙山（洛阳城北）南麓，尔朱世隆等已替他写妥让位诏书，派泰山郡（山东省泰安市）郡长、辽西郡（河北省卢龙县北）人窦瑗，手拿马鞭，单独进入御帐，奏报元晔说："天命人心，都在广陵王（元恭）身上，但愿陛下做出伊祁放勋（尧）、姚重华（舜）的事。"元晔无可奈何，只好在让位诏书上签字。元恭前后三次向元晔呈递奏章，表示推辞，最后，才坐上宝座；下诏大赦，改年号普泰（之前是建明二年，之后是普泰元年）。监督院宫廷监督官（黄门侍郎）邢子才撰写大赦诏书，叙述十一任帝（孝庄帝）元子攸冤杀太原王尔朱荣的经过，元恭说："皇帝亲自下手翦除强梁大臣，并没有做错，只因上天还没有厌弃动乱，所以使成济之祸，再度出现（成济杀曹魏帝国四任帝曹髦事，参考二六〇年五月）。"命左右侍从把笔拿来，亲自撰写大赦诏书，直率的说："交监督院（门下）。我对人民并没有很多恩德，但由于盛情推举，深愿和天下人民，共同祝福这个庆典。大赦细则，遵照过去法令办理。"（自三世纪三国时代以来，皇帝诏书、指令，草稿经皇帝批准后，交监督院〔门下〕缮写颁布，所以开头总有"交监督院〔敕门下〕"字样。）元恭闭口不言，长达八年之久，现在忽然开口，中外兴奋，一致认为遇到贤明君王，可能使天下太平安定。

二月三十日，元恭下诏，说："三皇时代，国家领袖称'皇'；五帝时代，国家领袖称'帝'；到了三代（夏商周），国家领袖称'王'（元恭有误，仅周王朝称王，夏商全称帝），这是因为一代比一代谦虚之故。可是，自秦王朝以来，大家竞称'皇帝'。而今，我只称'帝'，已经很是自夸。"加授尔朱世隆仪同三司（宰相级）；追赠尔朱荣相国、晋王，另加九锡（九锡事，参考四年）。尔朱世隆命文武官员讨论尔朱荣牌位在皇家祖庙（太庙）中地位，应和哪位皇帝放在一起，共同享受祭祀。最高法院监察弹劾官（廷尉司直）刘季明说："如果配享世宗（八任帝元恪），尔朱荣当时并没有建立功勋。如果配享肃宗（九任帝元诩），则尔朱荣亲手杀害他的娘亲（胡太后）。如果配享敬宗（十一任帝元子攸），则尔朱荣身为臣属，却不能有始有终。看起来在皇家祖庙中，没有地方可以容身。"尔朱世隆大怒说："你应该诛杀。"刘季明说："我既然奉命主持会议，依照规定，必须发言。如果不合圣上心意，要诛要杀，听天由命。"尔朱世隆没有对他处罚，但决定使尔朱荣配享七任帝元宏。又在首阳山（河南省洛阳市偃师区西北，邙山山脉最高处），把姬旦庙（周公庙）改建为尔朱荣庙，表示尔朱荣的功勋，可以跟姬旦相比。寺庙改建完成后，不久被一场大火烧掉。

尔朱兆（时在晋阳〔山西省太原市〕）因没有参与罢黜旧皇帝、拥护新皇帝的密谋，大为愤怒，打算攻击尔朱世隆。尔朱世隆派尔朱彦伯前往解释，才算阻止。

最初，十一任帝元子攸派安东将军史仵龙、平北将军阳文义，各率军三千人，据守太行山（史仵龙守太行丹谷，参考去年〔五三〇〕十二月），大军统帅、总监督长（侍中）源子恭，驻防河内（河南省沁阳市）。尔朱兆南下，史仵龙、阳文义，首先率领部众投降，源子恭主力，望风瓦解。尔朱兆遂乘胜进入洛阳。现在，尔朱世隆酬庸史仵龙、阳文义的功劳，要封他们一千户人家的侯爵，元恭说："史仵龙、阳文义，对大王（尔朱世隆）有功劳，对帝国没有贡献。"竟不肯批准。尔朱仲远镇守滑台（河南省滑县），派他手下的司令官（都督）出任西兖州（州政府设左城〔山东省菏泽市定陶区西〕）州长（刺史），然后上疏请求任命，元恭下诏说："既然已经就近到差，何必遥远请示。"（北魏帝国最初把兖州州政府设在滑台〔河南省滑县〕，四六六年十一月，从南宋帝国夺到瑕丘〔山东省济宁市兖州区〕，瑕丘是兖州州城故地，于是再在瑕丘设兖州，称东兖州，后来直称兖州，滑台的兖州称西兖州。七任帝元宏迁都洛阳后，西兖州〔滑台〕即撤销，州土并入京畿〔司州〕。五二七年，于左城〔山东省菏泽市定陶区西〕重置西兖州。五世纪八〇年代，又曾在涡阳〔安徽省蒙城县〕设南兖州。五〇七年，南兖州州政府迁谯城〔安徽省亳州市〕。当时称左城、涡阳、瑕丘三地为“三兖”。自进入大分裂时代，州的面积日小，数量日多，执政当权分子，多半愚劣，往往想不起来新州名，而只在旧州名上打转，使人眼花缭乱，弄不清楚。）

尔朱天光消灭变民首领万俟丑奴时（参考去年〔五三〇〕四月），才收回波斯王国（伊朗）进贡的狮子，送到洛阳（波斯进贡狮子事，参考五二八年七月）；元恭登极后，下诏说：“囚禁禽兽，违反它纵横山野的本性。”派人把它送回波斯王国。送兽使臣因波斯王国太远，不可能走到，就在半路把狮子杀掉，径自回京（首都洛阳），有关单位弹劾他们违反圣旨，元恭说：“怎么可以因一个禽兽，去处罚人！”把他们赦免。

5 北魏帝国镇远将军、清河郡（东清河郡，山东省淄博市南）人崔祖螭（音chī〔吃〕）等，集结青州所属七个郡的变民，包围州政府所在的东阳（山东省青州市），十天之间，变民人数增至十余万。州长（刺史）东莱郡（山东省莱州市）人王贵平，率城中居民据守，命太傅府首席军事参议官（太傅咨议参军）崔光伯，出城慰劳，谋求和解；他的老哥崔光韶说：“城中居民欺凌外郡，为时已久，深仇大恨，外郡人民的愤怒，已达到巅峰，不是靠几句空话，就可解决，我弟弟前去，一定不能保全。”王贵平勉强他非去不可，崔光伯一出城，就被变民射杀。

6 北魏帝国中央驻幽安营并四州特遣政府总监（幽安营并

四州行台〔并州似应为平州之误〕）刘灵助，认为自己的法术，可以煽动人民；同时，又从占卜中，看出尔朱家将要败亡，于是起兵，自称燕王、开府仪同三司（宰相级）、中央特遣全权政府总监（大行台），声称：为十一任皇帝元子攸报仇，而且随心所欲的解释神秘预言书，说："姓刘的当君王。"因此，幽州（州政府设蓟城〔北京市〕）、瀛州（州政府设赵都军城〔河北省河间市〕）、沧州（州政府设饶安〔河北省盐山县西南〕）、冀州（州政府设信都〔河北省衡水市冀州区〕）很多人民响应他的号召。凡是响应号召的，夜间燃起火光，作为信号；不燃火的，刘灵助军会同邻近村庄，共同攻击屠杀。刘灵助率军南下，抵达博陵郡（河北省安平县）安国城（河北省安国市）。

颍川王尔朱兆派监军官（监军）孙白鹞，前往冀州（信都），借口征收民间马匹，打算等到黄河北钦差大臣（河北大使）高乾（参考去年〔五三〇〕）兄弟送马来时，加以逮捕。高乾等知道这项阴谋，遂跟前河内郡（河南省沁阳市）郡长封隆之等，秘密定计，派出勇士，向冀州（信都）奇袭，占领州城，斩孙白鹞，生擒州长（刺史）元嶷。高乾等打算推举老爹高翼当冀州（信都）总部执行官（行州事），高翼说："使乡里居民和睦相处，我不如封隆之。"遂拥护封隆之当州总部执行官（行州事）；发布十一任帝元子攸死讯，举行祭悼大典，将士官兵都穿白色丧服。封隆之等登上高台，向全军发表誓言，并通告各州郡，号召共同讨伐尔朱帮，接受刘灵助领导。封隆之，是封磨奴的族孙（封磨奴事，参考四二〇年五月）。

尔朱帮任命的殷州（州政府设广阿〔河北省隆尧县〕）州长（刺史）尔朱羽生，率五千人袭击信都（河北省衡水市冀州区），高敖曹（高乾的老弟）来不及披上铠甲，率十余骑兵，奔出迎战。城门随后关闭，高乾遴选五百人，用绳索从城上垂下，紧急支援，还没有追到，高敖曹已跟敌人遭遇交兵，尔朱羽生败走。高敖曹马术及铁矛功夫，都绝妙盖世；左右勇士，也都一个人可抵挡一百人，时人把他比作项羽。

尔朱帮大将、晋州（州政府设平阳〔山西省临汾市〕）州长（刺史）高欢，驻军壶关（山西省长治市潞城区西）大王山，六十天后，才率军东下，声称讨伐信都（河北省衡水市冀州区）叛徒。信都人大为恐惧，高乾说："我听说，高欢雄才大略，超过当世，志气豪迈，不会长久的屈居别人手下。而且，尔朱帮暴虐乱法，谋害君王，杀戮人民，天下已经大乱，正是英雄豪杰建立功勋的大好良机。高欢竟肯东下，定有深远的谋略，我当轻骑前往迎接，察看他的意思，各位不要担心。"遂率十余骑兵，跟封隆之的儿子封子绘，在滏口（太行山八陉之四，河北省武安市南）晋见高欢，向高欢建议说："尔朱叛逆，杀害君王，天上神祇，地上人民，都感痛恨。凡是有知觉的人，谁不想发愤起义！你的威望和恩德，一向昭著，人民倾心爱戴。如果是为了正义出军，则再强悍的敌人，都不是对手。我们冀州（州政府信都）虽然弱小，可是户口不下十万，田赋捐税，足够军需，请明公仔细考虑。"高乾言谈慷慨激昂，高欢大为高兴，跟高乾同在一个营帐就寝。

最初，河南郡（首都洛阳）郡长、赵郡（河北省赵县）人李显甫，喜爱行侠仗义，集结李姓同宗数千家，定居殷州（州政府设广阿〔河北省隆尧县〕）西山五六十平方华里以内。李显甫逝世，儿子李元忠继承。李家一向富庶，常常借钱给别人，赚取利息，李元忠把所有借据，全都烧掉，不再讨取，乡里人士，对他十分敬重。当时，盗贼遍地，清河郡（山东省临清市）有五百军人，从西方防地回来，经过赵郡，道路不通，无法再走，一起投奔李元忠；李元忠派一个家人作向导，吩咐说："如果遇到盗贼，只要说李元忠派来！"家人照着他的话做，盗贼都躲避一旁。后来，变民首领葛荣起事，李元忠率领李姓家族和乡民，兴筑营垒，保护家园，李元忠坐在大槲树下，加强军事训练，前后诛杀违抗命令的约三百人。葛荣军每次攻击，都被李元忠击退。葛荣说："我从中山（定州州政府所在城，河北省定州市）到这里，一连被赵郡李家击破，怎么能统一天下！"于是，出动所有武装部队攻击，生擒李元忠，囚禁随军监狱。葛荣失败后，中央政府任命李元忠当南赵郡（郡政府广阿）郡长。李元忠喜爱饮酒，行政上没有成绩。不久，颍川王尔朱兆诛杀十一任帝元子攸，李元忠放弃官位回家，打算聚众起兵，讨伐尔朱帮。正巧高欢东下，李元忠乘坐敞篷车，车上放着古筝和劣酒，前去迎接。高欢听说他是一个酒徒，没有马上召见。李元忠下车，独自坐在门前，一面饮酒，一面撕吃肉干，对守门的人说："我本来听说高公招请英雄豪杰，今天，国家栋梁送到门口，不赶快吐出口里的饭，不赶快停止洗他的脚，他的作为，可想而知（《史记》：周王朝周公姬旦，正在洗头发时，听说有贤才求见，立刻握住头发出迎；正在进餐，则立刻吐出口中的饭出迎。有时洗一次头，要三次握发，吃一餐饭，要三次吐饭，求贤心切如此。西汉王朝一任帝刘邦正在洗脚，郦食其求见，参考前二〇七年二月）。把名片退给我，不要递上去。"守门的人据实报告，高欢遂接见他，引导他到内宅，酒过三巡，李元忠去车上把筝拿下弹奏，慷慨悲歌，歌声停止后，对高欢说："天下大势，十分清楚，明公，难道你仍然事奉尔朱家！"高欢说："荣华富贵，都是尔朱家栽培，怎么敢不效忠？"李元忠说："这不是英雄！高乾兄弟来了没有？"当时，高乾已在高欢大营，高欢却说："我这些堂叔们都是老粗，怎么肯来？"李元忠说："虽是老粗，却有见识！"高欢说："李郡长醉了。"命人扶他出去，李元忠却不肯起身，孙腾提醒高欢："这个人是上天所派，不可不听他。"高欢才留下他对话，李元忠说到痛心处，激昂流泪，高欢也悲哀不能自制，李元忠因之说出方略："殷州（州政府广阿）虽是一个小州，又没有粮食武器，对大事没有帮助。可是，你如果直指冀州（州政府信都），高乾兄弟定然尽地主之谊；殷州（州政府广阿）也自会追随于后。冀殷二州如果结合，则沧州（州政府设饶安〔河北省盐山县西南〕）、瀛州（州政府设赵都军城〔河北省河间市〕）、幽州（州政府设蓟城〔北京市〕）、定州（州政府设中心〔河北省定州市〕），自然顺服；只有刘诞（时当相州〔州政府设邺城，河北省临漳县西南邺城镇〕州长〔刺史〕）是一个狡狯的匈奴，或许抵抗，但不是你的敌手。"高欢紧握李元忠的手，表示感谢。

高欢到了山东（太行山以东），约束人马，军纪严肃，不准侵犯人民财物，每次经过麦田，高欢都下马步行，手牵马缰（防止它吃麦穗）；远近听到这项报道，一致赞扬高欢的部队，训练有素，阵容整齐，人心对他越发归附。

高欢向相州（州政府邺城）州长（刺史）刘诞，要求供应粮食，刘诞拒绝；正巧，相州运输田赋谷米的车队经过，高欢全部抢走。前进到信都（河北省衡水市冀州区），封隆之、高乾等开门欢迎入城。高敖曹当时正在外夺取土地，得到消息，大发雷霆，认为老哥高乾像一个柔弱妇女，派人送给他妇女用的布裙。高欢命长子高澄，以孙儿辈的礼节，晋见高敖曹，高敖曹怒气才消，随同高澄一起回来。

三月三日（原文误置于二月，据《魏书》改），北魏帝（十三任前废帝）元恭，封前任皇帝（十二任）元晔当东海王（元晔在当皇帝前，封长广王），擢升青州（州政府设东阳〔山东省青州市〕）州长（刺史）、鲁郡王元肃当太师（上三公之一），淮阳王元欣当太傅（上三公之二），尔朱世隆当太保（上三公之三），长孙稚当全国武装部队总司令（太尉），赵郡王元谌当最高监察长（司空），徐州（州政府设彭城〔江苏省徐州市〕）州长（刺史）尔朱仲远、雍州（州政府设长安〔陕西省西安市〕）州长（刺史）尔朱天光，同时当最高统帅（大将军），并州（州政府设晋阳〔山西省太原市〕）州长（刺史）尔朱兆当天柱大将军（正一品）。封高欢当勃海王，征召他回京师（首都洛阳）。长孙稚坚决辞让全国武装部队总司令（太尉），于是，元恭改命他当骠骑大将军、开府仪同三司（宰相级）。尔朱兆则拒绝"天柱"称号，说："那是叔父（尔朱荣）死时的官位，我怎么敢当。"坚决辞让，不肯接受；不久，元恭加授尔朱兆当十州军区司令长官（都督十州诸军事），世袭并州（州政府晋阳）州长（刺史）。高欢辞让王爵，拒绝征召回京（首都洛阳）。尔朱仲远把军政总部移到大梁（河南省开封市），元恭命他再兼兖州（州政府设瑕丘〔山东省济宁市兖州区〕）州长（刺史）。

最初，尔朱世隆当国务院执行长（仆射）时，畏惧尔朱荣的严厉，所以深自克制，对自己的工作，尽心尽力，接待宾客，谦恭有礼，世人称赞他见识丰富，思想敏捷。可是，尔朱荣死后，再没有顾忌。后来，尔朱世隆当国务院总理（尚书令），在家中处理公务，坐在那里，指挥政府及国务院；事情不论大小，如果没有先行请示过他，有关单位不敢施行。尔朱世隆命国务院助理官（尚书郎）宋游道、邢昕，分别坐在大厅东西两边，听取各方面争端，然后以尔朱世隆的名义裁决办理；公开贪赃枉法，淫乱放纵，随他高兴或不高兴，随时诛杀无辜，赦免有罪；又打算收买军心，因之把所有将领，都升成"将军"，既没有限额，"将军"遂充满天下；从此，因功勋而升迁的官位，多而且滥，人们也不再尊敬。当时，尔朱天光控制关右（潼关以西）；尔朱兆控制并州（州政府设晋阳〔山西省太原市〕）、汾州（州政府设兹氏城〔山西省汾阳市〕）；尔朱仲远控制徐州（州政府设彭城〔江苏省徐州市〕）、兖州（州政府设瑕丘〔山东省济宁市兖州区〕）；尔朱世隆则控制中央政府；互相竞赛，看谁最贪赃最凶暴！而尔朱仲远残酷得尤其可怖，辖区里多数富有家庭和强大家庭，尔朱仲远都指控他们谋反叛国，没收他们的财产和妇女，全都运入尔朱仲远私宅，而把所有男子投入河川，杀害的人不计其数。自荥阳（河南省荥阳市）以东，田赋捐税，全部扣留自用，不再呈缴中央政府。东南各州郡的州长郡长，以及知识分子和平民，畏惧尔朱仲远，如同畏惧豺狼。因此，四方人士，对尔朱帮全都深恶痛绝，但害怕他们军力强大，不敢违抗。

三月十九日，中央调任泾州（州政府设安定〔甘肃省泾川县〕）州长（刺史）贺拔岳，当岐州（州政府设雍城〔陕西省宝鸡市凤翔区〕）州长（刺史）；渭州（州政府设襄武〔甘肃省陇西县〕）州长（刺史）侯莫陈悦（侯莫陈，三字姓），当秦州（州政府设上封〔甘肃省天水市〕）州长（刺史），并加授仪同三司（宰相级。胡三省注：“当时，泾渭二州荒凉残破，岐秦二州比较完好，虽然平调，但由西迁东，等于升级。”）。

中央政府命总司令官（大都督）侯渊（时在定州〔州政府中山〕），骠骑大将军、鲜卑人（代人）叱列延庆（叱列，复姓），讨伐自称燕王的叛将刘灵助，大军抵达固城（河北省定州市北），侯渊畏惧刘灵助部众太多，打算率军直接西进，据守关口要隘，等待变化，叱列延庆说：“刘灵助是个平庸的人，假借法术，迷惑群众；大军一临，他们仗恃符咒保护，谁肯同心合力，替他拼命，跟我们打个胜败分明？不如一直向前，就在城外扎营，扬言将回京师（首都洛阳），刘灵助听到消息，一定大为宽心，不加戒备，然后秘密袭击，包管手到擒来。”侯渊接受。于是，率军到中山（河北省定州市）城西，声称返京（首都洛阳）。

三月二十六日，严格挑选精锐骑兵一千人，夜晚出发，直扑刘灵助大营；刘灵助战败，中央军斩刘灵助，把人头送到洛阳。最初，刘灵助叛变，自己卜卦，预测前途，说：“三月下旬，我入定州（州政府中山），尔朱家不久灭亡。”刘灵助的人头送往洛阳前，先送往定州（州政府中山），果然在三月下旬。

7 夏季，四月六日，南梁帝国皇太子（昭明太子）萧统逝世（年三十一岁）。萧统自从行加冠礼（参考五一五年五月），老爹皇帝萧衍，就很少过问政府事务，文武百官奏章，全都堆到萧统面前。萧统分析真假，辨别是非，观察细微；发现错误，只命主管官员改正，而不弹劾处罚；刑事诉讼案件的审理及判决，对被告往往赦免保全。他性情宽大温和，能包容别人的错误，喜怒从不显露在脸颊上，喜爱读书及写文章，喜爱接纳有才能的俊杰，赏赐照顾，从不怠慢。出居东宫（太子宫）二十余年，没有歌女、舞女、乐队。每逢久雨不晴，或大雪不止时，就派左右官员，走遍大街小巷，调查贫苦人家，施予赈济。萧统天性孝顺谨慎，在太子宫，即令是平常休息时间，无论坐下或起立，一定面向西方（东宫〔太子宫〕在宫城〔台城〕之东。面向西方，即面对老爹皇帝所住的宫城，而不是背对），有时晚上奉到命令，要他明早入宫，萧统就端端正正坐在那里，等到天亮。后来有病，恐怕老爹忧虑，遇到老爹问候他平安或要他对问题提出回答时，萧统总是亲自书写。逝世之后，政府民间，一致惊愕惋惜；建康（江苏省南京市）人民，无论男女，奔向宫门，道路之上，一片悲号哭泣。

8 四月十四日，北魏政府（尔朱帮）任命高欢当总司令官（大都督）、中央派驻东方特遣全权政府总监（大行台）、冀州（州政府设信都〔河北省衡水市冀州区〕）州长（刺史），安定王尔朱智虎当肆州（州政府设九原〔山西省忻州市〕）州长（刺史）。

陇西王尔朱天光前往夏州（州政府设统万〔陕西省靖边县北白城则村〕），派军攻击降而复叛的变民首领宿勤明达（参考去年〔五三〇〕十月）。

四月二十四日，生擒宿勤明达，押送洛阳，斩首。

四月二十七日，任命总监督长（侍中）、骠骑大将军尔朱彦伯当宰相（司徒）。

北魏帝元恭下诏，命有关单位，以后不可再对南梁帝国称“伪”。

前有元彧，投降南梁帝国，不肯追随众降徒之后，称自己的王爵是“伪”（参考五二八年四月）；后有元恭，身为北魏皇帝下令不可称邻国——南梁帝国是“伪”。直到二十世纪，汉文化仍激荡在自我膨胀和自我作践两个极端之中，产生不出来平等情绪。于是，五千年历史中没有敌人，只有盗匪、贼寇、叛徒、蛮虏。一旦情势倒转，被敌人克制，就只好自己诟骂自己，把自己骂得越下流、越卑屈，就越觉得安全。而俘获了敌人，同样要求敌人也诟骂他们自己，把他们自己骂得越下流、越卑屈，就越觉得自己越伟大。

元彧、元恭两位鲜卑人所持的态度，连二十世纪的人都难以办到的事，却在六世纪时代，就把它办到，使人欣喜。

五月七日，荆州（州政府设穰城〔河南省邓州市〕）城中居民暴动，斩州总部执行官（行州事）赵修延，再推举前州长（刺史）李琰之当州总部执行官（行州事。赵修延罢黜李琰之事，参考去年〔五三〇〕十二月）。

彭城王尔朱仲远（徐州〔州政府彭城〕特遣全权政府总监〔大行台〕）派司令官（都督）魏僧勖等，前往东阳（青州州政府所在城，山东省青州市）讨伐崔祖螭，斩首。

9 最初，南梁帝国昭明太子萧统，安葬娘亲丁贵嫔（参考五二六年十一月）时，派人寻找吉地。有人贿赂宦官俞三副，打算出卖一块土地，约定：如果能卖到三百万钱，当付俞三副一百万钱。俞三副遂秘密报告南梁帝萧衍，说："太子（萧统）看中的那块地，不如这块地对皇上有利。"萧衍年纪已老，老年人往往忌讳太多，遂命买下。可是，等安埋已毕，一位道士（道教术士）指出："这块地对长子不利，如果用法术咒语解除，或许可使长子多活几年。"于是用蜡鹅（蜡制的鹅），以及其他物品，埋在墓旁将来长子安葬的位置。宫殿监察员（宫监）鲍邈之、魏雅，都受萧统宠爱，后来，鲍邈之被魏雅疏远，遂秘密报告萧衍，说："魏雅替太子（萧统）施用巫蛊。"萧衍下令检查，果然挖出蜡鹅等物品，大吃一惊，打算穷查猛追，寻问到底，徐勉不断劝解，才算停止，而仅只诛杀那个多嘴的道士。萧统惭愧悲愤终身，无法自己表明。死后，萧衍把萧统的长子、南徐州（州政府设京口〔江苏省镇江市〕）州长（刺史）、华容公萧欢，召回建康（南梁首都，江苏省南京市），准备封皇太孙，但仍记恨蜡鹅往事，犹豫拖延了很久，结果仍然不封。

五月二十一日，命萧欢仍返回京口（江苏省镇江市）。

正人君子对于光明大道，不可以片刻偏离，不可以有一小步失误。以萧统的仁孝，以萧衍的慈爱，一旦有了嫌疑，自身忧愁而死，罪状延到后嗣。本是求吉，反而得凶，以致无法洗清，岂可不特别戒惧！是以诡密荒唐人士，奇妙邪恶法术，正人君子，都应远远隔绝。

胡三省曰

《资治通鉴》因萧衍不封皇太孙，所以叙述事情的来龙去脉。呜呼，萧衍对别人之子豫章王萧综、侄儿临贺王萧正德，虽然他们身犯十恶叛逆，仍能容忍，而独对受谗言陷害的亲子萧统，却终身衔恨，是上天有意夺掉萧衍的魂魄！

五月二十七日，萧衍封萧统同一个娘亲的弟弟、晋安王萧纲（本年二十九岁）当皇太子。政府民间一致认为违反宗法（宗法社会，嫡长子死亡，则继承人顺理成章的是嫡长孙），舆论顾问官（司议侍郎）周弘正，曾经当过晋安王府主任秘书（主簿），写一份备忘录（奏记）给萧纲，说："谦让美德不再存在，已经有很多年，而大王（仍用旧称呼）殿下，天纵圣明，四海之内，一致归心，所以皇上（萧衍）发出恩德声音，命大王做帝国的储君。人家都愿听到殿下的反应，能媲美子目夷的大义和显示曹臧的节操（《左传》前六五二年：宋国十九任国君桓公子御说病重，太子子滋甫再三向老爹请求："我老哥子目夷〔子滋甫的庶兄〕年龄既比我大，而又仁爱，请指定他当继承人。"子御说遂指定子目夷，子目夷说："能够辞让国君高位，有最大的仁心，我不如他。而且，名不正，言不顺。"退出。《左传》前五七八年：晋国率各封国军队，攻击秦国。曹国十八任国君宣公曹卢，在军中逝世。曹国政府命曹卢的儿子曹负刍留守，而派另一儿子曹欣时，迎接老爹灵柩，曹负刍遂诛杀合法继承人太子〔名不详〕，而自称国君〔十九任成公〕。各封国请求讨伐，晋国因为各封国军队已经疲劳，请等到以后再说。曹卢被安葬后，曹臧〔曹欣时的儿子〕准备逃亡，贵族们都打算跟随。曹负刍恐惧，承认自己错误，请他不要逃亡，曹臧遂返国）。逃避君王御轿，拒绝乘坐（《庄子·让王篇》：越国一连三世，都谋杀君王，身为王子的姒搜，深为忧虑，逃到丹穴，越国遂没有君王，贵族们追到丹穴，姒搜不肯出山，越国贵族用艾烟熏他，又把他抬上君王专用的御轿，姒搜被逼，仰天叫说："君王，君王，难道非我不可！"），抛弃金殿，如同脱下木屐（《孟子》：姚重华〔舜〕抛弃天下，如同抛弃破鞋），这样才能改变浅薄的、斗争不息的习惯风俗，恢复伟大的姬太伯让国之风（姬太伯不愿争位，逃出建立吴国事，参考二五二年闰四月注）。古代有那样的人，现代听他们的话，而又能实践的，除了殿下，还能有谁？使古代无为而治的教化，今日复生；使辞让君王高位的义行，在未来的岁月中，不会消失，岂不是一件盛事。”萧纲不能采纳。周弘正，是周舍的侄儿（周舍被免职，参考五二四年十二月）。

萧纲任命王府讲书官（侍读）、东海郡（侨郡，江苏省镇江市）人徐摛（音chī〔痴〕）当太子内宅管理官（太子家令），兼任高级记录官（兼管记），不久又兼管卫士（带领直）。徐摛文章轻佻肤浅，华而不实，太子宫人士都学习他的文体，时人称为“宫体”。南梁帝萧衍得到报告，大怒，召见徐摛，打算对他讥诮责备。可是，等到一见面，徐摛应对明确，反应迅速，无论用词及含义，都很恰当，萧衍心情顿然开朗，于是，乘便问他儒家学派经典、史学，以及佛教种种，徐摛分析综合，思维敏捷，像声音回响一样迅速；萧衍叹息称奇；宠爱和信任，一天比一天增加。中央禁军总监（领军）朱异大不愉快，对亲信们说：“徐老头（徐摛）出入两宫（皇帝宫及太子宫），渐渐威胁到我头上，我得早作打算。”遂利用一个机会，报告萧衍：“徐摛年纪已老，又喜爱山水，目的在得到一个郡，安养他的天年。”萧衍认为徐摛真有这个意思，就召见徐摛，对他说：“新安（浙江省淳安县）风景如画。”任命徐摛当新安郡（浙江省淳安县）郡长。

六月十五日，封华容公爵萧欢当豫章王，萧欢的老弟枝江公爵萧誉当河东王，曲阿公萧詧（音chá〔察〕）当岳阳王。萧衍因舆论沸腾（反对庶子萧纲当太子），所以封给萧欢兄弟大郡，作为采邑，用来安慰三个孙儿的心。很久之后，鲍邈之被控贩卖人口，罪状不至于死；但太子萧纲追究老哥萧统的冤枉，挥泪斩鲍邈之。

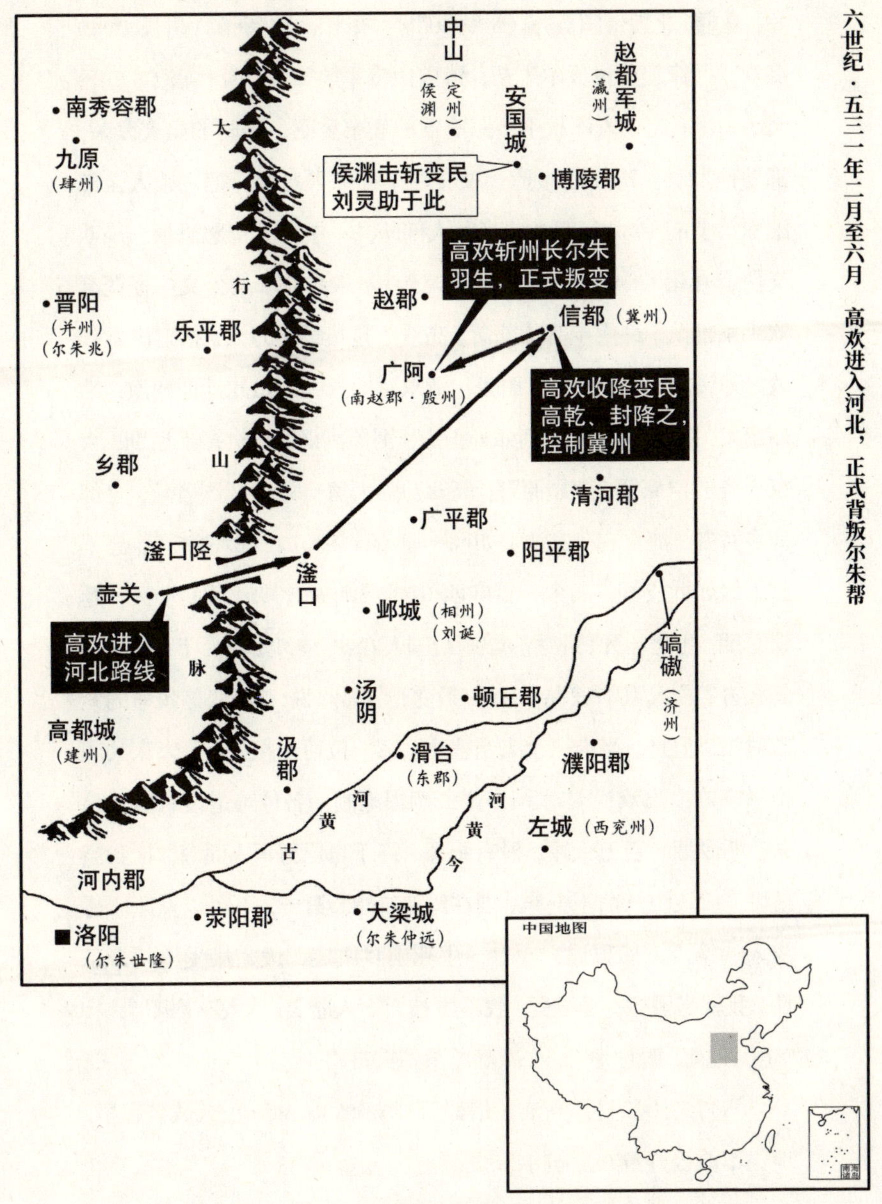

六世纪·五三一年二月至六月　高欢进入河北，正式背叛尔朱帮

10 北魏帝国冀州（州政府设信都〔河北省衡水市冀州区〕）州长（刺史）高欢，打算起兵讨伐尔朱帮；镇南大将军斛律金、带兵官（军主）善无（山西省右玉县）人库狄干，跟高欢的妻弟娄昭、娄昭的姐夫段荣，都劝他发动。高欢遂假造一项文件，称尔朱兆打算把六镇人全部配属给契胡（尔朱帮所属部落）当私人部队，军中将士忧愁恐惧。高欢又伪造并州（州政府设晋阳〔山西省太原市〕）尔朱兆总部的公文，征调高欢手下部队，讨伐步落稽部落。高欢于是集结一万人，扬言出发作战。孙腾和司令官（都督）尉景，请求延期五天，如此延期两次，然后出发，高欢亲送大军到郊外上道，泪流满面，一一握手道别，大家一齐放声痛哭，声震原野，高欢劝勉大家，说："我跟各位，全都离乡背井，流亡在外，情义如同一家（高欢手下几乎全是六镇降户），想不到上级如此支配。而今一直向西（回到尔朱帮基地晋阳），固是一死；延误军期，也是一死；到达后配属给国人（尔朱所属契胡部落），仍是一死，怎么办？"人家呐喊说："只有叛变！"高欢说："叛变是救命的紧急对策，但是，当推一个人当盟主，哪一位可以担任？"大家共同推举高欢，高欢说："六镇乡亲，剽悍难制，各位难道没有看见葛荣，即令拥有百万大军，没有纪律，终于自己毁灭。而今，推我当统帅，应该跟从前不一样。现在约定二事：第一，不可以欺压虐待汉人。第二，如果违犯军令，生死由我决定。大家接受这两个条件，我就当盟主；不接受，我不愿被天下人耻笑。"大家都叩头说："是生是死，听你命令。"高欢遂杀牛犒赏将士。

六月二十二日，高欢在信都（河北省衡水市冀州区）正式武装起事，但仍不敢公开宣布反抗尔朱帮。

正巧，李元忠跟他的部众进逼殷州（州政府设广阿〔河北省隆尧县〕），高欢派高乾率军救殷州。高乾轻骑进入州城，晋见州长（刺史）尔朱羽生，共同讨论军事行动，尔朱羽生跟高乾一同出来，高乾遂生擒尔朱羽生，斩首，携带尔朱羽生的人头，晋见高欢。高欢抚摸胸脯说："今天叛变，已成定局。"（胡三省注："高欢谋反，已不是一天，而等到砍下尔朱羽生人头，才说已成定局。只因最初对李元忠、高乾，仍有怀疑。李元忠既逼殷州，高乾又斩尔朱羽生，态度明朗，才决心起兵。"）乃命李元忠当殷州州长（刺史），镇守广阿（河北省隆尧县）。高欢于是上疏给北魏帝元恭，指控尔朱帮的罪行。尔朱世隆把奏章藏起来，不代转报。

11 北魏帝国杨播及老弟杨椿、杨津，都有声望及恩德。杨播性情刚强坚忍，杨椿、杨津则为人谦恭，家族世代友爱，五世同堂，一家男女一百余口，和睦相处，没有闲言闲语。杨椿、杨津，都居三公高位，一门之中，有七个郡长、三十二个州长（刺史）。十一任帝（孝庄帝）元子攸诛杀尔朱荣时，杨播的儿子杨侃，参与密谋（参考去年〔五三〇〕九月）；城阳王元徽、李彧，都是杨家姻亲。尔朱兆进入洛阳，杨侃逃回华阴（陕西省华阴市）。陇西王尔朱天光通过杨侃的岳父韦义远，邀请杨侃见面；尔朱天光跟韦义远盟誓，承诺赦免杨侃。杨侃告诉家人说："即令他背信食言，死的不过我一个人，仍希望留下百口家人的命。"遂出来晋见尔朱天光，尔朱天光把他诛杀。当时，杨椿已经退休，跟他的儿子杨昱，留在华阴；杨椿的老弟、冀州（河北省衡水市冀州区）州长（刺史）杨顺，最高监察长（司空）杨津，杨顺的儿子、东雍州（州政府设郑县〔陕西省渭南市华州区〕）州长（刺史）杨辨，正平郡（山西省新绛县）郡长杨仲宣，都在洛阳。

秋季，七月，国务院总理（尚书令）尔朱世隆，上疏诬奏杨家谋反，请求逮捕审理，北魏帝元恭不准。尔朱世隆苦苦坚持，元恭不得已，下令主管单位调查，将调查结果奏报。

七月四日，夜晚，尔朱世隆派军包围洛阳杨津家；尔朱天光也派军突袭华阴杨椿家；东西两地（东洛阳、西华阴），杨家一百余口，不管老少，全部屠杀，财产没收（杨椿年七十七岁，杨津年六十三岁）。尔朱世隆上疏说："杨家果真叛变，跟逮捕他们的士卒格斗，已经全都伏法。"元恭惋惜怅惘很久，闭口无言。政府民间听到这个消息，没有人不悲痛愤怒。杨津的儿子杨逸，当光州（州政府设东莱〔山东省莱州市〕）州长（刺史），尔朱仲远派人前往，就在州政府诛杀。只有杨津的另一个儿子杨愔，在大军围宅时，恰巧出门在外，逃亡躲藏，得以免祸，前往信都（河北省衡水市冀州区），晋见高欢，哭诉家门惨祸，因而呈献讨伐尔朱帮的方略，高欢对他十分敬重，任命他当中央特遣政府助理官（行台郎中）。

12 七月七日，南梁帝萧衍登上高台，用正式文告，完成册封皇太子典礼。大赦。

13 七月十八日，北魏帝国宰相（司徒）尔朱彦伯，因大旱成灾，辞职。

七月二十日，北魏帝元恭任命尔朱彦伯当总监督长（侍中）、开府仪同三司（宰相级）；尔朱彦伯在尔朱帮中，勉强可以说没有什么罪恶。尔朱世隆一再辞让太保（上三公之三），元恭特别设立仪同三师（正一品，地位比"仪同三司"更高）一职，官位在上公之下（上三公：太师、太傅、太保）。

七月二十二日，派尔朱世隆当仪同三师（宰相级）。斛斯椿向尔朱世隆进谗，陷害朱瑞，尔朱世隆遂斩朱瑞（尔朱荣死，朱瑞追随尔朱世隆北走，中途逃回；尔朱世隆围攻洛阳，朱瑞又建议招募敢死队反攻，尔朱世隆对他已不信任）。

14 七月二十二日，南梁帝萧衍下诏：“凡是皇家同族或亲戚，只要在‘五服’之内，女子赐给汤沐邑（采邑），男子封乡侯、亭侯；以跟皇家血缘的远近，作为分别等差的标准。”

七月二十四日，擢升国务院文官部长（吏部尚书）何敬容，当国务院右执行长（尚书右仆射）。何敬容，是何昌寓的儿子（何昌寓，是何尚之侄儿，参考四九四年九月四日）。

15 北魏帝国彭城王尔朱仲远、常山王尔朱度律等，听到高欢起兵消息，自认军力强大，毫不在意，只乐平王尔朱世隆，深为忧虑。颍川王尔朱兆（时在晋阳〔山西省太原市〕），率步骑兵二万人，出井陉（太行山八陉之五，河北省井陉县东北），直指殷州（州政府设广阿〔河北省隆尧县〕）；反抗军李元忠放弃州城（广阿），逃奔信都（河北省衡水市冀州区）。

八月九日，尔朱仲远、尔朱度律，率军讨伐高欢。

九月十二日，中央任命尔朱仲远当太宰（上公）。

九月十三日，任命尔朱天光当最高指挥官（大司马）。

九月二十六日，北魏帝元恭追尊老爹、广陵王（惠王）元羽为先帝，娘亲王女士为先太妃；封老弟元永业当高密王，儿子元恕当勃海王。

16 冬季，十月十三日，南梁帝萧衍前往同泰寺，登上法座，讲解《涅槃经》，七天才结束。

乐山侯萧正则早先因犯罪，被贬逐到郁林郡（广西桂平市），招收流氓逃犯，打算进攻番禺（广东省广州市），广州（州政府番禺）州长（刺史）元仲景讨伐，斩萧正则。萧正则，是萧正德的老弟（临川王萧宏的儿子们，都凶暴不守法）。

17 北魏帝国境内，以信都（河北省衡水市冀州区）为中心、以高欢为首领的反抗军将领孙腾，建议高欢说："而今，中央政府远远隔绝，我们发号施令，没有授权的依据；如果不通权达变，恐怕人心沮丧，四散瓦解。"高欢迟疑不决。孙腾再三再四坚决请求，高欢遂决定拥护勃海郡（河北省南皮县）郡长元朗当皇帝。元朗，是元融的儿子（章武王元融，被变民首领葛荣所杀，参考五二六年九月）。

十月六日，元朗（本年十九岁）在信都城西，正式登极（十四任后废帝），改年号中兴；任命高欢当总监督长（侍中）、丞相、全国各军区总司令长官（都督中外诸军事）、最高统帅（大将军）、主管政府机要（录尚书事）、中央特遣全权政府总监（大行台），高乾当总监督长（侍中）、最高监察长（司空），高敖曹当骠骑大将军、仪同三司（宰相级）、冀州（州政府设信都〔河北省衡水市冀州区〕）州长（刺史），孙腾当国务院左执行长（尚书左仆射）、中央驻黄河北特遣政府总监（河北行台），魏兰根当国务院右执行长（右仆射）。

十月十三日，尔朱仲远、尔朱度律，跟骠骑大将军斛斯椿，车骑大将军、仪同三司（宰相级）贺拔胜，车骑大将军贾显智，在阳平（河北省馆陶县）扎营。贾显智，本名贾智，但平常使用别名，是贾显度的老弟。尔朱兆穿过井陉（河北省井陉县东北），在广阿扎营，号称十万人。高欢使用反间计，说："尔朱世隆兄弟阴谋诛杀尔朱兆。"又说："尔朱兆跟高欢联合，阴谋诛杀尔朱仲远等。"于是尔朱帮内部互相猜忌，各军就在原地移动，不向前推进。尔朱仲远等不断派斛斯椿、贺拔胜，去尔朱兆大营解释，尔朱兆率三百人轻装备骑兵，亲到尔朱仲远大营，跟尔朱仲远等一同坐在帐幕之下，一脸愤懑不平颜色，手挥马鞭，口中发出呼啸，两眼凝视远方，疑心尔朱仲远等将对他袭击，于是忽然间惊跳而起，冲出营门，飞马而回。尔朱仲远再派斛斯椿、贺拔胜等追上，再作沟通，尔朱兆逮捕二人，押回大营。尔朱仲远、尔朱度律得到报告，大为恐惧，率军向南逃走。尔朱兆列举贺拔胜的罪状，说："你杀掉卫可孤（参考五二四年四月），是第一大罪。天柱（尔朱荣）逝世，你不跟尔朱世隆等一起来，反而去攻击尔朱仲远（参考去年〔五三〇〕十一月），是第二大罪。我早就想杀你，今天，还有什么话说！"贺拔胜说："卫可孤是帝国的一大祸害，我们父子把他诛杀，功劳不小，怎么反而是罪！天柱（尔朱荣）被害，是君杀臣，我宁愿对不起大王，不愿对不起政府。今天的事，是生是死，在大王之手。但是，贼寇（指高欢）近在眼前，骨肉之间，互相仇恨，从古到今，没有这个样子而不灭亡的，贺拔胜不在乎一死，只怕大王犯下错误。"尔朱兆把他们赦免。

高欢将跟尔朱兆会战，畏惧尔朱兆人数众多，兵力强大，询问警卫营司令官（亲信都督）段韶，段韶说："众多的意义是：有那么多人为他拼死；强大的意义是：得到天下民心；尔朱帮上害天子（元子攸），中屠高层官员，下对人民凶暴。大王顺应民心，讨伐叛逆，好像把滚水浇到雪堆上，有什么众多强大可谈。"高欢说："虽然如此，但是，我小敌大，如果上天不能保佑，恐怕渡不过难关。"段韶说："我曾经听说，'小的能够抵抗大的，因为小的正义，大的荒淫。''上天对任何人都不特别照顾，只照顾有德行的人。'（《左传》："小能敌大，小道大淫。"《书经》："皇天无亲，唯德是辅。"胡三省注："段韶父子在北方起家，只知道骑马射箭，怎么会引经据典？是《魏书》作者魏收，因段韶父子家门鼎盛，为他编出文绉绉的话。《孟子》说：'完全信书，不如没有书。'果真如此！"）尔朱家对外扰乱天下，对内使英雄失望；有智略的人不向他们贡献智略，有勇力的人不替他们冲锋陷阵，人心已离他们而去，上天怎么能不顺从人心！"段韶，是段荣的儿子（段荣是高欢妻之姐夫，参考本年〔五三一〕六月十五日）。

十月十五日，就在广阿（河北省隆尧县），高欢大破尔朱兆兵团，俘虏武装士卒五千余人。 818

18 十一月十四日，北魏帝国反抗军政府丞相高欢，率军南下攻击邺城（河北省临漳县西南邺城镇）。相州（州政府邺城）州长（刺史）刘诞，登城固守。

19 十一月二十九日，南梁帝萧衍前往同泰寺，讲解《般若经》，七天讲完。

20 本年（五三一），北魏帝国南兖州（州政府设谯城〔安徽省亳州市〕）城民王乞得，劫持州长（刺史）刘世明，献出南兖州，投降南梁帝国。刘世明，是刘芳的族侄（刘芳，参考四九四年十二月二日）。南梁帝萧衍任命总监督长（侍中）元树，当镇北将军、北伐司令长官（都督北讨诸军事），镇守谯城。任命刘世明当征西大将军、郢州（州政府设夏口〔湖北省武汉市〕）州长（刺史），加授仪同三司（宰相级）。刘世明不接受，坚决请求回到北方，萧衍允许。刘世明到了洛阳（北魏首都，河南省洛阳市东白马寺东），奉还皇帝颁发的符节，回到故乡（刘世明是彭城〔江苏省徐州市〕人），不再出来做官，逝世。